TEXTE ZUM
UNIVERSALIENSTREIT
BAND 2

Texte zum Universalienstreit
Band 2

Hoch- und spätmittelalterliche Scholastik

Lateinische Texte des
13.–15. Jahrhunderts
Übersetzt und herausgegeben von
Hans-Ulrich Wöhler

THEORIA CUM PRAXI

Akademie Verlag

Die Deutsche Bibliothek - CIP-Einheitsaufnahme

Texte zum Universalienstreit / übers. und hrsg. von Hans-Ulrich Wöhler. -
Berlin: Akad. Verl.
NE: Wöhler, Hans-Ulrich [Hrsg.]
Bd. 2. Hoch- und spätmittelalterliche Scholastik:
Lateinische Texte des 13.-15. Jahrhunderts. - 1994

ISBN 3-05-001929-8

Der Akademie Verlag ist ein Unternehmen der VCH-Verlagsgruppe.

Gedruckt auf chlorfrei gebleichtem Papier.
Das eingesetzte Papier entspricht der amerikanischen Norm ANSI Z.39.48 - 1984
bzw. der europäischen Norm ISO TC 46.

Satz: Dörlemann-Satz GmbH & Co. KG, Lemförde
Druck: GAM MEDIA, Berlin
Bindung: D. Mikolai, Berlin
Umschlaggestaltung: E. Steiner, Berlin
Printed in the Federal Republic of Germany

Inhalt

ANHANG

Vorwort

Der vorliegende Band 2 der Chrestomathie mit Texten zur Geschichte des Universalienstreites enthält eine Auswahl wichtiger mittelalterlicher Textzeugnisse zu dieser Kontroverse aus der Zeit vom 13. bis zum ausgehenden 15. Jahrhundert. Diese gemeinhin als „Hoch- und Spätscholastik" bezeichnete Periode in der mittelalterlichen Philosophie stand vor allem im Zeichen der umfassenden Rezeption der Schriften von Aristoteles und dessen arabischen und griechischen Kommentatoren. Ein großer Teil der philosophischen und theologischen Literatur der Zeit war um die Auslegung dieser Schriften im Kontext einer christlich geprägten Weltsicht bemüht. Die Form des Kommentars beherrschte den universitären Lehrvortrag und das gelehrte Schrifttum. Sie war das entscheidende Medium der Rezeption und Transformation des überlieferten Erbes und diente zugleich als Austragungsort der zahlreichen Auseinandersetzungen zwischen den Schulen, Richtungen und Strömungen. Doch zunehmend benutzten die Gelehrten auch die Form des Traktats, um in systematischer Weise ganz eigene Ansichten zu entwickeln. Eines der vielen unter den Philosophen und Theologen zwischen Oxford, Paris, Kraków und Wien kontrovers diskutierten Probleme war die Frage, worin das Wesen und die Existenz des Allgemeinen besteht, d. h. desjenigen Gemeinsamen, das sämtliche Dinge von bestimmter Beschaffenheit zu einer Einheit zusammenführt bzw. sie als Einheit verstehen und ansprechen läßt.

Dieses bereits in der Antike und dem frühen Mittelalter erörterte Universalienproblem[1] tangierte vor allem diejenigen Bereiche der Gelehrsamkeit, die sich den Normen der Wissenschaftlichkeit unterwarfen. Einen Gegenstand, ein Problem oder einen ganzen Wirklichkeitsbereich wissenschaftlich behandeln zu wollen, erforderte nach gültiger aristotelischer Schulmeinung, ihn mit Hilfe beweisbarer allgemeingültiger Aussagen zu erfassen. Man mußte also logisch-widerspruchsfrei in Syllogismen, Definitionen, Prädikationen, Existenzaussagen und Einteilungen „Allgemeines" aussagen und benennen können. Daran schlossen sich wie schon vor dem 13. Jahrhundert Fragen nach den Chancen und Grenzen des Erkennens in der

Form generalisierender Abstraktionen an. Denn es war ja durchaus noch eine Frage wert, ob die Dignität des Allgemeinen nur im kognitiven Bereich galt und extramentale Wirklichkeit anderen Prioritäten unterlag. Daraus ergab sich alsbald die Frage nach der Subjektabhängigkeit oder -unabhängigkeit derjenigen Formen, in denen Realität durch die Sprache und das Denken erfaßt wird. Sowohl der traditionellen universalistischen Substanzenontologie, als auch der Sprachlogik, der Epistemologie, der Theologie und schließlich der Ethik und Ekklesiologie wurden solche Fragen vorgelegt. Letztlich ging es um das fundamentale Verhältnis zwischen Theorie, Konstitution von Wirklichkeit und erkennendem Subjekt.

Parallel mit der Rezeption des Aristotelischen Werks setzte bereits mit dem 13. Jahrhundert eine kritische Befragung der gültigen aristotelisch-neuplatonischen Ontologie und Metaphysik ein, die neue Perspektiven für künftige Entwicklungen eröffnete. In diesen Kontext gehört sowohl die Erneuerung der Metaphysik z. B. durch Johannes Duns Scotus oder Raimundus Lullus, die breitangelegte Wiedergeburt des Nominalismus durch Wilhelm von Ockham und Johannes Buridan, als auch der Versuch des Johannes Gerson im 15. Jahrhundert, die Logik und die Metaphysik auf neuerer Basis wieder einander anzunähern. Das Universalienproblem und der Universalienstreit sind dabei immer präsent. Das komplizierte Wechselverhältnis von Konservierung, Erneuerung und Kritik der Metaphysik ließ in dieser Periode eine Szenerie entstehen, die mittelalterliche Philosophie und Theologie nicht als bloßes Fossil, sondern als Vorbereiter und Diskussionspartner für unsere moderne Zeit begreifen läßt[2].

Von den Autoren des 13. Jahrhunderts wurden *Albertus Magnus* (ca. 1206–1280), *Thomas von Aquino* (1225–1274) und *Siger von Brabant* (ca. 1240–nach 1281) mit Traktaten zu dieser Problematik ausgewählt. Folgende Autoren aus der Zeit bis zum Ende des 14. Jahrhunderts sind mit Traktaten bzw. Kommentartexten vertreten: *Johannes Duns Scotus* (ca. 1266–1308), *Wilhelm von Ockham* (ca. 1285–1347), *Walter Burley* (ca. 1275–nach 1343), *Johannes Burdianus* (ca. 1300–1360), *Gregor von Rimini* (gest. 1358), *Heinrich Totting von Oyta* (ca. 1330–1397) und *John Wyclif* (ca. 1330–1384). Aus dem 15. Jahrhundert wurden Texte von *Johannes Gerson* (1363–1429) und *Gabriel Biel* (ca. 1410–1495) herangezogen.

Die charakteristische Mehrdimensionalität des Universalienproblems, auf die bereits im Vorwort von Band 1 aufmerksam gemacht worden war[3], kommt grundsätzlich auch in den Texten dieses Bandes zum Ausdruck.

Soweit es möglich war, wurden bereits kritisch edierte Texte der deutschen Übersetzung zugrundegelegt. Für die Texte von Buridan und Burley wurden mittelalterliche Handschriften kollationiert und auf dieser Basis eine erstmalige deutsche Übersetzung geschaffen. Bis auf den Buridan-Text, der in lateinisch-deutscher Parallelausgabe erscheint, werden alle Texte nur in deutscher Übersetzung geboten. Außer der Schrift „De ente et essentia“ des Thomas von Aquino sind alle anderen ausgewählten Texte bisher noch nicht in deutscher Übersetzung erschienen.

Im Anschluß an die Textauswahl wird in einem Nachwort die Genesis des Universalienstreites innerhalb der lateinischen Philosophie des 13.–15. Jahrhunderts dargestellt. Dort werden außer den Autoren der ausgewählten Texte auch zahlreiche andere Personen, Positionen und Strömungen behandelt. Den Schluß des Buches bilden ein Literaturverzeichnis sowie ein Sach- und Personenregister.

Für seine kollegialen kritischen Hinweise möchte ich insbesondere Herrn Dr. Olaf Pluta und für die Lektorierung Herrn Gerhard Müller danken.

Dresden, im Frühjahr 1993 Hans-Ulrich Wöhler

Anmerkungen zum Vorwort

1 Vgl. Texte zum Universalienstreit. Band 1: Vom Ausgang der Antike bis zur Frühscholastik. Lateinische, griechische und arabische Texte des 3.–12. Jahrhunderts, übers. u. herausg. v. Hans-Ulrich Wöhler, Berlin 1992.

2 Vgl. G. Mensching, Das Allgemeine und das Besondere. Der Ursprung des modernen Denkens im Mittelalter, Stuttgart 1992.

3 Vgl. Bd. 1, a.a.O., S. VIII–IX.

TEXTE

1.
ALBERTUS MAGNUS
Über die fünf Universalien*

1. Kapitel

Inwiefern das Universale ein theoretischer Gegenstand des Logikers ist sowie über die Anzahl der Universalien und über den Nutzen des Buches über die Universalien

In der Wissenschaft der Logik muß an erster Stelle das Universale untersucht werden. Wird die Wesenscharakteristik [ratio] von „Aussagbarem über anderes" [praedicabile de aliis] wahrheitsgemäß erfaßt, so kann eigentlich nur dasjenige über anderes ausgesagt werden, was in demjenigen enthalten ist, über das es ausgesagt wird. Da aber nichts in sich selbst enthalten ist (vernunftgemäß läßt sich nämlich nicht nachweisen, daß etwas in sich selbst ist oder in sich selbst enthalten ist, wie Aristoteles sagt[1]), muß alles, was in einem anderen enthalten sein soll, entweder als wesensmäßige Natur [natura essentialis] oder als Akzidens enthalten sein. Und dadurch, daß es enthalten ist, muß es notwendig auch auf sämtliches übertragbar sein, in dem es enthalten sein soll. Also ist es sowohl auf vieles übertragbar, entsprechend seiner Veranlagung, als auch in vielem und über vieles. Alles nun, was in dieser Weise enthalten ist, ist aus eben diesem Grund ein Prädikabile. Die Wesenscharakteristik und der Grund eines Prädikabile besteht also darin, daß es Universale ist. Obgleich der erste Akt der Vernunft (die mittels des Bekannten das Wissen vom Unbekannten gewinnt) die systematische Anordnung der Prädikabilien [ordinatio praedicabilium] ist, kann diese Anordnung aber nur ermittelt werden, wenn man weiß, wodurch ein Prädikabile das ist, was ausgesagt wird; diesen Grund erschließt man aus demjenigen, das prädizierbar ist. (Denn man muß zunächst das Prädikabile in bezug auf dasjenige betrachten, was prädizierbar ist, bevor man die

---

* De quinque universalibus. – Textgrundlage: Liber de praedicabilibus. Tractatus II, in: Alberti Magni Opera omnia, Vol. I, ed. A. Borgnet, Paris 1890, S. 17–40.

Ordnung der Prädikabilien betrachtet). Da nun dasjenige, was ein Universale ist, ein Prädikabile ist, muß man zuerst ein gesichertes Wissen [scientia] vom Universale erlangen.

Entgegnet nun jemand, daß auch das Partikuläre über sich selbst ausgesagt wird, so sagen wir, daß diese Prädikation nicht die vollkommene Wesenscharakteristik einer Prädikation besitzt. Hierüber wird im folgenden auch an passender Stelle gehandelt werden. Somit ist es für das Verständnis der Prädikabilien sowohl notwendig als auch nützlich, eine Abhandlung über das Universale voranzustellen.

Ein Universale ist dasjenige, was - obwohl es in Einem ist - die Anlage besitzt, in mehrerem zu sein, wie oben nachgewiesen wurde.[2] Dadurch, daß es aus Veranlagung [per aptitudinem] in vielem ist, ist es aussagbar über dieses. Ein Universale ist folglich dasjenige, was auf Grund seiner Veranlagung in vielem und über vieles ist. Insoweit es sich also um das Verhältnis der Prädizierbarkeit handelt, obliegt es dem Logiker, das Universale abzuhandeln, wenngleich es in Hinsicht darauf, daß es eine bestimmte Natur und eine Differenz des Seienden ist, dem Metaphysiker obliegt, das Universale abzuhandeln. Prädizieren und Prädiziertwerden gehört nämlich in den Bereich der Vernunft, welche die Prädikabilien gemäß deren eigentümlicher Wesenscharakteristik ordnet und zusammensetzt.

Ein im Sinne des Prädikabile verstandenes Universale, das in vielem und über vieles ist, ist entweder wesensmäßig oder akzidentiell enthalten, bzw. wie ein Wesen oder wie ein Akzidens. Ist es wie ein Wesen enthalten, dann entweder als ein ganzes Wesen [tota essentia] oder als ein wesensmäßiger Teil [pars essentialis]. Wenn es als ganzes, formmäßiges Wesen enthalten ist, dann ist es mit Sicherheit eine Spezies, da eine Spezies das gesamte formmäßige Sein derjenigen Individuen ist, über die sie prädiziert wird. Denn alles, was der Spezies nachfolgt, kommt von der Materie oder den individuierenden Bedingungen. Ist es aber als wesensmäßiger Teil enthalten, dann entweder der Potenz nach, in welcher sich ein Sein im Anfangsstadium [esse per inchoationem] befindet, oder es ist aktual ein Teil, in welchem Zustand sich ein Sein in vollkommener Wirklichkeit befindet. Im ersten Fall ist es ein Genus, im zweiten aber eine Differenz. Ist das Universale aber als Akzidens enthalten, so entweder als Akzidens einer Natur, das von der Veranlagung dieser Natur verursacht wird und aus ihr entspringt, oder als ein gemeinschaftliches Akzidens, das das Akzidens eines Individuums ist. In der ersten Weise wird es „Proprium", in der zweiten „Akzidens" genannt. Über sie alle hat der Logiker zu handeln, weil er die Ordnung der Prädikabilien und die Zusammensetzung der Prädikate zum Gegenstand der Betrachtung hat.

Auf welche Weise sie alle durch das Merkmal einer Zusammensetzung und wie sie vermittels des substantivierenden Verbs „ist" prädiziert werden, wird im folgenden klar werden. An dieser Stelle muß genügen, daß alles, was prädiziert wird, nicht als Teil, sondern als ein hinsichtlich des Seins Identisches prädiziert wird. Das

Identische aber meine ich an sich oder akzidentiell. Darüber wird also in diesem unseren Buch gehandelt werden. Wir werden hier auch nicht die Dinge selbst untersuchen, durch die diese [Universalien] auf eine einheitliche Hierarchie eines Prädikabile bezogen werden. Dies muß nämlich im Buch „Kategorien" dargelegt werden. [Wir werden] jedoch das den Dingen selbst nebenbei Zukommende [untersuchen], wodurch das erste von ihnen Aussagbare den Namen und Begriff „Genus", das zweite „Spezies", das dritte „Differenz", das vierte „Proprium" und das fünfte „Akzidens" besitzt. Das gehört nämlich zum Inhalt dieses ersten Buches [der Logik]. Dadurch nimmt alles das nebenbei Zukommende nämlich den unterschiedlichen Modus des Prädizierens entweder dem Wesen nach oder hinsichtlich einer Qualitätsbestimmung an, obwohl alles darin übereinstimmt, daß jedes ein Prädikabile ist; darum gibt es [hierzu] auch eine einheitliche Wissenschaft und nicht viele. Es ist jedoch unmöglich, das Universale durch eine echte Definition zu bestimmen. Denn dadurch, daß es über vieles prädizierbar ist, besitzt es keine eindeutige Wesenscharakteristik, sondern ist ein gemäß der Früher-Später-Relation Ausgesagtes über dasjenige, worüber es auf Grund des Umfangs seiner eigenen Allgemeinheit prädiziert wurde.

Wenn wir nun über diese [Universalien] eine Abhandlung machen, dann werden wir uns an die Vorgehensweise und die Gliederung von Porphyrios halten. Damit wollen wir nämlich den doppelten Nutzen unseres Werkes erreichen, daß man sowohl über eine lehrmäßige Darstellung [doctrina] der Universalien, als auch über ein Verständnis des Werkes von Porphyrios verfügt, das er für einen gewissen Chrysaorios, seinen Schüler, geschrieben hat.[3] Da es nun für die Aristotelische Lehre über die Kategorien (die den übrigen Lehren über die Kategorien weit überlegen ist) doppelt notwendig ist - nämlich sowohl unvermeidlich als auch nützlich -, das Wesen des Genus, der Differenz, der Spezies, des Proprium und des Akzidens zu kennen, insoweit diese Universalien die Bedeutung von Prädikabilien haben, muß man sie abhandeln. Unvermeidlich nämlich ist es deswegen, weil man die Wesenscharakteristik eines Prädikabile eher erfassen muß als die Hierarchie der Prädikabilien [ordo praedicabilium]. Nützlich ist es insofern, als man in der Kenntnis über den begrifflichen Inhalt [intentio] von Genus, Spezies, Differenz, Proprium und Akzidens eine sichere Stütze hat, um dann zur genauen Bestimmung von all dem zu kommen, was in einem bestimmten Genus die Position von Spezies einnimmt, sowie von all dem, was vermittels entgegengesetzter Differenzen in einem bestimmten Genus aus einer Einteilung entspringt, und um dann die Propria jedes Genus zu kennzeichnen und eine umfassende differenzierte Bestimmung [distinctio] der Genera der Substanz anzugeben, sowie die Genera der Akzidentien genau zu bestimmen.

[Die Abhandlung der Universalien] ist für die Aufstellung von Definitionen sowohl notwendig als auch nützlich. Alle Definitionen bestehen - soweit sie prädizierbar sind - aus einem Genus und den Differenzen, wobei man sich davor hüten muß, in sie etwas Akzidentielles hineinzusetzen. Das Schlechte kann man nämlich nur vermeiden, wenn es erkannt worden ist, wie Boethius sagt.[4] Auch für den Beiweis [demonstratio] ist [die Abhandlung der Universalien] durchaus notwendig; nach der stärksten Form des Beweisens stellt der Mittelbegriff des Beweises eine Definition dar, die das Was und das Weswegen angibt. Eine solche Definition ist nämlich Aristoteles zufolge [wie] ein Beweis, die sich durch die äußere Form [vom Beweis] unterscheidet.[5] Notwendig und nützlich ist die [Abhandlung der Universalien] auch hinsichtlich der Lehre von den Einteilungen: denn eine jegliche Einteilung [divisio] ist entweder eine Einteilung eines Genus in die Spezies, oder eines Ganzen in die Bestandteile, oder eines Akzidens in die Akzidentien, oder eines Zugrundeliegenden in die Akzidentien, oder eines Akzidens in vieles Zugrundeliegendes, oder eines Wortes in die Bedeutungen. Und es ist offenkundig, daß in einer Einteilung mancherlei enthalten ist, das ohne die Lehre von diesen [Universalien] nicht begriffen werden kann. Aus diesem Grund ist die Lehre vom Genus, der Spezies, der Differenz, dem Proprium und dem Akzidens eine sichere Stütze für die Lehre von den Einteilungen des Genus in die Spezies, des Akzidens in die Akzidentien, oder des Akzidens in vieles Zugrundeliegendes oder eines Zugrundeliegenden in die Akzidentien. Ist sie nun aber nicht jeglicher Einteilung von Nutzen, so wird damit nicht ausgeschlossen, daß sie sich auf die Einteilung bezöge. Denn auch derjenige hat keine Kenntnis von der Einteilung, dem [nur] eine einzige Wesenscharakteristik der Einteilung unbekannt ist.

Da die Beschäftigung mit diesen Dingen, insofern sie bestimmte Universalien sind, derartig nützlich ist, werde ich mittels theoretischer Untersuchung bzw. Betrachtung die Unterweisung hinsichtlich dieser fünf Dinge, insofern sie in einem vernunftmäßigen Verhältnis [in ratione] stehen, zu geben bestrebt sein, indem ich einen kurzen Bericht anfertige. Unser Vorgehen wird einführender Art sein, um den Bedürfnissen der Uneingeweihten zu entsprechen. Was von den Alten hierzu ausgeführt wurde, werden wir sammeln; und obgleich man in einer Einführungsschrift von den höheren Fragen Abstand nehmen soll, werden wir sie dennoch zum Zweck der Vortrefflichkeit der Unterweisung berühren. Gleichwohl müßten in einer Einführungsschrift eher die von den Uneingeweihten leicht einsehbaren Dinge in bescheidener Weise zusammengebracht werden, damit die Unterweisung leichter faßbar wird. Denn man kann ein und dieselbe Sache sowohl mittels eines scharfsinnigen Beweisganges als auch mittels einer einführenden Darlegung abhandeln. Wir werden diese [Universalien] hier nun nicht auf die allerhöchsten Gründe zurückführen, sondern über sie durch Ähnlichkeitsbezüge und sinnfällige Beispiele unterweisen.

2. Kapitel

Von welchen Fragen hinsichtlich der Universalien man Abstand nehmen sollte

Es darf nicht den Anschein haben, als ob es keinerlei gesichertes Wissen von dem gibt, was sich mittels der Prinzipien der Logik nicht genau unterscheiden läßt; vielmehr muß dies durch die Prinzipien der allerhöchsten Weisheit genau entschieden werden. Die erste diesbezügliche Frage lautet nun, ob alles das, was als Genera und Spezies bezeichnet wird, real-gegenständlich existiert [in re subsistant], oder aber nicht in der Natur existiert, sondern nur in den bloßen und reinen Gedanken auf Grund einer von den Dingen gemachten Abstraktion vorkommt. Ich sage „nur in den Gedanken" im Sinne des Ausschlusses der Dinge, so daß sie nicht in den Dingen sind. Mit „bloßen Gedanken" aber meine ich die Gedanken ohne materielle Zutaten, die nur zu all dem gehören, das niemals in der Materie gewesen ist. Denn all das, was in der Materie gewesen ist, ist nicht in den bloßen Gedanken, sondern in Gedanken, die innig mit der Vorstellung und der Wahrnehmung verbunden sind. „Rein" aber nenne ich die Gedanken unter Bezug auf das Intelligible, zu dem ausschließlich das Licht der alleinigen Vernunft [intelligentia] und nicht ein erworbenes Vorstellungsbild hinführt.

Es gibt aber auch solche, die die genannten Formulierungen auf andere Weise deuten. Sie sagen, daß jene [Universalien] für uns [Menschen] nur in den Gedanken existieren und daß nur der Intellekt weiß, ob sie existieren und wie sie ein Sein besitzen. Ebenjene, die man „Nominalisten" nannte, waren der Auffassung, daß die Universalien ein derartiges gedankliches Sein besäßen und daß die Gemeinschaftlichkeit (auf die die zu den Universalien gehörenden Partikularien, über welche die Universalien ausgesagt werden, bezogen werden) nur gedanklich existiert. Als „bloße, nackte" Gedanken bezeichnen sie diejenigen, die zu dem Wißbaren, das sie aufnehmen, nicht die passenden inneren Einstellungen [habitus] besitzen, welche den Intellekt in die für die theoretische Untersuchung von all dem, was in ihm selbst existiert, erforderliche Lage versetzen. Wie zum Beispiel der den logischen Schlüssen angehörende Gedanke die passende innere Einstellung zu den Ausgangsprinzipien benötigt, durch welche der logische Schluß zustande kommt; und wie ferner der Gedanke von den Ausgangsprinzipien die passende innere Einstellung zur Bedeutung der Termini benötigt und so weiter. „Rein" nennen sie die Gedanken, die nicht unter Vermittlung einer Vorstellung aufgenommen werden.

Ferner gibt es solche, die dieses [Sein der Genera und Spezies] auf einen Intellekt zurückführen, der diese verursacht und erkennt und seinerseits jener Intelligenz angehört, die auf den erkennenden Teil unserer eigenen Seele ausstrahlt. Sie sind der Auffassung, daß all das, was das Sein ausschließlich in dem Licht jener Intelligenz besitzt, nur in den Gedanken existiert. Und dieselben sagen auch, die Universalien besäßen als Universalien nur ein ideenhaftes Sein [ideale esse] und sie seien keine Dinge, die mit der Materie verbunden sind, sondern sie würden eine jegliche zu ihnen gehörige Materie mit den Ebenbildern [imagines] von Partikularien erfüllen – ähnlich wie ein einziger Mann viele Frauen schwängert. Als „bloße nackte" Gedanken bezeichnen sie nun die von den Ebenbildern getrennten Gedanken, die der Materie diese Ebenbilder einprägen. Als „rein" bezeichnen sie sie wieder, weil sie sich nicht mit der Unreinheit der natürlichen Prinzipien im Vorgang des Verursachens vermischen, sondern aus dem eigenen Licht die universalen Formen hervorbringen, die sich auf Grund der Verschiedenheit von ebendiesen [reinen Gedanken] mit der Unreinheit der materiellen Prinzipien vermischen und dadurch eine Vereinzelung erfahren und eine bestimmte Begrenzung erhalten.

Einige äußerten auch, daß diese Vervielfachung nur in bezug auf den [sprachlichen] Ausdruck ein und desselben Dinges vermittels Prägung von [verschiedenen] Wörtern [verba] gegeben ist. Von diesen Fragen also und anderen, die an sie angrenzen (die nur durch solche Prinzipien entschieden werden können, durch welche die Natur und Erleuchtung bringende Kraft von Intelligenzen erklärt werden muß), werden wir also Abstand nehmen, wenngleich wir sie streifen, damit man weiß, um welche es sich handelt. Da diese Fragen mit den Prinzipien dieser Wissenschaft [der Logik] nicht aufgelöst und vollständig entschieden werden können, weil eine solche Aufgabe die Erste Weisheit, und zwar ihren allerhöchsten Bestandteil angeht, bedarf sie folglich einer umfangreicheren und tiefergehenden Untersuchung. Ich werde jedoch bestrebt sein, in diesem Buch auf das zu verweisen, was es an Nützlichem für den Logiker auf Grund von Wahrscheinlichkeitsannahmen hinsichtlich dieser Fragen zu wissen gibt; das erreiche ich, indem ich die Wahrscheinlichkeitsannahmen aus den Äußerungen der Alten sammle, wobei ich in erster Linie den Äußerungen der Peripatetiker folge, welche Schule ich in der Philosophie für die annehmbarste halte.

Die zweite Frage, von der ich hier Abstand nehme, besteht darin, ob die Genera und Spezies – angenommen, sie existieren dinglich außerhalb des Gedankens – als Körperliches oder als Unkörperliches existieren.

Die dritte Frage lautet, ob die Genera und Spezies ein Sein in den zu ihnen gehörenden sinnlichen singulären Dingen haben oder außerhalb dieser singulären Dinge nur in den metaphysischen Dingen [res metaphysicae] existieren, wie Platon gesagt haben soll?

Durch logische Vernunftgründe wird man hierauf keine vollständige Antwort erreichen, vielmehr handelt es sich um Probleme, deren Entscheidung dem Metaphysiker überlassen wird. Es gibt also drei Fragen hinsichtlich der Universalien. Die erste betrifft deren Sein; die zweite deren Quiddität; die dritte aber deren Verhältnis zu den eigenen partikulären Dingen.

Und wenngleich diese Fragen alle Universalien betreffen oder betreffen können, werden diese Probleme in erster Linie in bezug auf die Genera und Spezies aufgeworfen, und zwar aus drei Gründen. Ein Grund besteht darin, daß die Genera und Spezies die Bedeutung dessen haben, was durch sich selbst existiert, indem sie im Hinblick auf das Was prädiziert werden. Indem die anderen Universalien aber im Hinblick auf eine Qualitätsbestimmung prädiziert werden, zeigen sie an, daß sie in einem anderen sind, und existieren somit offenbar weniger durch sich selbst. Der zweite Grund besteht darin, daß die anderen drei Universalien [Differenz, Akzidens und Proprium] als das bezeichnet werden, was im Genus und der Spezies ist: die Differenz ist nämlich der Möglichkeit nach im Genus und der Wirklichkeit nach in der Spezies; das Proprium aber ist in der Spezies und im Genus wie eine echte Zutat; das gemeinsame Akzidens wiederum ist in einem Individuum. Als dritten Grund nennen einige, daß alle anderen Universalien auf die Wesenscharakteristiken von Genus und Spezies zurückgeführt werden. Es gibt nämlich ein gewisses Genus der Differenzen, dessen Spezies die speziellen Differenzen sind; ähnlich ist es bei den Propria und Akzidentien. Dieser zuletzt genannte Grund ist von geringem Wert. Der zuerst genannte ist der beste, der an zweiter Stelle genannte ist gut und folgt den Absichten jener, die diese Annahmen äußerten.

3. Kapitel

Erläuterung und Prüfung der ersten Frage

Zwar besitzen diese [Universalien] eine gewisse Bestimmung, deren Erfassung die Kräfte der Logik übersteigt, weil man bei ihnen Gründe heranziehen muß, die den Prinzipien des Seienden, insofern es ein Seiendes ist, entlehnt wurden und durch die man erkennt, was ein nur im bloßen reinen Gedanken Subsistierendes ist und keine andere Subsistenz besitzt, und was wiederum ein von Natur außerhalb des Gedankens gemäß dem vollständigen Sein Subsistierendes ist. Hierzu reichen die Begründungen der Logik nicht aus. Damit die Unterweisung einen positiven Wert hat und der Geist des Lesers nicht im Ungewissen gelassen wird, muß aber versucht werden, dies etwas näher zu erklären.

Zur ersten Frage sind also die größeren Schwierigkeiten anzuführen, die im einzelnen die Unklarheit hervorrufen, um dann nach Einsicht in den Grund der Unklarheit und durch deren Auflösung besser die Wahrheit zu erkennen. Die erste Frage lautet also, ob das als „Universalien“ bezeichnete und in erster Linie die Genera und Spezies wirklich in der Natur mit einem vom Gedanken getrennten Sein existieren oder nicht, sondern allein in den bloßen und reinen Gedanken sind, so daß sie kein isoliertes Sein besitzen, sondern nur so ähnlich wie Vernunftgründe [rationes] und Begriffsinhalte [intentiones] im Geist und im Licht der Vernunft erworben wurden?

Ausgehend von einer so erläuterten Fragestellung, ziehen diejenigen, welche der Meinung sind, die Universalien seien allein in den bloßen reinen Gedanken, zu ihrer Unterstützung sieben Vernunftgründe a fortiori heran. Sie sagen, daß nach Boethius, Aristoteles und Avicenna alles, was es an von Natur aus Abgetrenntem gibt, infolge dessen da ist, weil es ein zahlenmäßiges Eins ist. Ein Universale hingegen, das Genus und Spezies ist, ist kein zahlenmäßiges Eins, weil ein Universale ein Eins in vielem und über vieles ist. Was nun aber ein Eins in vielem und über vieles ist, ist von dem vielen nicht abgetrennt. Folglich ist es selbst nicht abgetrennt und somit kein zahlenmäßiges Eins. Und wenn es kein zahlenmäßiges Eins ist, dann folgt, daß es selbst nicht da ist. Ein Universale ist also nicht abgetrennt. Insofern es also in irgendeiner Weise existiert, ist es allein in den bloßen reinen Gedanken. „Allein in den Gedanken" ist es, weil es nicht in einem realen Ding ist; in den „bloßen nackten Gedanken" ist es, weil das Universale von den sinnlichen Vorstellungsbildern entblößt ist; in den „reinen Gedanken" wiederum ist es, da es nur das reine Licht einer Intelligenz ist, das keinerlei sinnlich wahrnehmbarer Materie gleichkommt.

Sie führen einen zweiten Vernunftgrund an. Sie sagen nämlich, daß alles, was von Natur aus ein Abgetrenntes ist, indem es ein getrenntes Sein außerhalb einer Intelligenz besitzt, ein gewisses Dieses [hoc aliquid] ist. Das ist nun auch die Auffassung von Aristoteles und Avicenna und sie wird induktiv bewiesen: Ein Universale ist nicht ein gewisses Dieses, sondern etwas Qualitatives; also ist ein Universale nicht ein in der Natur Existierendes; insofern es ist, muß es also allein in den bloßen reinen Gedanken sein.

Sie setzen einen dritten Vernunftgrund hinzu: Alles, was von Natur als als Abgetrenntes existiert, ist ein Partikuläres und ein Individuum - wie zum Beispiel jede substantielle und akzidentielle Form, die in einem Individuum ist, individuell ist, denn sie wird durch die Materie, die das Prinzip und die Ursache jeder Individuation ist, zu einem Individuellen gemacht. Das Universale aber soll in seinem Partikulären als in dem Zugrundeliegenden und in ihm als der Substanz sein, in der es sein wirkliches Bestehen hat und die sich selbst zugrundeliegt, wie Aristoteles in den „Kategorien" sagt.[6] Wenn das Universale also außerhalb des Gedankens in seinem Partikulären wirklich existiert, dann ist es ein Partikuläres, was völlig abwegig ist, da ja ein Partikuläres weder in vielem, noch über vieles ist. Das Universale jedoch ist in vielem und über vieles.

Viertens argumentieren sie hierzu, daß Aristoteles in der Ersten Philosophie an vielen Stellen nachweist, daß das Sein eines Universale und eines Partikulären hinsichtlich eines bestimmten Dinges identisch ist, da sonst ein Mensch nicht Eins, sondern zweierlei wäre. Wenn also das Universale und das Partikuläre ein einheitliches Sein besitzen, dann ist dieses Sein, insoweit es in dem Partikulären ist, ein partikuläres. Das Sein eines Partikulären ist kein Sein über vieles und in vielem, denn ein bestimmter Mensch ist ein einzelner und nicht in vielem und über vieles. Dies wird durch Widerlegung des [zuvor genannten] Schlußsatzes zu einem vollen Beweis weitergeführt: Wenn ein Universale seinem eigenen Sein gemäß in vielem und über vieles ist, dann ist das Sein eines Universale nicht das Sein eines Partikulären; es ist aber das Sein eines Partikulären, wenn es außerhalb [des Denkens] ist; also ist es seiner Natur gemäß nicht außerhalb [des Denkens], sondern allein in den bloßen reinen Gedanken, denn sonst gäbe es überhaupt kein Universale, was völlig ausgeschlossen ist. Niemals war jedoch jemand im Zweifel darüber, ob es ein Universale gibt. Darum fragten die Alten auch nicht, ob das Universale existiert oder nicht, sondern ob das Universale seiner Natur nach außerhalb des Intellekts abgetrennt existiert, oder ob es allein in den bloßen reinen Gedanken ist und seine Existenzgrundlage hat, weil es ja außerhalb des Intellekts der Wirklichkeit angehörte.

Fünftens halten sie unter Berufung auf die Meinung Avicennas und Al-Ghazalis entgegen, daß das Universale, das ein Genus oder eine Spezies ist, entweder zu existieren beginnt oder nicht, wenn es außerhalb des Intellekts ist. Sagt man, daß es nicht zu existieren beginnt, so folgt, daß es ewig ist, was nicht sein kann, da es das Licht einer Intelligenz zur Ursache hat, das sämtliche Formen hervorbringt und verleiht. Wenn es aber zu existieren beginnt, so entweder von sich aus oder auf Grund eines anderen. Es beginnt aber nicht von sich aus zu existieren, da ja nichts aus sich selbst seinen Anfang nimmt und da Platon sagt, daß es nichts gibt, dessen Hervorkommen nicht eine gesetzmäßige Ursache [legitima causa] vorangegangen wäre. Wenn es aber auf Grund eines anderen zu existieren beginnt, so auf Grund des Aktes eines Agens. Außer einem Partikulären und einem Individuum gibt es aber nichts, das auf Grund des Aktes eines Agens entsteht, da jeder Akt sich auf Partikuläres bezieht. Also ist das Universale ein Partikuläres und ein Individuum. – Laßt uns also diesen Schlußsatz widerlegen, indem wir sagen, daß ein Universale nicht ein Partikuläres und ein Individuum ist, wie bereits weiter oben nachgewiesen wurde; folglich beginnt ein Universale weder zu existieren, noch existiert es eine Ewigkeit lang. Also ist ein Universale nicht in der Wirklichkeit, sondern im Intellekt.

Sechstens führen sie zur Bekräftigung ihrer Meinung an, daß es in der Kunst (die die Natur nachahmt) zweierlei hinsichtlich der Form der Kunst zu geben scheint. Unter dem Aspekt ihres Daseins im Künstler ist sie allem denjenigen gemein, das ein und demselben Genus und ein und derselben Spezies angehört, da sie ja der Vorgehensweise des Künstlers [modus artificis] entsprechend im Künstler ist. Und genauso, wie ein einziger Künstler viele Kunstprodukte hervorzubringen vermag, ist auch die Form im Künstler das gemeinsame Urbild für all das, worin diese Form als Ebenbild eingeprägt werden kann. Solange sie nun andererseits außerhalb der Kunst des Künstlers in einer künstlerisch gestalteten Materie ist, ist sie vereinzelt und kann nichts Gemeinschaftliches sein und besitzt auch keinerlei Veranlagung dazu, in einem anderen und über ein anderes zu sein. Ganz ähnlich ist es nun offenbar bei den natürlichen Formen. Bei ihnen fungiert eine Intelligenz als der Künstler, und die natürliche Form ist ebenso eine Form in den Dingen, wie die Form der Kunst in der künstlerisch gestalteten Materie. Wenn ein Universale also ein Gemeinschaftliches [commune] ist und von Natur aus die Veranlagung hat, in vielem zu sein, so kommt ihm das offenbar nur deshalb zu, weil es in einer Intelligenz ist, die ein gemeinschaftlicher Künstler ist. Ein Universale als Universale kann also nur das sein, was allein in den bloßen und reinen Gedanken ist.

Siebentens stützen sie ihre Auffassung damit ab, daß im „Liber de causis" an vielen Stellen nachgewiesen wurde, daß ein Ding in einer Ursache nur entsprechend dem Modus und der Stärke der von der Ursache hervorgebrachten Wirkung ist.[7] Die Ursache aber ist in der Wirkung nur entsprechend der Form, welche die Ursache zu einer Wirkung gebracht hat; denn alles, was aus dem Möglichkeitszustand zur Wirkung gebracht wird, bringt sie nur entsprechend dem hervor, was in der Wirkung in Gestalt sowohl der synonymen als auch der homonymen Akzidentien enthalten ist, denn die homonymen müssen auf die synonymen zurückgeführt werden. Die Form der die Wirkung hervorbringenden Ersten Intelligenz ist das, was die Wirkung ist, nur entsprechend der Beschaffenheit und der Stärke der Wirkung. Eine Wirkung aber ist individuell und singulär. Also ist die Form, ob substantiell oder akzidentiell, die in einer Wirkung aus einer Intelligenz hervorgeht, individuell und singulär. Ein Universale aber ist weder individuell noch singulär. Also gibt es kein Universale, das Resultat der Wirkung einer Natur außerhalb einer Intelligenz wäre; folglich ist es allein in den bloßen reinen Gedanken.

Dies machen diejenigen als ihre Beweisgründe a fortiori geltend, die einräumen, daß die Universalien nur gedanklich existieren. Sie sagen, Aristoteles sei der Auffassung gewesen, daß etwas ein Universale ist, sobald es gedacht wird, jedoch ein Singuläres, sobald es außerhalb [des Gedankens] wahrgenommen wird.[8]

Demgegenüber machen diejenigen, die der Auffassung sind, daß die Universalien Dinge sind, die außerhalb des Intellekts für sich existieren, sieben Beweisgründe a fortiori geltend, auf die sie sich am meisten stützen. Ihr erster ist, daß „dieser Mensch" nur auf Grund des Menschen schlechthin ist, und aus demselben Grund ist ein anderer Mensch nur auf Grund des Menschen schlechthin, und so weiter bei allen anderen. Der Mensch kann aber nur auf der Grundlage dessen existieren, was ein in Wirklichkeit, außerhalb des Intellekts schlechthin Existierendes ist. Deswegen bezeichnet man den Menschen als das würdigste unter den Geschöpfen. Käme dies nämlich einem ganz bestimmten Menschen zu, insofern er dieser bestimmte ist, dann käme es nicht einem anderen zu. Analog kommt es einem ganz bestimmten Menschen als diesem bestimmten Menschen nicht zu, daß der Mensch vernunftbegabt ist, denn sonst käme dies einem anderen nicht zu. Also kommt es [ihm] als Mensch [überhaupt] zu. Also ist ein Mensch als Mensch und nicht dieser ganz bestimmte Mensch etwas, das in Wirklichkeit außerhalb des Intellekts existiert. Die gleiche Begründung gilt für das Lebewesen als Lebewesen.

Der zweite Beweisgrund lautet, daß nach Aristoteles dasjenige, wodurch ein Ding existiert, und dasjenige, wodurch es erkannt und gewußt wird, identisch ist. Eine Wissenschaft aber gibt es nur vom Allgemeinen und durch das Allgemeine. Also existiert ein Ding überhaupt nur auf Grund des Allgemeinen. Eine Wissenschaft gibt es nämlich überhaupt nur über Dinge und auf Grund der Dinge, vor allem in der Naturforschung. Also sind die Universalien Dinge außerhalb des Intellekts. Denn existierten sie ausschließlich im Intellekt, dann wären sie die auf die Dinge bezogenen Gedankeninhalte [intentiones], jedoch nicht die Dinge selbst.

Drittens führen sie an, daß die Form, die das Sein verleiht, das Sein nicht der Materie verdankt, wenngleich sie in der Materie ist. Vielmehr verdankt sie das Sein dem auf die Form gerichteten synonymen Agens. Und insofern sie von einem Agens abhängt, ist sie wirklich und außerhalb des Intellekts, gleichwohl ist sie nicht dieses oder jenes, sondern existiert schlechthin. Nun ist dasjenige ein Universale, was als solches nicht dieses oder jenes Bestimmte, sondern ein schlechthin Übertragbares [communicabile] ist, das dieses oder jenes Bestimmte geworden ist. Also ist das Universale schlechthin und als solches etwas, das vom Agens getrennt ist und wirklich [in natura] existiert, obgleich es nicht dieses oder jenes Bestimmte ist. Ein Universale existiert also schlechthin und existiert eher als dieses oder jenes Partikuläre. So lautete Platons Einwurf, der der Meinung war, daß die Universalien Formen seien.

Viertens ziehen sie folgendes heran: Was hinsichtlich der Form einem Agens entstammt, existiert wirklich, verdankt aber dennoch hinsichtlich seines Form-Seins nichts der Materie, sondern es verdankt dem, was in der Materie ist, daß es die Form von diesem oder jenem ist. Ein Seiendes hat mit Gewißheit von einem Agens das wirkliche Dasein und formal durch das Agens, ungeachtet dessen, daß es sich auf dieses oder jenes Konkrete bezieht, da es sich gegenüber allem, was ihm als dem Urbild nachgestaltet wird, auf eine und dieselbe Weise verhält. Was also auf diese Weise existiert, das existiert im höchsten Maß in der Wirklichkeit, weil sein Sein von keinem Ding überschattet oder dem Wandel ausgesetzt worden ist. Indem nun die Form sich auf ein und dieselbe Weise zu allem ihrem Partikulären verhält, existiert sie auf die genannte Weise und besitzt ein solches Sein. Auf eben diese Weise existiert aber ein Universale. Also ist ein Universale im höchsten Maß wirklich da, und es ist wahrer als ein Partikuläres.

Fünftens führen sie an, daß die Form einem Ding das Sein sowohl der Spezies nach, als auch der Wesenscharakteristik nach verleiht; und die Natur ist überhaupt nur das Licht einer Intelligenz, das hinsichtlich eines ganz Bestimmten seine eindeutige Bestimmung und Begrenzung findet und sich in jenem verkörpert. Was also das Sein und die Wesenscharakteristik verleiht, besitzt dieses Vermögen entweder von dem, was sich in jenem verkörpert und seine eindeutige Bestimmung und Begrenzung hinsichtlich eines ganz Bestimmten findet, oder nicht. Es steht jedoch fest, daß es das Vermögen, das Sein und die Wesenscharakteristik zu verleihen, nicht darum hat, weil es seine eindeutige Bestimmung und Begrenzung hinsichtlich eines ganz Bestimmten hat und weil es sich in jenem verkörpert. Denn dies kommt zu ihm hinzu, und einem solchen Akzidens kann es nicht einen substantiellen Akt verdanken. Also verdankt es dies dem Licht einer Intelligenz, die der Verleiher des Seins in der Natur ist. Nur dasjenige aber verleiht überhaupt das Sein in der Natur, was tatsächlich in der Natur existiert. Die Form, welche das Sein in der Natur verleiht, existiert also tatsächlich in der Natur außerhalb des Denkens. So verleiht auch die einer Kunst gehörende Form einem Kunstprodukt das Sein im Genus und in der Spezies eines Kunstprodukts überhaupt nur, insofern sie tatsächlich im Kunstprodukt außerhalb des Denkens des Künstlers ist. Gleichwohl verdankt dasjenige, was dem Kunstprodukt das Sein verleiht, dieses Vermögen nicht dem Umstand, daß es im Kunstprodukt ist, sondern daß es dem Künstler entstammt.

Sechstens machen sie geltend, daß das Licht, welches die Farben hervorbringt, dadurch, daß es in einem begrenzten Körper ist, keinen Verlust erleidet und zum aktiven Wirken auch nichts an Wesen und Vermögen hinzugewinnt, wenngleich zu dem, was durch es in seinem Dasein bestimmt wird, vieles dadurch hinzukommt, daß es in bezug hierauf oder darauf eindeutig bestimmt und begrenzt wird. Dadurch, daß es in diesem oder jenem Bestimmten ist, verliert also auch das Licht einer Intelligenz, das aus sich selbst heraus die Formen spendet, nicht das, was es von sich aus bzw. in der Funktion eines Verursachenden besitzt, noch gewinnt es etwas an Wesen oder Vermögen hinzu, indem es in bezug auf dieses oder jenes eindeutig bestimmt und begrenzt wird. Gleichwohl kommt dem, was durch dieses Licht in seinem Dasein bestimmt wird, vielerlei zu, indem das Licht, das dieses in seinem Dasein bestimmt, in diesem bzw. jenem aktiv wirkt. Was nun auf diese Weise im Besitz des Vermögens ist, [anderes] in seinem Dasein zu bestimmen, existiert tatsächlich auf natürliche Art und nicht deswegen, weil es in diesem oder jenem Bestimmten ist. Das nennt man aber ein auf einfache und wahrste Weise Existierendes und ein solches, das von Natur aus gegenüber all dem, welchem es das Sein und die Wesenscharakteristik verleiht, eine einheitliche Veranlagung besitzt. Und dies ist das Genus oder die Spezies, insofern sie Universalien sind. Die Universalien Genus und Spezies sind also auf wahrste Weise in der Natur da.

Siebentens führen sie an, daß das, was der Natur und dem Vermögen nach einem Ding vorausgeht, von dem ihm selbst Nachfolgenden weder das Sein, noch die Einmaligkeit oder die Vervielfältigung hinsichtlich seiner selbst annimmt, es sei denn in bezug darauf, was es in diesem oder jenem ihm selbst nachfolgenden Etwas besitzt. Das Universale aber oder die Form, die die Ursache und das Prinzip eines Dinges ist, geht einem Ding hinsichtlich der Ursache und der Ordnung der Natur voraus. Von dem, in dem es ist, empfängt es also weder das Sein, noch die Einmaligkeit, noch die Vervielfältigung, insofern es an sich da ist; gleichwohl wird es nur mit Bezug auf das Sein vervielfältigt, das es in diesem oder jenem Etwas hat. Begreift man es also an sich, so besitzt es nichts von all dem, was dem entstammt, in dem es ist. An sich genommen aber ist es am wahrsten, denn als solches ist es ihm nicht eigen, daß es lediglich im Denken existiert, wenngleich es vom erkennenden und verursachenden Intellekt herkommt. An sich genommen ist es im wahrsten Sinn ein Ding, das in einer einfachen Natur existiert. In diesem Sinn ist das Universale nun etwas, das im Besitz einer Veranlagung hinsichtlich alles ihm zugehörenden Singulären ist. Also existiert ein Universale im wahrsten Sinn, und es ist ein wirkliches Ding; dabei wird auch nicht seine Existenz allein im reinen und bloßen Gedanken unterstellt.

Dies also sind die Beweisgründe a fortiori, die man für die eine und die andere Partei zur Bekräftigung der eigenen Auffassungen anführt.

Wir hingegen lösen die Beweisgründe in für die vorliegende inhaltliche Absicht angemessener Weise auf und sagen, daß das Universale in dreierlei Hinsicht betrachtet wird: einmal insofern es in sich selbst eine einfache und unveränderliche Natur ist; dann insofern es auf eine Intelligenz bezogen wird; schließlich insofern es in diesem oder in jenem ist. In der zuerst genannten Hinsicht ist ein Universale nun eine einfache Natur, die Sein, Wesenscharakteristik [ratio] und Namen verleiht und unter all dem, was existiert, das Wahrste ist, das frei von der Beimischung einer fremden Natur und [frei] von Veränderung auf Grund der Veranlagung einer fremden Natur ist. Insofern ein Universale nun aber in diesem oder jenem Bestimmten ist, kommt zu ihm hinsichtlich des Seins vielerlei hinzu; dazu zählt erstens, daß es vereinzelt und individuiert ist, zweitens, daß es ein Vervielfältigbares [multiplicabile] oder Vervielfältigtes ist, drittens schließlich, daß es ein Körperhaftes ist und in sich verschiedene Eigenschaften, für die es das Zugrundeliegende darstellt, sowie unendlich vieles andere von dieser Art besitzt, da zur Begleitung der Materie unendlich vieles gehört. Insofern das Universale nun aber im Denken [intellectus] existiert, wird es in zweierlei Hinsicht betrachtet, nämlich entweder bezüglich der Relation zum Intellekt der Ersten Intelligenz, die das Universale erkennt und verursacht und zu der jene einfache Natur als ein gewisser [Licht-]Strahl [radius] gehört, oder bezüglich der Relation zum Intellekt, der ein Universale mittels Abstraktion erkennt. In der zuerst genannten Hinsicht fungiert das Universale als Strahl und Licht der aktiv wirkenden Intelligenz, als Einfaches und Reines, als Immaterielles, Unbewegliches, Unkörperliches, Unvergängliches, als Vervollkommenbares des Möglichen Intellekts [intellectus possibilis] und als auf Verwirklichung drängende Kraft ebendieses Möglichen Intellekts, so wie die Farbe das Sehvermögen zur Wirklichkeit bewegt entsprechend der Wirklichkeit des Hellen, das in ihr selbst steckt, sobald die Farbe im Wirklichkeitszustand ist. Bezüglich der Relation hingegen, welche ein Universale zum erkennenden und nicht verursachenden Intellekt hat, ist es ihm eigen, daß ein solcher Intellekt in dem Universale, insofern er es abstrahiert, die Allgemeinheit wirklich werden läßt [agit universalitatem] (welche Allgemeinheit es naturhaft zuvor besessen hat), indem er es von der Materie und all dem materiell Individuierten lostrennt. Damit versteht man auch Aristoteles' Feststellung, daß etwas ein Universale ist, sobald es gedacht wird, jedoch ein Partikuläres, sobald es wahrgenommen wird.[9] Ebenso begreift man die Feststellung von Avicenna, daß der Intellekt die Allgemeinheit in den Formen wirklich werden läßt.[10]

Dies fällt mit der Feststellung der Alten zusammen, daß es Formen in dreierlei Hinsicht gibt: die den Dingen vorgeordneten, das sind die Formen, wie sie für sich aufgefaßt werden, d. h. die Prinzipien der Dinge; sodann die Formen in den Dingen oder gemeinsam mit den Dingen, das sind die Formen, die in den Dingen selbst existieren und ihnen Namen und Wesenscharakteristik verleihen, indem sie über die Anlage verfügen, in vielem und universal zu sein (diese Anlage besitzen sie jedoch nicht, insofern sie in diesen sind, denn in dieser Hinsicht sind sie vereinzelt und individuiert und auf die Singularität bezogen); ferner gibt es auch die den Dingen nachgeordneten Formen, das sind die Formen, die mittels Abstraktion des Intellekts von den individuierenden Bedingungen abgetrennt worden sind und in denen der Intellekt die Allgemeinheit wirklich werden läßt. Die ersten Formen sind damit die substantiellen Prinzipien der Dinge, die zweiten jedoch die Substanzen der Dinge, die dritten endlich sind die Akzidentien und Qualitäten, die man als die in der Seele angenommenen „Zeichen" [notae] der Dinge und als „Dispositionen" oder „Habitus" bezeichnet.

Nachdem dies oben vorausgeschickt worden ist, sagen wir also, daß die Universalien, das heißt die Naturen, die man als Universalien bezeichnet, an sich genommen, existieren und im wahrsten Sinn unerschaffbar, unzerstörbar und unveränderbar sind. Sie existieren auch außerhalb von dem oder ohne den auf sich gestellten bloßen und reinen Gedanken, wie die an zweiter Stelle angeführten Vernunftgründe widerspruchsfrei beweisen. Hinsichtlich eines bestimmten Seins aber existieren sie in den Dingen, nämlich hinsichtlich des individuierten Seins [esse indivudatum], das aktuell in all dem ist, was in letzter Instanz in einem vollkommenen Sein in einer Natur von Bestand ist; deshalb wird dieses Ding von den Physikern als „Natur" bezeichnet. Außerdem aber sind sie hinsichtlich eines bestimmten Seins im Intellekt, und zwar in doppelter Hinsicht: einmal sind sie in dem mittels der Erkenntnis verursachenden und aktiv wirkenden Intellekt, ferner sind sie in dem mittels der Abstraktion erkennenden Intellekt, der sie hinsichtlich der Allgemeinheit in die Wirklichkeit überführt und zum Vorschein bringt.

Nun also zu dem, was man zuerst für die erste Meinungsrichtung als zentralen Gedanken ins Feld führt: Aristoteles und Boethius seien doch der Auffassung, daß alles, was existiert, infolgedessen da ist, weil es ein zahlenmäßiges Eins ist;[11] dies bezieht man auf all das, was auf Grund eines letzten Aktes der Natur nach vollkommen ist, denn für dieses ist es wahr; die Universalien existieren aber nicht auf diese Weise, denn sie existieren als die Prinzipien der Dinge und nicht als Dinge, die auf Grund eines letzten Aktes in einer Natur von Bestand und vollendet sind. Der Sinn [der zitierten Aussage: alles, was existiert usw.] besteht entweder darin, daß „zahlenmäßiges Eins" ein abgeleiteter Ausdruck von der Zahl eines letzten Seins oder von der Zahl eines Wesens sein soll. Das Sein, das ein zahlenmäßiges Eins ist, besitzt nämlich das Sein seines eigenen Wesens; so wie auch ein Universale, das ein zahlenmäßiges Eins ist, ein zahlenmäßiges Eins des Wesens und nicht zwei oder drei (obgleich die Zahl zur Materie und dem Akzidens gehört) in vielem und über vieles ist. Dies kommt nun zu ihm [dem Universale] zusätzlich hinzu, kommt ihm aber nicht von sich aus zu. In dieser Weise begreift man auch den Sinn der Aussage, daß vermittels der Teilhabe an der Spezies mehrere Menschen nur ein Mensch sind.[12]

So ähnlich muß man zu dem, was sie als zweites sagen, Stellung nehmen. Sie sagen, daß jenes, was ein getrenntes Sein außerhalb eines Intellekts in einer Natur besitzt, ein gewisses Dieses ist. Nun spricht man aber in zweierlei Hinsicht vom „Besitzen eines getrennten Seins": zum einen in dem Sinn, wonach dasjenige ein getrenntes Sein besitzt, welches in sich ein von keinem abhängiges Sein hat, in Gegenüberstellung zu dem, was ein Sein besitzt, das über es selbst hinausgeht. In diesem Sinn trifft nun ihre Aussage nicht generell zu, denn ein so getrenntes Universale besitzt ein Sein in einer Natur und ist dennoch nicht ein gewisses Dieses. Zum anderen wird etwas als ein „getrenntes Sein" bezeichnet, das für sich selbst ein Unteilbares ist und ein auf Grund der Trennung von anderem Unterschiedenes und Abgetrenntes. In dieser Hinsicht trifft nun generell zu, was sie sagen, weil so überhaupt nur das singulär Existierende ein getrenntes Sein besitzt.

Zu dem, was sie als Drittes anführen, ist mit einer These von Avicenna festzustellen, daß alles, was in einem Individuum ist (insoweit es in dem Individuum ist), ein Singuläres ist.[13] Doch nichts verbietet, daß das, was in einem Individuum ist, ein Universale ist, und zwar nicht insofern es in dem Individuum ist, denn an sich gefaßt verbietet nichts, daß dieses ein qualitatives Etwas und nicht ein gewisses Dieses ist.

Entgegnet nun jemand folgendermaßen: Was in einem Individuum ist, das ist in ihm in der Gestalt eines Individuums; ein Individuum aber ist ein gewisses Dieses; was in einem Individuum ist, das ist also ein Singuläres und ein gewisses Dieses – so stimmt das Argument nicht. Denn das, was in einem Individuum ist, ist in ihm nicht immer dergestalt, daß es das Sein eines Individuums ist, sondern bisweilen dergestalt, daß es das Prinzip des Individuums ist. Ferner ist es nicht notwendig, daß dieses in bezug auf das, was es ist, ein Individuum und ein gewisses Dieses ist, da es ein qualitatives Etwas sein kann. Folglich enthält das Argument einen Paralogismus der Redefigur, da ein qualitatives Etwas wie ein gewisses Dieses interpretiert wird.[14]

Zu dem, was sie als viertes heranziehen, ist zu sagen, daß ein Universale unter Rücksicht auf das Sein, was es in einem Singulären hat, kein anderes Sein als das Sein eines Singulären besitzt. Dies bestätigt Aristoteles in der Entgegnung auf jene, die behaupten, daß die universalen Formen ein wohlunterschiedenes und abgetrenntes Sein neben dem Sein des Singulären behalten (so ähnlich wie das von einem Siegel Zurückbehaltene), welches Sein von jenem genau so getrennt ist wie das Sein eines Siegels und des gesiegelten Wachses.[15] Aristoteles weist jedoch nicht nach, daß dasjenige, was in einem Singulären ist, nicht das Sein einer Natur und eines Prinzips habe – nicht insoweit es in einem Singulären ist, sondern insoweit es an sich gefaßt wird –, denn dies ist wahr und notwendig in jeder Natur.

Zu dem, was als fünftes entgegnet wird, ist zu sagen, daß die Wesen der Dinge, insoweit sie Wesen sind, überhaupt nur akzidentiell und mittels eines anderen zu sein beginnen, nämlich dadurch, daß diejenigen Dinge zu sein beginnen, in denen sie sind. In diesen beginnen sie nämlich folgerichtig zu sein. Dies kommt ihnen überhaupt nur insofern zu, als sie in diesen sind. Für sich genommen jedoch beginnen sie weder, noch hören sie auf, der Natur gemäß zu sein, vielmehr sind sie Strahlen des Lichts der universell wirkenden Intelligenz, welche Gott ist und welcher man – da sie für sich selbst ein Agens ist – überhaupt nur insoweit zuschreiben darf, daß sie beginnt oder aufhört, als sie dieses oder jenes in einem Singulären verwirklicht.

Zu dem, was sie als sechstes anführen, ist folgendes zu sagen: Obgleich die Form einer Kunst ihre Funktion, ein gemeinsames Urbild zu sein, auf Grund dessen besitzt, daß sie von einem Künstler mit einem bestimmten Talent ausgeht, besitzt sie diese Funktion auch dann, nachdem sie herausgetreten ist, und zwar so lange, wie sie selbst als Form einer Kunst genommen wird. Und diese Funktion besitzt sie in Holz wie in Stein, obgleich sie sie nicht insoweit besitzt, als sie in Holz und Stein existiert. In gleicher Weise verhält es sich bei den natürlichen Formen, die ihre Existenz einer Intelligenz verdanken. Wenn man sie also für sich nimmt, sind sie gemeinsame und universale, einschließlich der, die in dem vielen Einzelnen sind, obgleich sie diese Eigentümlichkeit nicht insofern haben, als sie in dem vielen Einzelnen sind.

Vielleicht zieht aber jemand folgenden Schluß: „Besitzen sie diese Eigentümlichkeit nun nicht insofern, als sie in dem vielen Einzelnen sind, dann besitzen sie sie insofern, als sie nicht in dem vielen Einzelnen sind." Es handelt sich dann um einen Paralogismus von der Art eines Fehlers in der Einteilung, denn er macht einen Schluß auf ein Produkt einer Einteilung, ausgehend von dem, was im Sinn einer Zusammensetzung ausgesagt wurde.

Zu dem, was nun als siebentes und letztes angeführt wird, ist offenbar zu sagen, daß alles, was in einer Wirkung enthalten ist – insoweit die Wirkung ein endgültiges Sein besitzt und insofern jenes in dieser Wirkung ist –, ein Singuläres ist. So versteht man auch das, was im „Liber de causis" nachgewiesen wurde. Was aber für sich genommen in der Weise eines Prinzips und einer Formalursache dieser Wirkung als solcher existiert, kann ohne Hinderungsgrund von sich aus ein Übertragbares [communicabile] und Allgemeines sein, wie schon öfter dargelegt wurde.

Alles an zweiter Stelle Herangezogene aber halte ich für notwendig schlüssig.[16]

4. Kapitel

Darüber, ob die Universalien Körperliches sind

Die zweite Frage lautet, ob die Universalien Körperliches oder Unkörperliches sind. Ebenso wie die erste Frage ist auch diese von den Platonikern in die Diskussion gebracht worden. Platon behauptete nämlich, die mathematischen Linien und die [Körper-]Oberfläche seien etwas Abgetrenntes, aus dem sich die mathematischen Körper zusammensetzen; so sagte er auch, daß sich jedes Teilbare aus vielem Unteilbaren zusammensetzt, was er von den Epikureern übernahm, die vorher mit dem Philosophieren begonnen haben. Melissus, Parmenides und gewisse andere behaupteten aber solches. Sie sagten, daß jede materielle Quantität aus großen und kleinen mathematischen [Teilen] besteht.[17]

Sie führten aber nun drei außerordentlich gewichtige Beweisgründe für ihre Auffassungen an. Der erste Beweisgrund war, daß sie sahen, daß eine Substanz – sowohl Materie als auch Form –, von sich aus und insofern sie eine Substanz ist und insofern sie an sich genommen wird, unteilbar ist, wie auch Aristoteles ausdrücklich feststellt.[18] Folglich muß es ein anderes unteilbares Prinzip der Teilbarkeit geben. Ein Teilbares aber ist überhaupt nur die Quantität; jede Quantität aber, ob diskret oder kontinuierlich, geht überhaupt nur aus einem Unteilbaren hervor. Außerdem geht jede Spezies der Quantität überhaupt nur aus dem nächsten Unteilbaren hervor; denn ein jedes Genus und eine Spezies wird von bestimmten, zu ihnen gehörigen nächsten Prinzipien verursacht. Ein Körper, der doch in jeder Hinsicht ein Teilbares ist, kann nicht (im Sinn des nächsten Prinzips seines Bestehens) von dem verursacht werden, was so wie der Punkt in jeder Hinsicht ein Unteilbares ist oder was so wie die Linie nur in einer Hinsicht teilbar ist. Vielmehr muß er durch das verursacht werden, was in vielerlei Hinsicht ein Teilbares ist. Eine Fläche ist analog überhaupt nur unteilbar der Tiefe nach, jedoch der Breite und Länge nach teilbar. Aus der Zusammensetzung der einen Fläche mit einer anderen entsteht ein Teilbares der Tiefe nach. Analog ist ein Punkt in jeder Hinsicht ein Unteilbares; in der Zusammensetzung eines Punktes mit einem Punkt entsteht ein Teilbares der Länge nach auf Grund der geradlinigen kontinuierlichen Bewegung eines Punktes. Ein Punkt ist nämlich eine Substanz, die eine Lage besitzt; und folglich erzeugt er durch seine kontinuierliche Bewegung die Teilung einer gegebenen Linie. Analog verhält es sich bei einer Fläche, die von einer der Breite nach bewegten Linie konstituiert wird: diese Bewegung setzt eine Linie mit einer anderen zusammen, unter der Voraussetzung, daß zuerst eine einzige, der Breite eines Kontinuums nach bewegte Linie existiert, welches Kontinuum durch deren Bewegung konstituiert wird. Analog ist es beim Körper, der durch die Bewegung einer Fläche, die der Tiefe nach bewegt ist, konstituiert wird. Da es nicht noch mehr Lagen eines Kontinuums gibt, auf das hin sich ein Unteilbares bezüglich der Konstituierung einer Quantität bewegen kann, gibt es nicht mehr als drei Spezies der kontinuierlichen Quantität und nur drei Verschiedenheiten [der kontinuierlichen Quantität]. Da die wahrnehmbare Materie von sich aus aber unteilbar und unbeweglich ist, kann sie nicht das Prinzip eines Quantitativen bzw. einer Quantität sein. Die Materie hat von sich aus nämlich keinerlei Quantität. Alles das aber, was wesensmäßiges Prinzip irgendeines Genus ist, muß selbst etwas aus diesem Genus sein - das gilt sowohl für das Genus der Substanz, wie für das Genus der Akzidentien. In der „Physikvorlesung" ist jedoch nachgewiesen worden, daß die Prinzipien der vergänglichen Dinge lauter Unvergängliches sind und daß die Prinzipien der wahrnehmbaren Dinge lauter Nicht-Wahrnehmbares sind.[19] Denn sonst schritte man bei den Prinzipien und den Prinzipien der Prinzipien bis in das Unendliche fort. Ebenso ist erwiesen, daß diejenigen Naturen, die man die „einfachen" und „universalen" nennt, die Prinzipien von all dem sind, was das Singuläre ist, wie bereits in der zuvor aufgeworfenen Fragestellung bewiesen wurde. Alles das Materielle und Körperliche nun kann überhaupt nur körperliche Prinzipien sowie Prinzipien, die von den Prinzipien der Quantität bestimmt sind, besitzen. Offenbar folgt also notwendig, daß die Universalien körperlich sind und Körper, die nach körperlichen Quantitäten bemessen sind. Diese Überlegung folgt geradewegs dem Herangehen Platons, der Abgetrenntes von solcher Art annahm. Somit ist dieses Herangehen Platons durch vieles erklärt worden, so daß man seine Absicht besser versteht.

Der zweite Beweisgrund lautet, daß dieses oder jenes numerisch Bestimmte nicht das Prinzip irgendeines Genus oder einer Spezies sein kann, da es ja nicht die Geltung eines Allgemeinen von jenem Genus oder jener Spezies besäße. Die Prinzipien der Genera und Spezies sind also Genera und Spezies; und da die wahrnehmbaren Körper unter ein Prinzip gestellt [principiata] und quantitativ bestimmt sind, folgt, daß ihre Prinzipien die Genera und Spezies der Quantitäten sind. Ebendiese sind die wahrnehmbaren Prinzipien, die durch das Hier und Jetzt individuiert worden sind. Denn eine Substanz wird als Substanz hinsichtlich ihrer Prinzipien nicht auf ein Hier und Jetzt festgelegt oder individuiert; folglich wird sie nicht durch derartige Prinzipien verursacht. Darum bestimmte Platon die Prinzipien von all dem Wahrnehmbaren nach dem Mathematischen, das die Wesenscharakteristik von Genera oder Spezies hat; von der Substanz als Substanz sagte er hingegen, daß sie nicht wie unter ein Prinzip Gestelltes [principiatum] existiert, sondern vermittels der Quantität auf ein Hier und Jetzt festgelegt sei. Hieraus schloß er aber weiter, daß die Genera und Spezies, welche die Prinzipien all dieses Singulären sind, körperlich sind.

Der dritte Beweisgrund Platons lautete: was in der Ordnung der Natur an erster Stelle steht, ist Ursache und Prinzip dessen, was in sich selbst in derselben Ordnung der Natur an untergeordneter Stelle steht; man vergleiche dazu den Beweis im Werk „Fons vitae" und im „Liber de causis".[20] Es steht aber fest, daß das nach der Wesenscharakteristik der Quantität erfaßte Quantum der Ordnung der Natur nach vor einem bestimmten wahrnehmbaren Quantum ist. Also ist es der Ordnung der Natur gemäß die Ursache von diesem und ein Prinzip. Ursache und Prinzip ist jedoch überhaupt nur dasjenige, was ein einfaches und universales Prinzip ist. Was einfach und universal ist, das ist folglich ein Quantum und Körperliches.

Dies sind zweifellos Platons eigene Beweisgründe für seine Auffassung, daß die Universalien etwas Körperliches sind, das durch mathematische Verhältnisse und Formen konstituiert wird. Was einige nun über die Universalien von immateriellen Wesen wie den Engeln oder Seelen sagen, hat für den vorliegenden Gegenstand keinerlei Bedeutung. Platon sagt nämlich, daß das So-Beschaffene von Ewigkeit her besteht und gewisse Strahlen des ersten Lichts darstelle und nicht durch materielle Prinzipien vermittels einer Zusammensetzung verursacht sei und daß es bei solcherlei das Partikuläre und nicht das Universale gäbe. Er sagt betreffs des So-Beschaffenen, daß es dadurch in uns ist, daß dessen Lichter und Wesen in uns sind, indem wir durch dieses entweder existieren oder es erkennen. Deshalb sagt Avicenna in seiner „Metaphysik" an der Stelle, wo er eine Festlegung über die Arten der Qualität macht, daß dieser Grundsatz wahr ist. Als Zeichen dafür führt er an: Dasjenige, in dem diese [Universalien] sind und das entweder durch diese existiert oder diese erkennt, nimmt sie doch nicht hinsichtlich des Hier und Jetzt auf, sondern überall und immer, insoweit es um sie selbst geht.[21] Die Seele ist nämlich nicht bezüglich des Hier und Jetzt im Körper, noch ist es ein Geist, eine Intelligenz oder auch ein Engel: dieses ist in dem, in welchem es ist, nicht vermittels einer Tätigkeit oder Erkenntnis in der Weise des Hier und Jetzt, sondern es ist in dem, in welchem es ist, gemäß dessen Vermögen und in der Weise des Überall und Immer; denn es besitzt in diesem keinen Unterschied hinsichtlich der Lage. Ebendies ist die Meinung Platons.

Als Gegenposition hierzu genügen ebenfalls drei Beweisgründe, die die bedeutenderen von den vielen sind, die angeführt werden können. Der erste Beweisgrund besteht darin: Wenn die Universalien (die bestimmenden Prinzipien von all diesem Singulären) körperlich sind, so sind sie Prinzipien entweder insofern sie unkörperlich sind oder insofern sie körperlich und hier und jetzt genau bestimmt sind; sind sie deren Prinzipien, insofern sie körperlich sind – ein Körperliches wird aber überhaupt nur durch ein anderes Körperliches zu einem Körperlichen – und ist das konstituierende Prinzip ebenfalls körperlich, dann wird also ebendieses Körperliche überhaupt nur durch ein anderes Körperliches zu einem Körperlichen und immer weiter bis ins Unendliche; hieraus ergibt sich als Schlußfolgerung, daß das bestimmende Prinzip von einem Körperlichen unkörperlich ist, ebenso wie das bestimmende Prinzip des Vergänglichen unvergänglich ist und wie das bestimmende Prinzip des Wahrnehmbaren nicht-wahrnehmbar ist und wie das bestimmende Prinzip des Beweglichen unbeweglich ist und so weiter bei allem anderen.

Der zweite Beweisgrund lautet so: Sollten die Universalien körperlich sein, dann folgt, daß sie durch Quantitäten und Figuren bestimmt sind; die Begriffe der

Quantitäten sind jedoch nicht quantitativ und die Begriffe der Figuren sind nicht figürlich; sind aber die Universalien quantitativ und figürlich, so erhält dasjenige, was sie in sich aufnimmt, durch diese eine Figur und dehnt sich quantitativ aus; die Universalien nimmt nun aber der Mögliche Intellekt in sich auf, also wird der Mögliche Intellekt quantitativ und figürlich sein, was niemand jemals behauptet hat, da alle Anaxagoras lobten, der der Auffassung ist, daß der Intellekt rein und unvermischt ist sowie keinerlei Gemeinschaftliches mit irgend etwas hat; folglich kann ein Universale nicht körperlich und nicht in einem körperlichen Ding sein, denn insofern es ein Universale ist, ist es ein bewegendes Moment des Möglichen Intellekts.[22]

Der dritte Beweisgrund lautet so: Ist ein Universale ein Körper oder etwas, das eine körperliche Quantität besitzt, dann muß seine Quantität körperlich und fortdauernd beständig sein; sein eigenes Singuläres aber, in welchem es ist, ist auf jeden Fall ein Körperliches und ein Körper; diese beiden sind also entweder ein einziger Körper oder zwei Körper; sind sie eines und dasselbe, dann folgt, daß ein Vergängliches unvergänglich wäre und ein Wahrnehmbares nicht-wahrnehmbar und ein Schaffendes geschaffen und ein Konstituierendes konstituiert, wenn sie eines und dasselbe sind, was ausgeschlossen und nicht einsehbar ist; sind sie aber zwei Körper, dann folgt, daß zwei Körper an ein und demselben Ort wären; für die Mathematiker hat der Ort dieselbe Geltung wie für die Physiker, wie Aristoteles sagt[23]; von uns ist aber in der „Physik" bewiesen worden, daß zwei Körper, die an ein und demselben Ort sein sollten, notwendig ein und derselbe Körper sein werden;[24] es folgt also: wenn es [das Singuläre und das Universale] zwei verschiedene Körper sind, so sind sie ein und derselbe Körper – das ist völlig ausgeschlossen.

Um die angeführten Argumente ihrer Schlüssigkeit nach zu beurteilen, stellen wir eine Distinktion an und sagen, daß „Körperliches" in vielfachem Sinn ausgesagt wird, d. h. auf viererlei Art. Zum einen bezeichnet man als „Körperliches" das in einer körperlichen Quantität Ausgedehnte, und zwar in der Weise, daß die Quantität diesem an sich eigen ist. In diesem Sinn bezeichnet man dann alles das, was eine körperliche Quantität besitzt, als „Körperliches" – sowohl sämtliche beweglichen Dinge, als auch die wahrnehmbaren Dinge. – Zweitens bezeichnet man als „Körperliches" nicht dasjenige, was eine Quantität als etwas ihm an sich eigenes besitzt, sondern dasjenige, was gemäß der quantitativen Ausdehnung in dem aufnehmenden Zugrundeliegenden ebenfalls Ausdehnung besitzt, wie zum Beispiel die Weißheit und die Schwärze, die Wärme und die Kälte, die Gestalt und die für etwas feststehende Form als „Körperliches" bezeichnet werden, obgleich die Quantität nichts ist, was zum Wesen des Genannten gehört. – Drittens wird alles, was von einem Körper als dem Empfänger und Träger bestimmt wird, als „Körperliches" bezeichnet, so zum Beispiel die Empfindung, die Vorstellung und die übrigen Sinneskräfte. Generell ist jede Wahrnehmungsseele und jede belebende Seele eine körperliche Form. – Viertens bezeichnet man das als „Körperliches", was nicht zu einem körperlichen Bestandteil oder einer körperlichen Quantität gehört, aber was der Anfangsgrund der Quantität eines Körpers ist. In diesem Sinn sagt man, daß ein Punkt körperlich ist. In ähnlicher mannigfacher Weise wird aber auch das Unkörperliche ausgesagt; denn wenn in einem Gegensatzverhältnis die eine Seite ein Vielfaches ist, dann ist es auch die andere. Das Universale ist nun aber auf keine der genannten Weisen ein Körperliches, denn es ist vergleichbar mit der Natur eines Körpers oder eines Körperlichen, der es durch die Veranlagung des Ausgesagtwerdens über vieles zukommt, ein Universale zu sein; sodann ist es unvergänglich, da es (wie sehr gut bewiesen wurde) sonst nicht ein bewegendes Moment des Möglichen Intellekts sein kann, der ja völlig unkörperlich und unvergänglich ist. Es ist nämlich ein einfacher Begriff [notio] und eine Natur, die von jeder Ausdehnungsquantität abstrahiert wurde.

Zum ersten Einwand [gegen Platons Auffassung] ist zu sagen, daß das das Wesen eines Quantums Konstituierende zweifach ist: nämlich hinsichtlich des Wesens der Quantität und der Konstituierung dessen, was ein Quantum bzw. eine Quantität ist. Der Einwand bezieht sich auf dieses bestimmende Prinzip und er ist notwendig. Die andere Konstituierung eines Quantums betrifft das Speziessein und die Wesenscharakteristik - sie betrifft nicht dasjenige, das eine Quantität ist - sowie das den Namen und die Definition einer Quantität Verleihende. Und dieses Prinzip, das die Spezies und das Genus einer Quantität konstituiert, ist keine Quantität und kein Quantum, sondern vielmehr die einfache Natur und der Begriff der Quantität. Und diese so in ihrer eigenen Einfachheit gefaßte Natur ist ein Universale.

Zum zweiten ist folgendes zu sagen: Dasjenige, was sie als das schlechthin wahre Prinzip für ein Bestimmtes angeben, d. h. bezüglich des naturhaften Seins, bezüglich der naturgemäßen Spezies oder hinsichtlich des Genus, befindet sich nicht in Abhängigkeit von diesem oder jenem; denn träfe das zu, so wäre es nicht ein universales Prinzip, sondern ein Prinzip von diesem oder jenem. Dieses Prinzip ist aber keine mathematische Quantität in all dem, was ein Körperliches ist; vielmehr ist es eine einfache Natur, die hinsichtlich des Genus und der Spezies konstituierend ist und den Namen und den Begriff verleiht. Und damit wird klar, daß ein Punkt - obgleich er ein wesensmäßiges und materiales Prinzip einer Linie ist - weder den Namen noch den Begriff der Form einer Linie besitzt. Es gibt vielmehr ein anderes Prinzip hinsichtlich der Form, durch das eine Linie den Namen und den Begriff einer Linie besitzt. Und dieses einfach gefaßte Prinzip ist die Natur der Linie, und ihr kommt es zu, ein Universale zu sein, weil diese Natur mehrerem mitteilbar ist. Es erhellt folglich, daß das Universale des Körperlichen unkörperlich ist. Und ebendies ist der richtige Grundsatz der Peripatetiker.

Zu dem, was sie an dritter Stelle anführen, ist festzustellen, daß die Behauptung unter der Bedingung zutrifft, daß man richtig begreift, daß ein Prinzip, welches auf Grund des Bezuges auf ein materiell Konstituiertes ein wesentliches Prinzip ist, in der Ordnung der Natur nicht an erster Stelle steht. Auch unter der Voraussetzung, daß sie natürliche Körper konstituieren und unter ein Prinzip stellen, so stellten sie sie doch nur hinsichtlich einer zugrundeliegenden Quantität und nicht hinsichtlich dessen unter ein Prinzip, wodurch die Quantität in einem Begriff, einer Spezies oder in einem Genus ist. Folglich sind sie [derartige Prinzipien] für diese nicht die eigentlichen Prinzipien hinsichtlich der formmäßigen Ordnung der Natur oder als Wirkursache. Vielmehr haben diejenigen gemäß der Ordnung der Natur den Vorrang, die alles Körperliche konstituieren in Hinsicht auf Wesenscharakteristik, Namen, Spezies und Genus: und diese sind die einfachen Naturen sowie deren Wesen und die zu ihnen gehörigen Begriffe. Auf Grund des zuvor Gesagten ist dieses aber alles sowohl unkörperlich als auch universal. Ebendiese Feinheit hat Aristoteles herausgefunden, und darum soll er in allem, was er zur Stellung der Prinzipien geäußert hat, dem Platon vorgezogen werden. Hiermit liegt die richtige Auflösung dieses Problems gemäß den Peripatetikern vor, und so muß man es beibehalten und sich nicht um einige Sophisten kümmern, die vor uns gewisse Dinge geschrieben haben.

5. Kapitel

Darüber, ob die Universalien von den wahrnehmbaren Dingen abgetrennt oder in diesen selbst existieren

Es bleibt nun die sehr schwierige Frage zu behandeln, die Porphyrios als dritte berührt, ob nämlich die Universalien von den wahrnehmbaren Dingen abgetrennt sind oder in diesen bzw. all dem Singulären existieren und kein von diesen abgetrenntes Sein besitzen. Hierüber gab es nun zwischen Stoikern und Peripatetikern eine ständige Auseinandersetzung. Aristoteles ist offensichtlich der Auffassung, daß ein Universale außerhalb des Partikulären kein Sein besitzt. Darum sagt er offenbar in der „Zweiten Analytik", daß ein Universale überhaupt nur in dem Singulären ist.[25] Gegen Platon wendet er ein, daß die Meinung, das Universale sei ein Einheitliches neben dem Vielen, für das Verfahren eines strikten Beweises nicht unabdingbar ist; wahr ist jedoch die Aussage, daß es ein Einheitliches über Vieles ist.[26] Als würde er sagen: damit die Wissenschaft beweiskräftig ist, muß man nicht sagen, daß ein Universale (wovon die Wissenschaft handelt) abgetrennt neben dem vielen Singulären ist; denn es genügt, daß ein Universale ein Einheitliches in vielem und über vieles ist. Außerdem sagt Aristoteles aber, daß es keine Notwendigkeit für die Meinung gibt, daß das Universale außerhalb von diesem [Singulären] ist.

In der Ersten Philosophie gibt er außerdem viele Begründungen an, die in einem logischen Widerspruch enden: gäbe es nämlich ein Universale, das hinsichtlich des aktualen Seins vom Singulären abgetrennt ist, dann folgte, daß es einen Himmel außer diesem Himmel, eine Erde außer dieser Erde und den Menschen außer diesem sinnlich-konkreten Menschen gäbe; da sich ferner die Wissenschaften über die Naturen der Dinge nach den Dingen selbst richten und da sich die Wissenschaft über das Abgetrennte von derjenigen unterscheidet, die dasjenige behandelt, das eine Materie aufnimmt, wie es im Fall von Metaphysik und Physik erhellt, dann gäbe es einerseits eine Wissenschaft über den Himmel [an sich] und andererseits eine andere Wissenschaft über diesen [sinnlich-konkreten] Himmel, einerseits eine Medizin vom Menschen und andererseits eine andere von diesem [sinnlich-konkreten] Menschen, einerseits eine Geometrie von der Erde [an sich] und andererseits eine andere von dieser [sinnlich-konkreten] Erde und so weiter.[27]

Dies wird durch die Definition eines Universale bekräftigt, sowohl in der Formulierung von Aristoteles, als auch in der von Avicenna und Al-Farabi. Das Universale ist nämlich ein Einheitliches über vieles und in vielem. Ist es aber in vielem, dann besitzt es kein von diesem abgetrenntes Sein. Darum sagten sie auch, daß ein Universale das ist, was die Veranlagung besitzt, in vielem zu sein; und genau darin unterscheidet es sich auch von dem Singulären. Ein Ding ist aber der Natur nach in demjenigen, in dem zu sein es die angeborene Veranlagung besitzt; es ist aber nicht in demjenigen, in dem zu sein es keine angeborene Veranlagung besitzt. Ein Universale ist also in vielem und es hat kein von diesem abgetrenntes Sein, da es ja keine angeborene Veranlagung besitzt, von diesem Vielen abgetrennt zu sein.

Wenn das Universale nun aber in Wirklichkeit - dem vollkommenen Sein gemäß - außerhalb des Vielen existierte, so folgte, daß es ein für sich allein Existierendes, in sich nicht Unterschiedenes und zugleich von vielem anderen Unterschiedenes wäre, das heißt ein gewisses Etwas und ein Singuläres. Nichts aber, das in sich ein Einheitliches und ein gewisses Etwas ist, ist prädizierbar über vieles, es sei denn nur dem Namen nach, nicht aber im Sinn eines Dinges, das in diesem Vielen ist. Wer nun annimmt, daß das Universale in dieser Weise da sei, kennt nicht die Wesenscharakteristik eines Universale, die dem Namen, dem Substrat [re] und dem Begriff des Dinges nach, das in vielem ist, über dieses Viele prädiziert wird.

Wäre das Universale nun aber ein so für sich Existierendes, dann könnte es nicht der Natur und dem Begriff nach die Ursache eines anderen sein, weil es nicht die Form von diesem sein könnte. Würde das Universale dieses aber konstituieren, dann geschähe das in der Weise der elementhaften Zusammensetzung einer Beimischung, und dann könnte es nicht mittels einer formalen Prädikation über ein Seiendes prädiziert werden, womit jegliche Nützlichkeit des Universale zunichte gemacht würde. Denn auf solche Weise könnte es nicht das Prinzip irgendeines Dinges sein - weder in bezug auf das Sein, noch in bezug auf die Wissenschaft, die vermittels des Begriffs eines Universale über [dieses Ding] handelte.

Außerdem wären sämtliche Aussagen falsch und unmöglich, in denen ein Universale substantiell über ein Partikuläres prädiziert wird - zum Beispiel die Aussage „dieser Mensch ist ein Mensch" oder „dieses Stück Holz ist Holz" und alle mit diesen vergleichbaren Aussagen –, was den größten Widersinn und Unsinn darstellt. Sollte aber jemand äußern, daß das Universale sich mit dem Partikulären vereinigt und dennoch in sich ein Abgetrenntes bleibt, dann entrinnt er nicht dem angeführten Widersinn; denn ein solches Vereinigtes ist kein Einheitliches und es wird hinsichtlich des Seins nicht über das, mit dem es vereinigt wurde, prädiziert. Folglich könnte man auch nicht sagen, daß Sokrates oder ein bestimmter Mensch ein Mensch ist, da ja der Mensch mit sich selbst vereinigt und gewissermaßen in einem Menschen wie in einem Siegelbild eingeprägt wäre. Analog könnte man auch nicht sagen, daß das gesiegelte Wachs das Siegel sei. Offenbar besitzt also ein Universale kein abgetrenntes Sein außerhalb seines Singulären.

Dem steht aber entgegen, daß alles, was Sein hat und dieses nicht vermittels oder auf Grund eines anderen hat, ohne dieses andere sein kann. Ein Universale hat nun aber ein Sein weder vermittels noch auf Grund eines Singulären. Folglich kann es ohne dieses sein und ist hinsichtlich des Seins abgetrennt vom Singulären. Dies beweist man auch folgendermaßen: Das Sein des Universale ist ein gemeinschaftliches Sein, das die angeborene Veranlagung besitzt, in mehrerem zu sein, und das auf vieles übertragbar ist. Dies kann es aber nicht von einem Singulären haben, da alles Singuläre losgelöst voneinander und unübertragbar ist. Ein Übertragbares zu sein, das das Sein des Universale ausmacht, hat das Universale also nicht von dem Singulären.

Jemand mag vielleicht sagen, daß der Grundsatz, ein Universale besäße kein losgelöstes Sein, nicht schlüssig ist; vielmehr sei schlüssig, daß von einem vernichteten Singulären auf eine bestimmte Weise das Sein des Universale erhalten bleibt. Dies ist allem Anschein nach mit Aristoteles unvereinbar, welcher meint, daß ein Universale das Sein im Singulären hat, und sagt, daß nach Vernichtung der ersten [Wesen] unmöglich etwas von den anderen erhalten bleiben kann.[28] Dies wird gemäß dem angeführten Vernunftgrund widerlegt: besitzt nämlich ein Universale ein abgetrenntes oder abtrennbares Sein vom singulären Sein, dann wird das Universale erhalten bleiben, ganz gleich, ob das Singuläre existiert oder nicht; denn sein eigenes Sein hängt nicht von dem Sein eines Singulären auf irgendeine Weise ab, es sei denn hinsichtlich des Enthaltenseins in diesem, nicht aber hinsichtlich des Seins schlechthin.

Außerdem existiert ein Universale immer und überall, ein Partikuläres oder Singuläres aber existiert hier und jetzt. Existiert aber ein Universale überall und immer, dann ist es irgendwo, wo kein Singuläres ist, und irgendwann, wenn kein Singuläres ist. Was immer aber dem Ort und der Zeit nach voneinander getrennt ist, das ist schlechthin und substantiell hinsichtlich des Seins und des Zugrundeliegenden voneinander getrennt. Da also das Universale und das Partikuläre sich hinsichtlich des Ortes und der Zeit voneinander unterscheiden bzw. voneinander getrennt sind, sind sie offenbar schlechthin hinsichtlich des Seins und des Zugrundeliegenden substantiell voneinander getrennt.

Außerdem darf man das Vergängliche und das Unvergängliche nicht miteinander identifizieren. Das Universale ist aber unvergänglich, das Singuläre hingegen vergänglich. Das Sein eines Universale und eines Singulären wird also nicht identisch sein. Wäre nämlich das Sein beider identisch, dann folgte, daß Kontradiktorisches zu gleicher Zeit wahr ist. Denn ist ein Vergängliches dem Sein gemäß, dann kommt es in Zukunft einmal vor, daß es kein Sein haben wird. Im 1. Buch von „Über den Himmel und die Welt" ist nachgewiesen worden, daß ein Vergängliches notwendigerweise einmal vergehen wird[29], und damit wird es kein Unvergängliches sein oder aber immer sein. Also wird eine Zeit sein, zu der dieses sowohl ein Dasein haben wird als auch nicht haben wird, was ausgeschlossen ist.

Außerdem steht aber fest, daß ein Universale ein Sein besitzt, durch das vieles zu einem einheitlichen Namen und Begriff vereinigt wird, und dieser Name und Begriff bezeichnen das Sein des Definierten. Dieses Sein aber besitzt es keinesfalls in dem Sein eines Singulären. Also besitzt es dieses Sein getrennt von dem Sein eines Singulären. Besitzt es also dieses Sein, dann besitzt das Universale dieses entweder insofern, als es ein Werkzeug des Ersten Agens ist, oder es hat dieses Sein, insofern das Universale in der Seele ist vermittels einer das Sein erkennenden Abstraktion, oder insofern es in einem Ding selbst ist und außerhalb des Agens und eines Erkennenden existiert. Wenn man sagt, daß es dieses Sein in einem Bewirker habe, dann besitzt das Universale überhaupt nur ein ideenhaftes Sein; und wenn es über ein Singuläres prädiziert wird, so überhaupt nur wie eine Idee; diese Prädikation ist aber nicht substantiell, sondern lediglich bildhaft, und so wird jegliche substantielle Prädikation zunichte gemacht. Besitzt das Universale das Sein aber in der begreifenden Seele, dann gibt es die Beziehung des Universale auf vieles überhaupt nur in der Seele und nicht real, und dann wird es nur dem Namen nach, nicht aber real prädiziert. Dann sind die Universalien keine Dinge, sondern Namen, was bereits als falsch nachgewiesen wurde. Es bleibt also übrig, daß die Universalien dieses Sein insofern besitzen, als es ein für sich existierendes Ding ist, das sowohl von einem Agens als auch von einem Erkennenden und von dem Singulären getrennt ist. Also ist das Sein eines Universale vom Sein eines Singulären wie auch umgekehrt abgetrennt. Aus all diesem und ähnlichem sieht man, daß das Sein eines Universale hinsichtlich Substanz, Ort und Zeit vom Sein eines Singulären verschieden ist.

Hierauf zu antworten, ist nicht schwierig für jemanden, der die Position der Peripatetiker gut kennt. Denn mittels der Distinktion des Seins eines Universale kann all dies leicht entschieden werden. Das Sein eines Universale, insofern es ein Universale ist, richtet sich nämlich nach dem Begriff der Universalität und es ist das Sein von dem, das ein Universale ist. Analog richtet sich das Sein eines Singulären, insofern es ein Singuläres ist, nach dem Begriff der Singularität, und es ist das Sein von dem, das ein Singuläres ist, insofern es eine Substanz ist, die einer gemeinschaftlichen Natur zugrunde liegt. Wir sagen also, daß das Sein eines Universale, indem es ein Universale ist, dem Begriff nach von demjenigen getrennt und ihm entgegengesetzt ist, was das Sein eines Singulären ist, indem es ein Singuläres ist, wenngleich auch nicht als in einem und demselben Zugrundeliegenden enthalten. Das Sein jener Natur aber, die ein Universale ist, ist nicht abgetrennt von dem Sein eines Singulären, insofern dieses eine Substanz ist, die einer gemeinschaftlichen Natur zugrunde liegt. Vielmehr ist das Sein des Universale das Sein eines Partikulären und nicht von diesem abgetrennt. Wie wir bereits sagten, ist das Universale hinsichtlich des Seins im Partikulären, wenngleich es nicht ein Universale ist, insoweit es in jenem Partikulären ist: in dieser Hinsicht ist es vielmehr weder ein Gemeinschaftliches noch ein Übertragbares, wie in der ersten Frage hinreichend erklärt worden ist. Im anderen Fall gäbe es weder eine Problemfrage noch eine Wissenschaft über etwas, wie in den zuerst angeführten Entgegnungen nachgewiesen wurde. Man soll auch der von einigen angeführten Lösung keine Beachtung schenken, die besagt, daß ein Universale ein Sein für sich selbst besitzt, jedoch ein vollständiges Sein nur in einem Partikulären hat. Denn ein Universale hat dadurch ein vollständiges Sein, daß es alles für das Sein eines Universale Erforderliche besitzt; ebenso hat ein Partikuläres ein vollständiges Sein, sobald es alles für das Sein eines Partikulären Erforderliche besitzt.

Zu dem, was als erstes hiergegen angeführt wurde, ist zu sagen, daß alles das, was das Sein nicht vermittelt eines anderen hat, ohne dieses sein kann, es sei denn, daß sein eigenes Sein zwar nicht vermittels eines anderen ist, aber dennoch in einem anderen ist, für das es selbst die Ursache des Seins ist. Hierbei handelt es sich um das Sein in einem anderen im Sinne eines Wesenbestandteiles dieses Seins, insofern es in einem anderen ist: und auf diese Weise ist ein Universale oder eine zweite Substanz in einem anderen. Indem es aber in diesem ist, ist es partikularisiert und genau festgelegt [determinatum]. Folglich hat ein Universale zwar ein Sein in sich selbst, jedoch kein genau festgelegtes und partikularisiertes.

Nun kann aber die Frage gestellt werden, ob das Sein, welches ein Universale für sich genommen besitzt, mit demjenigen, was es als genau festgelegtes und partikularisiertes besitzt, identisch ist. Dazu ist zu sagen, daß es weder ganz und gar identisch noch ganz und gar verschieden ist, vielmehr ist es identisch oder ein Einheitliches auf zweifache Weise. Der Substanz [dem Wesen] nach ist es identisch, jedoch ist es doppelt als ein identisches und einheitliches Unbestimmtes und Bestimmtes. Darin besteht nun auch die Problemlösung von drei Philosophen, nämlich Avicennas, Al-Farabis und des als Johannes Grammaticus bei den Arabern bezeichneten Philosophen. Sie ist richtig, da sie in Einklang mit den Grundsätzen des Aristoteles steht.

Als zweites führen sie an, daß die natürliche Veranlagung zu besitzen, in mehrerem zu sein, dem Universale nicht zukommt, insofern es in dem vielen Singulären ist. Man muß einräumen, daß dies zutrifft. Das ist jener Natur insofern eigen, als sie einfach und unbestimmt ist. Denn je einfacher etwas ist, desto mehr ist es auf vieles übertragbar. „Einfach" [simplex] aber meine ich nicht im Sinne des Mangels an Differenzen, die im Sein von diesem zusammentreffen, sondern im Sinne des Mangels an all demjenigen, was dieses genau festlegt und einengt auf ein ganz bestimmtes Sein in bezug auf eine Spezies oder ein Individuum. Daraus folgt aber nicht, daß es ein festgelegtes oder singuläres Sein besäße. Denn wenngleich es ein solches Sein nicht von einem Singulären her hat, hat es dieses überhaupt nur in einem Singulären. Desgleichen besitzt auch ein Gemeinschaftliches [commune] ein Sein überhaupt nur in dem, in dem es genau festgelegt ist und auf ein wohlunterschiedenes Sein eingeengt wird. Denn ein Einfaches der Natur nach ist überhaupt nur dasjenige, welches sich auf ein wohlunterschiedenes und festgelegtes Sein bezieht; ebenso gibt es ein Genus überhaupt nur in den Spezies und eine Spezies überhaupt nur in ihren jeweiligen Individuen.

Was nun das angeht, das entgegengehalten wird, so wird festgestellt: die Erwiderung beweist nicht, daß das Universale ein abgetrenntes Sein besäße, sondern daß es erhalten bleibt, obgleich mehreres Partikuläre vernichtet wurde, und dem ist zuzustimmen. Wenn Aristoteles sagt, daß nach der Zerstörung der ersten [Wesen] unmöglich etwas von den anderen erhalten bleiben kann, so wird das verständlich für ein ganz bestimmtes und wohlunterschiedenes Sein in der Wirklichkeit. Dennoch ist es aber möglich, daß es im Sein einer gemeinschaftlichen und unbestimmten einfachen Natur erhalten bleibt. Wird nun danach gefragt, worin und wo es gemäß diesem Sein bestehen bleibt, so wird im nächstfolgenden Kapitel darauf die Antwort gegeben werden.

Wenn Aristoteles die Feststellung zugeschrieben wird, daß ein Universale überall und immer ist, ein Singuläres hingegen hier und jetzt[30], so ist die Aussage des Aristoteles als richtig zu bezeichnen, daß nämlich ein Universale - nach dem Sein des Universale gefaßt - den Ort oder örtliche Unterschiede nicht aussucht oder die Zeit nicht unterscheidet, denn es ist ein Unbestimmtes und ein für alle Orte und Zeiten Gemeinschaftliches. Doch es wird hinsichtlich desselben eigenen substantiellen Seins zu einem Hier und Jetzt, sobald es in einem Partikulären auf dieses und jenes Bestimmte festgelegt wird.

Hält nun jemand entgegen, daß demzufolge ein und dasselbe in mehrerem wäre, das sich der Zeit, dem Ort und der Substanz nach unterscheidet, so ist dazu zu sagen, daß dies für dasjenige nicht ausgeschlossen ist, welches der Natur nach einfach und mitteilbar ist, vielmehr ist dies notwendig, da ja aus dessen Einfachheit dessen Mitteilbarkeit [communicabilitas] folgt. In einem ganz bestimmten und wohlunterschiedenen Sein ist es aber nicht in mehrerem, das sich nach Substanz, Ort und Zeit unterscheidet. Demzufolge hat „Mensch“ dieselbe Bedeutung zu jeder Zeit, an jedem Ort und in allen Individuen.

Nun zu der Feststellung, daß ein Universale unvergänglich, ein Singuläres aber vergänglich ist: ihr ist zuzustimmen, denn sonst gäbe es kein Wissen vom Allgemeinen. Hieraus folgt jedoch nicht, daß das Sein eines Universale vom Sein des Singulären abgetrennt sei. Denn man bezeichnet alles als „unvergänglich“ oder „vergänglich“ in Abhängigkeit von den Prinzipien, die sein Sein konstituieren. Da also das

Sein eines Universale, insofern es tatsächlich Universale ist, d. h. insofern es eine einfache und indistinkte Natur ist, hinsichtlich des Seins überhaupt nur von einfachen Prinzipien abhängt, so wird auch einmal der Schluß gezogen, daß es unvergänglich sei. So wird im letzten Teil des „Liber de causis" nachgewiesen, daß das Einfache unvergänglich ist.[31] Doch es steht nichts entgegen, daß dasselbe als ein genau Festgelegtes und Distinktes in einem Singulären gemäß dem Sein des Partikulären, das diesem Universale ein genau festgelegtes Sein verleiht, auf Grund der Hinzufügung von Prinzipien des Vergänglichen ein Vergängliches sei. Ein und dasselbe ist vergänglich und unvergänglich in Abhängigkeit von seinem Bezug auf verschiedenartige Prinzipien. Und dies widerlegt Aristoteles im Werk „Über den Himmel und die Welt" nicht.

Die Feststellung, daß nicht negiert werden könne, daß ein Universale ein gemeinschaftliches Sein besitzt, in welchem vieles vereinigt wird und übereinstimmt hinsichtlich Substanz und Begriff, stimmen wir als wahr zu. Ebendieses Sein ist ihm selbst eigentümlich und es verdankt es nicht einem Singulären. Es kann aber ebenfalls nicht negiert werden, daß dasselbe gemeinschaftliche Sein durch das viele Einzelne genau festgelegt und bezeichnet werden kann, denn sonst wäre es kein mitteilbares in dem vielen Einzelnen. Und durch diese Distinktion wird jenes Sein nicht andersartig hinsichtlich der Substanz, sondern es wird nur zu etwas, das einen verschiedenartigen Seinsmodus [modus essendi] besitzt, was nicht schlechthin einem andersartigen Sein gleichkommt, sondern einem einheitlichen doppelten Sein auf Grund dessen, daß es einen verschiedenartigen Seinsmodus annimmt, wie des öfteren gesagt wurde.

Nun kann jemand sagen, daß nach Aristoteles bei der Bewegung von uns selbst alles das bewegt wird, was in uns ist, und man in Analogie hierzu zur Einsicht über die Bewegung der Vergehens gelangt: denn bei dem Vergehen der ersten [Wesen] kann unmöglich das Universale bestehen bleiben. Hierzu ist zu sagen, daß völlig wahr ist, was Aristoteles sagt und der Sinn ist so, wie es dargelegt wurde. Und es ist wahr, daß ein Universale in all demjenigen vergeht, welches selbst vergeht, aber es vergeht, insofern es in diesem ist. Denn ein Universale ist in diesem gemäß genau bestimmten Prinzipien, welche das Universale selbst in das Sein eines Partikulären überführen. Es ist somit auf die Weise vergänglich, mit Bezug auf welche im „Liber de causis" gesagt wird, daß unvergänglich ist, was über dem ausgebreitet ist, das vergänglich ist[32], und es ist vergänglich durch etwas anderes und auf akzidentielle Weise. Es steht aber nichts entgegen, daß das Universale hinsichtlich der Substanz und des Seins einer einfachen, indistinkten und nicht partikularisierten Natur weiter Bestand hat.

6. Kapitel

Wie ist das Universale in der Seele, wie ist es in sich selbst, wie ist es in einem Singulären und worin ist es wahrer gemäß dem Sein seiner eigenen Natur?

Es ist eine sehr schwierige Frage, wie das Universale in der Seele ist, wie es in sich selbst ist, wie es in einem Singulären ist und worin es wahrer gemäß dem Sein seiner eigenen Natur ist. Daß das Universale in der Seele ist, wird getreu den Äußerungen der Peripatetiker als gegeben angenommen; denn alle Peripatetiker sagen, daß etwas ein Universale ist, insofern es gedacht wird, und ein Partikuläres, insofern es wahrgenommen wird.[33] Darüber hinaus sagen Averroes und Avicenna, daß der Intellekt die Allgemeinheit in den Formen wirklich werden läßt.[34] Außerdem ist das Universale im Intellekt - wie Aristoteles sagt - das Prinzip der Kunst und der Wissenschaft[35]; und es könnte nicht das Prinzip der Kunst und der Wissenschaft sein, wenn es nicht im praktischen und theoretischen Intellekt wäre. Kunst ist nämlich das aktiv handelnde Prinzip von all dem im Verstande Seienden, also ist sie im praktischen Intellekt. Wissenschaft hingegen ist ein nachgeprüfter Habitus von Schlußfolgerungen aus Prinzipien der theoretischen Betrachtung und ist demzufolge im theoretischen Intellekt. In dieser Weise muß also das Universale im Intellekt sein. Ein Universale existiert wiederum gemäß dem Sein einer einfachen Natur, zu der das Sein als Universale nach dem Maße ihre eigenen Mitteilbarkeit hinzutritt; denn dies kommt dem Universale nicht darum zu, weil es in der Seele das Prinzip von Kunst und Wissenschaft ist. Ein Universale ist auch im Singulären ein Gemeinschaftliches [communicatum] und von den individuierenden Bedingungen und der Materie Wohlunterschiedenes.

Man kann also die Frage stellen, inwiefern das Universale in diesem Genannten ein jeweils Verschiedenes ist, obgleich es von selbst doch ein Einheitliches ist, und inwiefern es hinsichtlich des Wesens ein ungeteiltes und unteilbares Identisches ist. So wäre auch die Farbe nicht in einem bestimmten Körper, im Durchsichtigen und im sehenden Auge, wenn es nicht ein und dasselbe Hervorbringende der Farbe in all dem Genannten gäbe, das dem formhaften Wesen der Farbe entspricht: dies ist die Helligkeit oder das Licht, durch deren Akt die Farbe die Sehkraft erregt. Diese Helligkeit oder das Licht selbst ist in der Oberfläche eines bestimmten Körpers verstreut. Und diese Helligkeit oder dieses Licht ist eben einheitlich und identisch hinsichtlich des Aktes des Durchsichtigen gemäß dem Akt des Erleuchteten. So scheint es auch bei der Form eines Universale zu sein. Denn es muß ein Einheitliches da sein, was das Universale in sich selbst, in der Seele und in dem Singulären bewirkt, weil sonst unverständlich wäre, wie es in diesen dreien zugleich und auf einmal als ein hinsichtlich des Wesens Ungeteiltes sein kann, obgleich es hinsichtlich des Seins etwas je Verschiedenes ist.

Ferner wird die Frage gestellt, in welchem von jenen das Universale wahrer, würdiger und einsehbarer hinsichtlich des Seins ist. Desweiteren wird die Frage gestellt, ob das Universale als solches in der Seele ist, oder nur vermittels seines eigenen Ebenbildes, was Aristoteles zu meinen scheint, wenn er sagt, daß nicht die Dinge, sondern die Ebenbilder der Dinge in der Seele sind.[36] Daß ein Universale würdiger und wahrer in der Seele als anderswo wäre, sieht man aus jener Überlegung des Aristoteles im 6. Buch der „Topik", wo es heißt, daß ein Seiendes eher, wahrer und einsehbarer dort ist, wo es in Ruhe ist, als dort, wo es in Bewegung ist.[37] Aristoteles faßt Ruhe hier nicht als privativen oder konträren Gegensatz zur Bewegung, sondern als beliebige Unbeweglichkeit, durch die es ausgeschlossen ist, ein Ding einer Bewegung oder Umwandlung zu unterwerfen. Auf diese Weise aber ist ein Universale nicht in einem Singulären, sondern so ist es in der Seele. Folglich ist es wahrer, insofern es in der Seele ist, als es im Singulären ist. Doch dies erscheint als sehr unverständlich, da ja ein Universale dem Singulären Sein, Namen und Begriff verleiht, dies aber der Seele nicht verleiht. Wahrer aber ist ein Ding in demjenigen, dem es Sein und Begriff verleiht, als in demjenigen, dem es nichts davon verleiht. Dennoch sagt auch Aristoteles am Schluß der „Zweiten Analytik" offenbar, daß ein Universale in der Seele ruht, wo es heißt: „aus jedem ruhenden Allgemeinen in der Seele, dem Einen außer dem Vielen, das als Einheitliches in Vielem ist, stammt das, was das Prinzip der Kunst und der Wissenschaft ist."[38] Es scheint also, daß das Universale würdiger und wahrer in der Seele als außerhalb der Seele ist.

Wenn man die Position der Peripatetiker gut kennt, dann ist es nicht schwer, hierfür eine Entscheidung zu finden und eine Antwort zu geben. Zur ersten Frage ist also zu sagen, daß das Universale - als ein Einheitliches der Zahl und dem Wesen nach - in der Seele, in sich selbst und auch in dem Singulären ist und sich überhaupt nur hinsichtlich des Seins unterscheidet, das dieses Universale zu diesem oder jenem bestimmt. Hinsichtlich der Einfachheit - für sich genommen - ist das Universale ganz es selbst; als das Prinzip der Kunst und der Wissenschaft jedoch ist es in der Seele; und als das, was auf das Sein einer partikulären Natur übertragen wurde, ist es etwas Wohlunterschiedenes in einem Partikulären.

Wenn nun gefragt wird, was das Einheitliche ist, das bewirkt, daß das Universale in diesen drei ist, so ist darauf zu antworten, daß die herangezogene Analogie mit dem Licht und der Farbe zutreffend ist. Es ist hinzuzufügen, daß das Einheitliche, das bewirkt, daß das Universale in diesen drei ist, die Kraft der Ersten Intelligenz ist, welche die Ursache allen Seins in allem ist. Die einfache Natur wiederum (die eben genau das ist, was ein Universale ist) ist ein Strahl von dieser Ersten Intelligenz, der den Kontakt zu ihr herstellt. Und da ein derartiges Zusammentreffen vielfach ist, entsprechend den verschiedenen Naturen, auf die es sich erstreckt, gibt es viele Universalien, die jedoch auf eine gewisse Weise auf ein Einheitliches zurückführbar sind, das das erste Verursachte der ersten Ursache ist. Und dies ist das einheitliche Licht einer Intelligenz, das durch jede Natur und Seele in Erscheinung tritt, ebenso wie das Licht der Sonne durch jede Natur und Seele in Erscheinung tritt, da es ja das nächste Abbild jenes Lichts der Intelligenz ist. Ferner bringt die erkennende Seele die eigenen Formen hervor, wirkt auf sie und findet sie in der Art und der Form des Lichtes. Analog dazu bringt auch die Helligkeit [das Licht] der Sonne die Farbe im Durchsichtigen bzw. Durchlässigen hervor, welche Farbe die Sehkraft zwar dadurch aufnimmt, daß mit dem Durchsichtigen das Instrument der Sehkraft bereitgestellt wird, gleichwohl nimmt sie sie aber kraft des Lebens und der Wahrnehmung auf, indem das Auge ein durchsichtiger, beseelter, wahrnehmungsfähiger, ganz bestimmter Körper ist. Sie nimmt das Helle und das Dunkle dadurch wahr, daß die Oberfläche hell oder dunkel ist. So bringt auch das Licht der Ersten Intelligenz, das die Quelle und die Ursache aller Formen ist, diejenigen Formen hervor und überträgt sie weiter, die es in sich als einfache und ungesonderte und demzufolge auch universelle und in dem einfachen Licht konstituierte aufgenommen hat. Diese Formen sind (da ja ein Universale überall und immer existiert) - insofern sie auf diese Weise da sind - überall und immer, sie sind unvergänglich, unbeweglich und unzählbar. Insofern sie aber eine eindeutige Beziehung auf dieses oder jenes erhalten haben, nehmen sie sogleich einen unterschiedlichen Modus im Sein an. Und in der Seele (die das Prinzip des geistigen Lebens ist) gelten sie als die Prinzipien der Tätigkeit oder der theoretischen Betrachtung, da eine solche Seele und ein solches Ebenbild ein Instrument des Lichtes der Intelligenz ist; in der wahrnehmbaren Materie (die nur ein Zugrundeliegendes für die handelnde Intelligenz ist) verankert es diese Formen, damit sie das Prinzip von diesem oder jenem singulären Sein darstellen. Darum ist auch das Wesen [des Universale] einheitlich und identisch, ob das Universale als solches da ist, ob es in der Seele oder im Singulären ist; in der Seele ist es jedoch als geistiges Sein [esse spirituale], im Singulären als materielles und natürliches Sein [esse materiale et naturale], als solches aber ist es in dem einfachen Sein [esse simplex].

Nun zu der Feststellung des Aristoteles, daß das wahrere Sein dort ist, worin es in einem Ruhezustand ist. Dazu ist zu sagen, daß man von dem „wahreren Sein“ in doppelter Hinsicht spricht: das Sein ist nämlich wahrer in bezug auf den der Natur adäquaten Akt, und es ist wahrer in bezug auf das charakteristische Merkmal der [das Sein] konstituierenden Bedingungen. In bezug auf den substantiellen Akt dieser seiner Natur ist das Universale freilich wahrer in dem Singulären, dem es das substantielle Sein, den Namen und Begriff verleiht, wobei dieser Akt ein eigentümlicher und substantieller Akt einer gemeinschaftlichen Natur ist. In bezug auf die Wahrheit der diese Natur konstituierenden Bedingungen ist das Universale jedoch wahrer in der Seele und in sich selbst als in dem Singulären, da es dort reiner und mit einer fremden Natur unvermischter ist. Ebenso wird das Gold als „wahrer“ bezeichnet, welches mit einer fremden Natur unvermischter ist. Und auf diese Weise versteht man auch die angeführte Ansicht des Aristoteles im 6. Buch der „Topik“. Was aber nun am Ende des 2. Buches der „Zweiten Analytik“ abgeleitet wurde, ist entgegen der Denkweise von Aristoteles herangezogen worden, obgleich der Fragesteller es zum Zwecke der Bekräftigung dieser Frage tut. Denn Aristoteles will an dieser Stelle sagen, daß das Allgemeine eine subjektive Annahme [acceptio] über viele Dinge auf Grund von Erfahrung und Erinnerung ist. Dieses [Universale] soll in der Seele ruhen, sobald die Seele für sich Ruhe findet, ohne die objektive Gegenwart [instantia] der universalen Annahme bestätigt zu finden.

Zur Frage, von welcher Beschaffenheit das Universale in der Seele, in sich selbst und im Singulären ist, sage ich mit Aristoteles und den Peripatetikern, daß es in allen diesen auf Grund seiner eigenen realen Gegenwart [praesentia realis] ist und auf reale Weise aufgenommen worden ist. Diese Gegenwart bringt das Licht der Intelligenz hervor, wie dargelegt wurde. Zur Meinung des Aristoteles, daß nicht die Dinge in der Seele sind, sondern die Ebenbilder [similitudines] der Dinge, ist zu sagen, daß mit „Dinge" das viele Singuläre bezeichnet wird, das lediglich das feststehende Seiende [ens ratum] in der Natur darstellt. Die Ebenbilder aber sind die Universalien, welche nach Boethius lediglich die wesensmäßige wechselseitige Ähnlichkeit [similitudo] der zu ihnen gehörigen Gegenstände [supposita] und des zu ihnen gehörigen vielen Singulären sind.[39] Dies erhellt daraus, daß das, was in der erkennenden Seele ist, in dieser überhaupt nur vermittels der Abstraktion existiert; die Abstraktion aber geht immer von den individuierenden Bedingungen aus, und wenn diese und auch das viele Materielle abgetrennt worden sind, bleibt das zurück, was überall und immer ist, das durch das Licht der Intelligenz zuvor bewirkt wird und auf Grund der geistigen Natur, an der es hinsichtlich seiner Substanz Anteil hat, die Streu [stramentum] einer Intelligenz ist, in welcher die[se] Intelligenz die wahren Formen in ihrem eigenen Licht ausbreitet, Intelligenz, die in ihrer Lebenstätigkeit durch Betrachten und das aktive Handeln vervollkommnet wird.

Dies scheint die richtige Lösung des Problems zu sein, wenn man das berücksichtigt, was in der Wissenschaft über die Intelligenzen überliefert wird, welche Aristoteles im 2. Buch der „Ersten Philosophie" behandelt.[40] Wisse dennoch, daß viele der Lateiner anders reden, gegen welche ich nicht streite, da ich nicht nach Streit trachte, sondern nach Erklärung der Meinungen der Peripatetiker. Zu der Feststellung, daß etwas ein Universale ist, insofern es gedacht wird, und ein Partikuläres, insofern es wahrgenommen wird, ist zu sagen: dies bedeutet nicht, daß etwas es dem Intellekt eines Erkennenden verdankt, ein Universale zu sein, oder einer Sinneskraft, ein Partikuläres zu sein. Denn hierin bestand der Irrtum des Pythagoras, den Aristoteles angreift. Vielmehr bedeutet diese Feststellung, daß etwas im Intellekt überhaupt nur in dem Licht einer Intelligenz aufgenommen wird, und dann ist es ein Universale, und ferner, daß etwas von einer Sinneskraft überhaupt nur als ein Wohlunterschiedenes in Gestalt eines wahrnehmbaren Akzidens aufgenommen wird, und dann ist es ein Singuläres. Und dies ist die Lösung der angeführten Frage.

7. Kapitel

Auf welche Weise ein Universale zum Dasein gebracht wird

Es bewegt viele, auf welche Weise ein Universale im philosophischen Sinn hervorgebracht wird [producitur] - nicht aber im Sinn jener Hervorbringung, durch die Gott alles in der Natur auf Grund einer Schöpfung hervorbringt. Denn der Physik zufolge wird nichts geschaffen [creatur] außer demjenigen, was hervorgebracht wird, ohne daß etwas anderes bereits hervorgebracht wurde. So wird lediglich das Seiende durch eine Schöpfung hervorgebracht, das andere aber durch die Einprägung der Form, wie in der Abhandlung von den Ursachen nachgewiesen wurde.[41] Auf diese Weise möge also die Frage gestellt sein: Wie wird das Universale zum Dasein gebracht? Ist das Hervorgebrachte das Ziel einer hervorbringenden und wirkenden Intelligenz und geschieht das Hervorbringen und Wirken vermittels eines Intellekts - wobei das Ziel des Wirkens ein Zusammengesetztes und ein bestimmtes Dieses ist -, so ist das Universale offenbar ein Zusammengesetztes und ein bestimmtes Dieses, da es ja hervorgebracht wird. Das ist jedoch falsch, da das Universale eine Form, ein Wie-Beschaffenes [quale quid] und kein bestimmtes Dieses ist.

Außerdem kann man dies daraus entnehmen, daß dasjenige, was von einer Intelligenz auf der Grundlage eines Urbildes und einer Idee zum Sein gebracht wird, in der Intelligenz selbst enthalten ist; jedoch ist nur dasjenige auf der Grundlage einer Idee und eines Urbildes in einer Intelligenz enthalten, das ein bestimmtes Dieses und ein Zusammengesetztes ist. Denn sonst müßte es mehrere Ideen für ein und dasselbe geben, gewisse hinsichtlich der Form, gewisse hinsichtlich der Materie, gewisse hinsichtlich der Genus oder hinsichtlich der Spezies und gewisse hinsichtlich der Differenzen - was völlig abwegig ist.

Desweiteren ist es notwendig, daß alles von einer wirkenden Intelligenz hervorgebracht wird, insoweit es in einer vollkommenen Natur und ein existentes bestimmtes Dieses ist. Wird ein Universale also von einer wirkenden Intelligenz (die die erste Ursache oder etwas anderes von den zweiten Ursachen ist) hervorgebracht, dann scheint ein Universale ein bestimmtes Dieses und ein aus Materie und Form Zusammengesetzes zu sein.

Außerdem kann man dies daraus entnehmen, daß die Kunst die Natur nachahmt, soweit sie es vermag. Was von einem Künstler aber hervorgebracht wird und in ihm in der Weise eines Urbildes ist, ist keine einfache Form, sondern ein Zusammengesetztes, wie z. B. ein Haus oder ein Dreifuß. So geht es offenbar auch bei der Hervorbringung durch eine Intelligenz in der Natur vonstatten; denn wir setzen voraus, daß das gesamte Werk der Natur das Werk einer wirkenden Intelligenz ist, deren Kraft auch dem Samen des Entstehens eine Form verleiht, aus welchem Samen die Dinge der Natur hervorgebracht werden.

Darüberhinaus ist aber das Hervorgebrachte in jeder Natur immer ein Ding der

Natur [res naturae]. Ein Ding der Natur ist nun aber lediglich eine zu einer gemeinsamen Natur gehörige und für sich selbst bestehende Hypostase [hypostasis]. Und ein derartig einer gemeinsamen Natur Zugrundeliegendes ist ein Individuum und ein Singuläres. Wird ein Universale also auf diese Weise hervorgebracht, dann folgt, daß es ein Singuläres wäre, was ausgeschlossen ist.

Hierauf und auf ähnliches zu antworten ist nicht kompliziert. Insofern ein Universale durch eine wirkende Intelligenz oder ein Entstehen, welches das Werkzeug der wirkenden Intelligenz ist, zum Sein gebracht wird, geschieht das in einer Hypostase, welche ein bestimmtes Dieses in dieser oder jenen gemeinschaftlichen Natur ist. Und da es nicht wie ein für sich allein Existierendes hervorgebracht wird, braucht das Hervorgebrachte nicht ein bestimmtes Dieses sein. Nach diesem Gesichtspunkt richten sich aber alle Einwürfe, woraus klar wird, daß sie nichts wert sind. Was nun in einem anderen hervorgebracht wird, wird auf zweifache Weise hervorgebracht, wie Aristoteles in der Naturphilosophie lehrt: entweder im Sinne des Nachfolgenden oder akzidentiell.[42] Im Sinne eines Nachfolgenden zum Beispiel so, wie ein bestimmtes Erzeugendes ein Mensch ist und daraus folgt, daß ein Mensch einen Menschen erzeugt und daß ein bestimmtes Erzeugendes Mensch, Lebewesen und Substanz ist, usw. Analog auch bei jeder substantiellen Prädikation, so daß Aristoteles sagt, daß ein Haus aus einem Haus und Gesundheit aus der Gesundheit ist, und entsprechend bei anderem. Denn ein Hervorgebrachtes bezieht sich immer auf die Form des Hervorbringenden, weil das Homonyme auf das Synonyme zurückgeführt werden muß. Akzidentiell aber wird dasjenige hervorgebracht, was zu dem Hervorgebrachten infolge der Hervorbringung selbst hinzukommt. Wird es mittels eines Entstehens hervorgebracht, dann wird es nach dem Ebenbild der Form und der Spezies des Erzeugenden hervorgebracht; demzufolge ist akzidentiell ein Sohn hervorgebracht worden und das Hervorbringende ist der Vater, und entsprechend bei dem anderen. Das Universale aber wird im Sinne eines Nachfolgenden zum naturhaften Sein gebracht. Darum sagt der Verfasser des Werkes über die sechs Prinzipien, daß die Natur in ihnen im Verborgenen wirkt,[43] und deswegen werden sie in der „Physik" des Aristoteles auch als „zweite Substanzen" bezeichnet.[44] Wird aber das Universale ganz für sich selbst betrachtet, dann ist es ein Ebenbild [imago] des Lichts in einem Ding der Natur. Das heißt, es ist ein Ebenbild des Lichts einer wirkenden Intelligenz, welches Licht von einem bestimmten Diesen begrenzt wird und in ihm verkörpert ist. In dieser Hinsicht wird nun das Universale der Natur zum Sein gebracht von einer wirkenden Intelligenz, die vermittels ihres eigenen geistigen Lichtes in jeder Natur wirkt und die Ursache eines natürlichen Dinges in allem ist. Dieses Licht ist zwar für sich genommen in dem Universale und es ist dem Begriff nach ein Universale, aber danach genommen, daß es auf ein bestimmtes Dieses festgelegt und in diesem verkörpert ist, ist es ein Sein und eine partikuläre Substanz, welche dem Singulären das substantielle Sein und die Wesenscharakteristik verleiht.

8. Kapitel

Ob das Universale eine Form, eine Materie oder ein Zusammengesetztes ist; und wenn es eine Form ist, von welcher Art Form das Universale ist

Ferner sind sich einige nicht im klaren darüber, ob das Universale eine Form, ein Zusammengesetztes oder eine Materie ist, und ist es eine Form, ob es dann die Form eines Ganzen oder eines Teils ist. Daß nun ein Universale nicht Materie ist, erhellt daraus, daß die Materie demjenigen, in dem sie ist, weder das Sein, den Namen, noch den Begriff verleiht. Dies alles verleiht ein substantielles Universale demjenigen, dessen Universale es ist. Demzufolge ist ein Universale keine Materie. Ferner ist eine Materie kein Ebenbild des Agens in demjenigen, was [vom Agens] hervorgebracht wird. Ein Universale aber ist ein Ebenbild einer wirkenden Intelligenz in demjenigen, was [von dieser] hervorgebracht wird, wie bereits bewiesen wurde. Ferner ist alles, was über das, in dem es ist, prädiziert wird, eine Form. Ein Universale wird über das, in dem es ist, prädiziert. Also ist das Universale eine Form. Ferner ist nichts außer der Form auf vieles übertragbar und zugleich ein existierendes Einheitliches hinsichtlich des Wesens in dem vielen. Denn eine Materie ist überhaupt nur vermittels einer Einteilung auf vieles übertragbar, so daß sie nicht als ganze in dem vielen Einzelnen ist. Ein Universale ist aber als ein Ganzes in dem vielen Einzelnen. Also ist das Universale keine Materie, sondern eine Form.

Weil dies nun unleugbar wahr ist, fragt man, von welcher Art Form das Universale ist. Denn entweder ist es die Form des Ganzen, wie z. B. das Menschentum die Form des Menschen ist, oder die Form eines Teiles, wie z. B. die Seele die Form des menschlichen Körpers ist. Die Form eines Teiles bzw. einer Materie wird jedoch nicht über ein Ding prädiziert, dessen Form sie ist, ein Universale hingegen wird durchaus prädiziert. Das Universale ist also keine Form eines Teiles bzw. einer Materie, insofern eine Materie durch eine Form die Vollkommenheit erreicht. Genauso scheint bewiesen werden zu können, daß es keine Form eines Ganzen ist, da ja auch das Menschentum nicht über einen Menschen prädiziert wird und dem Begriff nach zu dem gehört, über das es prädiziert wird.

Diese und ähnliche Probleme zu klären, ist nicht schwer. Es ist nämlich festzustellen, daß das Universale eine Form, d. h. die Form des Ganzen ist. Unter „Form des Ganzen“ versteht man nämlich zweierlei. Einmal versteht man darunter eine Nur-Form, wie z. B. das Menschentum eine als Nur-Form verstandene Form ist, die ein formhaftes Wesen [essentia formalis] ist; und darum wird sie über dasjenige, dessen Form sie ist, nicht prädiziert, da ja ein Mensch weder sein eigenes formhaftes Wesen, noch etwas von all dem anderen ist, das die Formen besitzt. Unter der „Form des Ganzen“ versteht man auch das Ganze, das das Sein dessen bezeichnet, von dem es die Form ist; und dann wird diese Form durch das Sein bezeichnet, was sie demjenigen verleiht, in welchem sie enthalten ist, und sie wird durch ein Nomen bezeichnet - wie z. B. „Mensch" das formhafte Sein [esse formale] bezeichnet, das die Form des Ganzen einem bestimmten Zusammengesetzten verleiht, nämlich einem bestimmten Menschen. Das lehrt auch Aristoteles, wenn er sagt: „wenn ich ‚Himmel' sage, so bezeichne ich eine Form, wenn ich ‚dieser Himmel' sage, dann bezeichne ich eine Form in einer Materie."[45] Eine Form ist auch das Allgemeine, das dem Namen und dem Begriff nach über dasjenige prädizierbar ist, dessen Allgemeines es hinsichtlich der Substanz ist. Der Beweis hierfür lautet folgendermaßen: Wäre dieses Allgemeine nicht eine solche Form, dann würde eine Definition hinsichtlich des Nomen für ein Allgemeines nicht das ganze Sein eines Dinges bezeichnen, und ebenso nicht die gesamte Quiddität desselben hinsichtlich des Nomen, nach dem es definiert wird - mag es das Nomen eines Genus oder einer Spezies sein. Damit bleibt also als Schlußfolgerung übrig, daß ein Universale die Form des Ganzen ist, die als Kennzeichen hat, ein gesamtes Sein zu bezeichnen. Darum wird es auch über genau dasjenige prädiziert, über das es so prädiziert wird, daß es bei vorhandenem Zugrundeliegenden sofort als in diesem enthalten durch den Intellekt begriffen wird - mag das Zugrundeliegende der Wirklichkeit nach [in actu] da sein oder nicht. Denn es ist zu jeder Zeit wahr, daß der Mensch ein Lebewesen ist, ob ein Mensch nun da ist oder nicht. Ebenso ist zu jeder Zeit wahr, daß ein Lebewesen ein beseelter Körper ist und daß ein beseelter Körper eine Substanz ist, woraus jedoch nicht folgt: also ist ein beseelter Körper ein aktuell Seiendes. Avicenna sagt darum auch, daß das Sein und die Existenz zu demjenigen hinzukommt [accidit], was ist. Denn es ist wahr, daß der Mensch ein Lebewesen ist, ob nun ein Lebewesen existiert oder nicht, und es kommt zu ihm das Sein oder das Nicht-Sein hinzu.

Dies alles mußte also über die Universalien unter Abschweifung von dem gegebenen Gegenstand und unter Einbeziehung der Angelegenheit einer höheren Wissenschaft aus Gründen der Vollkommenheit der Lehre offenbar notwendigerweise gesagt werden.

Wir kehren also wieder zum gegebenen Gegenstand zurück und können sagen, daß es doch wohl für Aristoteles' Wissenschaft über die Kategorien nützlich und notwendig ist zu wissen, was das Genus, die Spezies, die Differenz, das Proprium und das Akzidens ist. Außerdem ist es nützlich für den Beweis, die Definition und die Wissenschaft von den Einteilungen. Darum werde ich versuchen, eine theoretische Betrachtung bzw. eine kurzgefaßte theoretische Abhandlung über diese Dinge (die als „Universalien" bezeichnet werden) zu geben, die zwar von geringem Umfang, aber dennoch ausreichend und leicht faßlich und für Anfänger angemessen ist, indem sie das Wissen durch Hinweise und Gleichnisse vermittelt und dabei danach strebt, in das von den Alten Gesagte einzudringen, damit man versteht, von welcher Beschaffenheit dieses ist. Dies möchte ich aber tun, indem ich von den höheren Fragen Abstand nehme. Denn obgleich sie wegen der Vollkommenheit der Darstellung berührt worden sind, können sie dennoch auf Grund der Prinzipien der gegebenen Herangehensweise nicht abschließend beantwortet werden. Hingegen die einfacheren Fragen über diese Universalien unter Wahl eines Mittelweges zwischen einem subtilen und einem rohen, anspruchslosen Traktat, ausgehend von Wahrscheinlichkeitsgründen oder ähnlichem, abzuhandeln, heißt Mutmaßungen zu machen: denn man muß allerlei solcher Wahrscheinlichkeitsgründe [probabilia] anführen, damit hinsichtlich des Abgehandelten Gewißheit entsteht.

Damit aber nicht im Verborgenen bleibt, was auf Grund der Prinzipien dieser Wissenschaft hinsichtlich der Universalien nicht abgehandelt werden kann, ist offenbar sogleich, d. h. auf den ersten Blick hinsichtlich der Genera und Spezies eine notwendige Frage, ob sie wirklich existieren oder nur in den bloßen und reinen Gedanken sind; weiter, ob sie - sofern sie wirklich außerhalb des Gedankens existieren - körperlich oder unkörperlich sind; und weiter, ob sie - mögen sie so oder so da sein - hinsichtlich des Seins von den wahrnehmbaren bzw. singulären Dingen getrennt oder in diesen enthalten sind. Ich werde es ablehnen, weiteres zu dem Umkreis solcher Schwierigkeiten Gehörendes in diesem Buch zu äußern. Eine derartige Angelegenheit ist von höchstem Rang, da sie das Proprium der höchsten Wissenschaft ist und demzufolge einer größeren und subtileren Nachforschung bedarf: einer tiefergehenden Nachforschung bedarf sie im Hinblick auf die Würde des Gegenstandes, einer größeren Nachforschung aber in Hinsicht auf die Subtilität der Beweise. In diesen beiden Hinsichten unterscheiden sich nämlich die Wissenschaften, wie Aristoteles zu Beginn des Werkes „Über die Seele" feststellt.[46] An dieser Stelle werde ich nun aber in Gestalt einer Einleitung bündig zu zeigen versuchen, was mir scheint, daß es über die Universalien auf annehmbare Weise gesagt werden muß, und zwar so, wie die alten Philosophen - und unter ihnen vor allem die Peripatetiker (denen wir hier folgen wollten) - die Universalien abgehandelt haben.

9. Kapitel

Auf welche Weise „Universale" über die fünf Universalien prädiziert wird und über das Ausreichen und die Ordnung der fünf Universalien

Da offenbar von allem Unverbundenen [incomplexa] die Universalien zuerst abzuhandeln sind, gilt es zunächst zu untersuchen, wie „Universale" über die fünf [angeführten Universalien] ausgesagt wird. Ein Universale ist nämlich eine einfache Natur, die auf Grund ihrer Einfachheit auf Partikuläres übertragbar und hinsichtlich dieses Partikulären in bestimmter Weise begrenzbar ist, wobei das Universale selbst dem Namen und dem Begriff nach im Partikulären ist. Hinsichtlich des wesensmäßigen Begriffs, der dem Universale zukommt, sage ich, daß es prädiziert wird. Dies sage ich nun wegen des Proprium und des Akzidens, die zwar als Universalien keine vollkommenen Definitionen besitzen können, aber dennoch diesen Definitionen entsprechend über das, worüber sie prädiziert werden, als über Substanzen prädiziert werden, wie zum Beispiel „Weißes" über ein bestimmtes Weißes und wie „zum Lachen Fähiges" über ein bestimmtes zum Lachen Fähiges und so weiter.

Wenngleich nun ein jedes von diesen fünf als „Universale" bezeichnet wird, muß man wissen, daß „Universale" über sie nicht gemeinschaftlich wie ein Genus, sondern wie das Gemeinsame des Verhältnisses zu einem Einheitlichen ausgesagt wird, das man „das Gemeinschaftliche nach der Analogie" nennt. Das Einheitliche nun, worauf sie sich beziehen und wonach diese fünf als „Universale" bezeichnet werden, ist das natürlich Veranlagte, in vielem und über vieles zu sein. Das trifft jedoch nicht in ein und derselben Hinsicht sowohl auf dasjenige zu, was substantiell (das heißt unter Vermittlung dessen, was substanzartig ist) in vielem und über vieles ist, als auch auf dasjenige, das akzidentiell in vielem und über vieles ist; ebensowenig trifft dies in ein und derselben Hinsicht sowohl auf dasjenige zu, was akzidentiell in einem notwendigen Zusammenhang mit einer Natur steht und dabei in vielem und über vieles ist, als auch auf dasjenige, das akzidentiell ein Gemeinschaftliches und dabei das Akzidens eines Individuums ist. Außerdem trifft dies auch nicht auf all das zu, was in der Art eines Wesens [per essentiale] in vielem ist und was über vieles in einem essentiellen Sinne ist: denn einiges von diesem ist in vielem und über vieles in der Art eines Wesens, das ein Was und gewissermaßen die zugrundeliegende Substanz in diesem vielen ist, wie zum Beispiel das Genus, das gewissermaßen das Fundament ist, in dem das Sein der Spezies geformt und grundgelegt wird, und wie zum Beispiel die Spezies, die das gesamte substantielle Sein eines Individuums darstellt, da ja alles, was einer Spezies nachfolgt, ein individuierendes Akzidens ist. Anderes ist ebenfalls in vielem und über vieles im Sinne eines qualitativ bestimmten Was [per quale quid], das das Fundament-Sein im Genus bewirkt. Damit erhellt, daß diese nicht in ein und derselben Hinsicht in vielem und über vieles sind: dies kommt in erster Linie dem Genus und der Spezies zu, in zweiter Linie aber der Differenz. Und weil ferner das Sein in vielem und über vieles demjenigen eher zukommt, das in vielem und über vieles ist, was sich der Spezies und der Zahl nach unterscheidet, als demjenigen, das in vielem und über vieles ist, was sich allein der Zahl nach unterscheidet, ist es erwiesen, daß „Universale" in erster Linie dem Genus und in zweiter Linie der Spezies zukommt. Darin besteht nämlich der Sinn der Gemeinschaftlichkeit nach einer Analogie, wie Aristoteles im fünften Buch der „Ersten Philosophie" lehrt, daß das nach einer Analogie Gemeinschaftliche in dem einen ein Einfaches ist, in all dem anderen aber ist es überhaupt nur gemäß einem bestimmten Verhältnis [proportio] zu diesem.[47] Daraus erhellt, daß „Universale" über diese nicht prädiziert wird als Genus, Spezies, Differenz, Proprium oder Akzidens, sondern es wird über diese als ein Gemeinschaftliches gemäß einer Analogie prädiziert, welche Analogie in ein bestimmtes Verhältnis zur Gemeinschaftlichkeit eines Genus gesetzt ist.

Die Anzahl dieser Universalien wird nun aus folgendem klar: Alles, das in vielem und über vieles ist, ist in diesem und über dieses entweder durch ein Substanzartiges [substantiale] oder durch ein Akzidensartiges [accidentale]. Wenn es nun tatsächlich in dem vielen auf Grund von etwas Substanzartigem in diesem vielen ist, so braucht es nicht danach eingeteilt zu werden, daß es entweder auf Grund eines Substanzartigen enthalten ist, welches ein Teil-Sein ist, oder auf Grund eines Ganzen, wie einige meinen. Denn was ein Teil ist, wird nicht über dasjenige prädiziert, in dem es ist, insoweit es ein Teil ist. Vielmehr muß folgendermaßen eingeteilt werden: ist etwas in vielem oder über vieles, so ist es entweder in ihm auf Grund des potentiellen Seins eines Anfangsstadiums [inchoatio]; oder in der Art eines Wesens [essentiale], das ein Ganzes ist, insofern es der Akt des dieses Sein zur Vollkommenheit Bringenden ist; oder gemäß einem ganzen, konstituierten und vollkommenen Sein. In der ersten Hinsicht ist es nun ein Genus, in der zweiten hingegen eine Differenz und in der dritten eine Spezies. Und es erhellt, daß die Einteilung hinreichend ist und aus vielem Unmittelbarem besteht, denn ein Substanzartiges, das in vielem und über vieles ist, ist entweder ein Prinzip oder unter ein Prinzip gestellt. Ist es ein Prinzip, so entweder eines der Potenz nach oder eines dem Akt nach. Ist es aber unter ein Prinzip gestellt und ein Vollkommenes in einem substantiellen Sein, dann existiert es auf eine von den genannten beiden Weisen verschiedene Weise. Ist es aber in vielem und über vieles gemäß einem akzidensartigen Sein, das in diesem Vielen existiert, so kann es in diesem nur sein entweder in der Weise des Akzidens einer gemeinschaftlichen Natur, durch die es auf vieles Singuläre bezogen wird - und dies ist das [Universale] „Proprium“, oder in der Weise des Akzidens eines Individuums oder eines Singulären, durch das es auf eine gemeinschaftliche Natur bezogen wird - und dann ist es das [Universale] „Akzidens“. Sokrates ist nämlich zum Lachen fähig auf Grund einer gemeinschaftlichen Natur, die in Sokrates ist. Der Mensch [Sokrates] aber ist weiß dadurch, daß Sokrates weiß ist, in welchem die Natur des Menschen ist. Daraus wird erneut klar, daß jene Einteilung aus Unmittelbaren entstanden ist: denn außer für eine gemeinschaftliche Natur, eine Hypostase bzw. einen selbständigen Gegenstand oder ein Singuläres, das zum Grundbestand einer gemeinschaftlichen Natur gehört, hat sie keine Gültigkeit. Und da man ein Gemeinschaftliches, das in vielem und über vieles ist, nicht mehr über die genannten Weisen hinaus mittels einer unmittelbaren Einteilung nachweisen kann, kann es überhaupt nur fünf sich auf formale Weise unterscheidende Universalien geben.

Hieraus erhellt auch die Ordnung dieser fünf Universalien: denn es steht fest, daß all das, was in vielem und über vieles auf Grund eines in diesem Vielen seienden Wesensartigen [essentiale] ist, früher ist als all das, was in vielem und über vieles auf Grund eines in diesem Vielen seienden Akzidensartigen [accidentale] ist. Ferner ist aber auch dasjenige, was in vielem und über vieles auf Grund eines Akzidensartigen ist, das aus einer Natur entspringt, früher als das, was in vielem und über vieles auf Grund eines zu einem Individuum gehörenden Akzidensartigen ist, das ein nicht genau bestimmtes Akzidens [accidens infinitum] ist. Ferner ist aber auch das, was in vielem und über vieles auf Grund eines Wesensartigen ist, das in diesem in Gestalt der Potenz eines Anfangsstadiums ist, früher als das, was in vielem und über vieles auf Grund eines Aktes ist, der auf eindeutige Weise das Sein einer Spezies festlegt. Denn es geht in etwas Bestimmtem immer die Potenz dem Akt vorher. Jedes von beidem wird aber aus diesen konstituiert, so wie auch ein Prinzip und ein unter einem Prinzip Stehendes. Also ist das Genus früher, ihm folgt die Differenz und an dritter Stelle die Spezies. Obgleich nun diese Ordnung in der Natur der Universalien liegt, wonach sie auch im Vorangegangenen aufgezählt wurden, stellen wir dennoch in der Ordnung der Abhandlung die Untersuchung der Spezies vor die Untersuchung der Differenz, da ja auf Grund der Korrelation von Genus und Spezies die Abhandlung des einen von der Abhandlung des anderen abhängt, weil ja das eine Relationsglied nur eindeutig erkannt werden kann, wenn auch das andere erkannt wird.

2.
THOMAS VON AQUINO
Über das Seiende und das Wesen*

Dem Philosophen zufolge ist ein kleiner Fehler zu Beginn am Ende ein großer, wie es im 1. Buch von „Über den Himmel und die Welt" heißt.[1] Wie nun Avicenna zu Beginn seiner „Metaphysik" sagt, werden das Seiende und das Wesen vom Intellekt als erstes erfaßt.[2] Um also zu verhindern, daß es aus Unkenntnis über diese zu Irrtümern kommt, muß zur Aufdeckung der mit ihnen verbundenen Schwierigkeit dargelegt werden, was mit den Wörtern „Seiendes" [ens] und „Wesen" [essential] jeweils bezeichnet wird; inwiefern man es in Verschiedenem antrifft und auf welche Weise es sich zu den inhaltlichen Bestimmungen der Logik [intentiones logicae], d. h. „Genus", „Spezies" und „Differenz", verhält.

Da wird die Erkenntnis des Einfachen aus dem Zusammengesetzten gewinnen und vom Späteren zum Früheren kommen müssen, und das Leichtere darum an den Anfang stellen, damit das lehrmäßige Vorgehen angemessen ist, muß in der Darlegung folglich von der Bedeutung des Seienden zur Bedeutung des Wesens fortgeschritten werden.

Kapitel 1

Unter Berücksichtigung dessen, was der Philosoph im 5. Buch der „Metaphysik" sagt, ist davon auszugehen, daß man unter dem Seienden an sich zweierlei versteht: einerseits dasjenige, was sich in zehn [Kategorien-]Genera unterteilt; andererseits dasjenige, was die Wahrheit von Aussagen bezeichnet.[3]

Der Unterschied beider liegt darin, daß auf die zweite Weise all jenes als Seiendes bezeichnet werden kann, über das eine bejahende Aussage gebildet werden kann, auch wenn jenes nichts Gegenständlich-Reales bedeutet. Dieser Weise zufolge

---

* De ente et essentia. - Textgrundlage: in: S. Thomae de Aquino Opera omnia, Iussu Leonis XIII P. M. edita T. XLIII, cura et studio Fratrum Praedicatorum, Roma 1976, S. 369–381.

können auch Mängelzustände und Negationen als Seiendes bezeichnet werden. Denn wir sagen zum Beispiel, daß die Bejahung der Verneinung entgegengesetzt ist und daß die Blindheit im Auge ist. Auf die erstgenannte Weise aber kann Seiendes nur genannt werden, was etwas Gegenständlich-Reales besagt. Darum ist die Blindheit und ähnliches nach dem zuerst erwähnten Verständnis kein Seiendes. Das Wort „Wesen“ wird also nicht vom Seienden nach dem an zweiter Stelle erwähnten Verständnis von „Seiendem“ abgeleitet. Denn hiernach wird einiges als Seiendes bezeichnet, was kein Wesen besitzt, wie aus den Mängelzuständen erhellt. Vielmehr wird „Wesen“ vom Seienden gemäß dessen erster Bedeutung abgeleitet. Daher sagt der Kommentator an dieser Stelle: es ist das Seiende in der erstgenannten Weise, „das das Wesen eines Dinges bezeichnet“.[4]

Da nun, wie bereits erwähnt wurde, das in dieser Weise ausgesagte Seiende sich in zehn [Kategorien-]Genera unterteilt, folgt, daß „Wesen“ etwas allen Naturen Gemeinsames bezeichnet, durch welche Naturen das verschiedene Seiende in verschiedene Genera und Spezies eingeordnet wird. Dementsprechend ist das Menschentum das Wesen des Menschen, und analog ist es bei anderem. Da jenes, wodurch ein Ding hinsichtlich seiner Stellung in einem ihm eigenen Genus oder in einer Spezies bestimmt wird, eben durch eine Definition bezeichnet wird, die angibt, was ein Ding ist, wird für das Wort „Wesen“ seitens der Philosophen das Wort „Quiddität“ benutzt. Der Philosoph benutzt dafür oftmals die Bezeichnung „das, was es war im Sein“ [quod quid erat esse][5], das heißt dasjenige, wodurch etwas Bestimmtes ein Was-Sein besitzt. Auch „Form“ wird es genannt, insofern durch sie die Bestimmung eines jeden Dinges bezeichnet wird, wie Avicenna im 2. Buch seiner „Metaphysik“ sagt.[6] Es wird mit einem anderen Wort auch als „Natur“ bezeichnet, indem „Natur“ nach der ersten der vier Bedeutungen verstanden wird, die Boethius in dem „Buch von den zwei Naturen“ angibt; denn „Natur“ wird hier alles das genannt, was „vom Verstand auf irgendeine Weise erfaßt werden kann“.[7] Ein Ding ist nämlich ausschließlich auf Grund seiner Definition und seines Wesens verstandesmäßig faßbar. In diesem Sinn sagt der Philosoph auch im 5. Buch der „Metaphysik“, daß eine jede Substanz eine Natur sei.[8] Nun aber scheint das auf diese Weise verstandene Wort „Natur“ das Wesen eines Dinges zu bezeichnen, insofern es in einem inneren Zusammenhang mit der eigentümlichen Wirkungsweise des Dinges [propria operatio rei] steht, da kein Ding ohne die ihm eigentümliche Wirkungsweise bleibt. Das Wort „Quiddität“ hingegen leitet sich von dem ab, was mit einer Definition zum Ausdruck gebracht wird. „Wesen“ aber wird insoweit ausgesagt, als durch es und in ihm das Seiende ein Sein hat. „Seiendes wird aber doch an sich und vorrangig über Substanzen und zweitranging sowie relativ über Akzidentien ausgesagt, so daß das Wesen eigentlich und wahrhaftig in den Substanzen ist, in den Akzidentien aber nur in gewisser Weise und relativ.

Von den Substanzen sind die einen einfache, die anderen zusammengesetzte, und in jeden von beiden ist das Wesen – in den einfachen Substanzen jedoch auf wahrhaftere und herausragendere Weise, da sie auch ein herausragenderes Sein haben. Sie sind nämlich Ursache alles Zusammengesetzten, zumindest die erste einfache Substanz, welche Gott ist. Da nun aber das jeweilige Wesen von jenen Substanzen uns eher verborgen ist, muß mit dem Wesen der zusammengesetzten Substanzen begonnen werden, damit das lehrmäßige Vorgehen vom Leichteren anfängt und so angemessen ist.

Kapitel 2

In den zusammengesetzten Substanzen sind also Form und Materie bekannt, wie zum Beispiel Seele und Körper im Menschen. Jedoch darf nicht behauptet werden, daß eines von beiden für sich genommen als Wesen gelten kann. Es liegt doch auf der Hand, daß die Materie eines Dinges allein nicht das Wesen sein kann, da ja ein Ding durch sein Wesen sowohl erkennbar ist, als auch in einer Spezies oder einem Genus eingeordnet wird. Die Materie ist aber weder das Prinzip der Erkenntnis, noch wird in Abhängigkeit von ihr etwas nach Genus oder Spezies bestimmt, vielmehr in Abhängigkeit von dem, was sich im Wirklichkeitszustand [actus] befindet. Aber auch die Form kann, für sich genommen, nicht als das Wesen einer zusammengesetzten Substanz bezeichnet werden, wenngleich einige dies zu behaupten wagen. Aus dem Gesagten wird nämlich deutlich, daß das Wesen dasjenige ist, was durch die Definition eines Dinges bezeichnet wird. Die Definition von natürlichen Substanzen enthält aber nicht allein die Form, sondern auch die Materie. Ansonsten unterschieden sich nämlich die Definitionen, die Naturdinge betreffen, nicht von denen, die mathematische Dinge angehen. Es darf aber auch nicht behauptet werden, daß die Materie in der Definition einer natürlichen Substanz wie ein Zusatz zu ihrem Wesen oder als ein Seiendes außerhalb ihres Wesens angenommen wird; denn diese Weise der Definitionen kommt eher den Akzidentien zu, die kein vollkommenes Wesen besitzen. Daraus ergibt sich, daß sie in ihrer Definition ein Zugrundeliegendes einbeziehen müssen, das außerhalb ihres Genus ist. Es ist also klar, daß das Wesen Materie und Form umfaßt. Man kann jedoch nicht sagen, daß das Wesen eine Beziehung zwischen Materie und Form oder etwas zu diesen Hinzugefügtes bezeichnet, weil dieses mit Notwendigkeit ein Akzidens oder dem Ding Äußerliches wäre und das Ding dadurch auch nicht mittels des Wesens erkannt würde; dies alles aber kommt dem Wesen [nicht] zu. Durch die Form nämlich, die der Akt der Materie ist, wird die Materie zu einem Seienden im Wirklichkeitszustand und ein bestimmtes Dieses. Daher verleiht jenes, was außerdem noch hinzugelangt, der Materie kein Sein im Wirklichkeitszustand schlechthin, sondern nur ein Sein im Wirklichkeitszustand von einer bestimmten Qualität, wie das auch die Akzidentien bewirken. So bewirkt zum Beispiel die Weißheit ein Weißes im Wirklichkeitszustand. Sobald also solch eine Form empfangen wird, sagt man nicht uneingeschränkt, daß sie entstehe, sondern nur in bestimmter Hinsicht. Als Schlußfolgerung bleibt übrig, daß das Wort „Wesen“ in den zusammengesetzten Substanzen dasjenige bezeichnet, was aus Materie und Form zusammengesetzt ist. Damit stimmt die Feststellung des Boethius im Kommentar zu den „Kategorien“ überein, daß „usia“ ein Zusammengesetztes bezeichnet[9]; „usia“ ist nämlich bei den Griechen dasselbe, was bei uns das Wesen ist, wie er im „Buch von den zwei Naturen“ sagt[10]. Avicenna stellt auch fest, daß die Quiddität von zusammengesetzten Substanzen selbst eine Zusammensetzung aus Form und Materie ist.[11] In den Ausführungen zum 7. Buch der „Metaphysik“ sagt der Kommentator ebenfalls: „die Natur, die die Spezies in den dem Werden unterworfenen Dingen besitzen, ist ein Mittleres, das heißt ein aus Materie und Form Zusammengesetzes“[12]. Hiermit stimmt auch das Argument überein, daß das Sein einer zusammengesetzten Substanz nicht nur der Form gehört und auch nicht nur der Materie, sondern dem Zusammengesetzten selbst. Das Wesen ist aber dasjenige, in bezug worauf man sagt, daß ein Ding ist. Daraus folgt notwendig, daß das Wesen, auf Grund dessen ein Ding als Seiendes bezeichnet wird, nicht allein Form und auch nicht allein Materie sein kann, sondern jedes von beidem, wenngleich allein die Form auf die ihr eigene Weise Ursache eines derartigen Seins ist. So können wir in anderen Dingen, die aus mehreren Prinzipien resultieren, feststellen, daß die Dinge nicht allein von einem dieser Prinzipien benannt werden, sondern von dem, das auch das andere einschließt. Das wird deutlich bei den Geschmäcken: die Süße wird von der Einwirkung des Warmen verursacht, das das Feuchte verdrängt, und obgleich die Wärme hiermit die Ursache der Süße ist, wird der süße Körper dennoch nicht nach der Wärme, sondern nach dem Geschmack benannt, der das Warme und das Feuchte umfaßt.

Da nun die Materie das Individuationsprinzip ist, kann daraus anscheinend folgen, daß das Wesen, das zugleich Materie und Form in sich umfaßt, nur dem Einzelnen und nicht dem Allgemeinen angehört. Daraus ergäbe sich, daß [alles] Allgemeine keine Definition besäße, wenn gilt, daß das Wesen dasjenige ist, was durch eine Definition ausgedrückt wird. Es ist folglich davon auszugehen, daß nicht die beliebig verstandene „Materie“ das Individuationsprinzip ist, sondern lediglich die gekennzeichnete Materie [materia signata]. Ich bezeichne eine Materie als „gekennzeichnet“, wenn sie als ganz bestimmten Ausmaßen zugehörig betrachtet wird. Diese Materie ist aber in der Definition des Menschen, insofern er Mensch ist, nicht gegeben; vielmehr wäre sie in der Definition von Sokrates gegeben, wenn es eine Definition von Sokrates gäbe. In der Definition des Menschen ist aber eine nicht gekennzeichnete Materie gegeben, denn in der Definition des Menschen ist nicht dieser bestimmte Knochen und dieses bestimmte Fleisch, sondern sind Knochen und Fleisch schlechthin gegeben, die die nicht gekennzeichnete Materie des Menschen sind. Somit wird klar, daß sich das Wesen des Menschen und das Wesen von Sokrates ausschließlich in bezug auf das Gekennzeichnete und das

Nicht-Gekennzeichnete unterscheiden. Der Kommentator sagt darum im Kommentar zum 7. Buch der „Metaphysik“: „Sokrates ist nichts anderes als Belebtheit und Vernunftbegabtheit, die seine Quiddität sind.“[13] Ebenso unterscheiden sich auch das Wesen des Genus und der Spezies in bezug auf das Gekennzeichnete und das Nicht-Gekennzeichnete. Gleichwohl ist die Art und Weise der Kennzeichnung [designatio] in jedem der beiden Fälle unterschieden; denn die Kennzeichnung eines Individuums in Rücksicht auf eine Spezies erfolgt mittels der Materie, welche bestimmte Ausmaße besitzt; die Kennzeichnung einer Spezies in Rücksicht auf ein Genus erfolgt aber mittels einer konstitutiven Differenz, die aus der Form eines Dinges abgeleitet wird. Diese Bestimmung oder Kennzeichnung, die eine Spezies in Rücksicht auf ein Genus besitzt, hat ihren Grund nicht in etwas, was innerhalb des Wesens der Spezies existiert, ohne im Wesen des Genus zu sein. Vielmehr ist alles, was in der Spezies ist, auch in dem Genus – und zwar als ein Unbestimmtes. Wäre nämlich das Lebewesen nicht das Ganze, das der Mensch ist, sondern nur ein Teil von diesem, so könnte es über ihn nicht prädiziert werden, da ja kein Bestandteil über das dazugehörige Ganze prädiziert werden kann.

Woher das kommt wird einsichtig, wenn untersucht wird, inwiefern sich der Körper unterscheidet, je nach dem, ob er als ein Teil des Lebewesens oder als ein Genus angesehen wird. Denn er kann nicht in derselben Hinsicht ein Genus sein, wie er ein Bruchteil eines Ganzen ist. Das Wort „Körper“ kann nämlich auf vielfache Weise verstanden werden. Insoweit der Körper zum [Kategorien-]Genus der Substanz gehört, wird er danach ausgesagt, daß er eine so beschaffene Natur besitzt, daß in ihm drei Dimensionen gekennzeichnet werden können. Ebendiese drei gekennzeichneten Dimensionen sind der Körper, und damit gehört er dem [Kategorien-]Genus der Quantität an. Bisweilen tritt bei den Dingen aber auch folgendes auf: was die eine Vollkommenheit besitzt, kann auch einer weiteren angehören. Das ist zum Beispiel beim Menschen der Fall, der eine sinnliche und darüber hinaus auch eine verstandesmäßige Natur besitzt. Nun kann ebenso über die Vollkommenheit hinaus, die im Besitz einer solchen Form besteht, daß in ihr drei Dimensionen gekennzeichnet werden können, eine weitere Vollkommenheit – wie zum Beispiel das Leben oder ähnliches – an die vorherige angeknüpft werden. Das Wort „Körper“ kann also ein gewisses Ding bezeichnen, welches eine Form besitzt, aus der von selbst und mit Ausschließlichkeit die Kennzeichenbarkeit von drei Dimensionen folgt; das heißt, daß aus jener Form keine weitere Vollkommenheit folgt, es vielmehr außerhalb der Bedeutung eines so verstandenen Körpers liegt, sobald etwas anderes hinzugefügt wird. Und damit wird der Körper zum wesentlichen, materialen Bestandteil eines Lebewesens, denn die Seele läge außerhalb der Bedeutung dessen, was das Wort „Körper“ besagt; sie käme zu diesem Körper hinzu, so daß aus diesem beiden – nämlich aus Seele und Körper – als den Teilen ein Lebewesen gebildet würde.

Das Wort „Körper“ kann auch in der Weise aufgefaßt werden, daß es ein Ding mit einer Form bedeutet, durch die in ihm drei Dimensionen gekennzeichnet werden können, unabhängig davon, um was für eine Form es sich handelt, d. h. ob aus ihr eine weitere Vollkommenheit hervorgehen kann oder nicht. Auf diese Weise wird der Körper zum Genus des Lebewesens. Denn dem Lebewesen kann nichts zugeschrieben werden, das nicht implizit auch im Körper enthalten ist. Die Seele ist nämlich nicht von jener Form verschieden, auf Grund welcher in jenem Ding drei Dimensionen gekennzeichnet werden konnten. Wurde also gesagt, daß ein Körper dasjenige ist, was eine solche Form hat, daß in ihm wegen dieser Form drei Dimensionen gekennzeichnet werden können, so meinte man damit: ungeachtet der Beschaffenheit der Form, ob Belebtheit, ob Steinigkeit oder ob irgend etwas anderes. Die Form des Lebewesens ist somit implizit in der Form des Körpers enthalten, insoweit der Körper dessen Genus ist. Das Verhältnis des Lebewesens zum Menschen ist von gleicher Art. Wenn „Lebewesen" nämlich nur ein gewisses Ding bedeutete, das eine Vollkommenheit von der Art besitzt, daß es wahrnehmen und sich wegen eines in ihm existierenden Prinzips bewegen kann, unter Ausschluß einer anderen Vollkommenheit, so besäße jede weitere hinzukommende Vollkommenheit gegenüber dem Lebewesen die Funktion eines Teiles und nicht als zum Begriff des Lebewesens implizit dazugehöriger Inhalt. Damit wäre Lebewesen kein Genus. Es ist aber ein Genus, weil es ein gewisses Ding bezeichnet, aus dessen Form Wahrnehmung [sensus] und Bewegung hervorgehen kann, ungeachtet der jeweiligen Bestimmung dieser Form – sei es die Wahrnehmungsseele allein oder Wahrnehmungs- und Vernunftseele gemeinsam. Ein Genus bezeichnet also in unbestimmter Weise dasjenige Ganze, was in einer Spezies ist; denn es bezeichnet nicht nur die Materie. Ebenso bezeichnet auch eine Differenz ein Ganzes und nicht nur die Form. Auch eine Definition und eine Spezies bezeichnen ein Ganzes, doch auf jeweils verschiedene Weise. Denn ein Genus bezeichnet ein Ganzes im Sinn einer Benennung, die in einem Ding dasjenige bestimmt, was an ihm materialer Herkunft ist, ohne die eigentümliche Form zu bestimmen. Daher wird das Genus mit der Materie in Beziehung gebracht, obgleich es nicht Materie ist. So wird der Körper zum Beispiel danach bestimmt, daß er eine solche Vollkommenheit besitzt, daß in ihm drei Dimensionen gekennzeichnet werden können; diese Vollkommenheit steht nun in einem materialen Verhältnis zu einer weiteren Vollkommenheit. Hingegen stellt eine Differenz eine gewisse Benennung dar, die auf ganz bestimmte Weise aus einer Form abgeleitet wurde – unter Absehung davon, daß außerdem eine ganz bestimmte Materie zu ihrem grundsätzlichen Verständnis gehört. So wird zum Beispiel vom Beseelten gesprochen, d. h. von dem, was eine Seele besitzt, denn es wird nicht genau bestimmt, was es sei, ob ein Körper oder etwas anderes. Darum sagt Avicenna, daß das Genus in der Differenz nicht als ein Teil von deren Wesen, sondern nur als Seiendes außerhalb des Wesens begriffen wird, wie auch ein Zugrundeliegendes zum Beispiel der veränderlichen Eigenschaften [passiones] in Beziehung steht[14]. Darum wird das Genus auch nicht von der Differenz im eigentlichen Sinn ausgesagt, wie der Philosoph im 3. Buch der „Metaphysik" und im

4. Buch der „Topik" feststellt[15], es sei denn, daß es vielleicht wie ein Zugrundeliegendes von einer veränderlichen Eigenschaft ausgesagt wird. Hingegen umfaßt eine Definition und eine Spezies beides, d. h. eine ganz bestimmte Materie, welche der Name des Genus bezeichnet, wie auch eine ganz bestimmte Form, die der Name der Differenz bezeichnet. Dies erklärt, warum Genus, Spezies und Differenz sich in ähnlicher Weise wie Materie, Form und das Zusammengesetzte in der Natur verhalten. Gleichwohl sind sie nicht dasselbe wie jenes. Denn das Genus ist nicht Materie, sondern von der Materie abgeleitet; es bezeichnet ja ein Ganzes. Ebensowenig ist die Differenz eine Form, sondern von der Form abgeleitet; sie bezeichnet ja ein Ganzes. Wir sagen daher, daß der Mensch ein vernunftbegabtes Lebewesen und nicht aus Lebewesen und Vernunftbegabtem ist, wie man etwa sagt, er sei aus Seele und Körper. Man läßt nämlich den Menschen aus Seele und Körper bestehen, ganz wie ein aus zwei Dingen bestehendes Drittes, das aber keines von jenen zweien ist. Der Mensch ist nämlich weder die Seele, noch der Körper. Sagt man aber, der Mensch bestehe in bestimmter Weise aus dem Lebewesen und dem Vernunftbegabten, so ist das nicht im Sinn eines aus zwei Dingen bestehenden dritten Dinges, sondern im Sinn eines aus zwei Begriffen bestehenden dritten Begriffes zu verstehen. Der Begriff des Lebewesens drückt nämlich ohne genaue Bestimmung der spezifischen Form, ausgehend von der Bedeutung eines Dinges als Materiales für eine schließliche Vollendung, die Natur dieses Dinges [Mensch] aus. Der Begriff der Differenz „vernunftbegabt" hingegen besteht in der genauen Bestimmung einer spezifischen Form. Aus eben diesen beiden Begriffen setzt sich der Begriff der Spezies oder der Definition zusammen. Genauso wie ein aus anderen Dingen zusammengesetztes Ding nicht zuläßt, von diesen Dingen ausgesagt zu werden, aus denen es sich zusammensetzt, läßt also auch ein Begriff nicht zu, daß die Begriffe von ihm ausgesagt werden, aus denen er sich zusammensetzt. Denn wir sagen nicht, daß die Definition das Genus oder die Differenz ist.

Wenngleich ein Genus das gesamte Wesen einer [zu ihm gehörigen] Spezies bezeichnet, so folgt daraus nicht zwingend, daß unterschiedliche Spezies, die ein und demselben Genus angehören, ein identisches Wesen besitzen. Denn die Einheitlichkeit des Genus basiert auf der Unbestimmtheit oder Indifferenz. Es ist dabei aber nicht so, daß das durch ein Genus Bezeichnete eine zahlenmäßig eine Natur in verschiedenen Spezies sei, zu der als ein anderes Ding die Differenz hinzukomme, die das Genus näher bestimmt, ähnlich so wie diejenige Form eine Materie näher bestimmt, die zahlenmäßig eins ist. Vielmehr bezeichnet ein Genus irgendeine Form – jedoch nicht genau diese oder jene, die eindeutig von der Differenz bezeichnet wird; und letztere ist keine andere als jene, welche in unbestimmter Weise durch das Genus bezeichnet wurde. Daher sagt der Kommentator auch im 11. Buch der „Metaphysik", daß die erste Materie als „eine" infolge der Entfernung aller Formen bezeichnet wird; ein Genus hingegen wird infolge des gemeinschaftlichen Zukommens einer bestimmten bezeichneten Form [communitas formae significatae] als

„eins" bezeichnet[16]. Hieraus wird klar, daß bei Hinzufügung der Differenz und bei Beseitigung jener Unbestimmtheit, welche den Grund für die Einheit eines Genus darstellte, Spezies erscheinen, die sich hinsichtlich des Wesens unterscheiden. Da nun, wie bereits festgestellt wurde, die Natur einer Spezies in bezug auf das Individuum genauso wie die Natur eines Genus in bezug auf die Spezies unbestimmt ist, enthielt dasjenige, was Genus ist und insoweit es über eine Spezies prädiziert wurde, in seiner Bedeutung implizit – wenngleich in unbestimmter Weise – das Ganze, was auf bestimmte Weise in einer Spezies ist. Und analog muß dasjenige, was die Spezies ist und insoweit sie über ein Individuum prädiziert wird, das Ganze bezeichnen, was wesensmäßig in dem Individuum ist, wenngleich in unbestimmter Weise. Auf eben diese Weise wird mittels des Wortes „Mensch" das Wesen einer Spezies bezeichnet, und daher wird „Mensch" über Sokrates prädiziert. Wird aber die Natur einer Spezies unter Ausschluß einer gekennzeichneten Materie bezeichnet, welche das Individuationsprinzip darstellt, dann hat sie die Bedeutung eines Bestandteiles. Und in dieser Weise wird sie durch das Wort „Menschentum" bezeichnet, denn „Menschentum" bezeichnet das, wodurch der Mensch ein Mensch ist. Die gekennzeichnete Materie aber ist nicht das, wodurch der Mensch ein Mensch ist. Daher gehört sie auch nicht zu all dem, was dem Menschen die Eigenschaft verleiht, ein Mensch zu sein. Wenn das Menschentum in seinem Begriff also nur das einschließt, was dem Menschen die Eigenschaft verleiht, ein Mensch zu sein, dann muß die gekennzeichnete Materie aus seiner Bedeutung ausgeschlossen oder von ihr abgegrenzt werden. Da ferner ein Teil nicht über ein Ganzes prädiziert wird, wird auch das Menschentum weder über den Menschen, noch über Sokrates prädiziert. Avicenna sagt daher, daß die Quiddität eines Zusammengesetzten nicht das Zusammengesetzte selbst ist, zu dem die Quiddität gehört,[17] mag auch die Quiddität selbst zusammengesetzt sein, wie zum Beispiel das Menschentum: denn obgleich es zusammengesetzt ist, ist es nicht der Mensch, vielmehr muß es notwendig in etwas, das heißt einer gekennzeichneten Materie, aufgenommen werden. Da aber, wie bereits festgestellt wurde, die Kennzeichnung einer Spezies im Hinblick auf ein Genus vermittels einer Form geschieht, während die Kennzeichnung eines Individuums im Hinblick auf eine Spezies vermittels einer Materie geschieht, muß also das Wort, das dasjenige bezeichnet, worin die Natur des Genus besteht, unter Absehen von der eine Spezies konstituierenden Form einen materialen Bestandteil eines Ganzen bezeichnen – ähnlich wie der Körper materialer Bestandteil des Menschen ist. Das Wort hingegen, das dasjenige bezeichnet, worin die Natur einer Spezies unter Absehen von einer gekennzeichneten Materie besteht, bezeichnet einen Formbestandteil. Das Menschentum wird also im Sinn einer Form gefaßt und als die Form des Ganzen bezeichnet; dies jedoch nicht im Sinn einer zu den Wesensbestandteilen hinzugekommenen Form, das heißt zu Form und Materie – wie etwa die Form des Hauses zu seinen wesentlichen Bestandteilen hinzugefügt wird. Vielmehr ist es eine Form, welche das Ganze ist, das heißt Form und Materie umfaßt, jedoch unter Absehen von dem, wodurch die Materie eigentlich ihre Kennzeichnung erfährt.

Damit ist also klar, daß das Wort „Mensch“ und das Wort „Menschentum“ das Wesen des Menschen bezeichnen, aber auf verschiedene Weise, wie ausgeführt wurde. Das Wort „Mensch“ bezeichnet es nämlich als ein Ganzes, insofern es nicht von der Kennzeichnung der Materie absieht, sondern sie implizit und nicht distinkt enthält, ähnlich wie gesagt wurde, daß ein Genus eine Differenz enthält. Darum wird das Wort „Mensch“ über die Individuen prädiziert. Das Wort „Menschentum“ aber bezeichnet das Wesen des Menschen als einen Teil, denn es enthält in seiner Bedeutung ausschließlich dasjenige, was zum Menschen gehört, insofern er Mensch ist, und es sieht von jeglicher Kennzeichnung [der Materie] ab. Darum wird es nicht über menschliche Individuen prädiziert. Aus diesem Grunde wird auch das Wort „Wesen“ manchmal als Prädikat eines realen Gegenstandes vorgefunden – man sagt ja, daß Sokrates ein gewisses Wesen ist –, und manchmal wird es verneint, wie man zum Beispiel sagt, daß das Wesen von Sokrates nicht Sokrates ist.

Kapitel 3

Nachdem untersucht wurde, was mit dem Wort „Wesen“ in den zusammengesetzten Substanzen bezeichnet wird, ist nun zu untersuchen, in welcher Beziehung es zu der Wesenscharakteristik [ratio] von Genus, Spezies und Differenz steht. Dasjenige nun, dem die Wesenscharakteristik von Genus, Spezies oder Differenz zukommt, wird über ein ganz bestimmtes gekennzeichnetes Einzelnes prädiziert. Somit ist es ausgeschlossen, daß die Wesenscharakteristik eines Allgemeinen, d. h. eines Genus oder einer Spezies, einem Wesen insoweit zukommt, als es die Bedeutung eines Teiles hat, wie in dem Fall, wenn es durch das Wort „Belebtheit“ oder „Menschentum“ ausgedrückt wird. Darum sagt Avicenna, daß die Vernunftbegabtheit keine Differenz, sondern das Prinzip einer Differenz ist. Und aus dem gleichen Grund ist das Menschentum keine Spezies und die Belebtheit kein Genus.[18] Gleichermaßen kann man nicht sagen, daß die Wesenscharakteristik von Genus oder Spezies einem Wesen insoweit zukomme, als es ein gewisses außerhalb des Singulären existierenden Ding ist, wie die Platoniker meinten. Denn so würden Genus und Spezies nicht über ein ganz bestimmtes Individuum prädiziert werden. Denn man kann nicht sagen, daß Sokrates ein bestimmtes von ihm Abgetrenntes sei. Andererseits würde dieses Abgetrennte auch nicht der Erkenntnis eines bestimmten Singulären nutzen. Die Wesenscharakteristik von Genus oder Spezies kommt folglich einem Wesen insoweit zu, als es die Bedeutung eines Ganzen hat, wie in dem Fall, wenn es durch das Wort „Mensch“ oder „Lebewesen“ bezeichnet wird: so enthält es nämlich implizit und nicht distinkt ebendieses Ganze, was in einem Individuum ist.

Natur oder Wesen in einem so verstandenen Sinn kann nun auf zweierlei Art betrachtet werden. Zum einen hinsichtlich der eigentlichen Bedeutung, und dies ist die Betrachtungsweise von Natur oder Wesen in Unabhängigkeit von allem anderen. Demzufolge gilt hinsichtlich der Natur nur dasjenige als wahr, was ihr selbst als solche zukommt. Alles, was ihr von anderem beigelegt wird, ist darum eine falsche Beifügung. Zum Beispiel kommt dem Menschen dadurch, daß er Mensch ist, Vernunftbegabtes, Lebewesen und anderes zu, was in seine Definition fällt. Weißes, Schwarzes und alles andere von solcher Art, das nicht die Wesenscharakteristik des Menschentums betrifft, kommt dem Menschen nicht zu, insofern er ein Mensch ist. Wird also die Frage gestellt, ob diese so betrachtete Natur als singulär oder in der Mehrzahl auftretend bezeichnet werden kann, so darf keines von beidem zugelassen werden, denn beides liegt außerhalb des Begriffes des Menschentums und beides kann bei ihm nur beiläufig auftreten. Denn gehörte die Vielheit zu seinem Begriff, so könnte es niemals ein einziges sein, obgleich es doch tatsächlich eines ist, wenn es in Sokrates ist. Wenn nun ebenfalls die Einzigkeit zu seiner Wesenscharakteristik gehörte, dann wäre die Natur von Sokrates und Platon ein und dieselbe und könnte nicht zu einer Mehrzahl vervielfacht werden.

In anderer Weise wird die Natur oder das Wesen in bezug auf das Sein betrachtet, welches sie in diesem oder jenem Bestimmten besitzt. Demgemäß wird etwas akzidentiell über sie prädiziert, entsprechend der Bedeutung dessen, in dem sie ist. So sagt man, daß ein Mensch weiß ist, da Sokrates weiß ist, obgleich dies dem Menschen nicht dadurch zukommt, daß er Mensch ist. Diese Natur besitzt aber ein doppeltes Sein, eines im Singulären und das andere in der Seele; und entsprechend jeder der beiden Seinsweisen hängen von der genannten Natur Akzidentien ab. In dem Singulären besitzt sie ebenfalls ein mehrfaches Sein gemäß der Verschiedenheit des Singulären; und dennoch kommt dieser Natur nach ihrer zuerst erfolgten Betrachtung - nämlich als unabhängig von allem anderen - keines von diesem [doppelten] Sein zu. Es ist nämlich falsch zu sagen, das Wesen des Menschen besitze als solches ein Sein in einem bestimmten Singulären. Denn käme das Sein in einem bestimmten Singulären dem Menschen zu, insofern er Mensch ist, so wäre er niemals außerhalb dieses bestimmten Singulären. Ebenso wäre der Mensch niemals in einem bestimmten Singulären, käme es dem Menschen als Menschen zu, nicht in einem bestimmten Singulären zu sein. Es ist vielmehr richtig zu sagen, daß es für den Menschen, insofern er Mensch ist, nicht charakteristisch ist, in diesem oder jenem Singulären oder der Seele zu sein.

Es ist also klar, daß die Natur des Menschen, insofern man sie absolut betrachtet, jegliches beliebige Sein aus sich ausklammert, jedoch in der Weise, daß es zu keinem völligen Ausschluß irgendeines Seins kommt. Es ist nun die in diesem Sinn gefaßte Natur, die über alle Individuen prädiziert wird. Es läßt sich jedoch nicht behaupten, daß auf eine so verstandene Natur die Wesenscharakteristik eines Universale zutrifft, denn zu dieser gehören die Einheit und die Gemeinschaftlichkeit. Auf die menschliche Natur trifft aber keine dieser Bestimmungen zu, wenn man sie absolut nimmt. Wenn nämlich die Gemeinschaftlichkeit zum Begriff des Menschen gehörte, so fände man überall dort, worin man das Menschentum vorfindet, auch die Gemeinschaftlichkeit vor. Dies ist falsch, da ja in Sokrates keinerlei Gemeinschaftlichkeit vorgefunden wird, vielmehr ist alles in ihm Individuelles. Ebenso darf man nicht behaupten, die Wesenscharakteristik eines Genus oder einer Spezies träfe auf die menschliche Natur in bezug auf das Sein, das sie in den Individuen besitzt, zu; denn die menschliche Natur wird in den Individuen nicht entsprechend der Einheit vorgefunden, indem sie ein Eins wäre, was allem zukommt; letzteres aber verlangt die Wesenscharakteristik eines Allgemeinen. Es verbleibt also nur die Möglichkeit, daß die Wesenscharakteristik eines Spezies der menschlichen Natur in bezug auf das Sein zukommt, was sie im Intellekt besitzt. Diese menschliche Natur besitzt nämlich im Intellekt ein Sein, das von allen Bedingungen der Individuation losgelöst ist; somit besitzt sie gegenüber allen jenen Individuen auch eine gleichartige Bedeutung, die außerhalb der Seele sind, insofern sie gleichermaßen das Ebenbild [similitudo] von allen ist, wie Wegweiser zur Erkenntnis aller, insofern sie Menschen sind. Gerade weil sie gegenüber allen Individuen ein derartiges Verhältnis besitzt, schafft der Intellekt dafür die Wesenscharakteristik der Spezies und legt sie dieser Natur bei. Darum sagt der Kommentator zu Beginn [seines Kommentars] von „Über die Seele“, daß gerade der Intellekt die Allgemeinheit in den Dingen bewirkt.[19] Dieser Meinung ist auch Avicenna in seiner „Metaphysik“.[20]

Wenngleich diese vernunftmäßig erfaßte Natur die Wesenscharakteristik eines Universale besitzt, insofern sie zu den Dingen außerhalb der Seele in Bezug gesetzt wird, da sie ja für alle ein einheitliches Ebenbild ist, ist sie dennoch eine partikuläre Denkform [species intellecta], insofern sie ein Sein in diesem oder jenem bestimmten Intellekt hat. Nun wird auch der Fehler des Kommentators im 3. Buch von „Über die Seele“ klar, der aus der Allgemeinheit der Verstandesform auf die Einheitlichkeit des Intellekts in allen Menschen schließen wollte[21]. Denn die Allgemeinheit dieser Form richtet sich nicht nach dem Sein, was sie im Intellekt besitzt, sondern danach, daß sie sich als ein Ebenbild der Dinge auf diese bezieht. Zum Vergleich sei angeführt: Gäbe es eine Skulptur, die viele Menschen repräsentiert, so ist erwiesen, daß das Aussehen oder die Gestalt der Skulptur ein singuläres und eigentümliches Sein besäße, insofern es sich in einer bestimmten Materie befindet; die Wesenscharakteristik einer Gemeinschaftlichkeit jedoch besäße es, insofern es ein gemeinschaftlicher Repräsentant von mehrerem ist. Der menschlichen Natur kommt es nun in Hinsicht auf ihre absolute Betrachtung zu, über Sokrates prädiziert zu werden; die Wesenscharakteristik einer Spezies kommt ihr ferner in Hinsicht auf ihre absolute Betrachtung nicht zu, sondern sie betrifft die Akzidentien, die der menschlichen Natur gemäß dem Sein nachfolgen, was sie im denkenden Verstand besitzt; demzufolge wird das Wort „Spezies“ nicht über Sokrates prädiziert, wie wenn man sagt: Sokrates ist eine Spezies. Doch dies träte unvermeidlich ein, wenn die Wesenscharakteristik einer Spezies auf den Menschen gemäß dem Sein zuträfe, das der Mensch in Sokrates oder in seinem absoluten Verständnis besitzt, d. h. insofern er Mensch ist. Alles nämlich, was dem Menschen zukommt, insofern er Mensch ist, wird auch über Sokrates prädiziert. Dennoch kommt das Prädiziertwerden, für sich genommen, dem Genus zu, da es in der Definition von „Mensch" verwendet wird. Eine Prädikation ist etwas, was durch die Aktion des zusammensetzenden und trennenden Intellekts zustande kommt. Dabei hat sie die Einheit derer zur realen Grundlage, die jeweils ausgesagt werden, das heißt jeweils das eine von dem anderen. Daher kann die Wesenscharakteristik von „Prädizierbarkeit" in derjenigen der Intention „Genus" eingeschlossen werden, die in ähnlicher Weise durch einen Akt des Intellekts zustande kommt. Nichtsdestoweniger ist dasjenige, dem der Intellekt die Intention von „Prädizierbarkeit" verleiht, indem er dieses mit einem anderen zusammensetzt, nicht schon die eigentliche Intention eines Genus, vielmehr ist es dasjenige, dem der Intellekt die Intention des Genus verleiht, so etwa das, was durch das Wort „Lebewesen" bezeichnet wird.

Nun ist also klar, wie das Wesen oder die Natur sich zur Wesenscharakteristik einer Spezies verhält, denn diese Wesenscharakteristik bezieht sich nicht auf die Bestimmungen, die dem Wesen zukommen, insofern es absolut gefaßt wird; ebenso bezieht sie sich nicht auf die Akzidentien, die diesem Wesen nachfolgen, insofern es ein Sein außerhalb der Seele besitzt, wie die Weißheit und die Schwärze; vielmehr bezieht sie sich auf die Akzidentien, die dem Wesen in Hinsicht auf das Sein nachfolgen, das es im Intellekt besitzt; und auf diese Weise kommt ihm auch die Wesenscharakteristik eines Genus oder einer Differenz zu.

Kapitel 4

Zur Untersuchung steht nun an, auf welche Weise das Wesen in den abgesonderten Substanzen ist, das heißt in der Seele, der Intelligenz und der ersten Ursache. Obgleich alle die Einfachheit der ersten Ursache zugestehen, sind einige dennoch bestrebt, eine Zusammensetzung aus Form und Materie für die Intelligenzen und die Seele geltend zu machen. Der Urheber dieser Auffassung scheint Avicebron, der Verfasser des Werkes „Quelle des Lebens", gewesen zu sein.[22] Das ist insgesamt jedoch mit den Lehren der Philosophen unvereinbar. Diese bezeichnen jene Substanzen als von der Materie abgetrennte und weisen nach, daß sie frei von jeglicher Materie sind. Der stärkste Beweis hierfür gründet sich auf das Erkenntnisvermögen, das in diesen Substanzen ist. Wir sehen nämlich, daß die Formen nur dann aktual intelligibel sind, wenn sie von der Materie und deren dazugehörigen Umständen abgetrennt sind; ferner werden sie auch nur durch das Vermögen einer denkenden Substanz zu aktual intelligiblen, insofern sie in dieser Substanz aufgenommen und durch sie realisiert werden. Darum muß in jeder beliebigen denkenden Substanz eine völlige Freiheit von Materie sein, so daß sie weder Materie als Teil ihrer selbst besitzt, noch als der Materie eingeprägte Form existiert, wie es bei den materiellen Formen der Fall ist.

Es kann aber auch keiner behaupten, daß nicht jegliche Materie die Intelligibilität behindere, sondern nur die körperliche. Angenommen, dies gälte nur unter der Voraussetzung einer körperlichen Materie: da eine Materie nur dann als körperlich bezeichnet wird, wenn sie zu einer körperlichen Form gehört, so müßte die Materie notwendigerweise ihre Eigenschaft, die Intelligibilität zu behindern, von der körperlichen Form erhalten. Das kann aber nicht sein, da ja auch die körperliche Form aktual intelligibel ist - wie auch die von ihr verschiedenen Formen -, insoweit sie von der Materie abstrahiert werden. In der Seele oder in der Intelligenz gibt es somit in keiner Hinsicht eine Zusammensetzung aus Materie und Form, so daß in ihnen das Wesen im Sinn der körperlichen Substanzen verstanden werden könnte. Vielmehr existiert hier eine Zusammensetzung aus Form und Sein. In der Erläuterung zum 9. Satz des „Liber de causis" heißt es daher, daß die Intelligenz ein Form und Sein Besitzendes ist[23], und unter „Form" wird dort die Quiddität oder die einfache Natur verstanden. Wie das sein kann, liegt klar auf der Hand. Bei allem, was sich zueinander derart verhält, daß das eine die Ursache für das Sein des anderen ist, kann dasjenige, was die Stellung der Ursache innehat, das Sein ohne das andere besitzen, jedoch nicht umgekehrt. Es stellt sich heraus, daß das Verhältnis von Materie und Form so beschaffen ist, denn die Form verleiht der Materie das Sein. Es ist demzufolge ausgeschlossen, daß es Materie ohne eine Form gibt. Hingegen ist es nicht ausgeschlossen, daß es eine Form ohne Materie gibt. Die Form besitzt nämlich dadurch, daß sie Form ist, keine Abhängigkeit von der Materie. Findet man aber Formen vor, die nur dann existieren können, wenn sie in der Materie sind, so kommt ihnen das insoweit zu, als sie vom Ersten Prinzip, das heißt dem ersten und reinen Akt, entfernt sind. Daher sind jene Formen, die dem Ersten Prinzip am nächsten stehen, an und für sich ohne Materie bestehende Formen - denn, wie festgestellt wurde, die Form bedarf nicht in ihrem gesamten Genus einer Materie. Von solcher Art Form sind nun die Intelligenzen. Darum ist es nicht notwendig, daß die Wesen oder Quidditäten dieser Substanzen von der Form selbst verschieden sind.

Das Wesen einer zusammengesetzten und das einer einfachen Substanz unterscheiden sich also darin, daß das Wesen einer zusammengesetzten Substanz nicht nur Form ist, sondern Form und Materie umfaßt; das Wesen einer einfachen Substanz ist jedoch nur Form. Hieraus folgen zwei weitere Unterschiede: Der eine besteht darin, daß das Wesen einer zusammengesetzten Substanz in der Bedeutung eines Ganzen oder eines Teiles zum Ausdruck gebracht werden kann; das rührt von der dabei auftretenden Kennzeichnung einer Materie her, wie dargelegt wurde. Deshalb wird auch das Wesen eines zusammengesetzten Dinges nicht auf beliebige Weise über das zusammengesetzte Ding selbst prädiziert. Denn man kann nicht sagen, daß der Mensch seine eigene Quiddität sei. Demgegenüber kann das Wesen eines einfachen Dinges, das seine eigene Form ist, nur in der Bedeutung eines Ganzen zum Ausdruck gebracht werden, da es in diesem Fall neben der Form nichts gibt, was die Form in sich aufnähme. Ganz gleich, wie also das Wesen einer einfachen Substanz gefaßt wird, so wird es über diese prädiziert. Darum sagt Avicenna auch, daß die Quidditát einer einfachen Substanz selbst ein Einfaches ist[24]; denn es ist ja nichts sonst noch da, was diese aufnähme.

Der zweite Unterschied besteht darin, daß die Wesen der zusammengesetzten Dinge in einer gekennzeichneten Materie aufgenommen werden und deshalb gemäß deren Unterteilung zu einer Vielheit gemacht werden. Daher kommt es, daß einiges der Spezies nach dasselbe, der Zahl nach aber verschieden ist. Da aber das Wesen des Einfachen nicht in einer Materie aufgenommen wurde, kann es hier eine solche Vervielfachung nicht geben. Es ist also unmöglich, daß man in diesen Substanzen mehrere Individuen von ein und derselben Spezies vorfindet; vielmehr gibt es hier eine genaue Übereinstimmung der Anzahl der Individuen und der Spezies, wie es Avicenna ausdrücklich sagt[25].

Obgleich derartige Substanzen nur Formen ohne Materie sind, gibt es in ihnen dennoch keine gänzliche Einfachheit, und sie sind auch kein reiner Akt, sondern haben eine Beimischung von Potenz. Die Erklärung dafür lautet folgendermaßen: Alles, was nicht zum Begriff des Wesens oder der Quidditát gehört, ist etwas von außen Hinzukommendes, was mit dem Wesen eine Zusammensetzung bildet; denn kein Wesen kann ohne seine Teile begriffen werden. Ein jedes Wesen oder jede Quidditát kann jedoch begriffen werden, ohne etwas über das zum Wesen oder der Quidditát gehörige Sein zu wissen; denn ich kann begreifen, was der Mensch oder der Phönix ist, und dennoch in Unkenntnis darüber sein, ob er ein reales Sein besitzt. Es ist somit klar, daß das Sein etwas anderes ist als das Wesen oder die Quidditát, es sei denn, es gibt ein Ding, dessen Quidditát eben sein eigenes Sein ist; dieses Ding kann aber nur ein einziges und dem Rang nach erstes sein, da eine Vervielfachung von etwas entweder nur durch Hinzufügung einer Differenz erfolgen kann, wie zum Beispiel die Natur eines Genus sich zu den dazugehörigen Spezies vervielfältigt; oder die Vervielfachung erfolgt dadurch, daß eine Form in unterschiedlichen Materien aufgenommen wird, wie sich die Natur einer Spezies in verschiedenen Individuen vervielfältigt; oder die Vervielfachung erfolgt dadurch, daß das eine absolut existiert und das andere in etwas aufgenommen wurde, wie zum Beispiel dann, wenn es eine isolierte Wärme gäbe und diese Wärme allein wegen der Isolierung von der nicht isolierten Wärme verschieden wäre. Nimmt man jedoch ein Ding an, das nur Sein ist, indem es das Sein selbst als ein Für-sich-Existierendes ist, so nähme dieses Sein die Hinzufügung einer Differenz nicht an, weil es dann schon nicht mehr nur Sein wäre, sondern Sein und außerdem noch eine Form. Viel weniger noch nähme es die Hinzufügung einer Materie an, da es dann schon nicht mehr ein Für-sich-Existierendes, sondern etwas Stoffliches wäre. Es bleibt also einzig übrig, daß ein solches Ding, das sein eigenes Sein ist, nur ein einziges sein kann. Darum muß in jedem beliebigen anderen Ding das Sein verschieden sein von der Quiddität oder Natur oder Form. Demzufolge muß es in den Intelligenzen ein Sein neben der Form geben, und darum wurde gesagt, daß die Intelligenz Form und Sein ist.

Alles, was einem Etwas zukommt, gründet sich entweder auf die Prinzipien seiner eigenen Natur - wie „zum Lachen fähig" im Menschen -, oder es kommt durch ein äußeres Prinzip hinzu, wie zum Beispiel das Licht in der Luft vom Einfluß der Sonne herrührt. Es ist jedoch ausgeschlossen, daß das Sein selbst von der Form oder der Quiddität eines Dinges im Sinn einer Wirkursache verursacht ist; denn in diesem Fall wäre ein Ding die Ursache seiner selbst und ein Ding überführte sich selbst in das Sein, was ausgeschlossen ist. Es ergibt sich also notwendig, daß ein jedes solches Ding, dessen Sein etwas anderes als seine eigene Natur ist, das Sein von einem anderen hat. Da alles, was durch ein anderes ist, auf ein Für-sich-Seiendes als die erste Ursache zurückgeführt wird, muß es ein Ding geben, das Seinsursache für alle Dinge ist, weil es selbst nichts weiter als Sein ist. Andernfalls gäbe es bei den Ursachen ein unbegrenztes Fortschreiten, da ein jedes Ding, das mehr als nur Sein ist, eine Ursache seines Seins besitzt, wie dargelegt wurde. Somit ist also klar, daß die Intelligenz Form und Sein ist und das Sein vom ersten Seienden hat, das nichts weiter als Sein ist; ebendies aber ist die Erste Ursache, die Gott ist.

Alles, was etwas von einem anderen aufnimmt, befindet sich gegenüber diesem anderen im Verhältnis der Möglichkeit, während das durch es Aufgenommene dessen Wirklichkeit ist. Die Quiddität oder Form, die die Intelligenz ist, muß also gegenüber dem Sein im Verhältnis der Möglichkeit sein, das sie von Gott aufnimmt; und dieses aufgenommene Sein existiert im Modus der Wirklichkeit. So findet man also Möglichkeit und Wirklichkeit in den Intelligenzen vor, Form und Materie jedoch nicht, es sei denn im homonymen Sinn. Das Leiden, In-sich-Aufnehmen, Zugrundegelegtes-Sein und alles weitere derartige, was den Dingen in Verknüpfung mit der Materie zuzukommen scheint, kommt daher den vernunftbegabten und den körperlichen Substanzen [gemeinsam nur] im homonymen Sinn zu, wie der Kommentator im 3. Buch von „Über die Seele" sagt.[26] Da, wie gesagt wurde, die Quiddität einer Intelligenz ebendiese Intelligenz ist, so ist deren Quiddität oder Wesen dasselbe, was sie selbst ist; ihr Sein, das sie von Gott empfangen hat, ist der Grund für ihr reales Fortbestehen; manche bezeichnen deshalb solcherart Substanzen als zusammengesetzt aus dem „Wodurch-es-ist" und dem „Was-es-ist" oder aus dem „Was-es-ist" und dem Sein, wie Boethius sagt.[27] Da nun Möglichkeit und Wirklichkeit in den Intelligenzen als gegeben angenommen werden, wird es nicht schwierig sein, die Intelligenzen in einer Mehrzahl aufzufinden. Dies wäre ausgeschlossen, wenn es in ihnen keinen Möglichkeitszustand gäbe. Der Kommentator sagt daher im dritten Buch von „Über die Seele", daß wir bei den abgetrennten Substanzen keine Vielzahl vorfinden könnten, wenn die Natur des Möglichen Intellekts unbekannt wäre.[28] Sie sind also voneinander je nach dem Grad von Möglichkeit und

Wirklichkeit wohlunterschieden, so daß die höhere Intelligenz, die dem Ersten näher ist, mehr von der Wirklichkeit und weniger von der Möglichkeit hat, und so weiter bei den übrigen. Dies findet seinen Abschluß mit der menschlichen Seele, die bei den geistigen Substanzen den letzten Grad innehat. Daher verhält sich ihr Möglicher Intellekt zu den intelligiblen Formen wie die Erste Materie, welche im sinnlichen Sein den letzten Grad innehat, zu den sinnlichen Formen, wie der Kommentator im dritten Buch von „Über die Seele" sagt.[29] Der Philosoph vergleicht die menschliche Seele daher auch mit einer Tafel, auf der nichts geschrieben steht.[30] Dadurch, daß sie mehr als die anderen geistigen Substanzen an dem Möglichkeitszustand teilhat, wird sie den materiellen Dingen so weit angenähert, daß ein materielles Ding als ein Bestandteil in ihr Sein einbezogen wird, so daß aus Seele und Körper ein einheitliches Sein in einer einheitlichen Zusammensetzung zustandekommt, obgleich dieses Sein, insoweit es der Seele gehört, nicht vom Körper abhängig ist. Demzufolge gibt es nach dieser Form, d. h. der Seele, weitere Formen, die mehr an der Möglichkeit teilhaben und der Materie so weit angenähert sind, daß es ihr Sein ohne die Materie nicht gibt. In ihnen gibt es auch eine Ordnung und einen jeweils bestimmten Grad bis hinab zu den ersten Formen der Elemente, die der Materie am allernächsten stehen. Sie spielen darum auch nur beim Herausbilden aktiver und passiver und anderer Eigenschaften eine Rolle, durch welche die Materie aufnahmebereit für eine Form wird.

Kapitel 5

Nach den vorangegangenen Untersuchungen ist nun klar, inwiefern es bei Verschiedenem ein Wesen gibt. Es gibt nämlich bei den Substanzen eine dreifache Art und Weise des Besitzes eines Wesens. Das Wesen des einen, gemeint ist Gott, ist dasselbe wie sein Sein. Man findet deshalb auch einige Philosophen, die sagen, Gott besäße weder Quidditāt noch Wesen[31], da ja sein Wesen nichts anderes als sein Sein ist. Daraus folgt nun, daß dieser keinem Genus angehört, da ja alles, was einem Genus angehört, eine Quiddität besitzt, die außerhalb seines eigenen Seins ist. Denn die Quiddität bzw. Natur eines Genus oder einer Spezies erhält ihre charakteristische Unterscheidung nicht nach der Wesenscharakteristik von „Natur" in den zu dem Genus oder der Spezies gehörenden Dingen; vielmehr ist das Sein in den unterschiedlichen Dingen verschieden. Wenn wir behaupten, daß Gott nichts weiter als Sein ist, müssen wir nicht in den Irrtum jener verfallen, die sagten, daß Gott jenes allgemeine Sein sei, durch das jedes Ding hinsichtlich einer Form existiert. Dieses Sein, das Gott ist, hat nämlich zur Grundlage, daß es zu ihm keinerlei Hinzufügung geben kann; gerade durch seine Reinheit ist es ein ganz besonderes Sein, das sich von allem anderen Sein unterscheidet. Deshalb wird in der Erläuterung des 9. Satzes des „Liber de causis" gesagt, daß die Individuation der Ersten

Ursache, die nichts weiter als Sein ist, vermittels deren reiner Gutheit erfolge.[32] Das gemeinschaftliche Sein schließt aber in seinem Begriff weder eine Hinzufügung ein, noch den Ausschluß einer Hinzufügung; denn andernfalls könnte man keinerlei Sein begreifen, in dem über das Sein hinaus etwas hinzugefügt würde. Obwohl es nichts weiter als Sein ist, müssen ihm ebenso nicht die übrigen Vollkommenheiten und Vorzüge fehlen; es besitzt im Gegenteil alle Vollkommenheiten in allen Genera. Darum wird es als das Vollkommene schlechthin bezeichnet, wie es der Philosoph und der Kommentator im 5. Buch der „Metaphysik" ausdrücken.[33] Es besitzt diese Vorzüge jedoch in einer alle anderen Dinge übertreffenden Weise, da sie in ihm ein Eines sind, in den anderen jedoch durch trennende Unterschiede auseinanderfallen. Aus diesem Grund kommen ihm diese Vollkommenheiten infolge seines einfachen Seins zu. Gott besitzt in seinem eigenen Sein alle Vollkommenheiten in dem gleichen Sinn wie jemand, der, wenn er vermittels nur einer einzigen Qualität die Wirkungen von allen Qualitäten hervorrufen könnte, mit jener einen Qualität alle Qualitäten besäße.

Zweitens gibt es das Wesen in den geschaffenen geistigen Substanzen. In ihnen ist das Sein von ihrem Wesen verschieden, obgleich das Wesen ohne Materie ist. Ihr Sein ist daher nicht ein absolutes, sondern ein angenommenes und demzufolge gemäß dem Fassungsvermögen der aufnehmenden Natur begrenztes und endliches. Hingegen ist ihre Natur oder Quiddität eine absolute und in keine Materie aufgenommene. Darum heißt es auch im „Liber de causis", daß die Intelligenzen nach unten unbegrenzt und nach oben begrenzt sind[34]. Sie sind nämlich endlich in bezug auf ihr Sein, das sie von oben empfangen; nach unten werden sie jedoch nicht begrenzt, da ihre Formen nicht nach dem Fassungsvermögen einer sie aufnehmenden Materie beschränkt werden. Darum gibt es in solchen Substanzen auch keine Vielzahl von Individuen innerhalb einer einzigen Spezies, wie schon gesagt wurde; eine Ausnahme bildet die menschliche Seele auf Grund des Körpers, mit dem sie sich vereinigt. Wenngleich ihre Individuation im Anfangsstadium vom Körper als begleitendem Grund abhängt – da sie sich ein individuiertes Sein nur in einem Körper erwirbt, dessen Akt sie ist –, muß die Individuation bei Abwesenheit des Körpers dennoch nicht verschwinden; denn da die menschliche Seele ein absolutes Sein besitzt, durch das sie sich ein individuiertes Sein erwirbt, indem sie zur Form eines ganz bestimmten Körpers wurde, bleibt dieses Sein immer ein individuiertes. Deswegen sagt Avicenna, daß die Individuation oder Vervielfältigung der Seelen hinsichtlich ihres Anfangs vom Körper abhängt, dagegen nicht im Hinblick auf deren eigentliches Ende.[35] Da in diesen Substanzen die Quiddität nicht dasselbe wie das Sein ist, können sie in eine Kategorie eingeordnet werden; ebendeshalb gibt es bei ihnen Genus, Spezies und Differenz, wenngleich ihre eigentümlichen Differenzen für uns verborgen sind. Auch in den sinnlich wahrnehmbaren Dingen sind die eigentlichen wesensmäßigen Differenzen unbekannt; sie werden darum mittels der akzidentiellen Differenzen angezeigt, welche aus den wesensmäßigen entstehen – ähnlich wie eine Ursache durch ihre Wirkung angezeigt wird und „zweifüßig“ als Differenz des Menschen angegeben wird. Die eigentümlichen Akzidentien der immateriellen Substanzen sind uns jedoch unbekannt. Daher können deren Differenzen weder an sich, noch mittels akzidentieller Differenzen durch uns angezeigt werden. Es muß jedoch berücksichtigt werden, daß Genus und Differenz in diesen Substanzen und den sinnlich wahrnehmbaren Substanzen nicht auf dieselbe Weise verstanden wird: denn bei den sinnlich wahrnehmbaren Substanzen wird das Genus von dem Materiellen in einer Sache abgeleitet, die Differenz hingegen von dem Geformten in ihr. Avicenna sagt darum zu Beginn seiner Schrift „Über die Seele“, daß die Form in den aus Materie und Form zusammengesetzten Dingen „die einfache Differenz dessen ist, was durch sie besteht“[36]; das ist jedoch nicht so zu verstehen, daß die Form selbst die Differenz ist, sondern daß sie das Prinzip der Differenz ist, wie derselbe in seiner „Metaphysik“ sagt.[37] Man nennt eine solche Differenz eine einfache, weil sie von dem abgeleitet wird, was Bestandteil der Quiddität eines Dinges ist, das heißt von der Form. Da die immateriellen Substanzen jedoch einfache Quidditäten sind, kann in ihnen die Differenz nicht von dem Bestandteil einer Quiddität, sondern muß von der Quiddität als ganzer abgeleitet werden. Daher sagt Avicenna zu Beginn der Schrift „Über die Seele“, daß nur „diejenigen Spezies eine einfache Differenz besitzen, deren Wesen aus Materie und Form zusammengesetzt sind.“[38] Ähnlich wird bei ihnen das Genus aus dem Wesen als ganzem abgeleitet, jedoch in differenzierter Weise. Die eine abgetrennte Substanz stimmt mit einer anderen nämlich hinsichtlich der Immaterialität überein, sie unterscheiden sich aber voneinander hinsichtlich des Vollkommenheitsgrades, der ihnen je nach der Ferne vom Möglichkeitszustand und der Annäherung an den reinen Akt zukommt. Daher wird bei ihnen das Genus aus dem abgeleitet, was aus ihrer Eigenschaft der Immaterialität folgt, wie zum Beispiel die Geistigkeit und ähnliches. Die Differenz in ihnen wird jedoch von dem abgeleitet, was aus ihrem Vollkommenheitsgrad folgt; diese Differenz ist aber für uns unbekannt. Diese Differenzen brauchen auch nicht akzidentiell sein, weil sie einer größeren oder geringeren Vollkommenheit entsprächen, die ja keine Verschiedenheit der Spezies bewirken. Der Vollkommenheitsgrad in der Aufnahme ein und derselben Form bewirkt ja keine Verschiedenheit der Spezies, wie zum Beispiel die Grade „weißer“ und „weniger weiß“ durch die Teilhabe an derselben Wesenscharakteristik die Weißheit nicht verschiedenartig machen. Jedoch bewirkt ein verschiedener Vollkommenheitsgrad bei den Formen oder den Naturen selbst, an denen teilgehabt worden ist, eine Verschiedenheit der Spezies; wie zum Beispiel die Natur von den Pflanzen zu den Tieren gradweise durch Wesen vorangeht, die die Mitte zwischen Tieren und Pflanzen halten, wie es beim Philosophen im 7. Buch von „Über die Lebewesen“ steht.[39] Es ist ferner nicht notwendig, daß die Einteilung der geistigen Substanzen immer mittels zweier echter Differenzen erfolgt, da dies nach der

Aussage des Philosophen im 11. Buch von „Über die Lebewesen“ unmöglich in allen Dingen auftreten kann.[40]

Drittens gibt es ein Wesen bei den aus Materie und Form zusammengesetzten Substanzen, bei denen das Sein sowohl ein angenommenes, wie endliches ist, weil sie das Sein von einem anderen haben; darüberhinaus gehört deren Natur oder Quiddität einer gekennzeichneten Materie an. Daher sind sie auch nach oben und nach unten endlich. Bei ihnen gibt es schon wegen der Einteilung einer gekennzeichneten Materie die Möglichkeit einer Vielzahl von Individuen in einer einzigen Spezies. Wie sich bei ihnen das Wesen zu den inhaltlichen Bestimmungen der Logik verhält, ist bereits oben gesagt worden.

Kapitel 6

Es bleibt nun zu untersuchen, inwiefern es ein Wesen bei den Akzidentien gibt. Denn inwiefern es ausnahmslos allen Substanzen zukomme, ist bereits dargelegt worden. Da nun, wie gesagt, ein Wesen dasjenige ist, was durch eine Definition bezeichnet wird, müssen die Akzidentien insofern ein Wesen haben, als sie eine Definition besitzen. Sie besitzen jedoch eine unvollendete Definition, da sie nur unter Angabe eines Zugrundeliegenden in ihrer Definition definierbar sind. Dies kommt daher, daß sie nicht für sich ein Sein besitzen, das völlig unabhängig von einem Zugrundeliegenden ist. Vielmehr ist es so: wie sich aus Form und Materie ein substantielles Sein ergibt, wenn sie zusammengesetzt werden, so ergibt sich aus einem Akzidens und einem Zugrundeliegenden ein akzidentielles Sein, wenn das Akzidens zum Zugrundeliegenden hinzukommt. Daher besitzt auch weder eine substantielle Form noch eine Materie ein vollendetes Wesen, da auch in der Definition einer substantiellen Form dasjenige anzugeben ist, wovon es die Form ist. Somit erfolgt ihre Definition und die einer akzidentiellen Form vermittels des Zusatzes von etwas, das außerhalb ihres Genus liegt. Vom Naturforscher, der die Seele nur als die Form eines natürlichen Körpers betrachtet, wird darum in der Definition der Seele auch der Körper eingesetzt. Dennoch gibt es zwischen substantiellen und akzidentiellen Formen viel Trennendes. Denn ebenso, wie die substantielle Form nicht für sich ein absolutes Sein ohne Bezug auf das besitzt, dem sie zukommt, besitzt auch dasjenige, dem sie zukommt, nicht ein solches Sein, das heißt die Materie. Daher ergibt sich aus der Vereinigung beider jenes Sein, in dem ein Ding für sich fortbesteht, und aus ihnen entsteht eine Einheit für sich; deshalb ergibt sich aus der Vereinigung beider ein gewisses Wesen. Die Form ist daher Bestandteil eines vollendeten Wesens, obgleich sie für sich genommen nicht die vollständige Wesenscharakteristik eines Wesens besitzt. Demgegenüber ist dasjenige, dem ein Akzidens zukommt, ein bereits vollständiges Seiendes, das durch sein eigenes Sein fortbesteht. Dieses Sein geht nun dem Akzidens, das hinzukommt, natürlicherweise voraus. Daher verursacht das hinzukommende Akzidens durch seine Vereinigung mit dem, zu dem es gelangt, nicht das Sein, in dem ein Ding selbständig fortbesteht und wodurch ein Ding ein für sich Seiendes ist; vielmehr verursacht es ein gewisses sekundäres Sein, ohne welches ein selbständig fortbestehendes Ding in seinem Sein verstandesmäßig erfaßbar ist – analog zu einem Ersten, das ohne das Zweite verstandesmäßig erfaßbar ist. Darum entsteht aus einem Akzidens und einem Zugrundeliegenden keine Einheit für sich, sondern eine akzidentielle Einheit. Und aus deren Vereinigung ergibt sich folglich nicht ein bestimmtes Wesen, wie es bei der Vereinigung einer Form mit einer Materie der Fall war. Darum besitzt ein Akzidens weder die Wesenscharakteristik eines vollständigen Wesens, noch ist es ein Bestandteil eines vollständigen Wesens; vielmehr besitzt es genauso ein Wesen von relativer Geltung, wie es ein Seiendes von relativer Geltung ist.

Jenes, das am meisten und wahrsten in irgendeinem Genus ausgesagt wird, ist die Ursache von dem, was ihm in demselben Genus nachfolgt; wie zum Beispiel das Feuer, das die höchste Stufe des Warmseins ist, die Ursache der Wärme in den erwärmten Dingen ist, wie im 2. Buch der „Metaphysik" gesagt wird.[41] Folglich ist die Substanz, die das Erste im Genus des Seienden ist und am wahrsten und meisten ein Wesen besitzt, die Ursache der Akzidentien, die an zweiter Stelle und gewissermaßen mit relativer Geltung an der Wesenscharakteristik des Seienden teilhaben. Dies geschieht jedoch auf verschiedenartige Weise. Da die Bestandteile der Substanz Materie und Form sind, folgen einige Akzidentien in erster Linie der Form und einige der Materie. Es gibt jedoch eine Form, deren Sein nicht von der Materie abhängt, zum Beispiel die Vernunftseele. Die Materie hingegen besitzt ein Sein nur auf Grund einer Form. Es gibt daher unter den Akzidentien, die der Form folgen, eines, das keine Gemeinschaftlichkeit mit einer Materie hat – so zum Beispiel das vernunftgeleitete Erkennen, das ohne ein körperliches Instrument auskommt, wie der Philosoph im 3. Buch von „Über die Seele" nachweist.[42] Es gibt jedoch unter den Akzidentien, die der Form folgen, auch einige, die eine Gemeinschaftlichkeit mit einer Materie haben, so zum Beispiel das Wahrnehmen. Keinerlei Akzidens folgt jedoch der Materie ohne die Gemeinschaftlichkeit mit einer Form.

Es gibt jedoch unter den Akzidentien, die einer Materie folgen, eine gewisse Verschiedenheit. Einige Akzidentien folgen nämlich der Materie gemäß der Stellung, die sie gegenüber einer spezifischen Form einnimmt, wie zum Beispiel das Männliche und das Weibliche bei den Lebewesen: deren Verschiedenheit wird auf die Materie zurückgeführt, wie im 10. Buch der „Metaphysik" gesagt wird.[43] Daher bleiben die genannten Akzidentien nicht erhalten, wenn die Form des Lebewesens verschwunden ist, es sei denn im homonymen Sinn. Einige Akzidentien hingegen folgen der Materie gemäß der Stellung, die sie gegenüber einer allgemeinen Form einnimmt. Sie bleiben daher weiterhin in der Materie erhalten, auch wenn die spezifische Form verschwunden ist, wie zum Beispiel die Schwärze der Haut in dem

Äthiopier auf Grund einer Mischung der Elemente und nicht ursächlich wegen der Seele ist und darum auch nach dem Tod in ihnen erhalten bleibt.

Da ein jedes Ding seine Individuation durch die Materie erhält und sich durch seine Form in einem Genus oder einer Spezies einordnet, gehören die Akzidentien, welche der Materie folgen, zum Individuum, und in bezug auf diese unterscheiden sich die Individuen ein und derselben Spezies auch voneinander. Hingegen sind die Akzidentien, welche der Form folgen, die eigentümlichen Eigenschaften eines Genus oder einer Spezies, so daß man sie bei allem vorfindet, das teilhat an der Natur eines Genus oder einer Spezies, wie zum Beispiel „zum Lachen fähig" der Form im Menschen nachfolgt, da das Lachen bei einer Ergriffenheit der Seele des Menschen auftritt.

Man muß ferner bedenken, daß die Akzidentien bisweilen durch wesensmäßige Prinzipien im Sinn eines vollkommenen Akts hervorgerufen werden, wie zum Beispiel die Hitze im Feuer, das ständig wirklich [actu] heiß ist. Manchmal werden sie aber auch nur im Sinne einer Veranlagung hervorgerufen, während das Vervollkommende durch ein äußeres Agens hinzukommt, wie zum Beispiel die Durchsichtigkeit in der Luft, die durch einen äußeren lichten Körper vervollkommnet wird. In diesen Fällen ist die Veranlagung ein abtrennbares Akzidens; das Vervollkommnende hingegen, das durch ein Prinzip hinzukommt, welches sich außerhalb des Wesens der Sache befindet oder das ihre grundlegende Beschaffenheit nicht beeinträchtigt, ist abtrennbar, wie zum Beispiel das Bewegtwerden und ähnliches.

Es ist auch zu beachten, daß bei den Akzidentien Genus, Differenz und Spezies in anderer Weise verstanden werden als bei den Substanzen. Bei den Substanzen wird nämlich aus einer substantiellen Form und der Materie ein für sich seiendes Einheitliches, indem sich aus deren Vereinigung eine bestimmte einheitliche Natur hervortut, die sich im eigentlichen Sinn in die Kategorie der Substanz einordnet. Die eine bestimmte Zusammensetzung anzeigenden konkreten Nomina bei den Substanzen werden daher im eigentlichen Sinn ganz wie Spezies und Genera als zu einem Genus [der Kategorien] gehörige ausgesagt, wie etwa „Mensch" oder „Lebewesen". Form oder Materie gehört auf diese Weise jedoch nicht einer Kategorie an, es sei denn auf Grund einer Zurückführung, analog wie die Prinzipien als einem Genus [der Kategorien] zugehörig ausgesagt werden. Aus einem Akzidens und einem Zugrundeliegenden entsteht jedoch nicht ein für sich seiendes Einheitliches. Darum geht aus deren Vereinigung keine Natur hervor, der die Bedeutung eines Genus oder einer Spezies verliehen werden könnte. Konkretiv ausgesagte akzidentielle Nomina wie „das Weiße" oder „das Musikalische" werden daher nicht wie Spezies oder Genera einer Kategorie zugeordnet, es sei denn durch Zurückführung; dies geschieht vielmehr ausschließlich dann, wenn sie wie „die Weißheit" und „die Musik" in abstrakter Bedeutung zum Ausdruck gebracht werden. Da sich ferner die Akzidentien nicht aus Materie und Form zusammensetzen, darf man in ihnen also nicht das Genus von der Materie und die Differenz von der Form ableiten, wie das bei den zusammengesetzten Substanzen geschieht. Vielmehr muß das Genus zuerst von der Weise des Seins selbst abgeleitet werden, insofern das Seiende auf verschiedene Weise gemäß dem Früher und Später über die zehn [Kategorien-]Genera prädiziert wird. Die Quantität wird so im Sinn dessen ausgesagt, was das Maß einer Substanz ist; die Qualität aber im Sinn eines Zustandes der Substanz, und so weiter entsprechend den Ausführungen des Philosophen im 9. Buch der „Metaphysik".[44] Die Differenzen bei ihnen werden hingegen aus der Verschiedenheit der sie verursachenden Prinzipien abgeleitet. Da die eigentümlichen Eigenschaften von den eigentümlichen Prinzipien des Zugrundeliegenden verursacht werden, tritt in deren Definition das Zugrundeliegende an die Stelle der Differenz, sobald sie im abstrakten Sinn definiert werden, so daß sie normal einem Genus angehören. So sagt man zum Beispiel: „die Stumpfnäsigkeit ist die Gekrümmtheit der Nase." Es wäre jedoch genau umgekehrt, würden sie in deren Definition konkretiv ausgesagt werden. Dann würde das Zugrundeliegende als Genus eingesetzt werden, da sie in diesem Fall ganz wie zusammengesetzte Substanzen definiert werden würden, in denen die Wesenscharakteristik eines Genus von der Materie abgeleitet wird, wie wir zum Beispiel sagen: „das Stumpfnäsige ist eine gekrümmte Nase." Analog verhält es sich auch, wenn das eine Akzidens das Prinzip des anderen ist: so sind das Prinzip der Relation das Wirken, das Leiden und die Quantität. Darum gibt der Philosoph im 5. Buch der „Metaphysik" genau unter diesem Aspekt eine Einteilung der Relation.[45] Da aber die eigentümlichen Prinzipien der Akzidentien nicht immer offenkundig sind, leiten wir manchmal die Differenzen der Akzidentien aus deren Wirkungen ab. So werden das Sammelnde und das Zerstreuende als die Farbdifferenzen bezeichnet, die vom Überfluß oder dem Mangel an Licht verursacht werden, woraus die verschiedenen Spezies von Farben entstehen.

Somit ist also klar, auf welche Weise das Wesen in den Substanzen und den Akzidentien ist; wie es in den zusammengesetzten und den einfachen Substanzen ist; und wie man in diesen allen die allgemeinen inhaltlichen Bestimmungen der Logik vorfindet, mit der Ausnahme des Ersten, das den höchsten Grad der Einfachheit besitzt und auf das nicht die Wesenscharakteristik eines Genus oder einer Spezies zutrifft und folglich wegen seiner Einfachheit auch keine Definition.

Hiermit sei diese Darstellung beendet und abgeschlossen. Amen.

3.
SIGER VON BRABANT
Traktat über die Ewigkeit der Welt*

⟨Einleitung⟩

Es wird ein gewisses Argument angeführt, das einige als Nachweis für die These verstehen, daß die Spezies Mensch - wie überhaupt die Spezies aller entstehenden und vergehenden Individuen - ihre Existenz[esse] begann, ohne zuvor irgendwie dagewesen zu sein. Deshalb wird nun die Frage diskutiert, ob die Spezies Mensch und generell eine jegliche Spezies der entstehenden und vergehenden Dinge die Existenz begann, ohne zuvor irgendwie dagewesen zu sein. Hierbei wird nach der Methode des Philosophen vorgegangen.

Das besagte Argument kann auf zweierlei Art formuliert werden.

Erstens - zum Zweck größerer Evidenz - so: Eine Spezies, von der ein jedes ihr zugehörige Individuum die Existenz beginnt, ohne zuvor dagewesen zu sein, ist neu und begann ihre Existenz, ohne irgendwie zuvor dagewesen zu sein; die Spezies Mensch und generell die Spezies aller entstehenden und wieder vergehenden Individuen sind aber nun so beschaffen, daß jedes beliebige Individuum solcher Spezies die Existenz beginnt, ohne zuvor dagewesen zu sein; also ist eine jede Spezies so gearteter Dinge neu und beginnt die Existenz, ohne irgendwie zuvor dagewesen zu sein. Der Untersatz dieses Arguments erscheint einleuchtend. Der Obersatz wird nun folgendermaßen erläutert: Eine Spezies besitzt außer in einem bzw. vielen Einzelnen weder die Existenz noch das Verursachtsein [causari]; wenn nun ein jedes Individuum von den Spezies der entstehenden und wieder vergehenden Dinge von einer Ursache abhängt und dabei nicht irgendwie zuvor dagewesen ist, dann wird offensichtlich auch die zu solchen Individuen gehörende Spezies derart beschaffen sein.

---

* ⟨De aeternitate mundi⟩. - Textgrundlage: Siger de Brabant, Quaestiones in tertium De anima. De anima intellectiva. De aeternitate mundi, ed. B. Bazán, Paris - Louvain 1972, S. 113-136

Das besagte Argument kann nun zweitens folgendermaßen formuliert werden, entsprechend der von einigen gewählten Art: Die Universalien haben außer in dem vielen Einzelnen bzw. in dem Einzelnen weder die Existenz noch das Verursachtsein; alles Seiende aber ist ja von Gott verursacht; da der Mensch ein von Gott Verursachtes ist - denn er ist ja ein zur Welt gehörendes Seiendes - muß er also in Gestalt eines ganz bestimmten Individuums ins Dasein getreten sein, ebenso wie der Himmel und alles beliebige andere, das von Gott verursacht wurde. Daraus folgt: Wenn der Mensch [als Spezies] kein ewig bestehendes Individuum besitzt - wie es den Philosophen zufolge der sichtbare Himmel ist -, dann ist die Spezies Mensch von Gott so verursacht worden, daß sie die Existenz beginnt, ohne irgendwie zuvor dagewesen zu sein.

Wenngleich dieses Argument leicht aufzulösen ist, da es einen inneren Widerspruch enthält, wollen wir uns dennoch ein wenig mit ihm befassen, da es ja einen der Untersuchung würdigen Gegenstandsbereich berührt. Hier sollten nun folgende vier Punkte in bezug auf dieses Argument diskutiert werden: Erstens, wie die Spezies Mensch und generell jegliche andere Spezies von entstehenden und wieder vergehenden Dingen verursacht worden sein kann. Zweitens erfolgt - als direkte Konsequenz - eine Erwiderung auf das besagte Argument, ganz gleich, wie es formuliert sein mag. Drittens wird - ausgehend von der Annahme des besagten Arguments, daß die Universalien in dem vielen Singulären sind - untersucht, ob und inwiefern diese Annahme wahr ist. Viertens: da aus der Annahme „eine Spezies beginnt die Existenz, ohne irgendwie zuvor dagewesen zu sein“ folgt „eine Potenz geht dem Akt hinsichtlich der Dauer voraus“, wird gemäß der Orientierung der Philosophie darüber zu urteilen sein, welches von diesen beiden zeitlich vorausgeht; denn auch darin ist eine Schwierigkeit enthalten.

Kapitel 1

⟨Wie die Spezies Mensch und generell jede andere Spezies der entstehenden und vergehenden Dinge verursacht worden sein kann⟩

Als erstes gilt es zu beachten, daß die Spezies Mensch nach der Auffassung der Philosophen ausschließlich durch einen Vorgang des Entstehens verursacht wurde. Der vernünftige Grund dafür liegt darin, daß generell alles, dessen Existenz in der gegenüber der Form im Möglichkeitszustand befindlichen Materie begründet ist, Produkt eines Vorgangs des Entstehens ist; dieser ist den Dingen entweder wesenseigen oder akzidentiell. Daraus, daß die Spezies Mensch von Gott vermittels eines Vorganges des Entstehens verursacht wurde, folgt, daß sie nicht unmittelbar aus ihm hervorgegangen ist. Die Spezies Mensch, und generell alles, dessen Spezies in einer Materie ist, ist jedoch ungeachtet dessen, daß sie einem Vorgang des Entstehens entstammt, nicht ihrem Wesen nach entstanden [generata per se], sondern nur akzidentiell.

Sie ist nicht ihrem Wesen nach entstanden, weil bei genauerer Betrachtung all dessen, was im Werden begriffen ist, erhellt, daß alles Werdende aus einer bestimmten, einzelnen und unverwechselbaren Materie entsteht. Obgleich die Vernunftgründe und die Wissenschaften generell dem Allgemeinen [universalia] folgen, beziehen sich die Handlungen jedoch generell auf das Einzelne. Insofern nun der Wesensbegriff [ratio] einer Spezies ohne Bezug auf eine genau bestimmte Materie ist, ist sie daher auch nicht ihrem Wesen nach dem Entstehen unterworfen. Aristoteles gebraucht im 7. Buch der „Metaphysik“[1] die gleiche Begründung dafür, daß eine Form und die Zusammensetzung einer Spezies ihrem Wesen gemäß nicht dem Entstehen unterworfen ist. Ich bezeichne eine Spezies als zusammengesetzt, da ebenso, wie ein Kallias von seinem Wesensbegriff her eine bestimmte Seele in einem bestimmten Körper darstellt, auch das Lebewesen eine Seele in einem Körper ist. Der gemeinsame Grund dafür, daß sowohl eine Form als auch eine Spezies ihrem Wesen gemäß nicht dem Entstehen unterworfen sind, besteht darin, daß der Wesensbegriff von beidem keine genau gekennzeichnete Materie [materia signata] einschließt; denn aus dieser erfolgt an und für sich der Vorgang des Entstehens, d. h. entweder durch deren Verwandlung vom Nicht-Sein zum Sein oder vom Mangelzustand [privatio] zur Geformtheit.

Wenngleich die Spezies Mensch nun nicht ihrem Wesen gemäß dem Entstehen unterworfen ist, ist sie es dennoch akzidentiell. Der Zusammenhang ist folgender: Wäre der Mensch genauso abstrakt existent wie er durch den Verstand von der individuellen Materie und dem individuellen Einzelnen abstrahiert wurde, so würde er genausowenig akzidentiell dem Entstehen unterworfen sein, wie er es dem Wesen nach nicht ist. Da der Mensch in seinem Sein aber ein ganz bestimmter Mensch ist, d. h. z. B. Sokrates oder Platon, und da Sokrates ein Mensch ist, entsteht beim und mit dem Entstehen von Sokrates auch ein Mensch. So sagt auch Aristoteles im 7. Buch der „Metaphysik“,[2] daß der Erzeuger einer kupfernen Kugel auch eine Kugel erzeugt, da ja eine kupferne Kugel auch eine Kugel ist. Da nun Platon und andere genauso wie Sokrates Mensch ist, entsteht folglich auch ein Mensch beim Entstehen eines jeden beliebigen Individuums, nicht nur eines ganz bestimmten einzelnen.

Aus dem Gesagten erhellt also, in welcher Weise die Spezies Mensch von den Philosophen für immerwährend [sempiterna] und nicht-verursacht gehalten wird: nicht etwa so, daß sie abgetrennt von den Individuen immerwährend und zugleich verursacht existierte; sie ist aber auch nicht immerwährend und verursacht, weil sie in einem immerwährenden und verursachten Individuum wäre, wie zum Beispiel die Spezies des Himmels oder einer Intelligenz; der Grund liegt vielmehr darin, daß bei den Individuen der Spezies Mensch fortwährend eines vor einem anderen entsteht und die Spezies ihr Dasein und Verursachtwerden dem Dasein und Verursachtsein eines jeden beliebigen Individuums verdankt.

Daraus ergibt sich den Philosophen zufolge, daß die Spezies Mensch immer da ist und nicht die Existenz beginnt, ohne irgendwie zuvor dagewesen zu sein. Denn der Satz „sie begann die Existenz, ohne irgendwie zuvor dagewesen zu sein“ bedeutet, daß ein ihr zugehöriges Individuum die Existenz begann, bevor es überhaupt ein anderes Individuum dieser Spezies gab. Da den Philosophen zufolge die Spezies Mensch ausschließlich so verursacht ist, daß sie vermittels des Entstehens des einen Individuums vor dem anderen entstand, begann sie die Existenz also dann, als generell alles Entstandene die Existenz begann; sie beginnt ihr Dasein, obwohl sie da war und zuvor existierte. Denn mit dem Entstehen von Sokrates beginnt [ein] Mensch das Dasein; gleichwohl existiert schon [ein] Mensch auf Grund des Daseins des zuvor entstandenen Platon. Dieses [d. h. der Eintritt von etwas in die Existenz, obwohl es zuvor schon da war] schließt sich nämlich in bezug auf ein Allgemeines nicht gegenseitig aus, wie ja auch „laufen“ und „nicht laufen“ in bezug auf den Menschen nicht: denn in Gestalt von Sokrates gilt „ein Mensch läuft“ und in Gestalt von Platon gilt „ein Mensch läuft nicht“. Dabei ist es nicht richtig zu sagen, daß der Mensch schlechthin und im allgemeinen Sinn nicht laufe; denn es läuft doch Sokrates. Wenn nun zwar [ein] Mensch die Existenz beginnt, sobald Sokrates entsteht, so heißt das - in Analogie zum Vorherigen - nicht, daß er sie so beginne, ohne irgenwie zuvor dagewesen zu sein.

Kapitel 2

⟨Erwiderung auf das Argument, daß die Spezies Mensch neu ist und die Existenz begann, ohne zuvor irgendwie dagewesen zu sein⟩

Aus dem Gesagten ergibt sich das zweite der oben gestellten Ziele, d. h. die Auflösung des erwähnten Arguments.

Zunächst soll es nach seiner ersten Formulierung besprochen werden: hierzu wird die Behauptung negiert, daß diejenige Spezies neu ist und die Existenz begann, ohne irgendwie zuvor dagewesen zu sein, von der ein jedes beliebige Individuum die Existenz begann, ohne zuvor dagewesen zu sein. Denn wenngleich es kein menschliches Individuum gibt, das nicht die Existenz begann, ohne zuvor dagewesen zu sein, beginnt dennoch - den Philosophen zufolge - kein menschliches Individuum die Existenz, ohne daß ein anderes vor ihm existiert hätte. Eine Spezies existiert aber nicht nur auf Grund des Daseins eines einzigen seiner Individuen, sondern auch eines jeden beliebigen anderen. Daraus ergibt sich den Philosophen zufolge, daß die Spezies Mensch die Existenz nicht begann, ohne irgendwie zuvor dagewesen zu sein. Der Eintritt einer Spezies ins Dasein hängt nämlich nicht allein vom Eintritt jedes beliebigen ihrer Individuen ab, das dabei zuvor noch nicht dagewesen ist, sondern vom Eintritt eines gewissen zu ihr gehörenden Individuums, ohne daß es selbst, noch ein anderes Individuum dieser Spezies zuvor dagewesen ist.

Das erwähnte Argument ähnelt dem folgenden, von Aristoteles im 4. Buch der „Physikvorlesung“[3] benutzten; dort ging er damit der Frage nach, ob die vergangene Zeit endlich ist: eine jede vergangene Zeit, sei sie entfernt oder nahe, ist nämlich ein gewisses „Damals“; und ein jedes beliebige „Damals“ besitzt eine bestimmte begrenzte Entfernung zum gegenwärtigen „Jetzt“; folglich ist die gesamte vergangene Zeit endlich. Jede der beiden genannten Behauptungen erhält ihren Sinn jedoch aus der Bedeutung von „Jetzt“, welche der Philosoph im 4. Buch der „Physikvorlesung“[4] darlegt. Aristoteles gibt nun die folgende Auflösung des genannten Arguments: jedes beliebige „Damals“ ist zwar endlich, jedoch ist im Zeitlichen bis ins Unendliche ein „Damals“ vor einem anderen „Damals“ anzunehmen, demzufolge ist nicht die gesamte vergangene Zeit endlich. Eine Zusammensetzung aus vielem Endlichen der Größe nach, der Anzahl nach aber Unendlichem besitzt nämlich ein unendliches Sein. Wenn es nun zwar kein menschliches Individuum gibt, das nicht die Existenz begann, ohne zuvor dagewesen zu sein, aber bis ins Unendliche ein Individuum einem anderen vorangeht, ist also - den Philosophen zufolge - der Mensch nicht in die Existenz getreten, ohne daß er irgendwie zuvor dagewesen ist; dieses verhält sich analog wie die Zeit. Die Ähnlichkeit liegt darum vor, weil genauso, wie die vergangene Zeit die Existenz auf Grund eines jeden beliebigen „Damals“ hat, auch eine Spezies die Existenz auf Grund des Daseins eines jeden beliebigen Individuums hat.

Folgendes muß zur Form des Arguments gesagt werden, wie es [oben] an zweiter Stelle[5] formuliert wurde: Es sei angenommen, daß ein Allgemeines sowohl die Existenz als auch das Verursachtsein ausschließlich im Singulären hat, daß ein jedes Seiende von Gott verursacht wurde und daß der Mensch ein zur Welt gehörendes und von Gott verursachtes Seiendes ist - wenn jedoch daraus geschlossen wird: „also trat der Mensch in Gestalt eines ganz bestimmten Individuums in die Existenz“, so muß gesagt werden, daß dies kein Schluß aus den angegebenen Prämissen ist, sondern er ist ein Widersinn in sich. Denn es wurde erstens angenommen, daß der Mensch sowohl die Existenz als auch das Verursachtsein ausschließlich im Einzelnen hat; ferner steht fest, daß er die Existenz und das Verursachtsein durch ein bestimmtes [Einzelnes] genau aus demselben Grund besitzt, wie durch ein anderes [Einzelnes]. Wieso wird also dann geschlossen, daß der Mensch notwendig in Gestalt eines ganz bestimmten Individuums ins Dasein trat? Wie aus dem Gesagten erhellt, trat die Spezies Mensch vielmehr - den Philosophen zufolge - auf akzidentielle Weise ins Dasein, nämlich durch den bis ins Unendliche gehenden Prozeß des Entstehens eines Individuums jeweils vor einem anderen, nicht aber nur in Gestalt eines ganz bestimmten Individuums, ohne irgendwie zuvor dagewesen zu sein.

Man muß sich daher über diejenigen wundern, die so argumentierten. Wenn sie nämlich beweiskräftig ausführen wollten, daß die Spezies Mensch auf Grund ihrer Schaffung [factio] den Anfang nahm und nicht aus sich selbst entstand, sondern durch Erzeugung eines Individuums, wie sie annehmen, so hätten sie zum Nachweis ihrer Meinung darlegen müssen, daß nicht ein Individuum vor einem anderen in unendlicher Reihe entstanden war. Dies weisen sie jedoch nicht nach, sondern gehen von folgender falschen Voraussetzung aus: daß die Spezies Mensch durch Gott höchstens in Gestalt eines ganz bestimmten, ewigen Individuums als immerwährende hätte hervorgebracht werden können, analog dazu, wie die Spezies des Himmels auf ewig hervorgebracht wurde. Da sie kein ewiges Individuum in der Spezies Mensch finden, glauben sie nachgewiesen zu haben, daß die ganze Spezies ihren Anfang nahm, ohne irgendwie zuvor dagewesen zu sein, wobei sie durch eine leichtfertige Überlegung in die Irre geführt wurden.

Wir versuchen aber hier nicht, das Gegenteil des Schlusses nachzuweisen, zu dem sie die Argumentation führten, sondern nur den Fehler des zum Schluß gehörenden Arguments, und dieser wird aus dem Gesagten klar.

Kapitel 3

⟨Ob die Universalien in dem vielen Partikulären sind⟩

Obgleich das dritte und vierte der oben[6] genannten Themen nicht unbedingt zu unserem Thema gehören, [unsere Fragestellungen] aber dennoch - wie vorausgesagt - von jenen Themen berührt werden, muß etwas über sie gesagt werden, wobei wir etwas abschweifen.

Bezugnehmend auf das dritte Thema, gilt es also zu untersuchen, ob die Universalien in dem vielen Partikulären sind, wie das zuvor erwähnte Argument annimmt.

Diese Frage scheint verneint werden zu müssen, da Aristoteles im 2. Buch von „Über die Seele“[7] feststellt, daß die Universalien eben gerade in der Seele ihre Existenz besitzen, und da Themistius an gleicher Stelle äußert, daß die Begriffe [conceptus] so ähnlich wie die Universalien sind, welche die Seele in sich anhäuft und sammelt.[8] Themistius wieder stellt in der Kommentierung des Anfangs von „Über die Seele“[9] fest, daß ein Genus ein gewisser Begriff ist, der auf der schwachen Ebenbildlichkeit [tenuis similitudo] zu dem Singulären beruht. Die Begriffe aber sind in der begreifenden Seele enthalten, demzufolge auch die Universalien, da sie ja gewisse Begriffe sind.

Dem wird entgegengehalten: Universalien sind universale Dinge; ansonsten würden sie über das Partikuläre nicht ausgesagt werden; folglich sind sie nicht innerlich in der Seele.

Ferner: Das Ding - z. B. Mensch oder Stein -, das eigentlich der Universalität zugrundeliegt, befindet sich nicht in der Seele. Der inhaltliche Sinn [intentio] der Universalität besitzt nun ein Sein in demjenigen, was als Universale ausgesagt und benannt wird. Da „Mensch“ und „Stein“ als Universalien ausgesagt werden, existiert darum in ihnen auch der inhaltliche Sinn der Universalität. Entweder sind also sowohl das Ding als auch der inhaltliche Sinn in der Seele oder aber keines von beiden; existieren aber Mensch und Stein in bezug darauf, was sie sind, nicht in der Seele, so offenbar auch nicht als Universalien.

Problemlösung: Ein Universale ist keine Substanz, insofern es Universale ist, gemäß dem, was Aristoteles im 7. Buch der „Metaphysik“ intendiert.[10] Dies erhellt auch aus folgendem: Als solches unterscheidet sich doch das Universale von einem jeden beliebigen Singulären; wäre es als solches nun, nämlich als Universale, eine Substanz, so unterschiede es sich gerade mit Rücksicht auf die Substanz von einem jeden Singulären, wobei sowohl das Universale als auch das Singuläre eine Substanz im aktualen Zustand wäre; ein Akt aber erzeugt Wohlunterschiedenes;[11] die Universalien wären demzufolge von dem vielen Partukulären wohlunterschiedene und abgetrennte Substanzen; darum hat Aristoteles auch die Annahme, daß die Universalien Substanzen sind, mit der Annahme, daß sie von dem vielen Partikulären abgetrennt seien, gleichgesetzt.[12]

Wenn ein Universale als Universale nicht Substanz ist, so gibt es offenbar zweierlei in einem Universale, nämlich einerseits das als universal benannte Ding - wie z. B. Mensch oder Stein -, und dies befindet sich nicht in der Seele, zum anderen den inhaltlichen Sinn der Universalität, und dieser befindet sich in der Seele. Damit befindet sich ein Universale als solches ausschließlich in der Seele. Folgendermaßen wird das deutlich: Etwas wird doch nicht darum als Universale bezeichnet, weil es in allgemeiner Weise und von den partikulären Dingen abgetrennt in der Wirklichkeit existierte - sei es auf Grund seiner eigenen Natur oder als Werk des Intellektes. Denn in dieser Gestalt könnte es nicht tatsächlich über diese partikulären Dinge ausgesagt werden, da es ja seinsmäßig von diesen abgetrennt wäre; ferner wäre auch der Aktive Intellekt überflüssig. Der Aktive Intellekt [intellectus agens] verleiht nämlich den Dingen kein seinsmäßiges Abgetrenntsein [abstractio in esse] von der individuellen Materie oder von dem vielen Partikulären, sondern nur ein gedankliches, indem er einen abstrakten Gedanken [intellectus] von ihnen hervorbringt. Daß Mensch oder Stein Universalien sind, heißt folglich nur, daß sie universell und unter Absehung von der individuellen Materie begriffen werden, nicht aber, daß sie in diesem Sinne in der Wirklichkeit existieren. Wenn nun Mensch, Stein und ähnlichem das auf abstrakte Weise Begriffenwerden ausschließlich innerhalb der Seele zukommt, dann sind sie also als Universalien innerhalb der Seele; denn es ist offenbar, daß der abstrakte Gedanke von ihnen keine Existenz in den Dingen selbst besitzt.

Dies läßt sich auf analoge Weise auch folgendermaßen betrachten: Ein Ding wird doch darum als ein „erkanntes“ [intellecta] bezeichnet, weil es ihm zufällt, erkannt worden zu sein bzw. erkannt zu werden. Zwar existiert also dieses Ding gerade bezüglich dessen, was es ist, außerhalb der Seele, aber als ein erkanntes - d. h. bezüglich seines gedanklichen Seins [esse intellectum] - existiert es ausschließlich in der Seele. Bedeutet nun „Universalien sind universell“, daß sie eben in diesem Sinn - nämlich getrennt von den partikulären Dingen und ihnen gegenüber verallgemeinert - begriffen werden, dann existieren sie als solche ausschließlich in der Seele. Damit stimmt auch Averroes' Feststellung im Kommentar zum 3. Buch von „Über die Seele“[13] überein, daß die Universalien als Universalien lediglich Erkenntnisresultate [intellecta] sind. Die Erkenntnisresultate existieren aber als Erkenntnisresultate, d. h. im Hinblick auf ihr gedankliches Sein, nur in der Seele. Wie zuvor gesagt wurde, sind daher die Universalien auch nach Themistius Begriffe.[14]

Man muß nun aber beachten, daß ein abstrakter und allgemeiner Gedanke von einer Natur zwar ein gewisses Allgemeines ist - d. h. ein allgemeiner Gedanke von partikulären Dingen -, aber kein über diese partikulären Dinge prädizierbares Allgemeines auf der Grundlage eines ihm gegenüber den partikulären Dingen zukommenden abgetrennten Seins. Vielmehr wird dasjenige, was auf abstrakte und allgemeine Weise erkannt und demzufolge so auch ausgesagt oder bezeichnet wird, über die partikulären Dinge seiner Veranlagung gemäß prädiziert, weil eben eine Natur von ganz bestimmter, ihm entsprechender Beschaffenheit in den Dingen selbst existiert. Da nun solcherlei auf allgemeine und abstrakte Weise erkannt wird, so aber nicht existiert, wird es auch nicht in der jeweiligen Bedeutung eines Genus und einer Spezies über die erwähnten Dinge prädiziert.

Man muß ferner einsehen, daß das Universale selbst nicht notwendigerweise aktual genauso früher existiert, wie es früher erkannt wird, nur weil ein Universale im aktualen Zustand ein aktual Intelligibles ist. Das aktual Intelligible und das aktive Erkenntnisvermögen [intellectivus] besitzen nun einen einheitlichen Akt, genauso wie dem Aktiven und dem Passiven eine einheitliche Bewegung eigen ist, wenngleich sie sich hinsichtlich des Seins unterscheiden. Hingegen geht ein Intelligibles gewiß seinem entsprechenden gedanklichen Erfassen [intellectus] zeitlich voran. Ein Universale aber ist nicht von solcher Beschaffenheit, es sei denn nur im Zustand der Möglichkeit. Darum ist es nicht nötig, daß ein Universale ein universales Sein hat, bevor es selbst durch den Intellekt begriffen wird, es sei denn ausschließlich im Zustand der Möglichkeit.

Wie wir jedoch gesehen haben, äußerten einige die zur zuvor dargestellten genau entgegengesetzte Meinung, wobei sie argumentierten, daß doch offenbar der Handlung des Erkennens selbst, entsprechend der natürlichen Ordnung, der diese Handlung verursachende Erkenntnisgegenstand [obiectum] vorausgeht. Ein Universale als Universale ist nun aber gerade das die Bewegung des Intellekts Auslösende in Gestalt des Erkenntnisgegenstandes, der den Akt des Erkennens verursacht. Darum ist es für sie einleuchtend, daß ein Universale seinen Charakter nicht daraus erhält, daß etwas als universales erkannt würde, sondern daraus, daß ein Universale entsprechend der natürlichen Ordnung vor dem zu ihm gehörenden gedanklichen Sein existierte und der Grund eben seines eigenen gedanklichen Erfassens sei.

Folgendermaßen wird dieses Argument aufgelöst: Der Akt sowohl des aktiven Erkenntnisvermögens als auch des Intelligiblen - was bedeutet, daß das Erkannte gewissermaßen das verwirklichte Erkenntnisvermögen ist - wird doch durch zweierlei bewirkt, d. h. die Vorstellungsbilder und den Aktiven Intellekt, und dieses beides geht jenem Akt gemäß der natürlichen Ordnung vorher. Um zu verstehen, wie beides bei der Verursachung eines Erkenntnisakts zusammenwirkt, möge man unsere Ausführungen im Kommentar des 3. Buches von „Über die Seele" heranziehen.[15] An dieser Stelle haben wir jedoch festzuhalten, daß ein Universale nicht Universale ist, bevor der entsprechende Begriff und Erkenntnisakt da sind - zumindest insoweit dieser Akt auf einem Agens beruht; denn das gedankliche Erfassen eines Dinges, das im potentiellen Intellekt stattfindet, ist zwar Eigentum des potentiellen Intellekts als des Zugrundeliegenden, aber auch des Aktiven Intellekts selbst als seiner Wirkursache. Ein Universale verdankt daher seine ihm eigene Beschaffenheit und Existenz in bezug auf seine Wesensform nicht der Natur, welche den Erkenntnisakt verursacht, sondern - wie zuvor gesagt wurde - ebendem Begriff und Erkenntnisakt. Die Universalien existieren somit als solche nur in der Seele. Deshalb entstehen sie als solche weder wesensmäßig noch akzidentiell auf Grund einer Natur als Ursache. Eine Natur hingegen, die auf allgemeine Weise erkannt und folglich auch so ausgesagt wird, existiert in den partikulären Dingen und ist in akzidentieller Hinsicht dem Vorgang des Entstehens unterworfen.

Hinsichtlich des ersten Gegenarguments [gegen die Verneinung der Frage, ob die Universalien im vielen Partikulären sind] ist zu sagen, daß die Aussage „Universalien sind universale Dinge" auf zweierlei Weise aufgefaßt werden kann: einmal so, daß sie auf universale Weise existieren, oder so, daß sie auf universale Weise begriffen werden. Universalien sind nun aber keine universalen Dinge im zuerst genannten Sinn, d. h. so, daß sie universal in der Wirklichkeit existierten, denn dann wären sie keine Begriffe [conceptus animae]. Sie sind vielmehr universale Dinge im zweiten Sinn, d. h. als universal und abstrakt erkannte Dinge. Universalien werden daher insoweit - da sie ja Begriffe sind - über die partikulären Dinge als solche nicht ausgesagt. Denn über diese wird nicht die begriffliche Intention einer Spezies oder eines Genus ausgesagt, sondern die Natur selbst, wobei diese gemäß dem verstanden wird, was sie ihrem Wesensbegriff nach ist, d. h. wonach sie sich nicht in der Seele befindet, aber über die partikulären Dinge ausgesagt wird.

Hinsichtlich des zweiten Gegenarguments [gegen die Verneinung der Frage, ob die Universalien im vielen Partikulären sind] ist zu sagen, daß ein Ding durchaus positiv von etwas benannt wird, was selbst in dem Ding nicht existiert. So wird doch ein erkanntes Ding von dem zu ihm gehörenden Begriff benannt, welcher sich nicht in ihm, sondern in der Seele befindet. Entsprechend wird ein Ding auch als „allgemeines“ von dem zu ihm gehörenden allgemeinen und abstrakten Begriff benannt, der sich zwar in der Seele, nicht aber im Ding selbst befindet.

Kapitel 4

⟨Ob ein Akt der Potenz hinsichtlich der Dauer bzw. der Zeit vorangeht⟩

Nun ist die Untersuchung des vierten [der oben angegebenen Themen] an der Reihe.[16] Es liegt nun auf der Hand, daß ein Akt der Potenz hinsichtlich der Begriffsbestimmung [ratione] vorangeht, denn eine Potenz wird auch durch den Akt definiert, wie wir z. B. sagen, daß ein zum Erbauen Potenter ein Baumeister sei. Zum zweiten ist ein Akt in demjenigen, was von der Potenz zum Akt fortschreitet, nichtsdestoweniger gegenüber der Potenz hinsichtlich Substanz und Vollkommenheit primär. Das nämlich, was zwar dem Prozeß des Werdens nach ein Späteres ist, ist der Substanz und Vollkommenheit nach das Frühere, da ja der Vorgang des Entstehens vom Unvollkommenen zum Vollkommenen fortschreitet, d. h. von der Potenz zum Akt. Zum dritten ist ein Akt auch der Substanz und der Vollkommenheit nach gegenüber der Potenz primär, insofern man sie hinsichtlich ihrer Zugehörigkeit zu Verschiedenem betrachtet. Es sind doch die immerwährenden Dinge gegenüber den vergänglichen primär in Hinsicht auf die Substanz und Vollkommenheit. Nichts aber, das immerwährend ist, ist als solches in der Potenz (im Zustand der Möglichkeit); vielmehr ist die Potenz den vergänglichen Dingen beigemischt.

Ein Zweifel besteht jedoch darüber, ob der Akt der Potenz hinsichtlich Dauer bzw. Zeit vorangeht oder die Potenz dem Akt; das wird zur Diskussion gestellt.

Es scheint nun der Akt der Potenz in zeitlicher Hinsicht nicht voranzugehen, da ja bei den immerwährenden Dingen das eine nicht früher als das andere in bezug auf die Zeit bzw. die Dauer ist. Sobald nun der Akt irgendeiner Spezies und die Potenz zu diesem Akt mit Bezug auf die Spezies betrachtet werden, stellt sich beides als immerwährend heraus. Denn den Philosophen zufolge gibt es immer aktual einen Menschen und kann es ihn auch der Möglichkeit nach immer geben. Darum geht der Akt, in bezug auf eine Spezies, der Potenz nicht zeitlich vorher.

Ferner: Bei denjenigen Dingen, wo man anzunehmen hat, daß eines aus dem anderen in einem bis ins Unendliche wiederholbaren Kreislaufvorgang entsteht, gibt es kein zeitlich Früheres; der Same entstammt nun den Philosophen zufolge aus dem Menschen und der Mensch aus dem Samen und so weiter bis ins Unendliche; dort gibt es daher keines, was vor dem anderen zeitlich früher ist. Genauso, wie nämlich bezüglich eines Samens, aus dem ein Mensch entsteht, ein als Erzeuger auftretender anderer Mensch früher da ist, geht auch diesem Erzeuger ein Same voraus, aus dem er entsteht, da ja auch dieser Erzeuger selbst gezeugt wurde.

Ferner: Was nach der Entstehensordnung [ordo generationis] Priorität hat, das hat sie auch nach der zeitlichen Reihenfolge. Nun geht eine Potenz aber der Entstehensordnung nach voran, da ja der Vorgang des Entstehens von der Potenz zum Akt fortschreitet; demzufolge gilt das auch hinsichtlich der zeitlichen Reihenfolge.

Ferner: Es gibt offensichtlich sonst keine Begründung dafür, daß ein Akt der Potenz zeitlich vorangeht, außer der, daß ein Seiendes im Möglichkeitszustand aktual wird durch ein seiner Spezies zugehörendes Agens, das eben aktual existiert. Wenngleich hieraus folgt, daß der Akt des Agens dem Akt und dem Vollkommenheitszustand des aus diesem Agens Entstandenen zeitlich vorangeht, so ergibt sich jedoch daraus offensichtlich nicht, daß der Akt der hervorbringenden Ursache zeitlich dem vorangeht, was sich in der Potenz zum Akt des Entstandenen befindet. Hieraus folgt ferner nicht, daß ein Akt schlechthin einer Potenz zeitlich vorangeht, wenngleich ein gewisser Akt einer gewissen Potenz zu einem bestimmten Akt voranzugehen scheint. Ein in der Potenz Seiendes geht nämlich genauso in den Akt über vermittels etwas Aktualen aus seiner eigenen Spezies, wie das aktual Existierende von ebendieser Spezies aus etwas entstand, das sich in der Potenz zum Akt dieser Spezies befand. Wie also jenes, das der Potenz nach Mensch ist, es aktual wird durch einen aktualen Menschen, so entsteht auch der zeugende Mensch aus einem zuvor daseienden Samen und dem Menschen in der Potenz (im Möglichkeitszustand). Analog geht das Huhn zeitlich dem Ei ebenso voran, wie das Ei dem Huhn, wie gemeinhin argumentiert wird.

Entgegengesetzter Meinung ist Aristoteles im 9. Buch der „Metaphysik".[17] Er zielt dort nämlich darauf ab, daß die Potenz zwar dem Akt in einem numerisch identischen Ding zeitlich vorangeht, das von der Potenz zum Akt fortschreitet, aber daß das der Spezies nach identische aktuale Seiende der [entsprechenden] Potenz vorangeht.

Ein weiteres Gegenargument: Alles der Potenz nach Existierende wird in den Akt durch etwas aktual Existierendes überführt und schließlich - hinsichtlich des Ordnungsgefüges der Bewegungsursachen - auf eine Bewegungsursache zurückgeführt, die ganz und gar aktual existiert und als solche nicht der Potenz nach früher da ist als hinsichtlich des Akts. Demzufolge geht der Akt offensichtlich der Potenz schlechthin zeitlich voran. Auf dieser Überlegung basierte der berühmte Philosoph, wie gleich in der Auflösung der Problemfrage erhellen wird.

Um dies evident zu machen, gilt es folgende vier Gesichtspunkte in Betracht zu ziehen.

Erstens: Ein numerisch identisches Ding, das das Sein einmal der Potenz nach, dann wieder dem Akt nach besitzt, kann [der Möglichkeit nach] zeitlich früher da sein, als es ist. Doch dieser Potenz geht in einem anderen Ding ein Akt voraus, da ja alles der Potenz nach Daseiende auf eine gewisse Weise - ausgehend von etwas Bestimmtem, zu seiner eigenen Spezies Gehörendem - zum Akt übergeht. Demzufolge darf man also nicht schlechthin sagen, daß die Potenz dem Akt zeitlich vorangeht.

Zweitens: Wenn die Gesamtheit alles Seienden einmal kein Seiendes gewesen ist, wie nach Aristoteles' Aussage im 12. Buch der „Metaphysik“[18] einige Dichter, Theologen und Naturkundige meinten, dann würde die Potenz schlechthin dem Akt vorhergehen. Und wenn nun auch eine gewisse Spezies des Seienden in ihrer Gesamtheit - wie zum Beispiel die Spezies Mensch - das Dasein begann, ohne jemals aktual zuvor dagewesen zu sein, wie es einige nachgewiesen zu haben glauben, dann würde die Potenz zum Akt (zum wirklichen Dasein) dieser Spezies diesem Akt schlechthin vorangehen. Doch beides ist nach Aristoteles ausgeschlossen. Das wird hinsichtlich der zuerst genannten Behauptung folgendermaßen klar: Wäre die Gesamtheit alles Seienden einmal der Potenz nach dagewesen, indem nichts vom Seienden gänzlich aktual dagewesen wäre, dann befänden sich das ständig aktual Bewirkende und Bewegende, das viele Seiende und die Welt nur noch in der Potenz und die Materie würde als solche zum Akt übergehen; dies ist aber ausgeschlossen. Aristoteles[19] und sein Kommentator[20] identifizierten daher im 12. Buch der „Metaphysik“ die Ansicht, daß die Dinge eine unendliche Zeit hindurch geruht hätten und danach die Bewegung stattgefunden habe, mit der Aussage, daß die Materie aus sich heraus beweglich sei. Das zuvor genannte zweite Argument ist offenbar aus folgendem Grund abwegig: Da das erste Bewegende und Wirkende immer aktual da ist und nichts darstellt, das der Potenz nach da ist, bevor es aktual ist, bewegt und bewirkt es demzufolge ständig, ganz gleich, was es ohne Vermittlung durch einen Prozeß macht; dies sagen die Philosophen. Weil es nun aber ein ständig Bewegendes und Bewirkendes ist, geht demzufolge keine Spezies des Seienden zum Akt (in den Wirklichkeitszustand) über, ohne vorangegangen zu sein: daher kehrt genau dasjenige, was dagewesen ist, der Spezies nach in einem Kreislauf wieder zurück, d. h. Meinungen, Gesetzesvorschriften, Religionen usw. Dabei nimmt das Untergeordnete an der Kreisbewegung wegen der Kreisbewegung des Übergeordneten teil, obgleich es von der Kreisbewegung einiger Dinge wegen ihres zeitlichen Entlegenseins keine bleibende Erinnerung gibt. Dies äußern wir aber nur, indem wir es als Meinung der Philosophen wiedergeben, nicht jedoch so, daß wir es als wahr behaupten. Man muß aber beachten, daß irgendeine Spezies des Seienden ins aktuale Dasein treten kann, wobei sie nur der Möglichkeit nach dagewesen war, obgleich sie ein andermal auch aktual dagewesen wäre. Das hat die folgende Bewandtnis: Es ereignet sich doch im Himmel, daß eine Erscheinung und Konstellation auftreten, die zuvor nicht da waren und als ihnen zugehörige eigentümliche Wirkung eine Spezies des Seienden in der niederen Welt haben, die auch zu früherer Zeit bewirkt wird, aber dennoch zuvor nicht dagewesen war - genauso, wie die Konstellation, die diese Spezies verursachte.

Drittens: Es muß beachtet werden, daß unter der Voraussetzung der Potenz zu einem Akt und des Akts, welcher diese Potenz mit gleicher Bedeutung im Hervorbringenden wie im Hervorgebrachten realisiert, nicht die Rede davon sein kann, daß in so Verstandenem der Akt schlechthin der Potenz oder die Potenz dem Akt vorhergeht; es sei denn, daß der Akt im Sinne einer Spezies und die eigentümliche Potenz in individueller Hinsicht aufgefaßt wird. Denn aktual daseiend geht Mensch und geht ein gewisser Mensch - als hervorbringender - in zeitlicher Hinsicht dem erst der Möglichkeit nach gewordenen Menschen vorher. Nun verhält es sich in dieser Ordnung aber folgendermaßen: Genauso, wie das der Potenz nach Seiende vermittels eines aktual Seienden in den Akt (Wirklichkeitszustand) übergeht, so daß jeder beliebigen gegebenen Potenz ein Akt vorhergeht, geht auch alles aktual Existierende in dieser Spezies von der Potenz (Möglichkeitszustand) zum Akt über, so daß jedem beliebigen gegebenen Akt in dieser Spezies eine Potenz vorangeht. Demzufolge geht keines von beiden [weder Akt noch Potenz] dem anderen schlechthin zeitlich vorher, sondern eins ist vor dem anderen bis ins Unendliche, wie ausgeführt wurde.

Viertens ist zu berücksichtigen, daß in einer bestimmten Anordnung von Bewegern und Agentien notwendigerweise jenes, was von der Potenz zum Akt übergeht, auf einen Akt zurückgeht, der jene Potenz zum Akt überführt und der selbst nicht notwendigerweise von einer Potenz aus zum Akt übergeht. Obgleich zwar alles der Potenz nach Seiende vermittels etwas Aktualen seiner eigenen Spezies zum Akt übergeht, geht aber nicht alles aktual Seiende und Hervorbringende von der Potenz zum Akt über. Daher geht bei jedem beliebigen gegebenen Seienden, das in der Potenz zu einem Akt ist, der Akt der dazugehörigen Spezies jener Potenz in gewisser Weise zeitlich voran, wenngleich er dies nicht in Hinsicht auf die identische Begriffsbestimmung tut. Hingegen geht nicht bei jedem beliebigen gegebenen aktualen Seienden eine Potenz voran, aus welcher dieses Seiende in den Akt überginge. Darum sagt man, ein Akt gehe der Potenz schlechthin zeitlich voran, wie es ausgeführt wurde.

Anknüpfend an das zuvor Ausgeführte, sage ich nun, daß der Erste Beweger, welcher alles in der Potenz Seiende in den Akt überführt, einem potentiell Seienden mit der Funktion einer ersten Materie zeitlich nicht vorhergeht. Denn genauso, wie Gott immer da ist, ist es - bei Aristoteles - auch der Mensch der Potenz nach, sobald man ihn als etwas in der ersten Materie begreift. Der Erste Beweger geht einem in der Potenz Seienden zeitlich auch nicht vorher, wenn dieses Seiende als in der ihm eigentümlichen spezifischen Materie enthalten angenommen wird, wie z. B. ein Mensch in einem Samen. Bei Aristoteles galt es nämlich niemals als wahr zu sagen, daß Gott da sei, ohne daß der Mensch der Potenz nach da wäre, wie in einem Samen, oder dagewesen wäre. Ein Akt geht jedoch nach der dritten der zuvor genannten Weisen einer Potenz schlechthin zeitlich vorher: denn bei gegebenem beliebigen Seienden, das sich in einer eigentümlichen Materie als seiner Potenz befindet, geht der Akt, welcher diese Potenz zum Akt überführen soll, ihr zeitlich vorher. Bei beliebigem gegebenen aktualen Sein geht jedoch nicht die Potenz zu einem Akt diesem zeitlich voran, wie anhand der ersten Beweger erhellt, die jedes potentielle Seiende in den Akt überführen. Hier verstehen wir unter den „ersten Bewegern" genauso wie Aristoteles die vielen Spezies des vielen Seienden, welches durch jene aus der Potenz in den Akt überführt wird. Gäbe es dieserart aktuales Seiendes nun nicht, welches nicht von einer Potenz zum Akt übergeht, dann würde ein Akt auch nicht schlechthin zeitlich der Potenz vorangehen. Darauf verwies Aristoteles im 9. Buch der „Metaphysik",[21] wo er äußert, daß ein Akt der Potenz zeitlich vorhergeht; als Grund führt er dabei an, daß zu einem gewissen Akt immer ein vorhergehender erfaßt wird, bis schließlich die Reihe an den Akt kommt, der der immer währende Erste Beweger ist.

Hieraus erhellt die Auflösung der Gegengründe.

Zum ersten Gegengrund[22] ist zu sagen, daß ein potentielles Seiendes nicht immerwährend ist, es sei denn, es würde als etwas der ersten Materie Zugehöriges verstanden. Wenn es als der eigenen Materie Zugehöriges verstanden wird, unter Bezug auf welche Materie eben gerade etwas als „potentiell Seiendes" bezeichnet wird, dann ist es dem besagten 9. Buch der „Metaphysik"[23] zufolge etwas Neues - es sei denn, daß es als Spezies verstanden wird. Genauso, wie nämlich nichts Entstandenes eine unendliche Zeit hindurch ein potentiell Vergehendes ist, so ist auch nichts, das potentiell entsteht, eine unendliche Zeit hindurch ein Nicht-Entstandenes, da nämlich das potentiell Entstehende als ein der eigenen Materie Zugehöriges und in unmittelbarer Nachbarschaft zum Entstehen Befindliches verstanden wird, wie der Kommentator im Kommentar zum 1. Buch von „Über den Himmel"[24] sagt.

Zum zweiten Gegengrund ist zu sagen, daß - wie festgestellt - in einer bestimmten Anordnung von aktual existierenden Erzeugern, welche auch von der Potenz zum Akt übergehen, nicht aktual Seiendes vor potentiell Seiendem ist, sondern dem Philosophen zufolge eines vor dem anderen bis ins Unendliche. Da aber jedes potentiell Seiende auf Grund der Wesensordnung der Beweger und Agentien schließlich zu etwas gelangt, das aktual existiert und nicht von der Potenz zum Akt übergeht, heißt es wegen dieser Ordnung, der Akt gehe schlechthin der Potenz voraus.

Zum dritten Gegengrund ist zu sagen, daß die These, die Potenz gehe dem Akt voran, im Fall eines ganz bestimmten einzelnen Seienden vollständig zutrifft, welches von der Potenz zum Akt übergeht. Nichtsdestoweniger aber gibt es vor diesem potentiellen Seienden ein anderes aktuales aus seiner eigenen Spezies, das jenes von der Potenz zum Akt überführt.

Zum letzten der Gegengründe ist zu sagen, daß die Feststellung, der Akt gehe der Potenz voran, zutrifft; jedes potentiell Seiende geht doch in den Akt über vermittels etwas aktual Existierenden. Die beiden oben gemachten Einwände entkräften dies nicht. Der erste Einwand entkräftet das Gesagte nicht, weil ein aktual Seiendes, welches ein potentiell Seiendes in den Akt überführt, nicht nur dem Akt im gewordenen Seienden zeitlich vorangeht, sondern auch der ganz bestimmten Potenz zum Akt des Gewordenen. Denn nicht nur der Akt eines Gewordenen stammt von seinem Erzeuger, sondern auch das sich in der Potenz zum Akt des Gewordenen befindende Seiende, wie zum Beispiel der Same vom Menschen stammt. Generell werden die eigentümlichen Materien [propriae materiae] durch den Ersten Beweger verursacht, welcher jegliches von der Potenz zum Akt überführt. Auch der zweite Einwand ist kein Hindernis, wie aus dem zuvor Gesagten klar wird. Mag zwar in der herangezogenen Ordnung von Bewegern vor dem aktual Seienden ein potentielles Seiendes anzunehmen sein, aus welchem jenes in den Akt übergeht, und vor dem potentiell Seienden ebenso ein aktual Seiendes, welches dieses in den Akt überführt; so muß doch in einer anderen Ordnung von Bewegern notwendigerweise ein aktual Seiendes angenommen werden, welches jenes potentiell Seiende in den Akt überführt, wobei diesem aktual Seienden kein potentiell Seiendes vorhergeht, aus dem es geworden wäre. Dies hat sich aus dem bereits Gesagten ergeben.

Es endet der Traktat des Magisters Siger von Brabant über ein gewisses Argument, das einige hinsichtlich der Entstehung des Menschen erwogen hatten, wobei sie auf Grund der Natur der Menschenentstehung meinten, den Beweis für die These vom Anfang der Welt erbracht zu haben. Gleichwohl kann weder diese noch die entgegengesetzte These bewiesen werden, sondern es muß geglaubt werden, daß die Welt einen Anfang gehabt hat.

4.
JOHANNES DUNS SCOTUS
Sentenzenkommentar (Ordinatio)*
Buch II Distinktion 3 Teil 1

Quaestio 6

⟨Ob eine materielle Substanz individuell ist durch eine gewisse Entität, welche durch sich selbst eine Natur zur Singularität bestimmt⟩

Zur Entkräftung der als Beleg für die Gegenmeinung herangezogenen Zitate vom Philosophen[1] ist die Auflösung der sechsten Quaestio erforderlich, die zu ergründen sucht, wodurch eine materielle Substanz vollständig individuell sein kann. Darum werfe ich nun sechstens als Problem auf, ob eine materielle Substanz individuell ist durch eine gewisse positive Entität, die durch sich selbst eine Natur zur Singularität bestimmt.

Verneinung der Frage:

Wäre es so, dann verhielte sich jenes [die Singularität] „Bestimmende" zur [betreffenden] Natur ebenso wie ein Akt zur Potenz. Es gäbe nämlich dann tatsächlich ein ganz bestimmtes Zusammengesetztes aus jenem Bestimmenden und der spezifischen Natur; das ist aber ungereimt. Denn jenes „Bestimmende" wäre entweder Materie oder Form oder ein Zusammengesetztes aus ihnen; ganz gleich, was davon angenommen wird, so ist es unzutreffend. Denn dann gäbe es in dem Zusammengesetzten eine Materie, welche von derjenigen, die ein Teil der Natur ist, verschieden wäre; oder es gäbe eine Form, die von jener als Teil der Natur angenommenen verschieden wäre; oder es gäbe ein Zusammengesetztes, das von jenem verschieden wäre, was zur Natur gehört.

Ferner: Wäre es so, dann wäre das Singuläre, das aus einer Natur und jenem von sich aus Bestimmendem zusammengesetzt ist, von sich aus ein Eines und folglich von sich aus ein Intelligibles. Das verstößt aber offensichtlich gegen die Ausführun-

* Ordinatio. Liber Secundus, dist. 3, pars 1, qu. 6. – Textgrundlage: in: Joannis Duns Scoti Opera omnia, ed. C. Balič, Vol. VII, Civitas Vaticana 1973, S. 463–490; zitiert als: *Ordinatio II.*

gen des Philosophen im 2. Buch von „Über die Seele“[2] und im 7. Buch der „Metaphysik“[3], wo er offenbar klar zum Ausdruck bringt, daß sich das verstandesmäßige Erkennen [intellectio] auf das „Allgemeine“ und das sinnliche Wahrnehmungsvermögen und Wahrnehmen auf das „Einzelne selbst“ bezieht.

Ferner: Wäre es von sich aus ein Intelligibles, dann könnte es vom Singulären Beweis und Wissenschaft geben; folglich gäbe es vom Singulären als Singulärem eine eigentümliche Wissenschaft; dies verneint der Philosoph im 7. Buch der „Metaphysik“ im Kapitel „Über die Teile der Definition“[4].

Ferner: Schlösse das Singuläre die spezifische Natur und jenes von sich aus Bestimmende in sich ein, dann könnte es vermittels dieser beiden (von sich aus auf Grund des eigenen Begriffs eingeschlossenen) definiert werden; somit gäbe es einerseits eine Definition des Individuums und andererseits eine davon verschiedene der Spezies, indem die Definition des Individuums zumindest etwas zu der der Spezies hinzufügt, wie analog die Definition der Spezies der des Genus etwas hinzufügt.

Erwiderung:

Alles Rangniedere [inferius] schließt in sich wesensmäßig etwas ein, das nicht im Begriff des Ranghöheren [superius] eingeschlossen wird; ansonsten wäre der Begriff des Rangniederen genauso allgemein wie der Begriff des Ranghöheren und damit das „wesensmäßig Rangniedere“ nicht wesensmäßig ein Rangniederes, da es ja nicht unter dem Allgemeinen und Ranghöheren stände; folglich wird im Begriff des Individuums wesensmäßig etwas eingeschlossen, das nicht im Begriff der Natur eingeschlossen wird. Dieses „Eingeschlossene“ ist nun aber eine positive Entität - entsprechend der Lösung der 2. Quaestio[5]; und es schafft ein „wesensmäßig Eines“ mit der Natur gemeinsam - entsprechend der Lösung der 4. Quaestio[6]: folglich ist es das jene Natur von sich aus zur Singularität bzw. zum Begriff jenes Rangniederen Bestimmende.

⟨*A. Zur Quaestio*
1. Die Auffassung anderer
a. Die Darstellung einer Auffassung⟩

Hierzu wird nun gesagt,[7] daß die spezifische Natur an und für sich eine ganz bestimmte [einzelne] ist; aber auf Grund der Quantität kann „Natur“ auch allgemein sein für mehreres Singuläre bzw. kann die Quantität der zutreffende Grund dafür sein, daß mehreres Singuläre einer Natur innewohnen kann.

Die erste Feststellung[8] wird folgendermaßen erläutert: Eine unterste Spezies ist an und für sich atomar und also unteilbar.

Dies wird durch jene Aussage des Porphyrios gestützt, die lautet: „Platon gebietet, daß wir beim Hinabsteigen von den obersten Genera bei den untersten Spezies haltmachen“[9]; könnte es nun aber eine weitere Einteilung dieser Natur geben, so müßte man nicht bei ihr haltmachen; folglich usw.

Ferner: Bei seiner Aufzählung aller wesensmäßigen und auch akzidentiellen Einteilungen erwähnt Boethius im „Buch über die Einteilungen“[10] keine Einteilung einer Spezies in Individuen; folglich ist die spezifische Natur nicht auf Grund eines Anderen eine bestimmte [einzelne].

Ferner: Gäbe es in einem Individuum außer der gegenständlichen Wirklichkeit [realitas] einer spezifischen Natur noch eine andere gegenständliche Wirklichkeit, dann wäre eine Spezies nicht gleichbedeutend mit dem „ganzen Sein der Individuen“[11]; das widerspricht jedoch Porphyrios.

Erläuterung der zweiten Feststellung[12]: Zwar ist die Quantität nicht der formale Grund der Einteilung von etwas in die zugrundeliegenden Teile, aber sobald ein quantitatives Ganzes in die quantitativen Teile eingeteilt wird, wird es damit von selbst in das eingeteilt, was derselben Kategorie angehört; das Prinzip der Einteilung in etwas und das Prinzip der Distinktion zwischen den sich unterscheidenden Gliedern der Einteilung ist aber ein und dasselbe; also ist die Quantität sowohl das Prinzip dieser Einteilung als auch das Prinzip der Distinktion zwischen den sich unterscheidenden Gliedern der Einteilung. Diese Glieder aber sind die zugrundeliegenden Teile einer allgemeinen Natur; also ist die Quantität das Prinzip der Distinktion zwischen solchen Teilen.

Wie nun jene beiden Glieder[13] gleichzeitig Gültigkeit haben können, läßt sich durch ein Beispiel erhellen: Der Aussage des Philosophen im 1. Buch der „Physikvorlesung“ zufolge „ist eine Substanz an und für sich unteilbar“[14] – nämlich im Sinn von Teilen, die ebendieser Kategorie [der Substanz] angehören. Jedoch ist sie bei hinzukommender Quantität teilbar in solche Teile, oder vielmehr besitzt sie dann solche Teile. Auf diese Weise kann eine Speziesnatur nun an und für sich eine bestimmte [einzelne] sein, dabei aber auch wegen der „zu ihr von außen hinzukommenden“ Natur diverses [einzelnes] sein.

⟨*b. Widerlegung dieser Auffassung*⟩

Diese Behauptung[15] kann offenbar zweierlei zum Inhalt haben:

Erstens, daß eine materielle Substanz in Hinsicht darauf, daß sie wesensmäßig von der Quantität wohlunterschieden wird, ein und dieselbe bleibt und völlig identisch dem Begriff ihrer eigenen wesensmäßigen Entität entspricht, dabei aber dennoch viele Quantitäten in sich aufnimmt. Mit dieser Aufnahme soll sie gleichzeitig in Gemeinschaft mit diesen Quantitäten Vieles schaffen, das alles zugleich da ist. Damit wird klar zum Ausdruck gebracht, daß ein und dieselbe materielle Substanz, die als solche ungeteilt und identisch ist, durch viele Quantitäten ausgeprägt wird, woraus wiederum viele zu einer Spezies gehörenden Individuen herkommen.

Eine andere Interpretation [jener Behauptung] kann folgendermaßen lauten: Jene materielle Substanz, die an und für sich eine bestimmte [einzelne] wäre ohne

Rücksicht auf irgendwelche Quantität, wird unter Berücksichtigung der charakteristischen Quantität zu dieser oder jenen bestimmten [einzelnen]; dabei nimmt sie nicht nur wohlunterschiedene Quantitäten auf, sondern hat selbst die Distinktion an sich in der eigenen substantiellen Entität. Das hat zur Konsequenz, daß jene Substanz, die jener Quantität zugrundeliegt und von ihr wesensmäßig wohlunterschieden wird, nicht dieselbe ist wie jene, die einer anderen Quantität zugrundeliegt und von ihr wesensmäßig unterschieden wird. Gleichwohl mag dabei der Umstand, „daß diese nicht dieselbe wie jene ist", nicht vorhanden sein können ohne die Quantität in den individuellen Ausprägungen.

Die zuerst gegebene Interpretation ist offenbar unmöglich, da aus ihr Widersinnigkeiten in Theologie, Metaphysik und Naturerkenntnis folgen.

Innerhalb der Theologie ergibt sich gewiß folgender Widersinn: daß es keine ausschließlich dem unendlichen göttlichen Wesen zukommende Eigenschaft wäre, ein bestimmtes [einzelnes] zu sein, indem dieses Wesen einheitlich und innerlich völlig identisch existiert und dabei zugleich in Gestalt von mehreren distinkten Supposita da ist, wobei dies gemeinhin nur seinen Sinn findet in Hinsicht auf die lediglich relational voneinander distinkten Personen [der göttlichen Trinität]. Hier [in der ersten Interpretation] würde nun aber angenommen werden, daß eine einheitliche natürliche Substanz mehrere Supposita besäße, die wie selbständige Dinge voneinander distinkt wären, ohne daß die Substanz innerlich distinkt wäre.

Zweitens folgt, daß sich eine gewisse Substanz Wein nur dann in den Körper und das Blut [von Christus] substantiell verwandelten [transsubstantiari] könnte, wenn sich die Substanz Wein als ganze substantiell verwandelte, da sich Wein ja nur hinsichtlich seiner Substanz substantiell verwandelt, denn die Quantität bleibt unverändert. Du[16] läßt nun die in diesem Wein befindliche Substanz identisch mit jener sein, welche in jenem Wein ist; ein und dasselbe kann nun aber nicht sowohl substantiell verwandelt als auch substantiell nicht-verwandelt sein; also usw.[17]

In der Metaphysik ergeben sich folgende Widersinnigkeiten:

Erstens käme es zur Annahme der von Platon vertretenen „Idee". Platon behauptet nämlich, die „Idee" sei eine durch sich selbst existierende Substanz, eine abgetrennte Natur ohne Akzidentien (wie es ihm durch den Philosophen zugeschrieben wird), worin die gesamte Natur einer Spezies vorhanden wäre. Diese Natur soll nun gemäß der von Aristoteles gegebenen Darstellung über jedes beliebige Individuum ausgesagt werden vermittels einer formalen Prädikation, die die Aussage „dieses da ist dieses da" zum Inhalt hat. Die hier nun diskutierte Auffassung geht davon aus, daß „diese Substanz da" über jedes beliebige [Glied] ebendieser Substanz vermittels einer Prädikation ausgesagt wird, die die Aussage „dieses da ist dieses da" zum Inhalt hat, wobei diese Substanz zugleich aber diesem und jenem bestimmten Akzidenz innewohnen soll.[18] Diese Auffassung setzt also eine ebenso große Allgemeinheit, wie sie Platon in Gestalt der „Ideen" annahm.

Zweitens: Jenen zufolge können nicht zwei Akzidentien von ein und derselben Spezies in demselben Zugrundeliegenden sein (wenn es absolute Akzidentien wären), da ihrer Meinung nach sonst ein offensichtlicher logischer Widerspruch herauskäme, d. h. daß sich Ein und Dasselbe zugleich im Wirklichkeits- und im Möglichkeitszustand in bezug auf Ein und Dasselbe befände. Dennoch folgt aus dieser [ersten Interpretation] der umgekehrte Irrtum, daß nämlich ein und dieselbe Natur aktual da ist in Gestalt einer Vielzahl von Akten ein und derselben Spezies.

Aus dieser Interpretation könnte auch ein weiterer irrtümlicher Schluß gezogen werden, der die Mathematik betrifft (insofern das „Wieviel" der Betrachtungsweise eines Mathematikers angehört): es müßten nämlich zwei quantitative Maßgrößen gleicher Kategorie zu gleicher Zeit ein und dasselbe Zugrundeliegende vollständig bestimmen. Das verstößt gegen den eigentlichen Begriff der quantitativen Maßgrößen gleicher Kategorie, insofern dabei dem Verständnis des Mathematikers gefolgt wird.

Drittens ergeben sich in der Naturerkenntnis zwei Widersinnigkeiten:

Erstens, daß keine materielle Substanz entstehen und vergehen kann. Sie kann nicht entstehen, da ja dann, wenn „dieser Stein da" existiert, in ihm die gesamte Substanz vorhanden wäre, die in irgendeinem Stein da sein kann. Dennoch kann dieser bestimmten Substanz des Steines eine jeweils numerisch unterschiedliche, so oder so große Quantität zugeeignet werden; der Erwerb einer neuen Quantität ist aber kein Entstehensprozeß (das erhellt aus den Ausgangs- und Endbedingungen ebendieses Entstehungsprozesses); folglich usw. – Auf ähnliche Weise: Wenn dieser bestimmte Stein bleibt, dann bleibt die spezifische Natur des Steines in einem Stein; jede Natur eines Steines ist aber „diese bestimmte Natur"; wenn also diese bestimmte Natur bleibt, dann bleibt auch die ganze Natur; es kann folglich keinerlei materielle Substanz vergehen, solange jener Stein erhalten bleibt, wenngleich die Qualität oder Quantität nicht ein und dieselbe ist.

Zweitens: Zwar könnte man gemäß der Einbildung jenes üblen Averroes über eine Einheit des Intellekts in allen [Menschen] etwas Analoges ausdenken über deinen und meinen Körper oder auch über diesen und jenen Stein, jedoch – laut der nicht nur dem Glauben, sondern auch der Philosophie entsprechenden Überzeugung von der notwendig überall verschiedenen intellektiven Seele – kann die menschliche Natur nicht durch sich selbst atomar und zugleich gerade wegen der Quantität überall eine jeweils andere sein. Denn in diesem und in jenem bestimmten Menschen befindet sich eine jeweils verschiedene substantielle Form, begründet durch eine Verschiedenheit, die der Quantität naturgemäß vorangeht. Diesem logisch zwingenden Argument wollen sie nicht entgegentreten, sondern verlegen sich auf anderes „Verwandtes", wie Stein und Wasser. Hätten sie freilich ein für sie nützliches Argument bei der Hand, das sich aus dem Wesensbegriff der „atomaren" spezifischen Natur ergibt, so würden sie dennoch hinsichtlich des Menschen denselben Schluß ziehen wie hinsichtlich des Steins. Sie können also klar erkennen, daß ihre Voraussetzungen nicht als Prinzipien gelten können, da aus ihnen offensichtlich Unmögliches folgt.

Die zweite Interpretation[19] hebt sich offenbar von selbst auf: dasjenige, was von sich aus etwas ganz Bestimmtes ist – im zuvor erläuterten Sinn des „etwas ist von sich aus etwas ganz Bestimmtes" (d. h. ein solches, welchem es an sich widerspricht, in mehrere zugrundeliegende Teile aufgeteilt zu werden, und dem es ebenfalls widerspricht, von sich aus dieses Bestimmte gerade nicht zu sein) – ein solches kann doch durch keinerlei Zusatz in mehrere Teile aufgeteilt werden. Denn widerspricht es ihm an und für sich, geteilt zu werden, so widerspricht es ihm auch an und für sich, etwas aufzunehmen, wodurch es dieses Bestimmte gerade nicht wäre. Wenn man also sagt, eine Natur sei von sich aus eine ganz bestimmte (im zuvor erläuterten Sinn von Natur, welche von sich aus eine ganz bestimmte ist)[20], und dennoch sagt, ebendiese könne auf Grund von etwas Anderem, Hinzukommendem diese und auch jene sein, so heißt dies, einander logisch Ausschließendes aussprechen.

Dies wird auch an dem gegebenen Beispiel[21] zu jener Ansicht deutlich: Denn mag eine materielle Substanz auch an sich nicht in Teile ein und derselben Kategorie geteilt sein, so ist sie dennoch an sich nicht unteilbar in solcherart Teile; wäre sie nämlich an sich unteilbar (d. h. würde ihr eine Einteilung widerstreiten), dann wäre sie nicht in der Lage, die Quantität anzunehmen, durch die sie in bezug auf die Form in solche Teile eingeteilt wird. Das ist augenscheinlich, denn eine Seele oder auch ein Engel (der von sich aus unteilbar in der hier gemeinten Weise ist) ist nicht in der Lage, eine Quantität oder Teile in sich aufzunehmen.

Die Schlußfolgerung „sie ist nicht von sich aus so-beschaffen, folglich ist sie von sich aus gerade nicht-so beschaffen" enthält also offenbar eine Täuschung (den Fehler bezüglich des logisch Folgenden). Denn eine Substanz ist tatsächlich – einer Ansicht zufolge – nicht etwas, das von sich aus Teile ein und derselben Kategorie besitzt; dennoch ist sie nicht von sich aus etwas, was gerade nicht Teile ein und derselben Kategorie besitzt, d. h. daß es ihr also widerspräche, Teile zu besitzen. Denn sonst könnte sie nicht in bezug auf die Form solcherart Teile vermittels „etwas zu ihr Hinzukommenden" annehmen. Die Natur einer untersten Spezies ist also nicht von sich aus individualisiert, noch ist etwas seiner eigenen Natur Teilbares ein Individualisiertes. Jedoch ist sie nicht von sich aus gerade dieses Bestimmte nicht, d. h. daß es ihr widerspräche, von sich aus in Teile geteilt zu werden. Denn sonst könnte sie nicht etwas annehmen, durch das ihr in bezug auf die Form eine solche Einteilung zukäme.

⟨*2. Die eigene Meinung*⟩

Die Problemfrage[22] beantworte ich bejahend.

Hierzu gebe ich folgende Begründung: Genauso wie eine Einheit [unitas] in einem Gemeinschaftlichen [commune] an sich die Folge einer Entität in einem

Gemeinschaftlichen ist, so ist auch jede beliebige Einheit an sich die Folge einer Entität; die Einheit schlechthin (welche die „Einheit eines Individuums“ darstellt, die zuvor öfters beschrieben wurde, und welche sowohl die Einteilung in mehrere zugrundeliegende Teile ausschließt, als auch das „nicht dieses ganz Bestimmte, Gekennzeichnete sein“) ist dann, wenn sie dem Seienden angehört (wie es allgemein vorausgesetzt wird), an sich eine Folge einer gewissen Entität an sich; sie ist dabei keine Folge an sich der Entität einer Natur, da dieser eine gewisse reale, an sich gegebene, ganz eigentümliche Einheit zugehört, wie bei der Lösung der 1. Quaestio[23] nachgewiesen wurde; demzufolge stellt sie die Folge einer anderen Entität dar, welche sie genau bestimmt und die gemeinsam mit der Entität einer Natur ein Eins an sich bildet; denn das „Ganze“, dem dieses Eins angehört, ist als solches ein vollkommenes.

Ferner: Jede Differenz von sich Unterscheidendem wird letztlich auf gewisses primär voneinander Verschiedenes [primo diversa] zurückgeführt (ansonsten gäbe es bei dem sich Unterscheidenden keinen Abschluß); nun unterscheiden sich die Individuen im eigentlichen Sinn voneinander, weil sie ja „verschiedene ebendieses-etwas-Seiende“ sind; demzufolge wird ihre Differenz auf das zurückgeführt, was primär voneinander verschieden ist. Dieses „primär voneinander Verschiedene“ ist nicht von Natur aus in diesem Bestimmten und von Natur aus in jenem Bestimmten enthalten: denn das, worin gewisse [Dinge] formal übereinstimmen, ist nicht dasselbe wie das, wodurch sie sich real unterscheiden, obgleich ein und dasselbe real distinkt und ebenfalls übereinstimmend [mit anderem] sein kann – es kommt nämlich dabei auf das Distinktsein und das Sein an, wodurch etwas primär auseinandergehalten wird (ebenso wird es also bei der Einheit sein). Es gibt also außer der Natur in diesem und in jenem Bestimmten gewisses primär voneinander Verschiedenes, auf Grund dessen dieses und jenes Bestimmte sich voneinander unterscheiden (dieses Bestimmte in bezug auf etwas und jenes Bestimmte in bezug auf ein gewisses anderes): dies können nun nicht Negationen sein, wie aus der 2. Quaestio folgt[24], und auch nicht Akzidentien, wie aus der 4. Quaestio[25] folgt; also werden es gewisse positive Entitäten sein, die an und für sich eine Natur genau bestimmen.

Zur ersten Begründung[26] gibt es folgenden Einwand: Existiert eine wirkliche Einheit, die kleiner als die numerische Einheit ist, so gehört diese entweder etwas an, das im numerisch Identischen enthalten ist, oder aber sie ist in etwas davon Verschiedenem enthalten. Im numerisch Identischen ist sie nicht enthalten, weil alles, was im numerisch Identischen enthalten ist, ein numerisch Identisches ist; aber auch in zweierlei Dingen ist sie nicht enthalten, da es in diesen keinerlei wirkliches Eins gibt: dies ist ja eine ausschließliche Eigentümlichkeit der göttlichen Supposita [innerhalb der Trinität] (gemäß der oben gegebenen Erläuterung zur Aussage des Damaszeners).[27]

Es folgt meine Antwort. Bei der Lösung der ersten Quaestio (zu diesem Gegenstand) wurde gesagt, daß Natur selbstverständlich einer individualisierten Natur gegenüber primär ist.[28] Die eigentümliche Einheit nun, die eine logische Folge der Natur als Natur ist, ist naturgemäß primär gegenüber der Einheit der Natur in Gestalt einer individualisierten Natur. Einer solchen Begriffsbestimmung [von Natur] folgt nun die metaphysische [d. h. philosophisch-grundsätzliche] Betrachtung von Natur, ferner wird in entsprechender Weise deren Definition ausgedrückt und werden die das eigentliche Wesen betreffenden Aussagen gebildet. In einem numerisch Identischen gibt es also eine Entität, der logisch eine der numerischen Einheit gegenüber geringere Einheit folgt, welche wirklich da ist; dasjenige nun, dem eine solche Einheit angehört, ist formmäßig „ein Eines an sich" durch die numerische Einheit. Ich lasse also gelten, daß die wirkliche Einheit nicht etwas angehört, das in zwei Individuen vorhanden ist, sondern vielmehr etwas, das in einem einzigen vorhanden ist.

Du magst nun einwenden: „alles das, was in einem numerisch identischen Individuum enthalten ist, ist ein numerisch Identisches". Meine Antwort gebe ich darauf anhand eines evidenteren Beispiels: Alles das, was in einer einzigen Spezies enthalten ist, ist der Spezies nach Eins; die in der Weißheit enthaltene Farbe ist also der Spezies nach Eins; jedoch folgt daraus nicht: „also besitzt sie keine Einheit, die geringer als die Einheit einer Spezies ist". Wie schon an anderer Stelle gesagt wurde (d. h. im 1. Buch in der Quaestio „Über die Attribute", vor der Auflösung des Hauptargumentes hinsichtlich der Attribute, innerhalb der Auflösung des 1. Einwandes), „kann etwas ein Beseeltes in paronymischer Hinsicht genannt werden, wie z. B. ein Körper, oder es kann so wesentlich und für sich geltend in primärer Hinsicht genannt werden, wie z. B. ein Mensch"[29] (entsprechend wird eine Fläche in paronymischer Weise „weiß" genannt, eine Weißfläche aber wird wesentlich und für sich geltend in primärer Hinsicht „weiß" genannt, da das Subjekt das Prädikat einschließt). Analog dazu sage ich, daß ein Potentielles, das durch ein Aktuales eine genaue Bestimmung erhält, durch dieses eine Form erhält und dadurch von der Einheit geformt wird, welche jenem Aktsein bzw. jenem Akt logisch folgt; somit ist das Potentielle ein „Eins" auf Grund der eigentümlichen Einheit jenes Aktualen, und zwar ist es so in paronymischer Weise Eins (nicht aber ist es an sich ein solches Eins, weder in primärer Hinsicht, noch bezüglich eines Wesensteils).

Die Farbe in der Weißheit ist also einheitlich der Spezies nach, dies jedoch nicht an und für sich und nicht in primärer Hinsicht, sondern nur in paronymischer Weise. Eine spezifische Differenz hingegen ist in primärer Hinsicht eins, da sie als solche primär die Einteilung in mehreres der Spezies nach Verschiedenes ausschließt. Die Weißheit ist als solche Eins der Spezies nach, aber nicht in primärer Hinsicht, denn sie ist es vermittels etwas ihr Innewohnenden (in Gestalt jener Differenz).

Ich lasse in dieser Weise gelten, daß alles das, was in einem bestimmten Stein ist, ein numerisches Eins ist – in primärer Hinsicht, bzw. für sich, bzw. in paronymischer Weise: „in primärer Hinsicht“, d. h. etwa in bezug darauf, wodurch eine solche Einheit diesem zusammengesetzten [Individuum] zukommt; „für sich“ in bezug auf einen bestimmten Stein, zu dem dasjenige für sich als Bestandteil gehört, was primär Eins ist durch die besagte Einheit; nur „in paronymischer Weise“, bezogen darauf, daß das Potentielle, was von dem Aktualen in den Zustand der Vollkommenheit überführt wird, gewissermaßen paronymisch dessen Aktsein ausdrückt.

Nun fahre ich mit der Erläuterung der angegebenen Problemlösung[30] fort. Um was für eine Entität es sich dabei handelt, von der jene vollkommene Einheit[31] herkommen soll, läßt sich in Analogie zu der Entität erklären, aus der sich eine spezifische Differenz ableitet. Eine spezifische Differenz bzw. die Entität, aus der sich eine spezifische Differenz ableitet, kann doch nun zu Folgendem in Bezug gesetzt werden: entweder zu dem, was ihr untergeordnet ist, oder zu dem, was ihr übergeordnet ist, oder zu dem, was mit ihr auf gleicher Ebene ist.

Hinsichtlich des ersten Falls ist es so: Eine spezifische Differenz und die ihr entsprechende Entität schließt an und für sich ein Eingeteiltwerden in mehreres essentiell, der Spezies oder Natur nach Verschiedenes aus. Auf Grund dessen schließt auch dasjenige Ganze eine solche Einteilung aus, dessen wesensmäßiger Bestandteil die besagte Entität ist. So verhält es sich auch beim vorliegenden Problem: diese individuelle Entität schließt primär ein Eingeteiltwerden in beliebige zugrundeliegende Teile aus, und durch sie schließt auch dasjenige Ganze eine solche Einteilung aus, dessen Bestandteil diese Entität ist. Trotzdem besteht ein Unterschied [zwischen beiden] darin, daß die Einheit der spezifischen Natur geringer als diese gerade erwähnte Einheit ist; und darum schließt jene auch nicht generell eine Einteilung in quantitative Teile aus, vielmehr nur jene in unterschiedliche Wesensbestandteile. Diese Einheit [einer individuellen Entität] hingegen schließt generell eine Einteilung aus.

Damit wird die Voraussetzung hinreichend bestätigt, denn wenn jegliche Einheit, die geringer als diese Einheit [einer individuellen Entität] ist, eine ganz eigene Entität besitzt, deren wesensmäßige Konsequenz sie selbst ist, dann ist es offenbar ausgeschlossen, der vollkommensten Einheit[32] eine ganz eigentümliche Entität abzusprechen, deren Konsequenz sie selbst ist.

Hinsichtlich des Bezugs der spezifischen Natur zu dem, was ihr übergeordnet ist, meine ich folgendes: Die gegenständliche Wirklichkeit [realitas], aus der sich eine spezifische Differenz ableitet, ist aktual da gegenüber derjenigen, aus der sich ein Genus bzw. ein Genusbegriff ableitet, so daß formmäßig die eine von der anderen gegenständlichen Wirklichkeit verschieden ist. Ansonsten enthielte eine Definition eine Irreführung und das Genus allein (bzw. jene Differenz allein) würde schon eine vollgültige Definition darstellen, indem es die gesamte Entität des Definierten angäbe. Manchmal unterscheidet sich jedoch das „die genauere Bestimmung Gebende“ [„contrahens“] dinglich von der Form, aus der sich der Genusbegriff ableitet (sobald nämlich eine Spezies zusätzlich zur Natur des Genus eine gegenständliche Wirklichkeit anfügt); ein anderes Mal ist sie jedoch kein anderes Ding, sondern nur eine andere Formbestimmung [formalitas] bzw. ein anderer Formbegriff ein und desselben Dinges. Unter Bezug darauf besitzt die eine spezifische Differenz einen „nicht schlechthin einfachen" Begriff, d. h. diejenige, welche sich von einer Form ableitet; eine andere besitzt einen „schlechthin einfachen" Begriff, d. h. diejenige, welche sich von dem höchsten Grad an Abstraktion einer Form ableitet (diese genauere Unterscheidung der spezifischen Differenzen ist in der Distinktion 3 des 1. Buches behandelt worden, d. h. auf welche Weise einige spezifische Differenzen ein Seiendes implizieren und andere keines).[33]

Hiernach zu urteilen ist die gegenständliche Wirklichkeit eines Individuums der einer Spezies ähnlich, da sie ja die Stellung eines Akts hat, der die gegenständliche Wirklichkeit einer Spezies als der Möglichkeit und Potenz nach gegebene näher festlegt. Die gegenständliche Wirklichkeit eines Individuums ist jedoch insofern der einer Spezies unähnlich, als die des Individuums sich niemals von einer zusätzlich angefügten Form ableitet, sondern geradewegs von der letztendlichen gegenständlichen Wirklichkeit [ultima realitas] einer Form.

Sie ist ihr auch noch in einer anderen Hinsicht unähnlich: die gegenständliche Wirklichkeit einer Spezies bildet innerhalb eines quidditativen[34] Seins eine Zusammensetzung (deren Bestandteil sie ist), da sie selbst eine bestimmte quidditative Entität ist; die gegenständliche Wirklichkeit eines Individuums hingegen unterscheidet sich prinzipiell von jedweder quidditativen Entität. Dies ist darin begründet, daß jegliche quidditative Entität (die Rede ist dabei von der begrenzten quidditativen Entität) korrekt so begriffen wird, daß sie allgemein ist gegenüber vielem [Einzelnen] und es nicht ausschließt, über vieles Einzelnes ausgesagt zu werden, wovon ein jegliches genau „Dieses" ist; also kann diejenige Entität, welche an sich als Entität von einer Quiddität oder einer quidditativen Entität verschieden ist, nicht in einem quidditativen Sein ein Ganzes bilden (dessen Bestandteil sie ist), sondern in einem Sein von anderer Herkunft.

Da die Quiddität vom Philosophen häufig als „Form" bezeichnet wird (so im 5. Buch der „Metaphysik", im Kapitel „Von der Ursache" und an vielen anderen Stellen; ferner heißt es im 7. Buch der „Metaphysik" im Kapitel „Von den Teilen der Definition": „überall dort, worin keine Materie ist, ist das Was-etwas-ist mit dem identisch, dem es zugehört" - dort wird von Materie und Form gehandelt, wie später erläutert wird)[35] und als „Materielles" von ihm alles bezeichnet wird, was eine genauer bestimmte Quiddität besitzt (nach Boethius' Ansicht in dem Büchlein „De trinitate" kann keine Form der eigentliche Träger eines Akzidens sein, da eine Form im Sinn des „Was" über alles andere ausgesagt wird: wenn das Menschentum nun aber ein Zugrundeliegendes sein sollte, so betrifft dies das Menschentum nicht im Sinn einer Form; das Menschentum ist zwar keine Form eines der beiden Teile eines Zusammengesetzten, d. h. von Form bzw. Materie, aber die Form des Zusammengesetzten als Ganzen, welches eine genauer bestimmte Quiddität [quiditas contracta] besitzt bzw. worin sich eine genauer bestimmte Quiddität befindet)[36] – ließ er jede gegenständliche Realität einer Spezies in einem formhaften Sein begründet sein (d. h. in einem quidditativen Sein) und die gegenständliche Wirklichkeit eines Individuums kurzweg in einem materiellen Sein (d. h. in einem genauer bestimmten Sein). Hieraus folgt auch die logische Aussage, daß „jene [gegenständliche Wirklichkeit einer Spezies] dem Wesen nach formhaft ist, diese [gegenständliche Wirklichkeit eines Individuums] aber materiell". Denn letztere ließ er als Zugrundeliegendes, erstere aber als Prädizierbares bestehen: ein Prädikat hinsichtlich der Form besitzt nun aber gerade die Bedeutung einer Form, das Subjekt [subicibile] hingegen besitzt die Bedeutung der Materie.[37]

Drittens geht es um die Beziehung einer spezifischen Differenz auf das, was mit ihr auf gleicher Ebene ist, d. h. auf eine andere spezifische Differenz.[38] Obgleich es sein kann, daß diese manchmal von der anderen nicht prinzipiell verschieden ist, wie z. B. bei einer Entität, die sich ableitet von einer Form,[39] so ist doch die letztendliche spezifische Differenz prinzipiell von einer anderen verschieden, d. h. diejenige, welche einen „schlechthin einfachen" Begriff hat. In dieser Hinsicht halte ich eine individuelle Differenz für weitgehend ähnlich mit der ganz allgemein verstandenen spezifischen Differenz, da ja jede individuelle Entität prinzipiell von allem anderen verschieden ist.

Hieraus ist nun folgender Einwurf erklärlich: Entweder diese eine und jene eine [individuelle] Entität sind von ein und derselben Herkunft [ratio], oder nicht; sind sie es, dann kann von ihnen eine Entität abstrahiert werden, welche eben die Entität einer Spezies ist (ebendiese gilt es nun darnach zu untersuchen, wodurch sie die nähere Bestimmung zu dieser und jenen einen Entität erhielt: wenn von sich aus, so könnte es genausogut schon bei der Natur des Steins ein Ende der Einteilung geben; wenn aber durch ein anderes, dann gibt es ein Fortschreiten des Einteilens bis ins Unendliche);[40] sind die Entitäten aber von unterschiedlicher Herkunft, dann werden es auch die „Identitätsbestände" [constituta] sein, womit die Individuen nicht derselben Spezies angehören werden.

Hierauf antworte ich wie folgt: Die letztendlichen [ultimae] spezifischen Differenzen sind prinzipiell [primo] voneinander verschieden, so daß man von ihnen kein „Eins an sich" abstrahieren kann. Hieraus folgt jedoch nicht, daß die „Identitätsbestände" prinzipiell voneinander verschieden und außerhalb eines einheitlichen Begriffs sind. Man kann nämlich darunter, daß gewisse Dinge „gleichermaßen voneinander distinkt unterschieden werden" zweierlei verstehen: zum einen, daß sie zugleich nicht beisammen sein können (d. h. sie können nicht in einem und demselben enthalten sein), zum anderen, daß sie untereinander in bezug zu keinem Dritten gleich sind. Im zuerst genannten Sinn trifft es zu, daß das „voneinander Distinkte" gleich verschieden voneinander ist wie die Unterscheidungsgründe [distinguentia] (denn die Unterscheidungsgründe können nicht unzusammensetzbar [incompossibilia] sein, ohne daß es auch das „voneinander Distinkte" ist); im zweiten Sinn ist es jedoch ganz und gar ausgeschlossen: denn das „voneinander Distinkte" impliziert nicht allein die Unterscheidungsgründe, sondern auch etwas Anderes (was gewissermaßen gegenüber den Unterscheidungsgründen ein Potentielles ist), wobei jedoch die Unterscheidungsgründe in diesem Anderen nicht übereinstimmen.

Entsprechend der gerade gegebenen Antwort bezüglich der prinzipiell voneinander verschiedenen Differenzen äußere ich mich nun zu den individuellen Entitäten: letztere sind „prinzipiell voneinander verschieden" (d. h. miteinander in nichts Identischem übereinstimmend); dabei muß jedoch „das voneinander Distinkte" nicht schlechthin voneinander verschieden sein. Genauso aber, wie diese Entitäten unzusammensetzbar sind, sind es auch die Individuen, welche diese Entitäten besitzen.[41]

Willst du nun von mir wissen, was das für eine „individuelle Entität" ist, aus der sich eine individuelle Differenz herleitet, ob sie also Materie oder Form oder ein [aus beiden] Zusammengesetztes ist, so antworte ich wie folgt:

Jede quidditative Entität irgendeines Genus - ob einem Teil oder einem Ganzen angehörend - ist an sich indifferent „als quidditative Entität" gegenüber einer individualisierten Entität, so daß sie „als quidditative Entität" von Natur aus primär gegenüber einer individualisierten Entität ist. Genauso, wie sie von Natur aus primär ist und ihr nicht zukommt, eine individualisierte Entität zu sein, schließt sie ihrem Wesensbegriff nach nicht diesen ihren Gegensatz aus. Und ebenso, wie ein Zusammengesetztes mit dem Charakter einer Natur nicht eine ihm angehörende Entität logisch in sich enthält (durch die es formmäßig individualisiert ist), schließt auch eine Materie als eine Natur nicht logisch in sich die ihr angehörende Entität ein (durch die sie eine individualisierte Materie ist), noch schließt eine Form „als eine Natur" diese Entität in sich ein.

„Diese Entität" [die der individuellen Differenz zugrundeliegt] ist also nicht Materie oder Form oder ein Zusammengesetztes [aus beiden], insoweit dieses alles jeweils eine „Natur" ist, sondern sie ist die letztendliche gegenständliche Wirklichkeit [ultima realitas] eines Seienden, das Materie ist oder Form oder ein Zusammengesetztes [aus beiden]. Daher kann jedes beliebige Gemeinschaftliche, das zugleich auch ein näher Bestimmbares [determinabile] ist (obgleich es ein einheitliches Ding ist) in mehrere gegenständliche Wirklichkeiten zerlegt werden, die zueinander formal distinkt [formaliter distinctae] sind und von denen keine formal mit einer anderen identisch ist. Hier handelt es sich formal um die Entität einer Singularität, dort formal um die Entität einer Natur. Diese beiden gegenständlichen Wirklichkeiten können nun nicht wie Dinge sein. Anders aber gibt es tatsächlich die gegenständliche Wirklichkeit, der ein Genus entspricht, und die gegenständliche Wirklichkeit, der eine Differenz entspricht (welchen beiden dann wieder die artbildende gegenständliche Wirklichkeit entspricht). Es sind diese gegenständlichen Wirklichkeiten also immer in ein und demselben (ob in einem Teil oder einem Ganzen) als gegenständliche Wirklichkeiten ein und desselben Dinges, die sich voneinander formal distinkt unterscheiden.

⟨*B. Zu den Hauptargumenten*⟩

Anschließend an das zuvor Gesagte ergibt sich die Stellungnahme zum ersten Hauptargument.[42] Man schließt sich also der Meinung an: „jedes Individuum, in dem eine näher bestimmbare Natur enthalten ist, ist mehr zusammengesetzt als diese Natur". Dazu sage ich, daß man „Zusammensetzung" im eigentlichen Sinn verstehen kann, insofern sie aus einem aktualen und einem potentiellen Ding besteht, oder aber in einem weniger eigentlichen Sinn, insofern sie aus einer aktualen und einer potentiellen gegenständlichen Wirklichkeit in ein und demselben Ding besteht. In der zuerst genannten Weise ist ein Individuum - bezogen auf die spezifische Natur - nicht zusammengesetzt; denn es fügt [zur spezifischen Natur] keinerlei gegenständliche Wirklichkeit hinzu - weder eine Materie, noch eine Form, noch ein Zusammengesetztes, wie es im Argument heißt. Ein Individuum ist aber in der an zweiter Stelle genannten Weise notwendig ein Zusammengesetztes: die gegenständliche Wirklichkeit nämlich, der die spezifische Differenz entspricht, ist eine potentielle gegenüber derjenigen, welcher die individuelle Differenz entspricht, ganz so als wären es zwei Dinge. Die spezifische gegenständliche Wirklichkeit schließt nämlich nicht von sich aus - gemäß einer Identität - die individuelle gegenständliche Wirklichkeit in sich ein. Vielmehr schließt nur ein Drittes beides - gemäß einer Identität - in sich ein.

Diese gerade genannte Zusammensetzung ist nun so beschaffen, daß sie unvereinbar ist mit der vollkommenen göttlichen Einfachheit, welche nämlich nicht nur nicht eine dingliche Zusammensetzung, d. h. aus einem aktualen und einem potentiellen Ding, duldet, sondern auch keine aus einer aktualen gegenständlichen Wirklichkeit und einer potentiellen gegenständlichen Wirklichkeit. Beim Vergleich eines jeden beliebigen Wesensbestandteils im Göttlichen mit jedem beliebigen anderen stellt dieser sich nämlich als formmäßig unendlich heraus; folglich ist er von sich aus dazu veranlagt, alles in sich - gemäße einer Identität - einzuschließen, was auch immer in seiner unmittelbaren Begleitung sein kann (wie das wiederholt oben im Buch I angesprochen wurde)[43]. Dabei sind die Wesensbestimmungen [extrema][44] nicht einfach vollkommen identisch, „da ja ein Drittes jedes von beiden vollkommen in sich einschließt."[45]

Was nun den zuvor behandelten Fall angeht, so ergibt sich folgendes: Weder schließt eine spezifische Entität - gemäß einer Identität - die individuelle Entität in sich ein, noch umgekehrt; vielmehr schließt nur ein Drittes - dem jene beiden gewissermaßen von sich aus als Bestandteile angehören - diese gemäß einer Identität in sich ein; also entfällt die vollkommenste Zusammensetzung, d. h. die aus zwei

Dingen. Es entfällt jedoch nicht jede Zusammensetzung: generell gilt nämlich, daß eine Natur, die für sich genommen nicht eine bestimmte [einzelne] ist, aber dazu bestimmbar ist, eine solche zu sein (entweder durch ein anderes Ding, was generell ausscheidet, oder aber durch eine andere gegenständliche Wirklichkeit), nicht schlechthin unzusammengesetzt ist.

Zum zweiten Hauptargument[46]: Ich räume ein, daß ein „Singuläres" an sich intelligibel ist, insofern es nur um es selbst geht (sollte es aber für ein Erkenntnisvermögen, nämlich unser, nicht an sich intelligibel sein, so wird das an anderer Stelle behandelt); zumindest besteht seitens des Singulären kein Hinderungsgrund dafür, rein geistig erkannt zu werden; ebenso ist auch bei der Nachteule die Unmöglichkeit, zu sehen, und die Unfähigkeit, etwas anzuschauen, nicht der Sonne zuzuschreiben, sondern dem Auge der Nachteule.

Zum Argument, das sich auf die Definition bezieht[47], sage ich folgendes: Zwar könnte eine Begriffsbestimmung alles zum Ausdruck bringen, was unmittelbar zur Entität eines Individuums gehört, aber dennoch wäre sie keine vollkommene Definition, da sie ja nicht die Wesenheit [quod-quid-erat-esse] [des einzelnen Dinges] ausdrückt; denn laut Auffassung des Philosophen im 1. Buch der „Topik" „ist eine Definition das, was ausdrückt" usw.[48] Ich lasse demzufolge gelten, daß ein Singuläres nicht mittels einer Definition zu definieren ist, die keine Definition einer Spezies ist. Dennoch ist es ein für sich Seiendes, das eine gewisse Entität zur Entität einer Spezies hinzufügt. Diese „Entität für sich", welche das Singuläre [der Entität der Spezies] hinzufügt, ist aber keine quidditative Entität.

Hieraus erhellt die Stellungnahme zum übrigen, d. h. zum Argument hinsichtlich Wissenschaft und Beweis:[49] die Definition des Subjekts ist ja das Mittelglied im stärksten Beweis; das Singuläre hat nun aber keine eigenständige Definition, sondern nur die einer Spezies; folglich gibt es keinen eigenständigen Beweis hinsichtlich des Singulären, sondern nur einen Beweis, der die Spezies betrifft (das Singuläre besitzt nämlich keine eigene Eigenschaft [passio], sondern nur die Eigenschaft der Spezies).

⟨C. Zu den Argumenten für die abweichenden Meinungen⟩

Zu den Argumenten für die abweichenden Meinungen.

Hier wird nun erstens behauptet, daß eine Spezies atomar ist.[50] Ich sage, daß sie atomar ist, das heißt, daß sie nicht in mehrere Spezies teilbar ist; sie ist jedoch nicht rein atomar, d. h. unteilbar schlechthin. Denn mit der Unmöglichkeit der Einteilung in mehrere Spezies ist nämlich die Teilbarkeit [einer untersten Spezies] in Mehreres von gleicher Spezieszugehörigkeit vereinbar.

Zum Beweis der Unteilbarkeit einer untersten Spezies wird Platons Gedanke als Argument angeführt, der bei Porphyrios steht[51]; dazu sage ich: eine wissenschaftlich-kunstgerechte [artificialis] Einteilung macht bei der untersten Spezies halt, da ein weiteres Voranschreiten ins unendlich Viele führt, das nach Porphyrios von der Wissenschaft „unbeachtet zu lassen ist". Von den Individuen selbst her kann man nämlich keine Gewißheit über deren bestimmte Anzahl erlangen; vielmehr können sie unzählig viele sein, ohne daß das ihrer Begriffsbestimmung widerspricht.

Bei einer engeren Auffassung von Einteilung - wie sie dort statthat, wo notwendig ganz bestimmte Bestandteile nach Anzahl und Größe vorausgesetzt werden - kann keine Rede von der Einteilung einer Spezies in Individuen sein. Ein Genus aber setzt eine ganz bestimmte Anzahl von Spezies voraus (denn nach Boethius kann es primär in zwei Bestandteile geteilt werden); eine Quantität wiederum ist an eine bestimmte Größe gebunden und die zugehörigen Bestandteile sind denn auch - da es sich um zwei handelt - die Hälften in einem bestimmendem Ganzen.[52] Wird die Einteilung nun im engeren Sinn als Einteilung in Bestandteile verstanden, welche in einem bestimmten Verhältnis zu einem Ganzen stehen und dieses selbst bilden bzw. welche in ihm nach bestimmter Anzahl und Größe enthalten sind, so wird eine Spezies für sich nicht in Individuen eingeteilt. Dadurch kann auch Platons und Porphyrios' Äußerung erklärt werden. Faßt man die Einteilung hingegen im geläufigen weiten Sinn auf, d. h. als Einteilung in irgendwelche Bestandteile, welche an der Natur des Geteilten teilhaben (gleichgültig, ob die Bestandteile jenes gewisse Verhältnis zum Ganzen im Sinn des Zusammensetzens bzw. wesensmäßigen Enthaltenseins [in integrando vel subiciendo] besitzen oder nicht), dann wird eine Spezies als solche in Individuen geteilt. Die Einteilung einer Spezies in Individuen wird dabei nach Boethius auf die Einteilung eines Genus zurückgeführt, da die von ihm vermerkten Merkmale und Kennzeichen einer Genuseinteilung auch der Einteilung einer Spezies in Individuen zukommen.[53]

Ein weiteres Argument lautet: „Eine Spezies bezeichnet das ganze Sein."[54] In diesem Argument wird unter „Sein" ein quidditatives Sein verstanden; in diesem Sinn äußert sich auch Porphyrios im Kapitel „Über die Differenz", wo es heißt, daß eine Differenz eigentlich kein Mehr oder Weniger zuläßt. Dies begründet er so: „Das Sein ist aber für jede Sache eins und dasselbe, was weder Verminderung noch Steigerung zuläßt"[55] (unter „Sein" versteht er die Quiddität, so auch der Philosoph im 8. Buch der „Metaphysik", wo es heißt, „die Seele und das Sein der Seele sind dasselbe"[56]). Da die Entität, welche vom Singulären zu einer Spezies hinzugefügt wird, keine quidditative Entität ist, sage ich, daß die gesamte in einem Individuum enthaltene quidditative Entität die Entität einer Spezies ist. Eine Spezies bezeichnet also das gesamte Sein der Individuen, wohingegen ein Genus nicht genauso das ganze Sein einer Spezies bezeichnet, da ja die Spezies eine quidditative Entität [zur vorhandenen quidditativen Entität eines Genus] hinzufügt.

Nun zum Argument, das den zweiten Teil der geäußerten Auffassung, über die Quantität, stützen soll.[57] Ich bezeichne die folgende dort aufgestellte Behauptung als falsch: „das Prinzip der Einteilbarkeit und das der Distinktion zwischen den sich unterscheidenden Gliedern der Einteilung ist ein und dasselbe".[58] Zwar ist ein für die Spezies passender Allgemeinbegriff als solcher der hinreichende Grund für dessen Einteilbarkeit in Spezies, jedoch nicht der hinreichende Grund für die wechselweise Distinktion der Spezies voneinander; die eine bestimmte Spezies wird von einer anderen bestimmten vielmehr vermittels der Differenz wohlunterschieden. In einer nach der Quantität vollzogenen Einteilung ist nun die gesamte Quantität, insofern sie undifferenziert alle Teile umfaßt, der hinreichende Grund der Einteilbarkeit in einem So-und-so-Großen als ganzem; so fungiert aber nicht der hinreichende Grund der wechselseitigen Distinktion der Teile: dieser Grund bezieht sich nämlich genau darauf, daß „diese eine bestimmte Quantität" aktual und wohlunterschieden ist von „jener bestimmten aktualen Quantität", die in einem Ganzen enthalten ist.

Ferner wird auch hergeleitet, daß „durch die Einteilung eines homogenen, ganzen So-und-so-Großen eine quantitative Einteilung erfolgt"[59]; dies möge gelten. Dennoch ist diese Einteilung nicht die erste zwischen Individuen. Vielmehr kommt den einzelnen Substanzen als diesen bestimmten einzelnen eine Einteilung und Distinktion voneinander zu, die von Natur aus der Distinktion gegenüber primär ist, welche sie akzidentiell als quantitativ voneinander distinkte Teile besaßen (Teile zu sein war nämlich für sie eine Eigenschaft nebenbei). Dennoch ergibt sich mit vollzogener Einteilung in quantitative Bestandteile akzidentiell auch eine Einteilung bezüglich der konstitutiven Bestandteile.

⟨*II. Die eigene Lösung der fünften Qaestio*⟩

Die Lösung der vorangegangenen fünften Problemfrage betreffs der Materie erhellt aus den Argumenten, die gegen die Meinung [anderer von der Materie als entscheidendem Individuationsprinzip] angeführt wurden.[60] Ich lasse nämlich als wahr gelten, daß die Materie als solche, d. h. als eine Natur, nicht der hinreichende Grund der Distinktion bzw. Individuation ist. Alles das, was in einem beliebigen Genus Natur - ob Natur des Ganzen oder des Teiles - ist, ist nämlich nicht von sich aus ein bestimmtes Einzelnes; folglich muß nach demjenigen gesucht werden, wodurch es ein solches ist.

[. . .][61]

5.

WILHELM VON OCKHAM

Kommentar zur „Physikvorlesung" des Aristoteles*

Buch III Kapitel 2

§ 6

⟨Darüber, daß die Bewegung kein Ding ist, das sich von den dauerhaften Dingen unterscheidet⟩

Nach diesen Erläuterungen über die Mutation[1] ist nun der Nachweis zu führen, daß keine Bewegung ein Ding ist, welches als ganzes von den dauerhaften Dingen [res permanentes] verschieden ist. Dieses zeige ich erstens ganz allgemein.

Erstens: Die Mutation bezeichnet kein gesondertes Ding, welches als ganzes von den beständigen Dingen verschieden ist, also trifft das aus demselben Grund auch auf die Bewegung zu, da es für sie keinen sie gegenüber der Mutation auszeichnenden Grund gibt. Der Vordersatz [dieses Schlusses] ergibt sich aus dem zuvor Gesagten.[2]

Ferner: Wäre die Bewegung ein solches gesondertes Ding, dann entweder ein unzusammengesetztes einfaches oder ein zusammengesetztes Ding. Ein unzusammengesetztes Ding wäre sie nicht, weil sie sich dann nicht von der momentanen Mutation unterschiede. Aber auch ein zusammengesetztes Ding wäre sie nicht; denn es ergibt sich hinsichtlich dessen Teilen die Alternative, daß sie entweder da sind oder nicht da sind; sind sie da, dann sind mehrere Teile einer Bewegung zu gleicher Zeit da, was dem Begriff einer Bewegung widerspricht, da ja eine Bewegung ihre Teile nacheinander hat; sind sie nicht da, dann ist keinerlei Teil einer Bewegung gegeben; dasjenige, was nicht da ist, ist aber auch kein Teil irgendeines Dinges; folglich ist die Bewegung nicht ein solches gesondertes zusammengesetztes Ding. Die-

* Expositio in libros Physicorum Aristotelis. Liber III, cap. 2, §§ 6–8. – Textgrundlage: Guillelmus de Ockham, Expositio in libros Physicorum Aristotelis. Prologus et libri I–III, ed. V. Richter et G. Leibold, St. Bonaventure, New York, 1985, S. 430–449 (= Opera philosophica, Vol. IV); zitiert als: *In libros Physicorum.*

selbe Begründung gibt der Philosoph im 4. Buch, das von der Zeit handelt. Darum lasse ich die nähere Behandlung dieser Frage hier aus und stelle sie bis zur angegebenen Stelle zurück.[3]

Zweitens weise ich dieses speziell für die Ortsbewegung nach. Vorausgesetzt, die Ortsbewegung sei ein gesondertes Ding, dann frage ich, ob sie ein absolutes oder ein verhältnismäßiges Ding ist. Ein absolutes Ding [res absoluta] ist sie nicht. Denn zum einen wäre sie sonst eine Qualität, eine Quantität oder eine Substanz; empirisch ist aber klar, daß sie nichts davon ist; ansonsten ergäbe sich ja, daß alles von Ort zu Ort Bewegte eine neue Substanz oder eine neue Quantität oder eine neue Qualität besäße, so daß jeder Himmelskörper eine neue Substanz, Quantität oder Qualität besäße, was offensichtlich falsch ist. Ein absolutes Ding ist sie auch deshalb nicht, weil eine Ortsbewegung sonst genauso vollkommen wäre wie ihr abgegrenztes Ziel [terminus] oder vollkommener als dieses. Sie ist auch kein verhältnismäßiges Ding [res respectiva], weil sowohl jedes Ding ein absolutes ist, so daß es kein verhältnismäßiges Ding gibt, das nicht ein absolutes wäre, als auch folgendes gilt: Angenommen, die Bewegung sei eine Beziehung [respectus], deren konkreter Träger aber das Bewegte oder der bewegte Gegenstand ist, und da man vom Bewegten oder dem bewegten Gegenstand jeweils nur mit Bezug auf einen Bewegungsgrund redet, würde daraus folgen, daß diese Beziehung ihre eindeutige Bestimmung und Begrenzung durch den Bewegungsgrund erhielte; und da jede Beziehung eines bewegten Gegenstandes oder eines Bewegten auf den Bewegungsgrund immer dieselbe bleibt, folgte daraus, daß eine Bewegung eine einfache Beziehung wäre, die unverändert bleibt, so daß sie keine aufeinanderfolgenden Bestandteile besäße, da ja eine Beziehung auf eine Bewegungsursache bzw. einen Bewegungsgrund keine aufeinanderfolgenden Teile hat.

Ferner: Wäre die Ortsbewegung ein in einem bewegten Gegenstand in der Weise eines Zugrundeliegenden enthaltenes gesondertes Ding – wie es die Anhänger der in Frage stehenden Meinung sagen –, hätte also jedes Bewegte neu ein Ding in sich, das dort in der Weise eines Zugrundeliegenden existiert und von der Ortsbestimmung [ubi] verschieden ist, da sich ja sonst eine Ortsbewegung nicht von der Ortsbestimmung unterschiede; damit würde also der Himmel neu ein solches Ding in sich aufnehmen; und weil der Himmel nicht ständig einem solchen Ding zugeordnet ist, befände sich der Himmelskörper in einer Möglichkeitsbeziehung zu ihm, so daß es eine Mutation bzw. Bewegung hin zur Bewegung gäbe und im Himmelskörper nicht nur die Möglichkeit zur Ortsbestimmung enthalten wäre, sondern auch eine Möglichkeitsbeziehung zu einem gesonderten Ding, das in ihm in der Weise eines Zugrundeliegenden existiert.

Drittens führe ich den Nachweis, daß die Bewegung der qualitativen Veränderung [alteratio] kein gesondertes Ding ist. Dafür spricht, daß es bisweilen eine qualitative Veränderung ohne jeden Erwerb eines neuen Dinges gibt, wie z. B. dann, wenn sich etwas verändert und dabei ununterbrochen einen Teil der Form nach dem anderen verliert. In diesem Fall bewegt sich dieses nämlich kontinuierlich und nimmt dennoch nichts in sich auf, sondern verliert nur etwas. Aus dem gleichen Grund braucht also etwas dann, wenn es ununterbrochen einen Formteil nach dem anderen aufnimmt, nichts weiter zu haben als ebendiese Form und deren Bestandteile.

Viertens ergibt sich dasselbe hinsichtlich der Vergrößerung und Verminderung. Für eine solche Bewegung ist eine ausreichende Grundlage darin gegeben, daß eine Quantität erworben wird ohne einen weiteren Zusatz. Es wird also in diesem Fall überflüssigerweise ein Ding angenommen, das neben der Quantität und dem anderen Dauerhaften bestehen soll.

Es bleibt also zu konstatieren, daß die Bewegung kein solches Ding ist, welches als ganzes von jedem dauerhaften Ding wohlunterschieden ist. Denn unnützerweise kommt etwas durch mehr zustande, das durch weniger zustande kommen kann.[4] Wir können aber ohne jedes solche gesonderte Ding eine hinreichende Erklärung der Bewegung und alles dessen geben, was über die Bewegung ausgesagt wird. Demzufolge nimmt man solch ein Ding unnützerweise an. Wenn wir nun die einzelnen Formen der Bewegung durchmustern, wird es klar, daß wir die Bewegung und alles über sie Ausgesagte ohne ein solches gesondertes Ding hinreichen erklären könnten.

Dies wird zunächst an der Ortsbewegung klar. Läßt man nämlich gelten, daß ein Körper zunächst an dem einen Ort und später an einem anderen ist, und setzt man dies ohne jede Pause und ohne jedes vermittelnde bzw. vom Körper oder dem bewegenden Agens verschiedene gesonderte Ding fort, so haben wir tatsächlich eine Ortsbewegung vor uns; folglich ist die Annahme eines gesonderten Dinges unnütz. Es kann nun die Meinung auftreten, daß Körper und Ort für eine Ortsbewegung nicht hinreichen, da ja so immer eine Bewegung da wäre, wann immer ein Körper und ein Ort da wären, so daß sich ein Körper immer bewegte. Dazu ist zu sagen, daß Körper und Ort für das Dasein einer Bewegung nicht hinreichen, indem die folgende Konsequenz keine formale ist: „Körper und Ort sind da, also ist die Bewegung da". Aber dennoch ist außer einem Körper und einem Ort kein anderes weiteres Ding erforderlich, sondern es ist erfordert, daß der Körper zuerst nicht an einem bestimmten Ort, sondern an einem anderen ist, und daß er darauf an dem bestimmten Ort ist, und so ununterbrochen weiter, so daß er während dieser ganzen Zeit niemals an einem Ort ruht. Es ist offensichtlich, daß durch dies alles kein Ding angenommen wird, das sich von den dauerhaften Dingen unterscheidet. Wenn sich der Körper zuerst in A befindet, wird also damit kein Ding gesetzt, das sich von A unterscheidet; auch wenn er sich zuerst nicht in B befindet, wird damit kein Ding gesetzt, das sich von B und dem Körper unterscheidet; wenn sich der Körper zweitens in B befindet, wird auch damit kein Ding gesetzt, das von B und dem Körper verschieden ist. Wenn man so weiter fortfährt, ergibt sich klar, daß man außer dem Körper, den Bestandteilen des Ortes und den übrigen dauerhaften Dingen kein weiteres Ding anzunehmen braucht, aber man muß als gegeben annehmen, daß der

Körper einmal an jenem Ort und an einem Bestandteil des Ortes ist und ein anderes Mal nicht. Sich-örtlich-Bewegen heißt folgendes: zuerst einen ganz bestimmten Ort innehaben, ohne daß irgendein anderes Ding gegeben ist; darauf ohne dazwischenliegende Pause der Ruhe einen anderen Ort innehaben unter Ausschluß eines jeglichen Dinges, das vom Ort, dem Körper und dem übrigen Beständigen verschieden ist; und so immer weiter. Es gibt also demzufolge außer diesen beständigen Dingen kein anderes Ding, aber man muß lediglich hinzufügen, daß der Körper sich nicht gleichzeitig an diesen Orten befindet und daß er in ihnen nicht zur Ruhe gekommen ist. Weder durch diese negativen Aussagen wird nun aber irgendein gesondertes Ding als gegeben angenommen, noch wird durch solche affirmativen Aussagen wie „der Körper hat sich an jenen Orten befunden" irgendein Ding angenommen, das sich von den beständigen Dingen unterscheidet, d. h. von den Orten, dem Körper und ähnlichem. Also kann der Wesensbegriff [tota ratio] der Bewegung ohne jedes gesonderte Ding dadurch seine hinreichende Erklärung finden, daß sich ein Körper an wohlunterschiedenen Orten befindet, jedoch nicht zu gleicher Zeit und ohne daß er an einem Ort ruht. Was es nun aber heißt, nicht an einem Ort zu ruhen, wird darauf gezeigt werden.

Auch für die Bewegung der qualitativen Veränderung ergibt sich klar, daß man dort kein von den beständigen Dingen verschiedenes gesondertes Ding als gegeben anzunehmen braucht. Denn die Bewegung der qualitativen Veränderung ist allein dadurch vorhanden, daß nacheinander und nicht zu gleicher Zeit die Anteile einer Form [partes formae] durch ein Zugrundeliegendes erworben wurden. Darum braucht man außer dem Zugrundeliegenden und den Anteilen der Form keinerlei weiteres Ding als gegeben annehmen, vielmehr genügt es, das Zugrundeliegende und die Formanteile anzunehmen, wobei die letzteren jedoch nicht zugleich erworben werden sollen. Durch den Umstand, daß sie nicht zu gleicher Zeit erworben werden, wird nun aber nicht irgendein Ding gesetzt, das von diesen Formanteilen verschieden ist; vielmehr verneint man für gewisse Formanteile, zu einer bestimmten Zeit da zu sein. Also wird dadurch kein gesondertes Ding als gegeben angenommen, sondern es wird eher verneint; nicht jegliches Ding aber wird verneint, sondern mehrere Formanteile.

Man sagt vielleicht, daß diese Ungleichzeitigkeit der Teile etwas Bestimmtes ist, sobald man feststellt, daß die Teile nicht gleichzeitig da sind. Hierzu ist zu sagen, daß eine solche willkürliche Ersetzung [fictio] von Adverbien, Konjunktionen, Präpositionen, Verben und Synkategoremata durch abstrakte Nomina viele unlösbare Schwierigkeiten schafft und viele zu Irrtümern verleitet. Viele haben nämlich die Einbildung, daß es dann, wenn es gesonderte wohlunterschiedene Nomina gibt, auch dazu genau entsprechende wohlunterschiedene Dinge gibt, so daß die Distinktion unter den bezeichneten Dingen [res significatae] genau so groß wäre wie unter den bezeichnenden Nomina. Doch das ist nicht wahr. Denn bisweilen bleiben die bezeichneten Dinge dieselben und es gibt lediglich eine Verschiedenheit hinsichtlich der logischen oder grammatischen Form [modus logicalis vel grammaticalis]. Demzufolge ist die Ungleichzeitigkeit kein Ding, das von den Dingen verschieden ist, welche zu gleicher Zeit da sein können, sondern sie bedeutet, daß die Dinge nicht zu gleicher Zeit da sind. Es wäre also in der modernen Zeit wegen der aus der Verwendung solcher Abstrakta entstandenen Irrtümer und im Interesse der philosophisch Einfältigen besser, solche Abstrakta nicht zu gebrauchen, sondern statt dessen nur Verben, Adverben, Präpositionen, Konjunktionen und Synkategoremata entsprechend der ihnen anfänglich verliehenen Bedeutung zu gebrauchen; dies wäre besser, als sich solche Abstrakta auszudenken und sie zu verwenden. Ja gäbe es gar nicht den Gebrauch solcher Abstrakta wie „Bewegung“, „Mutation“, „Wandelbarkeit“, „Gleichzeitigkeit“, „Nachfolge“, „Ruhe“ und so weiter, so gäbe es eine relativ geringe Verständnisschwierigkeit hinsichtlich der Bewegung, der Mutation, der Zeit, des zeitlichen Augenblicks und ähnlichem.

Auch bei der Bewegung der Vergrößerung und Verminderung ergibt sich klar, daß es kein Ding gibt, das dort von den beständigen Dingen verschieden ist. Denn die Bewegung kann in diesem Fall allein durch den Umstand hinreichend erklärt werden, daß es dort eine immer größere bzw. immer geringere Quantität gibt, jedoch nicht zu gleicher Zeit. Wenn es heißt, daß es hier eine immer größere Quantität gibt, so braucht man deswegen nicht ein besonderes Ding als gegeben annehmen, das sich von den beständigen Dingen unterscheidet; es sei denn, daß sich jemand ein bestimmtes abstraktes Nomen aus der Konjunktion „und“ ausdenken möchte und dann von der „Und-heit“ spricht, indem er sagen möchte, daß diese Und-heit eine von diesen Bestandteilen der Quantität verschiedene Sache ist; dies aber ist völlig abwegig. Wenn es also in diesem Fall eine immer größere oder eine immer kleinere Quantität gibt, so braucht man deshalb nicht ein von den beständigen Dingen verschiedene Ding als gegeben annehmen; aber auch wenn gesagt wird, daß sie nicht zu gleicher Zeit da sind, braucht deshalb nicht ein gesondertes Ding als gegeben angenommen werden; folglich braucht zur Bewegung der Vergrößerung und Verminderung kein von den beständigen Dingen verschiedenes Ding hinzugesetzt werden, sondern die beständigen Dinge genügen; gleichwohl ist dies so zu verstehen, daß ein und dasselbe Ding zuerst eine so und so große Quantität besitzt und nicht eine andere, und so immer weiter. An anderer Stelle habe ich in genau diesem Sinn festgestellt, daß sich eine Bewegung aus Negationen und Affirmationen zusammensetzt, d. h. daß dazu, daß eine Bewegung da ist, die Existenz von Teilen und beständigen Dingen genügt, die jedoch nicht zu gleicher Zeit da sind; somit genügen zur Verifizierung des Satzes „Bewegung ist“ gewisse affirmative und gewisse negative Sätze, wobei weder durch die affirmativen noch durch die negativen irgendein besonderes Ding als gegeben angenommen oder angezeigt wird, das von den beständigen Dingen verschieden da sein soll.[5] Bei der Bewegung der qualitativen Veränderung wiederum genügt es, daß zuerst ein bestimmtes Ding da ist und ein anderes nicht, und daß darauf das andere da ist und das erstere nicht, und so immer weiter unter Ausschluß jeglichen gesonderten Dinges gegenüber den beständigen Dingen.

Einige der oben angeführten Argumentationen zur Mutation sind zur Gewinnung dieses schlüssigen Ergebnisses hinsichtlich der Bewegung von Nutzen. Denn wäre die Bewegung ein von den beständigen Dingen verschiedenes Ding, so ist es nicht einsehbar, auf welche Weise sie beendet werden könnte: nämlich weder durch die Beseitigung des Zugrundeliegenden; noch durch die Einbringung irgendeines mit ihr Unverträglichen, da ja lediglich ein Ding mit der gleichen Wesenscharakteristik eingebracht würde, das mit ihr offenbar nicht unverträglich ist; aber auch nicht durch die Abwesenheit der Ursache könnte sie beendet werden. Auch wenn etwas die Steigerung seiner Qualität erfährt, so gibt es dabei offenbar keinerlei Ding, das im unmittelbaren Anschluß [an die Quälitätsveränderung] beseitigt worden wäre; dies müßte aber angenommen werden, wenn die Bewegung ein derartiges gesondertes Ding wäre. Diese Auffassung stützen ebenfalls Belegstellen von Aristoteles und vom Kommentator, wie am entsprechenden Ort gezeigt werden wird.[6] Auch die zur Stützung der entgegengesetzten Auffassung angeführten Autoritätsbeweise werden am entsprechenden Ort aufgelöst.[7]

Was die sprachliche Ausdrucksweise beim Gebrauch des Nomens „Bewegung" in einem Ausdruck angeht, so ist folgendes zu sagen, was analog dem zuvor über das Nomen „Mutation" Geäußerten ist.[8] Denn manchmal supponiert „Bewegung" [motus] für das Verb „sich bewegen" sowie für dessen einzelne Modi und Tempora, manchmal für den in Bewegung befindlichen Gegenstand, manchmal für das abgegrenzte Ziel [terminus] oder die am Ende durch etwas sich Bewegendes erlangte gegenständliche Bestimmung, manchmal verwendet man „Bewegung" anstelle des Ausdrucks „welches sich bewegt" oder „sobald es sich bewegt" oder so ähnlichen. Entsprechend muß auch auf differenzierte Weise dasjenige erläutert werden, was in einem Aussagesatz zum Nomen „Bewegung" seitens eines der beiden äußeren Satzglieder und manchmal seitens eines und desselben hinzugefügt worden ist. Der Aussagesatz „Bewegung findet in der Zeit statt" [motus est in tempore] muß zum Beispiel so erklärt werden: „sobald sich etwas bewegt, erwirbt oder verliert es nicht alles, was es erwirbt oder verliert, zu gleicher Zeit, sondern eines nach dem anderen." Es ist damit offenkundig, daß die Nomina „Bewegung" und „Zeit" und auch andere derartige Abstrakta aus Gründen der Abkürzung geprägt wurden, damit der ganze Gehalt des langen Aussagesatzes „was sich bewegt, erwirbt oder verliert nicht alles, was es erwirbt oder verliert, auf einmal, sondern eines nach dem anderen" durch den kurzen Aussagesatz „Bewegung findet in der Zeit statt" ausgedrückt wird. Man konzentriere seine Aufmerksamkeit jedoch nicht auf die Beispiele, da sowohl dieses Beispiel als auch die zuvor gegebenen und später zu gebenden lediglich als Muster angegeben wurden, ganz gleich, ob sie wahr sind oder nicht; viele aber sind wahr. Auch die Behauptung „die Bewegung ist in dem

Bewegten" muß folgendermaßen erklärt werden: „was sich bewegt, das erwirbt oder verliert etwas". Analog ist es bei vielem anderen. Einige Behauptungen jedoch müssen anders erklärt werden, wie es später klar werden wird.

§ 7

⟨Über die Problemlösung des Kommentators⟩

Nach diesen Betrachtungen muß nun einiges speziell untersucht werden, das die Problemlösung des Kommentators betrifft. Derentwegen ist das Vorherige geäußert worden.

Es gilt also erstens zu beachten, daß der Kommentator an jener Stelle[9], wo er die Bewegung nach unterschiedlichen Bedeutungen untersucht, dadurch nicht zu verstehen geben will, daß man „Bewegung" tatsächlich auf zweierlei Weise begreifen kann, d. h. daß einmal Bewegung in Wirklichkeit die eindeutig eingegrenzte Zielbestimmung [terminus ad quem] [des bewegten Gegenstandes] sei, und daß sie nach dem anderen Begreifen ein Weg [via] sei, der von der Zielbestimmung und dem bewegten Gegenstand verschieden ist. Denn keine Bewegung ist ja ein solches gesondertes Ding. Vielmehr will er dort zwei Auffassungen über die Bewegung zum Ausdruck bringen, von denen die eine, welche berühmt ist, falsch ist, die andere aber wahr.

Einige äußerten nämlich, daß die Bewegung ein ganz bestimmtes Ding ist, das sich von der eingegrenzten Ausgangsbestimmung [terminus a quo], dem bewegten Gegenstand und der eingegrenzten Zielbestimmung unterscheidet, analog dazu, wie sich ein in der Mitte zwischen zwei verschiedenen Örtern befindlicher Weg real von jedem der beiden Örter und auch von dem an ihm oder auf ihm entlang Gehenden unterscheidet. Ebendiese Auffassung war zur Zeit des Aristoteles und ist auch in unserer heutigen Zeit berühmt. Viele vertreten sie, weil sie nicht in der Lage sind, einige sophistische Argumentationen aufzulösen, die man zu ihrer Begründung aufstellt. Auf diese wird weiter unten näher eingegangen werden.[10]

Es gibt aber eine andere, wahrheitsgemäße Auffassung, die von Aristoteles selbst und einigen Heutigen vertreten wird. Diese Auffassung besagt, daß Bewegung über dasjenige hinaus, was sich bewegt, und das übrige, was vor der Bewegung da ist, keinerlei gesondertes Ding bedeutet, d. h. sie bedeutet höchstens, kurz gefaßt, das abgegrenzte Ziel der Bewegung, d. h. dasjenige, was durch einen bewegten Gegenstand schließlich erworben wird. Wenn sich also etwas zu einer Qualität hin verändert, dann bedeutet diese qualitative Veränderung keinerlei vorstellbares Ding neben den Dingen, die da sind, bevor sich ein bestimmter Gegenstand bewegt, d. h. sie bedeutet höchstens jene Qualität und die Bestandteile der Qualität, welche durch dasjenige schließlich erworben werden, das sich bewegt. Sobald sich etwas örtlich bewegt, so gibt es dabei gleichfalls außer dem bewegten Gegenstand, dem

Ort, an dem er sich bewegt, sowie dem übrigen Dauerhaften keinerlei anderes Ding, es sei denn, den Ort mit seinen Bestandteilen, auf den sich jener bewegte Gegenstand zubewegt.

Äußert nun der Kommentator, daß „die Bewegung, insofern sie sich nicht von der Vollkommenheit unterscheidet, auf die sie zustrebt, es sei denn hinsichtlich eines mehr oder weniger, notwendigerweise dem Genus der Vollkommenheit angehört, auf die sie zustrebt“[11], so muß das folgendermaßen verstanden werden: „die Bewegung, insofern sie sich nicht unterscheidet“ usw. - das heißt die Bewegung im Sinne jener wahrheitsgemäßen Auffassung, nach der die Bewegung sich nicht von der Vollkommenheit usw. unterscheidet, d. h. nach der eine Bewegung neben den der Bewegung vorausgehenden Dingen nichts weiter bedeutet, als die durch den bewegten Gegenstand zu erreichende Vollkommenheit, wobei von dieser zu erreichenden Vollkommenheit zuerst jedoch ein geringerer und darauf dann ein höherer Grad erreicht wird; „. . . notwendigerweise dem Genus der Vollkommenheit angehört, auf die sie zustrebt“, das heißt jedes Ding außer den der Bewegung vorausgehenden Dingen gehört demselben Genus an, dem auch dasjenige angehört, was schließlich erreicht wird und erhalten bleibt. Sobald sich zum Beispiel etwas qualitativ verändert, gehört jedes beliebige wirklich Daseiende [in dieser Bewegung] außer demjenigen, was der qualitativen Veränderung vorangeht, demselben Genus der Qualität an wie auch dasjenige, was zu dem sich bewegenden Gegenstand schließlich hinzukommt und mit diesem gemeinsam dauerhaft bleibt. Auch dann, wenn sich etwas örtlich bewegt, gehört jedes [durch den bewegten Gegenstand] Erworbene demselben Genus an wie der schließlich erreichte Ort, an dem der sich bewegende Gegenstand ruht.

Wenn der Kommentator nun also feststellt, daß „eine Bewegung nichts weiter ist als das Werden eines Bestandteiles der durch die Bewegung angesteuerten Vollkommenheit nach dem anderen“[12], so hat er dabei ausschließlich die folgende Behauptung im Sinn: „sobald sich etwas bewegt, wird in ihm Teil auf Teil derjenigen Vollkommenheit wirklich, welche es erwirbt“. Er faßt hier „Werden“ [generatio] im weiten Sinn als jede Form von Erwerben und spricht von der Bewegung, durch die etwas erworben wird, jedoch nicht von der, durch die etwas verloren wird. Was zu dieser zuletzt genannten Bewegung zu bemerken ist, wird durch das zur erwerbenden Bewegung Gesagte offenkundig klar. Dazu, daß sich etwas bewegt, ist also offenkundig außer den der Bewegung vorangehenden Dingen keinerlei vorstellbares Ding erforderlich, mit Ausnahme der Bestandteile desjenigen, was erworben werden soll, bzw. derjenigen Form, die erworben werden soll. Dem Kommentator zufolge ist es also „notwendig, daß eine Bewegung, die die Substanz betrifft, dem Genus der Substanz zugerechnet wird“, d. h. es ist notwendig, daß dann, wenn eine Bewegung die Substanz betrifft, keinerlei Ding außer einem dem Genus der Substanz angehörenden erforderlich ist. So verhält es sich auch bei dem anderen entsprechend den dort vom Kommentator gegebenen Beispielen.[13]

Wenn nun aber der Kommentator hinzusetzt: „Insofern die Bewegung aber ein Weg hin zu einer gesonderten Vollkommenheit ist“[14] usw., so ist das folgendermaßen zu verstehen: Jener Auffassung zufolge, die meint, daß eine Bewegung in Wirklichkeit ein Weg hin zu einer Vollkommenheit ist, die sich von dem Ding, das die Bewegung ist, unterscheidet, „muß die Bewegung ein selbständiges eigenes Genus sein“, d. h. sie muß notwendig einem Genus angehören, das von demjenigen verschieden ist, in dem das letztlich durch die Bewegung Erworbene enthalten ist. Denn ein solcher Weg ist von dem abgegrenzten Ziel [der Bewegung] real verschieden, wie es jene berühmte Auffassung meint. Der Kommentator setzt deshalb fort, daß „diese Sichtweise die berühmtere ist“, d. h. jene falsche Meinung ist berühmter, „jene hingegen ist wahrer“, d. h. die Auffassung des Aristoteles, welche dieser hier im 3. Buch äußert, ist wahrer. „Aristoteles hat also diese Sichtweise“ – d. h. jene als berühmt geschilderte Meinung – „in den ‚Kategorien‘ gebraucht“[15], seiner Gewohnheit entsprechend, derzufolge er immer dann, wenn er an einer Stelle etwas nicht als hauptsächliches Thema abzuhandeln hat, sondern nur fallweise oder nebenbei, sich in geläufiger Weise gemäß den allgemein verbreiteten Meinungen äußert, mögen diese nun wahr oder falsch sein. In diesem dritten Buch aber, wo er ja die Bewegung zum hauptsächlichen Thema hat und eine genaue Bestimmung dessen zu geben beabsichtigt, was die Bewegung ist, stellt er die Wahrheit über die Bewegung fest, indem er aussagt, daß die Bewegung ausschließlich das letztlich eingegrenzte Ziel [ultimus terminus] und das übrige bedeutet, das demselben Genus wie dieses Ziel angehört, nicht aber ein Ding, das zu den der Bewegung vorausgehenden Dingen hinzukommt.

Aus dem Gesagten wird deutlich, was der Philosoph meint, wenn er sagt, daß die Bewegung nicht außerhalb der Dinge ist,[16] d. h. die Bewegung ist keinerlei Ding, welches als ganzes von den beständigen Dingen wohlunterschieden ist. Demzufolge ist die Bewegung auch kein besonderes Ding, das von denjenigen Dingen gesondert ist, welche von sich aus den Kategorien angehören; auch die Mutation ist kein gesondertes Ding; die Bewegung ist also nicht etwas Allgemeines [commune] für die Dinge in Gestalt eines von ihnen wohlunterschiedenen Weges [via].

Es muß gleichfalls darauf hingewiesen werden, daß – wie bereits festgestellt wurde[17] – Bewegung auf doppelte Weise begriffen wird, d. h. einmal im strengen Sinn als eine sukzessive Mutation: in diesem Sinn nun betrifft die Bewegung nicht die [Kategorie] Substanz; so versteht auch der Kommentator die Bewegung in dem zuvor zitierten Kommentartext, wo er äußert, daß die Bewegung nichts weiter ist als das Werden eines Teiles nach dem anderen usw. Zum anderen wird Bewegung [im weiten Sinn] so gefaßt, daß es gleichgültig ist, ob sie eine plötzliche oder eine sukzessive Mutation ist. Gerade in diesem Sinn wird sie in dem Kommentartext gefaßt, wenn es heißt, daß „es notwendig ist, daß eine Bewegung, die die Substanz betrifft, dem Genus der Substanz zugerechnet wird“. Auch der Philosoph faßt die Bewegung so auf, wenn er äußert, daß die Bewegung nicht außerhalb der Dinge ist;

deswegen sagt er auch deutlich: „Immer ist es etwas Bestimmtes, das sich verändert, entweder der Substanz nach“[18] usw. Man darf deshalb nicht davon ausgehen, daß der Philosoph in diesem dritten Buch über die Bewegung immer im weiten Sinn als Mutation spricht. Vielmehr versteht er sie einmal im strengen und ein anderes Mal im weiten Sinn, wie im weiteren klar werden wird.

Es gilt auch zu beachten, daß die eine Bewegung eine erwerbende, eine andere eine verlierende ist; ebenso ist die eine Mutation eine erwerbende, eine andere eine verlierende. Das bedeutet mit verständlicheren Worten ausgedrückt, daß bisweilen dasjenige, was sich bewegt bzw. verändert, ein echtes Ding [vera res] hinzuerwirbt. So erwirbt etwas einen echten Ort, sobald es sich örtlich bewegt. Desgleichen erwirbt die Materie eine echte Form, sobald sie sich wandelt. Bisweilen aber verliert dasjenige, was sich bewegt oder verändert, lediglich ein echtes Ding. Das tritt zum Beispiel ein, wenn sich die Luft verfinstert: zwar verändert sich die Luft, aber sie erwirbt keinerlei Ding, sondern verliert es lediglich, nämlich das Licht; denn zu einem ganz bestimmten Zeitpunkt hat sie das Licht nicht, das sie zuvor gehabt hat. Wenn etwas weniger weiß wird, was weißer gewesen ist, so erwirbt es ebenfalls kein Ding, sondern verliert nur eines, das es zuvor besessen hat; es besaß nämlich einen gewissen Bestandteil des Weißseins, den es später nicht besitzt.

Nun erhellt also aus allem zuvor Gesagten, daß die Bewegung kein solches Ding ist, das als ganzes von den beständigen Dingen wohlunterschieden ist. Daraus folgt, daß die Bewegung keine Real-, sondern nur eine Nominaldefinition besitzt. Es ist auch wahr, daß ein jedes Nomen, welches irgendein Ding auf absolute Weise bezeichnet, und zum anderen das Nomen „Bewegung“ sich der Wesenscharakteristik nach, d. h. hinsichtlich der Definition unterscheiden. Denn die jeweilige Nominaldefinition beider ist verschieden.

§ 8

⟨Einwände gegen das zuvor Gesagte sowie deren Auflösung durch den Verfasser⟩

Obgleich der Standpunkt des Aristoteles somit klar ist, führe ich dennoch zum besseren Verständnis des Gesagten Gegenargumente an und löse sie auf.

Zunächst also scheint die Bewegung ein von den beständigen Dingen verschiedenes Ding zu sein. [Dafür gibt es folgende Gründe:]

Erstens: Wenn sich gewisse Sachen zueinander so verhalten, daß die eine etwas ist, das alle seine Bestandteile zu gleicher Zeit besitzt, und die andere nicht etwas ist, das alle seine Bestandteile zu gleicher Zeit besitzt, dann sind diese voneinander wohlunterschieden; alle beständigen Dinge nun, die Teile besitzen, haben alle Teile zu gleicher Zeit, und die Bewegung besitzt nicht alle Teile zu gleicher Zeit; also sind die Bewegung und die beständigen Dinge voneinander real verschieden.

Zweitens: Eine Bewegung gehört irgendeinem Genus lediglich vermittels einer Zurückführung [per reductionem] an und nicht durch sich selbst; jedes beliebige beständige Ding aber gehört durch sich selbst einem Genus an – dieses stelle ich hinsichtlich der Dinge fest, auf die bezogen es eine Bewegung gibt; also ist die Bewegung kein beständiges Ding.

Drittens: Nichts Sukzessives ist ein Beständiges, da sie ja wie Gegensätze voneinander verschieden sind; die Bewegung ist sukzessiv, also ist sie nicht beständig.

Viertens: Die Bewegung erhält real ihre eindeutige Bestimmung und Begrenzung [realiter terminatur] durch ein beständiges Ding; kein beständiges Ding aber erhält seine eindeutige Bestimmung und Begrenzung durch jenes beständige Ding, weil dafür weder in ihm selbst noch in einem anderen ein Grund vorliegt; also ist die Bewegung ein Ding, das sich von einem beständigen unterscheidet.

Fünftens: Die Mutation scheint ein gesondertes Ding zu sein, da sie verschwindet, wenn das beständige Ding bleibt; also ist sie ein Ding, das von jedem beliebigen bleibenden Ding verschieden ist.

Sechstens wird gegen das argumentiert, daß man sagt, es gäbe dort weiter keinerlei Ding außer dem sich bewegenden Gegenstand, dem Beweger und den Teilen der Form, von denen die eine vor der anderen erworben wird. Das Gegenargument lautet: Das ist für eine Bewegung nicht hinreichend, vielmehr ist dazu die Kontinuität notwendig, d. h. daß der eine Teil kontinuierlich nach dem anderen erworben wird; die Kontinuität aber ist ein Ding, das von den beständigen Dingen verschieden ist, da sie ja nicht erhalten bleibt, wenn die beständigen Dinge erhalten bleiben.

Gegen das oben Gesagte könnten viele andere Argumente angeführt werden. Da der Studierende nun aber aus den erforderlichen Antworten auf diese Argumente die möglichen Antworten auf die anderen Gegenargumente gewinnen kann, übergehe ich diese der Kürze wegen. Ich lasse auch die als Argument dienenden Zitate von maßgeblichen Autoren weg, die dem zuvor Gesagten zu widersprechen scheinen, weil sie an der ihnen zukommenden Stelle ausgelegt und erklärt werden.

Offenbar aber widerspricht eine Autoritätsstelle dem zuvor Gesagten. Denn Aristoteles sagt im 2. Buch von „Über die Seele“, daß die Bewegung ein wahrnehmbares Allgemeines sei, das sich von anderem unterscheidet[19]; nun ist aber klar, daß keinerlei bleibendes Ding ein wahrnehmbares Allgemeines ist, das sich von anderem unterscheidet; also usw.

Auf das erste dieser Gegenargumente ist folgendes zu antworten: jegliche Nicht-Gleichzeitigkeit von Teilen einer Bewegung wird hinreichend durch die Nicht-Gleichzeitigkeit von Teilen eines beständigen Dinges erfüllt. Wäre nämlich in einem beständigen Ding nicht der eine Teil vor dem anderen da oder wäre ein sich bewegender Gegenstand nicht früher an dem einen Teil eines Ortes als an dem anderen, dann gäbe es unmöglich mehrere Teile einer Bewegung, die nicht zu gleicher Zeit da sind. Eine solche Nicht-Gleichzeitigkeit von mehreren beständigen Dingen, ohne jegliches gesondertes Ding, erfüllt ausreichend den Umstand, daß die

Teile einer Bewegung nicht gleichzeitig da sind. Wegen der Nicht-Gleichzeitigkeit von Teilen einer Bewegung braucht man also kein Ding anzunehmen, das sich von den beständigen Dingen unterscheidet. Die ganze Schwierigkeit dieser Frage besteht in der Form. Darum ist hinsichtlich der Form des Argumentes folgendes einzuräumen: wenn die Prämissen wahr sind, d. h. „alle beständigen Dinge besitzen alle ihre Teile zu gleicher Zeit, indem alle, die Teile sind oder sein werden, zugleich da sind“ und „eine Bewegung hat nicht alle Teile zu gleicher Zeit“, dann ist die Aussage wahr „die Bewegung und die beständigen Dinge sind real nicht dasselbe“. Aber sie sind auch nicht real voneinander verschieden, denn die Bewegung ist dann ein Nichts und folglich weder real dasselbe wie die beständigen Dinge, noch von ihnen real verschieden.

Möglicherweise zieht man aus dem gerade Gesagten nun folgenden Schluß: Wenn die Bewegung da ist, so ist das nicht identisch mit jenen beständigen Dingen, die dann da sind; daraus folgt, daß die Bewegung entweder ein wohlunterschiedenes selbständiges Ding [res distincta] ist oder [intentional] irgendein zukünftiges Ding in sich einschließt; hieraus folgt wiederum, daß durch den Satz „Bewegung ist da“ zum Ausdruck gebracht würde, daß ein zukünftiges Ding da ist, und das würde den Satz „Bewegung ist da“ [logisch] unmöglich machen, da er ja immer äquivalent ist mit dem Satz „ein zukünftiges Ding ist da“. Hierzu ist zu sagen, daß der Satz „Bewegung ist da“ wahr ist, wobei gleichzeitig damit der Satz „Bewegung ist nicht dasselbe wie die beständigen Dinge“ zugelassen werden kann. Dennoch bleibt mit diesen Sätzen zugleich der Fakt bestehen, daß eine Bewegung kein Ding ist, das sich von den beständigen Dingen unterscheidet.

Möglicherweise sagt man nun: Unter der Voraussetzung, das Subjekt bleibe identisch dasselbe, stellt die folgende Argumentationsform einen gültigen Schluß dar: „a ist nicht b; a ist; also ist a etwas anderes als b“. Dementsprechend gilt dann auch der folgende Schluß: „Bewegung ist nicht dasselbe wie die beständigen Dinge; Bewegung ist; also ist die Bewegung ein Ding, das von den beständigen Dingen verschieden ist“. Hierauf brauchte man nicht zu antworten, es sei denn wegen der herausfordernd auftretenden Leute und einiger einfältiger Menschen, die aus Mangel an logischer Bildung durch leere Sophismen in die Irre geleitet werden. Demzufolge muß folgendes dazu gesagt werden: Es mag ein solches Schlußverfahren wie „a ist nicht b; a ist; also ist a etwas anderes als b“ ganz allgemein unbestreitbar zutreffen, sobald das Verb „ist“ in keiner der Prämissen und auch nicht im Schlußsatz die Stelle irgendeines anderen Vollverbs einnimmt, noch in Einheit mit einem anderen Verb, noch anstelle einer seiner Ableitungen in Einheit mit einem anderen Verb gebraucht wird. Wird es aber anstelle eines anderen Verbs - sei es eines Vollverbs oder einer seiner Ableitungen in Einheit mit einem anderen Verb - in einer der Prämissen und nicht auch im Schlußsatz gebraucht, dann braucht ein solches Schlußverfahren nicht zuzutreffen. Letzteres aber ist im diskutierten Fall geben. In dem Satz „die Bewegung ist nicht dasselbe wie die beständigen Dinge“ steht nämlich das Nomen „Bewegung" anstelle des Ausdrucks „das, was sich bewegt" als ganzen; das Wort „ist" wiederum steht für das Verb „wird haben" oder anstelle eines seiner Partizipien in Einheit mit dem Verb „ist" sowie dem Ausdruck „kurz gesagt" [„praecise"]; und der Ausdruck „die beständigen Dinge" steht für den vollständigen Ausdruck „die beständigen Dinge, die jetzt da sind". Der Satz „die Bewegung ist nicht dasselbe wie die beständigen Dinge" hat somit die gleiche Bedeutung wie der Satz „das, was sich bewegt, wird nicht - kurz gesagt - die beständigen Dinge haben, welche jetzt da sind"; dieser letzte Satz ist wahr, weil das, was sich bewegt, ja andere beständige Dinge haben wird. In dieser Interpretation ist die Aussage „die Bewegung ist nicht dasselbe wie die beständigen Dinge" also wahr, und auch die Aussage „die Bewegung ist" ist wahr, ohne daß damit der Sinn verbunden wird, daß alles in der Bedeutung des Nomens „Bewegung" Eingeschlossene real in der Wirklichkeit existiert. Das Verb „ist" steht hier vielmehr anstelle des vollständigen Ausdrucks „hat ein gewisses Ding und wird ohne Ruhepause ein gewisses anderes Ding haben", so daß der Satz „Bewegung ist" äquivalent ist mit dem vollständigen Satz „das, was sich bewegt, hat ein gewisses Ding und wird ohne Ruhepause andere Dinge aus demselben Genus haben". Hieraus ergibt sich nun aber nicht logisch der Schlußsatz „die Bewegung ist ein Ding, das als von den beständigen Dingen verschiedenes existiert", wenn er ganz wörtlich genommen wird und wenn er so verstanden wird, wie er zuvor negiert wurde. Vielmehr folgt daraus der Schlußsatz, daß das, was sich bewegt, gewisse beständige Dinge haben wird außer denjenigen, welche es gerade jetzt hat, oder außer demjenigen, das es gerade jetzt hat. In der Weise, wie auf solche herausfordernden Leute entgegnet wird, die der Einbildung anhängen, das Nomen „Bewegung" bedeute direkt und uneingeschränkt [significat absolute] ein ganz bestimmtes Ding - analog zu den elementar gebräuchlichen Nomina [nomina primario instituta], müssen auch immer die akzeptierten Behauptungen durch jene Aussagen erklärt werden oder in jene aufgelöst werden, welche die Philosophen darunter verstehen. Es wird dann ganz klar werden, inwiefern das Argument gültig ist und inwiefern nicht, und inwiefern es keinerlei vernünftiges Argument gegen das Gesagte gibt.

Wenden wir uns also dem zuerst genannten Argument zu. Es wird seiner Form nach für gültig erachtet, wenn folgendermaßen argumentiert wird: Wenn sich gewisse Sachen zueinander so verhalten, [daß das eine etwas ist, das alle seine Bestandteile zu gleicher Zeit besitzt, und das andere nicht etwas ist, das alle seine Bestandteile zu gleicher Zeit besitzt, dann sind diese voneinander wohlunterschieden]. Auch die folgende Annahme wird akzeptiert: „beständige Dinge, die Teile besitzen, haben alle ihre Teile zu gleicher Zeit". Die Annahme nun „die Bewegung hat nicht alle ihre Teile zu gleicher Zeit" kann insofern nicht akzeptiert werden, wenn darunter verstanden wird, daß die Bewegung irgendein Ganzes sei, dessen einer Bestandteil da ist und dessen anderer nicht da ist. Vielmehr ist diese Behauptung gleichbedeutend mit der folgenden vollständigen Aussage: „das, was sich bewegt, hat etwas und gewisses hat es nicht, wird es aber haben". Hieraus folgt nun aber nicht, daß das, was sich bewegt, etwas von den beständigen Dingen Verschiedenes sei. Genausowenig folgt daraus, daß es ein gewisses Ding sei, daß sich von sämtlichen beständigen Dingen aus der Vergangenheit, der Gegenwart und der Zukunft unterscheidet. Vielmehr folgt daraus lediglich, daß außer denjenigen beständigen Dingen, die jetzt da sind, einige zukünftig da sind; oder es folgt daraus, daß das, was sich bewegt, in gewissen beständigen Dingen sein wird, in denen es jetzt nicht ist, was ich mit Rücksicht auf die Ortsbewegung feststelle. Im Kommentartext 5 heißt es daher auch beim Kommentator: „die Definition der Bewegung ist zweideutig"[20]. Obgleich die einzelnen Behauptungen nun im Sinn des Aristoteles aufgefaßt wurden und so mit ihnen umgegangen wurde, wie es vernünftige Leute tun, ist also ein solches Schlußverfahren nicht korrekt.

Die Behauptung „die Bewegung ist etwas von den beständigen Dingen Verschiedenes" kann jedoch niemals als gültig zugelassen werden. - Hierzu ist folgendes zu sagen: Wenn „Bewegung" anstelle des Ausdrucks „das, was sich bewegt" steht und wenn dieses Hinzugefügte nicht anstelle anderer Dinge steht, sondern im Sinn der Behauptungen verstanden wird, in denen das Subjekt absolut ist und dabei ein ganz bestimmtes Ding [res una] bezeichnet, dann muß der Satz negiert werden. Denn die folgende Aussage ist falsch: „das, was sich bewegt, ist etwas anderes als die beständigen Dinge". Wenn nun der Terminus „Bewegung" anstelle eines bereits [durch den bewegten Körper] Erworbenen steht, dann kann die Behauptung negiert werden. Steht er aber anstelle des schließlich zu erreichenden eingegrenzten Zieles, dann kann man gelten lassen, daß die Bewegung manchmal etwas von den beständigen Dingen Verschiedenes ist, d. h. dasjenige, was schließlich und endlich erworben werden soll, ist etwas von den beständigen Dingen Verschiedenes, da es ja nicht ein beständiges Ding ist, sondern ein solches sein wird. Zum Beispiel ist die Weißheit, die einem qualitativ veränderten Gegenstand schließlich und endlich eingeprägt werden soll, nicht ein beständiges Ding, sondern wird ein solches sein. Durch alles dieses wird der Grundsatz bestätigt, daß es kein Ding neben den vergangenen, gegenwärtigen und zukünftigen beständigen Dingen gibt, das als ganzes von diesen wohlunterschieden wäre.

Zum zweiten Gegenargument[21] ist folgendes zu sagen: Auf doppelte Weise gilt es, „daß etwas einem Genus angehört". Zum einen wie ein Objekt [res], dessen Vorhandensein durch das entsprechende Genus impliziert wird: indem das Genus über das Demonstrativpronomen prädiziert wird, das auf dieses Objekt hinweist. Dementsprechend sagen wir zum Beispiel, daß Sokrates dem Genus der Substanz angehört: denn das Genus „Substanz" bezeichnet Sokrates und der Satz „dieses da" - wobei auf Sokrates gezeigt wird - „ist eine Substanz" ist wahr. Wieder auf andere Weise gehört etwas einem Genus an, indem es Zeichen und Prädikabile von demjenigen ist, das einem Genus angehört im zuerst genannten Sinn von „einem Genus angehören". Dementsprechend sagen wir zum Beispiel, daß die Spezies

„Mensch“ dem Genus der Substanz angehört, da ja der Satz „Sokrates gehört dem Genus der Substanz an“ wahr ist, ohne daß aber die Substanz über ein Demonstrativpronomen prädiziert wird, welches auf die Spezies „Mensch“ hinweist. Der folgende Satz nämlich ist falsch: „dieses da ist eine Substanz“, indem dabei auf jene Spezies gewiesen wird. Denn keinerlei Spezies und keinerlei Genus ist eine Substanz, was Aristoteles im 7. Buch der „Metaphysik“ nachweist.[22]

Wenn man „einem Genus angehören“ in der ersten Weise faßt, so sage ich, daß ein jedes Ding von sich aus einem Genus angehört bzw. ein innerer und wesentlicher Bestandteil eines Dinges ist, das von sich aus einem Genus angehört. Wenn nun die Bewegung in diesem Sinn einem Genus angehört, dann muß sie von sich aus einem Genus angehören oder ein wesentlicher Bestandteil von etwas sein, das einem Genus angehört; aber sie ist nicht ein wesentlicher Bestandteil von etwas so Beschaffenem; folglich gehört sie entweder von sich aus einem Genus an oder gehört nicht einem Genus an.

Faßt man „einem Genus angehören“ in der zweiten Weise, so ist das der Sinn der Behauptung, daß folgendes einem Genus angehört: Weißes, Weißheit, Mensch, Lebewesen, Vernunftbegabtes und ähnliches. Von diesem wird in doppeltem Sinn behauptet, daß es einem Genus angehört: zum einen, weil es - kurz gesagt - dasjenige bedeutet und über es prädiziert wird, was einem Genus angehört. So bedeutet Mensch zum Beispiel - kurz gesagt - Substanzen, welche dem Genus der Substanz angehören; und Qualität bedeutet - kurz gesagt - Qualitäten, die dem Genus der Qualität angehören. Von solchem sagt man, daß es von sich aus einem Genus angehört, wobei „einem Genus angehören“ in der zweiten Weise gefaßt wird. - Oder solches bedeutet aus dem Grund etwas, das von sich aus einem Genus angehört, weil es eben jenes bedeutet, das durch die entsprechenden Abstrakta bezeichnet wird, und weil es dennoch etwas anderes bedeutet oder mitbedeutet. So bedeuten zum Beispiel Weißes, Warmes, Süßes und Ähnliches Qualitäten, die dem Genus der Qualität angehören, und zugleich bedeuten oder mitbedeuten sie die Träger dieser Qualitäten. Man sagt, daß solcherlei einem Genus vermittels einer Zurückführung angehört. So sagt man zum Beispiel, daß Weißes, Warmes, Musisches und Ähnliches dem Genus der Qualität angehören, wobei sie nicht einfach nur Qualitäten bezeichnen.

Genauso läßt sich vom Nomen „Bewegung“ sagen, daß es vermittels einer Zurückführung einem Genus angehört. Denn es bezeichnet nicht einfach nur ein Ding aus einem einzigen Genus, sondern es bezeichnet oder mitbezeichnet auch ein Ding aus einem anderen Genus oder läßt ein solches begreifen. Bewegung bedeutet auch nicht nur die im Gefolge der Bewegung erworbene Form, sondern bedeutet oder mißbedeutet auch den Träger dieser Form; Bewegung mitbedeutet [consignificat] gleichfalls, daß diese Form nicht auf einmal als ganze erworben wird, sondern Teil auf Teil. Nun wird der folgende Schluß gezogen: „jedes beliebige beständige Ding gehört von sich aus einem Genus an; die Bewegung gehört nicht von sich aus einem Genus an; folglich ist die Bewegung kein beständiges Ding". Hinsichtlich der Form des Schließens handelt es sich um einen Fehler der Äquivokation, genauso wie im Fall des folgenden Schlusses: „ein jeder Mensch gehört von sich aus dem Genus der Substanz an; Weißes gehört nicht von sich aus dem Genus der Substanz an; also ist Weißes nicht ein Mensch". Denn der Satz „Weißes gehört nicht von sich aus dem Genus der Substanz an" muß seiner differenten Bedeutung nach ausgelegt werden. Denn in ihm kann das Subjekt personal supponieren, und dann ist der Gedankengang korrekt, der Untersatz [des Syllogismus] jedoch falsch.[23] Oder das Subjekt kann einfach bzw. material supponieren, und dann liegt der Fehler der Äquivokation vor, weil es ja im Schlußsatz lediglich personal supponiert.[24] Gleichfalls muß der Satz „die Bewegung gehört nicht von sich aus einem Genus an" seiner differenten Bedeutung nach ausgelegt werden. Denn in ihm kann das Subjekt einfach bzw. material supponieren, und dann liegt der Fehler der Äquivokation vor, da es im Schlußsatz ja personal supponiert. Oder es kann personal und als eindeutige Bezeichnung [significative] supponieren und in diesem Fall muß der Satz aufgelöst und umgewandelt werden entsprechend dem zuvor erläuterten Verfahren, unabhängig davon, ob das Subjekt für den sich bewegenden Gegenstand bzw. für das bereits Erworbene supponiert, oder für das, was noch nicht erworben wurde, sondern erworben werden wird, oder für eine Verbindung aus allem Genannten. In diesem Fall ist der Untersatz [des obigen Syllogismus] entweder offenkundig falsch und aus ihm ergibt sich ein falscher Schluß; oder der Untersatz ist wahr und es ergibt sich ein wahrer Schluß, indem das Nomen „Bewegung" mit der gleichen Bedeutung im Untersatz und im Schlußsatz gebraucht wird. Der Kürze wegen verzichte ich auf eine Erklärung hierzu, da sie sich aus dem Gesagten mit genügender Klarheit ergibt.

Zum dritten Gegenargument[25] ist folgendes zu sagen: Wenn die maßgeblichen Autoren den Satz aufstellen „nichts Sukzessives ist ein Beständiges", wenn sie ferner behaupten, daß Sukzessives und Beständiges wie Gegensätze voneinander getrennt sind, so verstehen sie darunter solche Aussagen wie „nichts Sukzessives erwirbt oder verliert etwas mit einem Mal, sondern erwirbt oder verliert es sukzessiv" und „alles, was durch etwas erworben wird, wird entweder mit einem Mal und nicht Teil auf Teil erworben, oder sukzessiv, d. h. Teil auf Teil". Hinsichtlich der Argumentation „nichts Sukzessives ist ein Beständiges; die Bewegung ist sukzessiv; also ist die Bewegung nicht beständig" ist folgendes zu sagen im Anschluß an das Vorherige: der dort genannte Schlußsatz muß in der folgenden Interpretation als gültig anerkannt werden: „dasjenige, was Teil für Teil erworben oder verloren wird, wird nicht als ganzes mit einem Mal erworben oder verloren". Hiermit bleibt jedoch als Fakt bestehen, daß es außer den vergangenen, gegenwärtigen und zukünftigen beständigen Dingen keinerlei Ding gibt, das sich völlig von diesen unterscheidet, und ebendies ist der verteidigte Hauptgedanke.

Zum vierten Gegenargument[26]: wenn gesagt wird, daß die Bewegung ihre eindeutige Bestimmung und Begrenzung real durch ein beständiges Ding erhält, so ist darunter nicht zu verstehen, daß ein einziges Ding, d. h. die Bewegung, das völlig von jener eindeutigen Bestimmung und Begrenzung verschieden ist, auf diese gerade geprägt wurde – wie analog etwa ein Weg nach London, der sich von London wohlunterscheidet, seine eindeutige Bestimmung und Begrenzung durch London erhält; und wie das Feuer seine Begrenzung durch die Luft erhält oder umgekehrt. Unter dem Satz „die Bewegung erhält ihre eindeutige Bestimmung und Begrenzung durch ein abgegrenztes Ziel" wird vielmehr nur die folgende Aussage verstanden: „bewegt sich etwas, so wird durch dasjenige, was sich bewegt, etwas erworben oder verloren". Dementsprechend wird auch unter dem Satz „die Weißung erhält die eindeutige Begrenzung und Bestimmung durch die Weißheit" nur die folgende Aussage verstanden: „wenn etwas geweißt wird, dann wird durch das, was geweißt wird, Weißheit erworben oder verloren".

Wenn dieser Satz also in diesem Sinn verstanden wird, dann besitzt die folgende Argumentationsweise keine Gültigkeit: „kein beständiges Ding erhält seine eindeutige Bestimmung und Begrenzung durch ein beständiges Ding; die Bewegung erhält die eindeutige Bestimmung und Begrenzung durch die Weißheit; also ist die Bewegung etwas anderes als die beständigen Dinge". Auch das folgende ist nicht schlüssig: „kein beständiges Ding erhält seine eindeutige Bestimmung und Begrenzung durch ein beständiges Ding; wenn sich etwas bewegt, dann wird durch dieses ein gewisses beständiges Ding erworben oder verloren; sobald sich also etwas bewegt, dann ist es etwas anderes als die beständigen Dinge". Alle derartigen Argumentationen gehen also von der falschen Vorstellung aus, daß die Bewegung ein ganz bestimmtes Akzidens sei, das gesondert und wohlunterschieden real in einem sich bewegenden Gegenstand enthalten sei und das seine eindeutige Bestimmung und Begrenzung durch ein bestimmtes anderes Ding erhielte, etwa so, wie wir den einen Körper durch einen anderen eindeutig bestimmt und begrenzt sehen. Das ist falsch. Der Bewegung ihre eindeutige Bestimmung und Begrenzung verleihen ist nichts anderes als das Dasein desjenigen, was erworben oder verloren wird, sobald sich etwas bewegt. Dementsprechend steht der kurze Aussagesatz „die Weißheit verleiht der Weißung die eindeutige Bestimmung und Begrenzung" für den folgenden langen: „wenn etwas geweißt wird, dann wird durch dieses Weißheit erworben", d. h. in ihm ist erstmals dann Weißheit enthalten und zuvor war sie es nicht. Dementsprechend steht der kurze Aussagesatz „dieser bestimmte Ort verleiht einer Ortsbewegung die eindeutige Bestimmung und Begrenzung" anstelle des folgenden [langen]: „nachdem dasjenige, was sich bewegt, an diesen bestimmten Ort gelangt ist, ruht es an ihm bzw. bewegt sich nicht über ihn hinaus".

Solcherart Behauptungssätze müssen also immer in der erwähnten Weise oder in einer angemesseneren erklärt werden, sofern man eine solche findet. Denn für mich genügt [als Ergebnis], daß es außer den vergangenen, gegenwärtigen und zukünftigen beständigen Dingen kein davon völlig verschiedenes gesondertes Ding gibt. Um die Ausdrucksweise [modus loquendi] kümmere ich mich dabei wenig, solange nur ein richtiges Verständnis vorliegt.

Zum fünften Gegenargument[27] stelle ich fest, daß die Mutation kein gesondertes Ding darstellt. Wenn es nun heißt, die Mutation hört zu existieren auf, wogegen das beständige Ding weiterexistiert, so kann man dem in der folgenden Interpretation zustimmen: „das Ding, das einer Mutation unterworfen ist, bleibt mit der Form bestehen, welche sie jetzt gerade besitzt". Durch diesen Satz wird aber nicht die Aussage gemacht, daß es ein Ding gäbe, das kein beständiges sein soll. Durch den Satz „die Mutation hört auf und ein Ding bleibt" wird zum Ausdruck gebracht, daß die Behauptung „die Mutation ist da" aufhört wahr zu sein, wenngleich die Behauptung „ein beständiges Ding ist da" nicht aufhört wahr zu sein. Hieraus folgt jedoch nicht, daß eine solche Mutation ein besonderes Ding sei, welches sogleich zu beseitigen ist. Vielmehr hört die Behauptung „die Mutation ist da" auf, wahr zu sein, weil die folgende Behauptung aufhört wahr zu sein: „ein Ding besitzt diese Sache und hat sie davor nicht besessen"; diese letzte Behauptung hört auf, wahr zu sein, weil ihr zweiter Teil aufhört wahr zu sein. Dies liegt aber nicht an der Zerstörung irgendeines Dinges, das die Mutation sein soll, sondern lediglich an der Fortdauer und dem Erhalt eines Dinges sowie daran, daß keinerlei Ding zerstört wird. Lediglich dadurch also, daß keinerlei Ding zerstört, sondern jegliches Ding erhalten wird, hört die folgende Behauptung auf, wahr zu sein: „dieses Zugrundeliegende hat diese Sache niemals besessen, d. h. eine Form oder einen Ort". Somit hört also der Satz „die Mutation ist da" auf, wahr zu sein, ohne daß irgendein Ding zerstört wird. Aus diesem Grund also wird die Mutation nicht erhalten bleiben, dagegen wird aber ein Ding erhalten bleiben. Demzufolge ist es also nicht erforderlich, anzunehmen, daß die Mutation ein gesondertes Ding ist, das zu existieren aufhört. Es genügt vielmehr die Annahme, daß kein Ding aufhört zu existieren, sondern jegliches bewahrt wird ohne jegliche Zerstörung.

Zum sechsten Gegenargument[28] ist folgendes festzustellen: Jene Kontinuität der Bewegung ist kein von den vergangenen, gegenwärtigen und zukünftigen beständigen Dingen verschiedenes Ding, sondern eine Bewegung wird deshalb als kontinuierlich bezeichnet, weil ein sich bewegendes Ding immerzu etwas erwirbt oder verliert, ohne bei irgend etwas einfach zur Ruhe zu kommen. Hieraus folgt, daß dann keinerlei solche Behauptung wie „dieses Bestimmte gehört zu diesem bzw. ist in ihm enthalten und nicht in einem anderen" zutreffen kann, indem sie zugleich mit nacheinander als zutreffend festgestellten beliebigen einzelnen Kontradiktionen wahr ist. Es kommt nämlich dem bewegungslosen Verharren bei etwas gleich, sobald die Konjunktion „dieses befindet sich an diesem Ort und nicht an einem anderen" bzw. wenigstens die Behauptung „dieses befindet sich an diesem Ort" zugleich mit den nacheinander als zutreffend festgestellten beliebigen Kontradiktionen als zutreffend nachgewiesen werden kann. Im Anschluß hieran muß nun geschlußfolgert werden, was in Wirklichkeit jeweils impliziert wird durch die Sukzession, die Kontinuität einer Sukzession, die Langsamkeit, die Schnelligkeit und ähnliches. Um mich hier jetzt kurz zu fassen, will ich das nicht umfangreicher ausführen. Es sei hier nur kurz und bündig gesagt, daß zur hinreichenden Erklärung der Kontinuität von Bewegung folgendes genügt: der sich bewegende Gegenstand darf nicht einfach bei etwas oder in etwas ruhen, sondern die Bewegung existiert immer dann, wenn sich tatsächlich sagen läßt, daß ein sich bewegender Gegenstand einfach bei etwas oder in etwas ist, wobei sich darauf nicht sagen läßt, daß er einfach bei diesem oder in diesem ist. Dies kann ohne jegliches besonderes, von den beständigen Dingen wohlunterschiedenes Ding allein dadurch geschehen, daß ein Ding dem anderen unmittelbar nachfolgt, oder dadurch, daß ein und dasselbe Ding zuerst an dem einen Ort ist und später ohne dazwischenliegende Pause an einem anderen.

Zum letzten Gegenargument, das sich auf ein Zitat aus dem 2. Buch von „Über die Seele" des Aristoteles stützt, wo es heißt, daß die Bewegung ein wahrnehmbares Allgemeines ist,[29] ist zu sagen, daß hieraus nicht folgt, daß die Bewegung ein gesondertes Ding ist. Zwar behauptet er an jener Stelle, daß das Ausharren [quies] und gleichfalls die Zahl ein wahrnehmbares Allgemeines ist, aber dennoch ist weder das Ausharren noch die Zahl ein gesondertes Ding, und dies gestehen alle wenigstens für das Ausharren zu; auf Grund jener Belegstelle ist es also nicht nötig, anzunehmen, daß die Bewegung ein von allen Dingen völlig verschiedenes gesondertes Ding sei. Wie man nun das als Argument angeführte Zitat des Aristoteles aufzufassen hat, wird an jener Stelle klar werden.[30]

Es gilt darauf zu achten, daß das oben ausdrücklich zur erwerbenden Bewegung Formulierte oft in entsprechender Weise auch auf die mit einem Verlustvorgang verbundene Bewegung zutrifft. Man schenke den oben angegebenen Beispielen auch nicht eine besondere Beachtung, da ich vieles lediglich zum Zweck der näheren Erläuterung festgestellt habe. Auch wenn ich viele Behauptungen mittels anderer erklärt habe, wollte ich damit nicht ausdrücken, daß sie keinesfalls auf andere Weise erklärt werden könnten. Vielmehr ging es mir darum, daß jene Erklärung der aufgestellten Hauptthese gerecht wird. Ob nun der jeweilige inhaltliche Sinn der erwähnten Aussagen und der mit ihnen ähnlichen dem eigentlichen Wortsinn oder lediglich der Verwendung durch die maßgeblichen Autoren entspringt, ob es in ihnen eine Äquivokation bzw. Amphibolie gibt, insofern sie nicht durch die Beschaffenheit des Ausdrucks selbst verursacht wird, braucht nicht erörtert zu werden und hat auch nicht eine besondere Bedeutung, weil jedes einzelne im Sinne einer Wahrscheinlichkeitsbehauptung [probabiliter] festgestellt werden kann. Verzichtete man nun aber auf derartige abstrakte Nomina wie „Bewegung", „Mutation", „Umwandlung", „abgegrenztes Ziel" und ähnliche, dann käme die von Aristoteles zu dieser Thematik eingenommene Position besser zur Geltung. Dennoch hat der Philosoph derartige Wörter verwendet, um sich hinsichtlich der Ausdrucksweise anderen anzupassen.

6.

WALTER BURLEY

Traktat über die Universalien*

Hinsichtlich der Universalien gibt es nicht wenige mit einem Zweifel behaftete Fragen.

Die erste lautet: Existieren die Universalien in Wirklichkeit oder nicht?

Angenommen, sie existierten in Wirklichkeit, dann lautet zweitens die nächste Frage: Besitzen sie ein von dem vielen Singulären gesondertes Dasein oder existieren sie in dem vielen Singulären?

Die dritte Frage lautet: Sind sie real-gegenständlich dasselbe wie das viele Singuläre oder davon verschieden?

Und angenommen, sie sind von dem Singulären getrennt, dann lautet die vierte Frage: Befinden sie sich innerhalb oder außerhalb des Intellekts?

Und angenommen, sie existierten außerhalb des Intellekts, so lautet die fünfte Frage: Existieren sie in Gott, wie diejenigen sagen, die von der Existenz von Ideen im göttlichen Geist ausgehen, welche die Spezies der von Gott geschaffenen Dinge repräsentieren oder existieren sie selbständig außerhalb des göttlichen Geistes?

---

* Tractatus de universalibus. – Textgrundlage: Gualterii Burlei anglici sacre pagine professoris excellentissimi super artem veterem Porphyrii et Aristotelis expositio sive scriptum, Venetiis 1497, fol. a3vb–b1rb.
Der Text der Inkunabel wurde für unsere Übersetzung anhand der folgenden Handschriften verbessert:
A: Biblioteca Apostolica Vaticana, Cod. Vat. lat. 2146, fol. 204va–209ra (Entstehungsjahr 1397)
B: Ibid., Cod. Vat. lat. 2151, fol. 199ra–126vb (14. Jh.)
C: Ibid., Cod. Vat. lat. 3048. fol. 121r.–130r. (15. Jh.)
sowie eine Kapiteleinteilung vorgenommen.
Zitiert als: *De universalibus*.

I

In der Beantwortung der ersten Frage, d. h. ob die Universalien in Wirklichkeit existieren oder nicht, anerkennen so gut wie alle den folgenden Zusammenhang: da die Wissenschaften das Allgemeine zum Gegenstand haben und die Existenz des Gegenstandes einer Wissenschaft als sicher vorausgesetzt werden muß, weil es nach dem 1. Buch der „Zweiten Analytik“[1] von Nicht-Seiendem keine Wissenschaft gibt, müssen die Universalien also ein wirkliches Dasein haben.

Die Universalien, d. h. die Genera und Spezies, gehören ferner einer Kategorie an, denn in jeder Kategorie gibt es eine unterste Spezies, ein oberstes Genus und mittlere Genera, welche in verschiedener Hinsicht Genera bzw. Spezies sind, wie aus Porphyrios erhellt; alles, was einer realen Kategorie angehört, ist aber ein reales Seiendes; also sind die Genera und Spezies reales Seiendes, insofern man sie nicht als singuläre Dinge begreift, sondern sie als das versteht, was sie benennen.

Es gibt jedoch hierzu eine abweichende Meinung, wonach kein Universale auf Grund einer Prädikation in der Wirklichkeit existiert, sondern lediglich in bezug auf den Intellekt ein Sein besitzt. Diese Auffassung soll zuletzt behandelt werden.

II

Zur zweiten Frage [d. h. ob die Universalien ein von dem vielen Singulären gesondertes Dasein besitzen oder in diesem existieren] meinen einige, daß die Universalien in dem Singulären sind, und andere sagen, daß sie außerhalb von diesem sind.

Jene, die sagen, die Universalien seien in dem Singulären, haben Autoritäten auf ihrer Seite. Denn zum ersten sagt Aristoteles in den „Kategorien“, daß die zweiten Substanzen in den ersten sind; zweite Substanzen sind aber die Universalien und erste Substanzen sind das viele Singuläre; also sind die Universalien in dem zu ihnen gehörigen Singulären. Ferner äußert Aristoteles im 1. Buch der „Zweiten Analytik“, daß die Universalien überall und immer sind.[2] Robert Grosseteste gibt zum ersten Teil [dieses Satzes] die folgende Erklärung: Universalien sind überall, das heißt die Universalien „sind an einem jeden ihrer Örter, denn die Örter der Universalien sind das viele Singuläre“, wie er wörtlich sagt.[3] Daß ein Universale überall ist, bedeutet demzufolge nichts anderes, als daß ein Universale in jedem zu ihm gehörigen Singulären ist. Damit ist also klar, daß ein Universale ein Dasein in dem zu ihm gehörigen Singulären besitzt.

Die folgenden beiden Argumentationen geben die nötige Begründung dieser Auffassung. Die erste lautet: Eine Quiddität wird nicht von demjenigen abgetrennt, dessen Quiddität sie ist, denn eine Quiddität ist dasselbe wie dasjenige, dessen Quiddität sie ist, wie dem 7. Buch der „Metaphysik“[4] zu entnehmen ist, und etwas kann nicht von sich selbst abgetrennt werden; ein Universale ist nun aber die

Quidditât eines Singulären; also wird ein Universale nicht vom Singulären abgetrennt. - Der Untersatz dieses Schlusses wird folgendermaßen abgeleitet: Ein Universale wird in bezug auf das Was über das ihm zugehörige Singuläre ausgesagt, wie man Porphyrios entnehmen kann, welcher eine Spezies so definiert: „eine Spezies ist dasjenige, was [über mehreres, sich der Zahl nach Unterscheidendes im Hinblick auf das Was] ausgesagt wird";[5] und alles, was im Hinblick auf das Was über etwas ausgesagt wird, ist dessen Quiddität; also usw.

Die zweite Argumentation lautet: Ein Teil wird nicht von demjenigen Ganzen abgetrennt, dessen Teil er ist, sondern das naturgemäß übergeordnete ist ein Teil von jedem ihm gegenüber naturgemäß Untergeordneten, wie aus dem 7. Buch der „Metaphysik"[6] zu entnehmen ist; ein Universale ist nun aber das naturgemäß übergeordnete für das Singuläre; also ist ein Universale ein Teil des zu ihm gehörigen Singulären und wird demzufolge nicht von dem zu ihm gehörigen vielen Singulären abgetrennt.

III

Ausgehend hiervon äußern einige in bezug auf die dritte Frage [d. h. ob die Universalien real-gegenständlich dasselbe wie das viele Singuäre sind oder davon verschieden], daß ein Universale dasselbe Ding wie das zu ihm gehörige Singuläre ist, sich aber einzig in begrifflicher Hinsicht von ihm unterscheidet. Insofern nämlich ein gewisses Ding in bezug auf seine singulären und materialen Eigenheiten gedacht wird, nennt man es ein „Singuläres". Und insofern es durch den Intellekt von seinen singulären Eigenheiten abstrahiert und unter einem allgemeinen Begriff gefaßt wird, nennt man es „Universale". Dasselbe meint auch Boethius im Kommentar zu Porphyrios, wenn er sagt, daß etwas ein Singuläres ist, insofern es wahrgenommen wird, und daß es ein Universale ist, insofern es gedacht wird.[7] Sie sagen deshalb, daß Sokrates, Mensch und Lebewesen ein und dasselbe Ding darstellen, sich aber hinsichtlich der Wesenscharakteristik bzw. dem Begriff nach voneinander unterscheiden, da sich der Begriff von Sokrates jeweils danach unterscheidet, ob er Sokrates, ein Mensch und ein Lebewesen ist.

Dieser Auffassung wird nun folgendes Argument entgegengesetzt: wie der Philosoph im 7. Buch der „Metaphysik"[8] sagt, wird das Singuläre nicht definiert; eine Spezies aber wird definiert; also ist eine Spezies ein anderes Ding als das Singuläre.

Sagt man nun, daß ein Singuläres nicht mittels eines Individualbegriffs, sondern eines Speziesbegriffs definiert wird, und daß somit dasselbe mittels des einen Begriffs definiert wird, mittels des anderen hingegen nicht, so wird darauf folgendermaßen entgegnet: Definition und Definiertes sind - dem 1. Buch der „Topik"[9] und dem 2. Buch der „Zweiten Analytik"[10] zufolge - konvertibel; die Definition von „Mensch" ist nicht mit irgendeinem singulären Menschen konvertibel, denn „Sokrates“ und „sterbliches vernunftbegabtes Lebewesen“ sind nicht konvertibel, denn wären sie konvertibel, so würde die Aussage „jedes sterbliche vernunftbegabte Lebewesen“ ist Sokrates“ wahr sein, da ja ein Konvertibles über dasjenige ausgesagt werden könnte, mit dem es konvertibel ist: diese Aussage aber ist falsch; also wird kein Mensch als Singuläres oder Individuum durch die Definition „sterbliches vernunftbegabtes Lebewesen“ definiert.

Es wird vielleicht geäußert: ich räume ein, daß kein Singuläres mittels eines ihm eigenen Individualbegriffs definiert wird; gleichwohl wird ein Singuläres durch einen Allgemeinbegriff definiert. – Hierauf ist zu entgegnen: träfe dies zu, so ist Sokrates, insofern er einem Allgemeinbegriff subsumiert ist, mit der Definition „sterbliches vernunftbegabtes Lebewesen“ konvertibel, so daß damit die folgende Aussage wahr wäre: „jedes sterbliche vernunftbegabte Lebewesen ist Sokrates, insofern dieser einem Allgemeinbegriff subsumiert ist“, da ja das Konvertible voneinander ausgesagt wird; dies aber ist falsch, da sich daran der folgende Schluß anschließt: „jedes sterbliche vernunftbegabte Lebewesen ist Sokrates, insofern dieser einem Allgemeinbegriff subsumiert ist, also Platon ist Sokrates, insofern dieser einem Allgemeinbegriff subsumiert ist.“

Ferner wird gesagt, daß ein Singuläres nicht definiert wird, daß aber ein gemeinsames Nomen für jedes Singuläre aus ein und derselben Spezies definiert wird und dieses Nomen und das Definierte konvertibel sind. – Hierauf ist zu erwidern: Jedes Nomen und jeder Begriff [conceptus] ist ein Akzidens. Der Philosoph sagt nun aber im 7. Buch der „Metaphysik“,[11] daß es von keinem Akzidens eine ordentliche Definition gäbe, vielmehr wird einzig eine Substanz durch eine ordentliche Definition definiert. Ich wähle also eine Substanz aus, z. B. die Substanz Mensch, welche durch eine ordentliche Definition bestimmt wird. Diese Substanz kann jedoch keine singuläre sein, wie Sokrates oder Platon, da keinerlei singuläre Substanz und die Definition „sterbliches vernunftbegabtes Lebewesen“ konvertibel sind, wie nachgewiesen wurde. Also wird eine singuläre Substanz nicht definiert. Also ist die Substanz Mensch, welche definiert wird, ein Ding, das sich von einem singulären Ding unterscheidet.

Ferner wird kein Akzidens in Hinsicht auf das Was über eine Substanz ausgesagt, wie aus dem Buch „Kategorien“[12] zu entnehmen ist. Dasjenige, was durch die Definition „sterbliches vernunftbegabtes Lebewesen“ bestimmt wird, wird nun aber in Hinsicht auf das Was über Sokrates und Platon ausgesagt. Also ist dieses, was durch diese Definition bestimmt wird, kein Akzidens und demzufolge auch kein Nomen und kein Begriff.

Ferner kann so argumentiert werden: Das Nomen des Definierten und die Definition sind konvertibel; dasjenige, was definiert wurde, und seine Definition sind aber nicht konvertibel; also wird ein Singuläres definiert, und das gemeinsame Nomen für ein jedes Singuläre aus ein und derselben Spezies und die Definition sind konvertibel. – Hierauf wird entgegnet: Zwei verschiedene Wörter sind nicht konvertibel. Man sagt also [logisch] Ausgeschlossenes, wenn man formuliert, daß das Nomen des Definierten und die Definition konvertibel sind und daß das auf die Definition und das Definierte nicht zutrifft.

Ferner ist dasjenige, wovon im Rahmen eines strengsten Beweises eine bestimmte Eigenschaft zur Kenntnis gebracht wird, mit einer Definition konvertibel, da im strengsten Beweis die Außenglieder und das Mittelglied konvertibel sind, wie aus dem 1. Buch der „Zweiten Analytik“[13] zu entnehmen ist. Jedoch wird in einem strengsten Beweis [der Besitz] einer Eigenschaft nicht mit Bezug auf irgendein Singuläres nachgewiesen, da der Meinung des Philosophen im 1. Buch der „Zweiten Analytik“ zufolge es irrig ist, die Eigenschaft einer Spezies primär irgendeinem Singulären zuzuschreiben. Wenn [der Besitz] der Eigenschaft in dem Beweis also für ein gewisses Ding, nicht aber für ein singuläres nachgewiesen wird, so muß es ein gewisses Ding geben - wobei unter „Ding“ hier etwas anderes als ein Zeichen zu verstehen ist -, das kein singuläres ist und für das eben [der Besitz] der Eigenschaft nachgewiesen wird. Und gerade dieses Ding und die Definition sind konvertibel. - Diese Argumentation wird folgendermaßen bekräftigt: Wissenschaften und beweiskräftige Schlüsse beziehen sich doch auf ein und denselben Gegenstand, da wissenschaftliches Wissen durch das Beweisen erlangt wird, indem für den Gegenstand, den eine Wissenschaft hat, der Besitz einer Eigenschaft nachgewiesen wird. Die Realwissenschaften, wie z. B. die Metaphysik und die Physik, zielen nun auf die Dinge, wobei „Ding“ von „Zeichen“ zu unterscheiden ist; denn es wäre lächerlich zu meinen, die Realwissenschaft bezöge sich in ihrer Gesamtheit auf die Nomina [als den Bezeichnungen der Dinge]. Die Beweise in den Realwissenschaften haben also Dinge zum Gegenstand. Es gibt aber keine Beweise bezüglich der singulären Dinge, wie aus dem klar wird, was im 1. Buch der „Zweiten Analytik“ steht.[14] Diejenigen Dinge, die Gegenstand von Beweisen sind, sind also keine singulären Dinge. Folglich sind das Singuläre und das Universale nicht ein und dasselbe Ding.

Es kann die Meinung geben, daß es einen Beweis bezüglich eines singulären Dinges gibt, insofern dieses einem allgemeinen Begriff subsumiert wurde. - Dagegen wird eingewendet: Im strengsten Beweis sind die Außenglieder mit dem Mittelglied konvertibel; folglich ist ein Singuläres, insofern es einem Allgemeinbegriff subsumiert ist, mit einer Definition konvertibel; dies aber wurde oben widerlegt.

Ferner läßt sich dem 1. Buch der „Zweiten Analytik“[15] zufolge sicher wissen, was der Gegenstand [subiectum] einer Wissenschaft ist und daß er existiert. Der Gegenstand der Naturwissenschaft ist doch nun die Substanz bzw. der bewegte Körper. Ich werfe hierzu die Frage auf, ob der bewegte Körper als Gegenstand der Naturwissenschaft ein singuläres Ding oder ein anderes Ding ist? Wenn letzteres gilt, so folgt daraus die zuvor unterstellte Behauptung, d. h. daß das Universale, auf das sich eine Wissenschaft bezieht, ein anderes Ding als ein singuläres ist. Soll gelten, daß er dasselbe wie ein singuläres Ding ist, so folgt, daß ein singulärer bewegter Körper

Gegenstand für die Naturwissenschaft ist, wobei der eine singuläre Körper genausogut wie jeder andere dafür stehen kann. Demzufolge könnte also jeder beliebige Bauer aus Indien Gegenstand für die Naturwissenschaft sein, so daß jemand nur dann im Besitz der Naturwissenschaft sein könnte, wenn er von der Existenz eines beliebigen Bauern wüßte, was sehr abwegig ist. – Dieser Schluß liegt auf der Hand, denn derjenige, der über ein wissenschaftliches Wissen verfügt, weiß damit auch unbedingt, was der Gegenstand dieses Wissens ist und daß er existiert.

Ferner ist dem 7. Buch der „Topik“[16] und dem 1. Buch der „Physik“[17] zufolge eine Definition die Voraussetzung und der Ausgangspunkt für das vollständige und distinkte Erkennen des Definierten. Ich stelle dann die Frage, ob dasjenige, was mittels der Definition „sterbliches vernunftbegabtes Lebewesen“ definiert wird, ein singuläres Ding ist, d. h. ein bestimmtes menschliches Individuum, oder ein universales? Gilt letzteres, so folgt daraus die zuvor unterstellte Behauptung. Wenn ersteres angenommen wird, ergibt sich folgendes: Da es keinen Grund gibt, daß eher das eine menschliche Individuum als ein anderes mittels dieser Definition definiert würde, wird also jedes beliebige menschliche Individuum mit ihr definiert; folglich könnte niemand zu dieser Definition gelangen, es sei denn, er käme zu einer vollkommenen und distinkten Erkenntnis eines jeden beliebigen menschlichen Individuums.

Ferner besteht zwischen einem Universale und einem Individuum unter den äußeren Dingen keine größere Identität als zwischen einem begrifflichen Universale und Individuum, denn ein begriffliches Universale wird über ein begriffliches Individuum genauso wesensmäßig und in Hinsicht auf das Was ausgesagt wie bei den äußeren Dingen; was nun die Begriffe [conceptus] angeht, so sind ein Allgemeinbegriff und ein Individualbegriff bzw. ein übergeordneter und ein untergeordneter Begriff nicht dasselbe; folglich können auch bei den Dingen das Universale und das Individuum bzw. das Übergeordnete und das Untergeordnete nicht dasselbe sein. – Der Obersatz [dieser Argumentation] liegt klar auf der Hand, der Untersatz wird wie folgt abgeleitet: Der aus zwei Begriffen mittels Abstraktion gewonnene Begriff ist doch in bezug auf die Begriffe, von denen er abstrahiert wurde, ein gemeinsamer und allgemeiner Begriff. Und dieser aus zwei Begriffen abstrahierte Begriff ist ein anderer Begriff als jeder der beiden, von denen er abstrahiert wird, wie sich versteht, denn ein Genusbegriff ist von den Begriffen der Spezies, von denen er abstrahiert wird, verschieden. Bei den Begriffen sind folglich das Universale und das Singuläre und auch das Übergeordnete und das Untergeordnete nicht dasselbe. Entsprechend sind also auch nicht bei den Dingen das Übergeordnete [superius] und das Untergeordnete [inferius] ein und dasselbe Ding.

Ferner sind sich alle darin einig, daß ein Universale durch den Intellekt von dem vielen Singulären sowie den materialen Eigenheiten und Akzidentien abstrahiert wird. Denn der Kommentator sagt im 1. Buch [seines Kommentars zu] „über die Seele“[18], daß der Intellekt die Allgemeinheit in den Dingen hervorbringt. Daraus ergibt sich die folgende Argumentation: Dasjenige, was durch den Intellekt von den materialen Eigenheiten und Akzidentien abstrahiert wird, ist diesen Eigenheiten und Akzidentien in Wirklichkeit unterworfen, denn sonst wären diejenigen, die abstrahieren, einem Trug erlegen, was nun aber gegen das verstößt, was der Philosoph im 2. Buch der „Physik“[19] sagt; das Universale, welches von den Akzidentien eines Sokrates und Platon abstrahiert wurde, wird also in Wirklichkeit diesen Akzidentien unterworfen sein, aber kein Singuläres ist in Wirklichkeit den Akzidentien von Sokrates und Platon unterworfen; folglich ist das Universale, insofern es durch den Intellekt von jenen Akzidentien abstrahiert wird und in Wirklichkeit diesen unterworfen ist, ein anderes Ding als ein singuläres; das Universale und das Individuum sind also bei den Dingen voneinander verschieden.

Was bis hierher zu der Auffassung gesagt wurde, daß ein Universale ein außerhalb der Seele existierendes Ding sei, welches real-gegenständlich dasselbe wie ein singuläres Ding sei, möge genügen.

Eine andere Meinung besagt, daß einem Universale ausschließlich in dem vielen Singulären, das zu ihm gehört, ein Sein zukommt, und daß es als ein Ganzes in einem jeden Singulären ist. Die Anhänger dieser Meinung sagen weiter, daß dem einen Universale lediglich in der Seele das Sein zukommt, einem anderen komme es lediglich außerhalb der Seele zu und wieder einem anderen komme es sowohl innerhalb also auch außerhalb der Seele zu. So gehört zu dem einen Universale zum Beispiel lediglich Singuläres, welches in der Seele existiert, wie im Fall von „Wissenschaft“, „Kunst“, „sittlicher Einsicht“ und ähnlichem: ein solches Universale existiert ausschließlich in der Seele. Zu einem anderen Universale wieder gehört lediglich Singuläres, das außerhalb der Seele existiert, wie im Fall der Universalien „Stein“, „Holz“ und ähnlichem: ein solches Universale existiert somit allein außerhalb der Seele. Zu einem weiteren Universale gehört zum einen Singuläres, das in der Seele existiert, und zum anderen solches, das außerhalb von dieser ist: so gehört zu dem Allgemeinen „Qualität“ und dem Allgemeinen „Habitus“ jeweils Singuläres in der Seele als auch solches außerhalb der Seele; denn es gibt eine Qualität in der Seele, z. B. [das Kundigsein in] Grammatik, Musik usw., und es gibt eine Qualität außerhalb der Seele, wie Weißheit, Schwärze usw.; analog gibt es einen Habitus in der Seele, wie zum Beispiel die moralischen und die Verstandestugenden, und zum anderen einen Habitus außerhalb der Seele, wie zum Beispiel die körperlichen Vorzüge Tapferkeit und Gesundheit. Sie sagen also, daß solch ein Universale, das sowohl Singuläres in der Seele als auch außerhalb der Seele besitzt, sowohl in der Seele, als auch außerhalb von ihr existiert. Die Anhänger einer solchen Meinung sagen auch, daß ein Universale - sowohl jenes, welches in der Seele existiert, als auch jenes, das außerhalb von dieser existiert - ein Ding ist, welches sich von einem singulären Ding unterscheidet, in welchem es existiert. Diese Position ist derjenigen entgegengesetzt, die unmittelbar davor behandelt wurde. Ihre Anhänger begründen sie damit, daß zwei Bestimmungen, die zueinander kontradiktorisch sind, nicht wahrheitsgemäß über ein und dasselbe Ding ausgesagt werden können. Dies ergibt sich aus dem 4. Buch der „Metaphysik“,[20] wo der Philosoph sagt, daß das evidenteste und wahrste zusammengesetzte erste Prinzip darin besteht, daß von jedem Beliebigen entweder eine Bejahung oder eine Verneinung wahr ausgesagt wird, aber von nichts Konkretem beides zugleich. Und im 7. Buch der „Topik“[21] sagt er, daß – wenn man wissen will, ob etwas miteinander identisch oder voneinander verschieden ist – zu ermitteln ist, ob eine Bestimmung von dem einen bejahend und von dem anderen verneinend ausgesagt wird: trifft dies zu, so besteht keine Identität, sondern eine Verschiedenheit zwischen ihnen. Wenn aber nichts von dem einen bejahend ausgesagt wird, ohne auch von dem anderen bejahend ausgesagt zu werden, dann sind sie identisch. Und in den „Kategorien“[22] weist der Philosoph nach, daß das Blindsein und die Blindheit nicht dasselbe sind, weil das Blindsein von etwas richtig ausgesagt wird, ohne daß von demselben auch die Blindheit ausgesagt wird. Denn es wird von einem Menschen richtig ausgesagt, daß er blind ist, aber es wird von keinem Menschen richtig ausgesagt, daß er die Blindheit ist.

Aus diesem allen tritt klar die Wahrheit des jener Auffassung zugrundeliegenden Prinzips hervor, daß generell von etwas Bestimmtem in dinglich-realer Hinsicht nicht dasselbe sowohl behauptet als auch negiert werden kann. Hierauf aufbauend läßt sich nachweisen, daß das Singuläre und das Universale wegen vieler kontradiktorischer Bestimmungen, die von ihnen ausgesagt werden, nicht dasselbe sind. Darum entwickele ich die folgende Argumentation, die auf dem genannten Prinzip basiert: von etwas Bestimmtem kann generell dasselbe nicht behauptet und zugleich negiert werden; nun wird aber tatsächlich etwas von dem Universale ausgesagt, was wiederum von jedem zu ihm gehörenden Singulären negiert wird, und es wird etwas über das Singuläre ausgesagt, was von dem Universale negiert wird; also sind das Singuläre und das Universale nicht dasselbe. – Die Richtigkeit des Obersatzes ergibt sich aus dem evidentesten und wahrsten zusammengesetzten Prinzip. Die Richtigkeit des Untersatzes kann auf unterschiedliche Weise nachgewiesen werden; zunächst folgendermaßen: Jedes Universale ist in vielem; kein Singuläres ist in vielem, wie aus „Peri hermeneias“ klar wird; also wird etwas tatsächlich vom Universale ausgesagt, was von jedem Singulären negiert wird. Ein zweiter Nachweis lautet folgendermaßen: Ein Universale läßt sich definieren; es läßt sich aber keinerlei Singuläres definieren, wie dem 7. Buch der „Metaphysik“[23] zu entnehmen ist; also usw. Es gilt ferner: Ein Universale, z. B. ein Genus, wird durch konträre Differenzen eingeteilt, wie z. B. das Lebewesen in das vernunftbegabte und das nicht-vernunftbegabte; es wird aber kein Singuläres durch solche Differenzen eingeteilt; also usw.

Man kann zu diesen Argumentationen äußern, daß von etwas Bestimmtem nicht dasselbe behauptet und zugleich negiert werden kann, wenn dabei ein und derselbe Begriff unterstellt wird; daß aber unter Bezug auf jeweils verschiedene Begriffe dasselbe von etwas Bestimmtem behauptet und zugleich negiert werden kann, so daß Sokrates definiert wird, insofern er einem Allgemeinbegriff subsumiert ist, und er nicht definiert wird, insofern er einem Individualbegriff subsumiert ist. – Dagegen wird eingewendet: Sagt man, daß unter Bezug auf jeweils verschiedene Begriffe dasselbe von etwas Bestimmtem behauptet und zugleich negiert werden kann, so ist generell abzustreiten, daß dasselbe von etwas Bestimmtem behauptet und zugleich negiert wird. Wenn z. B. gesagt wird „Sokrates wird definiert, insofern er einem Allgemeinbegriff subsumiert ist“ und „Sokrates wird nicht definiert, insofern er einem Individualbegriff subsumiert ist“, so wird in diesen Sätzen nicht dasselbe Prädikat über dasselbe Subjekt zugleich behauptet und negiert. Denn in dem Satz „Sokrates wird definiert, insofern er einem Allgemeinbegriff subsumiert ist“ stellt die ganze Passage „Sokrates, insofern er einem Allgemeinbegriff subsumiert ist“ das Subjekt dar; und in dem Satz „Sokrates wird nicht definiert, insofern er einem Individualbegriff subsumiert ist“ stellt die ganze Passage „Sokrates, insofern er einem Individualbegriff subsumiert ist“ das Subjekt dar. Diese komplexen Subjekte der betreffenden Sätze sind nun aber keinesfalls identisch. Nimmt man andere Sätze wie z. B. „der sprachkundige Sokrates ist dir bekannt“ und „der herbeikommende Sokrates ist dir nicht bekannt“, so wird auch in diesen nicht dasselbe über dasselbe zugleich behauptet und negiert. Demzufolge können sie auch zugleich wahr sein, denn ich kann sicher wissen, daß Sokrates sprachkundig ist, obwohl ich dabei nicht erkenne, daß eben Sokrates der gerade Herbeikommende ist.

Man äußert nun vielleicht, daß die näheren Bestimmungen „insofern er einem Allgemeinbegriff subsumiert ist“ und „insofern er einem Individualbegriff subsumiert ist“ in prädikativer Bedeutung stehen. – Darauf wird erwidert: Aus dieser Annahme folgt, daß in den Sätzen „Sokrates wird definiert, insofern er einem Allgemeinbegriff subsumiert ist“ und „Sokrates wird nicht definiert, insofern er einem Individualbegriff subsumiert ist“ nicht dasselbe Prädikat ausgesagt noch zugleich dasselbe von demselben negiert wird, denn „definiert werden in bezug auf einen Allgemeinbegriff“ und „definiert werden in bezug auf einen Individualbegriff“ sind nicht dieselben Termini und durch diese Termini wird auch nicht ein und dasselbe Ding bezeichnet. – Das Gesagte wird folgendermaßen bekräftigt: Wenn ein Universale und ein Singuläres, wie die Spezies Mensch und Sokrates, real-gegenständlich [ex parte rei] völlig identisch sind, dann ist die Identität zwischen der Spezies Mensch und Sokrates in real-gegenständlicher Hinsicht genauso groß wie die zwischen Sokrates und Sokrates. Nun können die Aussagen „Sokrates wird definiert“ und „Sokrates wird nicht definiert“ nicht zu gleicher Zeit dastehen, da sie zueinander kontradiktorische Bestimmungen darstellen: es wird nämlich ein und dasselbe Prädikat über ein und dasselbe Subjekt zugleich behauptet und negiert. Demzufolge können auch die folgenden Aussagen nicht zugleich nebeneinander dastehen: „die Spezies Mensch wird definiert“ und „Sokrates wird nicht definiert“, da ja derselbe Grund der gegenseitigen Unvereinbarkeit vorläge, d. h. die Identität zwischen den Prädikaten und die Identität zwischen den Dingen, für die die Subjekte supponieren.

Ferner entkräftet jene Begründung der Identität des Dinges bei Subsumption unter verschiedene Begriffe nicht das Argument, das sich auf die Einteilung eines Genus in Spezies vermittels konträrer Differenzen bezieht: denn es ist unzweifelhaft, daß sich kein einziges singuläres Ding bei Subsumption sei es unter einen Allgmeinbegriff sei es unter einen Individualbegriff durch „vernunftbegabt“ und „nicht-vernunftbegabt“ einteilen läßt, weil sonst dieses singuläre Ding vernunftbegabt und nicht-vernunftbegabt wäre.

Es kann die Meinung geäußert werden, daß die Einteilung von „Lebewesen“ in „vernunftbegabtes“ und „nicht-vernunftbegabtes“ keine Einteilung eines Dinges in Dinge, sondern eine Einteilung eines Genusbegriffs in Speziesbegriffe darstellt. – Darauf ist zu erwidern: Jeder Begriff ist ein Akzidens. Wenn also die Einteilung von „Lebewesen“ in „vernunftbegabtes“ und „nicht-vernunftbegabtes“ die Einteilung eines Genusbegriffs in Speziesbegriffe darstellte, dann wäre die Einteilung von „Lebewesen“ in „vernunftbegabtes“ und „nicht-vernunftbegabtes“ die Einteilung eines Akzidens in Akzidentien. Dies widerspricht aber dem, was Boethius in „De divisionibus“[24] sagt, daß nämlich die Einteilung eines Genus in die Spezies vermittels der Differenzen eine Einteilung für sich ist und daß die Einteilung eines Akzidens in Akzidentien nur eine Einteilung nebenbei ist.

In den Genera der Akzidentien sind gewiß Genera, Spezies und Differenzen enthalten, welche als solche einem bestimmten Genus angehören; ebenso bzw. in stärkerem Maß sind in dem Genus der Substanz Genera, Spezies und Differenzen enthalten, durch welche Differenzen die Genera in die zugehörigen Spezies hinabsteigen. Nun gehört aber dem Genus der Substanz für sich genommen nur das an, was Substanz ist. Also ist „Lebewesen“ als ein subalternes Genus aus dem Genus der Substanz eine Substanz und sind die Spezies, zu denen es hinabsteigt, sowie die Differenzen, durch welche es zu seinen Spezies gelangt, ihrerseits Substanzen. Somit stellt die besagte Einteilung von „Lebewesen“ vermittels der Differenzen [„vernunftbegabtes“ und „nicht-vernunftbegabtes“] in die zugehörigen Spezies die Einteilung einer Substanz in Substanzen vermittels von Differenzen dar, welche ihrerseits Substanzen sind.

Ferner wird nachgewiesen, daß ein Individuum aus dem Genus Substanz und ein Universale nicht ein und dasselbe Ding darstellen: Es sei angenommen, daß beide dasselbe Ding sind; so ergibt sich daraus, daß das oberste Genus aus dem Genus „Substanz“ eine Substanz ist, wie von jener Auffassung akzeptiert wird, daß das oberste Genus aus dem Genus „Substanz“ ein bestimmtes singuläres Ding wäre, wie z. B. Sokrates und Platon. Und genauso gut, wie das eine Individuum bzw. Singuläre identisch dasselbe Ding wie das oberste Genus wäre, könnte auch jedes beliebige andere Singuläre aus dem Genus „Substanz" oberstes Genus innerhalb desselben Genus „Substanz" sein. Sokrates wäre in diesem Sinne dann das oberste Genus aus dem Genus „Substanz", was offenbar nicht akzeptierbar ist, denn danach gäbe es mehrere oberste Genera aus dem Genus „Substanz", da ihre Zahl genauso groß wäre wie die der Individuen aus dem Genus „Substanz"; und zum anderen wäre Sokrates danach als solcher dasjenige, worauf sich „Esel" als das ihm Übergeordnete bezöge, da ja das oberste Genus aus dem Genus „Substanz" als solches das Übergeordnete von „Esel" ist.

Ferner könnte es dieser Auffassung zufolge keinerlei Ding geben, welches zwei Individuen aus derselben Spezies gemeinsam ist, da jedes Ding außerhalb der Seele singulär und kein singuläres Ding zwei Dingen aus derselben Spezies gemeinsam ist. Das ist jedoch falsch, wofür folgende beiden Beweise angeführt werden: Erstens, selbst wenn keinerlei Intellekt zugegen wäre, würde zwischen zwei Steinen doch wohl eine größere Übereinstimmung bestehen als zwischen dem einen Stein und einem Esel; jegliche Übereinstimmung [convenientia] gibt es aber in bezug auf etwas Bestimmtes, denn jede Übereinstimmung ist eine auf einer Vielheit gründende Einheit, weil alles, was miteinander übereinstimmt, in einem ganz Bestimmten übereinstimmt; also gibt es ein Ding außerhalb der Seele, in bezug auf welches zwei Steine miteinander übereinstimmen und in bezug auf welches ein Stein und ein Esel nicht miteinander übereinstimmen.

Ferner wird folgende Erklärung daran angeschlossen: Alles das, was miteinander verglichen wird, wird real-gegenständlich in bezug auf ein ganz Bestimmtes verglichen, mag es um ein Mehr oder Weniger oder um die Gleichheit gehen. Denn vergleicht man A und B bezüglich des Mehr und des Weniger, so werden sie miteinander nicht bezüglich dessen verglichen, was lediglich dem A zukommt, noch bezüglich dessen, was lediglich dem B zukommt, sondern in bezug auf etwas, was jedem von beiden zukommt. Wenn z. B. A weißer als B ist, so werden A und B miteinander nicht bezüglich der Weißheit, die gerade A hat, und auch nicht bezüglich der, die gerade B hat, miteinander verglichen. Denn die folgende Aussage ist falsch: „A ist auf Grund der Weißheit, die gerade A hat, weißer als B es ist auf Grund der Weißheit, die gerade A hat." Genauso ist auch die folgende Aussage falsch: „B ist weniger weiß auf Grund der Weißheit, die gerade B hat, als A es ist auf Grund der Weißheit, die gerade B hat." Also muß dasjenige, in bezug worauf man sie miteinander vergleicht, jedem von beiden zukommen; kein Singuläres aber kommt jedem von beiden zu; folglich gibt es ein bestimmtes allgemeines Ding, in bezug auf welches jenes miteinander verglichen wird, was real-gegenständlich miteinander verglichen wird.

Zweitens wird bewiesen, daß es ein Ding gibt, das zwei Individuen aus derselben Spezies gemeinsam ist und kein singuläres Ding darstellt: Denn wäre das nicht so, dann unterschieden sich zwei Individuen aus verschiedenen Spezies nicht in stärkerem Maß voneinander als zwei Individuen aus derselben Spezies. Es gäbe nämlich nichts, das in dem einen Singulären einer Spezies und auch in einem anderen Singulären aus derselben Spezies enthalten ist. Denn kein identisches singuläres Ding ist in diesen beiden zugleich enthalten, und dieser Auffassung zufolge gibt es ja außerhalb der Seele kein anderes Ding [als das singuläre]. Nun unterscheidet sich aber das eine Individuum von einem anderen aus derselben Spezies durch alles dasjenige, was in ihm und nicht in dem anderen enthalten ist, so daß sich etwa Sokrates durch alles das, was in ihm enthalten ist, von Platon unterscheidet; etwas kann sich von einem anderen aber nicht in mehr als in all demjenigen unterscheiden, was in ihm enthalten ist; somit unterschiede sich Sokrates von einem Stein nicht in höherem Maß als von Platon, da er sich ja durch alles das, wodurch er sich von einem Stein unterscheidet, auch von Platon unterscheidet.

Wegen dieser und unbegrenzt vieler anderer Vernunftgründe wird die Meinung vertreten, daß ein Universale in jedem beliebigen zu ihm gehörenden Individuum präsent ist, mag es ein in der Seele oder außerhalb von ihr existierendes Universale sein.

Dieser Auffassung werden gewichtige Argumente entgegengehalten:

Erstens folgt logisch aus dieser Meinung, daß ein und dasselbe zugleich im Himmel und in der Hölle ist: denn der Mensch als eine Spezies ist in jedem zu ihm gehörigen Individuum präsent, folglich ist er in jenem Individuum, das in der Hölle ist, und auch in jenem, das sich im Himmel befindet; somit ist ein und derselbe Mensch im Besitz der höchsten Freude und der höchsten Qual. Wenn es dazu nun heißt, daß es logisch nicht ausgeschlossen ist, daß zueinander Konträres ein und demselben der Spezies nach angehört, wie z. B. der allgemeine Mensch eins ist der Spezies nach und nicht der Zahl nach, so ist darauf folgendes zu erwidern: Dasjenige, was mit etwas so übereinstimmt, daß es nicht irgendwie verschieden von ihm ist und es keinerlei [trennende] Verschiedenheit zwischen ihnen gibt, ist zahlenmäßig dasselbe wie jenes; zwischen dem allgemeinen Menschen im Himmel und dem in der Hölle existierenden Menschen besteht nun aber keinerlei [trennende] Verschiedenheit; also sind sie der Zahl nach derselbe Mensch und demzufolge ist zahlenmäßig derselbe Mensch im Himmel und in der Hölle.

Ferner folgte logisch, daß ein und derselbe Mensch in zahlenmäßiger Hinsicht zu gleicher Zeit sich bewegte und ruhte: denn sobald etwas in Bewegung ist, bewegt sich alles, was in ihm ist, und sobald etwas ruht, ruht alles, was in ihm ist; ist also Sokrates in Bewegung, so bewegt sich die in Sokrates enthaltene Speziesnatur, [natura specifica], und sobald Platon ruht, ruht die in ihm enthaltene Speziesnatur; unter der Voraussetzung, daß Sokrates in Bewegung wäre und Platon ruhte, folgt, daß die Speziesnatur des Menschen, welche in zahlenmäßiger Hinsicht dieselbe in Sokrates und in Platon ist, zu gleicher Zeit sich bewegte und ruhte.

Man kann nun sagen, diese Natur sei nicht der Zahl nach identisch. – Darauf wird entgegnet: „identisch" und „verschieden" sind die obersten Differenzen des Seienden, wie dem 4. Buch und dem 10. Buch der „Metaphysik“[25] zu entnehmen ist; wenn die Speziesnatur des Menschen nun nicht in zahlenmäßiger Hinsicht in Sokrates und Platon identisch ist, so folgt, daß sie in ihnen in zahlenmäßiger Hinsicht verschieden ist; es würde demzufolge die gleiche Anzahl von Speziesnaturen wie von Individuen geben, was ausgeschlossen ist; und es folgt ebenso daraus, daß Sokrates und Platon nicht zu einer zahlenmäßig identischen Spezies gehören, weil Sokrates der Spezies angehört, welche in Sokrates ist, und Platon derjenigen, welche in Platon ist.

Ferner ist die in Sokrates befindliche Speziesnatur ihrem Wesen nach eine Substanz: diese ist entweder eine körperliche oder eine unkörperliche Substanz; sie ist aber keine unkörperliche Substanz, weil ja sonst Sokrates einer unkörperlichen Substanz angehörte, denn ein jedes Individuum einer Spezies hat dieselben Eigenschaften wie die Spezies; es ist jedoch falsch, daß Sokrates einer unkörperlichen Substanz angehört, da er einer körperlichen Spezies, nämlich der körperlichen Substanz, angehört; demzufolge kann die Speziesnatur des Menschen nur eine körperliche Substanz sein. Wenn sie eine körperliche Substanz ist, dann ist sie entweder beseelt oder unbeseelt; sie ist mit Gewißheit nicht unbeseelt; dann ist sie beseelt. Sie ist somit entweder eine wahrnehmungsfähige oder eine nicht zur Wahrnehmung fähige Substanz; sie ist nicht eine nicht zur Wahrnehmung fähige Substanz, da ja sonst Sokrates - wie gesagt - eine nicht zur Wahrnehmung fähige Substanz wäre; folglich ist sie eine zur Wahrnehmung fähige beseelte Substanz, d. h. also ein Lebewesen. Das Lebewesen ist entweder ein vernunftbegabtes oder ein nicht-vernunftbegabtes; [die Speziesnatur] ist kein nicht-verunftbegabtes Lebewesen, folglich ist sie ein vernunftbegabtes Lebewesen. Die Speziesnatur des Menschen ist demzufolge der Mensch; jeder Mensch ist nun entweder Sokrates oder Platon und so weiter, d. h. ein singulärer; die Speziesnatur des Menschen unterscheidet sich folglich nicht von der individuellen Natur, und das ist die zu beweisende Behauptung.

Ferner folgt aus jener Auffassung, daß es zwei Sonnen gibt, d. h. die allgemeine und die einzelne Sonne. Aus dieser Auffassung folgt ebenso, daß Sokrates einen von Sokrates verschiedenen Menschen enthält, d. h. den allgemeinen Menschen. Dafür steht der folgende Beweis: Sokrates sei A und der allgemeine Mensch sei B; A und B sind damit zwei Menschen; also stimmen A und B in einer ihnen gemeinsamen menschlichen Natur überein; diese gemeinsame Natur ist von A und von B verschieden, weil deiner Auffassung zufolge eine gemeinsame Natur ein Ding ist, das von dem verschieden ist, dem sie gemeinsam ist; diese dritte Natur möge also C sein, so daß A, B und C drei Menschen sind; diese stimmen miteinander folglich in einer gemeinsamen Natur des Menschen überein und diese sei D; und so gäbe es bei den Wesensprädikaten einen Progreß ins Unendliche, und es würde unendlich viele Menschen geben, wie aus dem vorliegenden Beweisgang zu entnehmen ist.

Ferner könnte dieser Auffassung zufolge Gott einen Sokrates nicht vernichten, wenn er nicht einen jeden Menschen vernichtete, was offensichtlich abzulehnen ist. Diesen Schluß leite ich auf folgende Weise ab: Vernichtung heißt doch Zerstörung von etwas unter Bezug auf alles, was in ihm ist; wenn Gott einen Sokrates vernichtete, so müßte er notwendigerweise die in Sokrates enthaltene allgemeine Natur vernichten, d. h. die Speziesnatur des Menschen; sobald aber eine Spezies zerstört worden ist, ist auch ein jedes Individuum dieser Spezies zerstört; also könnte Gott einen Sokrates nicht zerstören, ohne jeden anderen Menschen zu zerstören, was zu äußern unerhört ist.

Es kann geäußert werden, daß die Vernichtung von etwas seine Zerstörung bezüglich aller seiner Teile bedeutet; eine Spezies ist aber kein Teil eines Individuums; folglich ist es nicht notwendig, daß mit der Vernichtung des Individuums auch die Spezies vernichtet wird. – Hierauf wird erwidert: Dieser Auffassung zufolge gilt alles das, was über die Spezies gesagt wird, auch für das Individuum; das Genus ist aber ein Teil einer Spezies; folglich könnte Gott die Spezies Mensch nicht vernichten, wenn er nicht das Genus Lebewesen und auch das oberste Genus Substanz vernichtete; mit der Zerstörung eines Genus werden aber sämtliche Spezies dieses Genus vernichtet; also könnte Gott die Spezies Mensch nur dann vernichten, wenn er eine jede Spezies aus dem Genus Substanz vernichtete, was ausgeschlossen ist. Diese Schlußfolgerung ist richtig, denn mit der Zerstörung des obersten Genus wird alles das zerstört, was ihm unter- und zugeordnet ist.

Diese Argumentationen können die Wahrheit jener Auffassung [daß ein Universale in jedem zu ihm gehörenden Individuum präsent ist] durch nichts schlüssig widerlegen. Folgendes muß daher zum ersten Argument bemerkt werden: Wenn man sagt, daß zahlenmäßig derselbe Mensch im Himmel und in der Hölle existiert, so ist zu bemerken, daß „zahlenmäßig dasselbe“ [idem numero] einen doppelten Sinn, nämlich einen gemeinhin akzeptierten und einen strengen, hat. Im geläufigen Sinn bedeutet „zahlenmäßig dasselbe“ dasjenige, was zusammen mit anderem in eine Anzahl gebracht wird bzw. eine Anzahl auf die Art bildet, daß es wahr ist, über sie beide auszusagen: „diese da sind zwei“. So verstanden lasse ich die Aussage gelten, daß die Speziesnatur des Menschen zahlenmäßig eins ist, da sie und die Speziesnatur des Esels zwei Naturen sind. In strengem Sinn ist aber „zahlenmäßig eins“ lediglich dasjenige, was verschieden ist von „der Spezies nach eins“ und „dem Genus nach eins“, in Anlehnung an das, was der Philosoph zu dem „zahlenmäßig Einen“ im 5. und 10. Buch der „Metaphysik“[26] sagt. Dieselbe Differenzierung betrifft auch „zahlenmäßig dasselbe“. Denn in einer Bedeutung ist „zahlenmäßig dasselbe“ dasjenige, was zusammen mit einem anderen zu einer Anzahl zusammengefaßt wird. In der anderen Bedeutung ist es dasjenige, was verschieden ist von „dasselbe der Spezies nach“ und „dasselbe dem Genus nach“, wie dem 1. Buch der „Topik“[27] zu entnehmen ist.

Ich meine also: Versteht man „zahlenmäßig dasselbe“ im geläufigen Sinn als alles dasjenige, was zusammen mit einem anderen eine Anzahl bildet, so ist es nicht verkehrt, daß zahlenmäßig eines bzw. zahlenmäßig dasselbe zugleich im Himmel und in der Hölle ist und daß es sich zugleich bewegt und ruht. Ein so verstandenes „zahlenmäßig Identisches" ist auch dem „zahlenmäßig Identischen" im strengen Sinn übergeordnet, wie auch dem „der Spezies nach Einen" und dem „dem Genus nach Einen". Ferner trifft es allgemein auf jegliches Seiende zu und hat [hinsichtlich seines Geltungsbereichs] denselben Allgemeinheitsgrad wie „Seiendes".

Heißt es ferner, daß zahlenmäßig dasselbe die höchste Wonne und die höchste Betrübnis habe, so lehne ich dieses Argument als nicht schlüssig ab, insofern es das zahlenmäßig Identische betrifft, das ein Seiendes im Himmel und auf der Erde ist: denn solche Akte und Handlungen sind Eigenheiten von Singulärem, wie dem Philosophen im 1. Buch der „Metaphysik"[28] zu entnehmen ist. Genauso, wie es nämlich das Laufen an sich höchstens in einem Singulären gibt, so auch das Sich-Freuen und das Traurigsein. Man kann jedoch sagen, daß solche Handlungen auf akzidentielle Weise Eigenheiten von Universalien sind, analog zu dem, was der Philosoph im 1. Buch der „Metaphysik"[29] sagt, daß der Mensch [als Allgemeines] gesund macht bzw. gesund gemacht wird in akzidentieller Hinsicht, daß aber an und für sich ein ganz bestimmter Mensch gesund macht bzw. gesund gemacht wird. In diesem Sinn könnte man anerkennen, daß auf akzidentielle Weise zahlenmäßig ein und dasselbe in höchstem Maß betrübt und vergnügt ist, wenn „zahlenmäßig ein und dasselbe" in weitem Sinn gefaßt wird: denn daß auf akzidentielle Weise ein Allgemeines vergnügt bzw. betrübt ist, heißt nichts weiter, als daß an sich das zu ihm gehörende Individuum vergnügt oder betrübt ist. Wie es also nicht ausgeschlossen ist, daß in einem der Spezies nach Identischen zueinander Konträres enthalten ist, ist es auch nicht ausgeschlossen, daß in einem im weiten Sinn verstandenen der Zahl nach Identischen Konträres enthalten ist, zumindest auf akzidentielle Weise. Ja es gibt vielmehr den folgenden logischen Zusammenhang: Wenn in einem der Spezies nach Identischen zueinander Konträres enthalten ist, dann ist solches auch in einem zahlenmäßig Identischen enthalten, wenn man „zahlenmäßig Identisches" im weiten Sinn faßt. – Dieser Schluß ist richtig, weil von einem Untergeordneten auf das ihm Übergeordnete geschlossen wird, wie es dargelegt wurde.

Wird „zahlenmäßig Eins" nun aber im strengen Sinn genommen und demnach von dem „der Spezies nach Einen" und dem „dem Genus nach Einen" unterschieden, so wird es von jeglichem Allgemeinen unterschieden. In diesem Sinn ist „zahlenmäßig Eins bzw. Identisches" dasselbe wie „Individuum", mit dessen Wesensbegriff es unvereinbar ist, in mehrerem vorgefunden zu werden, wie etwa [die Individuen] Sokrates und Platon belegen. In diesem Sinn ist kein Universale ein zahlenmäßiges Eins. Wenn man „zahlenmäßig Eins" so versteht, ist es auch unmöglich, daß zahlenmäßig dasselbe im Himmel und in der Hölle ist oder daß es sich zu gleicher Zeit bewegt und in Ruhe befindet und so weiter. Ein so verstandenes zahlenmäßiges Eins ist dem untergeordnet, was dem Genus nach Eins bzw. der

Spezies nach Eins ist, wie der Philosoph im 1. Buch der „Topik“[30] und dem 5. Buch der „Metaphysik“[31] meint, wo er äußert, daß alles das, was der Zahl nach eins ist, auch der Spezies nach eins ist, und nicht umgekehrt.

Wenn gesagt wird, daß die Speziesnatur [des Menschen] entweder etwas der Zahl nach Eines in Sokrates ist - wobei „der Zahl nach Eins“ im strengen Sinn verstanden wird - oder der Zahl nach Verschiedenes, so ist beides abzulehnen. Denn obgleich „identisch“ und „verschieden“ in ihrer Bedeutung als oberste Differenzen des Seienden auf jedes Beliebige zutreffen - alles, was existiert, ist ja Dasselbe wie Sokrates oder ein von ihm Verschiedenes -, sind „dasselbe“ oder „verschiedenes“ in bezug auf eine Speziesnatur oder in der eingeschränkten Bedeutung eines konkreten Zugrundeliegenden nicht unmittelbar Differenzen des Seienden. Obgleich „dasselbe wie Sokrates“ und „verschieden von Sokrates“ das Seiende einteilen, stellen „derselbe Esel wie Sokrates“ und „der von Sokrates verschiedene Esel“ nicht unmittelbar Einteilungen des Seienden dar, da ja nicht jedes Seiende entweder derselbe Esel wie Sokrates oder ein von Sokrates verschiedener ist. Oder man nimmt Burnellus zum Exempel: obgleich doch alles, was da ist, dasselbe wie Burnellus oder verschiedenes von ihm ist, so ist dennoch nicht alles, was da ist, derselbe Esel wie Burnellus oder ein von Burnellus verschiedener Esel. Genauso muß nun das Urteil in bezug auf „das der Zahl nach Identische bzw. Verschiedene“ erfolgen. Wenngleich nämlich die Speziesnatur des Menschen entweder mit Sokrates identisch oder verschieden von ihm ist, so ist sie dennoch nicht der Zahl nach mit Sokrates identisch oder der Zahl nach von ihm verschieden, wobei man „der Zahl nach identisch“ im strengen Sinn gebraucht. Das ist darin begründet, daß eine Speziesnatur nicht zahlenmäßig eins ist im strengen Sinn dieses Wortes.

Zum nächsten Argument: Zur Beantwortung der Frage, ob die Speziesnatur des Menschen, die in Sokrates ist, eine körperliche oder eine unkörperliche Substanz ist, unterwerfe ich den Satz „die Spezies Mensch ist eine körperliche Substanz“ einer Distinktion, da das Prädikat eine einfache oder eine personale Supposition haben kann. Hat es eine personale, dann ist die Aussage, daß die Spezies Mensch eine körperliche Substanz ist, falsch. Hat es eine einfache Supposition, dann muß eine weitere Distinktion des Satzes erfolgen, weil das Prädikat eine generelle einfache Supposition oder eine spezielle einfache Supposition haben kann.[32] Diese zuletzt genannte Distinktion trifft auf einen allgemeinen Terminus zu, zu dessen Begriffsumfang Spezies und Individuen gehören. Sobald ein solcher Terminus eine generelle einfache Supposition hat, supponiert er für das Genus selbst, d. h. für dasjenige, was sein hauptsächlicher Bedeutungsinhalt ist, und das ist ein Genus. Sobald er jedoch eine spezielle einfache Supposition hat, supponiert er für diejenigen Spezies, welche zu seinem Begriffsumfang gehören. Ich stelle also fest, daß die Aussage „die Spezies Mensch ist eine körperliche Substanz“ falsch ist, wenn das Prädikat eine generelle einfache Supposition hat. Das ist auch der Sinn von Porphyrios' Feststellung, daß „Substanz" ein Genus ist, ohne dabei irgendwie Spezies zu sein.[33] Bei einem solchen Gebrauch supponiert der Terminus „Substanz" nämlich für die Substanz als ein Allgemeines und nicht für etwas, was im Begriffsumfang als sein Bestandteil enthalten ist. Wenn dieses Prädikat jedoch eine spezielle einfache Supposition besitzt, dann supponiert es für die zu ihm gehörenden Spezies [von Substanz]. Die Aussage „die Spezies Mensch ist eine körperliche Substanz" und weitere bis hinab zum untersten Genus [von Substanz] sind dann wahr. Darum lasse ich die Aussage „die Spezies Mensch ist ein Lebewesen" unter dem Aspekt gelten, daß das Prädikat eine spezielle einfache Supposition besitzt. Sie wird verifiziert in Gestalt der Aussage „die Spezies Mensch ist Mensch", insofern das Prädikat eine spezielle einfache Supposition besitzt. Die folgenden Aussagen sind nämlich durchweg falsch: „die Spezies Mensch ist eine gewisse Substanz", „die Spezies Mensch ist eine gewisse körperliche Substanz", „die Spezies Mensch ist ein gewisses Lebewesen". Denn eine Partikularbezeichnung, die zu einem allgemeinen Terminus hinzugefügt wurde, welcher als solcher die Stellung eines Genus hat, läßt diesen Terminus in personaler Weise für Individuen sowie für solche Spezies stehen, die eine personale Supposition haben, da in dieser Supposition ein Genus, das eine personale Stellung hat, für jene verifiziert wird. Daher ist auch die Aussage „eine gewisse Substanz ist eine Spezies" falsch, wiewohl das Subjekt sowohl für Spezies, als auch Individuen supponiert, weil es allgemein genommen auf jedes von beidem zutrifft. Weil aber ein Subjekt, das personal supponiert, nur dann für Spezies supponiert, wenn die Spezies in derjenigen Supposition verstanden werden, in welcher es für diese verifiziert wird, wird es für sie nicht verifiziert, es sei denn, die Spezies supponierten personal. So ist zum Beispiel die Aussage „der Mensch ist eine gewisse Substanz" nicht wahr, es sei denn, das Subjekt supponierte personal. Also ist die Aussage „eine gewisse Substanz ist eine Spezies" falsch, auch wenn das Subjekt für Spezies supponiert, welche personal supponieren; denn alle folgenden Aussagen sind falsch, sobald das Subjekt in ihnen personal supponiert: „der Mensch ist eine Spezies", „die Kuh ist eine Spezies".

Es kann nun gesagt werden, daß die Aussage „ein gewisses Seiendes ist eine Spezies" wahr ist, wenn das Subjekt personal verstanden wird, woraus folgt, daß eine gewisse Substanz bzw. eine gewisse Quantität eine Spezies ist und so weiter in bezug auf die anderen Spezies. – Dazu ist festzustellen, daß die Schlußfolgerung „ein gewisses Seiendes ist eine Spezies, also ist eine gewisse Substanz eine Spezies" nicht zutrifft. Demgegenüber trifft folgender Schluß zu: „ein gewisses Seiendes ist eine Spezies, also ist eine gewisse Substanz oder die Substanz eine Spezies, also ist eine gewisse Quantität oder die Quantität eine Spezies", wobei das Nomen des Genus an der ersten Stelle personal supponiert und an der zweiten Stelle einfach, gleichgültig ob in spezieller oder genereller einfacher Supposition. Es gilt also zu beachten, daß es die Wesenscharakteristik eines Transzendentalterminus [wie z. B. „Seiendes"] ausmacht, daß dieser bei personaler Supposition für alles supponiert, was Element seines Begriffsumfangs ist, mit welcher Supposition auch immer dieses gefaßt werden könnte – ob mit materialer, einfacher oder personaler Supposition. Hingegen verhält es sich nicht so im Fall eines Terminus, der als solcher in der Stellung eines Genus ist. Denn wird ein solcher Terminus in personaler Supposition gebraucht bzw. in Verbindung mit einer Kennzeichnung, die ihn in personaler Supposition stehen läßt, so supponiert er lediglich für Individuen und für Spezies, welche personal für Individuen supponieren. Demzufolge ist es ausgeschlossen, im Geltungsbereich eines personal und disjunktiv supponierenden Transzendentalterminus [wie „Seiendes"] unter Einschluß einer Disjunktion bis zu Elementen seines Begriffsumfangs zu gelangen, welche ausschließlich personal supponieren. Vielmehr muß es um einen Übergang von ihm zu Elementen seines Begriffsumfangs gehen, welche sowohl personal als auch einfach supponieren, wobei dies einer Disjunktion unterworfen ist, wie dargelegt wurde.

In Hinsicht auf das andere Argument [daß aus der Auffassung von der Gegenwart der Universalien in jedem beliebigen zu ihnen gehörenden Individuum die Behauptung der Existenz von zwei Sonnen folgt, d. h. einer allgemeinen und einer einzelnen Sonne] ist zu entgegnen, daß aus dieser Auffassung nicht logisch folgt, daß es zwei Sonnen gäbe. Es gilt dabei folgendes zu beachten: Eine generalisierende Kennzeichnung [wie „jeder", „alle"], welche mit einem allgemeinen Terminus in Verbindung gebracht wurde, der in seinem Begriffsumfang Individuen enthält, distribuiert diesen Terminus auf seine Individuen; genauso bewirkt ein zu einem allgemeinen Terminus von einem Genus bzw. einer Spezies hinzugefügtes Zahlwort, daß jener Terminus zu den Individuen gezählt wird und für Individuen supponiert. Es macht also keinen Unterschied aus, zu sagen „es gibt zwei Sonnen" und „es gibt zwei Individuen der Sonne". Wie also die allgemeine Sonne und die partikuläre Sonne nicht zwei Individuen der Sonne sind, sind sie genausowenig zwei Sonnen; und dennoch sind sie zwei Dinge. Denn ein Transzendentalterminus wie der Terminus „Ding" läßt eine anzahlmäßige Benennung sämtlicher Elemente seines Begriffsumfangs zu, unabhängig davon, ob es sich um Individuen oder gemeinschaftliches Allgemeines handelt; und ebenso kann dieser Terminus auf ein jedes Element aus seinem Begriffsumfang distribuiert werden, unabhängig davon, ob es ein Individuum oder ein Allgemeines ist.

Ferner ist festzustellen, daß aus jener Auffassung [von der Gegenwart der Universalien in jedem beliebigen zu ihnen gehörenden Individuum] nicht logisch folgt, daß Gott Sokrates nicht vernichten könnte, wenn er nicht einen jeden Menschen vernichtete. Wenn nun geäußert wird, daß Gott dann, wenn er Sokrates vernichtete, die Spezies Mensch vernichtete, so lasse ich diesen Schluß nicht gelten, wie gesagt wurde. Denn eine Spezies ist kein Teil eines Individuums, wie der Philosoph im 2. Buch der „Physik"[34] und dem 5. Buch der „Metaphysik"[35] meint, wo er äußert, daß eine partikuläre Wirkung partikuläre Ursachen hat und eine allgemeine Wirkung allgemeine Ursachen. Demzufolge setzt sich Sokrates, der eine partikuläre

Wirkung darstellt, höchstens aus partikulären Ursachen zusammen, d. h. aus einer ganz bestimmten Materie und einer ganz bestimmten Form.

Nun wird auch folgendes Gegenargument angeführt: [Aus der besagten Auffassung] folgt zumindest die unakzeptable Behauptung, daß Gott die Spezies Mensch nicht vernichten könnte, ohne das gesamte Genus Substanz zu vernichten. - Hierzu ist festzustellen, daß dieser Schluß nicht zutrifft. Denn Vernichtung ist die Zerstörung eines Dinges hinsichtlich alles dessen, was ihm ganz eigentümlich ist, und nicht hinsichtlich dessen, was es alles an Gemeinsamkeiten mit anderem außer ihm hat. Folglich kann eine Spezies ohne Vernichtung [ihres] Genus vernichtet werden, da ja das Genus nicht eigentümlicher Bestandteil einer Spezies ist, sondern ein Gemeinsames dieser Spezies und der anderen außer ihr ist. Gott würde also einen Menschen dann vernichten, wenn er generell die Verstandesseele und den für diese Seele veranlagten Körper, wie den menschlichen Körper, vernichtet. Denn die Verstandesseele und der menschliche Körper sind im eigentlichen Sinn die Bestandteile des Menschen.

Der unmittelbar vorangegangene Einwand läßt notwendig einen unendlichen Progreß [von Wesensprädikaten] aus der Annahme folgen, daß ein Universale ein von dem vielen Singulären verschiedenes Ding ist. - Dazu ist folgendes festzustellen: Wenn A ein Individuum, wie z. B. Sokrates, bezeichnet und B die Spezies Mensch, dann ist die Aussage „A und B sind zwei Menschen" falsch, wie bereits am Beispiel der Sonne zuvor festgestellt wurde. Es ist ebenso falsch, daß A und B in einer [von ihnen beiden verschiedenen] dritten menschlichen Natur übereinstimmen. Vielmehr ist das eine von ihnen im anderen enthalten, d. h. A als Individuum in B als Spezies. Beide kommen miteinander jedoch nicht in einer gemeinsamen dritten untersten Spezies überein, da ja das eine von ihnen die unterste Spezies für das andere ist.

IV

Es gibt eine weitere Konzeption von den Universalien, welche annimmt, daß diese außerhalb der Seele sind und dem Sein nach von dem vielen Singulären getrennt sind. Aristoteles zufolge ist dies die Auffassung Platons gewesen. Für diese gab es nach Aristoteles' Bericht im 7. Buch der „Metaphysik"[36] einen doppelten Grund: der eine bestand in dem Verlangen nach wissenschaftlichem Wissen über die sinnlich wahrnehmbaren Dinge; der andere leitete sich aus dem Prozeß des Entstehens jener [Lebewesen] ab, die aus dem Vorgang der Fäulnis hervorgehen, wie etwa Fliegen und Würmer. Der erste Grund basiert darauf, daß es von den natürlichen bzw. sinnlich wahrnehmbaren Dingen ein wissenschaftliches Wissen gibt und nicht von den Individuen, die ein Dasein in der wahrnehmbaren Materie haben, so daß wegen der sinnlich wahrnehmbaren Individuen Universalien anzunehmen sind, die frei von sinnlich wahrnehmbarer Materie sind. Auf diese Universalien ist nun die Naturwissenschaft bezogen. Die Ursache dafür, daß es kein wissenschaftliches Wissen in bezug auf das sinnlich Wahrnehmbare gibt, besteht darin, daß man nicht weiß, ob es existiert oder nicht, sobald es sich der Wahrnehmung entzieht. Weil es also derart der Umwandlung und Veränderung unterliegt, kann es keinerlei sicheres wissenschaftliches Wissen über das sinnlich Wahrnehmbare geben. Der zweite Grund basiert darauf, daß alles ausschließlich aus etwas entsteht, das mit ihm der Spezies nach vergleichbar ist. Aber alles, was aus dem Vorgang der Fäulnis hervorgeht, hat nichts, das mit ihm der Spezies nach vergleichbar ist in Gestalt der Natur, aus welcher es hervorgeht. Denn eine Fliege hat keine ihr substantiell vergleichbare Fliege, aus welcher sie hervorgeht. Folglich muß man bei dem, was aus dem Vorgang der Fäulnis hervorgeht, etwas der Spezies nach Vergleichbares annehmen, das außerhalb der Materie existiert, aus welcher jenes entsteht. Ebendieses von der Materie Abgetrennte soll Platon zufolge das Universale sein. Hieraus wird klar, daß es zwei Gründe gibt, Universalien anzunehmen, die getrennt von dem sinnlich Wahrnehmbaren sind, d. h. den einen wegen des wissenschaftlichen Wissens und den anderen wegen des Prozesses des Entstehens.

Dieser Auffassung tritt der Philosoph im 3. und 7. Buch der „Metaphysik“[37] entgegen, indem er davon ausgeht, daß alles, was durch sich und für sich existiert, entweder ein Singuläres oder ein Individuum ist. Darum wird die folgende Argumentation entwickelt: Ist das Universale etwas selbständig und getrennt von den Individuen Existierendes, so ist es ein Individuum; folglich sind die universale Sonne und die partikuläre bzw. singuläre zwei Individuen der Sonne. Es existieren somit zwei Sonnen und auch zwei Welten, nämlich die universale und die partikuläre Welt, die jeweils ein selbständig Existierendes darstellen, und demzufolge ist jede von beiden singulär und ein Individuum.

Gleichfalls läßt sich ableiten, daß zwei Körper zugleich an ein und demselben Ort sind, nämlich der universale und ein partikulärer bzw. singulärer Körper. Es kann nun jemand feststellen, daß der universale Körper sich an keinerlei Ort befindet. – Dem ist entgegenzuhalten: Hieraus folgt der Widersinn, daß es einen Körper ohne Ortsbestimmung gibt.

Ferner erfolgt der Nachweis dafür, daß man wegen des wissenschaftlichen Wissens nicht getrennt für sich existierende Universalien anzunehmen braucht: Jenes, wovon es ein wissenschaftliches Wissen gibt, hat doch eine Definition; ein getrennt für sich existierendes Universale aber hat keine Definition, da es ja ein Singuläres ist und keinerlei Singuläres definiert wird, wie im 7. Buch der „Metaphysik“[38] nachgewiesen wird; hält man also ein solches getrennt für sich existierendes Universale für gegeben, so gibt es von ihm kein wissenschaftliches Wissen.

Ferner ist ein getrennt für sich existierendes Universale für uns ein weniger Bekanntes als es die sinnlich wahrnehmbaren singulären Dinge sind; durch ein weniger Bekanntes aber erhält man kein wissenschaftliches Wissen vom Bekannteren; man braucht also kein getrennt für sich existierendes Universale anzunehmen, wenn es für uns keinen Erkenntniswert hat in bezug auf das erstrebte Wissen über das für uns bekannte sinnlich Wahrnehmbare. Gegen Platon gerichtet meint Aristoteles daher im 1. Buch von „Über die Seele“,[39] daß ein Universale ein Nichts ist oder ein Nachträgliches; d. h. das getrennt vom sinnlich-wahrnehmbaren Singulären existierende Universale, wie es Platon angenommen hat, ist entweder nichts Wirkliches oder - angenommen, es existierte in Wirklichkeit - es ist ein Nachträgliches hinsichtlich des Erkennens, weil es ein weniger Bekanntes und Späteres für uns ist als das sinnlich-wahrnehmbare Singuläre.

Ferner: Das Vergängliche und das Unvergängliche gehören nicht zu ein und derselben Spezies. Der allgemeine Mensch gehört also dadurch, daß er unvergänglich ist, nicht zu derselben Spezies wie ein partikulärer Mensch, wie z. B. Sokrates. Demzufolge erlangt man durch das wissenschaftliche Wissen vom allgemeinen Menschen nicht auch eines von den partikulären und sinnlich-wahrnehmbaren Menschen. Also ist es nicht nötig, zum Zweck des wissenschaftlichen Wissens vom Singulären ein getrennt für sich existierendes Universale anzunehmen.

Den anderen Beweggrund für die Annahme von getrennt von dem vielen Singulären existierenden Universalien entkräftet der Philosoph ausgehend davon, daß ebendasjenige Agens, was eine Form [in etwas] einprägt, auch die [entsprechende] Materie in eine Beschaffenheit und einen Zustand verwandelt, der die Einprägung der Form ermöglicht. Etwas, was die Materie nicht verwandelt, prägt also auch keine Form ein. Bei demjenigen, was aus dem Prozeß der Fäulnis entsteht, verwandelt nun aber kein getrennt für sich existierendes Universale die Materie und prägt demzufolge auch keine Form ein. Also spielt bei der Geburt einer Fliege die allgemeine Fliege nicht die Rolle des Erzeugers einer partikulären Fliege. Daher ist die Aussage „dasselbe Agens verwandelt die Materie und prägt die Form ein“ generell wahr in Hinsicht auf die Einprägung einer materiellen Form, da ja eine so geartete Form einer Materie eingeprägt wird, d. h. also durch ein Agens, das die Materie verwandelt: analog ist es bei der erkennenden Seele, denn diese wird ja nicht aus einer materiellen Veranlagung heraus ins Dasein geführt. Dieses ist auch der Grund dafür, daß es sich von einem getrennt für sich existierenden Agens unterscheidet, wie dem 16. Kapitel von „Über die [Entstehung der] Tiere“[40] zu entnehmen ist. Man muß nun also gemäß Aristoteles' Werk „Über die Entstehung der Tiere“[41] festhalten, daß einige Lebewesen durch Fortpflanzung entstehen - diese entstehen aus einem Samen; und daß einige von ihnen aus dem Prozeß der Fäulnis hervorgehen - diese entstehen nicht aus einem Samen, sondern haben ihren Ursprung in etwas einem Samen Ähnlichen, das eine Wirkung der Sonne in der Materie darstellt. Darum wird in einem verfaulenden Stoff, aus dem eine Fliege entsteht, von der Sonne eine gewisse Kraft bewirkt, die der Kraft eines Samens ähnlich ist und beim Entstehen einer Fliege analog wirkt wie ein Samen bei den durch Fortpflanzung entstehenden Lebewesen. Der Kommentator berichtet im

[1] 2. Buch des „Metaphysikkommentars",[42] daß Aristoteles diese Kraft eine „göttliche Kraft" nennt. Es kommt hinzu, daß es zweierlei Lebewesen gibt, die durch Fortpflanzung entstehen: einige nämlich entstehen aus etwas Ähnlichem, das [zusammen mit ihnen] der jeweiligen untersten Spezies angehört, wie etwa ein Mensch aus dem Menschen; andere entstehen aus etwas Ähnlichem, das [zusammen mit ihnen] dem nächstliegenden Genus angehört, wie etwa ein Maultier aus dem Esel und dem Pferd, welche miteinander in der Zugehörigkeit zum nächstliegenden Genus übereinstimmen, ohne daß dieses Genus eine spezielle Bezeichnung erhalten hat. Die Behauptung, daß alles, was entsteht, aus etwas ihm der Spezies nach Ähnlichem entsteht, von der Platon ausging, ist also nicht universell wahr. Denn die Wärme entsteht aus der Bewegung, welche mit dieser der Spezies nach nicht vergleichbar ist; und das Feuer aus dem Aufeinanderschlagen oder Zusammenstoßen von harten Gegenständen; und ein Wurm geht aus dem Wirken der Sonne hervor. Ferner ist gemäß dem Buch des Philosophen „Über die Entstehung der Tiere" erwiesen, daß sich ganz allgemein das aus einem Samen Hervorgegangene und ohne einen solchen Hervorgegangene der Spezies nach unterscheiden, wie sehr sie sich ihren Akten nach auch einander ähnelten. So sei beispielsweise angenommen, daß eine Maus ohne einen Samen entstünde, etwa aus Erde, und daß ebensolche Maus kraft ihres Samens danach eine andere Maus erzeugte: wie sehr diese Mäuse sich auch in ihren Akten ähnelten, so unterscheiden sie sich dennoch voneinander der Spezies nach, weil die eine aus einem Samen hervorging und die andere ohne einen solchen entstand. Avicenna behauptete jedoch das Gegenteil hiervon. Er nahm an, daß der Spezies nach Übereinstimmendes aus einem Samen und ohne diesen entstehen könnte. Er behauptete daher dem Kommentator[43] zufolge, daß ein Mensch ohne einen Samen entstehen kann, nämlich aus einer intensivsten wechselseitigen Verbindung der Elemente.

Ferner gilt es festzuhalten, daß es zum einen ein univokes Entstehen gibt, d. h. das Entstehen von etwas aus einem mit ihm der Spezies nach Vergleichbaren; und zum anderen ein äquivokes Entstehen, d. h. das Entstehen von etwas aus einer der Spezies nach nicht vergleichbaren Ursache. Und diese Unterscheidung stellen sowohl die Philosophen als auch die Theologen an.

V

Nachdem Platons Auffassung von den Ideen betrachtet worden ist, gilt es nun, die Auffassung des heiligen Augustinus und anderer Theologen über diese zu betrachten. Es ist dabei davon auszugehen, daß das göttliche Wesen von Ewigkeit her alles repräsentiert hat, was ins Dasein treten sollte. Bevor Gott die Dinge also geschaffen hatte, hat er sie erkannt, weil er ansonsten nicht gewußt hätte, was er künftig schaffen würde. Augustinus äußerte darum in seinem Buch „Von den 83 Fragen"[44] die Meinung, daß es von Ewigkeit her Urbilder gegeben hat, die die Dinge repräsentierten, welche ins Dasein treten sollten. Und diese Urbilder nennt er „Ideen". Er sagt deshalb, daß in dem göttlichen Wesen von Ewigkeit her Ideen gewesen sind, nach deren Muster die Dinge ins Dasein treten sollten. Außerdem äußerte er dreierlei über diese Ideen, was offenbar Schwierigkeiten mit sich bringt, daß die Ideen im göttlichen Geist nämlich ewig, unveränderlich und voneinander verschieden sind, denn der Mensch ist mit einer anderen Wesenscharakteristik ausgestattet worden als das Pferd, wie er sagt.

Daran ist jedoch ein großer Zweifel geknüpft. Ich werfe nämlich als Problem auf, ob die Idee dasselbe ist wie das göttliche Wesen oder ein davon verschiedenes Ding: wenn sie dasselbe ist, dann wird es nicht mehrere Ideen geben, weil es in Gott keinerlei Vielheit außer der Vielheit der Personen gibt; wenn die Idee ein vom göttlichen Wesen verschiedenes Ding ist, folgen daraus auszuschließende Annahmen, nämlich daß etwas von Gott Verschiedenes von Ewigkeit her existiert hat, wie etwa die Idee vom Menschen, und daß etwas von Gott Verschiedenes unveränderlich ist, was ausgeschlossen ist, weil alles von Gott Verschiedene auf Grund göttlichen Vermögens wandelbar und vernichtbar ist. Ebenso gilt, daß darum, weil Gott in höchstem Maß einfach ist, alles, was in ihm ist, dasselbe wie das göttliche Wesen ist; es kann also nicht behauptet werden, daß die Idee in Gott ein von dem göttlichen Wesen verschiedenes Ding ist.

Eine mögliche Antwort auf diese Zweifel und viele andere lautet, daß Bestimmtes real-gegenständlich miteinander identisch ist, verschieden aber in bezug auf das Konnotierte. Damit wird auch auf die Schwierigkeiten mit den Attributen im Rahmen des Göttlichen geantwortet. Man sagt nämlich, daß in Gott das Wissen und Wollen oder das Erkennen und Wollen dasselbe sind, wobei Gott dennoch das Verwerfliche eines schuldhaften Vergehens erkennt, ohne es gutzuheißen oder anzustreben. Es wird damit ein und demselben tatsächlich einander Widersprechendes beigelegt unter Bezug auf das Konnotierte. So verhält es sich auch bei den Ideen: Die Idee vom Menschen und die Idee vom Pferd sind real-gegenständlich [realiter] identisch, weil sie dasselbe sind wie das göttliche Wesen, verschieden aber hinsichtlich des Konnotierten, da die Idee vom Menschen den Menschen und nicht das Pferd konnotiert und die Idee vom Pferd das Pferd konnotiert und nicht den Menschen.

Dagegen erhebt sich aber ein Bedenken. Ich werfe nämlich die Frage auf: Was ist dasjenige, das konnotiert? Denn entweder ist es ein Ding, das durch ein Wort bezeichnet wurde, oder es ist ein Wort, das ein Ding bezeichnet. – Ist es ein Ding, das durch ein Wort bezeichnet wurde, so möge A das mit „göttliches Erkennen" bezeichnete Ding und B das mit „göttliches Lieben" bezeichnete Ding sein; A und B sind dann ganz und gar dasselbe Ding, da ja in Gott das Erkennen und Lieben völlig identisch sind; wenn A und B nun als Ding miteinander völlig identisch sind, so kann man nicht sagen, daß A etwas Anderes konnotiert als B; die besagte Verschiedenheit der Konnotationen kann also nicht von den konnotierenden Dingen herrühren. Wird nun angenommen, daß die Verschiedenheit der Konnotationen von den Wörtern herrührt, dann hat eine derartige verschiedene Konnotation keinerlei Auswirkung für das behandelte Thema, da ja die hier behandelte Problematik nichts mit der Identität oder Verschiedenheit von Wörtern zu tun hat, sondern einzig mit der Identität oder Verschiedenheit von Dingen. Indem wir die allgemein anerkannte Auffassung teilen, können wir feststellen: daß etwas „konnotiert" wird, sagt man von demjenigen, was in der Gesamtbedeutung [totale significatum] eines Nomens miteingeschlossen ist bzw. was auf indirekte Weise bezeichnet wird; und von demjenigen, das auf direkte Weise bezeichnet wird, sagt man, daß es „hauptsächlich bezeichnet wird". Der Ausdruck zum Beispiel „göttliches Wesen, welches den Menschen repräsentiert" bezeichnet in bezug auf denjenigen Teil dieses Ausdrucks, der im Nominativ steht, das göttliche Wesen; in bezug auf denjenigen Teil dieses Ausdrucks, der in der flektierten Form steht, bezeichnet dieser Ausdruck hingegen auch ein Ding, das durch das göttliche Wesen repräsentiert wird, d. h. den Menschen. Somit wird also die hauptsächliche Bedeutung im Nominativ und das Konnotierte durch eine flektierte Form bezeichnet. Wenn nun gesagt wird, die Idee bzw. das Nomen eines Attributes [Gottes] konnotiere, so betrifft diese Konnotation ein Wort. Die Schwierigkeit des Problems hingegen betrifft die durch das Wort bezeichneten Dinge. Wenn also gesagt wird, daß die Idee etwas anderes konnotiert als es das göttliche Wesen tut, so meint man damit, daß der Terminus „Idee" in seiner Gesamtbedeutung mehr einschließt als der Terminus „göttliches Wesen". Insofern betrifft die Problemstellung dann das Ding, das durch das Wort und insofern es durch das Wort bezeichnet wurde. Wird also die Frage gestellt, ob die Idee dasselbe ist wie das göttliche Wesen oder nicht, so stelle ich fest, daß die Idee in bezug auf die in ihr enthaltene hauptsächliche Bedeutung dasselbe ist wie das göttliche Wesen, daß sie aber in bezug auf das in ihr enthaltene Konnotierte nicht mit diesem identisch ist, sondern etwas anderes. Genau in diesem Sinn läßt der heilige Augustinus gelten, daß es mehrere Ideen gibt, nämlich gemessen an dem [jeweils von ihnen] Konnotierten, d. h. in bezug auf die Nachbildungen [ideata] aus ihnen; es gibt ja doch bezüglich des göttlichen Wesens eine Vielzahl von Nachbildungen aus den Ideen bzw. von abbildhaften Repräsentanten [ideata seu exemplata]. Die „Idee" in der Mehrzahl gibt es jedoch nicht, wenn man von dem Hauptinhalt des Begriffs „Idee" ausgeht, und dieser besteht ausschließlich in dem göttlichen Wesen.

Folgenden Einwand aber gibt es: der heilige Augustinus[45] sagt doch, daß die Ideen ewige und unveränderliche Vernunftgründe [rationes aeternae et incommutabiles] sind und er spricht über dasjenige, von dem er feststellt, daß es ewig sei, im Plural; das Konnotierte bzw. das aus den Ideen Nachgebildete ist nun aber nicht ewig; also muß die Pluralität etwas zugeschrieben werden, was sich von dem aus den Ideen Nachgebildeten [ideata] unterscheidet, so daß demzufolge in dem göttlichen Wesen selbst von Ewigkeit her eine Pluralität vorhanden war. – Dazu ist folgendes zu sagen: Das aus den Ideen Nachgebildete war ewig in der Weise eines Erkenntnisgegenstandes [objective] innerhalb des göttlichen Wesens, d. h. es ist von Ewigkeit her durch Gott repräsentiert und erkannt worden. Es muß also nicht uneingeschränkt die Richtigkeit der Feststellung zugegeben werden, daß der Mensch bzw. die Quidditát des Menschen von Ewigkeit her da war, denn in dieser Feststellung sagt das Wort „war da" ein zweites Angrenzendes[46] aus. Die nähere Bestimmung „von Ewigkeit her" stellt dort nämlich nicht ein Prädikat, sondern eine nähere Bestimmung des Verbs dar. Man muß also in bezug auf nichts außerhalb Gottes die Prädikation des Verbs „ist" im Präteritum oder Präsens in Verbindung mit der näheren Bestimmung „von Ewigkeit her" bzw. „ewig" gelten lassen, insofern es ein zweites Angrenzendes aussagt. Dagegen können viele affirmative Aussagen unter Einschluß der Bestimmung „von Ewigkeit her" über von Gott Verschiedenes insofern akzeptiert werden, als das Verb „ist" ein drittes Angrenzendes[47] aussagt. Unakzeptabel ist zum Beispiel der Satz „der Mensch ist von Ewigkeit her da gewesen" und auch der Satz „die Aussage ‚der Mensch ist' ist von Ewigkeit her wahr gewesen": in diesen Sätzen sagt nämlich das Verb „ist" ein zweites Angrenzendes aus. Einige Sätze hingegen, in denen das Verb „ist" ein drittes Angrenzendes affirmativ aussagt, müssen unter Einschluß der näheren Bestimmung „von Ewigkeit her" akzeptiert werden, so daß der folgende Satz wahr ist: „der Mensch bzw. die Quidditát des Menschen ist durch Gott von Ewigkeit her erkannt worden und durch ihn von Ewigkeit her erschaffbar gewesen". Analog verhält es sich nun bei den Ideen: denn dasjenige, was durch die Idee des Menschen konnotiert wird, ist nicht von Ewigkeit her da gewesen, sondern es ist von Ewigkeit her durch das göttliche Wesen repräsentiert worden. Hiervon ausgehend sagt Augustinus, daß die Ideen ewige Vernunftgründe sind. Er versteht darunter, daß die Ideen in bezug auf das Konnotierte das ewig Repräsentierte sind bzw. daß sie von Ewigkeit her in der Weise von Erkenntnisgegenständen im göttlichen Wesen sind. Dies aber steht zweifelsfrei fest, denn es ist erwiesen, daß Gott aktiv wirkt und verursacht vermöge des Erkennens. Alles das, was Gott erstmalig erschafft, hat er daher auch zuvor und von Ewigkeit her als etwas erkannt, das zu erschaffen ist. Ein Ding, welches von Gott in diesem Augenblick geschaffen wurde, ist somit durch den göttlichen Intellekt von Ewigkeit her gedanklich erfaßt worden.

Aus dem zuvor Gesagten ist ersichtlich, welchen Fehler diejenigen machen, die sagen, daß alle Dinge, welche von Gott von Ewigkeit her gedanklich erfaßt wurden, dasselbe sind wie das göttliche Wesen. Denn es liegt klar auf der Hand, daß der noch zu erschaffende Antichrist nicht Gott selbst ist. Denn zahlenmäßig ein und dasselbe, was ein zu Erschaffendes ist, wird später ein Geschaffenes; wäre der zu erschaffende Antichrist also dasselbe wie das göttliche Wesen, so folgte daraus, daß der Antichrist mit dem Moment seines Geschaffenseins dasselbe wie das göttliche Wesen sein würde, was nicht zutrifft. Daher läßt sich folgendermaßen argumentieren: Nichts [davon], was göttliches Wesen ist, ist ein zu Erschaffendes; der Antichrist ist ein zu Erschaffendes; also ist der zu erschaffende Antichrist nicht das göttliche Wesen. - Die Prämissen sind wahr und demzufolge ist es auch der Schlußsatz.

Es kann geäußert werden: Alles das, was im göttlichen Wesen ist, ist dasselbe wie das göttliche Wesen; so ist etwa ein Ding, das wirklich werden soll, im göttlichen Wesen, bevor es wirklich da ist; also ist ein derartiges Ding, bevor es wirklich da ist, das göttliche Wesen.

Ferner kann geäußert werden: Wenn der zu erschaffende Antichrist nicht dasselbe ist wie das göttliche Wesen, dann ist er etwas vom göttlichen Wesen Verschiedenes; „dasselbe" und „verschiedenes" aber sind Differenzen des Seienden; wenn der zu erschaffende Antichrist also etwas von Gott Verschiedenes ist, dann ist der zu erschaffende Antichrist ein Seiendes. - Dies wird auch durch folgendes Argument gestützt: Das Wort „verschiedenes" impliziert doch eine Relation und eine Relation gibt es nur zwischen Seiendem.

Zum ersten Argument ist festzustellen, daß es dafür, daß etwas im göttlichen Wesen ist, zweierlei Art gibt, d. h. entweder essentiell oder in der Art eines Erkenntnisgegenstandes bzw. repräsentativ. Darum sage ich, daß alles, was essentiell im göttlichen Wesen ist, dasselbe wie das göttliche Wesen ist. In diesem Sinn muß der fragliche Satz interpretiert werden. Demgegenüber ist aber nicht alles, was in der Art eines Erkenntnisgegenstandes oder repräsentativ im göttlichen Wesen ist, dasselbe wie das göttliche Wesen.

Es kann nun gesagt werden, daß nach dem 12. Buch des „Metaphysikkommentars"[48] des Kommentators Gott gar nichts außerhalb von sich erkennt, so daß alles das, was Gott erkennt, mit ihm identisch ist. - Dazu ist zu sagen, daß Gott nichts außerhalb von sich als erstes erkennt, sondern zuerst sich selbst erkennt und damit zugleich alles andere erkennt. Gott erkennt ebenso nichts außerhalb von sich durch Aufnahme von etwas aus den äußeren Dingen, wie etwa unser Intellekt durch das Aufnehmen von Vermittlungsformen [species] aus den äußeren Dingen zur Erkenntnis gelangt, sondern indem Gott sich selbst erkennt, erkennt er alles andere, weil das göttliche Wesen hinreichend alles andere repräsentiert. Dementsprechend muß der geläufige Ausspruch des Kommentators interpretiert werden, daß bei dem von der Materie Abgetrennten das Erkennbare und das Erkannte dasselbe sind, wobei unter dem „Erkannten" dasjenige zu verstehen ist, in bezug worauf ein abgetrennter Intellekt erkennt.[49] Daraus ergibt sich folgender Sinn: bei dem von der Materie Abgetrennten sind das Intelligible und jenes, in bezug worauf der Intellekt zur Erkenntnis gelangt, identisch. Dem Kommentator zufolge bedient sich daher keine von der Materie abgetrennte Substanz einer aufgenommenen Vermittlungsform beim Erkennen, sondern lediglich ihres eigenen Wesens. Aber vermittels einer vom erkannten Gegenstand aufgenommenen Vermittlungsform zur Erkenntnis zu gelangen, ist gerade ein eigentümliches Charakteristikum für den an die Materie gebundenen Intellekt.

Zum nächsten Argument: Ich lasse gelten, daß ein zu erschaffendes Ding etwas von Gott Verschiedenes ist, wobei das Wort „verschiedenes“ als Differenz des transzendentalen Seienden verstanden wird; auch lasse ich gelten, daß es ein Seiendes ist, wobei das Wort „Seiendes“ als ein Nomen und eine Transzendentalbestimmung von höchstem Rang zu nehmen ist, denn ein so ausgesagtes Seiendes ist konvertibel mit der Allgemeinbestimmung „Intelligibles“. Wie demzufolge ein zu erschaffendes Ding von Ewigkeit her intelligibel gewesen ist, so ist es ebenso von Ewigkeit her ein Seiendes gewesen, indem das Wort „Seiendes“ als ein Nomen verstanden wird. Es muß hingegen nicht akzeptiert werden, daß ein zu erschaffendes Ding von Ewigkeit her seiend gewesen ist. denn in diesem letzten Satz wird das Partizip „seiend“ ausgesagt, da ja die Wendung „ist gewesen“ hier ein zweites Angrenzendes aussagt.

Zum nächsten Argument, daß die Verschiedenheit [alietas] eine Relation ist und eine Relation [nur zwischen Seiendem existiert], stelle ich fest, daß sie eine transzendentale Relation ist. Bei jeder beliebigen Kategorie findet man doch die Verschiedenheit zwischen den Dingen ebendieser und denen einer anderen Kategorie vor. Eine solche transzendentale Relation kann es nun durchaus auch zwischen Nicht-Seiendem und Seiendem geben. Darum hat das Erkannte zwar einen Bezug auf einen Erkennenden, wie aus dem 5. Buch der „Metaphysik“[50] erhellt, aber ein gewisses Erkanntes ist ein Nicht-Seiendes.

Es wird eine weitere Distinktion hinsichtlich der Ideen angestellt, die ihrem sachlichen Gehalt nach mit der zuvor erwähnten übereinstimmt. Sie besagt, daß unter einer „Idee“ entweder dasjenige gefaßt werden kann, was sie bezeichnet [significat], oder dasjenige, was sie paronymisch benennt [denominat]. Unter dem ersten Aspekt gibt es mehrere Ideen, weil der Terminus „Idee“ nicht nur das göttliche Wesen bezeichnet, sondern auch das göttliche Wesen, insofern es das der Idee Nachgebildete repräsentiert. Daher bezeichnet „die Idee des Menschen“ dasselbe wie der Ausdruck „das göttliche Wesen, welches den Menschen repräsentiert“, und „die Idee des Pferdes“ bezeichnet dasselbe wie „das göttliche Wesen, welches das Pferd repräsentiert“. Es ist unzweifelhaft, daß zur Bedeutung dieses gesamten Ausdrucks nicht allein das göttliche Wesen gehört, sondern auch das der Idee Nachgebildete, d. h. der Mensch oder das Pferd. Damit ist klar, daß „die Idee des Menschen“ etwas bezeichnet und ein anderes „die Idee des Pferdes“. Wenn man jedoch unter einer „Idee“ dasjenige versteht, was sie paronymisch benennt, dann ist allein das göttliche Wesen eine Idee; der Satz „das göttliche Wesen ist die Idee des Menschen“ ist ja wahr und er stellt ebenso eine paronymische Prädikation dar wie der Satz „das göttliche Wesen ist das den Menschen Repräsentierende“.

Daraus entsteht aber das Problem, wie man die „Idee“ auffaßt, damit akzeptiert werden muß, daß die Ideen ewig sind und daß es eine Vielzahl von ihnen gibt. Denn versteht man unter der Idee, was sie paronymisch benennt, so gibt es dort keine Vielheit. Und versteht man unter der „Idee“ das, was sie bezeichnet, dann gibt es dort keine Ewigkeit, da ja das der Idee Nachgebildete zur Bedeutung der Idee gehört und das der Idee Nachgebildete nicht ewig ist. – Hierzu ist festzustellen, daß man die Formulierungen der Autoren in dem Sinn zu begreifen hat, in dem sie ursprünglich geäußert wurden, und nicht allein in dem Sinn, den sie [heute] machen. Ich sage also, daß es im strengen Sinn des Wortes falsch ist zu sagen, daß die Ideen mehrere an der Zahl und ewig sind. Dennoch trifft die Intention des Autors zu, welche besagt, daß das den Ideen Nachgebildete mehreres an der Zahl ist und daß dieses von Ewigkeit her durch das göttliche Wesen repräsentiert bzw. vorgebildet worden ist. Und das ist wahr. Oder man kann sagen, daß sich die Vielheit und die Ewigkeit auf jeweils Verschiedenes beziehen, wenn man der Intention des Augustinus folgt: die Vielheit bezieht sich doch auf das den Ideen Nachgebildete und die Ewigkeit auf dasjenige, was die Idee paronymisch benennt, d. h. auf das göttliche Wesen.

Diese Distinktion, d. h. daß ein Terminus für das genommen werden kann, was er bezeichnet, oder für das, was er paronymisch benennt, kann auch auf andere Gegenstände angewendet werden, so etwa auf die Ewigkeit und im Rahmen der Ewigkeit. Die Gelehrten gehen nämlich von dreierlei Maß für die Dauer der Dinge aus: da ist zunächst die Zeit, die das Maß für die veränderlichen und vergänglichen Dinge darstellen soll; es folgt der Äon [aevum], der den Gelehrten zufolge das Maß der Dauer für die Engel sein soll; und es wird gesagt, daß es ein drittes Maß gäbe, das als „Ewigkeit" bezeichnet wird, die als das Maß Gottes vorgestellt wird. Diese allgemein gebräuchliche Distinktion in bezug auf die Dauer ist jedoch nicht so zu verstehen, daß es drei selbständige, elementare Maße der Dauer gäbe. Ein jedes Maß der Dauer ist vielmehr Zeit, weil man die Dauer nicht ohne das Früher und Später verstehen kann und allein die Zeit das Maß des Früher und Später hinsichtlich der Dauer ist. Daher hat ein Engel kein Maß der Dauer, das ein vom Wesen des Engels verschiedenes Ding darstellt. Denn mit der gleichen Begründung hätte dieses Ding wieder ein gesondertes Maß und so immer weiter bis ins Unendliche. Und auch Gott hat kein gesondertes Maß seiner Dauer, das ein von Gott selbst verschiedenes Ding darstellte. Darum ist die Ewigkeit nichts von Gott Verschiedenes. Dennoch sage ich, daß man unter „Äon" und „Ewigkeit" entweder das verstehen kann, was sie prinzipiell zum Ausdruck bringen, und das ist ebendas, was sie paronymisch benennen, d. h. das Wesen eines Engels oder das von Gott; oder man versteht unter ihnen das, was sie bezeichnen. Unter dem ersten Aspekt ist der Äon dasselbe wie das Wesen eines Engels und die Ewigkeit dasselbe wie das göttliche Wesen. Unter dem zweiten Aspekt ist der Äon identisch mit der Bedeutung des Ausdrucks „das Wesen des Engels, das zusammen mit der Zeit existiert" und die Ewigkeit ist dasselbe wie „das göttliche Wesen, das zusammen mit der wahren oder vorgestellten ewigen Zeit existiert". Daher ist dasjenige ewig, was zusammen mit der ewigen Zeit existiert, vorausgesetzt, daß die Zeit von Ewigkeit her dagewesen ist. Ich stelle also fest, daß der Äon bzw. die Ewigkeit etwas von der Zeit Verschiedenes ist, sobald man unter beiden das versteht, was sie bezeichnen, denn in beiden Begriffen ist mehr eingeschlossen [als in dem der Zeit], nämlich das Wesen eines Engels bzw. das von Gott. Versteht man aber unter „Äon" bzw. „Ewigkeit" dasjenige, was es paronymisch benennt oder dem Anschein nach, dann ist der Äon nichts vom Wesen eines Engels und die Ewigkeit nichts vom Wesen Gottes Verschiedenes.

Es kann die Meinung geäußert werden, daß das Nomen „Ewigkeit" kein Paronymon [denominativum] sein kann, weil es ein Abstraktum mit dem höchsten Grad an Abstraktion ist. – Hierzu ist festzustellen, daß etwas entweder für sich genommen als „Paronymon" bezeichnet werden kann, wobei es dann nicht ein Abstraktum mit dem höchsten Grad an Abstraktion ist; oder etwas kann als „Paronymon" in Gestalt seines Äquivalents bezeichnet werden. Und genau in dieser Hinsicht ist „Ewigkeit" ein Paronymon, da es ja dasselbe ist wie „das zusammen mit der gesamten ewigen Zeit Existierende" – vorausgesetzt, es gibt eine solche Zeit. Nun ist aber das, was ich „das zusammen mit der ewigen Zeit Existierende" nenne, in gewissem Sinn auch ein Paronymon. Hieraus wird also ersichtlich, daß das Maß der Dauer eines Engels kein von der Natur des Engels bzw. der Engelnatur unterschiedenes Ding ist und auch nicht von der Zeit, mit der zusammen ein Engel existiert. Auch die Ewigkeit ist kein von Gott und der unendlichen Zeit gesondertes Ding – vorausgesetzt, es gäbe eine solche Zeit und Gott existierte mit ihr zusammen.

Es gilt zu beachten, daß das Konkretum danach eingeteilt wird, ob es ein Konkretum bezüglich der einem Subjekt eigenen Konkretion ist oder ein Konkretum bezüglich der einem Suppositum eigenen Konkretion. Ein Konkretum bezüglich der einem Subjekt eigenen Konkretion ist alles dasjenige, was die Form und das Zugrundeliegende dieser Form in sich einschließt, gleichgültig, ob es adjektivisch oder substantivisch bezeichnet wird – adjektivisch wie zum Beispiel „weißes", „schwarzes" und so weiter, substantivisch wie zum Beispiel „Herr", „Knecht", „Bischof" und so weiter, d. h. ganz allgemein alle Bezeichnungen von Ämtern bzw. Rängen oder Unterstellungsverhältnissen. Ein Konkretum bezüglich der einem Suppositum eigenen Konkretion ist dasjenige, was ein Ding bzw. einen Begriff in sich einschließt, der für sich über ein substantiell existierendes Kompositum aussagbar ist. Nach diesem Kriterium werden nun zum Beispiel „Mensch", „Esel" und ähnliches als „Konkreta" bezeichnet, d. h. bezüglich der einem Suppositum eigenen Konkretion; man bezeichnet sie dabei als „Konkreta" vom Zugrundeliegenden aus [subiective]. Einige so beschaffene Konkreta drücken ferner eine substantielle Form aus, welche einem Suppositum inhäriert, das man mit ihnen für gewöhnlich assoziiert, wie zum Beispiel die Konkreta „Mensch" und „Esel". Und einige drücken eine Form aus, welche etwas anderem als dem inhäriert, was gewöhnlich [mit ihnen] assoziiert wird, so zum Beispiel dasjenige, was ich als „menschlich", „handwerklich" und so weiter benenne. Sie drücken nämlich eine Form aus, welche etwas inhäriert, was demjenigen gegenüber äußerlich ist, über das sie ausgesagt werden. Denn eine Behausung heißt eine „menschliche" nicht wegen eines Menschentums, das in dieser Behausung ist, sondern wegen des im Menschen befindlichen Menschentums. Ein Werk wiederum heißt auch nicht „handwerklich" wegen der in ihm befindlichen Handwerkskunst, sondern wegen der Handwerkskunst, welche in dem Handwerker ist.

Auf dieselbe Weise [wie das Konkretum] kann das Abstraktum unterschieden werden. Denn das eine Abstraktum beruht auf der Abstraktion einer akzidentiellen Form vom Zugrundeliegenden, dem sie real inhäriert, wie zum Beispiel bei der „Weißheit", der „Schwärze" und so weiter; und ein anderes Abstraktum beruht auf der Abstraktion einer substantiellen Form vom Suppositum, dem sie real inhäriert oder das sie auf irgendeine Weise paronymisch benennt. Unter dem zuletzt genannten Aspekt gilt „Menschentum" als ein Abstraktum vom Menschen bzw. einem Suppositum, dem es real inhäriert; zugleich soll es auch ein Abstraktum bezüglich des „Menschlichen" sein, das durch „Menschentum" paronymisch benannt wird. Daher gilt „Mensch" in bezug auf „Menschliches" in gewisser Weise als ein Abstraktum. Denn obgleich „Mensch" in bezug auf „Menschentum" ein Konkretum ist, ist er in bezug auf „Menschliches" ein Abstraktum, das wiederum in stärkerem Maß ein Konkretum ist als „Mensch", denn es verknüpft mehr miteinander und begreift mehr in sich, weil es die menschliche Natur bezeichnet und außerdem ein weiteres äußeres Ding paronymisch benennt, wie z. B. ein Werk oder einen Besitz des Menschen. Man muß also zur Kenntnis nehmen, daß in dem Maß, wie ein Terminus eine komplexere Zusammensetzung enthält oder anzeigt, er um so mehr als „Konkretum" bezeichnet wird; und daß es in dem Maß, wie er das dem Begriff nach Einfachere bezeichnet, um so mehr als „Abstraktum" bezeichnet wird. Aus diesem Grund wird dasjenige, was den einfachsten Begriff irgendeiner Form bezeichnet, ein „Abstraktum mit dem höchsten Grad der Abstraktion" genannt. Und dasjenige, was den komplexesten Begriff anzeigt, ist, wie man sagt, das „am meisten entlegene Konkretum", d. h. am meisten von der Form entlegen. „Menschentum" ist demzufolge abstrakt mit dem höchsten Grad der Abstraktion, da es hinsichtlich der menschlichen Natur begrifflich nichts Einfacheres gibt als das, was das Nomen „Menschentum" bezeichnet. „Menschliches" wiederum ist ein Konkretum mit dem höchsten Grad an Konkretion, denn in bezug darauf, was mit dem Nomen „Mensch" bezeichnet wird, kann es begrifflich nichts Komplexeres geben als das, was das Nomen „Menschliches" bezeichnet. „Mensch" hingegen ist in gewisser Weise ein Konkretum und in gewisser Weise ein Abstraktum, denn in bezug auf „Menschentum" ist er ein Konkretum und in bezug auf „Menschliches" ist er ein Abstraktum. „Menschentum" hingegen ist in keiner Beziehung ein Konkretum und „Menschliches" ist in keiner Beziehung ein Abstraktum. Demzufolge bezeichnet das im höchsten Grad Abstrakte eine Form oder Natur unter Ausklammerung eines jeden anderen Dinges. Deswegen sagt Avicenna auch im 1. Kapitel des 5. [Traktats] seiner „Metaphysik":[51] die Pferdheit ist ausschließlich Pferdheit, d. h. das Nomen „Pferdheit" bezeichnet eine entsprechende Form unter Ausklammerung eines jeden anderen Dinges. Dies trifft aber auf das Konkretum nicht zu; denn ein jedes Konkretum bezeichnet etwas außer der Form, die die primäre Bedeutung eines konkreten Nomen ausmacht.

VI

Neben den gezeigten Auffassungen, denen zufolge die Universalien ein Dasein in der Realität haben, kann die spezielle Ansicht vertreten werden, daß die Universalien weder in der Realität existieren, noch in der Seele, noch außerhalb von ihr, sondern daß sie lediglich ein geistig-gegenständliches Dasein [esse obiectivum] innerhalb des Intellekts besitzen. Diese Ansicht enthält dementsprechend die folgenden beiden Behauptungen: erstens, daß die Universalien ein geistig-gegenständliches Dasein innerhalb des Intellekts besitzen; zweitens, daß sie keine reale Existenz und auch kein anderes Sein als das geistig-gegenständliche im Intellekt besitzen. Unter dem „geistig-gegenständlichen Dasein“ verstehe ich nun das erkannte Sein [esse cognitum] und unter dem „geistig-gegenständlichen Sein im Intellekt“ verstehe ich dasselbe wie unter dem intelligiblen Sein [esse intelligibile]. Einiges nun hat das Sein im Wirklichkeitszustand [esse in effectu] und auch ein geistig-gegenständliches Dasein, nämlich dasjenige, was in der Realität existiert und zugleich durch den Intellekt erkannt wird wie die außerhalb der Seele existierenden Dinge, welche zugleich mit dem Umstand, daß sie außerhalb der Seele existieren, durch den Intellekt erkannt werden. Einiges besitzt ferner lediglich ein geistig-gegenständliches Sein im Intellekt oder in einem anderen Erkenntnisvermögen, so etwa durch den Intellekt Ausgedachtes [ficta] wie eine Chimäre und ein goldener Berg, welche lediglich ein geistig-gegenständliches Sein im Intellekt besitzen. Sodann besitzen gewisse sinnfällig wahrnehmbare Erscheinungen, die nicht in der realen Natur der Dinge existieren, lediglich ein gegenständliches Sein im Wahrnehmungs- und im diesen übergeordneten Vermögen, wie es der Fall mit der [vermehrten] Anzahl von Kerzen und Sonnen zeigt: wird nämlich das eine Auge über das normale Maß hinaus geöffnet oder aber der Sehschlitz verengt, so treten anstelle der einen Kerze und der einen Sonne jeweils zwei in Erscheinung. Eine solche Zweiheit existiert nun nicht in der Wirklichkeit, sondern allein in der sinnfällig wahrnehmbaren Erscheinung oder in der anscheinenden Erkenntnis einer sinnlichen Wahrnehmung. Ähnlich verhält es sich, wenn ein Stab zur einen Hälfte ins Wasser gehalten wird und zur anderen an der Luft ist: es hat dann für das Auge den Anschein, daß dieser Stab gebrochen ist. Doch diese Brechung besteht nur dem Anschein nach bzw. in der anscheinenden Erkenntnis der optischen Wahrnehmung. Bei den anderen sinnlichen Wahrnehmungen findet sich Vergleichbares wie bei der optischen. Dabei gibt es diesen Schein sowohl bei den inneren sinnlichen Wahrnehmungsvermögen, als auch im Intellekt, denn alles, was durch ein niederes Vermögen erkannt wird, das wird auch durch ein beliebiges höheres erkannt. Alles nämlich, was durch ein äußeres Vermögen erkannt wird, wird auch durch den Gemeinsinn erkannt, nicht aber umgekehrt; und alles, was durch den Gemeinsinn erkannt wird, wird auch durch das Vorstellungsvermögen erkannt, nicht aber umgekehrt, und so weiter bis hinauf zum Intellekt.

Ich sage also, daß ein Universale lediglich ein geistig-gegenständliches Sein im Intellekt besitzt. Das ergibt sich aus folgendem: Ein Universale wird doch durch den Intellekt erkannt, was auf der Hand liegt, denn der Intellekt kann eine allgemein gehaltene Erkenntnis vom Esel oder vom Löwen haben, ohne eine Erkenntnis von irgendeinem singulären Esel oder singulären Löwen zu haben; damit ist klar, daß ein Universale ein geistig-gegenständliches Sein im Intellekt besitzt. Es ist ferner einsichtig, daß ein Universale kein anderes Sein als das geistig-gegenständliche besitzt, denn es hat ja weder eine Existenz in der Seele, noch außerhalb von ihr, wie aus den oben angeführten Vernunftgründen gegen zwei Auffassungen folgt, von denen die eine behauptet, daß die Universalien in der Seele existierende Begriffe sind, während die andere behauptet, daß die Universalien außerhalb der Seele existierende Dinge darstellen. Somit ergibt sich logisch, daß ein Universale lediglich ein geistig-gegenständliches Sein in der Seele besitzt. Das stimmt mit der Feststellung des Boethius im Kommentar zu Porphyrios[52] überein, daß man die Universalien auf eine bestimmte Weise begreift, sie aber nicht wirklich so sind, was bedeutet: die Universalien werden als existierende Dinge begriffen, sind aber keine solchen Dinge.

Gegen diese Meinung wird folgendermaßen argumentiert: Ist ein Singuläres gegeben, so ist damit auch ein Universale gegeben, denn es gilt der Schluß „Sokrates ist, also ist Mensch", die Umkehrung hiervon hingegen gilt nicht; also gilt die Aussagenverknüpfung „ein Singuläres existiert, also existiert ein Universale", das Antezedens ist wahr, also ist es auch das Konsequens; ein Universale besitzt demzufolge die Existenz und nicht nur das geistig-gegenständliche Sein.

Ferner, mit der Aufhebung des [logisch] Übergeordneten wird auch das [logisch] Untergeordnete aufgehoben; wenn die Universalien also nicht existieren, so existiert das viele Singuläre nicht. – Das Konsequens ist falsch, also ist es auch das Antezedens.

Ferner, dasjenige, was kein anderes Sein als das geistig-gegenständliche in der Seele besitzt, hat höchstens ein erdachtes Sein [esse fictum], denn das vom Intellekt Erdachte, wie etwa eine Chimäre und der Tragelaphus, hat ein geistig-gegenständliches Sein in der Seele; wenn also die Universalien kein anderes Sein als das geistig-gegenständliche in der Seele haben, so folgt daraus, daß die Universalien etwas vom Intellekt Ausgedachtes darstellen, und das ist falsch.

Ferner, wie aus dem 1. Buch der „Zweiten Analytik" erhellt, ist der Bezugsgegenstand von Wissenschaft das Allgemeine; es muß nun aber hinsichtlich dieses Bezugsgegenstandes als zutreffend vorausgesetzt werden, daß er existiert; also besitzt das [universale] Allgemeine ein wahrhaftiges Dasein.

Zum ersten dieser Argumente ist festzustellen, daß der Schluß vom [logisch] Untergeordneten auf das ihm [logisch] Übergeordnete korrekt ist, vorausgesetzt, daß das Übergeordnete eine personale und nicht eine einfache Supposition hat. Demzufolge trifft der Schluß „Sokrates ist, also ist Mensch" zu, wobei das Subjekt des Konsequens in personaler Supposition stehen soll, denn man schlußfolgert „Sokrates ist, also ist ein gewisser Mensch"; in diesem Sinne wird aber nicht geschlußfolgert „Sokrates ist, also ist jeder Mensch" und auch nicht „ein Singuläres ist, also ist ein Universale". Genauso stelle ich fest, daß mit der Aufhebung des [logisch] Übergeordneten, insofern dieses personal gefaßt wird, zugleich das [logisch] Untergeordnete aufgehoben wird. Man schlußfolgert nämlich „kein Mensch ist, also ist Sokrates nicht". Ist hingegen das in einfacher Supposition gefaßte Übergeordnete aufgehoben worden, so wird deshalb nicht auch das Untergeordnete aufgehoben.

Auf das sich anschließende Argument ist zu antworten, daß etwas, was allein ein geistig-gegenständliches Sein in der Seele hat, und zwar an sich und bezüglich alles zu ihm gehörenden Singulären, lediglich ein erdachtes Sein besitzt, wie es das Beispiel der Chimäre belegt. Denn sowohl die Chimäre allgemein, als auch eine ganz bestimmte besitzt lediglich ein erdachtes bzw. geistig-gegenständliches Sein in der Seele. Was hingegen so wie der Mensch und das viele außerhalb der Seele existierende Singuläre lediglich an sich genommen ein geistig-gegenständliches Sein in der Seele hat, das ist kein Erdachtes.

Nun kommt aber ein Zweifel daran auf, daß etwas, was weder an sich genommen, noch in Gestalt des ihm zugehörenden Singulären ein wahrhaftiges Dasein besitzt, ein geistig-gegenständliches Sein in der Seele haben oder einen Begriff in der Seele zur Folge haben kann, wo doch nichts im Intellekt ist, ohne daß es zuvor Gegenstand der sinnlichen Wahrnehmung gewesen ist. Ebenfalls hat eine jede verstandesmäßige Erkenntnis ihren Ursprung und Ausgang in der sinnlichen Wahrnehmung, wie dem 1. Buch der «Zweiten Analytik" zu entnehmen ist.[53]

Hierzu muß erklärt werden, daß eine Chimäre und ähnliches Ausgedachtes einen Begriff in der Seele haben, der ein echtes Seiendes ist, weil er eine seelische Qualität darstellt. Nun ist aber die Wirkursache für diesen Begriff nicht das Erdachte, dessen Begriff er ist, sondern es sind dies die Bestandteile dieses Ausgedachten sowie die Seele, welche die Begriffe der Teile zusammenfügt. So hat der Intellekt zum Beispiel einen Begriff des Berges und einen vom Gold, welcher Begriff durch den Berg und das Gold verursacht wird. Existieren diese Begriffe nun im Intellekt, so fügt der Intellekt diese zusammen und erzeugt einen einzigen zusammengesetzten Begriff, welcher einen goldenen Berg repräsentiert, der ein gewisses ausgedachtes Seiendes darstellt. Dasselbe gilt für die Chimäre. Denn der Intellekt hat einen Begriff vom menschlichen Kopf und vom Körper eines Löwen und den anderen Teilen. Aus derartigen Begriffen erzeugt er dann einen zusammengesetzten Begriff, der die Chimäre repräsentiert. Also usw.

Diese Ausführungen des vorliegenden Werkes mögen nun ausreichen. Es enden die Argumentationen zu den Universalien, die vom höchst berühmten Doktor Burley aus England gemacht wurden. Amen.

7.

JOHANNES BURIDAN

Quaestionenkommentar zu Aristoteles' „Nikomachischer Ethik"

BUCH VI

Quaestio 16

Ob sich die sittliche Einsicht auf das Einzelne bezieht

Lateinisch-deutsch

Editorische Vorbemerkungen

1. Zum Text und seiner Überlieferung

Der Kommentar des Johannes Buridan (ca. 1300–ca. 1360) zu Aristoteles' „Nikomachischer Ethik" gehört zu den am meisten verbreiteten Schriften des Philosophen. Es gibt mehr als 100 Handschriften (einschließlich der Kurzfassungen) und mehrere Drucke mit diesem Buridanschen Werk.[1] *Eine kritische Edition steht aber bislang noch aus. Dieses Werk hat einen erheblichen Einfluß auf die Entwicklung der philosophischen Ethik im Spätmittelalter und darüber hinaus gehabt.*[2] *Die hier für die Edition ausgewählte Quaestio 16 aus dem Buch VI des Kommentars unter dem Titel „Bezieht sich die sittliche Einsicht auf das Einzelne" ist ein Beispiel für die Anwendung des Nominalismus auf die Probleme der Ethik.*

Die 5 für die Edition herangezogenen Handschriften enthalten Kopien des Buridanschen Kommentars, die im 14. Jahrhundert angefertigt wurden. Ihre Provenienz steht bis auf eine Ausnahme (Cod. BJ 658 der Biblioteka Jagiellońska, Kraków, kam aus Wien nach Prag) nicht fest.

2. Zu den Handschriften (mit Angabe der Siglen)

- *A: Erfurt, Wissenschaftliche Allgemeinbibliothek (Amploniana), Ca 2° 366, fol. 121rb–122va.*
- *B: Erfurt, Wissenschaftliche Allgemeinbibliothek (Amploniana), Ca 2° 296, fol. 177vb–179va.*
- *C: Kraków, Biblioteka Jagiellońska, BJ 658, fol. 208vb–210va.*
- *D: Kraków, Biblioteka Jagiellońska, BJ 664, fol. 117vb–118vb.*
- *E: Citta del Vaticano, Biblioteca Apostolica Vaticana, Cod. Urb. lat. 198, fol. 143ra–144ra.*

Von diesen 5 Handschriften sind 3 datiert: die Handschrift E auf das Jahr 1363, die Handschrift A auf das Jahr 1381 und die Handschrift D auf das Jahr 1398.[3]

3. Zur Edition des Textes der Quaestio

Der Text der aufgeführten Handschriften weist diverse Abweichungen auf, die im einzelnen im Variantenapparat aufgeführt werden. Der Editionstext folgt im wesentlichen der Handschrift E als der ältesten überlieferten datierten Handschrift mit dem Buridanschen Werk. Die Abweichungen in Orthographie, Interpunktion und Wortfolge werden, soweit sie den Sinn der Aussagen nicht tangieren, unberücksichtigt gelassen. Orthographie und Interpunktion sind „modernisiert" worden. Die Zitatenquellen werden in den Anmerkungen zur deutschen Übersetzung gesondert ausgewiesen.

4. Abkürzungsverzeichnis

add. - addit
Arist. - Aristoteles
cf. - confer
De somn. - De somno et vigilia
ed. - edidit
ep. - epistola
Eth. Nic. - Ethica ad Nicomachum
in marg. - in margine
lib. - liber
loc. cit. - loco citato
Met. - Metaphysica
om. - omittit
p. - pagina
Phys. - Physica auscultatio
Rhet. - Rhetorica
[ ] - addendum

Anmerkungen zu den Editorischen Vorbemerkungen

1 *Vgl. dazu J. B. Korolec, Rękopisy „Quaestiones super decem libros Ethicorum" Jana Buridana, in: Materiały do historii filozofii średniowiecznej w Polsce, Tom VI (17), Wrocław etc. 1973, S. 3–52. - Korolec beschreibt hier insgesamt 35 verschiedene Handschriften mit dem Ethik-Kommentar des Johannes Buridan; diese Übersicht erhebt jedoch nicht den Anspruch auf Vollständigkeit. - M. Markowski, Die Rezeption Johannes Buridans Kommentars zur „Nikomachischen Ethik" des Aristoteles an den mitteleuropäischen Universitäten angesichts der in den Bibliotheken in Erfurt, Göttingen, Krakau, Kremsmünster, Leipzig, Melk, München, Salzburg, Wien, Wrocław und im Vatikan erhaltenen Handschriften, in: Mediaevalia Philosophica Polonorum XXVII (1984), Warszawa etc., S. 89–131. Markowski beschreibt hier 29 Handschriften.*
Am umfangreichsten ist die von B. Michael gegebene Übersicht über 82 Handschriften mit dem Text des Buridanschen Kommentars sowie den Drucken in Paris 1489, Paris 1513 und Oxford 1637 (vgl. B. Michael, Johannes Buridan. Studien zu seinem Leben, seinen Werken und zur Rezeption seiner Theorien im Europa des späten Mittelalters. Teil 2, Berlin 1985, S. 831–863).

2 *Vgl. dazu B. Michael, Johannes Buridan . . ., Teil 1, Berlin 1985, S. 310 ff.*

3 *Vgl. Repertorium commentariorum medii aevi in Aristotelem Latinorum quae in Biblioteca Amploniana Erffordiae asservantur, ed. M. Markowski, Wrocław etc. 1987, S. 119 (für die Hand-*

schrift A). – Repertorium commentariorum medii aevi in Aristotelem Latinorum quae in Bibliotheca Iagellonica Cracoviae asservantur, composuerunt M. Markowski/S. Włodek, Wrocław etc. 1974, S. 30 (für die Handschrift D). – B. Michael, Johannes Buridan . . ., Teil 2, a.a.O., S. 859 (für die Handschrift E). Nach einer Autopsie der Handschrift E konnte Dr. Olaf Pluta neben der Jahresangabe 1363 (f. 199ra) auf anderen Seiten auch die Jahreszahlen 1360 (f. 166v) und 1362 (f. 164r, f. 166r, f. 166v) nachweisen (persönliche Information Dr. Plutas).

Nach B. Michael muß man den Buridanschen Kommentar zur „Nikomachischen Ethik" hinsichtlich seiner Entstehungszeit für einen längeren Zeitraum nach 1340 datieren; ab Liber VI, quaestio 6 müsse der Zeitraum ab 1344, eventuell um die Mitte der 50er Jahre des 14. Jhs., als Entstehungszeitraum angenommen werden (vgl. B. Michael, Johannes Buridan . . ., Teil 2, Berlin 1985, S. 873).

IOANNES BURIDANUS

Quaestiones supra decem libros Ethicorum Aristotelis ad Nicomachum (Quaestiones longae)

Liber VI Quaestio 16

Sextodecimo quaeritur[1], utrum prudentia sit circa singularia.

Arguitur[2] quod non, quia primo Physicorum dicitur, quod „universale secundum rationem notum est, singulare autem[3] secundum sensum. Ratio quidem[4] universalis est, sensus autem particularis.“ Sed prudentia in ratione est, non in sensu, cum sit habitus intellectus[5]; etiam[6] quia Aristoteles diffiniens prudentiam dicit ipsam esse habitum verum cum ratione activum circa hominis bona et mala. Ergo ipsa est universalium et[7] non singularium.

Item, si ipsa esset singularium, sequitur[8] quod ipsius esset oblivio. Consequens est[9] falsum, ut dicit Aristoteles in litera. Consequentia probatur, quia non videtur esse causa[10] quare prudentiae non sit[11] oblivio sicut artis vel scientiae, nisi quia obiecta prudentiae semper continue nobis occurrunt per totam[12] vitam et quia[13] oportet circa ea continue operari secundum prudentiam. Haec[14] autem causa[15] non haberet locum, si prudentia esset circa singularia. Quoniam pono: quod secundum prudentiam sit iudicatum quod non oportet nunc istam escam comedere; constat autem, quod huius[16] conclusionis obiectum, puta ista esca, non semper, immo nunquam[17], nobis occurret[18]; propter quod hanc conclusionem citissime contingeret oblivisci.

Item, sicut scientia est habitus[19] conclusionis demonstratae, ita prudentia est habitus conclusionis per ratiocinationem prudentialem conclusae. Si ergo conclusio

---

1) Sextodecimo quaeritur] Quaeritur consequenter 16° A; Quaeritur sexto decimo B; sequitur quaestio alia videlicet 16 C; Quaeritur 16°, ut patet D. 2) arguitur] om. D,E. 3) autem] vero C,D. 4) quidem] add. enim E. 5) intellectus] intellectualis A,B,C,D. 6) etiam] et C,D. 7) et] om. A,C,D,E. 8) sequitur] sequeretur A,B,C,D. 9) est] om. C,D,E. 10) videtur esse causa] videtur causam A; esset causa C; videtur esse causam D. 11) sit] esset C. 12) totam] om. A. 13) quia] quod E. 14) haec] hoc C,D. 15) causa] esse C. 16) huius] huiusmodi C. 17i) immo nunquam] om. B. 18) occurret] occurrit A,B,C,D. 19) est habitus] om. A.

JOHANNES BURIDAN

Quaestionenkommentar zu Aristoteles' „Nikomachischer Ethik"

Buch VI Quaestio 16

Nun wird sechzehntens die Frage gestellt, ob sich die sittliche Einsicht auf das Einzelne bezieht.

Daß es nicht so ist, wird folgendermaßen abgeleitet: Im 1. Buch der „Physikvorlesung" heißt es, daß „das Allgemeine durch die Vernunft, das Einzelne aber durch die Sinne erfaßt wird; die Vernunft bezieht sich ja auf das Allgemeine, die Sinne jedoch auf das Partikuläre".[1] Die sittliche Einsicht gehört nun der Vernunft und nicht den Sinnen an, da sie ein geistiges Verhaltensmerkmal ist. In seiner Definition von sittlicher Einsicht sagt Aristoteles auch, daß diese in der Tat ein vernunftmäßiges Verhaltensmerkmal ist, das das Handeln gemäß dem für den Menschen Guten und Schlechten betrifft.[2] Folglich ist sie auf das Allgemeine und nicht auf das Einzelne bezogen.

Ferner: Bezöge sich die sittliche Einsicht auf das Einzelne, dann folgt daraus, daß sie dem Vergessen anheimfiele. Letzteres aber ist falsch, wie Aristoteles wörtlich sagt.[3] Dies wird durch folgende Überlegung bekräftigt: Es scheint sonst keinen Grund dafür zu geben, daß die sittliche Einsicht im Unterschied zum technischen Können und zur Wissenschaft nicht dem Vergessen anheimfällt, außer daß die zur sittlichen Einsicht gehörenden Bezugsgegenstände uns ununterbrochen für das ganze Leben gegenwärtig sind und man sie fortwährend im Sinne der sittlichen Einsicht tätig beachten muß. Dieser Grund wäre aber dann abwegig, wenn sich die sittliche Einsicht auf das Einzelne bezöge. Denn es sei folgendes angenommen: nach der sittlichen Einsicht möge das Urteil erfolgt sein, daß es nicht nötig ist, jetzt eine ganz bestimmte Speise zu essen; erwiesen ist aber, daß der Bezugsgegenstand dieses Schlusses, d. h. diese Speise, uns nicht immer, womöglich niemals, gegenwärtig sein wird; demzufolge könnte dieser Schluß sehr schnell vergessen werden.

Ferner: Wenn das wissenschaftliche Wissen die Fähigkeit ist, einen beweiskräftigen Schluß zu ziehen, so ist entsprechend die sittliche Einsicht die Fähigkeit, einen Schluß mittels klug vorausschauender Überlegung zu ziehen. Wäre der Schluß nun

non sit[1] universalis sed singularis, ipsa se non extendet[2] ad alia[3] singularia. Et sic per prudentiam nullus esset habituatus ad vere dicendum circa singularia, quae nondum vidit, puta quae sibi cottidie emergunt[4]. Hoc autem est inconveniens, ideo etc.[5] Et confirmatur haec ratio[6], quia si prudentia est[7] singularium, aut[8] hoc est[9] secundum rationem communem[10] eis, in qua ipsa[11] conveniunt, aut[12] hoc est[13] secundum rationes proprias ipsorum, secundum quas ipsa abinvicem distinguuntur. Si primo modo, tunc ipsa non erit magis singularium quam scientia, nec scientia magis universalium quam ipsa, quoniam scientia omnis est rerum singularium, licet non secundum rationes singulares[14], sed secundum rationes communes. Ideo[15] dixit Commentator prohoemio De Anima, quod „diffinitiones generum et specierum non sunt diffinitiones rerum universalium existentium extra animam, sed sunt[16] diffinitiones rerum particularium eextra intellectum. Sed intellectus est qui[17] agit in eis universalitatem."

Si autem dicatur, quod prudentia sit singularium secundum singulares eorum rationes, secundum quas abinvicem distinguuntur, tunc videtur, quod conclusiones habitae de singularibus cognitis non extendent[18] se ad singularia, quae in futuro nobis occurrent[19], sicut prius arguebatur.

Oppositum[20]: quia[21] dicit Aristoteles „neque est prudentia universalium solum, sed oportet et singularia cognoscere." Quod probat, dicens „activa enim, actio autem[22] circa singularia[23]." Quasi arguat sic: omnis[24] habitus activus est circa singularia, cum actio sit circa singularia[25]; sed prudentia est habitus activus; igitur etc.

Item, ad idem adducit Aritoteles[26] signum dicens: „signum autem[27] eius, quod dictum est", scilicet quod prudentia est[28] singularium, „est[29] quia geometrici quidem[30] iuvenes et disciplinati sunt, prudentes autem non videntur fieri. Causa autem, quoniam[31] etiam singularium est prudentia, quae fiunt cognita[32] experientia. Iuvenis autem expertum non est."

Item, ad idem ponit Aristoteles aliam[33] rationem dicens: „adhuc[34] peccatum vel circa universale[35] in consiliando vel circa singulare, vel enim quoniam[36] omnes

---

1) sit] est B. 2) extendet] extendit A,B,D. 3) alia] om. B. 4) emergunt] inconvergunt B; emergent E. 5) Hoc ... etc] om. B. 6) haec ratio] om. B,D. 7) est] esset C. 8) aut] autem C,D. 9) est] esset C. 10) communem] om. A. 11) ipsa] add. communi C. 12) aut] autem C,D. 13) est] om. A,C,D. 14) singulares] singularium A. 15) ideo] idem B,C. 16) sunt] om. D. 17) qui] quoniam A; quia B,C,D. 18) extendent] extendunt A; extendentur B; extendant C,D. 18) quae ... occurrent] in nobis in futuro occurrent A. 19) occurrent] occurrunt B,C,D. 20) oppositum] add. patet C; add. concedit D. 21) quia] om. B. 22) autem] om. E. 23) activa ... singularia] om. A. 24) omnis] om. D. 25) cum ... singularia] om. A. 26) Aristoteles] om. C. 27) autem] add. est C. 28) est] sit ex A. 29) est] om. A,B,C,D. 30) quidem] quidam B. 31) quoniam] om. E. 32) cognita] add. etc. E. 33) aliam] om. C,D. 34) adhuc] ad hoc A. 35) universale] add. id est A. 36) quoniam] quia A.

kein allgemeiner, sondern ein singulärer, dann würde er für die anderen Einzelfälle nicht gültig sein. Damit wäre dann niemand kraft sittlicher Einsicht imstande, über vielerlei Einzelnes zutreffend zu urteilen, das er noch nicht zu Gesicht bekommen hat, d. h. was ihm zum Beispiel täglich neu begegnet. Das ist jedoch abwegig, also usw. Diese Argumentation wird nun wie folgt bekräftigt: Ist die sittliche Einsicht auf das Einzelne bezogen, so ist sie das entweder gemäß dem allgemeinen Begriff, in welchem das viele Einzelne übereinstimmt, oder sie ist es gemäß den jeweils eigentümlichen Begriffen des vielen Einzelnen, bezüglich derer sich das Einzelne voneinander unterscheidet. Trifft der erste Fall zu, dann würde sich die sittliche Einsicht nicht stärker auf das Einzelne beziehen als die Wissenschaft, noch bezöge sich die Wissenschaft stärker auf das Allgemeine als die sittliche Einsicht. Denn alles wissenschaftliche Wissen bezieht sich auf die einzelnen Dinge, obgleich nicht im Sinne der Individualbegriffe, sondern im Sinne der Allgemeinbegriffe. Darum heißt es beim Kommentator im Vorwort zum Kommentar von „Über die Seele", daß „die Definitionen der Genera und Spezies keine Definitionen von allgemeinen Dingen sind, die außerseelisch existieren, sondern Definitionen von einzelnen Dingen, die außerhalb des Intellektes sind. Es ist nun aber der Intellekt, der die Allgemeinheit in ihnen hervorbringt."[4]

Wenn gesagt wird, daß die sittliche Einsicht sich auf das viele Einzelne gemäß den dazugehörigen jeweiligen Individualbegriffen bezieht, bezüglich derer es sich voneinander unterscheidet, so scheinen sich die von dem erkannten Einzelnen gewonnenen Schlüsse nicht auf dasjenige Einzelne zu beziehen, das uns in der Zukunft begegnen wird, wie zuvor ausgeführt wurde.

Die konträre Position (zum zuvor Gesagten): Aristoteles sagt doch: „die sittliche Einsicht ist auch nicht nur auf das Allgemeine bezogen, sondern sie muß auch das viele Einzelne erfassen."[5] Zur Begründung fügt er hinzu: „denn sie ist auf das Handeln bezogen und das Handeln betrifft das Einzelne."[6] Seine Argumentation könnte folgendermaßen wiedergegeben werden: Jedes das Handeln betreffende Verhaltensmerkmal bezieht sich auf Einzelnes, da ja das Handeln am Einzelnen geschieht; die sittliche Einsicht nun ist ein das Handeln betreffendes Verhaltensmerkmal; also usw.

Ferner: Aristoteles führt zur Bekräftigung noch folgendes Phänomen an: „das Gesagte" – nämlich daß die sittliche Einsicht sich auf das Singuläre bezieht – „wird daran sichtbar, daß junge Leute zwar Geometer und Mathematiker sind, aber offenbar nicht zur sittlichen Einsicht gelangen. Der Grund besteht darin, daß die sittliche Einsicht auch das Einzelne betrifft, mit welchem man durch die Erfahrung vertraut wird. Ein junger Mensch ist jedoch nicht erfahren."[7]

Ferner: Aristoteles gibt dafür noch eine weitere Begründung: „ferner ist das moralische Fehlverhalten innerhalb des persönlichen Ratschlusses entweder auf das Allgemeine oder auf das Einzelne bezogen: so kann man meinen, daß entweder

ponderosae aquae pravae vel quoniam haec ponderosa." Cum igitur prudentiae[1] sit, ut omne per eam evitetur peccatum in consilio[2], sequitur prudentiam non solum esse universalium, sed etiam singularium.

Item, ad quod operandum virtus moralis inclinat, idem operandum esse prudentia[3] iudicat. Ideo dicit Aristoteles, quod „oportet eandem[4] hanc quidem dicere", scilicet[5] rationem per prudentiam, „hunc[6] autem persequi", scilicet appetitum per[7] virtutem moralem." Sed virtutes morales inclinant ad operandum singularia et circa singularia. Ideo etc.

Videtur mihi quantum[8] ad quaestionem praesentem[9] idem esse iudicium de potentia et de habitu perficiente potentiam, sive sit potentia cognitiva et habitus potentiae cognitivae sive sit potentia appetitiva et habitus potentiae appetitivae, quoniam habitus[10] perficiens potentiam ad hoc ponitur, ut determinet potentiam ad bene aut delectabiliter[11] aut[12] prompte et[13] faciliter[14] operandum illud et circa illud, quod et circa quod[15] potentia innata est operari. Si ergo potentia est innata[16] versari circa universalia, ita et habitus; et si circa singularia, ita et[17] habitus[18]. Sciendum est autem, quod in proposito nihil aliud intelligimus per hoc, quod est habitum vel potentiam vel operationem esse circa singulare vel circa singularia, quam quod habitus vel potentia vel operatio respiciat determinatum singulare et divisim[19] ab aliis singularibus vel etiam plura determinata singularia divisim ab aliis singularibus[20] quantumcumque fuerint eiusdem rationis: ut iste actus videndi meus[21], quo video[22] nunc Socratem, ita est[23] circa Socratem et ita determinate respicit Socratem[24], quod[25] nullum respicit alium hominem. Sed per hoc, quod est habitum vel potentiam vel operationem esse circa universale vel circa universalia, nihil[26] aliud intelligimus quam quod potentia, habitus vel operatio respiciat non aliquod[27] determinatum singulare divisim, sed indifferenter plura singularia secundum quod conveniunt in aliqua una ratione: sicut actus intelligendi, quo nunc intelligo hominem, non respicit determinate Socratem, ita quod non[28] Platonem, sed ipso quemlibet hominem indifferenter intelligo. Et non sit ad praesens cura de universalibus, an sint preater animam a singularibus distincta vel non.

Item, sciendum est, quod potentia vel habitus possunt dupliciter considerari: uno modo secundum se, alio modo quantum ad suos actus[29] vel[30] suas operationes.

---

1) prudentiae] prudentia B,C,D. 2) consilio] consiliando C, D. 3) prudentia] prudentiam A. 4) eandem] om. A; eadem E. 5) scilicet] om. B,D. 6) hunc] hanc C,D. 7) per] propter A. 8) quantum] quemadmodum C. 9) praesentem] praecedentem C. 10) habitus] autem D. 11) aut delectabiliter] om. C,D. 12) aut] om. E. 13) et] vel E. 14) faciliter] add. ad A. 15) quod et circa quod] quoniam C. 16) operari . . . innata] om. A. 17) ita et] sic etiam E. 18) et si . . . habitus] om. A. 19) divisim] divisum B,C. 20) vel etiam plura . . . singularibus] om. E. 21) meus] om. A; melius B. 22) video] videmus A. 23) est] etiam A,B,C,D. 24) et ita determinate respicit Socratem] om. E. 25) quod] quia E. 26) nihil] vel A; nullum B,C,D. 27) aliquod] ad C. 28) ita quod non] nec C. 29) quantum ad suos actus] secundum actus quantum ad suos D. 30) vel] add. ad D.

alles schwere Wasser schlecht ist oder aber dieses ganz bestimmte."[8] Da die sittliche Einsicht nun dazu da ist, das moralische Fehlverhalten überhaupt im persönlichen Ratschluß zu vermeiden, so folgt daraus, daß sie nicht nur das Allgemeine, sondern auch das Einzelne betrifft.

Ferner: Wonach die moralische Tugend gewöhnlich durch die Tat strebt, das beurteilt die sittliche Einsicht als dasjenige, was getan werden muß. Aristoteles meint daher, daß „sie", d. h. die Reflexion mittels der sittlichen Einsicht, „dasselbe bejahen muß, wonach jenes", d. h. das Streben mittels der moralischen Tugend, „verlangt."[9] Die moralischen Tugenden streben nun aber gewöhnlich danach, das Einzelne zu tun und am Einzelnen tätig zu werden. Folglich usw.

Meiner Meinung nach ist offenbar in der vorliegenden Frage ein einheitlicher Schluß über ein Vermögen und die dieses Vermögen zur Vollkommenheit führende Fähigkeit zu fällen - ganz gleich, ob es um ein erkennendes Vermögen und die dazugehörige Fähigkeit oder um ein sinnlich-körperliches Vermögen und die dazugehörige Fähigkeit geht. Denn eine Fähigkeit, die ein Vermögen zur Vollkommenheit bringt, richtet entsprechend ihrer Aufgabe dieses Vermögen darauf aus, dasjenige gut oder angenehm oder bereitwillig und leicht zu tun und es an ihm zu tun, was das Vermögen seinem Wesen gemäß tun muß und woran es tätig sein muß. Wenn nun also ein Vermögen seinem Wesen gemäß auf Allgemeines gerichtet ist, dann betrifft dies auch die Fähigkeit; ist es auf Einzelnes gerichtet, so auch die Fähigkeit. Es gilt darauf zu achten, daß wir hier unter der Beziehung einer Fähigkeit oder eines Vermögens oder einer Betätigung auf ein Einzelnes oder vieles Einzelne nichts anderes verstehen, als daß eine Fähigkeit oder ein Vermögen oder eine Betätigung ein bestimmtes Einzelnes in Abtrennung von anderem Einzelnen betrifft; oder sie betreffen auch mehreres bestimmtes Einzelnes in Abtrennung von anderem Einzelnen, ungeachtet dessen, wie sehr sie unter einen und denselben Begriff fallen. Ein Beispiel dafür ist mein Akt des Sehens, durch den ich jetzt Sokrates erblicke: dieser Akt ist derart auf Sokrates bezogen und betrifft ihn derart bestimmt, daß er keinerlei Bezug auf einen anderen Menschen hat. Unter der Beziehung einer Fähigkeit, eines Vermögens oder einer Betätigung auf Allgemeines verstehen wir wiederum nichts anderes, als daß diese nicht irgendein bestimmtes Einzelnes abgetrennt betreffen, sondern indifferent mehreres Einzelnes hinsichtlich eines einheitlichen Begriffes, in dem es übereinstimmt. Zum Beispiel betrifft der gedankliche Akt, durch den ich jetzt gerade einen Begriff vom Menschen gewinne, nicht auf bestimmte Weise Sokrates und schließt Platon aus, vielmehr gewinne ich mit diesem Akt einen Begriff von jedem beliebigen Menschen auf indifferente Weise. Ob die Universalien außerhalb der Seele und von dem Einzelnen getrennt oder nicht existieren, möge hier jetzt unberührt bleiben.

Ferner: Es gilt zu beachten, daß ein Vermögen oder eine Fähigkeit auf zweierlei Weise aufgefaßt werden können: zum einen für sich genommen, zum anderen in

Si ergo considerentur secundum se[1], videtur dicendum esse, quod omnes nostrae potentiae vel habitus sint circa universalia, sive[2] sint potentiae animales sive corporales sive materiales sive immateriales et sive rationales sive irrationales. Hoc autem inductione sciri[3] potest. Potentia enim[4] calefactiva non est magis[5] determinata ad calefaciendum istud[6] lignum[7] quam illud[8], sed[9] potest calefacere quodcumque lignum[10] indifferenter, si[11] fuerit applicatum. Hoc etiam[12] calefactibile non est determinatum, ut magis calefiat ab hoc igne quam[13] ab alio[14] igne[15], sed calefieret[16] a quocumque igne[17] indifferenter sibi applicato. Potentia etiam[18] nutritiva non est determinata ad hunc panem[19]: quocumque enim alio[20] pane consimili nutriretur sicut isto. Visus etiam tuus[21] non est determinatus ad hunc colorem: alium enim quemcumque consimilem posset[22] similiter[23] videre. Sicut etiam potentia appetitiva non ad hunc cibum vel ad hunc potum determinata est; alium enim acceptabit, si sibi occurrat.

Dico ergo, quod prudentia et ars et alius quicumque habitus secundum se consideratus est circa universalia. Virtutes namque morales non inclinant singulariter[24] et determinate ad illas operationes, ex quibus ipsae generatae[25] fuerunt[26]. Illae enim[27] transierunt et reverti non possunt, nec inclinant ad aliquas singulares[28] determinate consimiles illis, immo indifferenter ad quascumque consimiles. Temperantia enim[29] non inclinat ad temperate agendum circa istum cibum vel istum[30] potum singularem ita quod non circa alium, sed circa omnes[31] indifferenter, quicumque occurrerit. Similiter etiam artes[32] citharizandi: tu enim[33] non es[34] determinatus ad hanc citharam[35], sed in qualibet tibi[36] praesentata ludes[37]. Ita etiam habitu prudentiae tu non es determinatus ad ratiocinandum et iudicandum de hoc singulari bello vel de hoc singulari actu venereo, sed indifferenter de quolibet bello et[38] de quolibet actu venereo, cum casus tibi occurrit[39]. Et hoc declarat[40] Seneca epistola „Eam partem“[41] ad Lucillum exemplo tali: „qui iaculari discit, destinatum locum captat et manum format ad dirigenda[42], quae mittit[43], cum[44] hanc[45] vim ex disciplina et exercitatione percipit, et[46] quocumque[47] vult, illa utitur. Didicit[48] enim non hoc aut[49] illud ferire, sed quodcumque voluerit[50].“[51]

1) secundum se] per se D. 2) sive] vel sive E. 3) sciri] scire A. 4) enim] autem B,C,D. 5) magis] om. A. 6) istud] illud A,B,C,D. 7) lignum] add. magis A. 8) illud] aliud A. 9) sed] et C,D. 10) quodcumque lignum] om. A. 11) si] quod C; om. D,E. 12) etiam] enim C. 13) quam] vel C,D. 14) alio] hoc C; illo D. 15) igne] add. sive ab illo A; om. E. 16) calefieret] om. C,D. 17) igne] om. C,D. 18) etiam] enim B,C,E. 19) panem] add. vel ad hunc quia C. 20) alio] om. B. 21) etiam tuus] om. B; etiam meus C. 22) posset] potest C,D. 23) similiter] om. B,C,D,E. 24) singulariter] simpliciter B,C; in marg. alias singulariter D. 25) generatae] natae A. 26) fuerunt] fuerint C,D. 27) enim] add. transeunt et E. 28) singulares] om. C. 29) enim] autem B. 30) istum] illum A,C. 31) omnes] omnem A,B,C,D. 32) artes] est de arte C; est arte D; arte E. 33) enim] om. A,B,E. 34) es] est A,E. 35) citharam] add. vel ad hanc B. 36) tibi] sibi vel tibi E. 37) ludes] ludis C. 38) et] om. E. 39) occurrit] occurrerit A,B,E. 40) declarat] add. tibi E. 41) Eam partem] ea parte B; eandem partem C,D; eadem partem E. 42) dirigenda] dirigendum C,D. 43) mittit] committit C; mitterit E. 44) cum] ad A. 45) hanc] habeat C,D. 46) et] om. E. 47) quocumque] quaecumque A. 48) didicit] addiscit A. 49) aut] om. C,D. 50) voluerit] voluerint C,D. 51) mittit . . . voluerit] vincitis B.

Rücksicht auf ihre Wirkungen oder Betätigungen. Sobald sie für sich genommen betrachtet werden, ist offenbar festzustellen, daß alle unsere Vermögen oder Fähigkeiten sich auf Allgemeines beziehen - ganz gleich, ob es sich um lebenserhaltende oder rein körperliche, an Materie gebundene oder nicht gebundene, vernunftmäßige oder vernunftunabhängige Vermögen handelt. Davon kann man sich auch durch einen Induktionsschluß überzeugen. Ein wärmeerzeugendes Vermögen ist nicht darauf festgelegt, von zwei Holzstücken eher das eine als das andere zu erwärmen; vielmehr kann es unterschiedslos jedes beliebige Holzstück erwärmen, sobald es in seine unmittelbare Nähe gebracht wurde. Ebenso ist auch ein bestimmter erwärmbarer Gegenstand nicht darauf festgelegt, eher durch das eine Feuer als durch ein anderes warm zu werden; vielmehr könnte er unterschiedslos durch jedes beliebige erwärmt werden, das in seine Nähe gebracht wurde. So ist ebenfalls das Ernährungsvermögen nicht auf ein ganz bestimmtes Brot festgelegt; vielmehr könnte es durch jedes andere, jenem ähnliche Brot mit Nahrung versorgt werden. Desgleichen ist dein Sehvermögen nicht auf eine ganz bestimmte einzelne Farbe festgelegt; vielmehr könnte es jede beliebige ähnliche Farbe ebenfalls erblicken. Genauso ist auch das Vermögen des Begehrens nicht auf eine ganz bestimmte einzelne Nahrung oder auf ein ganz bestimmtes einzelnes Getränk festgelegt; vielmehr wird es eine andere Nahrung oder ein anderes Getränk nehmen, wenn sie vorhanden sind.

Ich sage also, daß die sittliche Einsicht, das technische Können und jede beliebige andere Fähigkeit auf das Allgemeine bezogen sind, wenn sie für sich genommen werden. Die moralischen Tugenden sind nämlich nicht individuell und eindeutig auf diejenigen Handlungen festgelegt und orientiert, aus welchen sie hervorgegangen waren: diese sind ja vergangen und können nicht zurückkehren. Aber auch auf einzelne, mit jenen ähnliche Handlungen sind sie nicht festgelegt und orientiert; vielmehr sind sie unterschiedslos auf alle beliebigen ähnlichen Handlungen ausgerichtet. Die Selbstbeherrschung ist ja nicht auf maßvolles Betragen hinsichtlich dieser einen Nahrung oder dieses einen Getränks, unter Ausschluß von anderen, ausgerichtet, sondern unterschiedslos auf alle, welche da sein mögen. Genauso ist es bei den künstlerischen Fähigkeiten zum Zitherspielen: denn du bist nicht auf diese eine Zither festgelegt, sondern würdest auf jeder dir gebotenen spielen. Analog bist du hinsichtlich der Fähigkeit zur sittlichen Einsicht auch nicht eingeschränkt auf ein Abwägen und Beurteilen dieses einzelnen Krieges oder dieses einzelnen Geschlechtsaktes, sondern kannst unterschiedslos einen jeden Krieg und Geschlechtsakt beurteilen, sobald ein Anlaß gegeben ist. Dasselbe äußert Seneca in einem Brief an Lucilius, indem er folgendes Beispiel anführt: „Jemand, der das Werfen erlernt, stellt sich auf und verleiht der Hand die entsprechende Stellung zur Ausrichtung dessen, was sie schleudert. Die Kraft dazu erwirbt sie aus Unterricht und Übung. Sie benutzt dabei alles, was sie gerade will. Denn nicht dieses oder jenes Einzelne zu vernichten hat sie gelernt, sondern alles, was in ihrem Belieben steht."[10]

Si autem loquamur de potentiis et habitibus non secundum se, sed secundum eorum actus et operationes, tunc quaeritur[1], utrum potentiae[2] vel habitus sint circa singularia vel universalia. Et hoc[3] nihil aliud est quaerere, quam[4] utrum eorum actus vel operationes sint circa singularia vel universalia[5].

Dicamus ergo primo de potentiis appetitivis et habitibus earum, cuiusmodi sunt virtutes morales, quia[6] huiusmodi[7] potentiae et habitus duplices habent actus. Habent enim actus[8] quosdam immanentes, quos solemus vocare[9] elicitos, ut amare, odire, irasci, timere[10], gaudere, tristari et iterum velle, eligere[11], et omnino[12] appetere. Alios[13] habent autem[14] actus extra transeuntes, quos solemus vocare imperatos, ut[15] comedere, bibere, aggredi, bellare, dare, accipere et huiusmodi. Quantum igitur[16] ad actus exteriores satis patet, quod sunt[17] circa singularia. Nullus enim comedit actu, nisi hunc panem determinate vel illum.[18] Nullus[19] bellat actu, nisi cum his singularibus inimicis[20] determinate vel cum illis et sic de aliis. Actus enim et generationes circa singularia[21] sunt, ut dicitur prohoemio Metaphysicae. Et hoc est, quia actus tales rem ipsam in se ipsa attingunt. Omnis autem res in se ipsa singulariter existit. Actus autem interiores appetitus, cum consequantur actus cognoscendi, regulantur secundum regulam actuum cognoscendi, ita quod si actus cognoscendi non fuerit ad aliquod singulare determinatus[22], nec actus appetendi seu volendi determinabitur ad aliquod[23] singulare, sed circa universale remanebit. Si autem actus cognoscendi fuerit[24] ad aliquod singulare determinatus, tunc actus appetendi consequens erit determinate[25] circa illud singulare. Cum igitur cognitio nostra de agibilibus aliquando non descendat[26] ad singularia, ideo possibile est, quod etiam[27] volitio stet ad universale. Hanc tamen volitionem, si non determinetur ad aliquod singulare, nullus sequitur[28] exterior actus. Ideo dicitur tertio De Anima, quod universalis existimatio vel ratio non movet[29]. Dico ergo, quod[30] actus voluntatis et virtutum moralium interiores[31] aliquando sunt circa universalia. Iustus enim iustitia[32] non solum vult iustum huic determinate[33] aut huic, sed universaliter omnibus[34]. Legislator enim per legalem iustitiam inclinatur ad leges ponendum universaliter[35] circa materias omnium[36] virtutum, ut inde omnes[37] boni fiant[38].

---

1) quaeritur] quaererem B; quaereretur C; quaereret D; quaerere E. 2) potentiae] potentia C,E. 3) Et hoc] om. A,C,D. E. 4) quam] nisi C. 5) Et hoc ... universalia] om. A. 6) quia] quod E. 7) huiusmodi] cuiusmodi D. 8) Habent enim actus] om. A,B,E. 9) vocare] om. A. 10) timere] om. A. 11) tristari ... eligere] om. B. 12) omnino] non D. 13) alios] alii A. 14) habent autem] autem habitus habent A. 15) ut] et E. 16) igitur] autem D. 17) sunt] sint A,E. 18) determinate vel illum] om. C. 19) nullus] vel nullus C,D. 20) inimicis] om. A. 21) singularia] singulares D; singulare E. 22) aliquod ... determinatus] hoc A. 23) aliquod] add. universale sed D. 24) fuerit] fuit E. 25) determinate] determinatus D. 26) descendat] descendit B. 27) etiam] om. C,D. 28) sequitur] sequeretur C. 29) movet] manet A,C. 30) quod] cum A. 31) et ... interiores] interioris A. 32) iustitia] om. B. 33) determinate] om. B. 34) omnibus] om. A. 35) iniversaliter] universali E. 36) omnium] om. D. 37) omnes] homines A. 38) fiant] add. ad proponitum D.

Wenn wir nun aber über die Vermögen und Fähigkeiten nicht an sich, sondern unter Bezug auf ihre Wirkungen und Betätigungen sprechen, dann stellt sich die Frage, ob sich die Vermögen oder Fähigkeiten auf das Einzelne oder das Allgemeine beziehen. Das bedeutet aber nichts anderes, als die Frage zu stellen, ob sich ihre Wirkungen und Betätigungen auf das Einzelne oder das Allgemeine beziehen.

Erstens wollen wir uns den Vermögen und den dazugehörigen Fähigkeiten zuwenden, die das Streben betreffen; ein Beispiel dafür sind die moralischen Tugenden. Solche Vermögen und Fähigkeiten haben nämlich ein doppeltes Wirksamwerden an sich. Zum einen haben sie gewisse Akte im Innern, die wir gewöhnlich als „spontane" bezeichnen, wie z. B. Lieben, Hassen, Zürnen, Sich-Fürchten, Sich-Freuen, Traurigsein, ferner Wollen, Wählen und allgemein Erstreben. Zum anderen haben sie Akte an sich, die nach außen hinübergehen und welche wir für gewöhnlich als „gebotene" bezeichnen, wie z. B. Essen, Trinken, Angreifen, Kriegführen, Geben, Nehmen und so weiter. Es ist offenkundig, daß sich die äußeren Akte auf das Einzelne beziehen. Denn man ißt in Wirklichkeit ausschließlich dieses oder jenes ganz bestimmte Brot; man führt in Wirklichkeit ausschließlich mit diesen oder jenen ganz bestimmten einzelnen Feinden Krieg usw. Die Akte und die Prozesse des Entstehens geschehen nämlich am Einzelnen, wie es im Vorwort zur „Metaphysik" heißt.[11] Der Grund dafür liegt darin, daß solche Akte die Sache selbst als solche betreffen. Denn ein jedes Ding als solches existiert singulär. Die inneren Akte des Strebens hingegen sind innere Folgen von Erkenntnisakten und sind deshalb dem Leitprinzip von Erkenntnisakten gemäß ausgerichtet, so daß ein Akt des Strebens oder Wollens dann, wenn der Erkenntnisakt nicht auf ein gewisses Einzelnes eingeschränkt und festgelegt gewesen ist, ebenfalls nicht auf ein gewisses Einzelnes eingeschränkt und festgelegt sein, sondern in Bezug auf ein Allgemeines verbleiben wird. War nun aber ein Erkenntnisakt auf ein gewisses Einzelnes eingeschränkt und festgelegt worden, dann wird der daran geknüpfte Akt des Strebens auf eingeschränkte Weise genau jenes Einzelne betreffen. Da unser Erkennen im Bereich des Handelns bisweilen nicht bis hinab zum Einzelnen gelangt, ist es aus diesem Grund möglich, daß auch das Wollen dem Allgemeinen verhaftet bleibt. Hat nun aber dieses Wollen keine Einschränkung und Festlegung auf ein gewisses Einzelnes erfahren, dann folgt ihm keinerlei äußerer Akt des Handelns. Darum heißt es auch im 3. Buch von „Über die Seele", daß eine allgemeine Meinung bzw. ein allgemeiner Vernunftgrund keine Bewegung auslöst.[12] Ich sage also, daß die Willensakte und die inneren Akte der moralischen Tugenden manchmal das Allgemeine betreffen. Ein Rechtschaffener will doch aus Gerechtigkeit, daß nicht nur eingeschränkt diesem oder jenem bestimmten Menschen Recht widerfahre, sondern uneingeschränkt allen. Durch die in Gesetzen ausgedrückte Gerechtigkeit wird doch auch ein Gesetzgeber dazu bewogen, Gesetze zu erlassen, die uneingeschränkt den Gehalt aller Tugenden betreffen, damit dadurch alle rechtschaffen werden.

Nunc ergo[1] veniamus[2] ad actus potentiarum cognoscitivarum et habituum ipsarum, specialiter ad actus prudentiae, de qua principaliter quaerebatur. Et dicamus, quod prudentia quantum ad actus suos, puta quantum ad ratiocinationes et iudicia de agibilibus, et[3] aliquando circa universalia est et aliquando[4] circa singularia, et principalius circa singularia quam circa universalia.

Istarum autem[5] trium conclusionum prima sic patet: Circa humana agibilia multi casus dubii universaliter[5] proponuntur et per ratiocinationem ad partem veram determinantur non[7] propter scire finaliter, sed propter agere. Sic enim et ad hoc leges institutae sunt et omnes editi libri morales. Sed haec ratiocinationes et determinationes ad prudentiam pertinere videntur, si[8] prudentia est recta ratio agibilium. Igitur etc.

Item, sicut artes se habent circa factibilia, sic prudentia se habet[9] circa agibilia. Artes autem multas inveniunt et scrutantur conclusiones universales, quod patet maxime in arte medicinali. Et ita apparet[10] in artibus[11] aliis, si libri fierent de eis. Si enim peteres a fabro quare oportet ferrum fabricandum calefieri, responderet[12] universali ratione: quia mollificari ipsum[13] oportet ut extensionem[14] recipiat; in[15] igne autem[16] mollificatur. Ergo similiter ad prudentiam spectat circa agibilia multas invenire tractare[17] conclusiones universales et per[18] rationes universales.

Item, unam partem prudentiae ponit Aristoteles legis positivam. Haec[19] autem necesse est, ut sit circa universalia. Leges enim non[20] solum respiciunt Socratem aut Platonem, sed omnes universaliter praesentes[21] et futuros. Unde primo Rhetoricae dicitur, quod iudicium legislatoris non secundum partem, sed de futuris et universalibus est. Ideo etc.

Secunda[22] conclusio patet[23] satis per rationes Aristotelis in littera. Et quia sicut[24] medicina ordinatur ad bene habere secundum corpus, ita prudentia ad bene habere secundum animam. Medicus autem nunquam perfectus videbitur esse[25] sistens[26] in universali ratione, sed perficietur[27] insistendo in[28] ratiocinando et operando circa

---

1) ergo] autem E. 2) veniamus] videamus A,D. 3) et] est E. 4) et aliquando] om. A. 5) autem] om. E. 6) universaliter] om. D. 7) non] add. semper A. 8) si] sed A. 9) se habet] om. B,C,D,E. 10) apparet] om. A. 11) in artibus] om. E. 12) responderet] om. C; respondet D. 13) ipsum] om. D. 14) extensionem] add. idem C. 15) in] om. E. 16) autem] aut E. 17) tractare] contractare B,C,D. 18) per] om. D. 19) haec] hoc B. 20) enim non] om. A. 21) praesentes] add. praeteritos C. 22) secunda] tertia A. 23) patet] om. A; apparet C,D. 24) sicut] add. sit A. 25) esse] om. B,C,D,E. 26) sistens] om. A. 27) perficietur] perficitur C,D. 28) insistendo in] om. C; insistendo E.

Im Anschluß daran wollen wir uns nun den Akten und Fähigkeiten der erkenntnismäßigen Vermögen zuwenden, darunter besonders den Akten der sittlichen Einsicht, um die es in dieser Problematik hauptsächlich geht. Wir wollen feststellen, daß die sittliche Einsicht in bezug auf ihre eigenen Akte, d. h. in bezug auf die Überlegungen und Urteile über das Handeln, sowohl bisweilen das Allgemeine als auch bisweilen das Einzelne betrifft, wobei sie sich in erster Linie mehr auf das Einzelne als auf das Allgemeine bezieht.

Die erste dieser drei Schlußfolgerungen[13] erhellt durch folgendes: Viele ungeklärte Fragen werden hinsichtlich des menschlichen Handelns in allgemeiner Weise aufgeworfen und durch vernunftmäßiges Überlegen einer wahrheitsgemäßen Lösung zugeführt; dies geschieht nicht zu dem Endzweck des Wissens, sondern zum Zweck des Handelns. Zu diesem Zweck sind gerade auch die Gesetze geschaffen und alle Schriften über Moral verbreitet worden. Offenbar gehören diese vernünftigen Überlegungen und schlüssigen Entscheidungen doch aber der sittlichen Einsicht an, wenn die sittliche Einsicht das rechte Maß des Handelns darstellt. Folglich usw.

Ferner: So wie sich die technischen Kunstfertigkeiten zum Machbaren verhalten, so verhält sich die sittliche Einsicht zum Handeln. Die technischen Kunstfertigkeiten ziehen nun aber viele allgemeine Schlüsse und vertiefen sich in sie, was vor allem die Kunst der Medizin belegt. Es ist auch so bei anderen technischen Kunstfertigkeiten, was uns klar wird, wenn es über sie geschriebene Bücher gäbe. Willst du zum Beispiel von einem Handwerker wissen, warum ein anzufertigender eiserner Gegenstand erwärmt werden muß, so würde er mit der folgenden allgemeinen Begründung antworten: weil durch das Weichwerden des Gegenstandes dieser eine größere Ausdehnung annehmen muß; durch das Feuer aber wird er gerade erweicht. Es kommt also analog der sittlichen Einsicht zu, viele allgemeine Schlüsse hinsichtlich des Handelns zu ziehen und diese theoretisch abzuhandeln und sich dabei allgemeiner Begründungen zu bedienen.

Ferner: Aristoteles bestimmt die gesetzgebende Vernunft als den einen Teil der sittlichen Vernunft.[14] Diese bezieht sich aber notwendigerweise auf das Allgemeine. Denn die Gesetze beziehen sich nicht nur auf Sokrates und Platon, sondern uneingeschränkt auf alle gegenwärtig und zukünftig existierenden Menschen. Darum heißt es auch im 1. Buch der „Rhetorik“, daß das Urteil eines Gesetzgebers sich nicht auf Partikuläres, sondern auf Zukünftiges und Allgemeines bezieht.[15] Folglich usw.

Die zweite Schlußfolgerung[16] wird hinreichend durch die bei Aristoteles wörtlich zu findenden Begründungen belegt. Hinzu kommt, daß genauso, wie die Medizin einen festen Platz in der Erreichung körperlichen Wohlbefindens hat, auch die sittliche Einsicht einen festen Platz in der Erreichung des seelischen Wohlbefindens hat. Ein Mediziner scheint aber niemals vollkommen zu sein, solange er bei der allgemeinen Überlegung bleibt; vielmehr erlangt er die Vollkommenheit durch

singulares aegritudines. Ideo etiam dicitur, quod per novum medicum fit coemeterium bochucum[1].[2] Igitur[3] similiter erit de prudentia circa[4] suam materiam.
Item, si sciveris universali ratione, quoniam[5] non est[6] contractandum rem alienam invito[7] domino; cum[8] indigebis in operationem transire, oportebit sub illo universali principio sumere propositiones particulares, ut an haec res est aliena, quis est dominus[9] eius, an sibi placet[10], quod tu eam accipies[11]. Haec autem sumptio sub[12] illo[13] universali principio quaedam ratiocinatio est, quae, si sit recta, ad prudentiam pertinebit, cum prudentia sit recta ratio agibilium. Huiusmodi[14] tamen ratiocinationes sunt circa singularia. Ergo prudentia est circa singularia.

Tertia conclusio per hoc probatur[15], quod in secundo Metaphysicae dicitur „speculativae finis est veritas, practicae vero opus." Prudentia autem non est habitus speculativus, sed practicus. Ideo finis eius non est scire, sed operari.
Finis autem inter cetera semper[16] principalius[17] intenditur, quoniam[18] propter se et alia propter ipsum. Ergo circa illa erit prudentia principalius, circa quae sunt operationes, quam circa quae non sunt operationes. Sed operationes sunt circa singularia et[19] non circa universalia, ut dicitur prohoemio Metaphysicae. Ideo etiam dicitur tertio De Anima, quod universalis existimatio[20] non movet. Ergo prudentia magis principaliter est circa singularia quam circa universalia.

Item, sicut omnis ars et virtus est circa difficile et principalius circa difficilius, ut patet secundo huius, ita[21] similiter videtur esse de prudentia. Sed[22] multo difficilius est recte ratiocinari et recte iudicare de[23] agibilibus in particulari quam in universali, tum quia magis variabilia sunt singularia, tum[24] quia singularia magis afficiunt appetitum et per consequens magis inclinant ad pervertendum iudicium rationis. Propter hoc enim, ut patet primo Rhetoricae, potest[25] magis videre verum legislator quam praefectus et[26] iudex: „Quia", ut dicit Aristoteles, „iudicium legislatoris non secundum partem est, sed[27] de futuris et universalibus. Praefectus autem et iudex[28] iam de praesentibus et[29] determinatis iudicant, ad quos et amare[30] iam et odire[31] et

---

1) bochucum] bochutum A,E. 2) Ideo etiam . . . bochucum] om. B. 3) igitur] ergo E. 4) circa] secundum C. 5) quoniam] om. A. 6) non est] om. E. 7) invito] inimico E. 8) cum] quando B. 9) dominus] om. A. 10) placet] placeat E. 11) accipies] accipias E. 12) sub] om. A. 13) illo] om. E. 14) huiusmodi] om. A. 15) probatur] patitur C,D. 16) semper] om. B. 17) principalius] add. necesse D. 18) quoniam] quam A,B,C,D. 19) et] om. E. 20) existimatio] aestimatio B; add vel ratio B. 21) ita] ideo C,D. 22) sed] om. A. 23) de] add. omnibus A. 24) tum] tamen E. 25) potest] quod C. 26) praefectus et] om. B. 27) est, sed] non est A. 28) praefectus . . . iudex] iudex autem B. 29) et] om. A. 30) et amare] ad amorem D. 31) odire] add. audire D.

fortwährendes Untersuchen und praktisches Behandeln von einzelnen Erkrankungen. Darum sagt man auch, daß es durch einen neuen Mediziner zu einem Pfuscherbegräbnis kommt. Daraus bleibt zu schließen, daß es analog so bei der sittlichen Einsicht in bezug auf ihr eigenes Wirkungsfeld sein wird.

Ferner: Du magst aus allgemeiner Begründung wissen, daß man eine fremde Sache nicht anfassen darf, wenn der Besitzer dies nicht will. Wenn es dich nun verlangt zu handeln, so wird es notwendig sein, an die Stelle dieses allgemeinen Prinzips bestimmte partikuläre Aussagen zu setzen, die zum Inhalt haben, ob eine ganz bestimmte Sache einem anderen gehört, wer ihr Eigentümer ist und ob er zustimmt, daß du sie nimmst. Diese Einsetzung von Aussagen an die Stelle jenes allgemeinen Prinzips stellt nun eine gewisse Überlegung dar, die - sollte sie rechten Sinnes erfolgen - mit der sittlichen Einsicht verwandt sein wird, da ja die sittliche Einsicht das rechte Maß des Handelns ist. Solcherart Überlegungen beziehen sich nun aber auf Einzelnes; demzufolge bezieht sich die sittliche Einsicht auf Einzelnes.

Die dritte Schlußfolgerung[17] erhält ihre Bekräftigung durch folgende Aussage im 2. Buch der „Metaphysik": „der Zweck der theoretischen Wissenschaft ist die Wahrheit, der praktischen hingegen die Tat."[18] Nun ist die sittliche Einsicht keine theoretische, sondern eine praktische Fähigkeit. Ihr Zweck besteht also nicht im Wissen, sondern im Tun. Ein Zweck wird nun immer als erstes unter allem übrigen angestrebt, da er um seiner selbst willen und anderes wiederum um seinetwillen angestrebt wird. Folglich wird sich die sittliche Einsicht als erstes darauf beziehen, worauf sich die Tätigkeiten beziehen, weniger darauf, worauf sich diese nicht beziehen. Die Tätigkeiten beziehen sich nun aber auf das Einzelne und nicht auf das Allgemeine, wie es in der Einleitung zur „Metaphysik" heißt.[19] Darum heißt es auch im 3. Buch von „Über die Seele", daß eine allgemeine Meinung keine Bewegung auslöst.[20] Folglich bezieht sich die sittliche Einsicht hauptsächlich auf das Einzelne und weniger auf das Allgemeine.

Ferner: Genauso, wie sich eine jede technische Kunstfertigkeit und eine jede Tugend auf das Schwierige bezieht und dabei zuallererst auf das jeweils Schwierigere - wie es aus dem 2. Buch der „Nikomachischen Ethik" erhellt[21] -, scheint es auch bei der sittlichen Einsicht zu sein. Nun ist es aber um vieles schwieriger, im Einzelfall tugendhaft abzuwägen und zu urteilen über das in Frage kommende Handeln als im allgemeinen. Denn das Einzelne ist ja viel wandelbarer und erregt andererseits auch stärker den Trieb und das Verlangen, so daß es demzufolge stärker zu einer Entstellung des Urteils der Vernunft veranlaßt. Darum kann ein Gesetzgeber auch besser als ein Vorsteher und Richter das Wahre und Richtige erkennen, wie man aus dem 1. Buch der „Rhetorik" entnehmen kann. Denn Aristoteles sagt, „daß das Urteil eines Gesetzgebers sich nicht auf Partikuläres, sondern auf Zukünftiges und Allgemeines bezieht. Ein Vorsteher und ein Richter aber geben Urteile über gerade jetzt Vorhandenes und Eingeschränktes ab, womit häufig Liebe, Haß und

proprium commodum annexa[1] sunt saepe, ut non adhuc[2] possint[3] videre sufficienter verum, sed attendere in iudicio proprium delectabile aut triste." Sequitur ergo, quod prudentia principalius[4] est circa singularia.

Has autem tres conclusiones nominavit[5] Aristoteles valde breviter[6] dicens quare[7] oportet ambas habere vel hanc magis.

Circa dicta tamen duo[8] occurrunt[9] dubia. Primum est: quia in De somno et vigilia dicitur[10] „cuius est potentia, eius est actio." Et hoc videtur manifestum esse[11] de se[12], scilicet quod actio[13] seu[14] opus potentiae non circa aliud versatur obiectum quam circa obiectum illius potentiae. Hoc autem non videtur consonare dictis, cum dictum fuerit, quod omnes nostrae potentiae et habitus sunt circa universalia, actus autem ipsarum[15] non, sed circa singularia.

Secundum dubium est: quia[16] videtur Aristotelis esse intentio prohoemio Metaphysicae, quod omnes actus et generationes sunt circa singularia. Cuius oppositum dictum fuit nunc, quia dictum fuit, quod aliqui actus tam appetendi quam cognoscendi sunt circa universalia.

Ad primum dubium dicendum est, quod nullae sunt res[17] universales[18] sic, quod universaliter[19] existant, immo quidquid est, singulariter existit et est unum in numero. Sed eaedem res possunt dici singulares[20] et universales diversimode, quod explicite declarare non est praesentis intentionis[21]. Ideo superficialiter, secundum praedicta[22], pertranseundo dicendum est, quod eiusdem est potentia et[23] actio[24] sic, quod omnis, cuius est actio[25], eius erat potentia, sed non convertitur[26]. Alicuius enim erat potentia, cuius non oportet esse actionem, loquendo tam subiective quam obiective. Subiective quidem[27], quia omne, quod agit, poterat agere, sed non omne, quod potest agere, agit. Et noli curare in proposito, utrum in praedicto[28] sermone debeamus intelligere subiective secundum[29] realem inhaerentiam, vel subiective[30] solum secundum denominationem. Non enim est discutiendum, utrum actio sit in agente vel in passo. Sed illius nunc dicimus potentiam vel actionem esse[31] subiective[32], quod potest agere et quod agit; eius autem dicimus potentiam esse vel actionem

---

1) annexa] connexa D. 2) non adhuc] om. B. 3) possint] possent E. 4) principalius] principalis A. 5) nominavit] notavit E. 6) breviter] uniter C; om. D. 7) quare] quarum A. 8) duo] om. B,C,D. 9) occurrunt] oriuntur C. 10) dicitur] om. B. 11) esse] om. B,C,E. 12) de se] om. D. 13) actio] actus B; actu D. 14) seu] om. D. 15) ipsarum] ipsorum C. 16) quia] quod E. 17) res] add. rationes D. 18) universales] om. A. 19) universaliter] universalis A. 20) singulares] singulariter A. 21) intentionis] add. nec speculationis B. 22) secundum praedicta] om. C; scilicet praedicta D. 23) et] add. actus seu E. 24) actio] actus B. 25) omnis . . . actio] cuius actio B. 26) convertitur] om. A. 27) quidem] autem A. 28) praedicto] dicto B,C,D,E. 29) secundum] per D. 30) subiective] obiective A. 31) esse] om. C. 32) subiective] subiectivam A.

Eigennutz verbunden sind, so daß sie nicht mehr hinreichend in der Lage sind, das Wahre und Richtige zu erkennen, sondern sich im Urteil möglicherweise nach dem ihnen Angenehmen oder Unangenehmen richten."[22] Hieraus folgt also, daß sich die sittliche Einsicht in erster Linie auf das Einzelne bezieht.

Aristoteles spricht diese drei Schlußfolgerungen jedoch nur ganz kurz aus und äußert sich dabei zu dem Grund, daß man alle beide zusammen bzw. die eine mehr als die andere im Bewußtsein haben muß.[23]

Nun gibt es hinsichtlich des Gesagten jedoch zwei Einwände. Erstens: Im Werk „Über den Schlaf und das Wachen" heißt es: „Zu demselben, wozu eine Potenz gehört, gehört auch die Betätigung."[24] Das scheint völlig einleuchtend zu sein, d. h. daß die Betätigung oder das Wirksamwerden einer Potenz keinen anderen Bezugsgegenstand hat als den Bezugsgegenstand ebendieser Potenz. Dies steht jedoch offenbar nicht im Einklang mit dem oben Gesagten. Dort hieß es, daß sich alle unsere Vermögen (Potenzen) und Fähigkeiten auf das Allgemeine beziehen, nicht aber deren Akte, die sich vielmehr auf das Einzelne beziehen.

Der zweite Einwand lautet: Aristoteles ist doch offenbar in der Einleitung zur „Metaphysik" der Auffassung, daß sich alle Akte und alle Prozesse des Entstehens auf das Einzelne beziehen.[25] Die dazu entgegengesetzte Meinung ist hier geäußert worden, als es hieß, daß sich gewisse Akte sowohl des Strebens als auch des Erkennens auf das Allgemeine beziehen.

Zum ersten Einwand ist festzustellen, daß es keine allgemeinen Dinge in dem Sinne gibt, daß sie auf allgemeine Weise existieren. Vielmehr ist alles Existierende auf singuläre Weise da, und es ist ein numerisches Eins. Ein und dieselben Dinge können aber auf voneinander verschiedene Weise als einzelne und als allgemeine ausgesagt werden. Hier ist jedoch nicht der Ort, dies näher zu erläutern. Es ist also dementsprechend allgemein und in aller Kürze festzustellen, daß Potenz und Betätigung zu ein und demselben gehören, d. h. zu allem, wozu eine Betätigung gehört, dazu gehörte eine Potenz - die Umkehrung jedoch gilt nicht. Denn wozu eine Potenz da war, dazu muß nicht auch die entsprechende Betätigung da sein; dies ist sowohl vom Zugrundeliegenden als auch vom Bezugsgegenstand aus gemeint. Vom Zugrundeliegenden aus gesehen deshalb, weil alles, was Wirkung ausübt, auch eine Potenz zur Wirkungsausübung besaß; aber nicht alles, das eine Potenz zur Wirkungsausübung besaß, übt Wirkung aus. Hierbei will ich unbeachtet lassen, ob wir im erwähnten Ausdruck das „vom Zugrundeliegenden aus" im Sinn tatsächlicher Inhärenz oder nur paronymisch begreifen müssen. Denn es muß nicht untersucht werden, ob die Betätigung in der hervorbringenden Ursache oder im Gegenstand enthalten ist, an dem eine Wirkung eintritt. Wir sagen hier, daß dasjenige eine Potenz bzw. Betätigung vom Zugrundeliegenden aus gesehen besitzt, was eine Potenz zur Wirkungsausübung besitzt und Wirkung ausübt. Zum anderen sagen wir, daß dasjenige eine Potenz bzw. Betätigung vom Bezugsgegen-

obiective, in quod potentia potest agere et in quod agit.[1] Manifestum est autem, quod[2] potentia in omne id potest agere, in quod agit[3], sed non agit in omne illud, in[4] quod potest agere. Visus enim tuus multa[5] possit videre[6], quae nunquam videbit. Quando[7] ergo dicitur, quod potentia est circa universalia et actio non, non[8] est sensus, quod potentia sit circa aliquas res universaliter et non singulariter existentes, sed quod ipsa est[9] indifferenter circa plures res singulariter existentes, ad quarum nullam ipsa[10] est determinata[11] sic, quin ita possit in aliam. Actio autem omnis[12] est determinata ad aliquam illarum rerum, ad quas omnis[13] potentia erat indifferens.[14]

Ad aliud dubium[15] dicendum est[16], quod omnes actus et generationes[17] sunt circa singularia, sic intelligendo[18], quod quaelibet actio est[19] determinate ab aliquo singulari[20] agente[21] producta et in aliquod singulare passum[22] determinate recepta. Unde conceptus, quantumcumque dicatur universalis, ut conceptus entis[23], est determinate in aliquo intellectu possibili singulari, videlicet in tuo vel in meo, et est determinate ab aliquo intellectu[24] agente[25] singulari vel ab aliquo singulari phantasmate productus active. Tamen[26] non est inconveniens talem actionem sive actum singularem esse indifferenter repraesentativum[27] plurium[28] rerum, cum repraesentatio sit secundum similitudinem. Et possibile est idem et secundum idem esse simile[29] multis. Sic ergo dictum est actum[30] potentiae intellectivae vel alicuius habitus intellectualis aliquando esse circa universalia, id est[31] circa res plures indifferenter repraesentative, licet sit determinate et singularis[32] activi et singularis[33] passivi[34]. Et ita etiam non est inconveniens actum aliquem voluntatis vel appetitus esse indifferenter circa plura, videlicet circa omnes potus aut omnes cibos inclinative.

Nunc[35] respondendum est ad rationes principales. Ad primam dicendum est, quod ratio non solum est universalium, sed etiam singularium. Sensus autem[36] est singularium solum.

Ad aliam dictum fuit, quod prudentia quoad habitum secundum se considera-

---

1) agit] agitur C. 2) quod] add. ut E. 3) Manifestum ... in quod agit] om. C. 4) in] om. C,E. 5) multa] nullam A. 6) videre] om. A. 7) quando] quoniam D. 8) non] om. A. 9) est] om. A. 10) ipsa] om. C,D,E. 11) determinata] determinatam C. 12) omnis] hominis C,D. 13) omnis] omnes E. 14) indifferens] indifferenter A. 15) aliud dubium] aliam dubitationem C,D. 16) dicendum est] om. D. 17) generationes] operationes D. 18) intelligendo] intelligo C,D. 19) est] add. sic B. 20) determinate ... singulari] ab aliquo determinato singulari D. 21) agente] ente B. 22) passum] passivum B. 23) ut conceptus entis] om. B. 24) intellectu] add. universali D. 25) agente] om. C. 26) tamen] inde C. 27) repraesentativum] repraesentationem C,D. 28) plurium] add. rerum A. 29) simile] add. in B. 30) actum] actus E. 31) id est] et A. 32) singularis] singulariter C,D. 33) singularis] singulariter C,D. 34) licet ... passivi] om. B. 35) nunc] tunc E. 36) autem] enim A.

stand aus gesehen besitzt, auf das eine Potenz Wirkung ausüben kann und Wirkung ausübt. Dabei liegt auf der Hand, daß eine Potenz auf alles das Wirkung ausüben kann, worauf sie aktuell Wirkung ausübt; aber sie übt nicht aktuell auf alles das Wirkung aus, auf das sie es könnte. Denn dein optisches Wahrnehmungsvermögen könnte zum Beispiel vieles erblicken, was es aber niemals erblicken wird. Wenn nun also gesagt wird, daß ein Vermögen (eine Potenz) sich auf das Allgemeine bezieht und die Betätigung [der Potenz] nicht, dann bedeutet das nicht, daß das Vermögen sich auf gewisse Dinge bezieht, die auf allgemeine Weise und nicht singulär existieren. Dies bedeutet vielmehr, daß das Vermögen sich auf indifferente Weise auf mehrere singulär existierende Dinge bezieht, wobei es jedoch auf keines von diesen Dingen derart festgelegt und eingeschränkt wurde, daß ein Bezug auf ein anderes unmöglich wäre. Die Betätigung (eines Vermögens) ist nun aber generell auf eines dieser Dinge beschränkt und festgelegt, auf welche sich ein jedes Vermögen indifferent bezog.

Zum zweiten Einwand ist folgendes zu sagen: Alle Akte und Prozesse des Entstehens beziehen sich auf das Einzelne, und zwar in dem Sinne, daß eine jede beliebige Betätigung auf genau festgelegte und eingeschränkte Weise von einer einzelnen hervorbringenden Ursache erzeugt und von einem einzelnen Gegenstand, an dem eine Wirkung eintritt, auf genau bestimmte Weise in sich aufgenommen wurde. Darum ist auch ein Begriff, wie sehr man ihn auch einen „allgemeinen“ nennen mag - wie zum Beispiel der Begriff „Seiendes“ - in genau festgelegter und eingeschränkter Weise in einem einzelnen Möglichen Intellekt, d. h. in deinem oder in meinem; zugleich wurde er auf genau festgelegte und eingeschränkte Weise von einem einzelnen Aktiven Intellekt bzw. einem einzelnen Vorstellungsbild erzeugt. Es ist dennoch dadurch nicht ausgeschlossen, daß eine solche Betätigung bzw. ein singulärer Akt auf indifferente Weise Repräsentant von vielem ist, da eine Repräsentanz auf dem Ähnlichkeitsbezug beruht. Es ist desgleichen möglich, daß ein und dasselbe als solches ein Ebenbild vieler Dinge ist. In genau diesem Sinn wurde also gesagt, daß sich der Akt eines Erkenntnisvermögens oder einer geistigen Fähigkeit bisweilen auf das Allgemeine bezieht, d. h. indifferent auf mehrere Dinge in der Weise der Repräsentanz, obgleich dieser Akt in eingeschränkter Weise einer einzelnen Wirkungsquelle entstammt und zugleich auf einen einzelnen Gegenstand gerichtet ist. Ebenso ist es auch nicht ausgeschlossen, daß ein Willensakt oder ein Akt des Begehrens sich in indifferenter Weise auf mehreres bezieht, d. h. tendenziell auf alle Getränke oder Speisen.

Nun ist auf die eingangs vertretenen Argumente zu antworten.[26] Auf das erste Argument ist zu antworten, daß sich die Vernunft nicht nur auf das Allgemeine, sondern auch auf das Einzelne bezieht. Die Sinne hingegen beziehen sich nur auf das Einzelne.

Zum zweiten Argument ist ausgeführt worden, daß sich die sittliche Einsicht

tum[1] est universalium, non singularium. Ideo non concluditur, quod eius sit oblivio.[2] Sed quoad actus ipsius ipsa est singularium. Ideo conceditur, quod multorum actuum ipsius contingit oblivio[3]. Non enim oportet prudentem memorem esse omnium, quae a decem annis vel a viginti operatus est.

Et similiter[4] dicendum est ad alias rationes, quia consimili via procedunt. Patet quaestio.[5]

---

1) consideratum] considerata C. 2) eius sit oblivio] multorum actuum ipsius contingit oblivio, licet eius non sit oblivio C. 3) oblivio] oblivionem A. 4) similiter] consimiliter E. 5) patet quaestio] om. A,B,D,E.

hinsichtlich der für sich genommenen Fähigkeit auf das Allgemeine und nicht auf das Einzelne bezieht. Somit kann nicht gefolgert werden, daß sie dem Vergessen anheimfällt. Hinsichtlich ihrer Akte aber bezieht sie sich auf das Einzelne. Somit kann man gelten lassen, daß viele ihrer Akte dem Vergessen anheimfallen können. Denn es ist nicht erforderlich, daß ein sittlich Einsichtiger alles das im Gedächtnis hat, was er in einem Zeitraum von zehn oder zwanzig Jahren vollbracht hat.

In diesem Sinne sind die anderen Argumente zu beantworten, da sie auf einem vergleichbaren Herangehen basieren.

Die Quaestio hat ihre Klärung erfahren.

8.
GREGOR VON RIMINI
Sentenzenkommentar*
Buch I Distinktion 3 Quaestio 3

Artikel 2

⟨Geht die Erkenntnis des Allgemeinen der des Singulären voraus?⟩

Zum Artikel 2 stelle ich fest, daß ein Singuläres vom Intellekt eher erkannt wird als ein Allgemeines. Zum Beweis dessen führe ich die folgende These an, die im Buch 3[1] nachgewiesen werden wird: ein Universale ist kein außerseelisches Ding, sondern lediglich ein gewisser erdachter bzw. durch die Seele geformter Begriff [conceptus fictus seu formatus per animam], der mehreren Dingen gemein ist, oder es ist unter Umständen ein äußeres Zeichen, das subjektiver Einsetzung entspringt [ad placitum institutum]; die Art und Weise dieser Einsetzung wird im Buch 3 besprochen.

Ausgehend von dieser Voraussetzung führe ich als erstes für die Eingangsthese folgendes stützendes Argument an: Bevor irgendein Universale erdacht oder geformt wird, ist ein Singuläres bereits erkannt worden; folglich ist ein Singuläres vor dem Universale erkannt worden. - Der Vordersatz trifft zu, da es ja ausgeschlossen ist, irgendeinen Begriff auf natürliche Weise von gewissen Dingen zu abstrahieren oder ihn sich in bezug auf sie auszudenken, ohne daß diese Dinge oder einige von ihnen zuvor empirisch wahrgenommen wurden. Niemand kann ja von völlig unbekannten Dingen einen Begriff bilden, wie oben in der Quaestio über die begriffliche Erkenntnis [notitia] der sinnlich wahrnehmbaren Dinge[2] klar wurde und wie es auch die eigene Erfahrung lehrt. Oder [der Vordersatz trifft zu,] weil die Dinge, in bezug auf welche ein allgemeiner Begriff geprägt wird, uns von selbst und als solche

---

* Lectura super primum Sententiarum, dist. 3, qu. 3, art. 2. - Textgrundlage: Gregorii Ariminensis OESA Lectura super primum et secundum Sententiarum, ed. A. D. Trapp et V. Marcolino, Tom. I: Super primum (Prologus. Dist. 1-6), Berlin-New York 1981, S. 396-407; zitiert als: *Super primum Sententiarum.*

bekannt sind. Daraus ergibt sich wieder die Eingangsthese [daß ein Singuläres vom Intellekt eher erkannt wird als ein Allgemeines], da ja jedes solche Ding ein singuläres ist. Oder aber diese Dinge sind uns in Gestalt einer ihnen entnommenen Vermittlungsform [species] bekannt: und auch dann ergibt sich wieder die Eingangsthese, da ja jegliches, dessen Vermittlungsform so aufgenommen wird und das durch diese Vermittlungsform erkannt wird, als solches ein ursprünglich Erkanntes [praecognitum] ist, wie weiter oben klargestellt wurde.[3] Oder es wird in Gestalt eines subjektiv-erdachten Begriffs [conceptus fictus] erkannt, und dann ergibt sich die vorherige Argumentation: denn bevor ein solcher erdacht wird, muß ursprünglich ein bestimmtes singuläres Ding erkannt worden sein. Sonst käme es zu einem unbegrenzten Zurückgehen auf immer noch einen voraufliegenden Begriff, was ausgeschlossen ist. - Auch die Schlußfolgerung[, daß ein Singuläres vor dem Universale erkannt wird] ist beweiskräftig. Denn entweder ist das Erkanntwerden [intelligi] eines Universale dasselbe wie sein Erdachtwerden [fingi], oder es wird zu gleicher Zeit subjektiv-erdacht und erkannt, oder es wird eher erdacht als es erkannt werden kann. Denn es ist ausgeschlossen, daß es früher erkannt als erdacht werden könnte. Ganz gleich, was hiervon als gegeben angesehen wird, so erweist sich die Schlußfolgerung eindeutig als zutreffend.

Möglicherweise wendet man hierzu ein, daß es wahr ist, daß vor der Ausprägung eines Universale irgendein Singuläres bereits erkannt wurde; doch bezieht sich das auf die Sinneswahrnehmung und nicht auf den Intellekt.

Hiergegen steht die Auffassung des Philosophen und des Kommentators, welcher im Buch 12 der „Metaphysik", im Kommentartext 4 sagt, daß „nach Aristoteles die Universalien Ansammlungen [collecta] aus partikulären Dingen in gedanklicher Form sind, indem der Intellekt die gegenseitige Ähnlichkeit unter diesen partikulären Dingen erfaßt und diese zu einer einheitlichen Intention macht."[4] Dem Kommentator und nach seiner Aussage auch Aristoteles zufolge bildet also der Intellekt eine allgemeine Intention und erfaßt dabei, d. h. betrachtet und erkennt, die gegenseitige Ähnlichkeit unter den partikulären Dingen. Es ist dabei klar, daß er deren gegenseitige Ähnlichkeit nur dann erkennen kann, wenn er jene selbst erkennt.

Der gleichen Auffassung ist auch Eustratius im Kommentar zum 1. Buch der Ethik, Kapitel 7, wo er sagt, daß „im Anschluß an die Subsistenz von vielem die Seele bewirkt, daß die Universalien in ihr selbst subsistieren. Darum sagt auch Aristoteles in dem „Über die Seele" betitelten Werk, daß das Universale Lebewesen ein Nichts ist oder ein Nachträgliches[5]: ‚Nichts' darum, weil es nicht selbständig und als solches subsistiert, ‚Nachträgliches' deshalb, weil der Intellekt sich nach der Existenz von vielem und dessen Erfassung richtet."[6] Hieraus wird einsichtig, daß eine allgemeine gedankliche Einbildung [fictio] die Erfassung [comprehensio] der partikulären Dinge zur Voraussetzung hat. Man darf sich aber auch nicht vorstellen, daß das eine Vermögen die partikulären Dinge und die gegenseitige Ähnlichkeit unter ihnen erfaßt und ein anderes das Universale ausprägt. Das ist nicht wahrscheinlicher, als daß der eine Mensch die singulären Dinge begreift und ein anderer den zu ihnen gehörigen allgemeinen Begriff abstrahiert.

Im Kommentartext 5 des 1. Buches der „Physikvorlesung" bekräftigt dies der Kommentator[7], wo er sagt, daß „zwar ein zusammengesetztes Individuum nicht Prinzip in einer deduktiv beweisenden Wissenschaft [doctrina demonstrativa] ist, es aber Prinzip einer universalen Annahme ist, welche das Prinzip einer deduktiv beweisenden Wissenschaft ist". Da ein strikter Beweis sich aus universalen Propositionen zusammensetzt, ist demzufolge die begriffliche Erkenntnis [notitia] eines bestimmten Singulären, ob diese eine komplexe oder eine nicht-komplexe ist, kein Prinzip eines strikten Beweises noch einer deduktiv beweisenden Wissenschaft; eine solche Erkenntnis ist jedoch das Prinzip der Erlangung einer universalen begrifflichen Erkenntnis, wie aus dem 1. Buch der „Metaphysik"[8] und dem 2. Buch der „Zweiten Analytik"[9] erhellt, so daß also eine singuläre begriffliche Erkenntnis einer universalen vorausgeht.

Ferner: Dasjenige, was vom Intellekt zuvorderst erkannt wird, ist kein Produkt des Intellekts. Also ist das Singuläre dasjenige, was vom Intellekt zuvorderst erkannt wird. - Diese Schlußfolgerung leuchtet ein. Der Vordersatz wird folgendermaßen begründet: Dasjenige, was vom Intellekt zuvorderst erkannt wird, geht einer begrifflichen Erkenntnis des Intellekts zeitlich oder seiner Natur nach voran; ein Produkt des Intellekts ist jedoch die erste begriffliche Erkenntnis des Intellekts, die von Natur aus danach kommt und nicht vornan steht.

Ferner: Wäre das Universale das zuvorderst Erkannte, dann wäre die erste begriffliche Erkenntnis von ihm entweder eine begriffliche Erkenntnis, mittels der das Universale als ein Zeichen extramentaler Dinge erkannt würde, oder mittels der es als ein gewisses für sich existierendes Ding erkannt würde. Es ist jedoch ausgeschlossen, daß eine erste begriffliche Erkenntnis des Intellekts von etwas da sei, das als Zeichen fungiert, da eine solche begriffliche Erkenntnis eine begriffliche Erkenntnis an sich von irgendeinem Ding zur Voraussetzung hat, dessen Zeichen sie ist, wie oben näher erläutert wurde.[10] Läßt man die zweite Möglichkeit gelten, so folgt, daß die erste begriffliche Erkenntnis des Intellekts sich auf ein Singuläres als Singuläres bezieht; denn für sich genommen ist ein Universale ein gewisses singuläres Ding, wie im 3. Buch erhellen wird[11] - obgleich es [gerade] als Zeichen von einer Mehrzahl ein Universale ist. Außerdem wäre eine solche erste begriffliche Erkenntnis keinesfalls nützlich für eine angestrebte begriffliche Erkenntnis von singulären Dingen, noch wäre die begriffliche Erkenntnis eines allgemeineren Universale von Nutzen für die begriffliche Erkenntnis eines weniger allgemeinen Universale. Die nun behaupten, daß ein Universale früher erkannt wird als ein Singuläres, streben hingegen den hierzu entgegengesetzten Auffassungen zu.

Ferner: Es wird eher ein rein intelligibles Singuläres erkannt, wie zum Beispiel eine gedankliche Reflexion [intellectio] und ein Willensakt [volitio], als das ihnen gemeinsame Universale. Also wird ein Singuläres früher erkannt als das diesem vielen Singulären gemeinsame Universale; folglich wird ein Singuläres früher als ein Universale erkannt. - Der Vordersatz leuchtet ein. Denn jeder Mensch, wie grob und plump er auch immer sein möge, kennt - und zwar ausschließlich durch den Intellekt - auf eindeutige Weise seinen eigenen Willensakt, kraft dessen er auf bestimmte Weise nach einem gewissen singulären Ding verlangt, sobald er nur beginnt, seinen Verstand zu nutzen. Dennoch ist erwiesen, daß nicht sofort und unmittelbar ein jeder einen Speziesbegriff oder einen anderen, diesem vielen Singulären eigentümlichen, besitzt. Es müssen auch nicht alle derartige Begriffe abstrahieren. - Der erste Schluß leuchtet ein. Denn da ein sinnlich wahrnehmbares Singuläres vom Intellekt her intelligibel ist, wie oben näher erläutert ist,[12] kommt ihm dieselbe Wesenscharakteristik in bezug auf sein Universale zu wie dem anderen Singulären [in bezug auf deren Universalien]. Dieser Schluß leuchtet ferner auch deswegen ein, weil die vernünftige Begründung, die andere[13] offenbar im Hinblick auf das Fortschreiten der Natur vom Unvollkommenen zum Vollkommenen und von der verschwommenen zur distinkten Erkenntnis anführen, dort nicht größere Gültigkeit hat als hier.

Es kann dies auch folgerichtig aus der Auffassung des Augustinus im 8. Buch, Kapitel 5 und im 9. Buch, Kapitel 6 von „De trinitate" abgeleitet werden.[14] Er meint dort, daß eine universale begriffliche Erkenntnis - gleichgültig, ob sie sich auf eine Spezies oder ein Genus bezieht - aus der gegenseitigen Ähnlichkeit einer Mehrzahl von durch sich selbst sichtbaren singulären Dingen gewonnen wird. So äußern sich auch der Philosoph und der Kommentator, wie weiter oben ausgeführt wurde.

Ich stelle also fest, daß der begrifflichen Erkenntnis eines jeden beliebigen Universale die begriffliche Erkenntnis irgendeines zu ihm gehörigen Singulären im Intellekt vorangeht, obgleich nicht die begriffliche Erkenntnis eines jeden beliebigen Singulären im Intellekt der begrifflichen Erkenntnis des zu ihm gehörigen Universale vorangeht; sogar auch in der Sinneswahrnehmung ist das nicht der Fall. Denn viele besitzen einen universalen Begriff vom Menschen, die dabei nicht einen jeden beliebigen Menschen in seiner individuellen Wesenscharakteristik kennen.

〈*Die Auffassung des Thomas von Aquino*〉

Einige[15] jedoch argumentieren gegen die vertretene Auffassung. Sie sagen, daß ein zu den materiellen Dingen gehöriges Singuläres nicht unmittelbar durch unseren Intellekt erkannt wird, sondern mittelbar und vermittels einer gewissen Reflexion [reflexio]. „Der Grund hierfür liegt darin, daß Ursprung und Kriterium von Singularität bei den materiellen Dingen die individuelle Materie ist; unser Intellekt gewinnt nun aber eine Erkenntnis, indem er eine intelligible Vermittlungsform von einer derartigen Materie abstrahiert; dasjenige aber, was von einer individuellen Materie abstrahiert wird, ist ein Universale. Demzufolge besitzt unser Intellekt auf unmittelbare Weise ein Erkenntnisvermögen nur bezüglich der Universalien." Mittels einer

Reflexion erkennt er aber das viele Singuläre. Denn „auch nachdem der Intellekt die intelligiblen Vermittlungsformen abstrahiert hat, kann er unter Bezug auf sie aktual nur etwas erkennen, wenn er sich den Vorstellungsbildern zuwendet, in und durch welche er die intelligiblen Vermittlungsformen versteht." Wendet sich der Intellekt den Vorstellungsbildern zu, so erkennt er dabei aber auch „das viele Singuläre, auf das sich die Vorstellungsbilder beziehen." Somit erkennt er also ein Universale eher als ein Singuläres.

Zur Stützung dieser Meinung wird eine Äußerung des Philosophen[16] und des Kommentators[17] aus dem 3. Buch von „Über die Seele" herangezogen, in der sie anscheinend aussagen, daß ein Individuum lediglich auf einem kreisförmigen Umweg vernünftig erkannt wird, eine universale Quiddität hingegen auf direktem Weg. Desgleichen wird auch die Feststellung des Philosophen aus dem 1. Buch der „Physikvorlesung"[18] herangezogen, in der es heißt, daß „ein Universale für den Intellekt das Bekanntere ist, das Singuläre hingegen für die Sinneswahrnehmung." Was aber für den Intellekt das Bekanntere ist, das wird zuvorderst durch ihn erkannt.

Zur Begründung dieser Auffassung wird weiter folgendes angeführt: „Alles, was von der Potenz zum Akt fortschreitet, gelangt zunächst in den Zustand eines unvollendeten Akts, der ein Mittleres zwischen Potenz und Akt ist, bevor es zum Akt gelangt." Nun schreitet unser Intellekt von einer Potenz zu einem Akt fort. Und sein vollendeter Akt „ist ein vollendetes Wissen, durch das die Dinge distinkt und eindeutig erkannt werden; der unvollendete Akt wiederum ist ein unvollkommenes Wissen, durch das die Dinge nicht-distinkt und in einer gewissen Verschwommenheit erkannt werden. Was nämlich auf diese Weise aktual erkannt wird, das wird gewissermaßen der Potenz nach erkannt. Der Philosoph sagt daher im 1. Buch der ‚Physikvorlesung'[19], daß ‚das am Anfang für uns Gewisse und Deutliche eher undifferenziert ist'; später aber erkennen wir durch genaues Unterscheiden auf distinkte Weise ‚die Prinzipien und die Elemente'. Es ist nun aber erwiesen, daß das Erkennen von etwas, in dem vieles enthalten ist, ohne daß der jeweilige charakteristische Begriff [propria notitia] eines jeden vorhanden ist, das Erkennen von etwas in einer gewissen Undifferenziertheit bedeutet. Eben auf solche Weise kann aber sowohl ein Ganzes im Sinn eines Universale, als auch ein Ganzes im Sinn eines Kollektivums [totum integrale] erkannt werden." Also geht die Erkenntnis eines Universale derjenigen eines Singulären voran.[20]

〈*Erwiderung auf die Auffassung des Thomas von Aquino*〉

In dem Gesagten ist Falsches enthalten und ferner auch solches, das zu anderen Äußerungen desselben Doktors in deutlichem Widerspruch steht. Ich nehme also eine erste, anfängliche gedankliche Reflexion [intellectio] des Intellekts und werfe zu ihr folgendes Problem auf: Wird durch sie die universale abstrakte Vermittlungsform selbst erkannt, oder das singuläre Vorstellungsbild, oder ein einzelnes äußeres Ding bzw. viele solche äußeren Dinge, von denen jene Vermittlungsform abstrahiert wurde?

Akzeptiert er das zuerst Genannte, so steht er ganz klar im Widerspruch zu sich selbst. Denn in der voraufgegangenen Quaestio 85, im Artikel 2 entscheidet er sich dem Herangehen nach für die Lösung,[21] daß eine Vermittlungsform nicht primär, sondern lediglich sekundär und mittels einer Reflexion gedanklich erfaßt wird; und nach dieser Reflexion „erkennt der Intellekt auch sein eigenes Erkennen und die Vermittlungsform, durch die er erkennt; das aber, was zuvorderst erkannt wird, ist ein Ding, dessen Ebenbild eine intelligible Vermittlungsform ist", wie sie sagen. Und im Rahmen einer ersten, anfänglichen gedanklichen Reflexion ist eine Vermittlungsform nicht dasjenige, was erkannt wird, sondern sie stellt lediglich eine Form dar, bezüglich der ein Ding erkannt wird, zu dem die Vermittlungsform gehört. Außerdem ist diese Annahme auch für sich genommen falsch. Denn weiter oben ist nachgewiesen worden, daß eine universale Abstraktion eine erste begriffliche Erkenntnis im Intellekt zur Voraussetzung hat.[22]

Akzeptiert er nun die zweite Variante, dann widerspricht er sich selbst und uns liegt wieder die Eingangsthese vor [daß ein Singuläres vom Intellekt eher erkannt wird als ein Allgemeines]. Denn ihrer Ansicht zufolge ist ein Vorstellungsbild etwas rein Singuläres und kein Universale.[23]

Wird die dritte Variante angenommen, und sie müssen sie entsprechend ihren Äußerungen in der gerade angeführten Quaestio annehmen, liegt uns wieder die Eingangsthese vor. Denn wie es der Wahrheit und auch deren eigener Auffassung entspricht, ist ein jedes solches Ding ein rein singuläres, so daß also dasjenige, was durch den Intellekt zuvorderst erkannt wird, das Singuläre ist.

Nun kann die Auffassung vertreten werden, daß der Intellekt mit seinem ersten Akt ein äußeres Ding erkennt, indem er dieses jedoch von den individuellen Kennzeichen [conditiones] abstrahiert, das heißt, er erfaßt die Natur einer Spezies, ohne dabei jedoch etwas von deren individuellen Kennzeichen zu erfassen, wie er zum Beispiel den Menschen bezüglich all dessen erfaßt, was der Bedeutung einer Spezies entspricht, ohne dabei die Individualgründe [principia individualia] zu erfassen, „welche nicht zur Bedeutung der Spezies gehören; ebendies heißt es, ein Universale von einem Partikulären zu abstrahieren", wie sie sagen[24]: damit ist erwiesen, daß der Intellekt zuvorderst ein Universale, nicht aber ein Singuläres gedanklich erfassen würde. - Dieser Auffassung ist folgendes entgegenzuhalten: Das Ding, was du durch den Intellekt auf diese Weise abstrahiert werden und durch eine erste, anfängliche gedankliche Reflexion erfaßt werden läßt, welche Reflexion - kurz gesagt - sich danach richtet, was zur Wesenscharakteristik einer Spezies gehört, dieses Ding also ist entweder ein singuläres: und dann ist man wieder bei der Eingangsthese, daß zuvorderst das Singuläre erkannt wird, und das verhindert auch eine so geartete Abstraktion nicht; oder dieses Ding ist ein allgemeines für mehreres: und diese Möglichkeit schließen sie selbst aus und sie widerspricht demjenigen, was zu Beginn dieses Artikels zur Voraussetzung gemacht wurde.

Außerdem ist es sehr schwierig, eine so geartete gedankliche Reflexion zu vollziehen, die auf solche Weise eine Natur von den individuellen Merkmalen abstrahiert, wie ein jeder selbst erfahren kann. Darum kann sie keinesfalls eine erste, anfängliche begriffliche Erkenntnis eines Intellekts sein.

Außerdem sagen diese[25], daß unser Intellekt beim Verweilen in dieser Welt ein materielles Ding nur dann erkennen kann, „wenn er sich den Vorstellungsbildern zuwendet.“ Es ist also dazu, daß der Intellekt seinen ihm eigenen Bezugsgegenstand [objectum] erfaßt, d. h. eine im Partikulären existierende universale Natur, notwendig, daß er sich den Vorstellungsbildern von dem vielen Singulären selbst zuwendet. Diesen wendet er sich aber ausschließlich dadurch zu, daß er diese erkennt und anschaut, wie diese selbst zu verstehen geben. Hieraus folgt erstens, daß der Intellekt eine universale Natur nur unter Zuwendung zu den Vorstellungsbildern erkennt und damit nicht unmittelbar, sondern mittels gedanklicher Reflexion, entsprechend deren eigener Auffassung. Folgerichtig sagen diese, daß ein Singuläres lediglich mittels Reflexion erkannt wird, da es ja nur dann erkannt wird, wenn der Intellekt sich den Vorstellungsbildern zugewandt hat. Eine weitere Schlußfolgerung lautet, daß dasjenige, was ein Intellekt zuvorderst erkannt hat, ein Vorstellungsbild ist. Da außerdem ein Vorstellungsbild lediglich Singuläres auf singuläre Weise repräsentiert, ohne von den individuellen Merkmalen zu abstrahieren - wie diese meinen -, wird demzufolge durch ein Vorstellungsbild ausschließlich das Singuläre als solches erkannt und nicht ein Universale, zumindest aber eher und unmittelbarer ein Singuläres als ein Universale. Weiter ist zuvor[26] nachgewiesen worden, daß kein Ding durch irgendeine rezipierte Vermittlungsform erkannt werden kann, welches nicht bereits zuvor für sich genommen erkannt würde. Hieraus folgt also, daß vor der begrifflichen Erkenntnis eines Dinges in und mit einem Vorstellungsbild bereits das singuläre Ding als solches erkannt worden ist. Da - wie ihren Äußerungen zu entnehmen ist - die begriffliche Erkenntnis eines Vorstellungsbildes früher ist als die begriffliche Erkenntnis eines Universale selbst bzw. zugleich mit dieser auftritt oder aber mit dieser identisch ist, wie nachgewiesen wurde, ist also anzunehmen, daß das zuvorderst Erkannte schlechthin das extramentale Singuläre selbst ist.

Unser Intellekt kann außerdem ein materielles Ding entweder nur dann erkennen, wenn er dieses von den partikulären Merkmalen abstrahiert, woraus nach den Grundsätzen jener folgt, daß er niemals ein Singuläres erkennt, wobei sie jedoch das Gegenteil davon bekunden; oder er kann es auch ohne diese Abstraktion erkennen, und dann ist es nicht wahrscheinlicher, daß er ein Universale früher als ein Singuläres erkennt, als daß er das Singuläre vor dem Universale erkennt.

Ferner bekunden diese[27], daß durch ein singuläres Materielles nicht ausgeschlossen wird, „selbst als ein Singuläres“ gedanklich erfaßt zu werden, „sondern es wird ausgeschlossen, insofern es ein Materielles ist". Zweifellos können sie dies sinnvoll nur auf eine erste, anfängliche und direkte gedankliche Reflexion beziehen, weil ja entsprechend ihren Grundsätzen[28] durch ein singuläres Materielles nicht ausgeschlossen wird, mittelbar und durch Reflexion gedanklich erfaßt zu werden, auch insofern es ein Materielles ist. Demzufolge wird durch das singuläre Materielle - kurz gesagt - ausgeschlossen, als ein Materielles zuvorderst gedanklich erfaßt zu werden. Also wird dies auch durch eine universale materielle Natur ausgeschlossen, da mit dieser nach ihren Grundsätzen[29] ja nicht von Materie schlechthin, sondern nur von der individuellen abstrahiert wird. Somit folgt also schlüssig, daß dasjenige, was ein Intellekt zuvorderst erkannt hat, nicht ein Universale ist, wie jene sagen.

Ihrer Ansicht nach ist ferner die erste begriffliche Erkenntnis eines Intellekts die begriffliche Erkenntnis eines Ganzen im Sinn eines Universale, „in welchem mehreres enthalten ist."[30] Nun ist es aber erwiesen, daß keinerlei außerseelisches Ding, wie auch immer es gedanklich erfaßt wird, ein solches Ganzes ist, welches mehreres umfaßt, d. h. im Sinn des Umfassens, das einem Ganzen mit der Bedeutung eines Universale zukommt; denn es kann durchaus ein Ding geben, was mehreres umfaßt, wenn man es als ein Ganzes versteht, das in der Art eines Kollektivums mehreres umfaßt. Wenn also ein Ding außerhalb der Seele gedanklich erfaßt wird, ohne daß dabei etwas diesem Ding Äußerliches mitgedacht wurde - egal, ob letzteres ein individuelles Merkmal oder etwas anderes darstellt -, so ist es nicht allgemein für eine Pluralität von Dingen; analog ist auch ein gehörter Ton nicht allgemein, wenn keinerlei anderer Ton gehört wurde. Desgleichen kann nichts, was in der Seele existiert und einer gedanklichen Reflexion direkt nachfolgt, ein derartiges Ganzes sein, das zuvorderst erkannt wurde; es gibt folglich etwas in der Seele, das der gedanklichen Reflexion zumindest seiner Natur nach vorgeordnet ist, wenn nicht der zeitlichen Folge nach. Es hat den Anschein, daß außer einer [geistigen] Vermittlungsform von einem extramentalen Ding nichts sonst diese Charakteristik besitzt, so daß also dasjenige, was zuvorderst durch den Intellekt erkannt wurde, eine Vermittlungsform ist. Dies widerspricht jedoch deren eigenen Aussagen und ist zudem völlig falsch, wie weiter oben klargestellt wurde.[31]

Es ist demzufolge als erwiesen anzusehen, daß dasjenige, was der Intellekt zuvorderst erkannt hat, irgendein singuläres Ding ist.

⟨*Zu den Hauptargumenten des Thomas von Aquino*⟩

Die sie in der Argumentation leitenden Beweggründe haben keine Überzeugungskraft.[32] Der erste Beweggrund darum nicht, weil alles, was sie über eine derartige Reflexion sagen, falsch ist. Der Philosoph hat eine solche Auffassung auch nicht geäußert, sondern ganz klar das Gegenteil behauptet. Er sagt nämlich, daß die Wahrnehmungsseele „das Warme und Kalte erfaßt und alles das, dessen Wesenscharakteristik irgendein Fleisch ist; [der Geist erfaßt] aber mit einem anderen

[Vermögen], welches entweder abgetrennt ist oder sich zum ersten so verhält wie die geknickte Linie zu sich als gestreckter, das Sein des Fleisches."[33] An dieser Stelle will der Philosoph offensichtlich zum Ausdruck bringen, daß die Seele das wahrnehmbare Singuläre vermittels der Sinneswahrnehmung direkt erfaßt und dabei jedoch gemäß dem übergeordneten Intellekt. Die Seele erfaßt darauf [nach der Intention von Aristoteles] die Quiddität, die er mit „Sein des Fleisches" bezeichnet, indem sie sich so wie eine geknickte Linie zu sich als gestreckter verhält. Dabei ist es gleichgültig, ob er unter der „Quiddität" eine Form versteht, die in einer Materie existiert und den höherrangigen Teil einer Quiddität ausmacht, wie einige meinen; oder aber darunter ein Universale als solches versteht, wie andere meinen; oder ob er unter „Quiddität" etwas noch anderes versteht.

Der Kommentator sagt deshalb im Kommentar 10 zum angegebenen Werk: „Notwendig ist es, daß die Form in Erfahrung gebracht wird" - d. h. durch die Seele - „entweder in einer Stellung, die einer geraden Linie gleichkommt, wenn sie nämlich die in einem ganz bestimmten singulären Ding existente erste Form geistig erfaßt hat; oder in einer Stellung, die einem Kreisbogen ähnlich ist, wenn sie nämlich im Bestreben, die Quiddität dieser Form zu erkennen, und darauf die Quiddität dieser Quiddität bis hin zur nicht weiter reduzierbaren einfach Quiddität zu erkennen, sich zurückgewandt hatte."[34] Es wird hieraus klar, daß dasjenige, was gleichermaßen wie auf einem Umweg [circumflexe] erkannt wird, die Quiddität ist; das Singuläre hingegen, wozu die Quiddität gehört, wird zuvorderst und auf geradem Weg erkannt. Und wenn er unter einer Quiddität ein Universale versteht, so besteht seine Auffassung demzufolge darin, daß das Universale mittels einer Reflexion, das Singuläre hingegen auf direktem Weg geistig erfaßt wird.

Zum anderen autoritativen Zitat des Philosophen aus dem 1. Buch der „Physikvorlesung"[35] stelle ich ungeachtet der abweichenden Auslegungen von anderen fest, daß der Philosoph an dieser Stelle keinerlei vergleichende Betrachtung zwischen einer begrifflichen Erkenntnis eines Singulären, d. h. eines Individuums, und der begrifflichen Erkenntnis von dessen Universale unter Bezugnahme auf die Sinneswahrnehmung und den Intellekt anstellt, wie viele glauben. Zunächst wird dies klar, sobald man das Thema in Betracht nimmt, über das er spricht. Er sagt nämlich,[36] daß die Alten zwar einhellig konträre Grundprinzipien annahmen, aber sich voneinander unter anderem darin unterschieden, daß die von den einen zu Prinzipien gemachten Gegensätze eher durch die Sinneswahrnehmung erkannt werden, die der anderen hingegen eher durch den Intellekt. Zum Beispiel haben einige das Große und Kleine, Gerade und Ungerade zu Prinzipien erklärt, die eher durch den Intellekt erkannt werden. Das Warme und das Kalte hingegen und das Dünne und Dichte, die von anderen zu Prinzipien erklärt wurden, werden eher durch die Sinneswahrnehmung erkannt. Es steht nun aber fest, daß alle diese Bezeichnungen Universalien darstellen, wenn auch in dem einen Fall mit höherer, in dem anderen mit geringerer Allgemeinheit.

Zweitens erhellt dasselbe aus dem Kommentar 48 des Kommentators zu demselben Werk, der dort als Textauslegung folgendes sagt: „Und einige gehen von dem aus, was hinsichtlich der geistigen Erfaßbarkeit den Vorrang hat - und das ist das Allgemeinere; und gewisse gehen von dem aus, was hinsichtlich der Sinneswahrnehmung den Vorrang hat - und das ist das Partikulärere.“[37] Später fügt er ergänzend hinzu, daß „der Vergleich zwischen dem, was durch den Intellekt, und dem, was durch die Sinneswahrnehmung erfaßt werden kann, lediglich hinsichtlich des Allgemeinheitsgrads Gültigkeit besitzt.“[38] Im daran anschließenden Kommentar 49 sagt er: „Da Großes und Kleines Allgemeineres als Dünnes und Dichtes sind, werden sie in höherem Maß dem Intellekt [als Erkenntnisobjekt] zugeteilt, Dünnes und Dichtes wiederum in höherem Maß der Sinneswahrnehmung. Dies liegt daran, daß Dünnes und Dichtes bei den natürlichen, sinnlichen Körpern wahrgenommen werden, Großes und Kleines wiederum bei den natürlichen und den mathematischen Körpern.“[39] Soweit der Kommentator.

Hieraus wird deutlich, daß jener Vergleich die mehr oder weniger universalen bzw. allgemeinen Prinzipien betrifft. Die weniger allgemeinen Prinzipien werden dabei im Verhältnis zu den allgemeineren als singuläre bezeichnet, wie zum Beispiel auch am Anfang des genannten Buches, wenn der Philosoph sagt, daß «man vom Allgemeinen zum Einzelnen fortschreiten muß“.[40] Wie der Kommentator im Kommentar 4 sagt, „meint Aristoteles“ mit dem Einzelnen „nicht die Individuen selbst, sondern die untersten Spezies oder dasjenige, das die Funktion einer unteren Spezies besitzt.“[41]

Man muß dabei jedoch folgendes beachten: Wenn gesagt wird, das in höherem Maß Allgemeine werde eher durch den Intellekt und das weniger Allgemeine eher durch die Sinneswahrnehmung erfaßt, so sind unter diesen ausgeführten [Aussage-] Akten die folgenden angezeigten [Aussage-]Akte zu verstehen: „Auf das in höherem Maß Allgemeine trifft das Eher-durch-den-Intellekt-Erfaßtwerden zu; auf das weniger Allgemeine trifft das Eher-durch-die-Sinneswahrnehmung-Erfaßtwerden zu.“ Diese angezeigten Akte müssen ausgeführt werden, indem gewisse universalere Termini, wie zum Beispiel Großes und Kleines, und indem gewisse weniger universale Termini, wie zum Beispiel Warmes und Kaltes, in sie eingesetzt werden. Daraus ergibt sich: „Großes und Kleines werden eher durch den Intellekt, Warmes und Kaltes werden eher durch die Sinneswahrnehmung erfaßt.“ Die Subjekttermini supponieren hier ausschließlich für singuläre Dinge. In den angezeigten Akten findet also ein Vergleich zwischen einem mehr und einem weniger Universalen, in den ausgeführten Akten hingegen ein Vergleich zwischen den Singularbestimmungen eines Allgemeineren und den Singularbestimmungen eines weniger Allgemeinen statt, die sich zueinander jedoch nicht wie das an und für sich Übergeordnete und das an und für sich Untergeordnete verhalten, als wenn das eine über das andere nach dem ersten Modus des An-sich-Ausgesagtwerdens prädiziert würde.[42]

Was der Kommentator nun als dasjenige bezeichnet, das das Frühere für die

Sinneswahrnehmung oder das das Frühere für den Intellekt ist, so darf man das nicht als Vorhergehen im Prozeß des Entstehens, sondern muß es als Überordnung nach dem Grad der Vollkommenheit verstehen, d. h. es handelt sich dabei um das vollkommener Bekannte. So meint es auch der Philosoph, wenn er das benennt, was das Bekanntere ist; und dann ist das, was gesagt wird, wahr. Denn das weniger allgemeine sinnlich Wahrnehmbare wird vom Wahrnehmungsvermögen vollkommener erkannt als das allgemeinere, wie es aus den angegebenen Beispielen erhellt; und das Allgemeinere wird vollkommener durch den Intellekt erkannt.

Wollten wir jedoch den ausgeführten Gedanken des Philosophen so verstehen, daß er vom Singulären des vom Allgemeinen Wohlunterschiedenen spricht, so sage ich, daß der besagte Vergleich dann in beiderlei Hinsicht nicht dem tatsächlichen Umstand entspricht. Dies wird deutlich, wenn einmal etwa ein Vergleich zwischen diesen Erkenntnisvermögen in bezug auf ein und denselben Bezugsgegenstand angestellt wird und man in diesem Sinn zum Beispiel sagt, daß ein Singuläres eher durch die Sinneswahrnehmung als durch den Intellekt, und ein Universale eher durch den Intellekt als durch die Sinneswahrnehmung erkannt wird. Dies wird auch deutlich, wenn zum anderen der Vergleich zwischen verschiedenen Bezugsgegenständen in Hinsicht auf ein und dasselbe Erkenntnisvermögen stattfände und man in diesem Sinn sagt: das Singuläre wird durch die Sinneswahrnehmung eher erkannt als das Universale, und das Universale wird durch den Intellekt eher erkannt als das Singuläre. In beiden Fällen ist daraus nämlich die Schlußfolgerung zu ziehen, daß ein Universale durch die Sinneswahrnehmung erkannt werden kann, was falsch ist.

Es ist also festzustellen, daß der Vergleich, sollte er in der zuerst genannten Weise angestellt werden, infolge des Gesagten eine jeweils andere Interpretation erfahren muß. Denn der Grund dafür, daß ein Singuläres eher durch die Sinneswahrnehmung als durch den Intellekt erkannt werden soll, besteht darin, daß eine Sinneswahrnehmung ein Singuläres wahrnehmen kann, ohne daß es der Intellekt wahrnimmt oder wahrnehmen würde. Der Intellekt jedoch kann ohne die Sinneswahrnehmung, die vor oder nach ihm ein Singuläres wahrnimmt, kein Singuläres wahrnehmen, d. h. ein sinnlich wahrnehmbares Singuläres, um das es hier geht. Der Grund dafür, daß man sagt, ein Universale werde eher durch den Intellekt erkannt, besteht darin, daß ein Universale ausschließlich durch den Intellekt erkannt wird. Wenn hingegen der besagte Vergleich in der zweiten Weise angestellt wird, dann besteht der Grund dafür, daß gesagt wird, ein Singuläres werde durch die Sinneswahrnehmung eher erkannt als ein Universale, darin, daß ein Singuläres durch die Sinneswahrnehmung erkennbar ist, ein Universale aber nicht. Ein Universale wird hingegen durch den Intellekt eher erkannt als ein Singuläres, entweder weil das Erkennen des Universale und nicht das des Singulären charakteristisch für den Intellekt ist, obwohl auch die Sinneswahrnehmung das Singuläre erkennt; oder weil der Intellekt von sich aus ein Universale erkennen kann und es vollkommener erkennen kann als das Singuläre, ohne daß aktual eine Erkenntnis der Sinneswahrnehmung dabei mitwirkt, wobei der Intellekt nur durch die Vermittlung der Sinneswahrnehmung erkennen kann, ob ein Singuläres da ist oder nicht da ist. Dabei spreche ich immer über das sinnlich wahrnehmbare Singuläre.

Zu dem von ihnen angeführten Vernunftgrund[43] [für ihre Auffassung] ist folgendes zu sagen: In zweierlei Hinsicht kann man darüber sprechen, daß ein Akt ein Mittleres zwischen der Potenz und einem anderen Akt sei, nämlich einerseits hinsichtlich der geordneten Abfolge im Entstehen, indem sich etwas zunächst in den einen Akt verwandelt, bevor es sich in den anderen verwandelt; oder mit Bezug auf den Grad der Vollkommenheit, da der besagte Akt eine größere Vollkommenheit besitzt als die Potenz, und eine niedrigere als der andere Akt. Wird der Obersatz[44] nun im zuerst genannten Sinn aufgefaßt, dann ist der Untersatz[45] falsch und unterstellt etwas als erwiesen, was zu beweisen wäre. Denn die begriffliche Erkenntnis eines Universale steht nicht auf die genannte Weise in der Mitte, vielmehr hat man immer vor dieser bereits die begriffliche Erkenntnis von irgendeinem Singulären. Eben gerade darin besteht hauptsächlich das Problem; was hier also prinzipiell erklärt wird, nimmt verfrüht das Resultat des Beweisgangs vorweg. Wenn der Obersatz nun aber im zweiten Sinn aufgefaßt wird, was heißt, daß alles dasjenige, was von einer Potenz zu einem Akt fortschreitet, dabei zuerst zu einem weniger vollkommenen Akt gelangt, bevor es den vollkommeneren Akt erreicht, so ist die Aussage falsch. Bekanntlich verwandelt sich Luft eher zum Licht als zur Wärme, und dennoch ist das Licht vollkommener als die Wärme. So verwandeln sich der Intellekt und der Wille nämlich auch eher in einen Akt als in einen Habitus, und dennoch besitzt ein Akt mehr Vollkommenheit. Ferner erlangt man manchmal auch die begriffliche Erkenntnis von einem vollkommeneren Ding eher als die von einem unvollkommeneren – wie zum Beispiel die Erkenntnis von einem ganz bestimmten Akt geistigen Erfassens eher erlangt wird als die von diesem oder jenem Geschmack oder Geruch. So erlangt manchmal der eine auch eher ein induktives Wissen von einem bestimmten komplexen Erkenntnisgegenstand, während ein anderer von demselben Gegenstand eher ein deduktives Wissen erlangt; und diese Wissensarten sind nicht von der gleichen Vollkommenheit. Viele weitere beweiskräftige Beispiele können angeführt werden.

Wenn gesagt wird, die Natur schreite immer vom Unvollkommenen zum Vollkommenen fort und nicht umgekehrt, so ist dazu zu bemerken, daß dies auf zweierlei Weise verstanden werden kann. Der eine Sinn kann sein, daß die Natur immer zunächst dasjenige real hervorbringt, was unvollkommener ist, bevor sie dasjenige hervorbringt, was vollkommener ist, indem beides miteinander durch sie kurz verglichen wird. Und so verstanden ist das Gesagte falsch. Denn offensichtlich entsteht im Körper eines Lebewesens das Herz vor dem Fuß und der Hand; und es steht fest, daß das Herz der vornehmere Körperteil ist. Der andere Sinn des Gesagten kann sein, daß eine Natur ein Ding zuerst unvollkommen bzw. zuerst ein unvollkommenes Ding hervorbringt und dieses danach vervollkommnet, so daß der Vergleich nicht einfach jenes bereits Hervorgebrachte betrifft und nach der Hervorbringung ein Ding als vollkommener und unvollkommener bezeichnet wird, sondern der Vergleich ein und dasselbe Ding betrifft, insofern es zu dem einen Zeitpunkt vollkommen und zu dem anderen unvollkommen ist. Dies ist richtig für alles das, was nicht ganz plötzlich entsteht. Hierin ist aber zugleich eingeschlossen, daß der jeweils spätere Akt, durch den ein Ding ein vollkommenes ist, unvollkommener als ein früherer Akt ist. Zunächst gibt es zum Beispiel einen unvollkommenen Menschen, dem es an Wissen und Tugend mangelt, später dann wird er durch Wissen und Tugenden vollendet; und dennoch besitzt die Seele, die eher dagewesen ist, einen höheren Rang als Wissen und Tugend. Ebenfalls ist zunächst der menschliche Körper teilweise und als unvollkommener da, und dennoch sind zunächst die vornehmeren Körperteile ins Dasein getreten. Jedoch ist der Mensch zusammen mit der Seele, dem Wissen und den Tugenden etwas Vollkommeneres als der Mensch allein; und auch der Körper ist zusammen mit sämtlichen edleren und weniger edlen Körperteilen vollkommener als lediglich in der Verbindung mit den edleren. Analog verhält es sich in dem diskutierten Fall: die Seele, die eine begriffliche Erkenntnis des Singulären und des Universale hat, ist vollkommener als diejenige, welche eine solche Erkenntnis lediglich vom Singulären hat. Angenommen, daß die Seele also zunächst ein Singuläres richtig kennt und darauf das Universale, und zugestanden, daß die begriffliche Erkenntnis eines Singulären vollkommener als die eines Universale sei, so würde sie unter diesen Voraussetzungen dennoch von einem unvollkommenen zu einem vollkommenen Sein fortschreiten.

Zur herangezogenen Äußerung des Philosophen aus dem 1. Buch der „Physikvorlesung“ wird bei der Auflösung des ersten Arguments zur Lösung der Quaestio Stellung genommen.[46]

Es kann dann noch folgendes eingeworfen werden:[47] der Philosoph sagt doch im 1. Buch der „Physikvorlesung“, daß „Knaben jeden Mann als Vater anreden“[48], und darauf erkennen sie eindeutig und bestimmt denjenigen, der ihr Vater ist; folglich haben sie zunächst einen undifferenzierten, bevor sie einen distinkten Begriff haben. Analog erfolgt die Erklärung im Fall des aus der Ferne erblickten Körpers: er wird doch zunächst in einem undifferenzierten Zusammenhang und darauf erst auf distinkte Weise erkannt.

Ich sage dazu, daß diese Bemerkungen nichts zur Lösung des diskutierten Problems beitragen. Denn die Knaben erkennen doch dort keinerlei Universale, sondern ausschließlich ein Singuläres. Nennt ein Knabe also einen Mann, welcher nicht sein Vater ist, „Vater“, so nimmt er unzweifelhaft einen singulären Mann wahr. Demzufolge beweist dieses Beispiel nicht, daß ein Universale früher als ein Singuläres erkannt wird. Es beweist lediglich, daß ein Singuläres zunächst durch eine unvollkommene und schwache Erkenntnis erfaßt wird – und diese ermöglicht es dem Knaben nicht, ein letztgültiges präzises und vollkommenes Urteil zu fällen, durch das er eindeutig erkennen würde, daß ein bestimmter Mensch nicht sein Vater und ein bestimmter anderer sein Vater ist -, bevor es unzweideutig und vollkommen erkannt wird und ein Knabe dadurch das zuvor genannte Urteil fällen kann. Dies ist auch bei Lebewesen der Fall, die nicht über das vernünftige Denken verfügen. Diese sind jedoch keinesfalls in der Lage, irgendein Universale wahrzunehmen. Darum läuft ein Lamm zunächst einem jeden Schaf hinterher und hält es für die Mutter; später dann läuft es zielgerichtet nur der Mutter hinterher. Das passiert so, nicht weil das Lamm anfangs die begriffliche Erkenntnis eines Universale hätte, sondern weil es anfangs eine unvollkommene und darauf eine vollkommenere Erkenntnis eines Singulären besitzt, wie es bereits bei den Knaben ausgeführt wurde. Zum anderen Beispiel ist folgendes zu sagen: Ganz gleich, ob ein Körper aus der Nähe oder aus der Ferne gesehen wird, so wird gewiß immer etwas Singuläres gesehen, wobei aber aus der Nähe eine vollkommenere Erkenntnis erlangt wird als aus der Ferne. Dies ist bei den anderen Lebewesen genauso der Fall wie beim Menschen. Es hat sich also nicht als richtig erwiesen, daß ein Universale eher [als das Singuläre] erkannt wird.

9.
HEINRICH TOTTING VON OYTA
Quaestionenkommentar zur „Isagoge" des Porphyrios*

Quaestio 5

Ist ein Universale irgendein Ding außerhalb der Seele, an dem alles zu ihm gehörige Singuläre teilhat?

1. Erstens wird hierzu folgendermaßen bejahend argumentiert: Alles das, worin die Fortdauer des Seienden ihre wirkliche Grundlage hat, ist ein außerseelisches Ding, an dem alles zu ihm gehörige [Singuläre] real-gegenständlich [realiter] teilhat. Ein Universale ist von derartiger Beschaffenheit. Also usw.

Der Vordersatz [dieses Syllogismus] ist klar, da ja kein seelisches Seiendes in der Lage ist, dem untergeordneten Seienden die Fortdauer zu verleihen. Der Untersatz wird bewiesen: eine Spezies ist ein Universale, und in ihr hat die Fortdauer des untergeordneten Seienden seine wirkliche Grundlage. Dies wird belegt durch das 2. Buch von „Über die Seele" des Aristoteles, wo er sagt, daß alles Seiende nach Vermögen am göttlichen und unsterblichen Sein teilhat.[1] Denn das Seiende könnte so nicht in numerischer Hinsicht von anhaltender Dauer sein, sondern nur in bezug auf die Spezies.

2. Zweitens: Wenn das Problem gegenstandslos wäre, dann würden Sokrates und Platon nicht der Spezies nach übereinstimmen.

Die Voraussetzung ist unmittelbar klar. Die Schlußfolgerung wird nun so bewiesen: Wenn Sokrates und Platon der Spezies nach übereinstimmten, so wäre diese Spezies entweder ein Ding, das von einem Zeichen wohlunterschieden ist und an dem alle Individuen mit derselben Spezieszugehörigkeit teilhaben, oder es ist ein

---

* Quaestiones in Isagogen Porphyrii. – Unser Auszug: Quaestio 5 u. 11, in: Heinrich Totting von Oyta, Quaestiones in Isagogen Porphyrii, hg. von J. Schneider, München 1979, S. 37–44; 74–79 (= Bayr. Akad. d. Wissenschaften. Veröffentl. d. Kommission f. d. Herausg. ungedruckter Texte aus d. mittelalterl. Geisteswelt, Bd. VIII).

Zeichen. Gilt ersteres, dann trifft die unterstellte Annahme [eines außerseelischen Universale] zu. Gilt das an zweiter Stelle Genannte, so steht dem folgendes entgegen: Dasjenige, das kein Zeichen ist, stimmt nicht spezifisch dem Zeichen nach überein; Sokrates und Platon aber sind keine Zeichen; also stimmen Sokrates und Platon spezifisch nicht dem Zeichen nach überein; also ist die Spezies, hinsichtlich derer Sokrates und Platon übereinstimmen, kein Zeichen.

3. Drittens: Wäre es so, [daß das aufgeworfene Problem gegenstandslos wäre,] dann könnte es kein Akzidens geben, an dem mehrere, numerisch voneinander wohlunterschiedene Substanzen teilhaben. Daß dies falsch ist, wird bewiesen: denn im angegebenen Fall wäre keinerlei Substanz einer anderen ähnlich, was sich als falsch herausstellt. Dieser Schluß wird bewiesen: zu allem miteinander Ähnlichen gehört eine einheitliche Qualität; gewisse numerisch voneinander wohlunterschiedene Objekte sind nun aber miteinander ähnlich, wie aus dem Gegenteil des [obigen falschen] Schlusses gefolgert wird; also haben gewisse Substanzen eine einheitliche Qualität, und somit gibt es eine Qualität, an der mehrere subsistierende Substanzen teilhaben. Der Vordersatz [dieses Syllogismus] ergibt sich klar aus dem 5. Buch der „Metaphysik", wo der Philosoph sagt: „Ähnlich ist dasjenige, was eine einheitliche Qualität hat."[2]

4. Die entgegengesetzte Meinung wird folgendermaßen bewiesen: Ein über mehreres Prädizierbares ist kein Ding, das kein Zeichen ist, und an ihm haben nicht sämtliche zugehörigen Individuen wirklich Anteil; jedes beliebige Universale aber ist über mehreres prädizierbar; also ist ein Universale kein Ding, das kein Zeichen ist und an dem sämtliche zugehörigen Individuen wirklich Anteil haben.

Der Vordersatz [dieses Syllogismus] ist einleuchtend, da jedes Prädizierbare ein Zeichen für mehreres ist und keinerlei Zeichen ein Ding ohne Zeichencharakter ist usw. Der Untersatz [des obigen Syllogismus] ergibt sich von selbst aus der Definition eines Universale.

5. Hinsichtlich des vorliegenden Problems ist folgendes zu konstatieren: Einige der alten Logiker[3] hielten das Universale für ein Seiendes, das sie als eine einheitliche allgemeine Natur bezeichneten, die außerhalb der Seele existiert und an der mittels real-gegenständlicher Teilhabe alle Individuen, die dieser Natur zugehören, Anteil haben. In diesem Sinn sagten sie, daß der allgemeine Mensch, der eine Spezies und kein Individuum ist, eine außerhalb der Seele existierende einheitliche Natur ist, an der alle einzelnen Menschen real-gegenständlich Anteil haben. Sie sagten auch, daß jeder einzelne Mensch real als Bestandteil in sich diese allgemeine menschliche Natur enthält, von der er wohlunterschieden ist, und daß jeder einzelne Mensch infolge einer Differenz, die diese Natur individualisierend einschränkt [contrahens], zu einem singulären Sein gelangt. So ist zum Beispiel in Sokrates eine solche allgemeine menschliche Natur enthalten, die infolge einer individualisierenden Differenz, d. h. infolge der in ihm enthaltenen Sokratität, auf das Sein des Sokrates eingeschränkt wurde. Genauso findet

man auch in Platon diese allgemeine Natur, die infolge der in Platon existierenden individuellen Differenz, d. h. der Platonität, eingeschränkt wurde. Genauso habe man nach der Auffassung der Alten auch über die übrigen Individuen zu urteilen.

6. Zweitens ist zu konstatieren, daß sie auf dieser Grundlage das Universale folgendermaßen differenzierten: es gäbe nämlich dreierlei Universale, d. h. eines ist den Dingen vorgeordnet [ante rem], eines ist in ihnen enthalten [in re] und ein weiteres ist ihnen nachgeordnet [post rem]. Das den Dingen vorgeordnete Universale ist das als Ursache fungierende Universale [universale in causando], wie es zum Beispiel ganz eigentlich Gott darstellt. Das in den Dingen enthaltene Universale wird durch sie als eine bestimmt geartete allgemeine Natur charakterisiert; dieses ist real-gegenständlich in allen zugehörigen Individuen enthalten. Das den Dingen nachgeordnete Universale hingegen ist ein allgemein gebildetes universelles Zeichen für Dinge mit bestimmter Beschaffenheit.

7. Drittens ist zu konstatieren, daß über das Universale, das als Ursache fungiert, hier keine näheren Ausführungen zu machen sind, sondern lediglich über dasjenige Universale, das in Genus, Spezies, Differenz usw. eingeteilt wird.[4]

8. Nachdem dies festgestellt wurde, kann der folgende *erste Schluß* gezogen werden: Jedes Universale hat die Anlage des Prädizierens. Dies wird folgendermaßen nachgewiesen: Alles dasjenige, was über mehreres prädizierbar ist, hat die Anlage des Prädizierens über mehreres; jedes Universale ist über mehreres prädizierbar; also hat jedes Universale die Anlage des Prädizierens über mehreres.

Der Vordersatz [dieses Syllogismus] ist evident auf Grund der [in ihm verwendeten] Termini. Der Untersatz ergibt sich auf induktive Weise aus jedem beliebigen Universale.

9. Folgender Einwand wird gegen diesen Schluß erhoben: Nichts Singuläres ist über mehrere prädizierbar; jedes Universale ist ein Singuläres; also ist kein Universale über mehreres prädizierbar. Der Vordersatz [dieses Syllogismus] ist unmittelbar evident, da ein jedes Singuläre ein Individuum ist und jegliches Individuum lediglich über ein ganz bestimmtes Einzelnes prädizierbar ist. Der Untersatz wird folgendermaßen bewiesen: Jedes Universale ist ein zahlenmäßiges Eins; also ist jedes Universale ein ganz bestimmtes Singuläres. Dieser Schluß ist gültig, weil „Singuläres" und „zahlenmäßiges Eins" wechselseitig voneinander aussagbare Ausdrücke sind. Dieses Argument wird durch Boethius in dem Werk „Von der Einheit und dem Einen" bestätigt, wo er sagt: „Alles, was existiert, ist da, weil es zahlenmäßiges Eins ist."[5]

10. Zweitens wird folgender Einwand erhoben: wenn es so ist [wie die Schlußfolgerung in Punkt 8 unterstellt], dann wäre es möglich, daß ein Universale über mehreres prädiziert werden könnte. Es folgt der Nachweis, daß dieser Schlußsatz falsch ist. Dazu sei er als gegebener Fakt angenommen, und A möge ein Universale sein, das über mehreres prädiziert wird. Daraus ergibt sich folgende Argumentation: A

wird über mehreres prädiziert; also wird A über mehrere Subjekte in einer einzelnen Aussage [propositio] oder in mehreren Aussagen prädiziert. A wird nun nicht über mehrere Subjekte in einer einzelnen Aussage prädiziert, weil eine einzelne Aussage lediglich ein einziges Subjekt hat; es wird aber auch nicht über mehrere Subjekte in mehreren Aussagen prädiziert, weil ja ein und dasselbe nicht Prädikat in mehreren Aussagen ist.

11. Auf den ersten Einwand wird folgendes erwidert: In der Argumentation „Nichts Singuläres usw.“[6] stelle ich eine Distinktion im Vordersatz an. Denn es gilt zu bedenken, ob etwas ein Singuläres ist in der Weise des wirklichen Existierens [in essendo], weil es nämlich ein ganz bestimmtes singuläres Ding ist; oder ob es ein Singuläres auf der Grundlage einer Bezeichnungsfunktion [in significando] ist, weil es nämlich auf synonyme Weise ausschließlich ein ganz bestimmtes einzelnes Ding bezeichnet. Hiervon ausgehend, stelle ich folgendes zu dem Gegenargument fest: Faßt man „Singuläres“ im zuerst genannten Sinn auf, so negiere ich den Vordersatz und lasse in dem gleichen Sinn den Untersatz gelten; und zur Widerlegung des Untersatzes stelle ich fest, daß er das Singuläre hinsichtlich des Bezeichnens betrifft. Versteht man das Singuläre nun auf die zweite Weise, so lasse ich den Vordersatz gelten und negiere den Untersatz. Was Boethius angeht,[7] so stelle ich fest, daß er vom Singulären im zuerst erwähnten Verständnis spricht.

12. Auf den zweiten Einwand mit der Formulierung „dann wäre es möglich usw.“ erwidere ich folgendes: [Wenngleich] der Schlußsatz nicht widersinnig ist, negiere ich dennoch den Schluß als ganzen. Einem Universale wird doch nicht deshalb die Anlage des Prädizierens über mehreres zugesprochen, weil es irgendwann einmal aktual über mehreres prädiziert werden wird. Vielmehr liegt der Grund dafür darin, weil es die Anlage hat, mehreres zu bezeichnen. Und davon könnte jedes tatsächlich signifikativ innerhalb einer wahren Aussage in der Zeitform des Präsens und bezogen auf einen etwaigen Terminus, der jenes bezeichnet, [durch das Universale] prädiziert werden.[8]

13. Der *zweite Schluß* lautet: Jedes Universale ist ein Zeichen, dem eine bestimmte Bedeutung beigegeben wurde, bzw. ein diesem adäquat Entsprechendes.

Das wird bewiesen: Alles dasjenige, was die Anlage des Prädizierens über mehreres hat, ist ein Zeichen, dem eine bestimmte Bedeutung beigegeben wurde, bzw. ein diesem adäquat Entsprechendes; ein jedes Universale hat nun aber die Anlage dazu, die Bedeutung von mehrerem anzuzeigen [aptitudo significandi de pluribus]; also ist jedes Universale ein Zeichen, dem eine bestimmte Bedeutung beigegeben wurde, bzw. ein diesem adäquat Entsprechendes.

Der Vordersatz [dieses Syllogismus] ist unmittelbar evident, da etwas die Anlage des Prädizierens über mehreres nur dann besitzt, wenn es dazu veranlagt ist, von Natur aus oder durch subjektive Festlegung [ad placitum] mehreres zu bezeichnen. Der Untersatz wiederum ergibt sich folgerichtig aus dem [unter Punkt 8 aufgestellten] ersten Schluß. Also usw.

14. Gegen diesen Schluß wird nun folgendes eingewandt: Würde er wahr sein, so gäbe es keinerlei Universale begrifflicher Art [in conceptu]. Daß dies falsch ist, wird einhellig von den Logikern bestätigt, die sagen, daß es ein Universale geistiger Art [mentale], eines gesprochener und eines geschriebener Art gäbe. Diese Schlußfolgerung wird dadurch begründet, daß ein Universale geistiger Art nicht auf Grund subjektiver Festlegung ein Bedeutung tragendes Zeichen oder etwas ist, das adäquat irgendeinem subjektiv festgelegten Zeichen entspricht. Demzufolge ist es kein Universale. Dieser Schluß ergibt sich aus dem [unter Punkt 8 aufgestellten] ersten Schluß. Daß ein Universale geistiger Art nun nicht auf Grund subjektiver Festlegung ein Bedeutung tragendes Zeichen ist, findet seine Bestätigung durch das 1. Kapitel von „Peri hermeneias", wo Aristoteles sagt, daß die Qualitäten der Seele, auf die sich die Wörter beziehen, die bei allen gleichen Zeichen sind.[9] Und demzufolge bezeichnen sie lediglich von Natur aus und nicht auf Grund subjektiver Festlegung. Der Grund dafür, daß ein Universale geistiger Art nicht einem Zeichen adäquat entspricht, das sich auf Grund subjektiver Festlegung in einem Wissenden befindet, liegt darin, daß andernfalls ein Begriff einem Wort oder etwas Geschriebenem gleichkäme; letzteres aber ist falsch, da ein jeder Begriff ein Akzidens ist und ein jedes Wort bzw. eine jede Schrift eine Substanz ist. Demzufolge käme also ein Akzidens einer Substanz gleich, was deshalb falsch ist, weil sich Substanz und Akzidens voneinander dem [Kategorien-]Genus nach unterscheiden.

15. Zweitens wird eingewendet: Ein gewisses Universale ist kein Seiendes; also ist ein gewisses Universale kein Zeichen, dem eine bestimmte Bedeutung beigegeben wurde, bzw. etwas, das einem solchen Zeichen gleichkommt. - Der Schluß ist gültig, weil hier hinsichtlich des Prädikates von dem Übergeordneten negativ auf das Untergeordnete geschlossen wird. Folgendermaßen wird das Eingangsargument bewiesen: Das Universale, welches im Geist Adams gewesen ist, ist kein Seiendes; also ist ein Universale kein Seiendes; also ist ein gewisses Universale kein Seiendes.

16. Zum ersten der Einwände: Wenn es heißt, „würde der Schluß wahr sein, so gäbe es keinerlei Universale begrifflicher Art", so negiere ich diesen Schluß. Zur Bekräftigung dessen stelle ich fest, daß ein Universale begrifflicher Art sich adäquat auf ein Zeichen bezieht, dem eine bestimmte Bedeutung beigegeben wurde; denn ein Universale begrifflicher Art bezeichnet auf natürliche und primäre Weise genau dasselbe, was ein Zeichen mit bestimmter beigelegter Bedeutung infolge Festsetzung und auf sekundäre Art bezeichnet. Darüber hinaus stelle ich fest, daß ein Begriff einem Wort oder einem Schriftzug gleichwertig ist [aequivalet]. Dabei lasse ich gelten, daß ein Akzidens einer Substanz im Bezeichnen gleichwertig sei, hingegen nicht im Hinblick auf das Existieren.

17. Zum zweiten Einwand: Wenn es heißt, „ein gewisses Universale usw.", so negiere ich den Vordersatz. Bei der angeführten Begründung: „das Universale, das im Geist Adams gewesen ist usw." negiere ich die Schlußfolgerung. Denn hier wird

der logische Fehler einer Äquivokation dritter Art begangen, weil das Wort „Universale“ im Vordersatz nicht deshalb supponiert, weil eine feste Verbindung aus dem Universale und dem vergangenen Adam hergestellt wird, es aber in dieser Weise im Folgesatz supponiert.[10]

18. Folgendermaßen lautet der *dritte Schluß*: Kein Universale ist eine allgemeine Natur, die außerhalb der Seele einem jeden ihr zugehörigen Singulären real inhäriert. Hierzu gibt es die folgende Begründung: Kein Zeichen, dem eine bestimmte Bedeutung beigegeben wurde, oder etwas adäquat Entsprechendes wird eine allgemeine Natur sein, die außerhalb der Seele einem jedem beliebigen zu ihm gehörigen, Bedeutung tragenden Zeichen real inhäriert. Nun ist aber jedes Universale ein Zeichen, dem eine bestimmte Bedeutung beigelegt wurde, oder etwas hierzu adäquat Entsprechendes. Demzufolge ist kein Universale eine allgemeine Natur außerhalb der Seele, die einem jeden ihr zugehörigen Singulären real inhäriert.

Der Obersatz [dieses Syllogismus] ist unmittelbar evident, da ja jedes beliebige derartige geistige, gesprochene oder geschriebene Zeichen eine solche allgemeine Natur wäre, über die der Schluß handelt. Der Untersatz wiederum findet seine Bestätigung in dem zweiten Schluß [unter Punkt 13].

19. Zweitens: Es gibt keine allgemeine Natur außerhalb der Seele, die real mehreren Individuen in der Weise inhäriert, wie es die Alten[11] sich vorstellen. Demzufolge ist der Schluß [unter Punkt 18] wahr.

Diese Schlußfolgerung ist unmittelbar evident. Folgendermaßen wird das einleitende Argument begründet: Wenn es eine solche allgemeine Natur gibt wie zum Beispiel die menschliche Natur, die der allgemeine Mensch ist und mit A bezeichnet sei, dann inhäriert sie also real allem zu ihr gehörigen Singulären; also gehört A zu Sokrates, wenn sie Sokrates inhäriert. Ich stelle dann die Frage, ob A ein gewisser einzelner Mensch ist oder nicht? Ist sie es, so ergibt sich folgendes: Kein einzelner Mensch inhäriert allen Individuen der Spezies Mensch, wie unmittelbar evident ist; also ist A nicht in allem zu ihr gehörigen Singulären. Wenn gesagt wird, A sei kein einzelner Mensch, so folgt, daß A über jeden individuellen Terminus, der einen einzelnen Menschen bezeichnet, verneinend prädiziert werden müßte. Hieraus folgt, daß A eine gewisse Spezies wäre, welche aktual Individuen besitzt, über die sie überhaupt nicht bejahend prädiziert werden kann; folglich läßt sich nicht alles Übergeordnete über das ihm Untergeordnete bejahend prädizieren, was den Aussagen des Philosophen in den „Kategorien“[12] widerspricht.

20. Folgendes wird gegen den Schluß [unter Punkt 18] eingewendet: Wäre dieser Schluß wahr, dann würden mehrere einzelne Menschen nicht in einer einzigen gemeinsamen Natur übereinstimmen, an der sie real teilhaben. – Diese Schlußfolgerung trifft zu. Daß die im Schlußsatz enthaltene Aussage falsch ist, wird folgendermaßen begründet: aus dem Schlußsatz folgt nämlich, daß mehrere einzelne Menschen auf Grund der Teilhabe an einer spezifischen Natur, die in ihnen existent

ist, kein einheitlicher Mensch wären; dies steht im Widerspruch zu Porphyrios, der sagt: „Auf Grund der Teilhaberschaft an der Spezies sind die vielen Menschen nur ein Mensch.“[13]

21. Zweitens wird folgendes gegen den Schluß [unter Punkt 18] eingewendet: Wäre dieser Schluß wahr, so vor allem deshalb, weil es irgendein Universale in der Seele gäbe. – Daß die in diesem Schlußsatz enthaltene Behauptung falsch ist, wird so begründet: Kein Gegenstand des Intellekts ist in der Seele; jedes Universale ist nun aber ein Gegenstand des Intellekts; also ist kein Universale in der Seele. – Der Obersatz [dieses Syllogismus] ist unmittelbar evident, da ja der Gegenstand eines jeden beliebigen Vermögens außerhalb des Vermögens sein muß, dessen Gegenstand er ist. Der Untersatz wird durch das 2. Buch von „Über die Seele“ und das 1. Buch der „Zweiten Analytik“ belegt.[14]

22. Drittens wird folgendes gegen den Schluß [unter Punkt 18] eingewendet: Wäre dieser Schluß wahr, so wäre kein Mensch das würdigste Geschöpf unter den erzeugten. Daß dies falsch ist, ist unmittelbar klar. Diese Schlußfolgerung wird folgendermaßen begründet: Wenn irgendein Mensch das würdigste Geschöpf unter den erzeugten wäre, so wäre das ein singulärer oder ein universaler Mensch; ist es ein universaler, so ist der Schluß [unter Punkt 18] widerlegt; ist es ein singulärer Mensch, so wäre ein gewisser singulärer Mensch dem Rang nach höher als ein jedes beliebige von den erzeugten Geschöpfen, was offensichtlich falsch ist.

23. Hinsichtlich des ersten Einwandes [unter Punkt 20] lasse ich den Schluß „dann würden mehrere Menschen usw.“ gelten. Hinsichtlich der Argumentation, die die Falschheit der These belegen soll, lasse ich den Schluß gelten: „die einzelnen Menschen wären dann auf Grund der Teilhabe usw.“. Hinsichtlich des angeführten Belegs [mittels des Porphyrios-Zitats] sage ich, daß es Porphyrios ausschließlich darum geht, daß mehrere voneinander numerisch verschiedene Menschen hinsichtlich eines ganz bestimmten Speziesterminus übereinstimmen, d. h. der Terminus „Mensch“ soll auf synonyme Weise etwas bezeichnen.

24. Hinsichtlich des zweiten Einwandes [unter Punkt 21] lasse ich die Schlußfolgerung „wäre dieser Schluß wahr, so vor allem deshalb usw.“ gelten. Hinsichtlich der Argumentation, die die Falschheit der These belegen soll, verneine ich den Obersatz „kein Gegenstand des Intellekts ist in der Seele“, da ja eine gewisse Handlung des Intellekts durchaus in der Seele ist. Hinsichtlich der Begründung des Obersatzes sage ich, daß diese lediglich für die sinnlichen Vermögen zutrifft, hinsichtlich der geistigen aber trifft das nicht generell zu.

25. Hinsichtlich des dritten Einwandes [unter Punkt 22] negiere ich den Schlußsatz „so wäre kein Mensch usw.“. Zur angeführten Begründung „wenn irgendein Mensch usw.“ sage ich, daß ein einzelner Mensch das Würdigste ist unter den erzeugten Geschöpfen. Wenn nun geschlußfolgert wird: „so wäre ein gewisser einzelner Mensch würdiger als jedes beliebige erzeugte Geschöpf“, so verneine ich diesen Schluß. Denn der Superlativ „würdigstes“ ist in diesem Satz nicht im positiven Sinn,

sondern eher im negativen aufzufassen, so daß lediglich die folgende Auslegung gültig ist: der Mensch ist das würdigste der Geschöpfe, d. h. kein erzeugtes Geschöpf ist würdiger als der Mensch.

26. Nun zu den Hauptargumenten [für die Annahme, daß das Universale irgendein Ding außerhalb der Seele ist]. Zum ersten [unter Punkt 1]: Wenn es heißt „alles das, worin die Fortdauer des Seienden ihre wirkliche Grundlage hat usw.", so verneine ich den Untersatz [dieses Syllogismus], was auch immer über den Obersatz auszusagen wäre. Bei der Begründung für den Untersatz „eine Spezies ist usw." lasse ich gelten, daß eine Spezies ein Universale ist; ich verneine jedoch, daß [in einer gewissen Spezies] die Fortdauer des Seienden seine Grundlage hat. Hinsichtlich des Belegs aus dem 2. Buch von „Über die Seele" vom Philosophen sage ich, daß es diesem lediglich darum geht, daß diejenigen Individuen, die bereits da sind, nicht ununterbrochen und für immer bleiben können, sondern daß es fortwährend irgendwelche Individuen geben wird, die derselben Spezies wie jene angehören würden, insofern die Voraussetzungen gegeben sind. Und in diesem Sinn sagt man, daß alles aus sich selbst die ununterbrochene Fortdauer erhält. Dies bedeutet nicht, daß es irgendeine Spezies gäbe, welche diesen Individuen die Fortdauer [perpetuitas] verleiht. Vielmehr werden fortwährend immer wieder andere Individuen da sein, die der Spezies nach denjenigen ähnlich sind, die bereits da sind. Dies muß so sein, weil mit dem neuen Entstehen fortwährend Individuen zum Vorschein gebracht werden, die jenen ähnlich sind.

27. Zum zweiten Argument [unter Punkt 2]: Ich verneine die Schlußfolgerung „dann würden Platon und Sokrates nicht der Spezies nach übereinstimmen." Zur Begründung hierfür sage ich, daß Sokrates und Platon der Spezies nach übereinstimmen, welche ein Zeichen ist. Wenn es in der Begründung heißt, „dasjenige, das kein Zeichen ist usw.", so negiere ich diese Begründung. Denn zumindest stellt dasjenige ein Zeichen dar, was in einer Problemfrage behandelt wird; dieses stimmt sehr wohl in der Eigenschaft des durch das Zeichen Bezeichneten in dem Zeichen überein.

28. Zum dritten Argument [unter Punkt 3]: Die Schlußfolgerung „dann würde keinerlei Akzidens usw." lasse ich gelten. Nun zur Argumentation, die die Falschheit dieser Schlußfolgerung beweisen soll: in ihr negiere ich die Schlußfolgerung „dann wäre nichts der Substanz nach ähnliches etwas miteinander Übereinstimmendes". Die dafür angeführte Begründung „alles miteinander ähnliche hat eine einheitliche Qualität" negiere ich. Hinsichtlich des Philosophen stelle ich fest, daß er [an der angeführten Stelle][15] sagen will, daß dasjenige miteinander ähnlich ist, das durch Qualitäten derselben Spezies geprägt wurde [sunt informata] usw.

Somit ist die Problemfrage geklärt.

Quaestio 11

Ist für das Dasein eines Individuums unbedingt ein Individuationsprinzip erforderlich?

1. Erstens wird hierzu folgendermaßen bejahend argumentiert: Alles dasjenige ist für das Dasein eines Individuums unbedingt erforderlich, was eine Spezies auf das Dasein eines Individuums einschränkt; von solcher Beschaffenheit ist nun das Individuationsprinzip; also usw.

Der Obersatz [dieses Syllogismus] ist unmittelbar evident auf Grund der Termini. Der Untersatz wird folgendermaßen begründet: Die Spezies Mensch wird doch auf das Dasein von Sokrates oder von Platon eingeschränkt; und das ist ausschließlich auf Grund des Individuationsprinzips möglich; also usw.

2. Zweitens: Jedes Prinzip eines Individuums ist ein Individuationsprinzip; für das Dasein eines Individuums ist aber unbedingt das Prinzip eines Individuums erforderlich; also ist für das Dasein eines Individuums unbedingt ein Individuationsprinzip erforderlich.

Der Obersatz [dieses Syllogismus] ist unmittelbar evident, weil ja damit, daß das Prinzip eines Individuums gegeben ist, der Grundbestand [constitutivum] des Individuums selbst gegeben ist; und alles dasjenige, was der Grundbestand eines Individuums ist, ist das Individuationsprinzip. Der Untersatz ist von allein einsichtig.

3. Drittens: Wäre ein Individuationsprinzip nicht unbedingt erforderlich, dann müßte man auch nicht eine individuelle Differenz als gegeben annehmen. Diese Schlußfolgerung gilt, weil eine solche individuelle Differenz im Fall ihrer Daseinsbehauptung das Individuationsprinzip ist. Folgendermaßen wird die im Schlußsatz ausgesprochene Behauptung als falsch nachgewiesen: Genauso, wie sich ein Genus zu den Spezies verhält, verhält sich eine Spezies zu den Individuen; ein Genus gelangt nun mittels der spezifischen Differenzen zu den Spezies hinab; die Spezies also gelangt mittels der individuellen Differenzen zu den Individuen hinab; folglich ist das Vorhandensein einer individuellen Differenz anzunehmen.

4. Die entgegengesetzte Meinung wird folgendermaßen begründet: Ein Individuum kann ohne ein Individuationsprinzip existieren, welches die Spezies auf das Dasein eines Individuums beschränkt. Folglich ist die Problemstellung falsch. Diese Schlußfolgerung ist gültig. Das einleitende Argument wird damit begründet, daß ein Individuum da sein kann, ohne daß eine Spezies da ist. Also usw.

5. Hinsichtlich dieses Problems muß festgestellt werden, daß man unter dem „Individuationsprinzip" zweierlei verstehen kann: Zum einen wird alles das als Individuationsprinzip bezeichnet, was gemeinsam dasjenige, was das Individuum ist, unter ein Prinzip stellt, oder was gemeinsam den Existenzgrund für das Individuum bildet, da ja die Individuation die Verursachung eines Individuums ist und insofern das Prinzip eines Individuums als Individuationsprinzip bezeichnet wird. Zum anderen bezeichnet man nach der Ausdrucksweise der Alten dasjenige als

„Individuationsprinzip“, was eine Spezies auf das Dasein eines Individuums einschränkt.

6. Hierzu ist festzustellen, daß die Alten die Vorstellung hatten, daß eine Spezies eine gemeinsame Natur ist, welche real außerhalb der Seele existiert und an der real alle in ihr enthaltenen Individuen teilhaben. Zum Beispiel sagten sie, die Spezies Mensch sei eine gewisse gemeinsame universale Natur, die real in Sokrates, Platon und in anderen menschlichen Individuen existiere. Daher ist die Natur, insofern sie absolut gefaßt wird, eine Spezies. Und außer dieser Natur gibt es in jedem beliebigen Individuum eine ganz bestimmte individuelle Differenz, die nicht die Materie oder Form dieses Individuums ist und die dadurch, daß sie dieser Spezies hinzugefügt wurde, das Individuum als solches bestehen läßt. Zum Beispiel gibt es in Sokrates außer der Materie und der Form die spezifische menschliche Natur und zusammen damit eine individuelle Differenz, d. h. die Sokratität, welche dadurch, daß sie der spezifischen Natur hinzugefügt wurde, diese auf das Sein eines Individuums einschränkt, d. h. auf das Sein von Sokrates. Ebenso ist in Platon dieselbe spezifische Natur und mit ihr die individuelle Differenz, d. h. die Platonität, welche diese auf das Sein von Platon einschränkt. Genauso hat man es sich auch bei den anderen Individuen vorzustellen.

7. Ferner ist festzustellen, daß man unter einem Individuum zweierlei verstehen kann, wie sich in der vorangegangenen Quaestio herausstellte, nämlich zum einen jegliches Ding, das zahlenmäßig eins ist, und zum anderen einen individuellen Terminus.

8. Nach diesen Klarstellungen soll nun folgender *erster Schluß* aufgestellt werden: Jedes geschaffene Individuum im zuerst genannten Sinn hat ein Individuationsprinzip im zuerst erwähnten Verständnis von Individuationsprinzip. Dies wird folgendermaßen begründet: Ein jedes einfache oder zusammengesetzte geschaffene Individuum hat ein gewisses Individuationsprinzip; jedes geschaffene Individuum im zuerst genannten Sinn ist nun einfach oder zusammengesetzt; also usw. Der Obersatz [dieses Syllogismus] ist unmittelbar evident, insofern jedes beliebige zusammengesetzte geschaffene Individuum sowohl innere als auch äußere Individuationsprinzipien durch den Umstand besitzt, daß ein jedes so beschaffene Materie und Form sowie weitere äußere Prinzipien besitzt, nämlich eine Wirkursache und einen Zweck, wie aus dem 2. Buch der „Physikvorlesung“[16] erhellt; ein weiterer Grund besteht darin, daß es ein Wirkprinzip für das gibt, was als ein zusammengesetztes und ursächlich bedingtes Individuum existiert, und durch dieses Wirkprinzip ist es ins Dasein überführt worden; also usw. Der Untersatz [dieses Syllogismus] versteht sich von selbst.

9. Gegen diesen Schluß wird folgendes eingewendet: Wäre dieser Schluß wahr, dann besäße jedes geschaffene zusammengesetzte Individuum eine Materie und eine Form. Diese Schlußfolgerung wird durch die Begründung jenes Schlusses bestätigt. Daß die in diesem Schlußsatz enthaltene Behauptung falsch ist, wird folgen-

dermaßen begründet: es hätte ja dann die in einem Körper existierende Weißheit eine Materie und eine Form, was offensichtlich falsch ist, insofern sie nach Voraussetzung etwas Einfaches darstellt. Dies wird bewiesen: eine solche Weißheit ist ein gewisses zusammengesetztes geschaffenes Individuum, da es sich aus mehreren Intensitätsgraden [gradus latitudinis] zusammensetzt, die den Bestand der Weißheit bilden; also usw.

10. Zweitens wird gegen den Schluß [unter Punkt 8] folgendes eingewendet: wäre es so, wie in diesem Schluß behauptet, dann hätte ein jedes beliebige einfache, ursächlich bedingte Individuum ein Wirkprinzip. Daß dies falsch ist, wird folgendermaßen begründet: A möge ein ganz bestimmter Intensitätsgrad von Weißheit sein, der in seinem Gegenstand B hervorgebracht wurde, und ferner möge gelten, daß das Wirkprinzip dieser Weißheit bereits vergangen ist; hieraus erhellt die Falschheit der zuvor erwähnten Schlußfolgerung.

11. Auf den ersten dieser Einwände wird folgendermaßen geantwortet: ich räume die Schlußfolgerung „wäre dieser Schluß wahr, dann usw." ein. Hinsichtlich des Nachweises für die Falschheit der im Schlußsatz enthaltenen Behauptung negiere ich die Schlußfolgerung „es hätte ja dann die Weißheit usw.". Hinsichtlich der angeführten Begründung „eine solche Weißheit ist ein zusammengesetztes usw." sage ich, daß allein dasjenige als bestimmtes Zusammengesetztes bezeichnet wird, was eine Zusammensetzung aus Materie und Form besitzt, nicht aber jenes, was lediglich eine Zusammensetzung aus Quantitäts- und Qualitätsbestandteilen hat.

12. Beim zweiten Einwand räume ich die Schlußfolgerung „dann hätte ein jedes beliebige einfache Individuum usw." ein. Hinsichtlich der angeführten Begründung sage ich, daß unabhängig davon, ob ein partikuläres Wirkprinzip der Weißheit vergangen ist, es dennoch ein universales Wirkprinzip der Weißheit gibt, wie es etwa der Himmel darstellt.

13. Als *zweiter Schluß* wird folgender aufgestellt: Ein jedes ursächlich bedingte Individuum - in der zweiten erwähnten Bedeutung von „Individuum" - besitzt ein Individuationsprinzip im zuerst genannten Sinn.

Dieser Schluß wird bewiesen: Die Seele ist das Individuationsprinzip eines jeden so verstandenen Individuums; also usw. - Diese Schlußfolgerung ist gültig. Das einleitende Argument wird folgendermaßen begründet: Jedes Individuum von solcher Beschaffenheit ist entweder ein geistiges, ein geschriebenes oder ein gesprochenes; wenn es ein geistiges ist, so ist es in der Seele und die Seele ist demzufolge Prinzip für es; ist es ein gesprochenes oder geschriebenes, so hat es durch die Seele die Funktion erhalten, lediglich ein einziges Ding zu bezeichnen, und auf Grund dieser Funktion wird es als „Individuum" bezeichnet; also usw.

14. Gegen diesen Schluß wird folgendes eingewendet: wäre dieser Schluß wahr, dann hinge ein jedes Individuum - in der zweiten erwähnten Bedeutung von „Individuum" - von der Seele ab. Diese Schlußfolgerung wird folgendermaßen begründet: es hängt doch alles dasjenige von der Seele ab, wofür die Seele das Prinzip

darstellt; die Seele ist nun aber das Prinzip eines jeden solchen Individuums; also usw. Daß dies falsch ist, wird folgendermaßen begründet: es würde dann nämlich ein geschriebenes Individuum von der Seele abhängen, und dies ist falsch, wenn hier von der geschaffenen Seele gesprochen wird.

15. Zweitens wird eingewendet, daß dann Materie und Form in eins zusammenfallen würden. Daß dies falsch ist, belegt das 2. Buch der „Physikvorlesung“.[17] Die unterstellte Schlußfolgerung wird folgendermaßen begründet: Die Seele ist doch das Zugrundeliegende oder die Materie eines geistigen Individuums und damit ist sie dessen Individuationsprinzip; also ist sie dessen Wirkprinzip; also ist ein und dieselbe Seele Materie und Bewirkendes; also fallen Materie und Bewirkendes in eins zusammen.

16. Hinsichtlich des zuerst [unter Punkt 14] erwähnten Einwandes negiere ich die Schlußfolgerung „dann hinge ein jedes Individuum usw.“. Bei der angeführten Begründung „es hängt doch alles dasjenige usw.“ negiere ich den Untersatz [„die Seele ist nun aber das Prinzip eines jeden solchen Individuums“]. Es reicht vielmehr aus, daß kein Individuum oder etwas individuell Bezeichnendes ohne die Seele da sein könnte.

17. Hinsichtlich des zweiten Einwandes [unter Punkt 15] lasse ich die Schlußfolgerung „dann würden Materie und Bewirkendes in eins zusammenfallen“ gelten, wobei der Schlußsatz so verstanden wird, daß er sich auf die Materie als konstitutives Moment [und nicht als Ursprung] bezieht. Betreffs des Philosophen stelle ich fest, daß seine Intention auf die Materie geht, aus der eine Zusammensetzung unter Hinzufügung einer substantiellen Form hervorgeht. Eine solche Materie ist ein Seiendes, das sich in der reinen Möglichkeitsform befindet. Demzufolge kann es auch unmöglich ein Bewirkendes sein.

18. Ein *dritter Schluß* lautet: Von keinem Individuum kann es ein Individuationsprinzip in dem an zweiter Stelle genannten Verständnis [von Individuationsprinzip] geben.[18]

Dieser Schluß wird folgendermaßen begründet: Könnte es von irgendeinem Individuum ein so verstandenes Individuationsprinzip geben, dann würde in einem Individuum außer der ihm zukommenden Materie und Form irgendeine spezifische Allgemeinnatur enthalten sein, die vermöge eines solchen Individuationsprinzips auf das Dasein eines Individuums eingeschränkt würde. Diese Schlußfolgerung wird durch die weiter oben angegebene Klarstellung bestätigt.[19] Daß die in ihr enthaltene Behauptung falsch ist, erhellt aus der 5. Quaestio.[20]

19. Gegen diesen Schluß wird folgendes eingewandt: Es kann in irgendeinem Individuum eine als Negativbestimmung [privativa] auftretende individuelle Differenz geben, die von der Materie und Form dieses Individuums wohlunterschieden ist. Also ist jener Schluß falsch. – Diese Schlußfolgerung ist gültig. Das einleitende Argument wird folgendermaßen begründet: Man wähle irgendein Individuum aus, welches mit A bezeichnet sei. Folgendermaßen wird dann argumentiert: A ist ein

Individuum vermöge der Individuation; also ist A ein Individuum vermöge einer als Negativbestimmung auftretenden individuellen Differenz, welche von der Materie und der Form wohlunterschieden ist. – Diese Schlußfolgerung trifft zu, da die Individuation die der Individuation eigene Negativbestimmung ist. Das einleitende Argument wird damit begründet, daß „Individuum" gewissermaßen „Ungeteiltes" [indivisum] bedeutet. Ist A also ein Individuum, so ist es ein Ungeteiltes; also ist A ein Individuum auf Grund des Ungeteiltseins.

20. Zweitens wird folgendes gegen den Schluß eingewandt: Für die Existenz eines Individuums ist alles das erforderlich, was ihm einen Platz in einer gewissen Kategorie zuweist; ein Individuationsprinzip nach der zweiten Auffassungsweise ist aber so beschaffen; also usw. – Der Obersatz [dieses Syllogismus] liegt unmittelbar auf der Hand. Der Untersatz wird begründet: ein Individuationsprinzip verweist ein Individuum doch auf den untersten Grad von einer Kategorie; also usw.

21. Hinsichtlich des ersten Einwandes „es kann in irgendeinem Individuum usw." negiere ich den Vordersatz. Die angeführte Begründung „man wähle irgendein Individuum aus" lasse ich zu. In der anschließenden Argumentation „A ist ein Individuum usw." negiere ich den Vordersatz. Hinsichtlich der angeführten Begründung bestätige ich, daß das Individuum ein Ungeteiltes ist; ich negiere aber die Schlußfolgerung, daß A demzufolge ein Individuum vermöge des Ungeteiltseins sei, das von einer Spezies oder einem Teil der Spezies wohlunterschieden ist. Denn das Ungeteiltsein des Individuums ist sonst weiter nichts als das A selbst, das ungeteilt existiert.

22. Beim zweiten Einwand negiere ich den Untersatz. Hinsichtlich der angeführten Begründung verneine ich, daß ein Individuationsprinzip nach der zweiten Auffassungsweise ein Individuum auf den untersten Grad von einer Kategorie verweist: denn dies zu tun ist doch die Aufgabe der Seele selbst.

23. *Hiermit ist nun auf die Hauptargumente [für die Notwendigkeit eines Individuationsprinzips] einzugehen.* Hinsichtlich des ersten Arguments „Alles dasjenige usw."[21] lasse ich den Obersatz gelten und verneine zugleich den Untersatz. Hinsichtlich der angeführten Begründung für den Untersatz „die Spezies Mensch usw." sage ich: Ist hier eine solche real-gegenständliche Einschränkung gemeint, wie sie in der einen Klarstellung[22] ausgedrückt wurde, dann verneine ich die Begründung; ist hingegen eine logische Einschränkung [contractus logicalis] gemeint, indem eine Spezies bejahend über ein Individuum prädiziert wird und genau dasjenige bezeichnete, was das Individuum ist, dann lasse ich die Begründung gelten. Unter dieser Voraussetzung stelle ich fest, daß diese Einschränkung durch die Seele erfolgt, welche eine solche Prädikation regulär vollzieht.

24. Hinsichtlich des zweiten Hauptarguments[23] stelle ich fest, daß es den Weg zum ersten und zweiten Schluß bereitet.[24]

25. Zum dritten Hauptargument[25]: hinsichtlich der Schlußfolgerung „dann müßte man auch nicht eine individuelle Differenz als gegeben annehmen" stelle ich

die folgende Distinktion an: Entweder wird unter einer „individuellen Differenz" ein gewisses Ding verstanden, welches genauso wohlunterschieden wie ein Zeichen ist und für das eine universell negative Behauptung zutrifft; oder man versteht darunter einen gewissen Terminus, welcher die Eigenschaft eines Individuums bezeichnet, dank welcher es sich von einem anderen Individuum unterscheidet. Faßt man die individuelle Differenz im zuerst erwähnten Sinn auf, dann verneine ich die Schlußfolgerung; und hinsichtlich der angeführten Begründung stelle ich fest, daß keinerlei so geartete Differenz in einer Spezies anzunehmen ist. Wird die Schlußfolgerung nun aber im zweiten Sinn von „individueller Differenz" aufgefaßt, so lasse ich die Schlußfolgerung und den Schlußsatz gelten. Und ich füge hier noch an, daß eine solche Differenz kein Individuationsprinzip ist im zweiten erwähnten Sinn von „Individuationsprinzip".

10.
JOHN WYCLIF
Traktat über die Universalien*

Kapitel 15

Das sechste und letzte offene Problem hinsichtlich der Universalien lautet: Ist jedes Ding allgemein? Wenn das wahr sein sollte, dann braucht man keine Universalien von der Natur der zweiten Intention anzunehmen.[1]

Folgendermaßen wird die Echtheit dieses Problems nachgewiesen: Ein Terminus wie „Spezies", „Genus" und so weiter ist allgemein auf Grund der sprachlichen Bedeutungsform [modus significandi], obgleich er nicht das vergleichbare korrespondierende äußere Ding ist, wie die Termini „Chimäre" oder „Tragelaphus"[2] und ähnliche beweisen. Wenn also jedes beliebige Ding eher ein Zeichen seiner selbst im Sinn einer Spezies, eines Genus und anderer Modi der Universalien ist als dies ein gebräuchlicher [institutus] Terminus ist, dann besitzt ein Ding offenbar eher die Bedeutung eines Universale.

Der Untersatz [dieses Syllogismus] ergibt sich daraus, daß sich jedes beliebige Ding der Natur nach selbst anzeigt; so zeigt zum Beispiel ein sinnlich wahrnehmbares Akzidens der Natur nach ein Zugrundeliegendes an, das auf ganz bestimmte Weise umständehalber eine Eigenschaft erhalten hat. Ein Terminus hingegen, der lediglich menschlicher Satzung [institutio humana] entspringt, zeigt so kaum an. Es macht auch keinen Widersinn aus, daß ein solches Ding Genus und Spezies sein soll, wo doch ein ganz singulärer und der Natur eines Dinges eher fremder Terminus als „Genus" und „Spezies" bezeichnet wird. Es trifft ferner die Feststellung nicht zu, daß eine menschliche Satzung die Existenzgrundlage für das Genus und die Spezies ist: denn zum einen würde dann kein Genus und keine Spezies vor der menschlichen Satzung existieren, was der Heiligen Schrift, Genesis 1. Kapitel[3], widerspricht; zum anderen, weil dann der Mensch Genus und Differenz, Proprium

---

* Tractatus de universalibus, cap. XV. – Textgrundlage: John Wyclif, Tractatus de universalibus, ed. Ivan J. Mueller, Oxford 1985, S. 353–375; zitiert als: *De universalibus.*

und Akzidens und sogar die Spezies Esel und die Spezies Mensch schaffen könnte und die Spezies auf diese Weise ununterscheidbar vertauschen könnte und was sonst noch an Widersinn in reichlichem Maße daraus folgt. Diese Schlußfolgerung erklärt sich daraus, daß es keine Spezies und keinerlei Universale gäbe, wenn dem nicht die menschliche Verfügung zugrundeliegt, wie der Gegner sagt. Der Mensch, von dessen Verfügung die Spezies abhängen, könnte also beliebige Spezies ausgetauscht haben.

⟨1⟩ Ausgehend von der Konzeption des heiligen Thomas vertritt daher offenbar der Herr Aegidius[4] die Meinung, daß jeder Mensch in dem Maß, wie er auf allgemeine Weise erfaßt wurde, ein Universale ist.

⟨2⟩ Neuere Autoren, die sich wegen des Sinngehalts der Schrift[5] scheuen, nicht gewisse Universalien als gegeben anzunehmen, die keine Zeichen sind, sagen, daß die Menge aller Menschen das Menschengeschlecht und die Spezies Mensch ist – in Analogie dazu, wie ein Mensch ein universaler Gelehrter ist, sobald er viele Wissenschaften auf vollkommene Weise kennt.

⟨3⟩ Drittens behauptete hingegen der Ehrbare Inceptor Ockham[6] in seinen letzten Tagen, daß ein einzelnes Ding, insoweit es von Gott gedacht wurde, eine Idee ist. Die Begründung dafür scheint ausschließlich darin zu liegen, daß ein Genus oder eine Spezies nach der Erkenntnisweise Gottes oder des Menschen ein und denselben Daseinsgrund [d. h. die gedankliche Reflexion] haben soll.

Diese drei Auffassungen sind rasch durchzugehen, wobei unterstellt wird, daß eine jede von ihnen scheinbar wahr ist, und indem der implizite Schluß einbezogen wird, daß es außer diesen Universalien keine anderen gibt.

⟨1⟩ Die als wahr unterstellten Aussagen über die Gemeinschaftlichkeit, die Prädikation, die a priori Existenz, die Fortdauer und Einheitlichkeit der Spezies Mensch können doch nicht nur wegen Petrus oder eines anderen einzelnen Menschen allein als wahr gelten, da es ja sonst beliebig viele Spezies in höchst kontingenter Weise geben würde. Auch würde kein Mensch – außer der Spezies eines unbeseelten Körpers, wie z. B. des Feuers, Wassers oder der Luft – irgendeiner Spezies angehören. So könnte jemand auch bewirken, daß jemand von einer Spezies zur anderen überwechselte, mehr noch, daß jemand bei fehlender Gegenwart eines Intellekts keinerlei Spezies angehörte. In diesem Sinn könnte er auch bewirken, daß eine Sache den Besitzer, Diener oder Untertan oder auch die Ursache zur Spezies haben könnte. Somit gehörten Petrus und jedes Akzidens seines Herrn ein und derselben Spezies an, weil sie zu jenem Herrn gehören, der die Spezies ist. Solche Lächerlichkeiten ließen sich fortsetzen. Ich überlasse es den Logikern, deren Widersinn nachzuweisen.

Es liegt deswegen auf der Hand, daß die Kirchenväter und die Philosophen gemeinsam andere Aussagen über das Genus und die Spezies gemacht haben. Denn Augustinus, Gregor und die übrigen Heiligen lassen nicht bloß gelten, daß der eine Mensch einem anderen gleich ist, sondern daß er dasselbe ist, was ein anderer ist, wie es einem Leser ihrer Schriften klar wird.

⟨2⟩ Die zweite Konzeption ist ihrem kurz gefaßten Inhalt nach noch kindischer. Denn erstens beseitigt sie nicht den Vernunftgrund dafür, daß jeder Mensch aus gleich einsichtigem Grund vermittels der Handlung des Intellekts sowohl Genus wie Spezies sein würde. Ihr obliegt damit noch die Zurückweisung von Schlüssen, deren Widersinn in der Entgegnung auf die erste Konzeption nachgewiesen wurde.

Zweitens leidet diese Konzeption an mangelnder Ausstattung und fehlendem Abschluß, insofern sie nicht zum Ausdruck bringt, aus welchem Grund die biologische Aufeinanderfolge der Menschen [generatio hominum] für dasselbe wie das Menschengeschlecht gehalten wird und aus welchem Grund man 5 Genera von Universalien auseinanderhält.

Drittens bringt diese Konzeption sich selbst in Verlegenheit, sobald sie die Ansicht der Philosophen hinsichtlich der Universalien darlegt: denn das [durch sie] angegebene Genus wird nicht über irgendeinen Menschen prädiziert, es ist keine Quidditat, nicht die Materie der Definition oder die Form eines Individuums oder einer Spezies, was alles den Philosophen zufolge einem Genus zukommt. Es wäre vielmehr jedem beliebigen Individuum der Spezies naturgemäß nachgeordnet, da es sich ja jedem beliebigen zu ihm gehörigen Individuum gegenüber in einer wesensmäßigen Abhängigkeit befindet, nicht aber umgekehrt. Somit würde mit der Geburt und dem Tod eines Menschen fortlaufend ein anderes Genus da sein bzw. gäbe es so viele Genera wie Geburten, oder aber ein und dasselbe fortschreitende Genus besäße eine unaufhörliche Dauer, was die Vertreter dieser Konzeption aber wegen der Beschränkung der Zeit nicht unterstellen. Es liegt folglich auf der Hand, daß man außer einem solchen Genus, das sie selbst als Nicht-Seiendes [nihil] erachten, ein einheitliches Genus annehmen muß, das über jedes einzelne Element der belebten Spezies prädizierbar ist, oder anders gesagt: ein ganz bestimmtes Genus setzt sich aus sämtlichen Spezies nach dem Modus der Indifferenz [indifferenter] zusammen.

Bevor zur dritten Konzeption übergegangen werden soll, möchte ich sagen, welchen Wahrheitsgehalt meines Erachtens die erste Argumentation hat.

Erstens scheint mir, daß ein jedes beliebige Individuum einer Spezies viel eher Genus, Spezies usw. sein könnte – wobei die Rede von dem Universale in der Repräsentanz [universale repraesentatione] ist[7] –, als dies ein Terminus oder Begriff sein könnte, der vom Menschen geprägt wurde. Wie ich also im homonymen Sinn gelten ließ, daß ein Terminus ein Universale in der Repräsentanz ist, so lasse ich folglich gelten, daß auch ein Individuum ein Universale in der Repräsentanz ist, wobei niemand die Behauptung eines Universale eines gewissen Genus wahrscheinlich macht, ohne daß ich das Wahrgenommene mit der ausreichenden Evidenz in Einklang bringen würde. Unser Leben beruht nämlich nicht auf der Eitelkeit, Meinungen auf befremdliche Weise zu äußern, sondern auf der Lehre der Wahrheit, die zum Dienst an Gott hinleitet, welcher die Glückseligkeit herbeiführt. Demzufolge bringt das Verständnis der Universalien insofern Nutzen, insoweit es die Voraussetzung für das Verstehen der Heiligen Schrift, der Frage der Inkarnation, der Trinität und der Schöpfungsordnung in Übereinstimmung mit den Kirchenvätern geschaffen hat. Diejenigen, die hierüber Bescheid wissen, äußern sich daher mit mehr Gewißheit, streitbarer und kürzer, wohingegen diejenigen, die diese Frage ignorieren, verwirrt werden und so um diese Früchte betrogen worden sind.

Zweitens scheint mir, daß ein Zeichen nur auf Grund der Allgemeinheit des bezeichneten Gegenstandes als ein Universale bezeichnet wird, wie es beispielsweise beim Terminus „Ilias“ und ähnlichem zu sehen ist. Dasjenige nämlich, das adäquat und primär ein Genus oder ein anderes Universale anzeigt, erhält von daher die paronymische Benennung als ein bestimmt geartetes Universale: zum Beispiel bezeichnet man in dieser Weise den Urin als „gesund“.[8] Kein Terminus bezeichnet also dasjenige, was nicht existieren kann; ebenso erkennt auch weder der Schöpfer noch ein Geschöpf das, was nicht existieren kann, wie an anderer Stelle gezeigt wird; dabei haben wir Fehlbare freilich eine bestimmte Erkenntnisweise mittels Vorstellungsbildern, die Gott nicht zukommen kann.

Drittens scheint mir, daß kein Vernunftgrund jedes Universale außer dem allgemein erkannten einzelnen Ding oder dem zu ihm gehörenden Zeichen, das vom Menschen geschaffen wurde, aufheben kann. Läßt man nämlich gelten, daß ein Mensch entsprechend dem erläuterten Sinn ein universaler Gelehrter ist - wie Unser Meister im letzten Kapitel des Markus den Menschen auch als „alle Kreatur“ bezeichnet, der das Evangelium zu predigen ist[9] –, dann wird nicht ausgeschlossen, daß man a priori für sich daseiende Universalien anzunehmen hat. Im 5. Buch der „Metaphysik“, in der 7. Erläuterung wird nämlich klargestellt, wie man ein an sich seiendes Eines und ein akzidentielles anzunehmen hat: das an sich seiende Eine so, wie eine aus einem Genus und einer Differenz zusammengesetzte Substanz; das akzidentielle Eine so, wie ein Beieinander [aggregatum] aus einem Individuum einer Substanz und dem Allgemeinen oder Einzelnen eines Akzidens, die zu mehreren Genera oder zu einem einzigen gehören, oder anders wie ein Beieinander aus allgemeiner Substanz und einem besonderen Typus [maneries] von Akzidentien.[10] Da aber alles Akzidentielle auf ein gewisses Für-sich-Seiendes zurückführbar ist, muß offensichtlich ein unzusammengesetztes substantielles Universale angenommen werden, das diesem allen vorangeht.

Nachdem dies vorausgeschickt wurde, wende ich mich nun der Frage der Ideen zu. Der Ehrbare Inceptor Ockham schreibt nämlich im 1. Buch des Kommentars zu den „Sentenzen“, in der 35. Distinktion, Quaestio 5[11], daß „eine Idee keine Realdefinition, sondern nur eine Nominaldefinition besitzt“, die wie folgt lautet: „eine Idee ist etwas durch ein geistiges Wirkprinzip Erkanntes, worauf das Tätige seine Aufmerksamkeit richtet, so daß es dadurch etwas in der Wirklichkeit hervorbringen kann“. Wie er sagt, „ist somit ein jedes beliebige Geschöpf eine Idee, aber keine göttliche Natur ist eine Idee“.

⟨a⟩ Erstens scheint dieser verführerische und spitzfindige Logiker mit dem ersten Wort sich selbst zu widersprechen. Denn wenn eine Idee eine Nominaldefinition besitzt, ein jedes Nomen aber ein Ding ist, dann besitzt sie auch eine Realdefinition. Mehr noch: Da jedes Geschöpf eine Idee ist, so besitzt - wenn ein Geschöpf eine Realdefinition besitzt - auch die Idee eine solche. Sie besitzt als Idee aber keine Definition, da sie als Idee nicht etwas ist, das ein Genus hat, wie weiter unten als Schluß aus dem Gesagten erhellen wird. Offenbar ist der leitende Terminus also unbrauchbar.

⟨b⟩ Ferner trifft die erwähnte Beschreibung [von Idee] offenbar auf die göttliche Natur und Gott-Vaters Wort zu, weil feststeht, daß sich Gott am ursprünglichsten selbst erkennt und daß er dann, wenn er die Aufmerksamkeit auf sich selbst richtet, vieles nach außen hervorbringen kann, also usw. Wenn man sagt, daß die Idee ein Urbild [exemplar] sein muß, dann ist erwiesen, daß das Wort [Gottes] ein Urbild ist, wonach Gott die Geschöpfe macht. Wenn die Anhänger dieser Meinung nun behaupten, daß jedes Sein die Wirklichkeit [esse reale] ist, dann hätten sie viel eher anstelle dessen „Sein nach außen" einsetzen sollen; denn der Theologe weiß, daß Gott-Vater den Heiligen Geist in der Wirklichkeit hervorbringt, sobald er seine Aufmerksamkeit auf sein eigenes notwendig erkanntes Wort richtet. Demzufolge fände die erwähnte Beschreibung [von Idee] ihre adäquate Entsprechung zuallererst im Wort [Gottes]. Folglich ist Gott im eigentlichsten Sinn die Idee. Der [in der Definition von Idee] gebrauchte Zusatz „geistiges Wirkprinzip" ist also überflüssig, da es ein Geistiges [intellectuale] nur geben kann, insoweit es ein Wirkendes ist. Der Terminus hat aber auch sonst keine sichtbare Funktion, wie nach dieser Auslassung klar wird.

⟨c⟩ Anscheinend ist ein jedes beliebige Geschöpf ewig, wie es nach Augustinus eine jede beliebige Idee ist. So wäre also das Sein einer Idee ohne Anfang und Ende, und in weiterer Folge auch das Sein eines Geschöpfes.

An dieser Stelle sagen sie, daß man auf zweierlei Art sagt, etwas sei ewig: entweder im eigentlichen Sinn, d. h. daß etwas aktual auf Ewigkeit existiert, oder im weiten Sinn, d. h. daß dasjenige ewig ist, was als Gedachtes oder Erkanntes ewig da ist. Nicht nach der ersten Art ist irgendein Geschöpf damit ewig.

Folgendes entgegne ich darauf: Ich nehme A, ein Geschöpf, das nicht real existiert, welchen Fall jene Konzeption sehr wohl zuläßt. Dem A steht aber eine Idee gegenüber, da nach dem, was die diskutierte Meinung einräumt, in Gott unendlich viele Ideen sind, d. h. alle der Möglichkeit nach vorkommenden; denn sonst könnte eine Idee ihrer Wesensbestimmung nach entstehen und vergehen, was ausgeschlossen wird. Als Schluß folgt: „A ist eine Idee." Demzufolge ist A also etwas, das von einem geistigen Prinzip erkannt wurde usw., um vom Definierten auf die Definition zu schließen. Niemand wird doch nun negieren, daß, wenn A etwas so Erkanntes ist, dann A Etwas ist. Da es nun nicht Gott ist, wie die Auskunft lautet, so folgt, daß A ein aktual und wirklich existierendes Geschöpf wäre. Aus demselben

Grund ergibt sich auch, daß alles der Möglichkeit nach Existierende immerwährend wirklich und aktual in seiner eigenen Natur existiert, was den Anhängern jener Meinung zufolge als zutreffend zugestanden werden kann, wenn dies die übliche Ausdrucksweise der Heiligen gestattete. Doch diese Auskunft und das andere, was aus ihr folgt, ist weit von der katholischen Lehre [schola catholica] entfernt.

An dieser Stelle antworten die Anhänger dieser Meinung auf andere Weise, indem sie sagen, daß das Nomen „Idee" ein Terminus ist, der [die gegenständliche Identifikation] ausschließt [terminus distrahens]. Daher kann nicht gefolgert werden: „dieses ist Idee, also existiert dieses"; genausowenig kann gefolgert werden: „dieses wurde durch Gott erkannt, also existiert dieses."

Sie begehen nun aber einen doppelten Fehler. Erstens gehen sie fehl, wenn sie die zuvor genannte Beschreibung negieren, welche die Grundlage der vorgetragenen Meinung ist. Zweitens gehen sie fehl, wenn sie das Nomen „Idee" im Sinn eines Partizips gebrauchen. Das tut niemand, der den Regeln des Ausdrucks folgt, da ja eine Idee als solche eine Form, ein Urbild bzw. ein Vernunftgrund ist. Demzufolge ist eine Idee als solche ein gewisses Ding, weil man sonst kein Genus finden könnte, das in der Umschreibung dessen, was eine Idee ist, einzusetzen wäre.

Es gibt ja kein Verb, das mit solch einem Partizip [wie „Idee"] auszustatten wäre. Daraus wird klar, daß jene, die solches äußern, einen Kardinalfehler begehen. Wenn man das transzendentale Nomen [„Idee"] in der [oben] erwähnten Beschreibung einsetzt, ergibt sich vielmehr die folgende Aussage von ihm: „Die Idee ist ein durch ein geistiges Prinzip Erkanntes, worauf das Prinzip seine Aufmerksamkeit richtet, so daß es dadurch etwas in das Sein überführen kann." Es ist bekannt, daß dieser Satz grammatisch nur dann ohne Sprachverdrehung gebildet werden kann, wenn er den folgenden Sinn hat: „eine Idee ist ein erkanntes Ding". Ich wundere mich, wie jemand, der jener Meinung anhängt, gelten läßt, daß die Ideen mit Notwendigkeit Ideen sind, jedoch sie nicht mit Notwendigkeit aktual existieren läßt, obgleich sie Ideen sind, unabhängig davon, ob Gott etwas nach ihrem Maßstab hervorbringt oder nicht. Denn setzt man die entsprechende Beschreibung an die Stelle des Beschriebenen, so überführt sich diese Behauptung selbst des Unsinns.

Berücksichtigt man also das, was die Anhänger jener Meinung im Sinn hatten, so wird klar, daß sie nicht die Idee, sondern das der Idee Nachgebildete [ideatum] beschreiben. Ich werfe die Frage auf, wie es effektiv möglich ist, daß eine Idee ein erkanntes Ding sein soll und dennoch nichts Aktuales ist?

⟨d⟩ Jede Idee ist als solche ein Urbild. Also bezieht sich jede Idee auf ein der Idee Nachgebildetes. Folglich gibt es entweder ein geradliniges Fortschreiten bis in das Unendliche bei den Ideen, oder etwas ist die Idee seiner selbst.

Der Anhänger der fraglichen Konzeption läßt gelten, daß ein jedes beliebige Geschöpf die Idee seiner selbst und damit die Ursache seiner selbst sei, wenn man in erweitertem Sinn von „Ursache" spricht. Die Heiligen [Kirchenväter] sagen ja übereinstimmend, daß die Ideen die urbildhaften Ursachen des den Ideen Nachgebildeten sind. Grosseteste sagt im Kommentar zum 1. Buch der „Zweiten Analytik", daß die Ideen mit Gott gemeinsam Mitschöpfer der Wirkungen sind.[12]

So kommt der Anhänger der fraglichen Konzeption mit der Ausdrucksweise der Heiligen daher, wird aber in Verwirrung gestürzt, weil er zwei Richtungen folgt. Er räumt nämlich ein, daß viele Ideen ewig sind; dennoch soll nur dieses Ding ewig sein, welches keine Idee ist. Er fügt dann hinzu, daß die Idee für die Weisheit und Glückseligkeit derart unumgänglich ist, daß niemand ein Geschöpf [Gottes] benutzen oder anschauen könnte, wenn er sich nicht - wie Augustinus in der 47. Quaestio der „83 Quaestionen" sagt[13] - analog auf eine Idee bezöge. Ferner wäre auch nur ein Seliger in der Lage, einer Idee ansichtig zu werden, wenn man „Anschauung" [intuitio] im strengen Sinn gebraucht, d. h. einer Idee vollständig gemäß aller über sie wißbarer Wahrheiten ansichtig zu werden, wie z. B. zu wissen, was durch Gott erkannt wurde und mit dem und dem Zweck hervorgebracht werden soll. In diesem Sinn verhält es sich auch bei den anderen sie betreffenden Wahrheiten.

Ich glaube aber nicht, daß dies die Worte oder die Auffassung des Ehrbaren Inceptor Ockham gewesen sind, sondern daß sie jemandem entstammen, der teils die Auffassung Ockhams und teils die Auffassungen einiger Kirchenväter übernommen hat. Weil er zueinander konträre Lösungswege einschlägt, muß er sich notwendigerweise selbst widersprechen.

Denn erstens ist doch klar, daß niemand etwas so vollständig anschauen kann, es sei denn, er ist ein Seliger und erkennt alles unmittelbar gegenständlich [intuitive].

Zweitens fehlt demjenigen, der so spricht, offensichtlich etwas an der herkömmlichen Logik der Heiligen [Kirchenväter], denen er sich anschließt. Er negiert nämlich sämtliche Wahrheiten oder Dinge außer der Substanz und der Qualität und sagt, daß jedes Universale ein Terminus oder ein Begriff sei; das Gegenteil dessen aber behaupten die Heiligen. Darauf sieht er dann, daß solcherart Zeichen nicht als Ideen gelten können, und zwar in dem Sinn, in welchem die maßgeblichen Autoren über sie sprachen. Taumelnd schlägt er also diesen Weg ein. Ließe er nun aber gelten, daß ein Geschöpf [Gottes] ein der Existenz in dem eigenen Genus vorhergehendes intelligibles Sein besitzt, einschließlich der anderen Wahrheiten, welche die Heiligen kundtun, die diese Auffassung äußern, dann könnte die eingenommene Haltung gesunder gemacht werden. Zweifellos widerspricht er sich auch in anderer Hinsicht. Denn der Geist [mens] begreift nicht, daß etwas in ein und derselben Hinsicht von sich aus Ursache seiner selbst und ein auf ewig gegenüber sich selbst Vorgegebenes sein soll, bevor es existiert - wie auch immer die Art und Weise des Daseins sei.

Zweifellos müßte sich der Anhänger der in Frage stehenden Meinung unbedingt auch darüber klar werden, was ein Geschöpf ist, insofern es das Urbild von sich selbst ist, da er sonst das Genus der Idee nicht kennen wird. Ihm zufolge bringt nämlich Gott, der von Ewigkeit her ein nach seinem Bild äußerlich erschaffbares

Ding anschaut, ein Ding tatsächlich hervor; Gott kann nun aber nicht Vorstellungen von dem Ding haben, die sich vom Intellekt unterscheiden, wie man sagt; daraus ergibt sich, daß ein und dasselbe Ding, insofern es durch Gott gedanklich erfaßt wurde, das Urbild von sich selbst ist, insofern es tatsächlich hervorgebracht wurde.

Diese Auffassung zieht nun aber bei den kritischen Logikern folgende Frage nach sich: Was soll dieses Ding sein, insofern es Urbild oder Ursache ist? Es ist nämlich gewiß, daß es sich [bei „Urbild" und „Ursache"] nicht um Termini handelt, die [die gegenständliche Identifikation] ausschließen. Eine Ursache muß also wirklich da sein, und das Verursachen schließt in sich das Dasein ein.

Da nun aber außer dem göttlichen Wesen nichts aufzufinden sein wird, das seiner Substanz nach ein Urbild ist und dabei in der dargestellten Weise verursachend wirkt, müßte also zugegeben werden, daß eine Idee das göttliche Wesen ist, wie es auch im 1. Kapitel des Johannesevangeliums heißt: „[Alle Dinge sind durch dasselbe gemacht, und ohne dasselbe ist nichts gemacht,] was gemacht ist. In ihm war das Leben".[14]

Wenn ein Ding als Idee nichts ist, dann ist auch insofern das ein Nichts, von wo es kommt. Als Idee wirkt es also nicht verursachend bzw. ist nicht ewig da. Die Heiligen hingegen sagen, daß ein Ding, insofern es Idee ist, ein hervorragenderes Sein besitzt als im Fall der Existenz eines Geschöpfes; diese Richtung [via] müßte sich das also zu Bewußtsein bringen; ebenfalls sagen sie, auf welche Weise ein Ding, insofern es gedanklich durch Gott erfaßt wurde, ein innerlich absolut notwendiges Sein besitzt, was als intentionales Sein von einer Existenz in einem Genus unterschieden wird.

Hätte er also den Begriff des „Seienden" vom Umfang her erweitert und eine Bedeutungsverschiedenheit bei dem angenommen, was in ein und demselben Wesen übereinstimmt, so hätte er klar erkannt und zugestanden, daß genauso, wie die Existenz eines gegebenen Geschöpfs es zur Voraussetzung hat, daß es von Ewigkeit her durch Gott erkannt wurde und als so erkanntes sich selbst hinsichtlich der Existenz verursacht, dieses so Verursachende als solches ein analoges Sein besitzt, das seiner eigenen Existenz im Rahmen eines Genus vorausgeht, wie es die Kirchenväter sagen. Denn sonst wird er auf ziemlich kindische Weise in die Irre gehen, sobald er nämlich gelten ließe, daß der [ideale] Mensch in gewissem Maß die ewig als Urbild dienende Ursache usw. ist, diese Rolle jedoch weder als Ding, noch als etwas Existentes ausübt. In diesem Fall wäre nämlich nicht das Sein das oberste Prädikat, das einem Ding zukommen kann, da ja das Idee-Sein von größerer Allgemeinheit sein würde. Damit wäre das Auf-ideale-Weise-Verursachen aber kein Sein und auch nicht etwas, das das Sein zur unbedingten Voraussetzung hat. Dies widerspricht aber dem heiligen Dionysius und der Heiligen Schrift.

⟨e⟩ Ferner gehe ich davon aus, daß der Anhänger der in Frage stehenden Position nicht etwas verteidigt, das dem strikten Wortsinn nach [de virtute sermonis] falsch ist, sondern alles das einräumte, was durch logisch korrekten Schluß aus den für ihn akzeptablen Thesen zu folgern ist.

Erstens ergibt sich nun klar folgendes: genauso wie die Idee und die Ursache von ein und demselben dinglich gesehen miteinander identisch sind [eadem res est], wenn man den extensionalen Aspekt meint, ist sie im Hinblick auf den Formaspekt früher als sie selbst und sich von sich selbst unterscheidend. Spricht man also im extensionalen Sinn von „Zahl und Differenz der Dinge“, so gäbe es in einem jeden Singulären ein Fortschreiten ins Unendliche und jegliche Wissenschaft wäre verloren, weil niemand etwas erkennen könnte, da ja alles ein Unendliches sein würde. Aufgrund der Unbegrenztheit könnte der Intellekt demzufolge nichts erfassen, da er die eigene Gewißheit auf kein [effektiv] Erkanntes ausrichten und dort das Ziel erreichen lassen könnte.

Zweitens scheint es, daß ewige Genera und Spezies anzunehmen wären, die vom [realen] Einzelnen wohlunterschieden sind. Denn wenn die Idee Mensch der durch den Intellekt erkannte Mensch ist, dem die Ewigkeit, die Ursächlichkeit und Priorität gegenüber dem bestimmten [einzelnen] Menschen inhärent ist, so ist offenbar dem bestimmten Menschen, insofern er durch Gott in seinem Mensch-Sein erkannt worden ist, die ewige Wesenscharakteristik einer Spezies inhärent. Insofern Gott nun die Erkenntnis gewinnt, daß der Mensch ein Lebewesen, ein Körper, eine Substanz und mit einer substantiell bestehenden Qualität versehen ist, enthält dieser Mensch die Wesenscharakteristik von Genera und der Differenz. Kein gesunder Kopf begreift nämlich, daß einer bestimmten Idee eine Kennzeichnung formmäßig zukommt, welche einem bestimmten Menschen nicht zukommt, oder umgekehrt, daß es keine dingliche oder begriffliche Wohlunterschiedenheit zwischen dem bestimmten einzelnen Menschen und einer Idee geben soll und desgleichen zwischen dem als Lebewesen und dem als Körper erkannten Menschen. In diesem Sinn ergibt sich folgerichtig, daß es eine Distinktion von 10 Genera gibt, da ja keine Substanz, die von Gott als quantitatives Sein erkannt wird, damit zugleich als qualitatives Sein erkannt wird und so weiter.

Drittens ergibt sich offenbar der folgende syllogistische Schluß: „Jedes ewige Ding ist Gott; jede Idee ist ein ewiges Ding; also ist jede Idee Gott.“ Den Vordersatz stellt die in Frage stehende Meinung auf. Den Untersatz stellt sie mit der Feststellung auf, daß jede Idee ewig und damit ein Ewiges sei, so daß also die Idee ein ewiges Ding ist. Hiermit stimmt auch die Beschreibung und stimmen die Belegstellen von den Gelehrten überein, [in denen es heißt,] daß jede Idee dem Wesen nach Gott selbst ist, wenngleich sie der Form nach voneinander und von Gott wohlunterschieden sind. Gleichermaßen existiert offenbar eine jede Idee, sobald irgendeine Idee existiert, und es ist nicht einsehbar, daß irgendeine Idee eine Idee ist, welche nicht existieren kann. Denn nach Augustinus, am oben angegebenen Ort[15], ist „Idee“ ein griechisches Nomen, das lateinisch „Form“ bedeutet, was ein Nomen ist, das im höchsten Maße Vorhandenes anzeigt. Daher ist alles ideenartige Schaffen [ideare] ein Formen. Aber wie soll etwas formen, das nicht existieren kann? Oder wie ist es vertretbar, daß etwas dann existiert, wenn es ein der Idee Nachgebildetes ist, aber nicht auch etwas dann existiert, wenn es formt oder ideenartig schafft, da ja Ideenartig-Schaffen vollkommener ist als Der-Idee-Nachgebildetwerden? Gott schafft also in Rücksicht auf sich selbst eine Wirkung ideenartig nicht [zeitlich] vor der Existenz des Hervorbringens [der Wirkung] in dem [ihr] eigenen Genus.

Daher scheint nun viertens die Nominalbeschreibung [von „Idee"] unqualifiziert zu sein und außerhalb der Intentionen derer zu liegen, die von den Ideen sprechen. Dies erklärt sich erstens daraus, daß die [fragliche] Beschreibung [von Idee] auf alles durch einen Menschen, einen Engel sowie Gott gedanklich Erfaßte zutrifft. Da Gott nun durch jedes vernunftbegabte Wesen genauso gedanklich erfaßt wird wie eine „Chimäre" oder ein „goldener Berg", müßte demzufolge also alles solches eine Idee sein. Jene lassen dabei aber nicht als wahrheitsgemäßen Schluß gelten: „dies ist eine Idee; also existiert dieses oder kann existieren". Gleichfalls lassen sie nicht als wahrheitsgemäßen Schluß gelten: „dieses ist vergänglich; dieses ist eine Idee; also ist eine Idee vergänglich". Wegen der verkehrten Ansicht über den göttlichen Intellekt kommt es also zu dieser Ungereimtheit, indem alles [der Existenz nach] Unmögliche, durch einen vernünftigen Gedanken nicht Faßbare oder Unbenennbare zur in Gott enthaltenen Idee erklärt wird. Gott besitzt doch innerlich ein ihm gemäßes gedanklich Erfaßtes, mit Rücksicht worauf er die Geschöpfe hervorbringt. Das, was er nun auf die ihm gemäße Art besitzt, ist das Leben in Gott und das intelligible Sein des Hervorbringens, das unabhängig von seiner Größe in natürlicher Priorität einem Geschöpf entspricht, dessen Idee es ist.

Denn sonst ergibt sich fünftens die Schlußfolgerung, daß jedes Beliebige eine Idee von jedem Beliebigen wäre, das hervorgebracht werden kann. Damit würde aber keine eigentliche Idee mehr da sein. Diese Schlußfolgerung wird durch folgende Erklärung bestätigt: Jedes Beliebige ist ein ganz bestimmtes durch Gott Erkanntes, mit Rücksicht worauf er etwas in der Wirklichkeit hervorbringen kann. Denn ist es das nicht, dann nimm A an, an dem diese Beschreibung keine Bestätigung findet; aus dem Zugestandenen ergibt sich dann klar, daß A notwendig ein durch Gott gedanklich Erfaßtes und Erkanntes ist. Demzufolge ist es auch absolut notwendig, daß Gott unter Rücksicht auf dieses A etwas in der Wirklichkeit hervorbringen kann. A braucht dabei auch nicht das Urbild oder der Wesensbegriff zu sein, mittels dessen Gott B hervorbrächte, so daß A die Idee von B wäre, da es jenen zufolge zum einen nichts gibt, das ein Hilfsmittel oder eine mit Gott gemeinsam wirkende Ursache beim Hervorbringen von sich selbst wäre, und zum anderen sonst die Idee der Form der ersten Materie und eines jeden beliebigen Geschöpfs, das selbst verursachend wirkt, direkt die Idee jenes [von diesem] Verursachten wäre. Dann wäre auch die Idee der Sünde die Idee der Bestrafung, weil der Anhänger der fraglichen Meinung äußert, daß der der Seele angehörende Begriff die allgemeine Idee ist und der sündigende Mensch die Idee der Sünde ist. Dies ließe sich entsprechend auch für andere Träger von Mängelbestimmungen bzw. Relativbestimmungen feststellen. Es gäbe aber auch nicht mehr die eigentliche Idee einer „Chimäre“ oder des Unmöglichen.[16]

Dieses und das noch Folgende ist aber von der Auffassung der Kirchenväter zu dieser Problematik weit entfernt.

Da also eine Idee als solche relativ ist, muß bei ihrer Beschreibung das ihr zugehörende Korrelat ausgedrückt werden. Denn in dem Kapitel über [die Kategorie] Relation sagt Aristoteles, daß Relatives dasjenige ist, dessen Sein in dem Verhalten gegenüber anderem besteht und wovon das eine nicht ohne das dazugehörige andere definitiv erkannt werden kann.[17] Nach Porphyrios – im Kapitel über die Spezies – muß man demzufolge bei der Definition von jedem von beidem den Namen des jeweiligen anderen verwenden.[18]

Es stimmt auch nicht mit der Logik überein, daß jedes beliebige Geschöpf relativ zu sich selbst ausgesagt wird. Die numerische Identität ist doch keine Relation, sondern sie ist die wesensmäßige Einheit eines Individuums.

Einem Christen ist es abträglich, sich ereifernd mit Argumenten gegen einen Verstorbenen zu wenden, insbesondere wenn der diesem zugeschriebene Text für verderbt bzw. schlecht überliefert gehalten wird. Deswegen scheint es mir nun nötig zu sein, die Darstellung der Ideen gemäß der Auffassung der Kirchenväter über diese kurz zu erläutern.

Es leuchtet einem Freund der Wahrheit nun aber ein, daß vor der Schöpfung der Welt auf ewig als Wahrheit feststand, daß Gott absolut notwendig der Schöpfer aller Dinge ist und daß also alle Geschöpfe und jedes einzelne Geschöpf absolut notwendig [durch Gott] erschaffbar sind. Eine solche Erschaffbarkeit [creabilitas] ist nun die Idee, die unbezweifelbar absolut notwendig in Gott ist. Eine Idee ist demzufolge eine ewige Form im göttlichen Geist, nach deren Muster Gott ein Geschöpf hervorbringt. Aufgrund dessen aber, was eine Form bzw. ein ewiges urtypisches Licht [lux exemplaris] ist, wird erkenntlich gemacht, daß sie nicht das materieartige Sein eines Geschöpfs, sondern das Wirkprinzip der Existenz eines Geschöpfs ist. Weil nun ein Geschöpf nach ihrem Vorbild hervorgebracht werden kann, ist sie offensichtlich das höchste Sein, da ja das intelligible Sein eines Geschöpfs nicht Gottes Schöpfertum, sondern die Schaffbarkeit eines Geschöpfs ist.

Hierin besteht auch der Sinn dessen, was Augustinus in der Quaestio 47 der „83 Quaestionen“ sagt[19]: „Die Ideen sind doch gewisse prinzipielle Formen bzw. feststehende und unveränderliche Vernunftgründe [rationes], die selbst nicht geformt und geschaffen wurden und deswegen ewig und in ihrem Verhalten immer gleichbleibend sind.“ Dem schließt sich logisch an: Obgleich „diese weder entstehen noch untergehen, soll doch alles, was entsteht, in Entsprechung zu ihnen geformt werden“.

Nach dem Formaspekt gesehen gibt es kurz gesagt offenbar genauso viele Ideen, wie es durch Gott in der Außenwelt Erschaffbares gibt, wobei der Vernunftgrund, durch den ein Pferd hervorgebracht wird, von dem Vernunftgrund verschieden ist, durch den ein Esel hervorgebracht wird, wie Augustinus ebendort sagt.

Zweifellos gibt es auch deshalb urbildhafte Formen, weil Gott ein Geschöpf nur hervorbringen kann, insoweit er sich nach dessen Erschaffbarkeit [producibilitas] richtet. In bezug auf diese Erschaffbarkeit ist die Voraussetzung dafür gegeben, daß Gott ein Geschöpf hervorbringt. Denn jemand, der die entgegengesetzte Meinung vertritt, kommt notwendig zu dem Schluß, daß Gott ein Geschöpf nicht vorausschauend und ohne Bezug darauf hervorbringt, in welchem Maß dieses erschaffbar ist.

Auf die Frage „Was stellt eine solche Erschaffbarkeit dar?" wird geantwortet, daß sie dem Wesen nach nichts anderes als Gott ist. Nach dem Formaspekt gesehen ist sie aber nicht ein gewisses Etwas, sondern ein Vernunftding [res rationis], das an und für sich nicht einem geschöpflichen Genus angehört, sondern nur in abgeleiteter Weise demselben Genus angehört wie das zu ihr gehörige Ideenabbild, da sie dessen Anfangsgrund [principium] darstellt, wie z. B. die Idee Mensch der Spezies Mensch angehört und damit auch dem Genus Substanz und in einem ganz bestimmten Sinn von „Spezies" die eigentliche Spezies Mensch ist, wie Grosseteste im 7. Kapitel des 1. Buches des Kommentars zur „Zweiten Analytik" ausführt.[20] In dieser Hinsicht kann auch Aristoteles Platons Position nicht widersprechen. Vielleicht nimmt er aber so wie viele Moderne auf grobe Weise an, daß es eine Vielzahl mit Gott gleich ewige Substanzen oder Wesenheiten gäbe. So fasse ich die Ideen aber nicht auf, sondern als Erschaffbarkeiten der Dinge, die nirgendwo zugrundegelegt wurden, wenngleich sie Gott inhärieren, und die nicht schwinden und Mangel erleiden können.

Auf die Frage nun „Was prägen sie auf ewig formmäßig aus?" wird geantwortet, daß sie sich selbst formmäßig ausprägen, da sie ja Formen in einem Abstrakten in der Gestalt an und für sich wohlgestalteter [formosae] Wahrheiten sind. Nichts aber kann wohlgestaltet sein ohne die Form. In zeitlicher Hinsicht aber prägen sie durch Nachbilden formmäßig die Geschöpfe aus, da nichts ohne Entsprechung zu seiner ewigen Erschaffbarkeit real hervorgebracht werden kann, wie es für die Philosophen von selbst feststeht.

Wenn gemurmelt wird: „Wie trägt eine solche Wahrheit zur Erzeugung eines Geschöpfes bei?", so wird erstens konstatiert, daß alles, was zum Dasein eines anderen erforderlich ist, richtig als dessen „Ursache" bezeichnet wird. Zweitens wird konstatiert, daß alles Verursachende nach der Lehre des Augustinus, extensional gesehen, ein Wirkung Erzeugendes ist. In diesem Sinn schaffen Finsternis, Mängel und Vergehen in den Sitten sowohl das Gute als auch das Schlechte. Drittens möge derjenige, der so murmelt, auf folgendes achtgeben: ob sich Gott nicht zuvor vergewissert, daß ein Geschöpf intelligibel und geistig so erfaßt und bestimmt ist, daß er es hervorbringen kann? Nun stellt sich heraus, daß die Erschaffbarkeiten der Dinge Ursachen sind, die im höchsten Maße notwendig da sein müssen.

In dieser Problematik weiche ich einmal hinsichtlich des Standpunkts, dann wieder in der Wortwahl von denjenigen ab, die das Universalienproblem zuvor abgehandelt haben, und ich wechsle die Argumentationsweise, wie im 8. und 11.Kapitel zu sehen ist. Bei den Heutigen tritt doch der Streit um Worte stärker als bei den Alten hervor, wie die Fragestellungen und aufgeworfenen Probleme belegen, die sich heutzutage meistens um Worte drehen. Dennoch enthalten gerade diese verbalen Meinungsverschiedenheiten mittelbar reale Probleme, wie die folgenden: ⟨1⟩ Kann die Spezies Mensch [durch Gott] angenommen werden? ⟨2⟩ Gehört das Wort [Gottes] gemeinsam mit den anderen Menschen derselben Spezies an? ⟨3⟩ Kann eine von der bestehenden Menge der Universalien verschiedene geschaffen werden? Entsprechend ist es bei allen weltlichen Problemen, die in angemessener Weise auf diese Problematik zurückgeführt werden können. Folgendes läßt sich zur ersten Frage sagen: Das „Angenommenwerden" ist ein subjekt-immanentes [suppositale] Prädikat, das nur einer singulären Natur zukommt, da ja das der Spezies zugeschriebene Angenommenwerden andernfalls die Spezies [Mensch] als beweglich, verbesserbar, vervollkommenbar und als über alle anderen Geschöpfe [ins Himmelreich] erhoben kennzeichnen würde. Das zweite Problem scheint mir ein echtes zu sein und hinsichtlich der dritten Frage halte ich eine verneinende Antwort für denkbar, aber es würde zu viel Platz benötigen, dies alles hier im einzelnen abzuhandeln.

Da nun die anderen Fragestellungen zu diesem Gegenstand und zu den anderen hier berührten Gegenständen anderswo ihren gebührenden Platz finden werden, schließe ich diesen oberflächlichen Traktat „Über die Universalien" ab und werde andere Traktate über Dinge der ersten Intention[21] in Angriff nehmen, zu deren Kenntnis die hier dargestellte Auffassung den Zugang schafft.

11.
JOHANNES GERSON
Über die Bedeutungsformen
Teil II. Die Übereinstimmung der Metaphysik mit der Logik. 50 Thesen*

Diese 50 Thesen mögen mit ebensovielen anderen Thesen über die Bedeutungsformen aus jeder der beiden Disziplinen verknüpft werden.

„Denn wenn ihr nicht glaubet, daß ich es bin, so werdet ihr sterben in euren Sünden."[1] Dies sagte unser Herr Jesus Christus, als er den Juden seine Göttlichkeit beweisen wollte; und dieses folgt aus den Worten des Gesetzes, mit denen der Herr zu Moses sagt: „Der, welcher ist, hat mich zu euch gesandt."[2] Man kann daraus schließen, daß „der, welcher ist" oder „Seiendes", ganz undifferenziert genommen, der am meisten zutreffende Name für Gott ist; und Gottes eigentümliche Charaktereigenschaft ist das Gute, in Übereinstimmung mit dem Ausspruch von Christus: „Niemand ist gut als Gott allein."[3] Da Christus alle Schatzkammern der Weisheit und des Wissens des unbekannten Gottes verkörpert, ist es erwiesen, daß die Weisheit, welche das Seiende zum Gegenstand hat, mit allen Wissenschaften wechselseitig übereinstimmt, so auch mit der Logik. Laßt uns also die Weisheit[slehre] bzw. die Metaphysik mit der Logik bzw. der Sprachwissenschaft [sermocinalis scientia] durch die folgenden Überlegungen bzw. Lehrsätze miteinander in Einklang bringen.

1. Man kann sagen, daß jedes beliebige Seiende ein doppeltes Sein besitzt, wobei „Sein" in einem transzendentalen Sinn gefaßt wird: zum einen wird unter dem „Seienden" die Natur eines Dinges für sich selbst gefaßt, zum anderen wird „Seiendes" als etwas bestimmt, das das Sein eines Erkenntnisobjektes [esse obiectale] bzw. ein repräsentantenhaftes Sein mit Bezug auf einen geschaffenen oder ungeschaffenen Intellekt hat. Diese Distinktion ist weder nur eingebildet, noch ist sie neu, sondern sie ist von aufmerksamen Lehrmeistern sowohl der Metaphysik als auch der Logik eingeführt worden.

---

* De modis significandi. Secunda pars: De concordia metaphysicae cum logica. Propositiones quinquaginta. - Unser Auszug: These 1-35, in: Jean Gerson, Œuvres complètes, éd. par P. Glorieux, vol. IX, Paris 1973, S. 632-639; zitiert als: *De modis significandi II.*

2. Das Seiende unter dem Aspekt eines Absoluten oder eines Dinges für sich unterscheidet sich vielfach von dem Sein, das es in der Weise eines Erkenntnisobjektes gegenüber einem Intellekt hat, was mit der Verschiedenheit der Intellekte und der Verschiedenheit der Wesenscharakteristika von Erkenntnisobjekten zusammenhängt. Es untescheidet sich auch insofern, als die Wesenscharakteristika von Erkenntnisobjekten [rationes obiectales] nicht material als sie selbst, sondern als die Dinge - gewissermaßen ihrer Formbestimmtheit nach - gefaßt werden. Genauso, wie eine Signifikation gewissermaßen die Form einer Lautfolge [forma dictionis] und eine Bedeutungsform [modus significandi] wiederum die Form einer Signifikation ist, kann nämlich auch ein Ding selbst gewissermaßen als Materie, Fundament bzw. Zugrundeliegendes einer Wesenscharakteristik von einem Erkenntnisobjekt oder als Zugrundliegendes einer Bedeutungsform bezeichnet werden. Diese Überlegung bietet den Schlüssel für die gegenseitige Übereinstimmung von Formalisierern [formalizantes] und Terministen, wenn man an diese Überlegung einsichtsvoll und nicht polemisch herangeht.

3. Ein real-gegenständliches Seiendes [ens reale] kann nicht die Existenzgrundlage von irgendeinem Wissen bilden, wenn dieses Seiende nicht seinem Sein als Erkenntnisobjekt nach betrachtet würde, welches Sein wiederum das real-gegenständliche Seiende selbst zu seinem ersten und hauptsächlichen Bezugsgegenstand [obiectum] hat. Dies hat den folgenden Grund: Ein jedes Wissen bzw. eine jede Weisheit ist der Habitus eines Intellekts, wenngleich der Intellekt sich auf die Dinge [selbst] bezieht und diese gleichsam als Materie, Bezugsgegenstand oder Fundament [substractum] seiner Betrachtung nimmt unter Vermittlung durch die Wesenscharakteristika von Erkenntnisobjekten bzw. Formbestimmungen, welche vom Intellekt her gegeben sind. Die Formen der Dinge können in bezug auf diese Betrachtungen [der Dinge durch den Intellekt] nicht als „real-gegenständliche“, sondern [müssen] als „intentionale“, „begriffliche“ oder „intelligible“ bezeichnet werden.

4. Das Seiende erfährt bezüglich seines realen Seins keine Wandlung oder Diversifikation durch eine Wandlung bzw. Verschiedenheit bei seinem Sein als Erkenntnisobjekt. [In der Verkennung dessen] besteht der Fehler derjenigen, die über das real-gegenständliche Sein der Dinge formalisieren oder Metaphysik betreiben wollen und dabei jenes Sein ausklammern, was die Dinge als Erkenntnisobjekt besitzen. Dies mutet an, als ob jemand ohne Verstand denken bzw. ohne Vernunft vernünftige Schlüsse ziehen wollte. Denn die Dinge selbst ziehen weder vernünftige Schlüsse, noch machen sie grundsätzliche Einteilungen, noch werden sie universalisiert, noch mit Zeichen versehen, noch abstrahieren sie oder werden abstrahiert: beim Genannten handelt es sich nämlich um Handlungen des Intellekts und nicht der Dinge selbst, wenngleich derartige Handlungen um der Dinge willen bzw. an ihrer Stelle geschehen vermittels personaler und gewissermaßen formaler Supposition und sozusagen auch mit direktem Bezug auf die Dinge. Darum wollen wir im Interesse einer ausführlicheren Darlegung auf den Ausgangspunkt zurück-

kommen und uns einigem von dem zuwenden, was in „De modis significandi“[4] abgehandelt wurde; doch Vorgehensweise und Zielstellung sollen dabei anders sein.

5. Wenn man „Ausdruck“ [dictio] als ein gewisses selbständiges Ding begreift, so hat keine spezielle Wissenschaft diesen zum Gegenstand, es sei denn im Sinne von solchen außerhalb der Seele existierenden Dingen wie Substanz und Akzidens. Demzufolge gehört [ein so verstandener] „Ausdruck“ zum Seienden im absoluten Sinn, denn selbst die ideellen Begriffe stellen nicht weniger Dinge, zumindest akzidentielle, dar, als es das Licht oder die Vermittlungsformen der Wahrnehmungsgegenstände [species sensibilium] in der Luft tun.

6. Wenn man „Ausdruck“ für dasjenige nimmt, was die natürliche Eigenschaft hat, sich selbst zu bezeichnen, so hat keine spezielle Wissenschaft einen [so verstandenen] „Ausdruck“ in höherem Maß zu ihrem Gegenstand als die anderen Dinge außerhalb der Seele auch, von denen ein jedes die Veranlagung besitzt, auf natürliche Weise sich einem Erkenntnisvermögen gegenüber als etwas gewisses zu präsentieren. So verstanden bezieht sich „Ausdruck“ auf das „Wahre“ als Eigenschaft des Seienden, wie das analog auch die anderen so aufgefaßten Dinge tun. Denn „Wahres“ wird durch die aktuale oder potentielle Bezugnahme auf einen Intellekt ausgesagt.

7. Wenn man „Ausdruck [Ausspruch]“ in bezug auf einen inneren Zusammenhang mit einer Willenskraft faßt, d. h. als ein Wünschbares oder als das einem bestimmten Zweck Unterstellte, dann ist ein [so verstandener] „Ausdruck“ genauso der Gegenstand einer Sprach-, Moral- oder Naturwissenschaft wie die anderen Dinge außerhalb der Seele. So verstanden bezieht sich „Ausdruck“ auf das „Gute“ als Eigenschaft des Seienden.

8. Wenn man „Ausdruck“ als einen der Imposition fähigen oder besonders bereits in einer Imposition stehenden faßt, dessen Bestimmung in der Bezeichnung von etwas liegt, das von ihm selbst verschieden ist, dann ist er Gegenstand einer speziellen Wissenschaft, wie aus dem folgenden klar werden wird; dies betrifft namentlich die Ausdrücke „Seiendes“, „Eins“, „Wahres“ und „Gutes“.

9. Die willentlich erzeugte Signifikation eines sprachlichen Ausdrucks kann als dessen „eigene Form“ bezeichnet werden, wobei im Rahmen eines aus subjektiver Festlegung signifikativen Ausdrucks der Ausdruck [selbst] die Funktion des Materialaspekts bzw. des substantiellen Trägers hat, und die Signifikation ihrerseits die seines Formaspekts.

10. Die aus subjektiver Festlegung resultierende Signifikation eines sprachlichen Ausdrucks kann zum einen so verstanden werden, daß der Ausdruck lediglich ganz allgemein signifikativ ist, oder in anderer Hinsicht so, daß er eine bestimmte eigene Bedeutungsform besitzt. Dabei hat die Bedeutungsform die Funktion des Formalaspekts gegenüber der Signifikation, denn Signifikation und Bedeutungsform verhalten sich zueinander wie ein Genus und [s] eine Differenz.

11. Die Signifikation und die Bedeutungsform eines sprachlichen Ausdrucks kann man auf zweierlei Weise auffassen: einerseits so, daß man sie isoliert und an und für sich betrachtet; andererseits so, daß man ihre Beziehung zu den Dingen, die sie bezeichnen und welche nicht selbst eine Signifikation bzw. eine Bedeutungsform darstellen, in Betracht nimmt. Unter dem ersten Aspekt erfaßt man den Alten zufolge die materiale oder auch natürliche Supposition. Unter dem zweiten Aspekt erfaßt man die personale bzw. formale Supposition, den Auffassungen einiger Späterer zufolge, welche die natürliche Supposition beiseiteließen.[5]

12. Unter dem Aspekt einer materialen Supposition gesehen, sind die Supposition und die Bedeutungsform Gegenstand von Grammatik, Logik bzw. auch Rhetorik, welche genau das ausmachen, was „Sprachphilosophie" [philosophia sermocinalis] heißt. Werden mit der Supposition und der Bedeutungsform jedoch die [durch sie] bezeichneten realen äußeren Gegenstände gemeint, dann sind beide Gegenstand anderer Wissenschaften, z. B. der Moralwissenschaft, der Mathematik, der Physik oder der Metaphysik.

13. Die Bedeutungsform und Wesenscharakteristik des Erkenntnisobjekts [objectalis ratio] - und dabei insbesondere die verstandesmäßige - werden offenbar miteinander identifiziert, so daß die differenzierte Analyse beider vergleichbar wäre.

14. Wenn die Bedeutungsform bzw. die Wesenscharakteristik eines Erkenntnisobjektes Gegenstand von Realwissenschaften sind, werden sie nicht als sie selbst genommen und auch nicht hinsichtlich der materialen Supposition, sondern sie werden nach dem Aspekt der personalen Supposition stellvertretend für die bezeichneten realen Dinge genommen.

15. In welchem Umfang auch immer die Bedeutungsform bzw. die Wesenscharakteristik eines Erkenntnisobjekts Gegenstände von Realwissenschaften sind, so werden dabei keineswegs die Verstandestätigkeiten [aus deren Betrachtung] ausgeklammert, denn Bedeutungsform und Wesenscharakteristika von Erkenntnisobjekten haben einen immanenten Bezug auf einen Intellekt. Sie wären gar nicht existent, wenn kein handelnder Intellekt da wäre oder seine Anwesenheit ausgeschlossen wäre; aber auch ein handelnder Intellekt allein genügte nicht, wenn nicht äußere Dinge gegenständlich-real oder auf intelligible Weise anwesend sein könnten.

16. Trachtet man danach, die Bedeutungsform bzw. die Wesenscharakteristika von Erkenntnisobjekten aus der theoretischen Überlegung von wie auch immer gearteten Realwissenschaften, wie z. B. der Metaphysik oder Physik, auszuklammern, so führt das zur Verwirrung und zu schwerwiegender Selbsttäuschung durch schlimmste Irrtümer, bisweilen auch blasphemischer und häretischer Natur, wie z. B. daß eine Wissenschaft ohne einen Wissenden existent wäre, und daß die uns äußerlich gegebenen Dinge ganz [und ausschließlich] in einem Erkennenden existierten, und wie der Irrtum derjenigen, die das oberste Prinzip [d. h. den Satz vom

ausgeschlossenen Widerspruch] negierten und dabei folgenden Beweggrund hatten: der eine anerkennt ein Ding für existent, was ein anderer für nicht existent hält.

17. Die Sprachwissenschaft unterscheidet sich von einer Realwissenschaft darin, daß die Sprachwissenschaft von den zweiten Intentionen bezüglich des ausgesagten Allgemeinen [commune dictum] handelt. Worum es sich bei der zweiten und bei der ersten Intention[6] jeweils handelt, ergibt sich aus den erwähnten beiden Suppositionsformen, d. h. der materialen und der personalen. Die materiale Supposition betrifft die Termini und deren Bedeutungsformen; und was man Genera, Spezies oder Differenzen nennt, ist darauf bezogen, insofern Bedeutungsinhalte sich danach unterscheiden, ob die Bedeutung generell, spezifisch oder singulär ist, ob etwas in bejahender oder negierender Weise, komplex oder nicht komplex Bedeutungsträger ist; und hieran schließen sich die Fragen nach Substanz, Qualität und Quantität usw. an. Die Realwissenschaften wie die Metaphysik und die Physik hingegen haben die Dinge außerhalb der Seele zu ihren hauptsächlichen Erkenntnisobjekten und zu ihrem Fundament.

18. Die Grammatik als Sprachwissenschaft befaßt sich mit den Signifikationen und Bedeutungsformen unter dem Aspekt des Korrekten oder Inkorrekten innerhalb eines vorgeschriebenen Regelwerkes. Darin unterscheidet sie sich von der Logik und der Rhetorik sowie ganz allgemein von jeder Realwissenschaft.

19. Die Logik als Sprachwissenschaft befaßt sich mit den Signifikationen und den Bedeutungsformen unter dem Aspekt des Wahren und Falschen, welche Bestimmungen dem Philosophen zufolge in der Seele enthalten sind. Hieraus ergibt sich die Differenz zur Grammatik, Rhetorik und zu jeder Realwissenschaft.

20. Die Rhetorik als Sprachwissenschaft befaßt sich mit den Signifikationen und Bedeutungsformen unter dem Aspekt des Redeschmuckes und unterscheidet sich darin von der Logik und der Grammatik, wiewohl diese drei Wissenschaften als Sprachwissenschaften in vielem untereinander übereinstimmen. Die Grammatik wiederum bezieht sich [unter den dreien] in generellerer Weise auf sämtliche Wissenschaften; die Logik spezieller auf die theoretischen Wissenschaften insofern sie theoretische sind; die Rhetorik bezieht sich speziell auf die Moralwissenschaft, insofern sie deren eigene spezielle Logik darstellt.

21. Die eigentliche Scharfsinnigkeit der Metaphysiker müßte in der präzisen Analyse des Seienden in Hinsicht auf sein personal oder formal begriffenes Sein als Erkenntnisobjekt [esse objectale] bestehen. Die [eigentliche] Plumpheit der Terministen [wäre gegeben], wenn sie sich ausschließlich mit den material verstandenen Bedeutungsinhalten und -formen befassen wollten. Aus diesem Grund werden sie von den Metaphysikern verständlicherweise verachtet.

22. Wenn der Scharfsinn der Metaphysiker darauf aus ist, in den Dingen selbst gemäß deren real-gegenständlichen Sein dasjenige Sein zu finden, welches sie in ihrem Sein als Erkenntnisobjekt haben, so handelt es sich nicht mehr um Scharfsinn, sondern um Tölpelhaftigkeit und echte Torheit. Denn worin sonst besteht die

Torheit, wenn nicht darin, die Dinge in ihrem realen Sein [esse ad extra] danach zu beurteilen, wie sie allein in der subjektiven Einbildung [phantasia] sind, wie dies z. B. bei den Rasenden, den Phantasten und Fabelerzählern der Fall ist, welche im wachen Zustand träumen, indem sie die bildhaften Entsprechungen der Dinge für die Dinge selbst halten.

23. Der Scharfsinn der Metaphysiker muß die Beschaffenheit und die Natur des Erkenntnisvermögens, insbesondere des verstandesmäßigen, beachten. Denn man muß – ausgehend von der Verschiedenartigkeit der Erkenntnistätigkeiten, insbesondere der verstandesmäßigen, bzw. ausgehend von der Natur der Dinge – die Verschiedenheit der Wesenscharakteristika der Erkenntnisobjekte bzw. der Bedeutungsformen begreifen. Darum versteht Gott nichts material, kontingent, wandelbar [mutabiliter], bedingt, komplex, verkehrt oder fehlerhaft, obgleich die Dinge außen, die er in bezug auf alle ihre Beschaffenheiten genauestens erfaßt, in Abhängigkeiten stehen, materiell, kontingent oder verwandelbar sind; obgleich es komplexe Propositionen, darunter falsche, gibt, und sie interpretationsfähig sind. Umgekehrt erkennt ein geschaffener Intellekt auf diese Weise, daß Gott notwendig unwandelbar und einzig ist und so weiter, und zwar in dem Maß, wie sich ein solcher Intellekt [göttlicher] Gnade oder Auszeichnung erfreut. Hieraus wird klar, daß diejenigen, die Abstraktionen anstellen, frei von Lüge bzw. Täuschung sind, sofern sie das richtig machen, obgleich sie die Dinge anders begreifen als sie sind. Sie wären freilich im Irrtum, würden sie fest behaupten, daß die Dinge anders sind, als sie sind. Dies eben ist der sträfliche Irrtum derjenigen, die die Logik nicht kennen oder sie verachten und behaupten, daß es in Gott real bestehende Kontingenzen und ebensolche Formen bzw. Formalbestimmungen gäbe wie bei den Geschöpfen, daß Gott Abkürzungen und Zeichen enthalte, obgleich er seiner Natur nach reinster Akt und einzig ist und ein jedes Geschöpf potentiell und vieles ist und mittels eines Analogieverhältnisses kaum als Gott ähnlich bezeichnet werden kann.

24. Der Scharfsinn der Metaphysiker und ganz allgemein aller Philosophen legt, wie gesagt, bei der praktischen oder theoretischen Erforschung der realen Verhältnisse in der Moral und bei anderen Dingen die innere oder äußere Sprachphilosophie hinsichtlich der Bedeutungsformen und der Wesenscharakteristika der Erkenntnisobjekte zugrunde. Genauso muß er sorgsam darauf achten, was mit der Sprachphilosophie als Sprachphilosophie und was mit der Realwissenschaft als Realwissenschaft in Übereinstimmung ist. Dazu muß er nach Übereinstimmung mit der grammatischen Korrektheit, mit der Wahrheit und der Falschheit gemäß der logischen Untersuchung und schließlich mit dem Schmuck der Wörter streben, insoweit dieser zu einer motivierenden bzw. moralischen Rede beiträgt und die auslösende Ursache zur wirkungsvollen Überzeugung anderer bezüglich des moralischen Verhaltens darstellt. Ansonsten unterliegen Verächter bzw. Unkundige [der Sprachphilosophie] einer babylonischen Wirrnis, sowohl in eigener Person, als auch gegenüber den anderen, mit denen sie theoretisch oder praktisch die Wahrheit

ermitteln und darstellen sollen. Wehe also denen, welche über die Sprachverwirrung froh sind, die aus der Mißachtung [der Rolle] der Termini herrührt, die unsere [Kirchen-]Väter prägten, welche hinsichtlich der Einsetzung von Termini hervorragende Metaphysiker waren. Nicht umsonst heißt es doch, daß die Logik den Zugang zu den Prinzipien sämtlicher [wissenschaftlicher] Methoden liefert.

25. In Übereinstimmung mit dem Gesagten kann man jedem beliebigen geschaffenen Seienden im Vergleich zu Gott zweierlei Sein zusprechen: zum einen ein reales, das als „Existenz", „natürliches Sein" oder „Sein innerhalb des eigenen Genus" bezeichnet wird; zum anderen ein Sein, das von den Metaphysikern, welche keinen Gebrauch von grammatischen, logischen oder rhetorischen Termini machen wollen, als „Sein als Erkenntnisobjekt" [esse objectale] bezeichnet wird - wenngleich die Grammatik dieses „Sein als Erkenntnisobjekt" als „Bedeutungsform", die Logik es als „Verstehensform" [modus concipiendi] und die Rhetorik es als „Form des [Rede-]Schmuckes" [„Redefigur"] [modus ornandi] bezeichnet. Und damit könnte durch Scharfsinnige und Aufmerksame, nicht aber durch herausfordernd Unverständige leicht ein wechselseitiges Einvernehmen erreicht werden. Die Grammatiker erlauben doch hinsichtlich der Termini bzw. sprachlichen Ausdrücke eine Unterscheidung von erster und zweiter Imposition oder auch, vermittels weiterer Reflexionen, von dritter oder vierter Imposition; oder die Logiker lassen unter Verwendung anderer Worte hinsichtlich der Termini bzw. Begriffe eine Unterscheidung von erster und zweiter und dritter Intention gelten, was auf dasselbe hinausläuft.

26. Alles Seiende ist hinsichtlich des Seins als Erkenntnisobjekt von Ewigkeit her in Gott bzw. dem göttlichen Wort eine schöpferische Essenz gewesen. Dies stellte ausdrücklich der heilige Augustinus fest.[7] Seine Feststellung erhält ihre bedeutende autoritative Stütze durch das Wort des Johannes: „[Alle Dinge sind durch dasselbe gemacht, und ohne dasselbe ist nichts gemacht,] was gemacht ist. In ihm war das Leben, und das Leben war das Licht der Menschen."[8] Dieses Leben ist gewiß nur Gott allein bzw. die schöpferische Essenz - nicht aber absolut genommen, sondern im jeweiligen Kontext zu den Erkenntnisobjekten, welchen Kontext der göttliche Intellekt ebenso deutlich sieht, wie sich selbst und alle potentiell der Schöpfung unterliegenden verbundenen oder unverbundenen Dinge, die die ersten und zweiten Erkenntnisobjekte sind. Gemäß dieser Interpretation meinen einige, daß Gott Zusammensetzungen und Einteilungen hervorbringe, dies freilich nicht schlechthin, sondern mit Rücksicht auf die Erkenntnisobjekte.

27. Wenngleich ein jedes geschaffene Seiende von Ewigkeit her ein Sein als Erkenntnisobjekt im göttlichen Geist besitzt, so folgt daraus jedoch nicht absolut und generell, daß die Dinge von Ewigkeit her existierten. Dies [nicht zu erkennen] ist der sträfliche Fehler von Grammatikern oder Logikern, welche jene Unterscheidung von zweierlei Sein eines Geschöpfes nicht getroffen haben, sondern ihre Position mittels Ampliationen, Konnotationen und Bedeutungsformen im materia-

len Sinn verteidigen.[9] Demzufolge negieren sie die folgenden [Schlüsse]: „dieses Ding wird erkannt, also ist es", „dieses Seiende ist von Ewigkeit her erkannt worden, also hat es ein Sein bzw. Wesen von Ewigkeit her gehabt". Da die Nomina [aus den genannten Schlüssen] nun aber akzeptabel sind, wird man sie unstreitig heranziehen, um zu einer Nominaldefinition des „Seins als Erkenntnisobjekt" in Verbindung mit dem „intelligiblen Sein" bzw. der „Bedeutungsform" zu gelangen.

28. Man kann sagen, daß jedes geschaffene Ding in bezug auf Gott von Ewigkeit her ein ideelles Sein [esse ideale] besessen hat, wie klein auch immer seine Entität bzw. Individuation sein mag. Genauso, wie es also eine Menge geschaffener Dinge gibt, kann man dementsprechend von einer Menge von Ideen sprechen, wie auch davon, daß der Mensch mit der einen Wesenscharakteristik geschaffen wurde, das Pferd mit einer anderen, wie es der heilige Augustinus sagt.[10] Damit bliebe der Grundsatz gewahrt, daß aus ein und demselben nur ein Gleiches wieder hervortreten kann, da gleichzeitig mit der Mannigfaltigkeit der verschiedenen entstandenen Dinge die Wesenscharakteristik des Erkenntnisobjekts präsent ist. Diese Wesenscharakteristik eines Erkenntnisobjekts wird von anderen auch als „dingliche Distinktion" [distinctio rei] bzw. „Formaldistinktion" oder als eine „gewisse Nicht-Identität" bezeichnet. Einige Unverständige oder Übermütige ließen, davon ausgehend, in Gott Distinktionen vorhanden sein, die sie nicht als vernunftmäßige Distinktionen bezüglich des göttlichen Erkenntnisaktes bezeichnen wollten, und setzten hinzu, daß diese Distinktionen untereinander eine größere Verschiedenheit ausmachen, als sie zwischen Mensch und Esel besteht. Von einigen wurde dieses Sein eines Erkenntnisobjektes, das bei einem geschaffenen Intellekt angetroffen wird, als ein gewisses „durchsichtig-klares Sein" [esse perspicuum] bzw. als das bezeichnet, was ein Ding innerhalb des durchsichtig-klaren Seins ist. Andere wiederum äußerten, daß einige Wesenscharakteristika von Erkenntnisobjekten zwar in Gott als unendlich erachtet werden, jedoch wegen dieser Unendlichkeit nicht inhaltlich auf andere Wesenscharakteristika übergriffen: so haben z. B. die endliche und die unendliche Weißheit ein und dieselbe Wesenscharakteristik. Dem setzen andere mit größerer Ehrerbietung gegenüber der göttlichen Größe und Würde entgegen, daß eine Unendlichkeit, die die geschöpflichen Grenzmarkierungen überschreitet, eine grundsätzliche Verschiedenheit der Wesenscharakteristik bewirkt. Demzufolge sind die geschöpflichen Wesenscharakteristika nicht in Gestalt der Form, sondern in einem höheren Sinn [supereminenter] in Gott, genauso wie die Wesenscharakteristik von „Gesundheit" nicht im Urin oder im Nahrungsmittel ist, es sei denn im Sinn eines Analogieverhältnisses zur Gesundheit eines Lebewesens.

29. Die Existenz von gegenständlich-realen Universalien außerhalb der Seele woanders als in Gott oder in anderer Weise als in Gott zu behaupten, stellt eine Häresie dar, die ausdrücklich am Schluß der Dekretale von Innozenz III. „De summa Trinitate et fide catholica, § Reprobamus" verdammt wurde[11], wenn man

zum Zeugnis dessen sowohl die Glossen Heinrichs von Segusia zu dieser Stelle als auch die Ausführungen des Martin [von Troppau] in der „Chronica Summorum Pontificum“ nimmt, wo dieser über Innozenz III. spricht, welcher im Jahr 1197 anfing.[12] Folgendermaßen heißt es also in der Dekretale von Innozenz III.: „Wir verwerfen und verdammen ebenfalls die höchst verderbliche Lehre des gottlosen Amalrich [von Bène], dessen Geist der Vater der Lüge derart mit Blindheit geschlagen hat, daß man seine Lehre nicht so sehr für ketzerisch, wie für verrückt zu halten hat.“[13] Um was für eine Lehre es hier ging, berichtet der schon genannte Heinrich von Segusia an dem entsprechenden Ort und auch Martin [von Troppau] an dem erwähnten Ort. Heinrich sagt: „Der erste und Hauptirrtum bestand in der Behauptung, daß alles Gott ist. Amalrich sagt nämlich: ‚Ich kann Gott keine Bewegung zusprechen‘; und daran anschließend: ‚weil ja in ihm alles ist, vielmehr weil er ja alles selbst ist‘. Darauf folgt: ‚daß man schwerlich in Abrede stellen kann, daß Schöpfer und Geschöpf dasselbe sind‘. Der nächste Irrtum besteht in der Behauptung, daß die Entstehungsgründe, welche als ‚Ideen‘ bezeichnet werden, d. h. die Form bzw. das Urbild, schaffen und geschaffen werden, obwohl sie den Heiligen zufolge als in Gott bestehend dasselbe sind wie Gott.“[14] Dies sagt Heinrich von Segusia und fügt hinzu, daß der Tusculaner Bischof Odo [von Châteauroux] die einzelnen Irrtümer näher untersucht und verurteilt hat; dann begründet er noch, warum diese Irrtümer nicht im einzelnen aufgeführt wurden.[15]

Martin [von Troppau] wieder äußert über Amalrich, den durch Innozenz III. verurteilten, daß dieser „behauptete, die Ideen, welche im göttlichen Geist sind, schüfen und würden geschaffen, obgleich es dem heiligen Augustinus zufolge im göttlichen Geist ausschließlich Ewiges und Unveränderliches gibt. Dieser behauptete auch, daß Gott darum als Zweck und Ziel von allem bezeichnet wird, weil alles zu ihm zurückkehrt, um in Gott unabänderlich zu ruhen und als ein Unteilbares sowie Unveränderliches in ihm auf Dauer zu bleiben. Und genauso, wie Abraham und Isaak nicht eine unterschiedliche, sondern ein und dieselbe Natur haben, ist seiner Meinung nach auch alles eins und alles Gott. Er behauptete nämlich, daß Gott die Essenz aller Geschöpfe und das Sein von allem ist“.[16] So weit der Bericht von Martin [von Troppau].

Es ist klar, daß aus der so beschriebenen Annahme von gegenständlich-realen Universalien diese hier vorgestellte Lehre bzw. unter Umständen eine noch törichtere folgt, wie z. B. eine, in der behauptet wird, daß es ein einziges, übergreifendes [transcendens] real-gegenständliches Seiendes gäbe, das weder Gott, noch Geschöpf, weder Ewiges, noch Zeitliches ist.

30. Eine derartige Auffassung von den Universalien ist in Paris mehrfach verurteilt worden, sowohl von den Pariser Bischöfen in Form eines Bannfluchs, als auch von den Pariser Kanzlern gemeinsam mit der theologischen Fakultät in lehrmäßiger und systematischer Form. Das wird zunächst durch die um das Jahr 1240 von Wilhelm von Paris [d. i. Wilhelm von Auvergne] im Namen der Gesamtheit der

Magister ausgesprochene Verurteilung belegt, zu welchen Magistern auch Bruder Alexander von Hales gehörte, wie der erhabene Bonaventura im 2. Buch seines Sentenzenkommentars gegen Ende der Distinctio 23 berichtet: „daß es von Ewigkeit her eine Vielzahl von Wahrheiten gibt, die nicht Gott sind, ist ein Irrtum" - ergänze - insofern man es behauptet. Ferner: „daß der allererste Augenblick eines Geschaffenseins weder Schöpfer noch Geschöpf ist - Irrtum".[17] Darum sagte Augustinus auch, daß jedes Seiende ein Geschöpf [Gottes] oder eine schöpferische Essenz ist.[18] Ein weiterer Artikel betrifft die Theophanie und ist gegen Johannes Scotus [Eriugena] und dessen Buch „Periphyseon", d. h. „De [divisione] natura[e]", gerichtet. Gegen ihn schrieb Hugo [von St. Victor] seinen Kommentar über „Die himmlische Hierarchie".[19] Wie Heinrich von Segusia sagt, wurde dieses Buch wegen anderer Irrtümer, die der genannte Amalrich aus diesem entnahm, durch die Magister von Paris verurteilt.[20] Dieser Johannes Scotus ist jedoch nicht mit jenem [Johannes Duns Scotus] aus dem Franziskanerorden identisch, sondern derjenige, welcher geraume Zeit vor jenem die Bücher des [Pseudo-]Dionysius [Areopagita] aus dem Griechischen in das Lateinische übersetzte. Der erwähnte Tusculaner Odo wiederum, der Kanzler von Paris war, nannte die irrigen Lehren des erwähnten Buches beim Namen und verurteilte sie. Heinrich von Segusia sagt, daß er von diesem Odo die besagten irrigen Lehren erfahren habe.[21]

31. Eine derartige Lehre von den Universalien ist durch Stefan [Tempier] von Paris im Namen der Vollversammlung der Magister um das Jahr 1276 verurteilt worden.[22] Namentlich heißt es im Artikel 52, daß dasjenige, was seine Bestimmung aus sich selbst erhält, entweder immer oder niemals wirkt, wie z. B. Gott; und daß es vielerlei Ewiges gäbe.[23] Daran schließt sich der Artikel 53 gegen einen anderen Lehrer an, wo es heißt: daß Gott alles mit Notwendigkeit macht, was unmittelbar von ihm ausgeht.[24] Es ist also eindeutig eine irrige Lehre, wenn behauptet wird, daß es vielerlei Ewiges gäbe - um genau dasselbe aber handelte es sich bei den gegenständlich-realen Universalien, insofern man deren Dasein behauptete. Diese Lehre ist auch gerade kurz vorher in Paris mehrfach widerrufen worden, auch bezüglich der [Kategorie] Zeit.

32. Die Behauptung des Daseins von solchen real-gegenständlichen Universalien ist in jüngster Zeit durch das heilige Konstanzer Konzil in der Stellungnahme gegen die den Flammentod gestorbenen Prager Hus und Hieronymus verurteilt worden.[25] Und ein Ohren- und Augenzeuge berichtet über diese. Es ergibt sich danach klar und eindeutig, daß ein hartnäckiger Anhänger einer solchen Lehre einschließlich ihrer Folgen für häretisch, ja sogar gottlos und wahnwitzig zu halten ist, indem er auch fromme Ohren verletzt, abgesehen davon, inwieweit es bei an solcherart Ansichten gewohnten Menschen überhaupt einen frommen oder wahren Verstand geben kann. „Meidet das Böse in jeder Gestalt", spricht der Apostel.[26] Und der Philosoph sagt, daß man so sprechen muß, wie es verbreitet und üblich ist.[27] Augustinus äußert: „Wir haben die Pflicht, uns ganz nach der sicheren Regel beim

Sprechen zu richten."[28] Dennoch muß anerkannt werden, daß die Universalien nicht dem Sein nach [in essendo], sondern der Repräsentanz nach [in repraesentando] auf den Intellekt bezogen sind. Aber deswegen darf man auch nicht die These von einem einheitlichen universalen Intellekt vertreten, wie das der gottlose Averroes macht. Gott ist ein schlechthin universales Seiendes, nicht als körperlicher Gegenstand [mole], sondern der Macht und dem Vermögen nach. Ferner verwickelt sich jener Doktor selbst in Widersprüche, fügt [Unnötiges] hinzu und bringt sich in einen üblen Ruf, der den folgenden Schluß gelten läßt: der univoke Sinn von „Seiendes" ist generell gültig, also muß ein außerhalb der Seele bestehendes universales Seiendes angenommen werden. – Denn er vollführt einen Schluß von einem Teil aus einer Bedeutungsform [in modo] auf das zugehörige Ganze mit einer transzendentalen [Sinn-]-Erweiterung.

33. Die Univozität des „Seienden" bezüglich Gott und Geschöpf anzunehmen, ist dann zulässig und in Übereinstimmung mit der Theologie und der Metaphysik, wenn dies auf „Seiendes" als die für Gott und Geschöpf gemeinsame Wesenscharakteristik als Erkenntnisobjekt hinausläuft. So kann man z. B. auch eine gemeinsame univoke Wesenscharakteristik als Erkenntnisobjekt für Substanz und Akzidens annehmen und ebenso zwischen den Seiten eines Analogieverhältnisses.

34. Soll eine solche Univozität auf spezifizierten und distinkten Begriffen entsprechend den Gott eigenen Wesensattributen basiert werden, auf einer charakteristischen Univozität für Gott und Geschöpf, so scheint das nicht haltbar zu sein, wie wenn man „Gerechtigkeit" auf univoke Weise und nicht im analogen Sinn von Gott und Geschöpf aussagte, worauf zuvor aufmerksam gemacht wurde.

35. Es darf also keine Rede davon sein, daß es zwischen den Gott zugesprochenen Wesensattributen eine synonyme und gleichsam läppische [nugatoria] Univozität zu finden gäbe, wenngleich diese ein und dasselbe Ding bezeichnen. Denn sie bezeichnen [dieses] ja nicht unter demselben Aspekt bzw. derselben Wesenscharakteristik eines Erkenntnisobjekts nach der Seite der Formbestimmung bzw. in dinglicher Hinsicht, oder aber in personaler Hinsicht auf die zuvor erklärte Weise. Die Wesenscharakteristik eines Erkenntnisobjekts beruht ja nicht allein auf dem Verstand oder auf den Begriffen, sondern ist auf ein äußerliches Ding als ihr zuerst Bezeichnetes bzw. als ihren Gegenstand bzw. ihr Fundament bezogen; ansonsten handelte es sich um eine Aussage über ein Seiendes der zweiten Imposition oder Intention bzw. ein Seiendes mit einer Wesenscharakteristik aus der Logik. Die Wesenscharakteristik eines Erkenntnisobjekts hat demzufolge gewissermaßen zwei Gesichter bzw. Aspekte, nämlich [zum einen] nach innen und [zum anderen] nach außen.

12.
GABRIEL BIEL
Sentenzenkommentar*
Buch I Distinktion 2

Quaestio 8

Ist ein synonymes[1] Universale etwas Wirkliches, das irgendwo in der Weise eines Zugrundeliegenden existiert?[2]

⟨*Vier Meinungen*⟩

Zu dieser Frage referiert der Verfasser[3] vier Meinungen, die davon ausgehen, daß ein Universale etwas ist, das in der Seele in der Weise eines Zugrundeliegenden existiert.

Die *erste Meinung* besagt, daß das Universale ein Verstandesbegriff [conceptus] ist, d. h. ein Universale ist ein Ding, welches begriffen wird. Vom Verstandesbegriff sagen sie aus, daß er in Wirklichkeit die verschwommene Intellectio[4] eines Dinges ist, welche sich zu allem Einzelnen indifferent und allgemein verhält, „da ja durch sie das eine Singuläre nicht eher erkannt wird als ein anderes".[5]

Die *zweite Meinung* besagt, daß „ein Universale eine gewisse Vermittlungsform [species] ist"[6], die sich in der Seele befindet und zu jedem Singulären auf gleiche Weise in Beziehung steht; sie ist im Sein singulär, hinsichtlich der Repräsentanz jedoch allgemein.

Die *dritte Meinung* besagt, daß ein Univerale „ein gewisses Ding ist, das auf den Akt des Intellektes folgt und ein Ebenbild [similitudo] von einem Ding darstellt"[7], wobei es sich auf vieles Einzelne auf gleiche Weise bezieht.

Die *vierte Meinung* besagt, „daß nichts ein Universale von seiner eigenen Natur aus ist, sondern nur aufgrund bewußter Einsetzung"[8], wie zum Beispiel ein all-

* Collectorium circa quattuor libros Sententiarum. Liber primus, dist. 2, qu. 8. – Textgrundlage: Gabriel Biel, Collectorium circa quattuor libros Sententiarum. Prologus et Liber primus, ed. W. Werbeck et U. Hofmann, Tübingen 1973, S. 170–181; zitiert als: *Circa libros Sententiarum.*

gemein bezeichnendes Wort aufgrund von bewußter Einsetzung [institutio] allgemein ist.

Diese vier Meinungen erachtet der Verfasser als falsch, obgleich er sie für wahrscheinlicher als die vorangegangenen hält.[9]

⟨*Zwei gleich wahrscheinliche Sichtweisen*⟩

Des weiteren gibt der Verfasser zwei Sichtweisen an, die er für gleich wahrscheinlich hält, wobei er es dem Leser überläßt, sich für eine von ihnen zu entscheiden.[10]

Die *erste Sichtweise* besagt, daß ein Universale nicht ein Ding ist und auch kein selbständiges zugrundeliegendes Dasein [esse subiectivum] besitzt, d. h. eine wirkliche bzw. aktuale Existenz; es ist auch nicht außerhalb der Seele, noch ist es in dieser enthalten: vielmehr ist ein Universale etwas vom Intellekt Ausgedachtes [fictum], das nur ein gedanklich-gegenständliches Sein [esse obiectivum] in der Seele besitzt, dessen ganzes Dasein wiederum im Gedacht- bzw. Erkanntwerden durch den Intellekt besteht.

Die Anhänger dieser Meinung argumentieren nun hierzu folgendermaßen: Wenn unser Intellekt ein äußeres Ding sieht, dann formt er in sich selbst das zu diesem Ding gehörende Ebenbild, das so im gedanklich-gegenständlichen Sein ist, wie es das äußere Ding entsprechend im selbständigen zugrundeliegenden Dasein ist, nach dessen Vorbild es ausgedacht wurde. Analog denkt sich ein Künstler, der ein äußeres Haus erblickt, innerlich ein ähnliches aus; dabei ist dieses nicht auf reale Weise jenem ähnlich, da ja dieses nur Erdachte nichts Reales ist. Die Ähnlichkeit beruht vielmehr darauf, daß das nur Erdachte derart im gedanklich-gegenständlichen Dasein ist, d. h. in der innerlichen Erscheinung bzw. im Repräsentieren, wie entsprechend das äußere Haus im selbständigen zugrundeliegenden Dasein. Besäße die Seele ebenso eine hervorbringende Kraft, wie sie eine Einbildungskraft besitzt, dann würde sie ein reales Haus mit einem selbständigen zugrundeliegenden Sein hervorbringen, das vom gedanklichen nur numerisch verschieden ist. Es gibt auch in gewisser Weise eine Ähnlichkeit mit einem Bild, das in einem Spiegel erscheint: es stellt nichts dar, das im Spiegel enthalten wäre, in dem es in Erscheinung tritt; gleichwohl besitzt das Bild eine maximale Ähnlichkeit im erscheinenden Dasein [esse apparens] mit dem Abgebildeten. Dieses nur Erdachte nun ist ein Reflexionsgegenstand [obiectivum] für den Intellekt, welcher unmittelbar den Akt des Erkennens eindeutig bestimmt und begrenzt; dieser Gegenstand ist kein gewordener, sondern er wird abstrahiert und erdacht. Das nur Erdachte wird im eigentlichen Sinn als „Begriffenes" bezeichnet, d. h. als ein Reflexionsgegenstand, der gedanklich gefaßt wird. Es repräsentiert auf natürliche Weise das äußere Ding und supponiert für es aufgrund jener Ähnlichkeit, die das Erdachte im gedanklich-gegenständlichen Dasein mit jenem Ding hat. Da es sich zu dem vielen Einzelnen, das es repräsentiert, auf indifferente Weise verhält, wird es als Universale bezeichnet. Dieses ist ein Eins, das als Unveränderliches über vieles ausgesagt wird und das selbst wiederum als Subjekt von Prädikaten fungiert, welche wahre Dinge bezeichnen und deren Bedeutung nicht durch sich selbst, sondern durch die einzelnen Dinge gegeben ist, für welche sie supponieren. Dieses nur Erdachte wird vom heiligen Augustinus als Gleichnis, Abbild und als Wort des Dinges bezeichnet, von dem es abstrahiert wurde.[11]

Der Verfasser liefert Argumente für diese Auffassung und stützt die Ausdrucksweise mittels rationaler Argumente und Belegstellen, vor allem vom heiligen Augustinus. Auch die gegen die Meinung geltend gemachten Bedenken löst er auf.[12]

Die *zweite Sichtweise* ist genauso annehmbar und wahrscheinlich. Denn sie behauptet, daß ein Universale ein tatsächliches Ding und eine geistige Qualität ist, die von der ihr eigenen Natur aus äußere Dinge bezeichnet, genauso, wie ein Wort aufgrund willentlicher Einsetzung ein allgemeines Zeichen für eine Vielzahl von Dingen ist. Alles, was so beschaffen ist, darunter auch ein oberstes Genus, stellt ein Ding dar, das wirklich in der Seele existiert; es ist ein Akzidens der Seele, das durch die Seele hervorgebracht wurde, und es ist ein Ding, das einem gewissen Genus angehört. Den Charakter des Allgemeinen trägt es beim Prädizieren und auch beim Supponieren: dabei supponiert es nicht für sich selbst, sondern gleichmäßig für mehreres Einzelne, welchem sowohl gesprochene Worte zugeordnet sind, die nach freiem Ermessen zum Bezeichnen eingesetzt wurden, als auch Geschriebenes und beliebige außerseelische Zeichen.

Man könnte diese Sichtweise nun auf zweierlei Art interpretieren, wie es der Verfasser zum Ende der Quaestio andeutet:[13] entweder so, daß die besagte Qualität in Wirklichkeit mit einer Intellectio[14] identisch ist, oder so, daß sie etwas darstellt, was der Intellectio nachfolgt. Sie könnte auch als „Begriff" bezeichnet werden, nicht aber als „Begriffenes"[15]. Einem jeden beliebigen, zu einem Kontext gehörenden Wort entspricht dabei ein derartiger Verstandesbegriff, sowohl kategorematisch als auch synkategorematisch.[16]

Das weitere Vorgehen kann aus den anderen Ausführungen des Verfassers in den vorangegangenen und den nachfolgenden Quaestionen erschlossen werden.

⟨*Einwände gegen die These vom nur Erdachten*⟩

Gegen die These vom nur Erdachten [opinio de fictis] kann nun erstens eingewandt werden, daß solcherart Erdachtes auszuschließen ist; zweitens, daß dieses Erdachte, sollte es behauptet werden, nicht den Universalien gleichzusetzen wäre.

Folgendermaßen wird der erste Einwand begründet:

⟨I.1⟩ Nähme man derlei Erdachtes an, dann vor allem in Gestalt eines durch den Erkenntnisakt erkannten Bezugsgegenstandes, was wörtlich durch die Autorität des heiligen Augustinus bestätigt wird[17]; dies trifft aber auf dieses Erdachte nicht zu; folglich . . .

Der Vordersatz [dieses Syllogismus] ist evident.

Die Begründung für den Mittelsatz lautet: ein Bezugsgegenstand geht einem Akt voraus; dieses Erdachte hier aber tut das nicht; folglich ...

Der erste Teil der Annahme ist evident: denn ein Akt setzt die Potenz und den Bezugsgegenstand voraus, der Formulierung des heiligen Augustinus im Buch 9 von „De trinitate" entsprechend: „Durch den Erkennenden und das Erkannte wird das Erkennen hervorgebracht."[18] Eine Ursache aber geht der Wirkung zumindest naturgemäß voraus.

Der zweite Teil der Annahme erhellt daraus, daß dieses nur Erdachte durch die Intellectio selbst geformt wird, da ja sein gedanklich-gegenständliches Dasein in nichts anderem als im Erkanntwerden besteht; folglich ist die Intellectio seine Ursache, in dem Maße, wie es eine Ursache zu besitzen vermag.

⟨I.2⟩ Ferner: Der Bezugsgegenstand des Erkenntnisaktes eines Universale ist ein äußeres Ding; demzufolge ist nicht solcherart Erdachtes der Bezugsgegenstand. – Dieser Schluß ist zutreffend, denn dieser Akt besitzt keine Vielzahl von Bezugsgegenständen, wovon zumindest der eine nicht Bestandteil des anderen ist, da ja ein Akt vermittels der Bezugsgegenstände argumentativ klar bestimmt und unterschieden wird.

Das Antecedens [des Schlusses] erhält dadurch seine Begründung, daß wir andernfalls keine Universalien besäßen, die sich auf außerseelische Dinge beziehen.

⟨I.2a⟩ Dies wird folgendermaßen bestätigt: Der Bezugsgegenstand einer Intellectio ist doch dasjenige, was durch den Akt des Erkennens erkannt wird; durch den Akt des Erkennens wird aber ein äußeres Ding erkannt. Denn unter den Aussagen „ein Mensch ist ein Lebewesen", „ein Mensch ist vernunftbegabt", „ein Mensch ist eine Substanz", „ein Mensch läuft" usw. wird nicht verstanden, daß ein nur Ausgedachtes ein vernunftbegabtes Lebewesen sei, und auch nicht, daß ein nur ausgedachter Mensch ein nur ausgedachtes Lebewesen sei; denn andernfalls wäre eine unterste Spezies ein Genus. Mithin ist nicht das nur Erdachte, sondern der wirkliche Mensch, der läuft, ißt usw., der Bezugsgegenstand des Erkenntnisaktes, sobald im Geist der Behauptungssatz formuliert wird: „ein Mensch ist ein Lebewesen, er läuft, er ißt" usw.

⟨I.2b⟩ Ferner werfe ich folgendes Problem auf: Mit der Bildung des mentalen Satzes „ein Mensch ist ein Lebewesen" erhält der Erkenntnisakt seine eindeutige Bestimmung und Begrenzung entweder nur in bezug auf einen wirklichen Menschen oder nur in bezug auf ein rein Erdachtes oder auf beides auf einmal. Gilt der erste Fall, so folgt die Voraussetzung, d. h. daß ein nur Erdachtes nicht der Bezugsgegenstand ist, der eine Intellectio eindeutig bestimmt und begrenzt. Wenn nun der zweite Fall gilt, dann wird auch die folgende Behauptung zutreffen: „ein nur erdachter Mensch bzw. der Begriff ‚Mensch' ist ein nur erdachtes Lebewesen bzw. ist der Begriff ‚Lebewesen' "; das ist aber zweifellos falsch, da ja ein Speziesbegriff kein Genusbegriff ist. Wenn nun der dritte Fall gilt, dann bedeutet das, daß ein wirklicher Mensch und der Begriff eines Menschen ein wirkliches Lebewesen sowie ein Begriff eines Lebewesens sind; auch diese Möglichkeit scheidet aus, da sie unzutreffend ist.

⟨I.2c⟩ Ferner: Wenn in dem Satz „ein Mensch ist ein Lebewesen" der Begriff „Mensch" und auch der Begriff „Lebewesen" personal supponieren[19], so supponieren sie nicht für ein nur Erdachtes; demzufolge bestimmt und begrenzt auch das nur Erdachte nicht den Akt des Erkennens; denn jenes bestimmt und begrenzt den Erkenntnisakt, an dessen Stelle das nur Erdachte steht, da ja nur jenes auch erkannt wird. Wenn „Mensch" und „Lebewesen" hingegen auf einfache Weise supponieren[20], so supponieren sie ausschließlich für das nur Erdachte, so daß in diesem Fall das nur Erdachte und nicht die Dinge den Erkenntnisakt eindeutig bestimmen und begrenzen. In diesem Fall sind die aufgeführten Sätze falsch und es wäre völlig ausgeschlossen, in bezug auf die Dinge etwas wahrheitsgemäß zu begreifen und zu prädizieren. Es darf aber auch nicht behauptet werden, daß „Mensch" und „Lebewesen" dort für beides zugleich [d. h. für ein äußeres Ding und das rein Erdachte] supponieren, da ja dann diese Termini doppeldeutig wären.

⟨I.2d⟩ Ferner: Ich werfe als Problem auf, ob dieses nur Erdachte, d. h. der Begriff „Mensch", ein natürliches Ebenbild eines Dinges oder von sich selbst ist, da er ja nicht ein natürliches Ebenbild von zwei maximal unterschiedenen Sachen wie einem wirklich Seienden und einem gedanklich Seienden sein kann. Trifft ersteres zu, dann wird es nicht sich selbst repräsentieren; gilt das zweite, dann wird es nicht ein Ding repräsentieren.

⟨I.2e⟩ Ferner: Ich stelle die Frage, ob ich bei dem Erkennen eines äußeren Dinges und eines Begriffes einen einzigen Begriff oder mehrere gebrauche. Gilt nun letzteres, so treten zwei Bezugsgegenstände auf, die zu unterschiedlichen Erkenntnissen gehören: der eine Bezugsgegenstand gehört zu der Erkenntnis eines Dinges durch mich, der andere zur Erkenntnis des Begriffes von einem Ding. Der Bezugsgegenstand der ersten Erkenntnis stellt ein Ding und nicht ein nur Ausgedachtes dar, während der der zweiten etwas nur Ausgedachtes und kein Ding darstellt. Demzufolge wird also ein nur Ausgedachtes nicht vom Ding her zum Bezugsgegenstand, sondern das Ding selbst stellt diesen dar, aus dem dann das nur Ausgedachte gebildet wird.

Der zweite aufgeführte Einwand, d. h. daß ein nur Erdachtes, würde man seine Existenz annehmen, kein Universale wäre, wird nun folgendermaßen begründet:

⟨II.1⟩ Ein nur Ausgedachtes oder ein Begriff repräsentiert das Ding, auf dessen Grundlage es ausgedacht oder abstrahiert wird; das nur Ausgedachte oder ein Begriff wird aber ausschließlich von einem singulären Ding abstrahiert, da ein Ding ja nur singulär ist; demzufolge repräsentiert er, kurz gesagt, ein singuläres Ding und stellt demzufolge selbst einen singulären Begriff dar.

⟨II.1a⟩ Das gerade Gesagte wird folgendermaßen bestätigt: Ein nur Ausgedachtes entspricht in seinem gedanklich-gegenständlichen Sein der Beschaffenheit nach dem Ding im zugrundeliegenden Sein; ein Ding in einem zugrundeliegenden Sein ist aber singulär; demzufolge ist auch ein nur Ausgedachtes im gedanklich-gegenständlichen Dasein singulär.

⟨II.1b⟩ Ferner: Ein nur Erdachtes bringt, kurz gesagt, entweder jenes Ding auf singuläre Weise zur Kenntnis, auf Grund dessen es erdacht wurde, oder nicht auf singuläre Weise; es bezieht sich aber auf etwas, was ihm ähnlich ist. Trifft der erste Fall zu, dann gilt das Vorausgesetzte, d. h. daß ein nur Erdachtes den Charakter des Singulären hat. Der zweite Fall ist ausgeschlossen, da ein nur Erdachtes andernfalls nicht das Ebenbild des Dinges wäre, auf dessen Basis es erdacht wurde, sondern das Ebenbild eines anderen Dinges mit maximaler Ähnlichkeit; denn es stellt ja das Ebenbild des Dinges dar, das es zur Kenntnis bringt.

⟨II.1c⟩ Ferner: Wir können von einem Ding, das auf singuläre und unmittelbar gegenständliche Weise [intuitive] erkannt wurde, eine einzelne abstraktive Kenntnis [notitia abstractiva] haben, d. h. eine auf Erinnerung beruhende. Ist nun der Bezugsgegenstand hier ein Ding oder ein erdachter Begriff eines Dinges? Er ist kein Ding, da vorausgesetzt ist, daß kein Ding da ist, aber ein Bezugsgegenstand dem Intellekt gegenüber gegenwärtig da sein muß, zumindest beim erkannten Sein. Damit bleibt also nur, daß jenes durch den erdachten Begriff dargestellte erkannte Sein [esse cognitum] den Bezugsgegenstand ausmacht. Wenn der zweite Teil der Alternativfrage gelten soll, dann erhalten wir wieder die Voraussetzung, daß der Bezugsgegenstand einer singulären Erkenntnis den Charakter des Singulären hat.

⟨II.1d⟩ Ferner: Wir werden in uns selbst immer nur eines Erdachten gewahr, das sich auf irgendein singuläres Ding bezieht. Mögen wir also auch eine zuvor nicht gekannte Sache gedanklich vorstellen, wie zum Beispiel eine Vorstellung von der Stadt Alexandria bilden, welche wir wohl nicht selbst erblickt haben, so denken wir uns nichtsdestoweniger eine ganz bestimmte einzelne Stadt aus, indem wir dabei von den uns bereits bekannt gewordenen Städten ausgehen. Dieser so vorgestellten einzelnen Stadt verleihen wir den singulären Namen „Alexandria". Anderweitiger, nur erdachter Universalien werden wir hingegen nicht in uns gewahr.

⟨Erwiderung vom Standpunkt der These vom nur Erdachten aus auf die Einwände⟩

Jemand, der diese Konzeption verteidigen will, kann auf die Einwände folgendes antworten.

⟨Zu I.1⟩ Unter der Voraussetzung, daß der Bezugsgegenstand, der die eindeutige Bestimmung und Begrenzung gibt [obiectum terminans], von doppelter Art ist, muß man zum ersten Einwand folgendes sagen: Etwas Bestimmtes gibt dem Akt des Erkennens letztgültig seine eindeutige Bestimmung und Begrenzung. In diesem Bestimmten erlangt der Intellekt nämlich durch seinen eigenen Akt gleichsam seine Ruhe, indem er kein Fortstreben zu etwas anderem zeigt. Dieses kann man als „bewegenden Bezugsgegenstand" [obiectum movens] bezeichnen. Ebendieser Bezugsgegenstand ist dem Akt vorgegeben und ist dem heiligen Augustinus zufolge eine Teilursache des Erkennens.[21]

Daneben gibt es einen Bezugsgegenstand, der unmittelbar die eindeutige Bestimmung und Begrenzung gibt und gewissermaßen ein Vermittlungsglied darstellt, durch welches der Intellekt vermittels des Erkenntnisaktes zum endgültigen Bezugsgegenstand hinstrebt. Dieser Bezugsgegenstand löst keine Bewegung zur Bildung eines Erkenntnisaktes aus, sondern erhält mit dem Erkenntnisakt seine gedanklich-gegenständliche Existenz. Er geht dem Erkenntnisakt nun nicht voraus, sondern folgt ihm auf natürliche Weise und nicht zeitlich nach, da sein Dasein nur im Erkanntwerden besteht. Somit wird beim und durch den Akt des Erkennens ein solches nur Erdachtes erkannt; dieses Erkanntwerden wiederum ist das gedanklich-gegenständliche Dasein des Erdachten. Damit sind sie zu gleicher Zeit da. Hiermit erhellt also die Klärung bezüglich der Äußerung des heiligen Augustinus über den bewegenden Bezugsgegenstand. Durch den Bezugsgegenstand sowie durch eine Potenz wird ein Erkenntnisakt verursacht.

Du könntest aber folgendes sagen: Ist das nur Erdachte der Bezugsgegenstand des Aktes, dann ist er vom Akt wohlunterschieden, so daß jedes von beidem unabhängig vom anderen bestehen bleiben kann. Ein Begriff könnte also ohne einen Erkenntnisakt und somit unabhängig davon existieren, ob er denkend erkannt wird; das ist verwirrend, da ja das Sein des Begriffes im Erkanntwerden besteht, wenngleich ein Akt auch ohne den Begriff bestehen kann. Angesichts dessen stelle ich die Frage, ob der Akt dann einen vermittelnden [mediatum] oder endgültigen [ultimatum] Bezugsgegenstand besitzt? Wenn es so ist, dann erübrigt sich der Begriff als vermittelnder Bezugsgegenstand, da der Intellekt auch ohne ihn seinem endgültigen Bezugsgegenstand zustrebt. Gilt die andere Möglichkeit, dann gäbe es einen Akt ohne Bezugsgegenstand, so daß jemand, der denkend erkennen würde, dennoch dabei nichts erkennen würde. Der Intellekt besäße nämlich einen Erkenntnisakt und würde also erkennen (erkennen heißt ja: in sich einen Erkenntnisakt haben); dennoch würde er nichts erkennen, da es ja keinerlei Bezugsgegenstand einer solchen gedanklichen Reflexion [intellectio] gäbe.

Zu diesem Einwand ist zu sagen: Begriff und Erkenntnisakt meinen jeweils ein gedanklich Seiendes und ein Ding, da ja ein Begriff nur eine Überlegung [ratio] ist, zumal ein rein erdachter; ein Erkenntnisakt ist ausschließlich ein wirklich Seiendes in der Seele, denn er ist eine der Seele inhärierende Qualität. Man kann also feststellen, daß sie nicht voneinander getrennt werden können. Mit dieser Feststellung ist nämlich folgende Überlegung verbunden, die offenbar unmittelbar einleuchtend ist, vor allem hinsichtlich des ersten Teiles, denn es gilt: Ein Begriff ist, also wird erkannt. Hieraus folgt, daß das Prinzip „Alles, was voneinander wohlunterschieden ist, kann abgetrennt werden“ usw. auf Dinge zu beziehen ist, die auf reale Weise voneinander wohlunterschieden sind, nicht aber auf ein Ding und eine Überlegung. Will man nun behaupten, daß zumindest ein vorangehender Erkenntnisakt ohne einen Begriff bewahrt werden kann, so ist zu sagen, daß zufälligerweise ein Erkenntnisakt ohne Bezugsgegenstand da sein könnte und durch einen solchen Akt nichts erkannt würde; eine solche Qualität kann durch Gott im Intellekt bewahrt werden, ohne daß der Intellekt vermittels dieser Qualität zu etwas hinstreben würde. Dies enthält keinen logischen Widerspruch. Heißt es nun: dann würde jemand denkend erkennen [intelligere] und dennoch dabei nichts erkennen – so wird die Voraussetzung „dann würde jemand denkend erkennen" negiert. Denn man würde durch diesen Akt nichts erkennen. Auch der zur Begründung angegebene Satz wird negiert: „Erkennen heißt in sich eine gedankliche Reflexion haben." Denn zusätzlich dazu ist das Hinstreben zu einem Bezugsgegenstand erforderlich. Demzufolge heißt „Erkennen" das Hinstreben zu einem Bezugsgegenstand vermittels eines Erkenntnisaktes. Denn mag auch der Erkenntnisakt, d. h. jene Qualität, vorhanden sein, durch die der Intellekt ohne äußeren Widerstand erkennen könnte, so erkennt er mit dieser allein dennoch nicht, da er ja durch sie allein nicht einem Bezugsgegenstand zustrebt.

⟨Zu I.2⟩ Hinsichtlich des zweiten Einwandes wird zugestanden, daß ganz allgemein der Bezugsgegenstand eines Erkenntnisaktes ein äußeres Ding ist; der daraus gezogene Schluß wird aber negiert, da ja ein und derselbe Akt mehrere Bezugsgegenstände haben kann, die nicht ein und derselben Ordnung angehören, d. h. einen vermittelten und einen unmittelbaren Bezugsgegenstand. Die Akte werden aber klar bestimmt und unterschieden auf Grund der Bezugsgegenstände mit ein und derselben Wesenscharakteristik.

⟨Zu I.2a⟩ Das erste unterstützende Argument hierfür weist nach, daß der Erkenntnisakt eines Universale einen äußeren Bezugsgegenstand hat; dies wird zugestanden, wie es ausreichend nachgewiesen wird.

⟨Zu I.2b⟩ Zum zweiten unterstützenden Argument hierfür wird folgendes gesagt: Der dem Subjekt im Satz „der Mensch ist ein Lebewesen" entsprechende Erkenntnisakt wird durch jedes von beidem eindeutig bestimmt und begrenzt, und zwar auf verschiedene Weise: er wird durch ein Ding als den endgültigen und hauptsächlich bestimmenden Bezugsgegenstand eindeutig bestimmt und begrenzt, sowie durch einen Begriff als den mittelbaren Bezugsgegenstand. Hieraus wird geschlußfolgert, daß die Gleichsetzung der Aussage „der Mensch ist ein Lebewesen" mit der Aussage „ein wirklicher Mensch und ein Begriff sind ein Lebewesen" nicht zutrifft, da der Terminus eines Behauptungssatzes nicht für einen mittelbaren Bezugsgegenstand supponiert, sondern nur für denjenigen, der hauptsächlich und endgültig die eindeutige Bestimmung und Begrenzung gibt. Dieser ist in dem besagten Behauptungssatz der wirkliche Mensch. Hieraus ergibt sich die Klärung aller noch verbleibenden unterstützenden Argumente. Somit stellt sich heraus, daß in dem behandelten Behauptungssatz die äußeren Satzglieder personal ausschließlich für Dinge supponieren; wenn sie einfach supponieren, dann ausschließlich für Begriffe.

⟨Zu I.2e⟩ Zum letzten unterstützenden Argument kann gesagt werden, daß ich ein äußeres Ding und den Begriff eines Dinges durch verschiedene Begriffe auf Grund verschiedener Akte erkenne: das äußere Ding vermittels eines unreflektierten [rectus] Aktes, den Begriff durch einen reflektierten Akt. Auf einen jeden Akt folgt der ihm eigentümliche Begriff bzw. die ihm eigentümliche Einbildung [fictio]. Wird beides zu gleicher Zeit begriffen, dann werden gleichzeitig mehrere Begriffe und Erkenntnisakte vorhanden sein. Dies scheint nicht abwegig zu sein, insbesondere was den unreflektierten und reflektierten Akt betrifft. Es ist vielmehr notwendig, daß immer dann, wenn der eigentliche Erkenntnisakt vermittels eines reflektierten Aktes unmittelbar gegenständlich erkannt wird, im Intellekt zwei Erkenntnisakte zu gleicher Zeit da sind. Wird daraus geschlußfolgert, daß es auf diese Weise ein Fortschreiten bis in das Unendliche gibt - denn ein reflektierter Akt wird auch nicht durch sich selbst, sondern einen anderen erkannt, und der andere Akt wird erkannt usw. bis in das Unendliche -, so wird gesagt, daß mit dem zweiten Akt der Halt erreicht sein wird, wie der Verfasser in der 1. Quaestio der Einleitung sagt.[22]

Es kann folgende Frage aufgeworfen werden: Inwiefern ist ein Universale ein erkannter Bezugsgegenstand, wo es doch in personaler Supposition nicht für sich selbst, sondern für ein Ding supponiert und insofern nicht als „reflektierter Akt" bezeichnet wird, hingegen als solcher nur bezeichnet wird, insofern es einfach supponiert? Darauf *könnte vielleicht geantwortet werden*, daß ein Universale immer unmittelbar gegenständlich erkannt wird, sobald es im Intellekt existiert. Daher ist der reflektierte Akt immer gleichzeitig mit dem unreflektierten da, wenngleich das Prädikat eines Behauptungssatzes nicht über den reflektierten, sondern lediglich über den unreflektierten Akt ausgesagt wird. Wird diese Antwort nicht akzeptiert, so *kann man die Meinung äußern*, daß ein Universale der Veranlagung nach und nicht immer aktual ein erkannter Bezugsgegenstand ist, d. h. etwas, das ein Erkennbares [cognoscibile] ist.

Zu den Begründungen des *zweiten prinzipiellen Einwandes* wird folgendes gesagt:

⟨Zu II.1⟩ Hinsichtlich der ersten Begründung wird unter Bezug auf den Lehrer und die Distinktion 35, Quaestio 3[23] festgestellt, daß zwischen ein unmittelbar-gegenständlich erkanntes Ding und den unmittelbar-gegenständlichen Erkenntnisakt kein nur Erdachtes gesetzt wird, das gewissermaßen als Vermittlungsglied dient und die unmittelbar-gegenständliche Erkenntnis eindeutig bestimmt und begrenzt. Vielmehr erhält eine unmittelbar-gegenständliche Erkenntnis primär und direkt ihre eindeutige Bestimmung und Begrenzung durch das einzelne Ding selbst, das unmittelbar-gegenständlich erkannt wurde. Auch zwischen einem einzelnen abstraktiven Begriff und den direkt voraufgehenden unmittelbar-gegenständlichen wird kein solches Vermittlungsglied gesetzt, da der unmittelbar-gegenständliche und der direkt auf ihn folgende abstraktive Begriff einen völlig identischen Bezugsgegenstand auch hinsichtlich dessen Wesensmerkmal haben. Nachdem aber ein Ding unmittelbar-gegenständlich erkannt wurde, bildet der Intellekt einen Begriff, der dem gedanklich-gegenständlichen Sein angehört und dort mit dem unmittelbar-gegenständlich erkannten Ding eine maximale Ähnlichkeit hat, indem er das Ding selbst und alles ihm Ähnliche repräsentiert. Er ist dabei nicht nur maximal dem erkannten Ding ähnlich, sondern auch jedem beliebigen Ding, das mit ersterem eine maximale Ähnlichkeit besitzt. Dieser Begriff stellt den durch einen allgemeinen gedanklichen Reflex [intellectio communis] zuerst erkannten Bezugsgegenstand dar.

Hinsichtlich des Arguments [gegen die Gleichsetzung des nur Erdachten mit dem Universale] wird somit gesagt, daß dieses nur Erdachte bzw. ein abstrakter Begriff nicht einfach ein einzelnes Ding repräsentiert, von dem er abstrahiert wurde, sondern sowohl dieses als auch jedes beliebige ihm ähnliche Ding. Das Repräsentierte können mehrere Dinge sein, wie der Verfasser in der folgenden Quaestio ausführt.[24]

⟨Zu II.1a⟩ Zu dem unterstützenden Argument wird gesagt, daß ein nur Erdachtes im gedanklich-gegenständlichen Dasein seinen spezifischen Charakter nicht bezüglich der Singularität des Repräsentierens hat, sondern bezüglich der repräsentierten Eigenarten [habitudines] der Dinge, die es nicht nur in ihrer numerischen Identität, sondern in ihrer spezifischen repräsentiert, insofern alles ähnlich zueinander ist.

⟨Zu II.1b⟩ Auf das zweite unterstützende Argument wird somit geantwortet, daß das nur Erdachte das Ebenbild des Dinges ist, auf Grund dessen es erdacht wurde, und ebenfalls eines jeden beliebigen Dinges, das jenem ähnlich ist. So ist es auch bei einer Königsstatue: zwar wird sie von einem Künstler nach dem Vorbild eines einzelnen Königsantlitzes geschaffen, aber sie repräsentiert gleichermaßen den einen König und einen jeden ihm maximal ähnlichen.

⟨Zu II.1c⟩ Hinsichtlich des dritten unterstützenden Arguments ergibt sich klar aus dem Gesagten, daß ein nur erdachter Begriff nicht der Bezugsgegenstand einer unmittelbar-gegenständlichen und auch nicht einer sich direkt anschließenden abstraktiven Erkenntnis ist, da er diese beiden zur Voraussetzung hat. Ein solcher Begriff ist vielmehr der Bezugsgegenstand einer abstraktiven allgemeinen Erkenntnis. Was hingegen der Bezugsgegenstand einer unmittelbar-gegenständlichen und einer sich direkt anschließenden abstraktiven Erkenntnis sein soll, ist dargelegt worden. Es ist auch nicht erforderlich, daß der Bezugsgegenstand für die abstraktive Erkenntnis aktuell da ist; es genügt vielmehr, daß er einmal aktuell dagewesen ist.

⟨Zu II.1d⟩ Zum vierten unterstützenden Argument wird gesagt, daß wir in uns eines nur Erdachten gewahr werden, das ein einzelnes Ding zur Kenntnis bringt; jedoch bringt es nicht nur dieses zur Kenntnis, von dem die Einbildung sich herleitet, sondern das Erdachte steht für alle diesem Ding ähnlichen Dinge. Demzufolge ist es, wie gesagt, ein Universale. Dabei abstrahieren wir ein Universale jedoch nicht nur von einem einzigen singulären Ding, sondern ein Universale wird auch von mehreren einzelnen Dingen abstrahiert, die sich untereinander in Übereinstimmung befinden. Dieses Universale stellt ein gewisses Ebenbild [similitudo] aller so in bestimmter Weise übereinstimmenden Dinge und einen Bezugsgegenstand dar, der einem allgemeinen Erkenntnisakt die eindeutige Bestimmung und Begrenzung verleiht. Das hinzugefügte Beispiel wird nicht akzeptiert, d. h.: „Wenn wir uns eine Vorstellung von der Stadt Alexandria bilden, dann denken wir uns etwas Singuläres aus." Denn diese bildliche Vorstellung [imago], die wir uns auf der Grundlage einer Vielzahl vorangegangener Sinneswahrnehmungen machen, trägt den Charakter des Allgemeinen an sich: sie bezieht sich doch gleichermaßen auf alles, welches dieser Einbildung analog ist bzw. sein kann, wenngleich es vielleicht in Wirklichkeit nichts gibt, was ihr ähnlich ist.

Damit sind die Problemlösungen erfolgt.

⟨*Zurückweisung der Ansicht vom nur Erdachten*⟩

Hier folgt nun aber die Entgegnung auf diese Sichtweise: Offenbar ist diese Ansicht vom nur Erdachten [opinio de fictis] insgesamt überflüssig, da bezüglich dieses Themas alles eine befriedigende Erklärung findet, indem lediglich der Erkenntnisakt ohne solcherart Erdachtes zu Rate gezogen wird, das lediglich ein gedanklich-gegenständliches Dasein besitzt. Die Erklärung ist auch viel leichter, als wenn solcherart Erdachtes zusammen mit dem Erkenntnisakt angenommen wird. Den Erkenntnisakt muß man aber als Voraussetzung annehmen. Die notwendigen Gründe dafür sind in der folgenden Distinktion zu finden.[25] Da eine Vielheit nicht ohne Notwendigkeit anzunehmen ist, muß solcherart Vielheit ausgeschlossen werden.

Die Voraussetzung [dieser Argumentation] trifft zu. Denn nimmt man solcherart nur Erdachtes an, so zur Erklärung dessen, daß eine allgemeine Erkenntnis [cognitio universalis] einen allgemeinen Bezugsgegenstand haben soll. Aber zu diesem Zweck muß man es nicht annehmen, denn die Wahrheit dieser Erkenntnis findet ihre hinreichende Erklärung durch eine Mehrzahl von singulären Bezugsgegenständen, die wesensgleich [aeque primo] von der allgemeinen Erkenntnis bezeichnet werden und die angenommen werden müssen, selbst wenn das nur Erdachte angenommen wird. Andernfalls gäbe es keinerlei allgemeine Erkenntnis singulärer Dinge, was aber nach dem zuvor Gesagten offenkundig falsch ist.

Man braucht solcherart nur Erdachtes, das lediglich ein gedanklich-gegenständliches Dasein besitzt, auch nicht zur Erklärung des Hervortretens des göttlichen Wortes anzunehmen, wie weiter unten klar werden wird. Denn dieses Hervortreten wird mehr durch die Hervorbringung eines abstrakten Begriffs erklärt, welche einem unmittelbar-gegenständlichen Begriff direkt folgt, als durch die Einbildung eines solchen Universale bzw. auch Singulären.

Aber auch für die Bewahrung der Autorität des heiligen Augustinus oder der vom Verfasser in den Argumentationen zur Stützung jener Meinung herangezogenen anderen Belege im vorderen Teil der vorliegenden Quaestio ist eine solche Annahme unnötig. Dies wird durch die Widerlegung dieser Argumentationen klar. Im folgenden geht es also der Reihe nach um die Entgegnungen auf diese Argumentationen.

Erstens: Es wird argumentiert, daß dem Philosophen zufolge das Seiende in einer grundlegenden Einteilung nach dem in der Seele und dem außerhalb der Seele Seienden unterschieden wird.[26] Dazu ist zu sagen, daß die Einteilung des Seienden nicht den Terminus „Seiendes“ in der ersten Imposition, sondern in der zweiten Imposition betrifft.[27] Damit ist folgendes unter jener Einteilung zu verstehen: Vom Seienden, d. h. von den das Seiende bezeichnenden Termini, bezeichnen einige das außerhalb der Seele Seiende und einige das in der Seele Seiende. Und unter „Seiendes in der Seele“ versteht er Seiendes, das Zeichen ist. Entsprechend wurde weiter oben auch der folgende Satz ausgelegt: „Von den Dingen sind einige allgemein, andere partikulär.“[28] Das bedeutet, daß von den Zeichen das eine allgemein und ein anderes partikulär ist.[29] Diese Einteilung ähnelt der von Augustinus im Buch I von „De doctrina christiana“ sowie der vom Sentenzenmeister in der 1. Distinktion angegebenen Einteilung: „Jede Lehre bezieht sich entweder auf Dinge oder auf Zeichen.“[30] Das bedeutet, daß sie sich auf Termini bezieht, welche Zeichen oder Dinge bezeichnen. Jene Einteilung des Philosophen (insofern sie auf den Philosophen überhaupt zurückgeht) enthält also die folgende Aussage: Einige der das Seiende bezeichnenden Termini stehen in der ersten Imposition und einige in der zweiten. Jene Einteilung des Seienden in das Seiende in der Seele usw. würde auch nicht gültig sein, wenn unter dem „Seienden in der Seele“ das besagte nur Erdachte [fictum] verstanden werden würde. Denn dieses ist weder ein Seiendes, noch ein Ding, sondern nur ein Erdachtes bzw. ein Gedanke [ratio], welche vom Seienden und einem Ding klar unterschieden sind - es sei denn, daß hier eine Einteilung von etwas Doppeldeutigem in seine gleich benannten unterschiedlichen Bedeutungen vorliegt.

Zweitens: Zur Argumentation mit den Phantasieprodukten[31] [figmenta] wird gesagt, daß diese, insofern man unter ihnen jenes durch die Seele geformte Ebenbild versteht, das die Seele von den Dingen abstrahiert, Erkenntnisakte darstellen, die ein tatsächliches und zugrundeliegendes Dasein in der Seele haben. Denn die Erkenntnisakte sind Qualitäten, die der Seele inhärieren. Diese Akte sind auch die natürlichen Ebenbilder der Dinge, auf deren Grundlage sie gebildet wurden und die ihre Bezugsgegenstände darstellen. Man braucht auch keinen Bezugsgegenstand anzunehmen, welcher ein Vermittlungsglied zwischen der begrifflichen Erkenntnis des Aktes und seinem wirklich existierenden Bezugsgegenstand darstellt. Als „Phantasieprodukte“ werden solche Akte deswegen bezeichnet, weil sie durch das Repräsentieren von Dingen den repräsentierten Dingen analog sind, dagegen nicht in Hinsicht auf das Existieren, d. h. in Gestalt von wirklich bestehenden Qualitäten; denn sie stellen geistige Qualitäten dar, während die Bezugsgegenstände häufig materielle Dinge sind. Im Repräsentieren kommt ihnen eine naturgemäße Ebenbildlichkeit zu, weil sie die Dinge in genauer wechselseitiger Unterscheidung voneinander und in Einheit mit ihren Eigenarten wirklichkeitsgetreu repräsentieren. Im wirklichen Dasein [in essendo] aber kommt ihnen keine Ebenbildlichkeit zu, d. h. [es ist nicht so], daß die Akte eine wirkliche Existenz oder wirkliche Qualitäten besäßen, die sie artmäßig mit ihren Bezugsgegenständen gemeinsam hätten. – Hinsichtlich der Ergänzung über die Chimäre ist klar, daß eine Chimäre auf die eine Weise als Phantasieprodukt und auf eine andere als Erkenntnis eines möglichen Dinges bezeichnet wird.[32] Zwar ist der Begriff „Chimäre", d. h. der dem Wort „Chimäre" entsprechende Erkenntnisakt, eine echte Qualität im Geist, doch ist das, was er bezeichnet, ein Nichts.

Drittens: Zu den Behauptungssätzen [propositiones], Syllogismen usw.[33] wird festgestellt, daß sie ein zugrundeliegendes Dasein in der Seele besitzen und ihre Existenz auch nicht allein das Erkanntwerden ist, wenngleich sie erkannt werden, sobald und insofern sie da sind. Denn sie stellen Anordnungen [aggregata] und Verknüpfungen [complexa] aus einer Mehrzahl von Begriffen und Akten dar, die zur Seele gehörende Qualitäten sind. In der Tat ist das den Satzzusammenhalt konstituierende Gesamtwissen [notitia adhaesiva propositionum] eine einfache geistige Qualität, die ihre eindeutige Bestimmung und Begrenzung durch den ausgesagten Sachverhalt [complexum propositionale] erhält.

Viertens: Zu den Künstlern[34] wird gesagt, daß das dem Geist des Künstlers angehörende Künstlerische Erkenntisse sind, welche echte Qualitäten darstellen, d. h. Begriffe, die natürliche Ebenbilder der äußeren Kunstgegenstände sind. Anders hingegen ist es im göttlichen Geist, dessen Erkennen keine Qualität darstellt, sondern das Wesen selbst ist. Im eigentlichen Sinn kann nicht akzeptiert werden, daß die äußeren Kunstgegenstände irgendein Dasein im Geist des Künstlers oder die Geschöpfe ein Dasein im göttlichen Geist besitzen – es sei denn, daß man unter „Dasein" mißbräuchlich „Erkanntwerden" versteht. Dies wird unten in der Distinktion 36 abgehandelt.

Fünftens: Hinsichtlich der gedanklichen Inbezugsetzung[35] wird gesagt, daß man sie nicht als etwas den Dingen gegenüber Selbständiges anzunehmen hat. Gleichwohl stellt ein Relativbegriff wie auch ein konnotativer Begriff[36] eine echte geistige Qualität dar und kann als gedankliche Inbezugsetzung bezeichnet werden, da er ja eine Handlung des Intellekts vermittelt.

Sechstens: Zum Seienden, das gleichbedeutend über Gott und die Geschöpfe ausgesagt wird,[37] ist zu sagen, daß es einen Verstandesbegriff und eine geistige Qualität darstellt, hingegen nicht irgendein außerseelisches Ding, das Gott und den Geschöpfen real gemein ist; vielmehr ist es genauso wie das Wort „Seiendes" auf repräsentative Weise allgemein. Hierzu sei auf die folgende Quaestio verwiesen.

Siebentens: Hierzu[38] wird gesagt, daß die zweiten Intentionen echte Qualitäten in der Seele sowie Begriffe darstellen, die Zeichen unter dem Aspekt eines Zeichens bezeichnen; sie sind nicht nur rein Erdachtes.

Zusammenfassend wird festgestellt: Alles, was der heilige Augustinus hinsichtlich dieses rein Erdachten äußert, trifft auf einen Begriff zu, der ein Erkenntnisakt ist. Auf welche Weise nun eine Intellectio ein erkenntnismäßiger Bezugsgegenstand nicht von sich selbst, sondern für einen reflektierten Akt darstellt, kann analog zur oben gegebenen Antwort hinsichtlich des nur Erdachten ausgeführt werden.[39]

Zum Argument gegen die zu Beginn der Quaestio genannte Auffassung [über die Universalien][40], das auch gegen diese Auffassung [von den Universalien als etwas nur Erdachtem] gerichtet zu sein scheint, wird folgendes gesagt: Man erkennt mittels eines allgemeinen Erkenntnisaktes ausschließlich etwas Singuläres und jedes beliebige Singuläre, das jenes indifferent-wesensgleich [aeque primo negative] in sich enthält. Genauso ist es möglich, daß der Potenz nach Unendliches auf undifferenzierte Weise [confuse] erkannt werden kann; d. h. auf andere Art, als wenn jegliches distinkt vom anderen erkannt wird.

Zum nächsten Argument gegen dieselbe Auffassung[41] wird gesagt, daß man [im Lateinischen] das Wort „conceptus" auf zweierlei Art verstehen kann: als ein [Passiv-] Partizip [participialiter] oder als ein Name [nominaliter]. Wird es als Partizip verstanden, so bedeutet es das Ding, das erfaßt wird, d. h. das Ding, das durch einen Erkenntnisakt erkannt wird. In diesem Sinn ist „conceptus" der Bezugsgegenstand einer Intellectio und ein äußeres Ding, das dem Erkenntnisakt seine eindeutige Bestimmung und Begrenzung gibt, d. h. die erkannte Sache [res cognita]. Faßt man es aber als Name auf, so bedeutet es den Begriff [cognitio], durch den ein Ding erkannt wird. In diesem Sinn ist „conceptus" ein Erkenntnisakt. Zwar gibt ein solches Begreifen [cognitio] nicht einfach sich selbst die eindeutige Bestimmung und Begrenzung, d. h. es ist nicht das natürlich und eigentlich und an und für sich Bezeichnete; aber es tut dies vermittels eines anderen Begriffs. Das bedeutet, daß keinerlei Begriff einfach auf natürliche, eigentliche und endgültige Weise sich selbst bezeichnet, jedoch – kurz gesagt – auf natürliche verallgemeinerte Weise und nicht in letzter Instanz sich selbst bezeichnet, indem dazu als Vermittlungsglied ein anderer reflektierter Begriff dient, der natürlich und eigentlich bezeichnet.[42]

Zu den Argumenten gegen die zweite Auffassung [über die Universalien][43], insofern sie jene Auffassung [von den Universalien als nur Erdachtem] betreffen, wird folgendes gesagt: Ein Universale ist keine Vermittlungsform, sondern ein Begreifen [cognitio] bzw. ein verallgemeinernder Erkenntnisakt [actus cognoscendi communiter]. Demzufolge wird nicht primär jenes Universale denkend erkannt [intelligitur], sondern ein einzelnes Ding. Aber ein Universale ist dasjenige, wodurch man denkend erkennt. Gleichwohl kann es auch erkannt werden mittels eines anderen Begriffs, der als „reflexiv" bezeichnet wird. Es gibt dabei auch nicht ein Fortschreiten bis ins Unendliche, sondern es gibt nach dem Verfasser einen Halt mit dem zweiten Akt, wie er in der Einleitung der 1. Quaestio sagt.[44]

Ferner ist festzustellen, daß ein Allgemeinbegriff abstrahiert wird und erzeugt wird: er wird abstrahiert ausgehend von der wechselseitigen Übereinstimmung zwischen dem Singulären; und er wird erzeugt, insofern er tatsächlich in der Seele hervorgebracht wird.

Die anderen Argumente richten sich nicht gegen diese Auffassung [von den Universalien als nur Erdachtem].

⟨*Die größere Wahrscheinlichkeit der zweiten Auffassung*⟩

Auf Grund jener Argumente gegen die Auffassung von dem nur Erdachten scheint die an zweiter Stelle genannte Auffassung die wahrscheinlichere zu sein. Sie besagt, daß ein Universale ein Verstandesbegriff [conceptus mentis] ist, d. h. ein Erkenntnisakt, der eine echte Qualität in der Seele darstellt; und ein Universale ist ein einzelnes Ding, das mehreres Singuläre univok, indifferent-wesensgleich, natürlich und charakteristisch bezeichnet; es ist das natürliche Ebenbild dieses vielen Singulären nicht der Existenz nach, sondern hinsichtlich des Repräsentierens.[45] Aus diesem Grund kann es als „nur Erdachtes" [fictum], „Ebenbild" [similitudo], „Abbild" [imago] bzw. „Abbildung eines Dinges" [pictura rei] und als „erkenntnismäßiger Bezugsgegenstand" [obiectum cognitum] bezeichnet werden, der es nicht durch sich selbst ist, sondern unter der Vermittlung durch einen anderen, reflektierten Begriff. Ein Universale ist auch ein gesprochenes Wort, ein Schriftzeichen oder irgendein anderes Zeichen, das einer Festsetzung oder einem freien Willensentscheid entspringt und mehreres Singuläre univok bezeichnet. Dennoch stellt dieses Zeichen ein gewisses einzelnes Ding dar. Genauso, wie ein Begriff, ist aber auch ein Zeichen nur auf repräsentative Weise ein Universale, so daß Universale-Sein nichts anderes bedeutet, als mehrere Dinge univok zu repräsentieren bzw. zu bezeichnen.

Mit dieser Sichtweise kann nun auch alles leicht aufgelöst und verstanden werden. Ich schlage vor, im folgenden dieser Auffassung so zu folgen, wie sie der Lehrer in der 2. Quaestio des Quodlibets III versteht, wo er sagt, daß es wohl keine kleine Welt gäbe, die solches nur erdachte Seiende enthält.[46] Daher gilt ihm zufolge dort, daß „dasjenige, was nicht ein Ding ist, überhaupt nichts ist."[47]

Wenn Augustinus sagt, „ich kann mir einen derartigen Menschen ausdenken"[48], so stellt er fest, daß diese Einbildung eine den Menschen gemeinsame Intellectio ist usw. Ferner vergleiche man die 12. Quaestio im Quodlibet V und auch die 13. Quaestio, ebenso auch die 19. Quaestio im Quodlibet IV.[49]

Anmerkungen zu den Texten

1. Albertus Magnus, De quinque universalibus

1 Aristoteles, Physikvorlesung. Buch IV, Kap. 3, 210 b 9 ff.
2 Albertus Magnus, Liber de praedicabilibus. Tractatus I, cap. 5, in: Opera omnia, Vol. I, Paris 1890, S. 10.
3 Die Rede ist von der „Isagoge“ des Porphyrios, d. h. der Einführungsschrift zu Aristoteles’ „Kategorien“.
4 Vgl. Boethius, In Isagogen Porphyrii Commenta. Editio secunda, lib. I, cap. 2, in: CSEL 48, Wien - Leipzig, 1906, S. 138 f.
5 Aristoteles, Zweite Analytik, Buch II, Kap. 10, 94 a 1 ff.
6 Vgl. Aristoteles, Kategorien, Kap. 5, 2 b 5 ff.
7 Vgl. Liber de causis, ed. A. Pattin, in: Tijdschrift voor Filosofie, 28 (1966), H. 1, S. 90–203.
8 Vgl. Aristoteles, Physikvorlesung 189 a 4–7; Boethius, In Isagogen ed. sec., S. 167 (diese Ausg. Bd. 1, S. 31).
9 Vgl. ebenda.
10 Vgl.Avicenna latinus. Liber de philosophia prima sive scientia divina V-X, ed. crit. S. Van Riet, Louvain - Leiden 1980, tract. V, cap. 1, S. 237 f.und cap. 2, S. 238.
11 Vgl. Boethius, In Isagogen ed. sec., S. 162 (diese Ausg. Bd. 1, S. 28); Dominicus Gundisalvi, De unitate, in: Correns, P.: Die dem Boethius fälschlich zugeschriebene Abhandlung des Dominicus Gundisalvi „De unitate“, Münster 1891, S. 3 (= *Beiträge* I,1).
12 Porphyrios, Isagoge, S. 6 (diese Ausg. Bd. 1, S. 8).
13 Vgl.Avicenna latinus. Liber de philosophia prima sive scientia divina V–X, a.a.O., tract. V, cap. 2, S. 244.
14 Vgl. Aristoteles, Sophistische Widerlegungen, Kap. 7, 169 a 29 ff.
15 Vgl. Aristoteles, Physikvorlesung, Buch I, Kap. 2, 185 a 31–32; Über die Seele, Buch II, Kap. 12, 424 a 17–21.
16 Mit dieser Feststellung unterstützt Albertus Magnus offenbar die in diesem Kapitel angeführten 7 Begründungen dafür, daß die Universalien für sich außerhalb des Denkens existieren.
17 Albertus Magnus gibt hier eine recht eigenwillige Interpretation von Lehren Platons und

der Eleaten. Eine mögliche Quelle für seine Interpretationen könnte die „Metaphysik" (Buch M) von Aristoteles gewesen sein.

18 Vgl. Aristoteles, Metaphysik, Δ 6, 1016 a 21 ff.

19 Vgl. Aristoteles, Physikvorlesung, Buch I, Kap. 8, 191 b 11; a.a.O., Buch I, Kap. 9, 192 a 25–29.

20 Vgl. Liber de causis, a.a.O., § 82, S. 155; vgl. Ibn Gabirol, Fons vitae, Trakt. III, Kap. 27, 52, 53, ed. C. Baeumker, Münster 1892, S. 143 f., S. 195 ff. (= *Beiträge* I,3).

21 Vgl.Avicenna latinus. Liber de philosophia prima sive scientia divina I–IV, ed. crit. S. Van Riet, Louvain - Leiden 1977, tract. III, cap. 8, S. 161–163. - Entgegen der Interpretation des Albertus Magnus war Avicenna an dieser Stelle nicht darauf aus, eine Anschauung Platons bzw. eines Neuplatonikers zu rechtfertigen. Avicenna bestreitet an dieser Stelle, daß die „essentiae" der „abgetrennten Substanzen" durch unsere Seelen aufgenommen werden. Er sieht vielmehr einen Vorgang der „Einprägung" und der Hervorbringung von „Intentionen" in der Seele gegeben.

22 Vgl. Anm. 10.

23 Vgl. Aristoteles, Physikvorlesung, Buch IV, Kap. 1-5.

24 Albertus Magnus, Physica, lib. IV, tract. II, cap. VIII, in: Opera omnia, Vol. IV, Münster 1987, S. 251–253.

25 Aristoteles, Zweite Analytik, Buch I, Kap. 11, 77 a 5–9.

26 Vgl. ebenda.

27 Aristoteles, Metaphysik, A 9; Z 13-Z 16.

28 Vgl. Aristoteles, Kategorien, Kap. 5, 2 b 5.

29 Vgl. Aristoteles, Über den Himmel, Buch I, Kap. 12.

30 Aristoteles, Zweite Analytik, Buch I, Kap. 31, 87 b 29–33.

31 Liber de causis, a.a.O., § 198, S. 192.

32 Liber de causis, a.a.O., §§ 191, 192, S. 190 f. - Hier wird allerdings gerade eine entgegengesetzte These vertreten: offensichtlich muß anstelle von „unvergänglich" (incorruptibile) „vergänglich" (corruptibile) in der Borgnet-Edition stehen.

33 Vgl. Anm. 8.

34 Vgl. Anm. 10; sowie Averroes, Commentarium magnum in Aristotelis De anima libros, ed. F. St. Crawford, Cambridge/Mass. 1953, lib. I, text. comm. 8, S. 12.

35 Aristoteles, Zweite Analytik, Buch II, Kap. 19, 100 a 6–9.

36 Aristoteles, Über die Seele, Buch III, Kap. 8, 431 b 29–432 a 1.

37 Vgl. Aristoteles, Topik, Buch VI, Kap. 5, 142 a 19–21.

38 Aristoteles, Zweite Analytik, Buch II, Kap. 19, 100 a 6–9.

39 Boethius, In Isagogen ed. sec., S. 166 (diese Ausg. Bd. 1, S. *30*).

40 Vgl. Aristoteles, Metaphysik, Λ 7–Λ 9, 1072 a 19–1075 a 10. Die Lehre von den „Intelligenzen" ist allerdings ein Produkt der neuplatonisch orientierten arabischen Aristoteleskommentatoren.

41 Liber de causis, a.a.O., §§ 37, 45, 148, S. 142, 144, 174.

42 Vgl. Aristoteles, Physikvorlesung, Buch II, Kap. 4–9.

43 Vgl. De sex principiis, in: PL 188, Paris 1855, col. 1259.

44 Hier liegt wohl eine Verwechslung mit den „Kategorien" des Aristoteles vor (Kap. 5, 2 a 14, 2 a 17).

45 Aristoteles, Über den Himmel, Buch I, Kap. 9, 278 a 13–15.

46 Vgl. Aristoteles, Über die Seele, Buch I, Kap. 1, 402 a 1 ff.
47 Vgl. Aristoteles, Metaphysik, Δ 6, 1016 a 31 ff.; Γ 2, 1003 a 33–1003 b 5.

2. Thomas von Aquino, De ente et essentia

1 Aristoteles, Über den Himmel, Buch I, Kap. 5, 271 b 8–13.
2 Vgl. Avicenna, Das Buch der Genesung der Seele. Die Metaphysik Avicennas, übers. und erläutert v. M. Horten, Halle - New York 1907, I. Abhandlung, 5. Kap., S. 44 ff.
3 Vgl. Aristoteles, Metaphysik, Δ 7, 1017 a 22–35.
4 Vgl. Averroes, Kommentar zur „Metaphysik" des Aristoteles, Buch V, text. comm. 14, in: Aristotelis opera cum Averrois commentariis, T. VIII, Venetiis 1560, fol. 147v.
5 Vgl. Aristoteles, Zweite Analytik, 82 b 37–39; ders., Topik, 149 a 14–19; ders., Metaphysik, 1031 a 12.
6 Vgl. Avicenna, Buch der Genesung, a.a.O., II. Abhandlung, Kap. 3, S. 119 ff.
7 Boethius, Contra Eutychen et Nestorium, Kap. 1, in: Boethius. The theological tractates and the Consolation of Philosophy, ed. and transl. by H. F. Stewart/E. K. Rand, London - New York 1926, S. 78 (diese Ausg. Bd. 1, S. 55).
8 Vgl. Aristoteles, Metaphysik, Δ 4, 1015 a 11–13.
9 In der angegebenen Schrift des Boethius nicht nachweisbar.
10 Vgl. Boethius, Contra Eutychen et Nestorium, Kap. 3, S. 88 (diese Ausg. Bd. 1, S. 59).
11 Vgl. Avicenna, a.a.O., V. Abhandlung, Kap. 8, S. 346 f.
12 Averroes, a.a.O., Buch VII, text. comm. 27, fol. 214v.
13 Ebenda, Buch VII, text. comm. 20, fol. 206r.
14 Vgl. Avicenna, a.a.O., V. Abhandlung, Kap. 7, S. 338 f. (diese Ausg. Bd. 1, S. 259).
15 Vgl. Aristoteles, Metaphysik, B 3, 998 b 24–26; ders., Topik, Buch IV, Kap. 2, 122 b 20.
16 Vgl. Averroes, a.a.O., Buch XII, text. comm. 14, fol. 323r.
17 Vgl. Avicenna, a.a.O., V. Abhandlung, Kap. 8, S. 351 f.
18 Vgl. ebenda, Kap. 7, S. 334 (diese Ausg. Bd. 1, S. 256 f.).
19 Vgl. Averroes, Commentarium magnum in Aristotelis De anima libros, ed. F. St. Crawford, Cambridge/Mass. 1953, lib. I, text. comm. 8, S. 12
20 Vgl. Avicenna, a.a.O., V. Abhandlung, Kap. 1 u. 2, S. 300–302.
21 Vgl. Averroes, Commentarium magnum . . ., a.a.O., lib. III, text. comm. 5, S. 406 f.
22 Vgl. Ibn Gabirol (Avencebrol), Fons vitae, ed. C. Baeumker, Münster 1895, tract. IV, cap. 2, S. 213 f. (= *Beiträge* I, 4).
23 Liber de causis, ed. A. Pattin, in: Tijdschrift voor Filosofie, 28 (1966), H. 1, § 90, S. 157.
24 Vgl. Avicenna, a.a.O., V. Abhandlung, Kap. 8, S. 351.
25 Ebenda, V. Abhandlung, Kap. 2, S. 302 f.
26 Vgl. Averroes, Commentarium magnum . . ., a.a.O., lib. III, text. comm. 14, S. 429.
27 Vgl. Boethius, Quomodo substantiae in eo quod sint, bonae sint cum non sint substantialia bona, 6–8, in: Boethius. The theological tractates . . ., a.a.O., S. 40 f.
28 Vgl. Averroes, a.a.O., lib. III, text. comm. 5, S. 410.
29 Ebenda, lib. III, text. comm. 5, S. 387.
30 Aristoteles, Über die Seele, Buch III, Kap. 4, 429 b 31–430 a 2.
31 Vgl. Avicenna, a.a.O., VIII. Abhandlung, Kap. 4, S. 499.

32 Liber de causis, a.a.O., § 91, S. 157 f.
33 Eine freie Interpretation von Aristoteles, Metaphysik, Δ 16, 1021 b 30–32; Averroes, Kommentar zur „Metaphysik“ des Aristoteles, a.a.O., Buch V, text. comm. 21, fol. 163v.
34 Vgl. Liber de causis, a.a.O., § 131, S. 169.
35 Vgl. Avicenna latinus. Liber de anima seu sextus de naturalibus IV–V, ed. S. Van Riet, Louvain - Leiden 1968, pars V, cap. 3 et 4, S. 102–126.
36 Avicenna latinus. Liber de anima seu sextus de naturalibus I–III, ed. S. Van Riet, Louvain - Leiden 1972, pars I, cap. 1, S. 19.
37 Vgl. Anm. 18.
38 Vgl. Anm. 36.
39 Vgl. Aristoteles, Historia animalium, Buch VIII, Kap. 1, 588 b 4–6.
40 Vgl. Aristoteles, De partibus animalium, Buch I, Kap. 2, 642 b 5–7.
41 Vgl. Aristoteles, Metaphysik, α 1, 993 b 25 f.
42 Vgl. Aristoteles, Über die Seele, Buch III, Kap. 4, 429 a 24–b 5.
43 Vgl. Aristoteles, Metaphysik, I 9, 1058 b 21–24.
44 Vgl. ebenda, Θ 1, 1045 b 27–32; vgl. auch ebenda, Γ 2, 1003 b 5–7.
45 Vgl. ebenda, Δ 15.

3. Siger von Brabant, De aeternitate mundi

1 Aristoteles, Metaphysik, Z 8, 1033 b 5–7.
2 Ebenda, 1033 a 30–33.
3 Aristoteles, Physikvorlesung, Buch IV, Kap. 13, 222 a ff.
4 Ebenda, 222 a 27–b 6.
5 Vgl. oben, Einleitung, 2. Formulierung des strittigen Arguments.
6 Vgl. oben, Einleitung; dort werden am Schluß die betreffenden Themen aufgeführt.
7 Aristoteles, Über die Seele, Buch II, Kap. 5, 417 b 23.
8 Themistius, In libros Aristotelis De anima paraphrasis, ed. R. Heinze, Berlin 1899, S. 56, Z. 20 f.(= CAG V,3) Im griechischen Original heißt es dort jedoch abweichend: „die Begriffe sind nämlich das Wißbare, die Universalien . . .“. Der Hrsg. des Sigerschen Traktats vermerkt zu dieser Stelle, daß in sämtlichen lateinischen Handschriften des Traktats statt „scibilia“ („Wißbares“) das Wort „similia“ („Ähnliches“) stehe; dem folgt also auch seine Edition (ed. B. Bazán, S. 120 u.).
9 Themistius, In libros Aristotelis De anima paraphrasis, a.a.O., S. 3, Z. 32 f.
10 Aristoteles, Metaphysik, Z 13, 1038 b 9.
11 Ebenda, 1039 a 7.
12 Ebenda, 1038 b 9 ff.
13 Averroes, Commentarium magnum in Aristotelis De anima libros, a.a.O., Buch III, Textkomm. 18, S. 438 f.
14 Vgl. Anm. 8.
15 Vgl. Siger de Brabant: Quaestiones in tertium De anima, qu. 14, ed. B. Bazán, Paris - Louvain 1972, S. 48, Z. 64 ff.
16 Vgl. oben, Einleitung.

17 Aristoteles, Metaphysik, Θ 8, 1049 b 16–18.
18 Aristoteles, Metaphysik, Λ 6, 1071 b 25–29.
19 Ebenda, 1072 a 1–5.
20 Averroes, Kommentar zu Aristoteles' „Metaphysik", a.a.O., fol. 334 E, text. comm. 30: „nulla enim differentia est inter ponentem materiam esse mobilem ex se, et ponentem quod omnes cause fuerunt in quiete, et quod demum incoeperunt moveri."
21 Aristoteles, Metaphysik, Θ 8, 1050 b 3–6.
22 Es folgt nun die Stellungnahme Sigers zu den 4 Argumenten, die eingangs dieses Kapitels gegen die These von dem zeitlichen Vorangehen des Akts vor der Potenz aufgeführt wurden.
23 Aristoteles, Metaphysik, Θ 7, 1049 a 12–18.
24 Averroes, Kommentar zu Aristoteles' „Über den Himmel", in: Aristotelis opera cum Averrois commentariis, T. V, Venedig 1560, text. comm. 121.

4. Johannes Duns Scotus, Ordinatio

1 Vgl. Johannes Duns Scotus, Ordinatio, lib. II, dist. 3, pars 1, qu. 5, in: Opera omnia, ed. C. Balič, Vol. VII, Civitas Vaticana 1973, S. 458–461. Es geht hier um die Argumente, die in der Quaestio 5 für die folgende These herangezogen wurden: eine materielle Substanz ist individuell auf Grund der Materie, d. h. für die Annahme der Materie als Individuationsprinzip. Diese These will Duns Scotus hier nun in der Quaestio 6 durch seine eigene Theorie widerlegen.
2 Aristoteles, Über die Seele, 417 b 22 f.
3 Aristoteles, Metaphysik, 1035 b 33–1036 a 8.
4 Ebenda.
5 Vgl. Duns Scotus, Ordinatio II, dist. 3, pars 1, qu. 2, S. 416 f. Duns Scotus gibt hier seine eigene Bestimmung des Individuationsprinzips als etwas dem Individuum inhärierendes Positives, das die Teilbarkeit eines Individuums ausschließt.
6 Ebenda, qu. 4, S. 446. Hier schließt Duns Scotus aus, daß das Individuationsprinzip etwas Akzidentielles sein kann.
7 Hier wird auf die Position Gottfrieds von Fontaines (gest. ca. 1306) Bezug genommen, der die Quantität als Prinzip numerischen „Einsseins", die Form wiederum als Individuationsprinzip auffaßte.
8 D. h. daß die spezifische Natur an und für sich eine ganz bestimmte einzelne ist.
9 Vgl. Porphyrios, Isagoge, CAG IV,1, S. 6 (diese Ausg. Bd. 1, S. 7 und Platon, Philebos, 16c–17e.
10 Boethius, Liber de divisione, in: PL 64, Paris 1847, col. 877.
11 Gottfried von Fontaines, Quodlibeta, VII, qu. 5, in: Les Quodlibet cinq, six et sept de Godefroid de Fontaines, éd. par M. de Wulf et J. Hoffmanns, Louvain 1914, S. 319 (= Les philosophes belges, t. III).
12 D. h. daß „Natur" auf Grund der Quantität allgemein sein kann für mehreres Singuläres bzw. die Quantität der zutreffende Grund dafür sein kann, daß mehreres Singuläres einer „Natur" innewohnen kann; vgl. oben S. 81 u..
13 D. h. die beiden Teile der zu Beginn des Abschnitts wiedergegebenen Auffassung Gott-

frieds von Fontaines: eine spezifische „Natur" soll sowohl einzeln als auch - vermittels der Quantität - allgemein sein.

14 Aristoteles, Physikvorlesung, 185 a 32–185 b 5.

15 D. h. die oben am Beginn des Abschnitts A.1.a. angeführte Behauptung Gottfrieds von Fontaines.

16 D. h. Gottfried von Fontaines mit seiner zuvor diskutierten Auffassung.

17 Für Duns Scotus folgt also aus der Annahme einer einheitlichen, innerlich undifferenzierten Speziesnatur von Wein - gleichgültig, ob darunter der gewöhnliche oder der sakrale Wein der Eucharistie verstanden wird - die Unmöglichkeit der sogenannten „Transsubstantiation". Damit aber würde ein Grundpfeiler der katholischen Theologie in Frage gestellt werden.

18 Duns Scotus stellt also prinzipiell in Frage, daß eine Prädikation zugleich die unterschiedslose Identität von Subjekt und Prädikat („dieses da ist dieses da") als auch das Enthaltensein des Prädikats im Subjekt ausdrücken kann („die Substanz wohnt dem Akzidens inne").

19 Vgl. oben S. 82 f., wo die Position Gottfrieds von Fontaines so interpretiert wird, daß er die a priori gegebene quantitative Bestimmtheit einer materiellen Substanz annehme und dabei zugleich behaupte, die von außen hinzukommende Quantität individuiere die Substanz.

20 D. h. „Natur" als wohlunterschiedene materielle Substanz.

21 Vgl. Anmerkung 14 und den dazugehörigen Text der Quaestio.

22 D. h. die Quaestio 6: Ist eine materielle Substanz individuell durch eine gewisse Entität, welche durch sich selbst eine „Natur" zur Singularität bestimmt?

23 Vgl. Duns Scotus, Ordinatio II, dist. 3, pars 1, qu.1, S. 402.

24 Ebenda, qu. 2, S. 416 f.

25 Ebenda, qu. 4, S. 446.

26 Vgl. oben unter 2.): „Hierzu gebe ich folgende Begründung: Genauso . . .", S. 85 u.

27 Vgl. ebenda, qu. 1, S. 408. Hier wird auf die Ausführungen des Johannes von Damaskus (ca. 650–vor 754) in der „Darlegung des orthodoxen Glaubens" (De fide orthodoxa) Bezug genommen. Johannes von Damaskus behauptet dort, daß es einen markanten Unterschied zwischen Gott und Welt gäbe: während bei den von Gott geschaffenen Wesen eine sachlich-objektive Trennung der Personen (Subsistenzen) besteht und deren Einheit in einer gemeinsamen Natur nur der gedanklichen Abstraktion nach vorliegt, sei in der Trinität (Gott Vater, Sohn, Heiliger Geist als „göttlichen Personen") umgekehrt die Einheitlichkeit der Personen sachlich-objektiv und ihre Trennung voneinander nur ideell (vgl. Johannes von Damaskus, Darlegung des orthodoxen Glaubens, übers. v. H. Hayd, Kempten 1880, Buch I, Kap. 8, S. 50 ff.).

28 Vgl. Duns Scotus, Ordinatio II, dist. 3 pars 1, qu. 1, S. 403 f.

29 Vgl. Duns Scotus, Ordinatio, Lib. I, dist. 8, in: Opera omnia, Vol. IV, S. 271.

„paronymisch" (denominative), d. h. in übertragener Weise ausgesagt werden. Zum angegebenen Beispiel: „Der Körper ist ein Beseeltes" - hier wird „Seele" und „Beseeltheit" dem Körper nur im übertragenen Sinn als ein Merkmal zugesprochen, nicht jedoch definitorisch mit ihm gleichgesetzt bzw. er darunter subsumiert. „Beseeltes" stellt eine grammatische Ableitung von „Seele" dar; dies weist schon äußerlich auf deren Ähnlichkeit aber auch Unterschiedlichkeit hin, wodurch die beiden Aussagen „Der Körper ist ein Beseeltes" und

„Der Körper ist Seele“ keinesfalls miteinander identisch sind (vgl. zur Paronymie, Synonymie und Homonymie: Aristoteles, Kategorien, 1 a 12).
„wesentlich und für sich geltend in primärer Hinsicht“ (per se primo modo): alle für sich geltenden Prädikationen sind notwendig richtig; bei der „primären“ Art einer für sich geltenden Prädikation handelt es sich um die Angabe aller substantiellen Merkmale eines Dinges, die seine Definition ausmachen (vgl. Aristoteles, Zweite Analytik, Buch I, Kap. 4). Zum angegebenen Beispiel: „Mensch ist ein Beseeltes“ - dies ist eine „wesentliche und für sich geltende Prädikation in primärer Hinsicht“, da „beseeltes Wesen“ notwendiger Bestandteil der Definition von „Mensch“ ist.

30 D. h. der These von der positiven Entität, die durch sich selbst eine Natur zur Singularität bestimmt.

31 D. h. die Einheit in einem Individuum.

32 D. h. der numerischen Einheit.

33 Vgl. Duns Scotus Ordinatio, lib. I, dist. 3,in: Opera omnia, Vol. III, S. 97–100.

34 „quidditativ“: das lateinische Wort „quiditas“ (Quidditât) ist eine Übersetzung des arabischen Wortes „mahiyya“ (svw. „Was ist es“, „Washeit“). Mit „Quiddität“ oder „quidditativem Sein“ wird ein abstrakt-allgemeines Sein (Seiendes) bezeichnet, welches etwas Bestehendem gemäß dessen Definition zukommt; darunter kann prinzipiell auch das Wesen von Dingen verstanden werden, das ihnen attributivisch zukommt oder als selbständige „Wesenheit“ besteht.

35 Aristoteles, Metaphysik, 1013 a 26–28; 1037 a 32–1037 b 5.

36 Boethius, De trinitate, S. 10 f. (diese Ausg. Bd. 1, S. 54).

37 Der Unterschied von Spezies und Individuum wird damit von Duns Scotus nicht nur auf die aristotelische Stoff-Form-Beziehung, sondern auch die elementare Subjekt-Prädikat-Beziehung zurückgeführt. Er interpretiert dabei die genannten Beziehungen in Analogie zum Verhältnis von „quidditativem Sein“ einer abstrakt-allgemeinen Wesenheit und dem „genauer bestimmten Sein“ eines konkreten Individuums.

38 Nachdem zuvor die anderen beiden Bezugsmöglichkeiten diskutiert wurden: 1. die Beziehung einer spezifischen Differenz zu dem, was ihr untergeordnet ist; 2. die Beziehung zu dem, was ihr übergeordnet ist; vgl. oben S. 88 f.

39 D. h. eine Entität, die einen „nicht schlechthin einfachen Begriff“ besitzt; vgl. Anm. 33.

40 Mit dieser Aporie soll gegen die Annahme elementarer spezifischer Differenzen argumentiert werden, die noch unterhalb des Allgemeinheitsgrades von „Natur“ sein, jedoch im Unterschied zu individuellen Differenzen gemeinsam eine Spezies konstituieren sollen.

41 Für Duns Scotus schließen sich die „Unterscheidungsgründe“ der elementaren spezifischen Differenzen und Individuen also völlig voneinander aus, während das entsprechende „voneinander Wohlunterschiedene“ bzw. die „Identitätsbestände“ selbst bezüglich eines Dritten untereinander vergleichbar sind. Damit soll zugleich die Basis der potentiellen Existenz „unterster Spezies“ gegeben sein, womit der zuvor geäußerte Einwand als entkräftet angesehen wird: die Annahme der Existenz prinzipiell voneinander verschiedener individueller Entitäten ist also kein echter Hinderungsgrund für die Existenz ihnen entsprechender Spezies.

42 Vgl. oben das 1. Argument zur Verneinung der in der Quaestio 6 aufgeworfenen Frage, ob eine gewisse positive Entität durch sich selbst eine Natur zur Singularität bestimmt, S. 80.

43 Vgl. Duns Scotus, Ordinatio, lib. I, dist. 8, in: Opera omnia, Vol. IV, S. 262, 269, 271, 272 f., 275 f.; ebenda, dist. 5, S. 69 f., 72 f.; ders., Ordinatio, lib. I, dist. 2, in: Vol. II, S. 360 f.

44 D. h. Weisheit - Gutheit, Göttlichkeit - Vaterschaft usw. (vgl. Ordniatio, lib. I, dist. 8, a.a.O., S. 275 f.).

45 In der Edition wird an dieser Stelle als vervollständigendes Zitat hinzugefügt vom Herausgeber: „aber auf Grund der formmäßigen Unendlichkeit der einen von beiden oder beider Wesensbestimmungen", Opera omnia, Vol. VII, S. 485 u., Anm. 3.

46 Vgl. oben das 2. Argument zur Verneinung der in der Quaestio 6 aufgeworfenen Frage, S. 80 u.

47 Vgl. oben das letzte Argument zur Verneinung der in der Quaestio 6 aufgeworfenen Frage, S. 81.

48 Aristoteles, Topik, 101 b 39: „Eine Definition ist eine Rede, die das Wesen anzeigt."

49 Vgl. oben das 3. Argument zur Verneinung der in der Quaestio 6 aufgeworfenen Frage, S. 81.

50 Vgl. oben Abschnitt A.1.a., S. 81 u.

51 Vgl. Anm. 9.

52 D. h. ein Genus ist eine Gesamtheit paarweise auftretender Elemente; diese bilden komplementäre Teilmengen, deren Gesamtumfang gleich dem Umfang des Genus ist.

53 Vgl. Boethius, Liber de divisione, a.a.O., col. 877: hier unterscheidet Boethius allerdings die Einteilung einer Spezies in die einzelnen Individuen, die er als Einteilung eines Ganzen in seine Teile auffaßte, von der Einteilung eines Genus in seine Spezies. Weiter unten (ebenda, col. 887) heißt es dann aber, daß die Einteilung eines Genus und die eines Ganzen in seine Teile zueinander ähnlich sind („et est similis divisio generis totius divisioni").

54 Vgl. oben Abschnitt A.1.a, S. 82 o.

55 Porphyrios, Isagoge, S. 9 (diese Ausg. Bd. 1, S. 10).

56 Aristoteles, Metaphysik, 1043 b 2–4: „Denn Seele und Seelesein ist dasselbe . . .", d. h. zwischen der Seele als Träger bestimmter Eigenschaften und dem der Seele zukommenden Wesen besteht keinerlei Unterschied.

57 D. h. der zweite Teil der oben im Abschnitt A.1.a. genannten Auffassung des Gottfried von Fontaines: danach sollte Quantität als Vermittlungsinstanz zwischen Spezies und Individuen fungieren, S. 82 o.

58 Vgl. oben S. 82.

59 Ebenda.

60 Duns Scotus, Ordinatio II, dist. 3, pars 1, qu. 5, S. 461–463.

61 Hier schließt sich die Auseinandersetzung mit der Argumentation in der vorangegangenen Quaestio 5 an; es werden Belegstellen aus dem Aristotelischen Werk zur Stützung der These von der Materie als Individuationsprinzip ins Feld geführt. Dieser Abschnitt III („Zu den für die Stützung der entgegengesetzten Auffassung herangezogenen Belegstellen aus dem Werk des Philosophen"), den wir hier weglassen, gehört also inhaltlich zur Quaestio 5 (a.a.O., S. 458–463); die grundsätzliche Stellungnahme von Duns Scotus enthält bereits Abschnitt II („Die eigene Lösung der fünften Quaestio").

5. Wilhelm von Ockham, In libros Physicorum

1 Vgl. den vorangegangenen § 5 des Kap. 2 (Expositio in libros Physicorum Aristotelis. Prologus et libri I–III, a.a.O., S. 421–430). Hier weist Wilhelm von Ockham nach, daß die Mutation, d. h. ein momentanes Entstehen oder Vergehen, kein besonderes Ding ist, das von den dauerhaften Dingen verschieden ist.

2 Vgl. Anm. 1.

3 Vgl. Ockham, Expositio in libros Physicorum Aristotelis. Libri IV–VIII, ed. R. Word [u. a.], St. Bonaventure 1985, lib. IV, cap. 18, § 3 (= Opera philosophica, Vol. V).

4 Dieser Satz ist eine Fassung des sogenannten „Ockhamschen Rasiermessers“: dieses stellt ein Rationalitätskriterium zur Eliminierung überflüssiger Begriffe bzw. Entitäten aus der Erklärung gewisser Phänomene dar.

5 Vgl. Ockham, Quaestiones in librum secundum Sententiarum, St. Bonaventure 1981, qu. 7, S. 108–119 (= Opera theologica, Vol. V).

6 Vgl. unten § 7.

7 Vgl. unten § 8.

8 Vgl. Anm. 1.

9 Vgl. Averroes, Kommentar zu Aristoteles' „Physikvorlesung“, Buch III, text. comm. 4, in: Aristotelis opera cum Averrois commentariis, T. IV, Venetiis 1560, fol. 71 r. - Averroes (Ibn Ruschd) kommentiert hier die Ausführungen von Aristoteles (Physikvorlesung, Buch III, 200 b 32–201 a 3):

„Ad hoc autem dicamus, quoniam motus secundum quod non differt a perfectione, ad quam vadit, nisi secundum magis et minus, necesse est ut sit de genera illius perfectionis: motus enim nihil aliud est quam generatio partis post aliam illius perfectionis, ad quam intendit motus, donec perficiatur et sit in actu. Unde necesse est, ut motus, qui est in substantia, inveniatur in genere substantiae: et motus, qui est in quantitate, in genere quantitatis: et similiter, qui est in ubi et qualitate: secundum autem quod est via ad perfectionem, quae est alia ab ipsa perfectione, necesse est, ut sit genus per se: via enim ad rem est aliud ab ipsa re: et secundum hoc fuit positum praedicamentum per se: et iste modus est famosior, ille autem est verior, et ideo Aristoteles induxit illum modum famosum in praedicamentis, et istum modum verum in hoc libro.“

(Übersetzung ins Deutsche: „Wir stellen hierzu fest, daß die Bewegung, insofern sie sich nicht von der Vollkommenheit unterscheidet, auf die sie zustrebt, es sei denn hinsichtlich eines mehr oder weniger, notwendigerweise ebendiesem Genus der Vollkommenheit angehört. Eine Bewegung ist nämlich nichts weiter, als das Werden eines Bestandteiles der durch die Bewegung angesteuerten Vollkommenheit nach dem anderen bis dahin, daß sie schließlich erreicht wird und aktual da ist. Darum ist es notwendig, daß eine Bewegung, die die Substanz betrifft, im Genus der Substanz vorgefunden wird, und eine Bewegung, die die Quantität betrifft, im Genus der Quantität vorgefunden wird; analog ist es bei der Bewegung hinsichtlich des Ortes und der Qualität. Insofern die Bewegung aber ein Weg hin zu einer Vollkommenheit ist, der sich von dieser Vollkommenheit unterscheidet, muß die Bewegung ein selbständiges eigenes Genus sein. Ein Weg hin zu einem Ding ist doch etwas anderes als das Ding selbst: und in dieser Hinsicht wurde sie als eine eigene selbständige Kategorie behandelt. Diese Sichtweise ist nun die berühmtere, jene frühere hingegen ist wahrer. Darum hat Aristoteles diese berühmte

Sichtweise in den ‚Kategorien' gebraucht, die wahre hingegen in dem vorliegenden Werk."

Diese Ausführungen des Averroes über die doppelte Betrachtungsweise der Kategorie „Bewegung" haben in der Scholastik des 13. und 14. Jahrhunderts eine umfangreiche kontroverse Diskussion ausgelöst (vgl. dazu A. Maier, Zwischen Philosophie und Mechanik. Studien zur Naturphilosophie der Spätscholastik, Roma 1958, S. 61–143). Wilhelm von Ockham nimmt mit seinen Aussagen daran teil bzw. darauf Bezug.

10 Vgl. unten § 8.
11 Vgl. Anm. 9.
12 Vgl. Anm. 9.
13 D. h. in bezug auf die quantitative, qualitative und die Ortsbewegung (vgl. Anm. 9).
14 Vgl. Anm. 9.
15 Vgl. Anm. 9; Aristoteles, Kategorien, Kap. 14.
16 Vgl. Aristoteles, Physikvorlesung, Buch III, Kap. 1 200 b 32–33.
17 Vgl. oben § 5, a.a.O., S. 421.
18 Vgl. Aristoteles, Physikvorlesung, 200 b 33 ff.
19 Vgl. Aristoteles, Über die Seele, 418 a 17–20.
20 Averroes, a.a.O., text.comm. 5, fol. 71 v.
21 Vgl. oben S. 106 o.
22 Vgl. Aristoteles, Metaphysik, Buch 7, Kap. 13, 1038 b 7–8.
23 Wenn der Terminus „Weißes" personal supponiert (supponit personaliter), so steht er als Bezeichnung für einen einzelnen Gegenstand (zur Theorie der Supposition vgl. Ockham, Summa logicae, ed. Ph. Boehner [u. a.], St. Bonaventure 1974, pars I, cap. 64, S. 195 f.).
24 Wenn der Terminus „Weißes" material supponiert, dann vertritt er unmittelbar das geschriebene oder gesprochene Wort; supponiert er einfach (simpliciter), so repräsentiert er eine ideelle Sinngebung oder Bedeutung, d. h. kein bestimmtes einzelnes Ding (vgl. Summa logicae, a.a.O.).
25 Vgl. oben S. 106 o.
26 Vgl. oben S. 106 o.
27 Vgl. oben S. 106 o.
28 Vgl. oben S. 106 o.
29 Vgl. Anm. 19.
30 Wie hier, so hat Wilhelm von Ockham auch an anderen Stellen seiner Werke die Kommentierung von Aristoteles' „Über die Seele" angekündigt bzw. auf einen entsprechenden Kommentar verwiesen; es ist jedoch keiner überliefert.

6. Walter Burley, De universalibus

1 Aristoteles, Zweite Analytik, Buch I, Kap. 1.
2 Aristoteles, Zweite Analytik, Buch I, Kap. 31, 87 b 32–33.
3 Robertus Grosseteste, Commentarius in Posteriorum Analyticorum libros, ed. P. Rossi, Firenze 1981, Buch I, Kap. 18, S. 266.
4 Vgl. Aristoteles, Metaphysik, Z 6, 1031 a 15 ff.
5 Porphyrios, Isagoge, S. 4 (diese Ausg. Bd. 1, S. 6).

6 Vgl. Aristoteles, Metaphysik, Z 13, 1038 b 33–34.
7 Vgl. Boethius, In Isagogen ed. sec., S. 167 (diese Ausg. Bd. 1, S. 31).
8 Vgl. Aristoteles, Metaphysik, Z 10, 1036 a 3–5.
9 Vgl. Aristoteles, Topik, Buch I, Kap. 8, 103 a 9 ff.
10 Vgl. Aristoteles, Zweite Analytik, Buch II, Kap. 4, 91 a 15–16.
11 Vgl. Aristoteles, Metaphysik, Z 5, 1030 b 14 ff.
12 Vgl. Aristoteles, Kategorien, Kap. 2, 3, 5.
13 Vgl. Aristoteles, Zweite Analytik, Buch I, Kap. 4. 12, 22.
14 Ebenda, Buch I, Kap. 31.
15 Ebenda, Buch I, Kap. 1.
16 Aristoteles, Topik, Buch VII, Kap. 4, 141 a 26 ff.
17 Aristoteles, Physik, Buch I, Kap. 1, 184 a 10 ff.
18 Averroes, Commentarium magnum in De anima, ed. Crawford, Buch I, Textkomm. 8, S. 12.
19 Aristoteles, Physik, Buch II, Kap. 2, 193 b 35 ff.
20 Vgl. Aristoteles, Metaphysik, Γ 3, 1005 b 19–20.
21 Vgl. Aristoteles, Topik, Buch Z 1, 151 b 28 ff.
22 Vgl. Aristoteles, Kategorien, Kap. 10, 12 a 41–12 b 1.
23 Vgl. Anm. 8.
24 Boethius, De divisione, PL 64, Sp. 878.
25 Vgl. Aristoteles, Metaphysik, Γ 2, 1004 a 10 ff.; I 3, 1054 b 15 ff.
26 Ebenda, Δ 6, 1016 b 31 ff.; I 1, 1052 a 31 ff.
27 Vgl. Aristoteles, Topik, Buch I, Kap. 7, 103 a 7 ff.
28 Vgl. Aristoteles, Metaphysik, A 1, 981 a 15 ff.
29 Ebenda, 981 a 18 ff.
30 Vgl. Aristoteles, Topik, Buch I, Kap. 7.
31 Vgl. Aristoteles, Metaphysik, Δ 6, 1016 b 36.
32 Vgl. zu dieser Einteilung der „Supposition“ auch: Walter Burleigh, Von der Reinheit der Kunst der Logik. Erster Traktat: Von den Eigenschaften der Termini, übers. u. hrsg. v. P. Kunze, lat.-dt., Hamburg 1988, pars I, cap. 3, S. 32 f.
33 Vgl. Porphyrios, Isagoge, S. 4 f. (diese Ausg. Bd. 1, S. 6 f.).
34 Vgl. Aristoteles, Physik, Buch II, Kap. 3, 195 b 25–26.
35 Vgl. Aristoteles, Metaphysik, Δ 2, 1014 a 20 ff.
36 Ebenda, Z 14–16, 1039 a 24 ff.
37 Ebenda, A 9, 990 a 34 ff.; Z 13–16, 1038 b 1 ff.
38 Ebenda, Z 15, 1040 a 8 f.
39 Vgl. Aristoteles, Über die Seele, Buch I, Kap. 1, 402 b 7 f.
40 Vgl. Aristoteles, Über die Entstehung der Tiere, Buch II, Kap. 3, 736 b 35–737 a 12.
41 Vgl. ebenda, Buch I, Kap. 16, 721 a 2 ff.; Buch II, Kap. 3, 736 b 35–737 a 12.
42 Vgl. Averroes, Comm. in Met., Buch XII, Kap. 3, Textkomm. 18, in: Aristotelis opera cum Averrois commentariis, T. VIII.
43 Vgl. ebenda, Buch II, Textkomm. 15.
44 Vgl. Augustinus, De diversis quaestionibus LXXXIII, qu. 46, in: PL 40, Sp. 30.
45 Ebenda.
46 Als „zweites Angrenzendes“ [secundum adiacens] hat eine finite Form des Verbs „sein“ die

Funktion eines Existenzprädikates in einem Existenzurteil; vgl. dazu Walter Burleigh, Von der Reinheit der Kunst der Logik, a.a.O., pars III, S. 162 f.

47 Als „drittes Angrenzendes“ [tertium adiacens] hat eine finite Form des Verbs „sein“ die Funktion einer Kopula von Subjekt und Prädikatsnomen; vgl. dazu W. Burleigh, a.a.O.

48 Vgl. Averroes, Comm. in Met., Buch XII, Kap. 4, Textkomm. 52.

49 Ebenda.

50 Aristoteles, Metaphysik, Δ 15, 1021 a 31.

51 Vgl. Avicenna, Liber de philosophia prima . . ., ed. S. Van Riet, Traktat V, Kap. 1, S. 228 f.

52 Vgl. Boethius, In Isagogen ed. sec., Buch I, Kap. 11, S. 164 ff. (diese Ausg. Bd. 1, S. 29 f.).

53 Vgl. Aristoteles, Zweite Analytik, Buch I.

7. Johannes Buridan, Supra libros Ethicorum ad Nicomachum

1 Vgl. Aristoteles, Physikvorlesung, 189 a 4–7. – Dieser Gedanke wird auch im Kommentar des Boethius zur „Isagoge“ des Porphyrios geäußert: „. . . ein Zugrundeliegendes ist jedoch einmal ein Allgemeines, wenn es gedanklich gefaßt wird, und zum anderen ein Einzelnes, wenn es sinnlich wahrgenommen wird . . .“ (Boethius, In Isagogen ed. sec., S. 167; diese Ausg. Bd. 1, S. 31).

2 Aristoteles, Nikomachische Ethik, 1140 b 4–6.

3 Ebenda, 1140 b 29–30.

4 Averroes, Commentarium magnum in De anima ed. Crawford, Buch I, S. 12.

5 Aristoteles, Nikomachische Ethik, 1141 b 14–15.

6 Ebenda, 1141 b 15.

7 Ebenda, 1142 a 12–15.

8 Ebenda, 1142 a 20–23.

9 Ebenda, 1139 a 23–26.

10 Seneca, Epistolae morales ad Lucilium, ed. O. Hense, Leipzig 1898, Liber XV, Ep. II (Ep. 94), S. 404 (= Opera, Vol. III).

11 Aristoteles, Metaphysik, 981 a 16–17.

12 Aristoteles, Über die Seele, 434 a 20.

13 Die Rede ist von den drei im voraufgegangenen Satz genannten Sachverhalten: 1. Die sittliche Einsicht ist bisweilen auf das Allgemeine bezogen. 2. Die sittliche Einsicht ist bisweilen auf das Einzelne bezogen. 3. Die sittliche Einsicht bezieht sich mehr auf das einzelne als auf das Allgemeine.

14 Aristoteles, Nikomachische Ethik, 1141 b 32.

15 Aristoteles, Rhetorik, 1354 b 5–7.

16 Vgl. oben Anm. 13; der fragliche Satz lautet: Die sittliche Einsicht bezieht sich bisweilen auf das Einzelne.

17 Vgl. oben Anm. 13: der fragliche Satz lautet: Die sittliche Einsicht bezieht sich mehr auf das Einzelne als auf das Allgemeine.

18 Aristoteles, Metaphysik, 993 b 20–21.

19 Ebenda, 981 a 16–17.

20 Aristoteles, Über die Seele, 434 a 20.

21 Vgl. Aristoteles, Nikomachische Ethik, II 5, 1106 b 31–33.

22 Aristoteles, Rhetorik, 1354 b 5–11.
23 Aristoteles, Nikomachische Ethik, 1141 b 21–22. Die Rede ist von den beiden Formen der sittlichen Einsicht, d. h. der lediglich auf das Allgemeine gerichteten und der auch auf den Einzelfall gerichteten bzw. ihn einschließenden Einsicht.
24 Aristoteles, Über den Schlaf und das Wachen, 454 a 8.
25 Aristoteles, Metaphysik, 981 a 16–17.
26 Das heißt auf die unter der Rubrik „Daß es nicht so ist, (daß sich die sittliche Einsicht auf das Einzelne bezieht)“ eingangs der Quaestio geltend gemachten Positionen.

8. Gregor von Rimini, Super primum Sententiarum

1 Das Buch 3 des „Sentenzenkommentars“, in dem Gregor von Rimini das Universalienproblem speziell abhandeln wollte, existiert nicht.
2 Vgl. Gregorii Ariminensis OESA Lectura super primum et secundum Sententiarum, ed. A. Damasus Trapp, Venicio Marcolino, Tomus 1: Super primum (Prologus. Dist. 1–6), Berlin – New York 1981, dist. 3, qu. 1, S. 353 ff.
3 Ebenda, S. 359 ff.
4 Averroes, Comm. in Metaphysicam, lib. XII, text. comm. 4, in: Aristotelis Opera, T. VIII, Venetiis 1560, fol. 315 A.
5 Aristoteles, Über die Seele, Buch I, Kap. 1, 402 b 7–8.
6 Eustratius, In Ethicam ad Nicomachum, 1,7, ed. Mercken, Leiden 1973, S. 70.
7 Averroes, In Physicam, lib. I, Text. comm. 5, in: Aristotelis Opera, T. IV, Venetiis 1560, fol. 5 C.
8 Aristoteles, Metaphysik, A 1, 980 b 28–981 a 7.
9 Aristoteles, Zweite Analytik, Buch II, Kap. 19, 100 a 3–9.
10 Vgl. Gregor von Rimini, Super primum Sententiarum, dist. 3, qu. 1, S. 343 ff.
11 Vgl. Anm. 1.
12 Vgl. Gregor von Rimini, Super primum Sententiarum, dist. 3, qu. 1, S. 309 ff.
13 Vgl. Thomas von Aquino, Summa theologiae, I, qu. 85, art. 3.
14 Vgl. Augustinus, De trinitate, VIII, 5,8 und IX, 6,9, in: PL 42, col. 953 und col. 966.
15 Vgl. Thomas von Aquino, Summa theologiae, I, qu. 86, art. 1.
16 Aristoteles, Über die Seele, Buch III, Kap. 4, 429 b 16–17.
17 Averroes, Commentarium magnum in Aristotelis De anima libros, ed. F. S. Crawford, lib. III. comm. 10, S. 424.
18 Vgl. Aristoteles, Physikvorlesung, Buch I, Kap. 5, 188 b 30–33, u. 189 a 4–7.
19 Vgl. Aristoteles, Physikvorlesung, Buch I, Kap. 1, 184 a 21–23.
20 Der ganze Absatz folgt Thomas von Aquino, Summa theologiae, I, qu. 85, art. 3.
21 Thomas von Aquino, Summa theologiae, I, qu. 85, art. 2.
22 Vgl. Gregor von Rimini, Super primum Sententiarum, dist. 3, qu. 3, art. 2, S. 396–399.
23 Vgl. Thomas von Aquino, Summa theologiae, I, qu. 84, art. 7.
24 Ebenda, I, qu. 85, art. 1.
25 Ebenda, I, q. 84, art. 7.
26 Vgl. Gregor von Rimini, Super primum Sententiarum, dist. 3, qu. 1, S. 306 ff., S. 315 ff. u. S. 341 ff.

27 Thomas von Aquino, Summa theologiae, I, qu. 86, art. 1.
28 Vgl. ebenda.
29 Vgl. Thomas von Aquino, Summa theologiae, I, qu. 85, art. 1.
30 Ebenda, I, qu. 85, art. 3.
31 Vgl. Gregor von Rimini, Super primum Sententiarum, dist. 3, qu. 3, art. 2, S. 399.
32 Vgl. ebenda, S. 399 f. (dies ist der mit der Überschrift „Die Auffasung des Thomas von Aquino“ oben übersetzte Abschnitt).
33 Aristoteles, Über die Seele, Buch III, Kap. 4, 429 b 14–18.
34 Averroes, Commentarium magnum in De anima, a.a.O., lib. III, comm. 10, S. 424.
35 Vgl. Anm. 18.
36 Vgl. Aristoteles, Physikvorlesung, Buch I, Kap. 5, 188 b–189 a 9.
37 Averroes, In Physicam, lib. I, comm. 48, in: Aristotelis Opera. T. IV, fol. 23 A.
38 Ebenda, fol. 23 B.
39 Ebenda, lib. I, comm. 49, fol. 23 E.
40 Aristoteles, Physikvorlesung, Buch I, Kap. 1, 184 a 23–24.
41 Averroes, in Physicam, lib. 1, comm. 4, a.a.O., 4 D.
42 Wenn etwas „nach dem ersten Modus“ über ein anderes „an sich“ ausgesagt wird, so wird die Wesensbestimmung eines Dinges angegeben (vgl. Aristoteles, Zweite Analytik, Buch I, Kap. 4).
43 Vgl. oben Anm. 20 mit dem zugehörigen Text aus dem Abschnitt „Die Auffassung des Thomas von Aquino“.
44 Ebenda; folgende Aussage ist gemeint: „alles, was von der Potenz zum Akt fortschreitet, gelangt zunächst in den Zustand eines unvollendeten Akts, der ein Mittleres zwischen Potenz und Akt ist, bevor es zum Akt gelangt“.
45 Ebenda; mit dem „Untersatz“ ist der Gedanke aus dem Thomas-Zitat gemeint, daß die gedankliche Erkenntnis eines Universale im Fortschreiten des Intellekts von der potentiellen zur aktuellen Erkenntnis von Gegenständen einen mittleren, unvollendeten Akt des Erkennens darstellt, auf den der vollendete Akt der distinkten Erkenntnis des singulären folge.
46 Zur „Äußerung des Philosophen“ vgl. Anm. 19. - Zur Stellungnahme dazu vgl. Gregor von Rimini, Super primum Sententiarum, dist. 3, qu. 3, S. 409 f.
47 Vgl. Thomas von Aquino, Summa theologiae, I, qu. 85, art. 2.
48 Aristoteles, Physikvorlesung, Buch I, Kap. 1, 184 b 12–14.

9. Heinrich Totting von Oyta, In Isagogen

1 Aristoteles, Über die Seele, Buch II, Kap. 4, 415 b 3–7.
2 Aristoteles, Metaphysik, Δ 9, 1018 a 15–17.
3 Gemeint sind hier die Vertreter der Platonischen Ideenlehre.
4 Gegenstand der Untersuchung sollen also nur die von Porphyrios in der „Isagoge“ abgehandelten 5 Prädikabilien sein, d. h. Genus, Spezies, Differenz, Akzidens und Proprium. In bezug auf sie soll untersucht werden, ob sie lediglich ein „universale post rem“ („ein den Dingen nachgeordnetes Universale“) und/oder ein „universale in re“ („das in den Dingen enthaltene Universale“) sind.

5 Wörtlich lautet die herangezogene Stelle: „alles, was existiert, existiert darum, weil es Eins ist" („quidquid est, ideo est, quia unum est"). Sie steht nicht in einem Werk des Boethius, sondern in der Abhandlung „De unitate" des Dominicus Gundisalvi (vgl. P. Correns, Die dem Boethius fälschlich zugeschriebene Abhandlung des Dominicus Gundisalvi De unitate, in: *Beiträge* I, 1 (1891), S. 3).

6 Vgl. das einleitende Argument in § 9.

7 Vgl. Anm. 5.

8 Hiermit bringt Heinrich Totting von Oyta das charakteristische Merkmal eines jeden Universale, d. h. über mehreres prädiziert zu werden, in Einklang mit seiner Stellung in einer eindeutigen Subjekt-Prädikat-Beziehung. Zugleich werden Universalien damit von Homonyma, fiktiven und metaphorischen Termini, Termini der Metasprache und den Termini mit ausschließlichem Bezug auf zukünftige oder bereits vergangene Objekte abgegrenzt.

9 Vgl. Aristoteles, Peri hermeneias, Kap. 1, 16 a 6–8. Aristoteles stellt an dieser Stelle allerdings nur fest, daß die gesprochenen und die geschriebenen Worte Zeichen von seelischen Qualitäten sind, welche Qualitäten wiederum allgemeinmenschlich sind. Die Behandlung seelischer Qualitäten als naturhafte Zeichen ist eine nachträgliche Interpretation des aristotelischen Textes (vgl. dazu den Kommentar des Boethius zu „Peri hermeneias", 1. Ausgabe, in: Anicii Manlii Severini Boetii commentarii in librum Aristotelis „Peri hermeneias", Prima pars, ed. C. Meiser, Leipzig 1877, S. 37).

10 Zur 3. Art der Äquivokation, die die Mehrdeutigkeit eines Ausdrucks auf Grund der Zusammensetzung mit anderen beinhaltet, vgl. Aristoteles, Über die sophistischen Widerlegungen, Kap. 4, 166 a 17–21; und Wilhelm von Ockham, Summa logicae, ed. Ph. Boehner [u. a.], pars III, tract. IV, cap. 4, S. 759 f. (= Opera philosophica, Vol. 1).

11 Vgl. Anm. 3.

12 Aristoteles, Kategorien, Kap. 3, 1 b 22–24.

13 Porphyrios, Isagoge, S. 6 (diese Ausg. Bd. 1, S. 8).

14 Aristoteles, Über die Seele, Buch II, Kap. 5, 417 b 22–23; Zweite Analytik, Buch I, Kap. 24, 86 a 29–30.

15 Vgl. Anm. 2.

16 Aristoteles, Physikvorlesung, Buch II, Kap. 3, 194 b 23–195 a 3; Buch II, Kap. 7, 198 a 21–24.

17 Ebenda, Buch II, Kap. 7, 198 a 22–25.

18 Vgl. oben § 5, S. 194 f.

19 Vgl. oben § 6, S. 195.

20 Vgl. oben Quaestion 5 („Ist ein Universale irgendein Ding außerhalb der Seele, an dem alles zu ihm gehörige Singuläre teilhat?").

21 Vgl. oben § 1.

22 Vgl. oben § 6.

23 Vgl. oben § 2.

24 Vgl. oben § 8 u. § 13.

25 Vgl. oben § 3.

10. John Wyclif, De universalibus

1 „zweite Intention" - ein grundlegender Terminus in der mittelalterlichen Logik. Er bezeichnet diejenige Bedeutungskategorie, der alle Termini angehören, die keine realen Gegenstände bezeichnen, sondern ideelle Vorstellungen und Begriffe, die wiederum Zeichen für reale Dinge sind oder sein können. So ist z. B. „Spezies" ein Terminus der zweiten Intention, dessen Designate einzelne Artbegriffe (z. B. „Mensch", „Pferd", „weiße Farbe") sind.

2 Die beiden Termini entstammen dem Griechischen: die „Chimäre" bezeichnet ein fabelhaftes Ungeheuer aus Löwe, Ziege und Drache; der „Tragelaphus" stellt ein Fabelwesen aus Ziegenbock und Hirsch dar.

3 Vgl. 1. Mose, 1,24 f.

4 D. h. Aegidius Romanus (ca. 1243-1316).

5 D. h. der Bibel

6 Der Wilhelm von Ockham verliehene Titel des „Ehrbaren Inceptors" (Venerabilis Inceptor) ist auf die von ihm erlangte Würde eines Anwärters (inceptor) auf den Titel eines Magisters der Theologie zurückzuführen; er wurde aber auch im Sinne des „Verehrten Begründers« des wiedererstandenen Nominalismus durch seine Anhänger verwendet.

7 Mit dem „Universale in der Repräsentanz" wird eine besondere Kategorie von Universalien genannt, deren Existenz in der Funktion der Repräsentanz von zu ihm Verschiedenen begründet liegt - im Unterschied zum substanzhaften oder bloß konstruierten Universale.

8 Zum Urin als Anzeiger von Gesundheit bzw. Krankheit und als etwas, dem im übertragenen analogen Sinn zugesprochen wird, „gesund" zu sein, vgl. Aristoteles, Meteorologie, Buch IV, Kap. 2, 380 a 1; Thomas von Aquino, Summa theologiae, I, qu. 13, art. 5. - Der von Wyclif angeführte Terminus „Ilias" kann entweder „Trojanerin" heißen oder aber das Homerische Epos bezeichnen. Nur im ersten Fall wäre der Terminus Zeichen für eine Gesamtheit, im zweiten Fall aber ein Eigenname.

9 Mk 16,15.

10 Vgl. Aristoteles, Metaphysik, Δ 6; und Averroes, Commentaria in Aristotelis Metaphysica, lib. V. cap. 6, text. comm. 7, in: Aristotelis Opera cum Averrois commentariis, T. VIII, fol. 140 v, 141 r.

11 Ockham, dist. 35, qu. 5, S. 485 f. (= Opera theologica, Vol. IV).

12 Robert Grosseteste, In Aristotelis Posteriorum Analyticorum libros, Venetia 1514, lib. I, cap. 7, fol. 8 va.

13 Vgl. Augustinus, De diversis quaestionibus LXXXIII, in: PL 40, Paris 1841, col. 30 f.

14 Joh 1,3 f.

15 Vgl. Augustinus, De diversis quaestionibus LXXXIII, a.a.O., col. 30.

16 Mit dieser nicht gerade klaren Argumentationskette geht es Wyclif darum, das „Idee-Sein" als eindeutige Relation zwischen dem göttlichen Schöpfer mit seinem Intellekt und bestimmten geschaffenen Dingen zu bestimmen. Wenn allein subjektiven Begriffen oder Dingen das „Idee-Sein" zugesprochen würde, dann ergäbe sich nach Wyclif die Negation des relationalen Charakters des „Idee-Seins" und die Identifizierung von zueinander Entgegengesetztem. Zugleich will er den Unterschied zwischen dem real Möglichen und dem bloßen phantasievollen Gedankenkonstrukt gewahrt wissen. Im Fall der „Sünde" als dem Menschen zugeschriebener Verhaltensweise der Übertretung eines göttlichen Gebots und

der „Bestrafung“ bzw. eingeforderten Buße als von Gott auf den Menschen gerichteter Idee ergäbe sich bei Nichtbeachtung des relationalen Chrakters des Idee-Seins (d. h. der Idee der „Sünde“ und der der „Buße“) eine unakzeptable Gleichsetzung beider. Auch im Fall der Chimäre als des willkürlich gedachten Fabelwesens und im dazu entgegengesetzten Fall eines göttlichen Entwurfs eines kreatürlichen Wesens ergäbe sich eine unerlaubte Identifizierung beider, sobald der relationale Charakter beider Gedankenkonstrukte, der ihren wesentlichen Unterschied ausmacht, ignoriert würde. Für Wyclif sind Ideen also Relationen und keine Dinge. Diese Relationen sind für ihn aber existent, auch wenn sie keine Dinge sind!

17 Aristoteles, Kategorien, Kap. 7.

18 Porphyrios, Isagoge, S. 4 (diese Ausg. Bd. 1, S. 5): „. . . so gilt es zu wissen, daß Genus und Spezies wechselseitig in ihren jeweiligen Definitionen Verwendung finden müssen . . .“.

19 Augustinus, De diversis quaestionibus LXXXIII a.a.O., col. 30.

20 Robert Grosseteste, In Aristotelis Posteriorum Analyticorum libros, a.a.O., fol. 8 vb.

21 „erste Intention“ - ein grundlegender Terminus in der mittelalterlichen Logik. Er bezeichnet diejenige Bedeutungskategorie, der alle Termini angehören, deren Designat ein realer und nicht nur gedanklicher Gegenstand ist (im Unterschied zu der „zweiten Intention“, vgl. oben Anm. 1).

11. Johannes Gerson, De modis significandi II

1 Joh 8,24

2 2. Mose 3,14

3 Luk 18,19

4 Vgl. die Ausführungen zu den „Bedeutungsformen“ (modi significandi) in dem 1. Teil des Thesenwerkes Gersons unter dem Titel „De modis significandi“ (J. Gerson, Œuvres complètes, ed. P. Glorieux, Vol. IX, Paris 1973, S. 625-632). Die Lehre von den „Bedeutungsformen“ ist Bestandteil der sich seit dem 13. Jahrhundert in der lateinischen Philosophie des Mittelalters entwickelnden „spekulativen Grammatik“.

5 Die „Supposition“ bezeichnet innerhalb der mittelalterlichen Semantik der Termini eine spezifische Eigenschaft von kategorematischen Termini, welche als Subjekte und Prädikate innerhalb von Aussagesätzen auftreten. In der „materialen Supposition“ als einer der Formen von „Supposition“ steht eine Terminus unmittelbar für das geschriebene oder gesprochene Wort; in der „personalen Supposition“ hingegen vertritt ein Terminus ein von dem jeweiligen Wort verschiedenes Objekt (z. B. steht der Terminus „Mensch“ in dem Satz „Mensch ist ein Substantiv“ in materialer Supposition; in dem Satz „ein Mensch geht“ steht der gleiche Terminus „Mensch“ in personaler Supposition).

6 Bei den „ersten Intentionen“ handelt es sich um Begriffe, die unmittelbar auf Gegenstände der objektiven Realität bezogen sind; bei den „zweiten Intentionen“ um Begriffe, die wiederum Begriffe zum Gegenstand haben. Im Mittelalter wurden die „zweiten Intentionen“ als das spezifische Feld der Logik angesehen.

7 Vgl. Augustinus, Confessiones, lib. XI, cap. 7, in: PL 32, col. 312 f.; ders., De civitate Dei, lib. XI, cap. 10, § 3, in: PL 41, col. 326 f.; ders., De diversis quaestionibus LXXXIII, qu. 46, in: PL 40, col. 30.

8 Joh 1,3–4.

9 „Ampliation“ (ampliatio) meint die Eigenschaft eines universalen Terminus, nicht nur ausschließlich in der Zeitform des Präsens, sondern auch bezogen auf Zukünftiges und Vergangenes gültig etwas zu bezeichnen; „Konnotation“ (connotatio) meint die Funktion eines Terminus, neben seiner primären Bedeutung noch etwas weiteres „mitzubedeuten“ (zu „konnotieren“); „Bedeutungsformen im materialen Sinn“ bedeutet die Interpretation von „Bedeutungsform“ als rein grammatikalische Funktion von Termini, unter Ausklammerung der ontologischen Aspekte.

10 Vgl. Augustinus, De diversis quaestionibus LXXXIII, qu. 46, in: PL 40, col. 30.

11 Vgl. das Urteil des 4. Laterankonzils von 1215 gegen die Amalrikaner und andere Oppositionelle, in: H. Denzinger/C. Bannwart (Hrsg.), Enchiridion Symbolorum, 16. u. 17. Aufl., Freiburg i. Br. 1928, n. 433, S. 192.

12 Vgl. Heinrich von Segusia (Hostiensis), Lectura in quinque Decretalium Gregorianarum libros, Paris s. a., lib. I, fol. 4vb; Martin von Troppau (Martinus Oppaviensis), Chronicon pontificum et imperatorum, ed. L. Weiland, in: MGH Scriptores XXII, Hannover 1872, S. 438.

13 Vgl. Anm. 11.

14 Vgl. Heinrich von Segusia, a.a.O.

15 Ebenda.

16 Vgl. Martin von Troppau, a.a.O.

17 Vgl. Bonaventura, Commentaria in Secundum librum Sententiarum, dist. XXIII, qu. 3, in: Opera omnia, T. 2, Ad Claras Aquas 1885, S. 547; vgl. Chartularium Universitatis Parisiensis, ed. H. Denifle/A. Chatelain, T. 1, Paris 1889, Nr. 128, Thesen 7 und 8, S. 171.

18 Vgl. Augustinus, De civitate Dei, lib. XII, cap. 25, a.a.o., col. 374 f.

19 Vgl. Hugo von St. Victor, Commentariorum in Hierarchiam coelestem S. Dionysii Areopagite libri X, in: PL 175, col. 923–1154.

20 Vgl. Heinrich von Segusia a.a.O. – Die erste Verurteilung der Lehren des Amalrich von Bène vollzog die Pariser Provinzialsynode im Jahr 1210; weitere folgten, darunter auch die des Werkes „De divisione naturae“ des Johannes Scotus Eriugena (vgl. dazu Chartularium Universitatis Parisiensis, a.a.O., T. I, S. 71 f., S. 106 f.).

21 Vgl. Heinrich von Segusia, a.a.O.

22 Vgl. das gegen 219 philosophische und theologische Thesen gerichtete Verurteilungsdekret des Pariser Bischofs Stefan Tempier von 1277 (Chartularium Universitatis Parisiensis, a.a.O., S. 543 ff.).

23 Ebenda, S. 546.

24 Ebenda, S. 546.

25 Gerson bezieht sich auf die Verurteilung von Jan Hus und Hieronymus von Prag durch das Konstanzer Konzil und die anschließende Verbrennung beider als Ketzer (Hus starb 1415, Hieronymus 1416). Die Verurteilungen brachten die Lehren beider in einen unmittelbaren Zusammenhang mit dem Universalienrealismus des John Wyclif (vgl. J. D. Mansi, Sacrorum Conciliorum nova et amplissima collectio, T. 27, Venetiis 1784, col. 752 ff. u. col. 894 ff.).

26 1. Thess 5,22

27 Die entsprechende Stelle im Aristotelischen Werk konnte nicht ermittelt werden.

28 Die entsprechende Stelle im Werk des Augustinus konnte nicht ermittelt werden.

12. Gabriel Biel, Circa libros Sententiarum

1 Vgl. die Definition von Aristoteles in „Kategorien“, 1 a 6–7: „Synonym aber heißen Dinge, wenn sie den Namen gemeinsam haben und die dem Namen entsprechende Definition des Seins dieselbe ist.“ Wilhelm von Ockham versteht die Synonymie als die eindeutige Zuordnung eines Terminus auf genau eine Bedeutung, d. h. auf genau eine gedankliche Intention (vgl. Ockham, Summa logicae, ed. Ph. Boehner, G. Gál, St. Brown, St. Bonaventure 1974, pars I, cap. 13, S. 46). Mit dem Epitheton „synonym“ werden also alle Universalien mit mehrfachen, auseinandergehenden Bedeutungen aus der Untersuchung ausgeklammert.

2 Dies ist auch der Titel der von Wilhelm von Ockham in seinem Sentenzenkommentar diskutierten Quaestio (vgl. Ockham, Scriptum in librum primum Sententiarum. Ordinatio. Distinctiones II–III, ed. St. Brown, St. Bonaventure 1970, lib. I, dist. 2, qu. 8, S. 266 ff. (= Opera theologica, Vol. 2). Eine Teilübersetzung dieser Quaestio in das Deutsche ist enthalten in: Philosophenlesebuch, Band 1, hrsg. v. einem Kollektiv unter der Leitung von H. Opitz und H. Steußloff, Berlin 1988, S. 310–316 (übers. v. H.-U. Wöhler).

3 Vgl. Ockham, Ordinatio, a.a.O., lib. I, dist. 2, qu. 8, S. 267–271.

4 „Intellectio“: eine auf die Erkenntnis eines Dinges gerichtete gedankliche Reflexion bzw. das Ergebnis dieser Reflexion im Intellekt.

5 Ockham, Ordinatio, a.a.O., S. 268.

6 Ebenda, S. 269.

7 Ebenda, S. 269.

8 Ebenda, S. 271.

9 Ebenda, S. 267. Bei den erwähnten „vorangegangenen Meinungen“ handelt es sich um die universalienrealistischen Positionen, mit denen sich Wilhelm von Ockham in den Quaestionen 4–7 der Distinktion 2 des 1. Buches des Sentenzenkommentars auseinandergesetzt hatte (Ordinatio, a.a.O., S. 99–266). Es handelt sich dabei im einzelnen um die folgenden Positionen:

- Die Universalien sind selbständige bewußtseinsunabhängige reale Dinge, die in jedem zugehörigen Individuum sowie in dessen Wesen enthalten sind.
- Die Universalien sind Naturen, die unvollkommen in einem wirklichen Ding enthalten sind und die vollkommene Existenz im Intellekt haben. Universalien und die individuellen Differenzen der Dinge haben keinen Real-, sondern nur einen Formalunterschied.
- Universalien sind wirkliche Dinge außerhalb des Bewußtseins, die durch mannigfache individuelle Differenzen vervielfacht und variiert werden, ohne mit diesen Differenzen identisch zu sein.
- Die Universalien sind Formen mit jeweils eigener Existenzweise in den wirklichen singulären Dingen selbst.
- Die Universalien sind bestimmte Aspekte der Existenz der wirklichen singulären Dinge selbst, d. h. nicht real von diesen getrennt, sondern höchstens ideell, und sie sind dennoch in diesen enthalten.

10 Ebenda, S. 271–292.

11 Vgl. Augustinus, De trinitate, lib. VIII, cap. 6, n. 9, in: PL 42, col. 954 f.

12 Ockham, Ordinatio, a.a.O., S. 273–289.

13 Ebenda, S. 291.
14 Vgl. Anm. 4.
15 „Begriff" (bei Biel: dici „conceptus" nominaliter) bedeutet hier ein geistiges Ding; „Begriffenes" („conceptus" participialiter) hingegen ein erkanntes Ding (vgl. Gabriel Biel, Circa libros Sententiarum, lib. I, dist. 2, qu. 8, S. 179 f.; diese Ausg. Bd. 2, S.237).
16 Nicht nur die sogenannten Kategoremata (d. h. die Wörter mit einer Bezeichnungsfunktion unabhängig vom Satzkontext), sondern auch die Synkategoremata (d. h. die Wörter mit Bezeichnungsfunktion ausschließlich in einem bestimmten Satzkontext) besitzen also hiernach eigene ideelle Äquivalente.
17 Vgl. Augustinus, De trinitate, lib. VIII, cap. 6, n. 9; lib. X, cap. 3, n. 5 a.a.O., col. 955, 975.
18 Ebenda, lib. IX, cap. 12, n. 18, col. 970.
19 Die termini „Mensch" und „Lebenwesen" stehen in der „personalen Supposition" unmittelbar für ein einzelnes Objekt; dagegen vertritt ein Terminus in der „einfachen Supposition" (suppositio simplex) kein bestimmtes Objekt, sondern eine ideelle Sinngebung oder Bedeutung (intentio animae); in der „materialen Supposition" (suppositio materialis) vertritt ein Terminus unmittelbar das geschriebene oder gesprochene wort (vgl. Ockham, Summa logicae, a.a.O., pars I, cap. 64, S. 195 f.).
20 Vgl. Anm. 19.
21 Vgl. Anm. 18.
22 Vgl. Ockham, Scriptum in librum primum Sententiarum. Ordinatio, Prologus et Distinctio Prima, ed. G. Gál et St. Brown, St. Bonaventure 1967, lib. I, prol., qu. 1, S. 65 f. (= Opera theologica, Vol. 1).
23 Vgl. Ockham, Scriptum in librum primum Sententiarum. Ordinatio. Distinctiones 19–48, ed. G. I. Etzkorn et F. E. Kelley, St. Bonaventure 1979, lib. I, dist. 27, qu. 3, S. 241 f. (= Opera theologica, Vol. 4).
24 Vgl. Ockham, Ordinatio, a.a.O., lib. I, dist. 2, qu. 9, S. 307 f.
25 Vgl. Gabriel Biel, Circa libros Sententiarum, lib. I, dist. 3, qu. 5–7.
26 Vgl. Aristoteles, Metaphysik, Δ, 1017 a 7–1017 b 9; Ockham, Ordinatio, a.a.O., lib. I, dist. 2, qu. 8, S. 273. Bei der genannten These handelt es sich um ein Argument zur Stützung der Fictum-Theorie: aus der erwähnten Einteilung soll folgen, daß das „in der Seele Seiende" keine Eigenschaft der Seele oder etwas in ihr Zugrundeliegendes sein kann, sondern nur etwas Gedanklich-Gegenständliches; daraus ergibt sich die Existenz eines gedanklich-gegenständlichen Seienden in der Seele (vgl. Ockham, a.a.O.).
27 Vgl. Ockham, Summa logicae, a.a.O., pars I, cap. 11, S. 36 ff. Dort begründet Wilhelm von Ockham die Ansicht, daß alle Nomina, die Zeichen als Zeichen bezeichnen, Nomina der „zweiten Imposition" sind (z. B. solche Termini wie „Nomen", „Pronomen", „Verb" u. a.). Alle anderen – vor allem kategorematischen Termini – seien Nomina der „ersten Imposition", insofern sie entweder unmittelbar Dinge bezeichnen, die selbst nicht Zeichen sind (z. B. „Mensch", „Platon", „Seiendes" usw.), oder ideelle Sinngebungen bezeichnen (z. B. „Genus", „Spezies", „Universale" usw.). Wenn Biel in seiner Erwiderung behauptet, daß „Seiendes" hier als Terminus in der „zweiten Imposition" zu verstehen ist, d. h. also als ein Name von Namen, so differiert er zumindest von der hier angeführten Stelle der Ockhamschen „Summa logicae".
28 Vgl. Aristoteles, Peri hermeneias, 17 a 38–17 b 3.

29 Vgl. Gabriel Biel, Circa libros Sententiarum, lib. I, dist. 2, qu. 4, Abschn. I.

30 Vgl. Augustinus, De doctrina christiana, lib. I, cap. 2, n. 2, in: PL, 34, col. 19; Petrus Lombardus, Sententiarum libri quattuor, lib. I, dist. 1, cap. 1, n. 1, in: PL 192, col. 521.

31 Vgl. Ockham, Ordinatio, a.a.O., lib. I, dist. 2, qu. 8, S. 273. - Die an dieser Stelle von Wilhelm von Ockham gebotene Argumentation zur Stützung der Fictum-Theorie besagt: Phantasieprodukte können kein zugrundeliegendes Dasein in der Seele haben, da sie sonst richtige Dinge wären; folglich ist das Dasein von Phantasieprodukten ein Beleg für ein nur gedanklich-gegenständliches Dasein in der Seele.

32 Ebenda, S. 273. - Das gebotene Argument besagt: So ein Phantasieprodukt wie eine „Chimäre" oder ein „Ziegenbockshirsch" können kein zugrundeliegendes Dasein im Geist haben, da sie sonst richtige Dinge wären; folglich haben sie lediglich ein gedanklich-gegenständliches Dasein in der Seele.

33 Ebenda, S. 273. - Das Argument besagt: Die von der Logik behandelten Objekte, wie Behauptungssätze, Syllogismen usw., haben kein zugrundeliegendes Sein in der Seele; folglich besitzen sie ein gedanklich-gegenständliches Dasein, d. h. ihr Dasein besteht in ihrem Erkanntwerden; somit gehören sie zu demjenigen Seienden, das nur ein gedanklich-gegenständliches Dasein besitzt.

34 Ebenda, S. 274. - Das Argument besagt: Das dem Geist eines Künstlers angehörende Künstlerische besitzt genauso kein zugrundeliegendes Dasein, wie die Geschöpfe es nicht haben im göttlichen Geist zur Zeit vor der Schöpfung.

35 Ebenda, S. 274. - Das Argument besagt: Wenn die gedanklichen Inbezugsetzungen ein zugrundeliegendes Dasein besitzen, dann wären sie vollwertige Dinge; wenn sie aber nur ein gedanklich-gegenständliches Dasein haben, dann gehören sie zu dem als existent angenommenen gedanklich-gegenständlichen Seienden in der Seele.

36 Die „konnotativen" Begriffe sind das Gegenteil der „absoluten": bei den „konnotativen" Termini sind die primäre Bedeutung und die Mit-Bedeutung voneinander zu unterscheiden und gemeinschaftlich zu denken; so bedeutet z. B. „Weißes" als „konnotativer" Terminus etwas (= primäre Bedeutung), das das Weißsein besitzt (= Mit-Bedeutung). Vgl. dazu Ockham, Summa logicae, a.a.O., pars I, cap. 10, S. 35–38.

37 Ockham, Ordinatio, a.a.O., lib. I, dist. 2, qu. 8, S. 274. - Das Argument besagt: „Seiendes" bedeutet nach gewissen Denkern (d. h. Johannes Duns Scotus) einen synonymen Begriff, aber kein gesondertes Ding; folglich kann „Seiendes" nur ein gedanklich-gegenständliches Dasein haben.

38 Ebenda, S. 274. - Das Argument besagt: Generell wird zwischen den ersten und zweiten Intentionen unterschieden, ohne daß die letzteren als wirkliche Qualitäten in der Seele bezeichnet werden; da sie auch nicht äußerlich real existieren, müssen sie ein gedanklich-gegenständliches Dasein in der Seele haben.

39 Vgl. oben die Abschnitte ⟨I.2a⟩–⟨I.2e⟩ und den Abschnitt „Es kann folgende Frage aufgeworfen werden", S. 231 f.

40 Vgl. Ockham, Ordinatio, a.a.O., lib. I, dist. 2, qu. 8, S. 268. - Die hier gemeinte Auffassung von den Universalien begriff diese als „Verstandesbegriffe" und „Intellectio", die auf Grund ihrer Indifferenz gegenüber vielen Singulären Allgemeines sind. Dagegen wird eingewandt: Da im Prinzip kein Gegenstand außerhalb der Seele - gleichgültig, ob er da ist, oder nicht - gegenüber einem anderen bevorzugt als Erkenntnisgegenstand dieser „Intellectio" dienen kann und auch nicht unendlich viele Gegenstände durch sie auf einmal erkannt

werden können, bleibt nur der Schluß, daß durch eine solche „Intellectio" überhaupt nichts erkannt wird.

41 Ebenda, S. 268. - Das Argument, das hier gegen die in Anm. 40 erwähnte Auffassung von den Universalien als „Intellectio" vorgetragen wird, besagt: Ein Verstandesbegriff bestimmt und begrenzt eindeutig einen Erkenntnisakt; eine so geartete „Intellectio" aber tut das nicht, zumindest nicht primär und in bezug auf sich selbst; folglich ist der Begriff nicht mit der „Intellectio" identisch.

42 Faßt man die Universalien also als „conceptus" auf, d. h. im Sinne der gedanklichen Reflexion (intellectio) bzw. als Reflexionsbegriff, so sind sie keine isolierten Entitäten, sondern Bestandteile von gedanklichen Beziehungen bzw. Operationen.

43 Vgl. Ockham, Ordinatio, a.a.O., S. 269. - Das Argument besagt: Universalien sind „Spezies", die sich gleichmäßig auf ein jedes Singuläre beziehen; sie sind somit hinsichtlich des Repräsentierens ein Universale, der eigenen Existenz nach aber ein Singuläres.

44 Vgl. Anm. 22.

45 Vgl. Ockham, Ordinatio, a.a.O., S. 289–292.

46 Vgl. Ockham, Quiodlibeta septem, ed. J. C. Wey, St. Bonaventure 1980, quodl. III, qu. 4, S. 218 f. (= Opera theologica, Vol. 9).

47 Ebenda, S. 219; vgl. Augustinus, De doctrina christiana, lib. I, cap. 2, n. 2, in: PL 34, col. 20.

48 Vgl. Augustinus, De trinitate, lib. VIII, cap. 4, n. 7; cap. 6, n. 9; lib. X, cap. 2, n. 4, in: PL 42, col. 951 f., 953 f., 974.

49 Vgl. Ockham, Quodlibeta septem, a.a.O., S. 528–536, S. 395–398.

ANHANG

Nachwort
Zur Geschichte des Universalienstreites
Hoch- und spätmittelalterliche Scholastik

I

Der Universalienstreit nahm in der Geschichte der mittelalterlichen Philosophie des 13.–15. Jahrhunderts in Europa einen wichtigen Platz ein. Die mit ihm verbundenen Debatten und Problemdiskussionen erstreckten sich allmählich auf alle Teilgebiete des damaligen Philosophierens und enthielten alle dem Universalienproblem eigenen Dimensionen.[1] Ein besonderer Impuls ging dabei von der umfassenden Rezeption der philosophischen Werke des Aristoteles und seiner Kommentatoren, allen voran der von Ibn Ruschd und Ibn Sina, in der 2. Hälfte des 12. und vor allem in der 1. Hälfte des 13. Jahrhunderts aus. Genauso wie in der vorangegangenen mittelalterlichen Philosophie machte sich der Einfluß des Neuplatonismus deutlich bemerkbar. Das bedeutende neuplatonische Thesenwerk mit dem Titel „Liber de causis“, das im 12. Jahrhundert in Spanien aus dem Arabischen in das Lateinische übersetzt wurde und das man lange Zeit irrtümlich Aristoteles zuschrieb, obwohl es auf die „Theologische Elementarlehre“ des spätantiken Neuplatonikers Proklos zurückging, erlangte seit dem 13. Jahrhundert einen großen Einfluß auf die mittelalterliche lateinische Philosophie.

Obwohl das hierarchische Ordo-Schema die Ontologie dominierte, konnte pantheistisches All-Einheits-Denken zu Beginn des 13. Jahrhunderts einen Widerhall finden. Zugleich wurde an die in der zurückliegenden Philosophie erfolgte Aufwertung von Singularität, Individualität und Personalität angeknüpft und deren systematische Eingliederung in das Weltbild und die Ontologie angestrebt. Dabei taten sich Widersprüche und Konflikte zwischen neuplatonischen und aristotelischen Prinzipien auf, insbesondere was die Bewertung der physischen, materiellen Individualität anging. Aber auch die Spannungen zwischen aristotelischer und augustinischer Tradition nahmen zu und erregten die Gemüter der Theologen und Philosophen. Das Universalienproblem wurde dabei insoweit tangiert, als die Universalien als räumlich und zeitlich invariante All-Einheiten quasi Ewigkeitsstatus in den

Augen der meisten Philosophen besaßen, zugleich aber der christliche Schöpfungsgedanke die Existenz von etwas ausschloß, was dem göttlichen Schöpfer hinsichtlich der Ewigkeit gleichkam und selbständig neben ihm existierte.[2] Von nicht minderer Brisanz war das sogenannte Individuationsproblem: Muß Individualität und Singularität als etwas Selbständiges und Positives genommen werden und gilt das Positive von Individualität für ausnahmslos alle Individualität, oder nur für die immaterielle; oder muß sie rein negativ als Einschränkung bzw. Abteilung des Allgemeinen gewertet werden?; läßt sich die unübersehbare Mannigfaltigkeit der individuellen Unterschiede überhaupt restlos in geordneten Einheiten wie den Universalien zusammenfassen bzw. erfassen?; worin sind die Gründe der Existenz von Allgemeinheit und Singularität zu suchen? Mit dem Aufkommen einer stark von dem Stoff-Form-Dualismus geprägten hylemorphistischen Tradition und dem Gegensatz von augustinischem und aristotelischem Denken wurden die genannten Fragen vor allem seit der 2. Hälfte des 13. Jahrhunderts sehr kontrovers diskutiert. Allerdings war das eine Debatte, die bis zum Jahrhundertende allein von den Universalienrealisten geführt wurde. Eher die einsetzende Herausbildung von scholastischen Philosophenschulen als der Richtungsstreit zwischen Universalienrealisten und Nominalisten wirkte entscheidend auf die Parteinahme für bestimmte Lösungen. Einen eigenständigen Nominalismus hat es offenbar in der Philosophie des 13. Jahrhunderts nicht gegeben. Insofern hatte die Erörterung der Universalienproblematik andere Akzente als in der Philosophie des 11. und 12. Jahrhunderts.

Die Zentren der Philosophie befanden sich in der lateinischen Kulturwelt des 13. Jahrhunderts an den Universitäten von Paris und Oxford. Die meisten der für den Universalienstreit des 13.–15. Jahrhunderts relevanten Autoren standen mit diesen Universitäten als Lehrende oder Lernende in Verbindung oder bezogen sich auf die an ihnen zuvor begründeten maßgeblichen Positionen. Neben den schon traditionellen Kommentaren zur „Isagoge" des Porphyrios und zu einigen Teilen des Aristotelischen „Organon" (d. h. den „Kategorien", zu „Peri hermeneias" und zur „Zweiten Analytik") nutzten die Beteiligten am Universalienstreit auch Aristoteles' „Metaphysik", „Physik" und „Über die Seele" und später auch seine „Nikomachische Ethik", um in Kommentaren dieser Werke ihre Auffassungen zu diskutieren. Auch der oben erwähnte „Liber de causis" gibt Anlaß zu entsprechenden Ausführungen, und die Kommentierungen vieler Autoren zu einem weiteren Werk sind nicht weniger wichtig für die Entwicklung des Universalienstreites und seine historische Beurteilung: den „Sententiarum libri quattuor", dem klassisch gewordenen Werk des Petrus Lombardus (gest. 1160). Obwohl es in den Sentenzenkommentaren in erster Linie um theologische Themen ging, faßten die bedeutendsten Theologen und Philosophen dieser Zeit ihre Überlegungen zur Universalienfrage auch gerade innerhalb bestimmter Kapitel dieser Kommentare zusammen. Als eine weitere literarische Form, in welcher das Universalienproblem behandelt wurde, ist der Traktat zu erwähnen. Diese Form ermöglichte es, am ungebundensten die eigenen Positionen zur Universalienfrage in systematischer und oft kritisch-polemischer Weise darzustellen.

II

Der Kommentar des Oxforder Philosophen *Robert Grosseteste* (ca. 1168–1253) zur „Zweiten Analytik" des Aristoteles aus der ersten Hälfte des 13. Jahrhunderts stellt eines der viel beachteten Zeugnisse für den Versuch dar, die Universalienproblematik im Spannungsfeld von aristotelischer Wissenschaftslehre, überkommener neuplatonischer Tradition und christlichen Glaubensgrundsätzen ausgewogen zu lösen. Die wesentlichen Positionen, die Grosseteste in diesem einflußreichen Kommentar darstellte, sollen hier summarisch genannt werden. Sein Anliegen bestand darin, die Unvergänglichkeit bzw. die räumliche und zeitliche Allgegenwart der Universalien zu begründen. Zugleich wollte er den Gegensatz von unveränderlichem Universale und dem ständig sich verändernden Singulären auflösen, um die Legitimität allgemeiner wissenschaftlicher Aussagen über die Wirklichkeit nachzuweisen.[3]

Zu diesem Zweck unterschied er 5 verschiedene Modi von Universalien: 1. Die ungeschaffenen Platonischen „Ideen" in der „Ersten Ursache", welche sowohl Erkenntnis- als auch Seinsprinzipien darstellen. 2. Die im Geist eines immateriellen „Intellekts" vorhandenen „geschaffenen Ideen", die Musterformen und den Ursprung der später entstehenden körperlichen Universalien darstellen. 3. Die „Kausalgründe" in den Himmelskörpern, die sowohl Daseins- als auch Erkenntnisgründe darstellen. 4. Die als Daseins- und Erkenntnisgrund der aus Materie und Form zusammengesetzten Dinge fungierende Wesensform, welche über die Dinge eindeutig aussagbar ist. Es sei dies das Verständnis der Universalien bei Aristoteles. 5. Die den Genera und Spezies der Dinge nachgeordneten Akzidentien, welche lediglich Erkenntnisprinzipien und keine Seinsprinzipien darstellten.[4]

Für Grosseteste sind alle diese Modi von Universalien unvergänglich, obgleich die ihnen zugeordneten individuellen Repräsentanten vergänglich sind.[5] Zugleich postulierte er eine ontologische Reihenfolge, in der die Universalien der natürlichen Dinge zwar den wandelbaren singulären materiellen Dingen übergeordnet, aber den singulären immateriellen Geistwesen, d. h. den „Intelligenzen", nachgeordnet sein sollen.[6] Die All-Einheitlichkeit eines Universale im Vergleich mit dem vielen Partikulären interpretierte er als Analogon des Lichtes, das sich von der Sonne überallhin ausbreitete, ohne eine Wesensveränderung zu erfahren.[7] Hier nimmt Grosseteste die in seinem Philosophieren und im Neuplatonismus des Mittelalters generell verbreitete Lichtmetaphysik auf, die bei ihm Bestandteil eines Universalienrealismus ist, der definitiv ausschließt, daß die Universalien lediglich subjektive „Einbildungen" (figmenta) sein können.[8]

In den oben genannten 5 Modi der Universalien sind die unvergänglichen Universalien nicht gleichberechtigt neben den göttlichen Schöpfer gestellt worden, sondern sollen nach Grosseteste entweder dessen Geist angehören oder aber geschaffen worden sein. Damit wurde ein Konflikt mit der Schöpfungslehre umgangen. Gleichwohl konnte mit dem Nachweis der Unvergänglichkeit der Universalien einer Grundlage der aristotelischen Wissenschaftsauffassung entsprochen werden. Ferner sei vermerkt, daß Grosseteste die Universalien nicht nur als Genera und Spezies, sondern auch als ursächliche Prinzipien interpretierte, die sowohl das Erkennen der Dinge als auch deren Existenz determinieren sollen.

In den 50er und 60er Jahren des 13. Jahrhunderts entstand das umfangreiche Kommentarwerk von *Albertus Magnus* (ca. 1206–1280) zu den Schriften des Aristoteles. Darin sind Ausführungen zur Universalienproblematik enthalten, die inhaltlich denen von Grosseteste nahestehen und in der Folgezeit ebenfalls einen nicht unerheblichen Einfluß erlangten. Im Vordergrund stand für Albert, eine möglichst korrekte Interpretation des Aristotelischen Textes zu geben. Dazu zog er wiederholt als Autoritäten die arabischen Aristoteliker heran und schuf auf diese Weise ein Aristotelesbild, das mit vielen neuplatonischen Sichtweisen durchsetzt war. Das ist auch bei der Diskussion des Universalienproblems sichtbar, in welcher häufig der „Liber de causis“ und Ibn Sina (Avicenna) als Argumentationsstützen benutzt werden. Auch die Lichtmetaphysik gehört hier zu seinen bevorzugten Denkmustern.

Im Traktat „De quinque universalibus“ („Über die fünf Universalien“)[9] diskutierte Albert die von Porphyrios in der „Isagoge“ aufgeworfenen klassischen Fragen zum Wesen der Genera und Spezies. Dabei macht er die Meinungsunterschiede zwischen dem peripatetischen und platonischen sowie zwischen dem universalienrealistischen und nominalistischen Standpunkt deutlich. Seine Zuneigung gilt eindeutig dem Universalienrealismus, und in diesem Rahmen versucht er, die ontologischen und gnoseologischen Aspekte des Universalienproblems zu lösen. Interessant ist sein Versuch, diese Frage nach dem Ursprung, dem Wesen und der Existenz des Allgemeinen als ein Problem der Philosophie und nicht der Theologie zu behandeln, daher bleibt das Problem der Ewigkeit oder Geschöpflichkeit der Universalien ausgeklammert. Seine Sicht auf die Universalienfrage basiert auf der traditionellen neuplatonischen Konzeption von dem dreifachen Dasein der Universalien „vor den Dingen, in den Dingen und nach den Dingen“ (ante rem, in re, post rem).[10] Albert verlegt den Ursprung der Universalien und zugleich den Grund ihrer Unvergänglichkeit in die „Erste Intelligenz“, als deren „Strahl“ und „Licht“ er die Universalien selbst bestimmt.[11] Dadurch unterstreicht er sowohl den göttlichen Ursprung, als auch die Immaterialität und Intelligibilität der Universalien. Nicht von einer Schöpfung, sondern von einem „Hervorbringen“ (producere) der Universalien geht Albert aus, als dessen Ausgangspunkt er den „aktiven Intellekt“ und das durch diesen gesteuerte natürliche Entstehen gattungs- und artmäßig identischer Individuen betrachtet.[12] Dieser dynamische Gesichtspunkt ändert nichts an der

Unvergänglichkeit der Universalien, sondern soll ihre Vielheit und ihr Eingebundensein in die kosmologische Ordnung erklären. So wie Albert ihnen einen einheitlichen Ursprung zuschreibt, läßt er sie selbst nur als „Form des Ganzen" (forma totius) in bezug auf die durch die Universalien gekennzeichneten Dinge gelten.[13]

In seinem Kommentar zur Aristotelischen „Metaphysik" führte Albert hinsichtlich des „universale ante rem" eine Unterscheidung zwischen dem zeitlich vorgängigen Dasein als gedanklicher Ursprung im Intellekt der „Ersten Ursache" („esse causa intellectualis") und der gegenüber den Dingen zeitgleichen „Formalursache" (causa formalis) ein, die den substantiellen allgemeinen Daseinsgrund der jeweiligen Dinge bilde. Das in den Dingen selbst anzutreffende Universale wiederum sollte nach Albert eine Form darstellen, an der eine Menge von Dingen „teilhabe", während er das den Dingen nachgeordnete Universale hier als eine Form verstand, deren Dasein auf die gedankliche Abstraktionstätigkeit zurückgehe.[14] Er sprach den Universalien den Materiecharakter ab, sah diesen vielmehr als Eigentümlichkeit des Singulären. So ergab sich eine Parallelität von Universale – Partikuläres und Form – Materie.[15] Damit erhielt das Allgemeine gegenüber dem Einzelnen im Verständnis von Albert zugleich einen höheren Rang zugeschrieben, ohne dem Singulären die selbständige Existenz abzusprechen.

Ein Zeitgenosse von Albertus Magnus und Bewunderer Robert Grossetestes war der Engländer *Roger Bacon* (ca. 1219–ca. 1292). Als Chronist und Kritiker des damaligen Philosophierens hat er wesentliche Aspekte des Universalienproblems untersucht und eigenständige Positionen entwickelt. Weltanschaulich grenzte er sich entschieden von der Ansicht ab, daß es in allen Dingen eine einheitliche Materie gäbe: diese These sei letztlich häretisch, da hieraus folge, daß die Materie mit Gott gleichzusetzen wäre.[16] So wurde der Pantheismus von vornherein als Lösungsvariante des Universalienproblems ausgeschlossen. Auch die verbreitete Annahme, daß jedes Universale eine Form sei, wurde von ihm zurückgewiesen.[17] Kritisch und ablehnend äußerte er sich ferner zu der opinio communis, daß das Universale der Natur nach gegenüber dem Individuellen primär sei: statt dessen rückte er das Singuläre an die ontologische Spitzenstellung.[18] Auf Ablehnung stieß bei ihm auch die Lehre von der Existenz einer „Weltseele"[19] und die averroistische These von der Existenz eines „allgemeinen Intellekts" in allen Menschen[20]. Diese Stellungnahmen Bacons gegen damals anzutreffende universalienrealistische Positionen führen ihn jedoch noch nicht auf eine nominalistische Position. Er ließ die Universalien sowohl auf göttliche Schöpfungstätigkeit zurückgehen, als auch in der Natur der Dinge verankert sein.[21] Sie seien sowohl in den Dingen selbst in der Eigenschaft von Wesensbestimmungen, als auch intentional in der Seele präsent.[22] Daneben ließ er als gesonderten Typus von Universale das „kausale Universale" (universale per causalitatem) gelten, worunter er die „Erste Ursache", die „Intelligenzen" und die Himmelskörper faßte.[23] Aber auch die Universalien in der Gestalt universeller Repräsentanten von Eigenschaften der Dinge waren für ihn in den sogenannten

„Intelligenzen" vorhanden. Diese Universalien stellten reine „Formen" dar, sollten aber lediglich Erkenntnis- und nicht Daseinsprinzipien sein.[24] Doch der Hauptgesichtspunkt seiner Universalienlehre ist die Annahme der Existenz der Universalien im Singulären. Ein Fortbestehen von Universalien außerhalb der bzw. ohne die Existenz des vielen Singulären schloß Bacon aus und relativierte damit zugleich die Unvergänglichkeit der Universalien. Die ständige Reproduktion von Individuen ist für ihn die entscheidende Bedingung einer Permanenz von Universalien.[25] Letztlich sollte das Universale weiter nichts darstellen als das Verhältnis wechselseitiger Übereinstimmung zwischen einer Menge von Individuen („Nam universale non est nisi conveniencia plurium individuorum.")[26] Wie er für das Individuum eine Konstituierung durch Form und Materie annahm, so ließ er auch das Universale durch eine „allgemeine Materie" (materia communis) und eine „allgemeine Form" (forma communis) konstituiert sein.[27]

Bacon markierte mit seiner Universalienkonzeption eine Umorientierung innerhalb des Universalienrealismus des 13. Jahrhunderts. Nicht die neuplatonische Lichtmetaphysik wie bei Grosseteste und Albertus Magnus, sondern der aristotelische Hylemorphismus und der Empirismus bestimmten seinen Standpunkt. Nicht zu übersehen sind dabei natürlich die kreationistischen Elemente, die eine Sonderexistenz von Universalien als Zwischenwesen zwischen göttlichem Schöpfer und durch ihn geschaffener Welt unmöglich machten. Doch damit schieden die Platonischen „Ideen" auch aus dem Kreis der Universalien aus. Denn sie stellten eben solche Zwischenwesen dar. Dem für andere so wichtigen Individuationsprinzip maß Bacon keine besondere Aufmerksamkeit zu. Auch darin unterschied er sich von den übrigen Universalienrealisten seiner Zeit.

Auch bei *Thomas von Aquino* (1225–1274) sind in der Universalienfrage vergleichbare Motive wie bei den zuvor behandelten Vertretern des Universalienrealismus anzutreffen. Die Annahme einer Universalität Gottes oder der Materie im Sinn einer den Dingen selbst inhärierenden und ihnen gemeinsamen All-Einheit wies er zurück. Genauso widersprach er entschieden der averroistischen These von der Existenz eines einheitlichen Intellekts in allen Menschen. Auch die Annahme einer Existenz der Platonischen „Ideen" als Sonderformen außerhalb Gottes ließ er nicht gelten.[28] Demgegenüber vertrat er in seinem Sentenzenkommentar die bekannte neuplatonische These, daß es dreierlei Universale gäbe: eines „in den Dingen" (in re); eines „nach den Dingen" (posterius re) in Gestalt einer begrifflichen Abstraktion und eines, das „früher als die Dinge" (prius re) ist, wie etwa die universellen Formen im Denken der Engel oder ein Bauplan im Kopf eines Baumeisters.[29] In dieses Konzept gehören auch die von Thomas dem göttlichen Geist zugeschriebenen „Musterformen" (formae exemplares) bzw. „Ideen", an denen dann verschiedene nachgeordnete Wesen „teilhaben" sollen.[30] Bei den Universalien „in den Dingen" unterschied er streng zwischen den Spezies und Genera der sogenannten „einfachen" und denen der „zusammengesetzten Substanzen". Während er den

„einfachen Substanzen", d. h. den materiefreien Wesen in Gestalt der Engel und Intelligenzen, jegliche Aufspaltung ihrer Spezies in verschiedene Individuen absprach, verlangte er bei den aus Materie und Form gebildeten „zusammengesetzten Substanzen" kategorisch die Existenz von mehreren Individuen in einer Spezies.[31] Individualität und Zugehörigkeit zu einer Spezies fielen bei den zuerst genannten somit zusammen, bei den anderen aber nicht. Vielmehr postulierte Thomas im Falle der „zusammengesetzten Substanzen" die Existenz eines gesonderten Individuationsprinzips in Gestalt der „materia signata", d. h. der mit ganz bestimmten Abmessungen versehenen Materie. Die potentiell in den Spezies dieser Substanzen enthaltenen Individuen sollten erst dadurch ihren letzten Daseinsgrund erhalten.[32] Diese Unterscheidung zwischen verschiedenen Typen substantieller Universalien „in den Dingen" und die Annahme einer gesonderten Individualität der materiellen Dinge gegenüber den materiefreien Wesen gehört zu den Eigenarten der Universalienlehre von Thomas. Daraus entspann sich in der Folgezeit eine umfangreiche Kontroverse mit franziskanischen Theologen und Philosophen um die Bestimmung des Individuationsprinzipis, die in der Fragestellung gipfelte, Materie oder Form oder beides zum Wesen dieses Prinzips zu machen.[33] Ferner vertrat Thomas die Ansicht, daß die Universalien ihrem Dasein nach mit Potentialität behaftet seien und keinen „reinen Akt" wie Gott darstellten. Die Universalien in den „zusammengesetzten Substanzen" enthielten dabei mehr Potentialität als die materiefreien Universalien. Die im menschlichen Denken erscheinenden begrifflichen Universalien ließ Thomas durch die Aktion des „aktiven Intellekts" aktualisiert werden.[34] Neben diesem Potenz-Akt-Schema integrierte er auch die Materie-Form-Relation in sein Universalienkonzept, indem er diese Relation und das Verhältnis zwischen Genus, Spezies und Differenz in Analogie setzte, ohne beides als äquivalent anzusehen. In der Gnoseologie vertrat Thomas schließlich die Ansicht, daß der menschliche Intellekt - im Gegensatz zum göttlichen - lediglich das Allgemeine und nicht das Singuläre direkt erkenne.[35] Ähnlich wie seine Ansichten in der Individuationsfrage rief auch diese Position später Widerspruch hervor.

*

Zu den herausragenden Philosophen des 13. Jahrhunderts gehörte auch *Siger von Brabant* (ca. 1240–nach 1281). Der von ihm wesentlich mitbegründete heterodoxe Aristotelismus prägte mit der Theorie von dem einheitlichen und gemeinsamen Intellekt in allen Menschen (Monopsychismus) seit den 60er Jahren des 13. Jahrhunderts das Klima der philosophischen Debatten. Damit waren grundsätzliche Positionen des Glaubens, der Anthropologie und Erkenntnistheorie problematisiert. Auch das Universalienproblem wurde tangiert. Denn weltanschaulich verband den Streit um den einheitlichen Intellekt und um die Charakteristik der Universalien die Frage, ob und wie Einheitliches, Allgemeines und Ewiges ein Dasein haben und sinnvoll gedacht und ausgesagt werden kann, wenn dasjenige, dessen Wesen es ausmachen soll, in mengenmäßiger Vielfalt vorkommt, partikulär und vergänglich ist. Siger griff dieses Problem z. B. in seinem Traktat „Über die Ewigkeit der Welt" auf und lieferte Argumente für die These, daß die Spezies Mensch von ewiger Existenz sei.[36] Dies war natürlich mit den Glaubensgrundsätzen unvereinbar und mußte entsprechende Gegenreaktionen hervorrufen. In demselben Werk entwikkelte Siger auch grundsätzliche Ansichten zur Universalienfrage, die über die zuvor genannte These hinausgingen. Dabei vermied er, ähnlich wie Thomas von Aquino, sowohl eine nominalistische Lösung als auch die Platonische Ideenlehre. Ihm ging es um eine adäquate Interpretation des originären Aristoteles. So hielt er die Universalien für „Erkenntnisresultate" (intellecta) und „Begriffe" (conceptus).[37] Sie sollten durch das Wirken des „aktiven Intellektes" (intellectus agens) und die Existenz bestimmter „Vorstellungen" (phantasmata) determiniert werden.[38] Neben der Bestimmung der Universalien als „intellecta" findet sich auch deren Kennzeichnung als „Aussagebedeutungen" (dicta).[39] Die „Allgemeinheit" (universalitas) käme den Dingen ebensowenig an sich zu wie die „Vereinzelung" (individuatio), vielmehr nur der Potenz nach.[40] Gleichwohl war für Siger die Wechselbeziehung zwischen Realität bzw. der „Natur" der Dinge, der Sprache und dem abstrahierenden Denken die objektive Basis der Existenz von Universalien. Insofern bedeutet die Hervorhebung der intellektuell-sprachlichen Existenz der Universalien bei Siger keineswegs eine Subjektivierung ihres Wesens. Dies liegt schon in der Rolle des überindividuellen und unvergänglichen „intellectus agens" begründet.

Siger unterschied ähnlich wie Thomas von Aquino zwischen materieverhafteten Spezies mit einer Vielzahl zugeordneter Individuen und den immateriellen Spezies mit jeweils nur einem einzigen Individuum pro Spezies.[41] Dieser Auffassung entsprach auch die Position, die er nach heftigen Kontroversen mit seinen antiaverroistischen Gegnern in der Frage des „allgemeinen Intellekts" einnahm. In seinem Spätwerk, dem Kommentar zum „Liber de causis", entschied er sich dafür, daß der menschliche Intellekt keine Spezies sei, die lediglich ein einziges Individuum umfasse, sondern vielmehr eine solche mit einer Vielzahl von Individuen. Das sei der Verhaftung dieses Intellekts mit der Materie geschuldet.[42] In der Individuationsfrage wiederum ließ Siger ähnlich wie Thomas von Aquino die mit bestimmten Abmessungen versehene Materie das Prinzip der Individuation sein.[43] Es ist dies ein sicheres Indiz für seine universalienrealistische Orientierung, die allerdings stärker als bei den zuvor genannten Vertretern dieser Richtung an der aristotelischen Textvorlage und deren Interpretation durch Ibn Ruschd (Averroes) festgemacht war. Die Grundsätze der christlichen Schöpfungslehre wurden von Siger zwar nicht geleugnet, aber doch in der philosophischen Debatte um die Universalien bewußt weitgehend ausgeklammert, wie sein Traktat „Über die Ewigkeit der Welt" belegt. Sowohl darin, als auch in der Ansicht, daß der menschliche Intellekt sehr wohl das Partikuläre erkennen könne und nicht nur das Universale,[44] unterschied er sich von Thomas von Aquino. Das hebt nicht die zuvor bemerkten wesentlichen Gemeinsamkeiten beider in der Universalienfrage auf. So läßt sich die Position Sigers in der Universalienfrage als eine Synthese aus den Standpunkten Ibn Ruschds und des Thomas von Aquino bestimmen. Auch in seinem Fall bestätigt sich der Eindruck, daß der Universalienrealismus im 13. Jahrhundert keinesfalls eine geschlossene Lehre oder Konzeption darstellte, sondern neben grundsätzlichen gemeinsamen Ausgangspositionen viele individuell geprägte Synthesen umfaßte.

*

Auch ein weiterer Zeitgenosse, der bedeutende Franziskanertheologe *Bonaventura* (ca. 1217/21–1274), belegt mit seinen Ausführungen zur Universalienfrage den angedeuteten starken Trend zur Individualisierung der Lehrauffassungen im Streit um das Wesen und die Existenz der Universalien. Bonaventura repräsentierte in seiner Zeit die am Augustinismus ausgerichtete Gegenreaktion gegen den vordringenden Aristotelismus. Das von ihm vertretene Universalienkonzept besagt, daß die Universalien in ontologisch-metaphysischer Hinsicht die „allgemeine Form“ (forma universalis, forma totius) der Dinge seien. Diese Auffassung, die ja bereits bei Albertus Magnus begegnete, bezeichnete er in seinem Sentenzenkommentar als die „via communis“.[45] Nach Bonaventuras Auffassung konnte diese Art Form unter keinen Umständen unabhängig und losgetrennt von der bzw. einer Materie existieren.[46] In seinem berühmten Spätwerk, den „Collationes in Hexaëmeron“, bekämpfte er vehement sowohl den Nominalismus, den Konzeptualismus als auch die Platon zugeschriebene Reduzierung des Universale auf etwas in Gott Existierendes; dem entgegen umschrieb er sein eigenes Universalienkonzept.[47] Die von ihm vertretene ontologische Konzeption der Universalien folgt dem Prinzip, daß es dreierlei Daseinsweise der Universalien gebe: das Universale sei sowohl als ein Unvollkommenes in der Potenz einer Materie; des weiteren in einer „allgemeinen Natur“, die in vielem Partikulären enthalten ist; als auch schließlich neben den singulären Dingen innerhalb der Seele vorzufinden. Alle diese genannten Daseinsweisen seien aber abhängig von ihrem eigentlichen Daseinsgrund, dem „göttlichen Gestaltungsvermögen“ (ars aeterna).[48] An diesem universalienrealistischen Konzept erscheint zunächst bemerkenswert, daß die in der Materie angelegte Entfaltungsmöglichkeit für eine Gesamtheit unterschiedlicher Gestaltungen als eine Daseinsform des Universale angesehen wird. Zum anderen zählt Bonaventura hier offenbar die Platonischen „Ideen“ bzw. die „Gedanken Gottes“ nicht als eine gesonderte Form von Universalien, wenngleich der platonische Exemplarismus ihm insgesamt nicht fremd war. Diese Nuancen machen die Unterschiede zu den zuvor charakterisierten Universalienrealisten seiner Zeit deutlich. Dabei dominiert auch bei ihm der christliche Schöpfungsgedanke und die Ablehnung von separat neben Gott existierenden Entitäten im Sinn der Platonischen „Ideen“. Zum Nominalismus freilich wird eine klare Distanz gewahrt.

Neben dem vorherrschenden Universalienrealismus und widersprüchlichen Vermittlungsversuchen zwischen Transzendenz und Immanenz der Universalien gegenüber den physischen Dingen wurden allmählich auch Positionen markiert, die bereits auf die umwälzenden Neuerungen zu Beginn des 14. Jahrhunderts vorauswiesen. Einer solchen Tendenz gehört beispielsweise der Franziskaner Richard von Mediavilla (ca. 1245/9–1302/7) an. Dieser unterstrich prinzipiell das gedanklich-begriffliche bzw. intentionale Dasein der Universalien. Er bestritt die Existenz von extramentalen „allgemeinen Dingen" und begriff das Universale bzw. die Allgemeinheit als ein Verstandesding, das als „zweite Intention" bezeichnet wird.[49] Allerdings wird damit von ihm ein besonderer Typus von Universale charakterisiert, das sogenannte „universale in praedicando", d. h. also das sprachlich ausgedrückte Universale. Er ließ nämlich außerdem auch das „kausale Universale" in der Gestalt Gottes, ferner die die Materie gestaltende allgemeine Form und schließlich eine allgemeine psychische Vermittlungsform zwischen Wahrnehmung und Erkenntnis als gesonderte Modi von Universalien gelten.[50] Dieses differenzierte Universalienkonzept verband die traditionelle ontologische Sicht mit der immer stärker aufkommenden gnoseologisch-sprachphilosophischen und psychologisierenden Behandlung des Universalienproblems.

Nach und neben Richard von Mediavilla sind weiter Hervaeus Natalis (Hervé Nédéllec, gest. 1323), Durandus von St. Pourçain (ca. 1275–1334) und Petrus Aurioli (ca. 1250–1322) zu nennen, die als Initiatoren einer konzeptualistischen Strömung anzusehen sind, in der das begrifflich-intentionale Dasein der Universalien besonders hervorgehoben wurde. Diese Strömung formierte sich zu Beginn des 14. Jahrhunderts parallel und eigenständig sowohl in Frankreich als auch in England.[51] Die starke Richtung des Universalienrealismus blieb daneben und in Konkurrenz dazu aber bestehen und erhielt zu Beginn des 14. Jahrhunderts mit dem Werk des Johannes Duns Scotus einen neuen originellen, einflußreichen Vertreter. Erst darauf vermochte Wilhelm von Ockham eine radikale Wende zu einem erneuerten Nominalismus einzuleiten.

*

Das Universalienkonzept von *Johannes Duns Scotus* (ca. 1266–1308) bildet einen integralen Bestandteil seiner Ontologie und Gnoseologie. Es steht in der Tradition der Philosophie Ibn Sinas und Roger Bacons, wendet sich gegen die platonische Ideenlehre, den Nominalismus und gegen den Monopsychismus der heterodoxen Aristoteliker. Es ist Bestandteil einer Metaphysik der „Naturen", „Rangstufen" (gradus), „Quidditäten", „Entitäten" und „intelligiblen Formen" (species intelligibles). In dieser Metaphysik und Gnoseologie wird dem Individuellen und Singulären der höchste Grad an Vollkommenheit zugesprochen. Zugleich wird die Realität des Allgemeinen als Basis hierarchischer Ordnungsbeziehungen und der wissenschaftlichen Erkenntnis von Wirklichkeit grundsätzlich bejaht. Doch dabei wird ein neues, erweitertes Konzept von Wirklichkeit zugrundegelegt, das „Realität" weiter faßt als in der üblichen Reduktion auf isolierte Hypostasen und Dingbestände. Universalien können laut dieser Konzeption „real" sein, ohne zu Dingen hypostasiert werden zu müssen. Und ein „vollkommenes Universale" (complete universale) erweist sich in ihr als eine sprachlich- geistige Einheit, die realitätsbezogen ist, ohne dasselbe wie eine „Natur" oder eine rein logische Kategorie („universalitas logica")[52] zu sein.[53] Dabei ist laut Duns Scotus die gemeinsame Wirkung von „Intellekt" und „Natur" konstitutiv für das adäquate Verständnis eines „vollkommenen Universale".[54] Universalien können also diesem Konzept zufolge weder isolierte Hypostasen, noch bloße ideelle Fiktionen darstellen, sondern müssen sprachlich-begriffliche Einheiten oder konstitutive „Formbestimmungen" (formalitates) von subsistierenden Individuen sein. Diese Position kennzeichnet die Originalität des scotistischen Konzeptes innerhalb des überkommenen Universalienrealismus. Einen entscheidenden Hintergrund für dieses Herangehen muß man in dem von Ibn Sina übernommenen Begriff „Natur" sehen, der die Wesensnatur materieller Dinge beschreibt, die von sich aus weder allgemein, noch singulär sein soll, aber beides sein kann.[55] Damit aus dieser indifferenten Wesensnatur ein aktuales vollkommenes Universale werden kann, ist laut Johannes Duns Scotus eine gegenüber der Indifferenz von „Natur" verschiedene Art von Indifferenz zugrundezulegen: nämlich die eines identischen Bedeutungsinhaltes, der positiv über mehereres aussagbar bzw. in diesem ist.[56]

Duns Scotus hielt aber das „vollkommene Universale" nicht für eine vollendete Einheit: eine solche sieht er erst in dem dem Individuum eigenen Sein als erfüllt an. Damit dieses Sein als real gegeben angesehen werden kann, ist für den Philosophen ein Vorgang der „Individuation" erforderlich, der aus dem Indifferent-Allgemeinen eines Universale gegenüber dem vielen Singulären schließlich ein vollbestimmtes subsistierendes Individuum mit eigener Seinsweise macht. Auch das scotistische Individuationskonzept ist für das Verständnis der Lehre über die Universalien von Duns Scotus unbedingt zu berücksichtigen. Für ihn machen Genus, Spezies und Differenz zwar seiende Konstituentien eines Individuums aus, aber haben eine ihm gegenüber andersartige Seinsweise, nämlich eine „quidditative". Individualität transzendiert demgegenüber im Verständnis des Philosophen kategoriale, „quidditative" oder formale Seinsbestände und wird darum von ihm durch eine eigene Seinsweise charakterisiert.[57] Die Entität eines Individuums, auf der die individuelle Differenz beruht, stellt für ihn die „letztendliche gegenständliche Wirklichkeit eines Seienden" (ultima realitas entis)[58] dar. Demgegenüber bedinge das „quidditative" Sein des Allgemeinen, daß es in mehrere „gegenständliche Wirklichkeiten" (realitates) zerlegt werden kann, die aber voneinander nur „formal distinkt" seien.[59] Das materielle substantielle Individuum erweist sich also als ein hochgradig komplexes Kompositum aus Entitäten bzw. „Wirklichkeiten", die aber nicht isoliert voneinander selbständig bestehen können. Ein solches Individuum ist in besonderer Weise zusammengesetzt, d. h. aus Teilen, die keine selbständigen Dinge (res), sondern nur „Wirklichkeiten“ sind, d. h. also lediglich Momente an und in ein und demselben Subsistierenden. Mit dieser Konzeption konnte die Wirklichkeit des Allgemeinen als „realitas“, „formalitas“ oder „ratio“ *in* einem Individuum und nicht *neben* diesem plausibel gemacht werden.[60]

Parallel zur „realen“ Existenz der Universalien nahm Duns Scotus auch eine begriffliche im Intellekt an: die intellektuelle Erkenntnis der Universalien war für ihn an das Dasein von „intelligiblen Formen“ (species intelligibles) gebunden, die die Vermittlung von realem und begrifflichem Dasein des Allgemeinen in der Aktion des Intellekts ermöglichen sollten. Diese Theorie hatte sich trotz zahlreicher Attakken ihrer Gegner bei den meisten Gelehrten zum Ende des 13. Jahrhunderts durchsetzen können.[61] So läßt sich der Begriff des Johannes Duns Scotus vom „universale“ durch die Distinktion ausdrücken, die er in den Metaphysik-Quaestionen zu den unterschiedlichen Bedeutungen dieses Terminus machte: unter einem Universale kann man 1. eine „zweite Intention“ (intentio secunda) verstehen, die eine ideelle Relation darstelle; 2. sei dasjenige, was durch diese „zweite Intention“ bezeichnet wird, ein Universale, und zwar einmal im entfernten Sinn als für sich bestehende „Natur“ genommen (natura absolute sumpta); und 3. sei das im direkten Sinn von einer „zweiten Intention“ Bezeichnete ein Universale, nämlich als das „vollkommene Universale“.[62] Damit sind das ontologische, logische und sprachliche Moment in der Bedeutung von „Universale“ ausgedrückt und aufeinander bezogen.

*

Neben dem originellen, gemäßigten Universalienrealismus des Johannes Duns Scotus ist u. a. die Position des Heinrich von Harclay (ca. 1270–1317) erwähnenswert, welche zwischen den Ansichten von Duns Scotus und Wilhelm von Ockham eine gewisse Mittelstellung einnimmt.[63]

III

Die folgenreiche Erneuerung des Nominalismus zu Beginn des 14. Jahrhunderts muß zunächst auf dem Hintergrund der lebendigen geistigen Atmosphäre der Oxforder Universität gesehen werden. Diese Universität erreichte in der 1. Hälfte des 14. Jahrhunderts in der Logik, der Naturphilosophie und auch der Theologie europäisches Spitzenniveau.[64] Einen entscheidenden Anteil an dieser Position hatten die Studienzentren der religiösen Orden und das berühmte Merton-College. Streitbarkeit, Originalität und Autoritätenkritik gehörten zur Normalität. Alle diese Möglichkeiten nutzte der Franziskaner *Wilhelm von Ockham* (ca. 1285–1347), mit dessen Namen vor allem der erneuerte mittelalterliche Nominalismus in Verbindung gebracht wird. Nach den umfangreichen, oft kontrovers verlaufenden Forschungen über den weltanschaulichen Umschwung zu Beginn des 14. Jahrhunderts in den vergangenen Jahrzehnten[65] sowie der kritischen Edition der theologischen und philosophischen Werke Ockhams[66] läßt sich ein differenzierteres Bild zeichnen als zuvor. Unbestreitbar ist in diesem Zusammenhang, daß Ockham seine Auffassung über das Wesen und die Existenz des Allgemeinen bzw. der Universalien im Verlauf seiner akademischen Laufbahn modifizierte. Hielt er zunächst die Position für angemessen, daß ein Universale lediglich ein „esse obiectivum" in der Seele besitze und lediglich ein „fictum" sei[67], so reagierte er auf Einwände dagegen[68] und ließ gelten, daß die Universalien eine Art geistiger Qualitäten mit natürlicher Bezeichnungsfunktion für außermentale Dinge darstellten[69]. Dies fand seinen Niederschlag in der sogenannten „Intellectio-Lehre", derzufolge die Begriffe bzw. die begrifflichen Inhalte mit den gedanklichen Reflexionen (intellectiones) identisch sind. Gleichwohl ist diese moderatere Haltung keine absolute Abkehr von dem zuvor eingenommenen Standpunkt gewesen, noch wurde sie offenbar von Ockhams Zeitgenossen deutlich als Neuerung wahrgenommen. Auch in der „Summa logicae" spricht Ockham von zweierlei Universale: zum einen vom Universale als natürliches Zeichen im menschlichen Geist mit ideell-begrifflichem Charakter, zum anderen vom Universale als einem Produkt menschlicher Satzung in Gestalt geschriebener oder gesprochener Worte[70]

Wilhelm von Ockham hatte gegen den Universalienrealismus ganz allgemein Position bezogen. In diesem Zusammenhang bestritt er die Legitimität der Einführung von Individuationsprinzipien, weil er dem Singulären eine Existenzbegründung aus sich selbst zusprach. Seine Polemik richtete sich ferner gegen das Postulat der „species intelligibiles" als notwendiger Vermittlungsformen zwischen Erkenntnisobjekt und Denkakt, gegen die Annahme eines separaten „esse apparens" bei Petrus Aurioli (einer kognitiven Entität, die als obligates Medium zwischen Erkenntnisakt und Realobjekt fungiert) sowie generell gegen die Hypostasierung des Allgemeinen zu selbständigen extramentalen Dingen bzw. Wesenheiten. Insofern ist der metaphysikkritische Duktus des gesamten Universalienkonzepts Ockhams hervorzuheben, das prinzipiell aristotelischem Philosophieren verpflichtet war. Die Brisanz einer solchen Haltung wurde schnell klar: eines der von Theologen erstellten Gutachten im Zusammenhang mit dem Prozeß gegen Wilhelm von Ockham in Avignon zur Überprüfung der Rechtgläubigkeit des Franziskaners artikulierte deutlich die grundsätzlichen Bedenken gegen den Nominalismus. Man sprach die Warnung aus, daß aus der Meinung, man wisse auch in der „Realwissenschaft" (scientia realis) unmittelbar nur etwas über Worte und Termini und nicht über Dinge, für die diese stehen, klar eine Häresie folgt, sobald man so etwas auch von der Theologie sage.[71] Dies bezog sich auf eine Passage aus Ockhams Sentenzenkommentar. Dort sagte er, daß in jeder Wissenschaft – gleichgültig, ob sie Außermentales oder Gedankliches zum Gegenstand hat – lediglich Aussagen gewußt würden; eine Wissenschaft mit Realien als Gegenstand, zumal solchen mit Allgemeinheitscharakter, betreffe primär die Termini und die aus ihnen gebildeten Aussagen, welche anstelle der wirklichen Dinge stehen, und Wirklichkeit habe allein das Singuläre; also gebe es auch eine Wissenschaft vom Singulären unter Vermittlung der Termini, während das Allgemeine nur in Gestalt der Termini aus den Gewißheit schaffenden Aussagen gegeben sei.[72] Diese Kontroverse macht die Verbindung des Universalienproblems mit dem damals aktuellen Streit um den Wissenschaftsbegriff und die weltanschaulichen Implikationen mit theologischen Positionen deutlich.

Es gab spezielle Themen, an denen sich die unterschiedlichen philosophischen Positionen besonders deutlich artikulierten. Eines dieser Themen war die Interpretation der Kategorie „Quantität". So heißt es z. B. in dem erwähnten Theologengutachten gegen Wilhelm von Ockham klar, „daß anzunehmen, die Quantität sei kein von der Substanz distinkt unterschiedenes Ding, der gemeinschaftlichen Auffassung der Kirchenväter, der Gelehrten und Philosophen widerspricht, welche wir für richtig halten."[73] Der unmittelbare Anlaß für ein solch rigoroses Urteil war zwar die Vermeidung von Komplikationen mit der kirchlich sanktionierten Eucharistielehre, doch zugleich wurde damit ein tragender Pfeiler der Ockhamschen Lehren attakkiert. Denn Wilhelm von Ockham ließ in seiner Ontologie als primäre Kategorien nur noch „Substanz" und „Qualität" gelten. Dementsprechend verkündete er, „daß jedes Ding entweder Substanz oder Qualität ist".[74] Alle anderen Kategorien sollten von diesen beiden abgeleitet werden können, ohne selbständige separate Dinge oder Entitäten darzustellen. Mit der Leugnung einer Selbständigkeit und Abtrennbarkeit der Kategorie „Quantität" trat Ockham die Nachfolge einer ähnlichen Haltung bei Petrus Johannis Olivi (ca. 1248/49–1298) an.[75]

Auch in der Diskussion um den kategorialen Status von „Bewegung" im Rahmen der damaligen Philosophie nahm der Erneuerer des Nominalismus eine unmißverständliche Position ein: „Es bleibt also zu konstatieren, daß die Bewegung kein Ding ist, welches als ganzes von jedem dauerhaften Ding wohlunterschieden ist. Denn unnützerweise kommt etwas durch mehr zustande, das durch weniger zustande kommen kann."[76] Einer der entschiedensten zeitgenössischen Gegner des Ockhamschen Nominalismus, der Engländer Walter Burley, bemerkte in seinem Physik-Kommentar zu dieser Auffassung kurz und knapp: „die Negation des Daseins von Bewegung bedeutet, die Naturwissenschaft zu zerstören, und ein Naturphilosoph ist nicht gehalten, mit einem Leugner des Daseins von Bewegung zu diskutieren."[77] Wilhelm von Ockham ging es sicherlich nicht um die Leugnung des Daseins von Bewegung überhaupt, vielmehr stritt er ab, daß ein sinnvolles Reden über sich bewegende Dinge nur vermittels einer selbständigen, hypostasierten Entität „Bewegung" möglich sei.

Außer über „Quantität" und „Bewegung" wurden auch die Ockhamschen Aussagen über die Kategorie „Relation" kritisiert. Auch hier ging es um eine schon länger andauernde philosophische Grundsatzdebatte.[78] Ockham stellte fest, daß „eine

Relation kein bestimmtes Ding ist, was sich distinkt von dem unterscheidet, was die Modernen das ‚Fundament' nennen."[79] Er meinte also, daß eine Relation mit den aufeinander bezogenen Dingen essentiell identisch ist, d. h. kein von diesen gesondertes Ding darstellt. In dieser sowohl für die Theologie als auch die Philosophie grundsätzlichen Frage wurde er aufgrund seiner Position z. B. vom Oxforder Theologen und ehemaligen Kanzler der Oxforder Universität, John Lutterell (gest. 1335), attackiert. In seiner dem Papst überreichten Anklageschrift vermerkt er als Warnung vor den Konsequenzen des Ockhamschen Relationsbegriffs folgendes: „Dies ist gefährlich, denn er läßt sämtliche Geschöpfe entblößt von den Relationen sein und hebt sämtliche gegenseitigen Abhängigkeiten und Verbindungen unter den Dingen und die Ordnung auf, was alles ohne Relationen nicht existieren kann."[80] Ockhams Gegner identifiziert also die Anerkennung von Relationen als objektiv-realen Gegebenheiten mit dem Wissen von einer real existierenden Ordnung. Wilhelm von Ockham hat nun aber die Existenz der „wirklichen Relation" (relatio realis) im Unterschied und Gegensatz zur „begrifflichen Relation" (relatio rationis) keineswegs geleugnet.[81] Dabei war ihm zugleich bewußt, daß nicht Aristoteles' Philosophie, sondern in erster Linie die Theologie eine solche Unterscheidung erfordert. Auch ist die Anerkennung objektiver, bewußtseinsunabhängiger Zusammenhänge zwischen den Dingen für ihn problemlos möglich. Doch im Unterschied zu den Kategorien „Substanz" und „Qualität" billigte er der Kategorie „Relation" ähnlich wie der „Quantität" und der „Bewegung" nur im vermittelten, abgeleiteten Sinn einen Realitätsbezug zu. Auf keinen Fall ließ er sie als Bezeichnung für eine selbständige Entität gelten, sondern kennzeichnete sie als eine „zweite Intention" (secunda intentio), d. h. der Terminus „Relation steht im kategorialen Sinn nicht für reale Dinge, sondern für Begriffe und Bezeichnungen, welche wiederum sich direkt auf reale Dinge beziehen können.[82] Nicht ob, sondern wie er die Bestimmung einer „relatio realis" vornimmt, hebt Wilhelm von Ockham also von anderen Philosophen seiner Zeit ab.[83] Das berühmte Rationalitätskriterium des „Ockhamschen Rasiermessers" lag diesen Überlegungen zugrunde. Es findet sich an verschiedenen Stellen von Ockhams Werken in Gestalt folgender Formulierungen: „frustra fit per plura quod fieri potest per pauciora" („was durch vieles zustande kommt, aber durch weniger zustande kommen kann, erfüllt nicht seinen Zweck"); „pluralitas non est ponenda sine neccesitate" („eine Vielheit ist nur anzunehmen, wenn es notwendig ist").[84] Das „Ökonomieprinzip" und der Ockhamsche Nominalismus trafen sich in der Forderung nach einer rationalen, sprach- und methodenbewußten Erklärung der Welt vermittels eines Minimums von Erklärungsgründen. Ein Beleg dafür liefert für die Naturphilosophie z. B. die Eliminierung von „Bewegung" aus dem Kreis der Entitäten, nicht jedoch aus dem Kreis des „Seienden".[85]

Ein weiteres Kapitel der Universalienproblematik mit erheblicher Relevanz war seit dem 13. Jahrhundert die Theorie von der „Supposition". Mit ihrer Hilfe wurden semantische Eigenschaften von Termini im Rahmen bestimmter Aussagesätze analysiert.[86] Dabei tangierte die inhaltliche Bestimmung der sogenannten „einfachen Supposition“ (suppositio simplex) bzw. der Streit um die Anerkennung einer solchen speziellen Form der Supposition unmittelbar das Universalienproblem. So hieß es z. B. in dem „Tractatus“ des Petrus Hispanus: „Eine einfache Supposition ist der Gebrauch eines allgemeinen Terminus im Sinn eines allgemeinen Dinges, das durch ihn bezeichnet wird.“[87] Dementsprechend würde im Satz „Mensch ist eine Spezies“ der Terminus „Mensch“ für ein von ihm bezeichnetes, real-existierendes Allgemeines außerhalb des Bewußtseins stehen.[88] Einer solchen Ansicht widersprach Ockham energisch, wenn er äußert: „Eine einfache Supposition liegt vor, wenn ein Terminus für eine ideelle Sinngebung (intentio animae) supponiert und nicht signifikativ gebraucht wird. Wenn man zum Beispiel sagt ‚Mensch ist eine Spezies‘, dann supponiert der Terminus ‚Mensch‘ für eine ideelle Sinngebung, da jene ideelle Sinngebung Spezies ist.“[89] Diesen Standpunkt erklärt er so: „Es bleibt also - wie schon zuvor - festzustellen, daß eine einfache Supposition in dem Fall gegeben ist, wenn ein Terminus für eine ideelle Sinngebung supponiert, die vermittels einer Prädikation über mehreres allgemein ist, bisweilen aber nur einem Einzigen eigen ist. Der Grund dafür besteht darin, daß es nichts Dingliches gibt, das nicht schlechthin ein Singuläres ist. Daher führte der Irrtum all jener, die glaubten, daß es etwas Dingliches außer dem Singulären gäbe und das Menschentum, das von dem vielen Singulären verschieden ist, etwas in den Individuen Existierendes und ihr Wesen Bestimmendes sei, sie in diese und viele andere logische Irrtümer.“[90] Ockham läßt also eine ideell-sprachliche Präsenz des Allgemeinen in Gestalt begrifflicher Intentionen zu, indem dieses Allgemeine einen gemeinsamen Inhalt, jedoch keinen Gegenstand eines allgemeinen Terminus ausmacht. Zweifellos distanzierte er sich damit vom entgegengesetzten Universalienrealismus, psychologisierte aber das „Allgemeine“, ohne es mit einer reinen Fiktion gleichzusetzen. Er hielt die Termini für Vehikel des „Allgemeinen“, das für ihn im Satzkontext präsentierbar und analysierbar war. Freilich ließ er offenbar auch eine Gleichsetzung von Universalien und geschriebenen bzw. gesprochenen Worten zu. Doch sie hielt er für eine gesonderte Art von Universalien neben den zuvor besprochenen begrifflichen Intentionen.[91] Diese sprachlogische Erörterung des Universalienproblems innerhalb von Ockhams Reflexionen über die Supposition von Termini läßt als spezifisch nominalistische Position erkennen, daß er den Universaltermini lediglich eine Bezeichnungsfunktion hinsichtlich bestimmter singulärer Gegenstände zugesteht. Einer seiner bedeutendsten zeitgenössischen Kritiker, Walter Burley, hob hingegen hervor, daß die primäre Bezeichnungsfunktion z. B. des Terminus „Mensch“ in dem Satz „Mensch ist eine Spezies“ nicht ein Singuläres, sondern ein Allgemeines betrifft.[92] Die Auseinandersetzung um die „suppositio simplex“ wurde nicht nur wie hier zwischen Nominalisten und Universalienrealisten geführt, sondern auch innerhalb dieser beiden Gruppierungen.[93] Insofern kann sie nicht als separates Kriterium für die Bestimmung einer Position im Universalienstreit herangezogen werden.

IV

Die höchst lebendige akademische Atmosphäre Oxfords zu Beginn des 14. Jahrhunderts zeigte sich auch in den frühesten polemischen Auseinandersetzungen um das Werk Wilhelms von Ockham. Neben Johannes Lutterell sind John of Reading, Walter Chatton und vor allem Walter Burley zu nennen, die sich bereits zu Lebzeiten Ockhams mit dessen Ansichten kritisch auseinandersetzten.[94] Der differenzierte Einfluß Wilhelms von Ockham auf das berühmte Merton-College in Oxford deutet eine Tendenz an, die auch später anhielt.[95] Im Werk des ersten Schülers Wilhelms von Ockham, des Franziskaners Adam von Wodeham (gest. 1358), liegt eines der aussagekräftigsten Zeugnisse sowohl für das Oxforder Schul- und Geistesleben des frühen 14. Jahrhunderts, als auch für die Ausbreitung des Ockhamschen Gedankengutes auf dem Kontinent vor. Auch hier ist schon die selbständige Verarbeitung von Ockhams Philosophie deutlich.[96] Zustimmung, Ablehnung und selbständige Weiterverarbeitung waren die bestimmenden Haltungen von Ockhams Zeitgenossen zu seinem Werk.

Einer der prominentesten Gegner des Ockhamschen nominalistischen Ansatzes vor allem auf den Feldern der Logik und Naturphilosophie war *Walter Burley* (ca. 1274/75–nach 1343). In seinem „Tractatus de universalibus" lieferte er einen wertvollen Überblick zu den damaligen Diskussionen und wichtigsten Lehrrichtungen im Rahmen des Universalienproblems.[97] Hier und noch deutlicher im Kommentar zur Aristotelischen „Physik" artikulierte er seine eigene Position im Rahmen eines gemäßigten Universalienrealismus, der dem des Duns Scotus nahe stand, vor allem aber gegen den Nominalismus Ockhams gerichtet war. Als Argumentationsebenen lassen sich in seinem Traktat die Theologie, Naturphilosophie, die Aristotelische Wissenschaftslehre, die Gnoseologie und schließlich die Semantik der Termini unterscheiden. Sie werden zur Darstellung der unterschiedlichen Lehrpositionen herangezogen. Burley tendierte hier zur Ansicht, daß die Universalien in dem zu ihnen gehörenden Singulären sind, wobei aber Singuläres und Universales nicht miteinander identisch sein sollten, gleichgültig, ob es um ein Universale in der Seele, um eines innerhalb und außerhalb von ihr oder um eines ging, was lediglich außerhalb von ihr existiert.[98] Dieser Position stellte er deutlich vier weitere Konzepte gegenüber: das Konzept von der dinglichen Übereinstimmung von Universale und dem Singulären; das Platonische Konzept der extramentalen und separaten Existenz des Allgemeinen gegenüber dem Singulären; das Augustinische Konzept von den ideellen Archetypen der Dinge in Gott; das Konzept von der ausschließlichen Existenz der Universalien in der Weise eines Gedankenobjektes (esse obiectivum).[99] Keine Zustimmung fanden bei ihm das Konzept von der dinglichen Identität zwischen Universale und Singulärem, das Platonische Konzept und auch die Gleichsetzung der Universalien mit rein fiktiven Gedankengebilden (ficta). In seinem Kommentar zu Aristoteles' „Physik" bestimmt er seine Haltung in deutlicher Kritik am Nominalismus und Konzeptualismus. Dies kommt in zwei grundsätzlichen Aussagen Burleys zum Ausdruck, die er seinem Universalienkonzept zugrundelegen will: 1. Es gibt etwas außerhalb der Seele, das kein Singuläres ist. 2. Nicht jedes Universale ist ein Begriff.[100] Für Burley bedeutet die extramentale Existenz der Universalien jedoch nicht, daß die Universalien Teile der Individuen sind. Eher gilt für ihn das Umgekehrte, wobei er die Universalien zum quidditativen Bestand der Individuen zählt.[101] Hier klingen scotistische Gedanken an. Doch Burley sieht zwischen einem Universale und einem Individuum nicht nur eine Formaldistinktion wie Duns Scotus, sondern postuliert eine Realdistinktion: das Universale „Mensch“ und das Individuum (z. B. Sokrates) sind für ihn demzufolge „zwei Dinge“, was jedoch nicht bedeutet, daß die „zwei Substanzen“ oder „zwei Körper“ sind.[102] Der Terminus „Ding“ wird nämlich hier von Burley in transzendentalem Sinn verwendet, wie er ausdrücklich vermerkte.[103] Der unmittelbare „Dinggehalt“ von Prädikationen oder Definitionen konnte dadurch plausibel gemacht werden. Burley versuchte also offensichtlich, durch Rückgriff auf die Quidditäten-Metaphysik die Waage zwischen der Verselbständigung der Universalien zu separaten Substanzen und der Identifizierung von Universale und Individuum zu halten. Auch Wilhelm von Ockham verfolgte eine ähnliche Zielstellung, ohne sich jedoch dabei der Quidditäten-Metaphysik zu bedienen oder die Prädikation von Dingen zuzugestehen. Aber auch Ockham verstand unter „Ding“ mehr als nur Substanzen und körperliche Gegenstände. So spricht er gelegentlich von Universalien wie von geistigen „Dingen“.[104] Nicht die „reale“ Existenz der Universalien also, sondern die Art und Weise dieser Existenz machte das eigentliche Streitthema aus. Burley war ferner der Ansicht, daß der menschliche Intellekt das Singuläre zum primären Produkt seiner Erkenntnistätigkeit habe.[105] Es ist bei Berücksichtigung dieser Positionen anzuzweifeln, daß Burleys Universalienkonzept einem extremen Realismus zuzurechnen ist; dieser scheint viel klarer in dem Werk des Außenseiters Raimund Lull (1232/33–1316) vorhanden gewesen zu sein.[106] Burley strebte im Unterschied zu Lull nicht nach einer „natürlichen Logik“ im Sinne einer engen Verknüpfung des Formal-Logischen mit dem Ontologischen. Vielmehr blendete er einen solchen Zusammenhang in seinem logischen Hauptwerk „De puritate artis logicae“ weitestgehend aus. Burley wollte ebenso wie Wilhelm von Ockham und anders als Lull eine Lösung des Universalienproblems auf der Basis des Aristotelismus erreichen.

Außer den Universalienrealisten trugen auch nominalistisch orientierte Philosophen ihre theoretischen Differenzen mit Wilhelm von Ockham aus. Ein Beleg hierfür sind u. a. die Gnoseologie und Epistemologie der beiden Dominikaner Robert Holcot und William Crathorn aus den 30er Jahren des 14. Jahrhunderts, als die philosophischen Auseinandersetzungen immer intensiver wurden. Beide kann man deshalb nicht mehr als „Ockhamisten“ bezeichnen, obwohl sie dem Nominalismus anhingen.[107] So vertraten sie die Lehre von den notwendigen Vermittlungsformen (species) zwischen Erkenntnisobjekt und -subjekt, die von Ockham strikt abgelehnt wurde.[108] Ihnen war ferner so wie Ockhams Schüler Adam Wodeham nicht dessen Abkehr von der „Ficta-Theorie" bekannt geworden.[109] Im Sentenzenkommentar des William Crathorn sind umfangreiche Ausführungen zur Gnoseologie und Semantik enthalten. In ihnen distanzierte er sich sowohl von unterschiedlichen Richtungen des Universalienrealismus, als auch von der Ockham zugeschriebenen „Ficta-Theorie". Im epistemologischen Streit mit Robert Holcot um den eigentlichen Gegenstand des Wissensaktes entwickelte Crathorn im Ansatz eine neuartige Semantik des Satzes, die mit der stoischen Lekta-Lehre vergleichbar war und gegen Ockhams Ansicht von der natürlichen Bezeichnungsfunktion von mentalen Sätzen für Außersprachliches gerichtet war.[110] Die neue Semantik Crathorns mit der Differenzierung zwischen dem „Sachverhalt", dem Satz über ihn und dem Satz über diesen Satz war ebenso wie seine sensualistische Gnoseologie metaphysikkritisch orientiert.[111] Insgesamt wurde damit das zunehmende Gewicht von Gnoseologie, Epistemologie und Logik im damaligen Universalienstreit unterstrichen. Zugleich wird deutlich, daß der erneuerte Nominalismus zu Beginn des 14. Jahrhunderts eine geistige Strömung ohne festes Schuldogma war.

In den Jahren 1339 und 1340 verkündete die Artistenfakultät der Pariser Universität in offiziellen Verlautbarungen ihren Unmut über die unkontrollierte Ausbreitung der Ockhamschen Lehren und die bedenkenlose Anwendung sprachlogischer Analysen auf die Theologie bzw. Bibelexegese.[112] Man darf weder diese Intervention - die weniger gegen die Lehren Ockhams, als auf die Erhaltung der lehramtlichen Autorität der Pariser Magister gerichtet war - noch die vielen theoretischen Dispute an der damaligen Pariser Universität auf den Universalienstreit reduzieren. Auch läßt sich kein eindeutiger Trennungsstrich zwischen „Ockhamisten" und „Anti-Ockhamisten" ziehen.[113] Der Nominalismus breitete sich allmählich als bestimmte Lösungsvariante des Universalienproblems wohl gerade darum so umfassend im Paris des 14. Jahrhunderts aus, weil er mehr war als ein doktrinärer „Ockhamismus". Dies wird immer wieder anhand der überlieferten Schriften der bedeutendsten Nominalisten nach Wilhelm von Ockham deutlich. Nur Adam Wodeham hat sich als einziger unter den Gelehrten des 14. Jahrhunderts als „Ockhamist" bezeichnet, wie K. H. Tachau hervorhebt.[114] Über ihn wurde ganz wesentlich das nominalistische Gedankengut von England auf den Kontinent übertragen.

Wodehams Schriften kannten und nutzten z. B. Nikolaus von Autrecourt (ca. 1300–1350) und Gregor von Rimini. Doch der zuerst Genannte schloß sich auf dem Feld der Epistemologie eher den Positionen des Petrus Aurioli an[115], und es ist anhand seiner überlieferten Schriften kaum möglich, ihn einer der Grundrichtungen im Universalienstreit zuzuordnen. Demgegenüber hatte zwar auch *Gregor von Rimini* (gest. 1358) Kritik an Ockhams Epistemologie geübt[116], aber ansonsten ein nominalistisch orientiertes Konzept erkennen lassen, das mit dem Universalienrealismus von Thomas von Aquino und Walter Burley und mit wesentlichen Positionen von Petrus Aurioli sehr kritisch abrechnete. Er vertrat in diesem Zusammenhang die „Ficta-Theorie", wie aus seinem Sentenzenkommentar aus der Mitte der 40er Jahre des 14. Jahrhunderts zu entnehmen ist: „ein Universale ist kein außerseelisches Ding, sondern lediglich ein gewisser erdachter bzw. durch die Seele geformter Begriff, der mehreren Dingen gemein ist, oder er ist unter Umständen ein äußeres Zeichen, das subjektiver Einsetzung entspringt."[117] Mit Thomas von Aquino polemisierend betonte er, daß nicht das Universale, sondern das Singuläre primär durch den Intellekt erkannt wird.[118] In der den Menschen umgebenden Welt gibt es laut Gregor keinerlei „universales Ding", sondern alles sei dort singulär.[119] Leider sind Gregors Äußerungen zum Universalienproblem recht fragmentarisch: das 3. Buch seines Sentenzenkommentars ist nicht überliefert, in dem er die Universalienfrage speziell abhandeln wollte. Trotzdem haben seine Schriften eine wichtige Rolle bei der Ausbreitung des Nominalismus gespielt.

V

Die Konstituierung des erneuerten Nominalismus zu einer dominanten Richtung des spätmittelalterlichen Philosophierens ist jedoch vor allem mit dem Werk von *Johannes Buridan* (ca. 1300–ca. 1360) und seiner Schüler Marsilius von Inghen und Albert von Sachsen verbunden. An der Pariser Universität konnte sich der Nominalismus seit dem letzten Lebensjahrzehnt Buridans erstmals als führende Richtung behaupten und später vor allem an den Universitäten Deutschlands, Böhmens, Polens, Frankreichs, Italiens und Schottlands Fuß fassen und ebenfalls großen Einfluß erlangen.[120] Von der Mitte des 14. Jahrhunderts bis weit in das 15. Jahrhundert hinein überragte der Buridanismus bei weitem den Einfluß des Ockhamschen Gedankengebäudes.

Die frühesten Zeugnisse des Buridanschen Nominalismus enthält eine Gruppe von 4 Traktaten aus den 30er Jahren des 14. Jahrhunderts, die speziell der Universalienproblematik gewidmet sind.[121] Im Mittelpunkt stand hier die polemische Auseinandersetzung mit der universalienrealistischen Position von Walter Burley. Im „Tractatus de differentia universalis ad individuum" diskutierte Buridan in einer Quaestio ausführlich, ob ein Universale aktual außerhalb der Seele existiere.[122] In seiner Antwort differenzierte er zwischen einem sogenannten „universale pro subiecto" und einem „universale pro forma": das „universale pro forma" stellt eine „zweite Intention" dar, also einen Begriff der Metasprache (so z. B. in der Aussage „die Spezies ist ein Universale" der Terminus „Universale"); das „universale in subiecto" dagegen soll einen Begriff der Objektsprache darstellen (wie z. B. der Begriff „Mensch" in der Aussage „Sokrates ist ein Mensch").[123] Diese Unterscheidung benutzt Buridan als Voraussetzung für die drei von ihm verteidigten und zu beweisenden Hauptthesen: 1. Das „universale pro forma" existiert nicht außerhalb der Seele. 2. Das „universale pro subiecto“ ist als ein vom „individuum pro subiecto“ Getrenntes nicht außerhalb der Seele. 3. Das „universale pro subiecto“ befindet sich in einer nur ihm eigenen Relation außerhalb der Seele.[124] Für Buridan existiert außerhalb der Seele alles real-gegenständlich ausschließlich individuell.[125] Zugleich kennt und akzeptiert er aber auch die geläufige neuplatonische Formel vom „triplex esse“ der Universalien vor den Dingen, in ihnen und nach ihnen. Unter Berufung auf Robert Grosseteste und Albertus Magnus setzt er diese als bekannt voraus.[126] Das dabei auch von Buridan vertretene aktuale Dasein der Genera und Spezies in den Dingen will er aber nicht als ein von der Existenz der Individuen distinktes verstanden wissen.[127] Bemerkenswert ist ferner, daß er die Existenz einer objektiven Weltstruktur zwischen den Individuen verschiedener Spezies annimmt.[128]

Auch in seinem Kommentar zur „Isagoge“ des Porphyrios ging Buridan von einem differenzierten Universalienkonzept aus. Er unterschied dort zwischen den Universalien als bloßen Zeichen der Laut- und Begriffssprache („universale in significando“), als substantiellen Ursachen des Daseins einer Vielzahl von Dingen („universale in causalitate“), d. h. Gott, die Intelligenzen und die Himmelskörper) und dem eigentlichen prädikativen Ausdruck in einer Aussage („universale in praedicando“).[129] Gerade dieses Universalienkonzept ist charakteristisch für Buridan und seine Schüler bzw. Anhänger. Hervorzuheben bleibt seine Distanzierung vom Universalienrealismus vor allem in der Ausformung bei Burley, Johannes Duns Scotus und Thomas von Aquino, als auch die deutliche Distanz von einer extremen nominalistischen Position in Gestalt der „Ficta-Theorie“. Buridan widmete sich in erster Linie dem Universale in Gestalt von Termini, die die Prädikation ermöglichen bzw. etwas bezeichnen oder für etwas supponieren. Für ihn waren gerade die Termini der Mentalsprache Träger der genannten Funktionen. Er behandelte im Unterschied zu Wilhelm von Ockham die Universalien nicht als selbständige psychische oder geistige Qualitäten.

Außer in den genannten Abhandlungen hat Buridan in den Kommentaren zu Aristoteles' „Metaphysik“, „Physik“ und „Über die Seele“ als auch in seinem logischen Hauptwerk „Summulae de dialectica“ zur Universalienfrage Stellung genommen.[130] Der „gemäßigte Nominalismus“ oder „Terminismus“ Buridans und seiner Schüler war wegen seines offensichtlichen Kompromißcharakters wandlungs- und anpassungsfähig.

In den Schriften *Alberts von Sachsen* (1316–1390), die den Universalienstreit tangieren, ist neben deutlichen Anklängen von Buridanschem Gedankengut auch eine deutliche Anlehnung an wesentliche Positionen Wilhelms von Ockham festzustellen. In seinem Kommentar zur „Isagoge“ wiederholte Albert fast wörtlich das differenzierte Universalienkonzept Buridans aus dessen Kommentar zu demselben Werk. Doch während für Buridan das „universale in causalitate“ Substanzcharakter besaß, vermißt man bei ihm einen entsprechenden Hinweis.[131] Albert charakterisierte die gesprochenen, geschriebenen und mentalen Universalien als bestimmte Formen von

Qualitäten.[132] Diese ontologische Charakteristik der Universalien steht bei ihm neben der logisch-gnoseologischen, in welcher er die Universalien vor allem als Termini der zweiten Imposition bzw. Intention kennzeichnete.[133] Man kann wohl darum von einer Kombination von Buridanschem Terminismus und Ockhamschem Konzeptualismus sprechen, wie er uns im Albertschen Isagogenkommentar begegnet. Für die Kennzeichnung seines Standpunktes ist in diesem Zusammenhang auch eine Stelle aus dem Kommentar zu „Peri hermeneias" charakteristisch, wo er die direkte Bezeichnungs- und Bedeutungsfunktion der Termini unterstreicht und sich gegen die Annahme der „species" als Mittler zwischen gesprochenen oder geschriebenen Termini und dem Intellekt bzw. Wahrnehmungsvermögen des Menschen wandte.[134] Damit teilte Albert in einer entscheidenden Grundsatzfrage den Ockhamschen Standpunkt, ohne sich allerdings ausdrücklich auf diesen zu beziehen. Ganz klar hob er die Quasi-Natürlichkeit der mentalen Termini hervor und ließ jeglichen Hinweis auf einen Fiktionscharakter der Universalien vermissen.[135] Und wenn er in seinem Physikkommentar den kognitiven Status der wichtigsten Kategorien der Naturphilosophie reflektiert, läßt er einen Mittelweg zwischen Ockham und Buridan erkennen, indem er teils den reduktionistischen Standpunkt Ockhams, teils den objektivistischen Buridans einnimmt. So sprach er sich mit Ockham gegen eine eigenständige Entität von „Quantität" neben der Substanz und Qualität aus, neigte aber hinsichtlich „Zeit", „Bewegung" und „Impetus" der Buridanschen Auffassung zu.[136] Es läßt sich der Tendenz nach in den Äußerungen Alberts von Sachsen zum Universalienstreit ein Nominalismus mit Kompromißcharakter ausmachen, der zugleich aber metaphysikkritisch ist und insofern an Ockhamsches Philosophieren anknüpfte.

Die Analyse des umfangreichen philosophischen Schrifttums des *Marsilius von Inghen* (ca. 1330–1396) einschließlich der Geschichte seines Einflusses auf das spätmittelalterliche Geistesleben ist noch in vollem Gange.[137] G. Ritter hatte auf die Verankerung von Marsilius' Denken in der aristotelischen Metaphysiktradition und die Distanz zur Ockhamschen Metaphysikkritik aufmerksam gemacht.[138] Markowski sieht in Marsilius von Inghen einen der bedeutendsten Repräsentanten des Buridanschen Terminismus, der eine eher gemäßigte Haltung erkennen ließ und dabei auf gewisse Weise „ein Vorläufer des ‚gemeinsamen Weges' (via communis) im 15. Jahrhundert" wurde.[139] Eine Analyse von Marsilius' Äußerungen zur Universalienfrage in seinen Kommentaren zur Aristotelischen „Metaphysik" und „Physik" zeigt, daß er sowohl der Universalienposition Platons als auch dem Universalienrealismus von Albertus Magnus und Thomas von Aquino kritisch gegenüberstand. Er lehnte die Existenz eines „universale in essendo" ab, ließ aber ein „universale in causando" und ein „universale in praedicando" gelten.[140] Daß Marsilius in seiner Suppositionslehre die Existenz einer „suppositio simplex" ablehnte, richtet sich nach E. P. Bos sowohl gegen die traditionelle Annahme einer „res communis" als Designat eines allgemeinen Terminus, als auch gegen gewisse modernere Auffassungen zu Lebzeiten des Marsilius, die von der Existenz einer „intentio animae" oder eines „conceptus mentalis“ als Korrelate der „suppositio simplex“ ausgingen. Damit stand Marsilius sowohl zur Suppositionslehre des Petrus Hispanus als auch des Wilhelm von Ockham konträr.[141]

*

Der Nominalismus hatte in der 2. Hälfte des 14. Jahrhunderts an den 3 damals bedeutendsten Universitäten (in Paris, Oxford und Prag) einen dominierenden Einfluß erreichen können. Ein Beispiel dafür ist auch der Quaestionenkommentar zur „Isagoge“, welchen der später bedeutendste deutsche Theologe aus diesem Zeitabschnitt, der damalige Artesmagister der Prager Universität *Heinrich Totting von Oyta* (ca. 1330–1397), verfaßt hatte.[142] Dieser konzentrierte sich darauf, gegen den Universalienrealismus scotistischer Orientierung die nominalistische Position offensiv vorzutragen. Im Resultat führte er die Existenz der Universalien primär auf die Bezeichnungsfunktion von Termini zurück, die sowohl mentale Gegenstände als auch Realobjekte betreffen konnten. Es erscheint dabei bemerkenswert, daß er den Unterschied von mentalen Universalien einerseits und den gesprochenen und geschriebenen andererseits tendenziell als zweitrangig ansieht.[143] Auf diese Weise wurden Sprache und Denken einander stärker angenähert als in der Konzeption Wilhelms von Ockham. Wenn Heinrich Totting von Oyta offenbar auch zwischen Universalien der „ersten“ und der „zweiten Intention“ unterscheidet („universalia limitata“ - „universalia transcendentia“; „coordinatio terminorum secundae intentionis“ - „coordinatio praedicamenti limitati“)[144], so steht er dem Buridanschen Konzept nahe. Der Trend einer differenzierten Fortentwicklung im Nominalismus wird damit bestätigt. Heinrich Totting gehörte trotz seiner später zunehmenden Bemühungen um eine gemäßigte Haltung im Universalienstreit zu den wichtigsten Repräsentanten des Nominalismus der Prager Universität aus vorhussitischer Zeit.[145] Mit seiner um 1375 in Paris entstandenen „Abbreviatio“ des Sentenzenkommentars von Adam Wodeham hatte er das breitere Interesse für die Werke dieses einflußreichen Nominalisten unterstrichen.[146] Auch Marsilius von Inghen und Heinrich von Langenstein vermittelten die Kenntnis des Wodehamschen Werkes an die deutschen Universitäten weiter.[147]

VI

An der Prager Universität existierten in vorhussitischer Zeit drei Richtungen: der Buridanismus, der Averroismus und der extreme Universalienrealismus eines Wyclif.[148] Demgegenüber rivalisierten an der Pariser Universität um 1400 die Anhänger des Buridanschen Nominalismus vor allem mit den scotistisch und den an Albertus Magnus orientierten Universalienrealisten.[149] Unter den Richtungen des Universalienrealismus hatte im 14. Jahrhundert offenbar der Scotismus ein besonderes Ansehen, wie auch aus dem Werk eines Peter von Candia (ca. 1340–1410) und Johannes de Ripa (lehrte um 1350 in Paris) klar wird.[150] Diese Strömung erregte mit den Lehren eines *John Wyclif* (ca. 1330–1384) erhebliches Aufsehen. Wyclifs Werk und die spektakulären Kontroversen darum führten den mittelalterlichen Universalienstreit um die Wende vom 14. zum 15. Jahrhundert auf seinen Höhepunkt. Dem englischen Philosophen und Theologen ging es um die Zurückdrängung des überragenden Einflusses des Nominalismus. Nicht nur sein strikter Anti-Ockhamismus, sondern vor allem die theologischen und ideologischen Konsequenzen seiner Lehren machte sein Werk attraktiv unter den Anhängern des böhmischen Kirchenreformers Jan Hus (ca. 1370–1415).[151] Der berühmte Schulstreit zwischen „via antiqua" und „via moderna" an den mittelalterlichen Universitäten des 15. Jahrhunderts resultierte auch aus der gegenseitigen Polemik von Anhängern und Gegnern des extremen Universalienrealismus Wyclifscher Prägung.[152]

Wyclif unterschied zwischen drei verschiedenen Typen von Universalien: dem Universale mit Kausalfunktion („universale causatione"), dem Universale als reales inhärierendes Allgemeines („universale communicatione") und dem Universale als sprachlich-begriffliches Zeichen („universale repraesentatione").[153] Ein Exemplar des ersten Typus ist Gott, für den zweiten Typus steht bei Wyclif als Beispiel die „menschliche Natur" und für den dritten der Terminus „Mensch" als sprachliches Zeichen der universellen Natur Mensch.[154] Damit folgte er der traditionellen neuplatonischen Konzeption vom dreifachen Existenzmodus der Universalien. Hinsichtlich der Frage, wie Allgemeines und Singuläres sich zueinander verhalten, sah er sich vor zwei verbreiteten, aber für ihn nicht akzeptablen Antworten: zum einen vor der Annahme einer bloß potentiellen bzw. ideellen Trennung von Einzelnem und Allgemeinem (wie z. B. bei Thomas von Aquino), zum anderen vor der Annahme einer Realdistinktion zwischen ihnen (wie bei Walter Burley). Seine eigene Antwort verstand er als Mittelposition zwischen den genannten: er folgte der scotistischen Annahme einer „Formaldistinktion" zwischen Universale und Singulärem.[155] Wyclifs Universalienkonzept differenzierte ferner zwischen der natürlichen individualisierten Welt („mundus individuatus a conditionibus inferioribus in natura") und der unveränderlichen intelligiblen Welt („mundus simpliciter").[156] Ist damit eine gewisse Neigung zu platonischen Vorstellungen angedeutet, so verrät Wyclifs Begriff von „Idee" eine für den Neuplatonismus charakteristische Modifizierung des originären Platonismus. Er faßte „Idee" als eine Gott inhärierende Musterform, die nicht unabhängig und selbständig außerhalb Gottes als Substanz bestehen kann. Gleichwohl beharrte er in einer prinzipiellen Auseinandersetzung mit dem Ockhamschen Idee-Begriff auf der „Realität" der „Ideen" und schrieb ihnen nicht nur einen rein begrifflich-ideellen Charakter zu.[157] Die Neuauflage einer philosophischen Kontroverse um das Wesen von „Ideen", wie sie in Wyclifs Traktaten „De universalibus" und „De ideis" zu finden ist, fand auch unter den böhmischen Anhängern Wyclifs in der Hussitenzeit eine gewisse Resonanz. Einer der bedeutendsten Mitstreiter von Jan Hus und Vermittler Wyclifschen Gedankengutes auf dem Kontinent, Hieronymus von Prag (gest. 1416), sorgte gerade mit seinen Ansichten in dieser Frage für eine Zuspitzung des Universalienstreites. Dabei wurden Wyclifs Lehren offenbar zunehmend im Sinn einer platonischen Zwei-Welten-Lehre unter Rückgriff auf einen sogenannten „mundus archetypus" interpretiert.[158]

Wyclifs Universalienrealismus war eng mit der traditionellen Metaphysik, dem neuplatonischen Exemplarismus und dem christlichen Schöpfungsdogma verbunden. Er berief sich wiederholt auf Augustinus, Anselm von Canterbury und Robert Grosseteste. Auch die Logik wollte er im Gegensatz zu den modernen Tendenzen seiner Zeit an die Metaphysik gebunden wissen und sie nicht von ihr trennen lassen, wie das die von ihm attackierten „doctores signorum" bezweckten. Logik sollte für ihn in erster Linie die natürliche Welt und in zweiter Hinsicht erst die sprachlichen Zeichen behandeln und auf diese Weise der Metaphysik dienen. Dementsprechend entwickelte er auch eine Prädikationslehre, die prinzipiell zwischen einer „praedicatio termini de termino" und einer „praedicatio realis" als verschiedenen Genera des Prädizierens unterschied.[159] Wyclifs Universalienkonzept integrierte logische, ontologische und kosmologische Aspekte. Doch auch der ethische und anthropologische Aspekt der Universalienfrage klingt an. So betonte er unter ausdrücklicher Berufung auf Augustinus, daß jeder Christ in seinem Nächsten den Repräsentanten der allgemeinen Menschennatur und nicht den Vermittler privaten Vorteils sehen sollte. Das „Gemeinwohl" müsse überall über die Privatinteressen gestellt werden. Die allgemeine Sündhaftigkeit seiner Zeit führte er direkt auf die Mißachtung des Vorrangs des Allgemeinen, darunter insbesondere des göttlichen Willens, zurück.[160]Auch die Positionen Wyclifs in der Frage der Eucharistie und seine Ansichten in der Ekklesiologie harmonieren mit seiner universalienrealistischen Position, wenn sie nicht direkt aus dieser abgeleitet sind, wie seine Gegner behaupteten. Man darf aber auch nicht die theologischen Differenzen zwischen Wyclif und Hus außer acht lassen, wenn man zu Recht ihre Übereinstimmung in der Universalienfrage hervorhebt.[161] Keinesfalls aber ist die sichtbare Ideologisierung und Dogmatisierung der unterschiedlichen Lehrpositionen zur Universalienfrage in dieser Zeit zu verkennen.

*

Die Wende vom 14. zum 15. Jahrhundert brachte in Prag die erste größere spektakuläre Konfrontation zwischen Vertretern von Nominalismus und Universalienrealismus. Dort hatten deutsche Magister 1403 damit begonnen, von nominalistischer Seite prinzipielle Einwände gegen die Lehre Wyclifs vorzutragen. Die von ihnen aufgestellte Liste zu beanstandender Wyclifscher Lehren spielte auch später bei der Verurteilung Wyclifs auf dem Konstanzer Konzil eine wichtige Rolle. Trotz des kurzzeitigen Sieges der Prager Nominalisten konnte sich der Wyclifsche Universalienrealismus dennoch weithin bemerkbar machen und einflußreiche Fürsprecher finden. Ganz besonders sind unter ihnen Jan Hus und Hieronymus von Prag zu nennen. Daß der Universalienrealismus Wyclifs seit der öffentlichen Konfrontation von 1403 auch als philosophische Lehre ernstgenommen und über Oxford und Prag hinaus zum Gegenstand theoretischer Debatten gemacht wurde, ist nicht zuletzt seiner Propagierung durch Hieronymus von Prag zu verdanken. Der Widerwille Wyclifs gegen die „doctores signorum" scheint ihm im Gedächtnis gewesen zu sein, als er in Heidelberg Johannes Buridan und Marsilius von Inghen als anerkannte Autoritäten der Logik in die Nähe von Häretikern stellte. Daraufhin schloß ihn die Heidelberger Universität 1406 aus dem Kreis ihrer Angehörigen aus, und im Jahr 1412 verbot schließlich die dortige theologische Fakultät jegliche Verbreitung des Wyclifschen Gedankengutes und des Universalienrealismus.[162] Auch an der Prager Universität gingen die Auseinandersetzungen um die Universalien zunehmend von den entsprechenden Lehrpositionen von Wyclif aus.[163] Mit dem demonstrativen Abzug vieler deutscher Magister und Studenten von der Prager Universität und ihrer anschließenden Niederlassung vor allem in Erfurt und Leipzig im Jahr 1409 war die Dominanz des Universalienrealismus in Prag einstweilen gesichert. Die öffentliche Verbrennung von Wyclifs Schriften, die 1410 auf Order des Prager Erzbischofs dort erfolgte, und schließlich die öffentliche Verdammung von Wyclif, Hus und Hieronymus durch das Konstanzer Konzil in den Jahren 1415/16 und der Flammentod der beiden böhmischen Reformer unterstrichen unmißverständlich den politischen Aspekt ihres theoretischen Denkens und ihrer praktischen Reformvorschläge. Der Wyclifsche Universalienrealismus wurde zwar nicht direkt als ketzerische Lehre auf dem Konstanzer Konzil verurteilt, aber unmißverständlich als Hintergrund der ketzerischen Lehren von Hus und Hieronymus in den Verurteilungen beider erwähnt.[164]

Während von Wyclif und Hieronymus von Prag bzw. von deren Polemiken mit dem Nominalismus der Universalienstreit seitens der Universalienrealisten besonders stark zugespitzt wurde, war dies auf der Gegenseite nicht anders. Hier gaben Pierre d'Ailly und dessen enger Vertrauter *Johannes Gerson* (1363–1429) den Ton an, die unmittelbar an den Häresieurteilen des Konstanzer Konzils beteiligt waren. Zwar neigten sie in ihren theoretischen Positionen anfänglich denen von Wilhelm von Ockham zu, entfernten sich aber später von ihnen. Der Scotismus und dessen Abwandlung innerhalb des Wyclifschen Universalienrealismus stellt ihr Hauptangriffsziel dar. Gerson war der Ansicht, daß jegliche Annahme von realen Universalien außerhalb Gottes generell häretisch sei.[165] Nicht nur die sogenannten „formalizantes", d. h. die Anhänger der scotistischen „distinctio formalis" bzw. der „formalitates", sondern noch stärker pantheistische Vorstellungen und auch der Averroismus wurden von ihm in der 1426 entstandenen Schrift „De concordia metaphysicae cum logica" attackiert.[166] Diese Kontroverse trug er von einer nominalistischen Position aus vor, welche als Garant des rechten Glaubens und Gegenwehr zur Häresie erscheinen sollte. Darüber hinaus entwickelte er thesenhafte Vorstellungen über eine Wiederannäherung von Sprachphilosophie, Ontologie und Theologie bei Wahrung der Eigenständigkeit der jeweiligen Denkformen und Gegenstände. Doch Gersons Konkordanzversuche, die nicht zuletzt auch von den theoretischen Auseinandersetzungen unter den Pariser Theologen scotistischer oder nominalistischer Orientierung im 14. Jahrhundert ausgingen, blieben letztlich erfolglos.[167] Zu diesen Versuchen zählte insbesondere seine Vermittlung von nominalistischer und modistischer Sprachphilosophie im Rahmen der Theorie der „Bedeutungsformen" (modi significandi). Dabei äußerte er sich metaphysikkritisch insofern, als er prinzipiell zwischen dem „esse reale" als sprach- und bewußtseinsunabhängigem Dasein der Dinge und dem „esse obiectale" als dem verstandesmäßigen Repräsentanten jenes Daseins unterschied. Seinen universalienrealistischen Kontrahenten wirft er eine Verwechslung beider vor.[168] Es handelt sich offenbar dabei um eine Reminiszenz an die berühmte Theorie des Petrus Aurioli vom „esse apparens", einer kognitiven Entität, die dem Erkenntnisakt das Erkenntnisobjekt präsentiert. Der Terminismus Gersons läßt die Universalien nur in Gestalt eines „universale in repraesentando" mit direktem Bezug auf ein Erkenntnisobjekt und indirektem Bezug auf ein Realobjekt zu. Dabei schrieb er ein derartiges Universale sowohl den menschlichen Intellekten als auch dem göttlichen Intellekt zu.[169]

Im Unterschied zu Gerson hatte *Pierre d'Ailly* (1350–1420) nicht nach einer Integration der Theorie der „modi significandi" in seine Sprachphilosophie gestrebt, sondern sie ausdrücklich bekämpft.[170] Sein Universalienkonzept postuliert ebenfalls die alleinige Existenz eines „universale in repraesentando" und lehnt ein „universale in essendo" strikt ab. Dabei folgte er der Ficta-Theorie, der zufolge ein Universale einen von der Seele geprägten Begriff darstelle.[171] In dieser Ansicht wurde er vor allem durch den entsprechenden Standpunkt Gregors von Rimini bestärkt. In der positiven Übernahme der Spezies-Theorie zur Erklärung des Erkenntnisprozesses artikulierte d'Ailly seine Selbständigkeit gegenüber Ockhams Konzeption und zugleich sein Bedürfnis nach Annäherung an die opinio communis.[172]

VII

Der Universalienstreit der 1. Hälfte des 15. Jahrhunderts war stark politisiert worden. Neben den Auseinandersetzungen mit den Wyclifiten und den Hussiten spielte dabei auch mittelbar der andauernde Konflikt im Hundertjährigen Krieg zwischen Frankreich und England und die Krise der Pariser Universität eine Rolle. Nicht zuletzt wirkte sich auch das große spätmittelalterliche Schisma seit 1378 und die Krise der Kirche auf die theoretischen Parteikämpfe im Universalienstreit aus. Mit diesen Ereignissen stand unmittelbar die Abwanderung bedeutender deutscher nominalistischer Gelehrter wie Heinrich Totting von Oyta und Heinrich von Langenstein (1325–1397) aus Paris in Zusammenhang. Sie wandten sich an die neu entstandene Wiener Universität. Marsilius von Inghen ging nach Heidelberg und wurde dort der erste Rektor der 1386 eröffneten Universität; seinem Einfluß ist wesentlich die Ausbreitung des Nominalismus an den deutschen Universitäten zuzuschreiben. Nach Kałuza gab es um 1400 in Paris noch drei bedeutende Nominalisten: Aegidius Bartholomaei de Jutfaes, Johannes Dorp und Lawrence von Lindores.[173] Auf der Gegenseite ragte damals u. a. besonders Johannes de Nova Domo (wirkte zwischen 1395 und 1418 in Paris) heraus, der als einer der maßgeblichen Vertreter der Richtung des Albertismus innerhalb des Universalienrealismus gilt.[174] Seine polemische Auseinandersetzung mit dem Nominalismus Buridanscher Prägung trägt deutliche Anzeichen eines dogmatischen Schulstreites. Auf ihn geht auch die im 15. Jahrhundert verbreitete polemische Bezeichnung der Nominalisten als „epicurei" zurück.[175]

Für die Stärkung des Universalienrealismus an den deutschen Universitäten spielten zwei weitere Angehörige der Pariser Universität eine besondere Rolle: der Schüler des Johannes de Nova Domo, Heymericus de Campo (1395–1460), welcher teils von Albertus Magnus, teils von Raimundus Lullus beeinflußt war; und Heinrich von Gorkum (ca. 1377–1431), von dem eine Stärkung des Thomismus ausging.[176] Beide hatten mehrere Jahre lang, nach ihrem Weggang aus Paris, an der Kölner Universität gewirkt und mit dazu beigetragen, daß diese im Spätmittelalter als Bastion des Universalienrealismus angesehen wurde. Durch den ebenfalls aus Paris gekommenen Johannes Wenck (gest. 1460) war in Heidelberg der Universalienrealismus gestärkt worden, gegen den anfänglich noch dominanten Nominalismus. Die Universitäten von Heidelberg und Köln und deren Angehörige Heymericus de Campo und Heinrich von Gorkum hatten sich in der Bekämpfung des Hussitentums und der Lehren Wyclifs besonders hervorgetan. Im Jahr 1425 kam es zu einem Eklat: Offenbar angestachelt von den Nominalisten der Heidelberger Universität, richteten 5 Kurfürsten (die Erzbischöfe von Köln, Mainz und Trier sowie der Pfalzgraf Ludwig und der Herzog von Sachsen) ein gemeinsames Schreiben an die Bürgermeister und Räte der Stadt Köln mit der Aufforderung, an der Kölner Universität wieder die ehemals vorherrschende Lehrrichtung, d. h. den Nominalismus, in die alten Rechte einzusetzen. Dabei wurde deutlich auf die Verbindung zwischen Wyclifismus und Universalienrealismus verwiesen. Die Stadt Köln überließ ihren Universitätsprofessoren die Antwort. In dieser hoben die Gelehrten hervor, daß an der Universität von Anfang an sowohl die „via antiquorum" als auch die „via modernorum" zugelassen gewesen sei. Jeder habe die freie Wahl zwischen beiden Richtungen.[177] Damit wurde die vollzogene Aufspaltung der Universalienrealisten und Nominalisten in konträre Schulrichtungen, d.h. *„via antiqua" und „via moderna"*, dokumentiert. Zugleich pochten die Kölner Professoren, die das Antwortschreiben verfaßten und offensichtlich dem Universalienrealismus zuneigten, auf die Erhaltung der akademischen Lehrfreiheit und insbesondere auf das Studium und die Lehre von berühmten Vertretern der „via antiqua“ wie Thomas von Aquino und Albertus, Magnus, Bonaventura und Duns Scotus.[178] Der deutliche Sieg des Universalienrealismus an der Kölner Universität strahlte auch in bedeutendem Maß auf andere Universitäten Deutschlands und darüber hinaus aus.[179] Neben der besonderen Stärke des Thomismus waren auch Albertisten und Scotisten an der Expansion des Universalienrealismus beteiligt. Die relative Schwäche des Nominalismus war wohl einer der Gründe für die zunehmenden Auseinandersetzungen unter den Albertisten und Thomisten an der Kölner Universität. Zumindest ist die Schrift „Problemata inter Albertum Magnum et Sanctum Thomam“ des Heymericus de Campo aus der Zeit um 1428 nicht nur mit Polemiken gegen die Nominalisten gespickt (sie werden als „epicurei litterales“ und Pseudo-Aristoteliker denunziert), sondern auch durch deutliche Bemühungen um Abgrenzung gegenüber den Thomisten gekennzeichnet.[180] Während Köln sich als Zentrum des Universalienrealismus exponierte, in Paris und Prag die Nominalisten zu Beginn des 15. Jahrhunderts deutlich an Boden eingebüßt hatten, entwickelte sich die Wiener Universität im 15. Jahrhundert zum wichtigsten Zentrum der Pflege des Buridanismus.[181] Die nach E. Kleineidam am meisten besuchte Universität Deutschlands im 15. Jahrhundert war die Erfurter.[182] Doch scheint ihr Ruf eines bedeutenden Zentrums des Nominalismus erst dem ausgehenden Jahrhundert zuzuschreiben sein, da bis zur Mitte des 15. Jahrhunderts die sogenannte „via communis“ überwog, also keine deutliche Konfrontation der Richtungen im Universalienstreit auszumachen war. Erst danach wurde man sich des Schulgegensatzes von „via antiqua“ und „via moderna“ bewußter und bekannten sich die führenden Erfurter Professoren zur „via moderna“.[183] Das Gesamtbild der theoretischen Auseinandersetzungen im Universalienstreit des 15. Jahrhunderts zeigt einen Wechsel der Vormachtstellung der je einen oder anderen Partei, aber auch zunehmende Bemühungen um einen Ausgleich.[184] Die Ausgleichsbemühungen hatten mit Johannes Gerson begonnen; mit dem Werk des Nikolaus von Kues (1401–1464), das die dogmatischen Gegensätze zwischen Universalienrealismus und Nominalismus zu überspringen versuchte, wird dann bereits der Aristotelismus als theoretische Basis des mittelalterlichen Universalienstreites zur Disposition gestellt. Dennoch: tonangebend blieben auch in der 2. Hälfte des 15. Jahrhunderts die scholastischen Schulgegensätze.

Einer der führenden Vertreter des spätscholastischen Universalienrealismus war der Pariser Gelehrte Johannes Versor (gest. nach 1482). Seine lehrbuchartigen Darstellungen und Kommentarschriften waren in der 2. Hälfte des 15. Jahrhunderts außerordentlich weit verbreitet. Die nach ihm benannte Strömung des Versorismus stellte den Versuch dar, eine Synthese zwischen den unterschiedlichen Universalienkonzepten des Albertismus und Thomismus zu schaffen. Dieser Ausgleichsversuch ging von dem Gegensatz zwischen „nominales sive moderni“ und den „reales“ aus und reklamierte die eigene Lehre von der dreifachen Existenz der Universalien als endgültige Lösung des Problems.[185] In der zweiten Hälfte des 15. Jahrhunderts konnte auch der Nominalismus Ockhamscher Prägung von neuem Fuß fassen. In Italien hatte diese Strömung bereits um 1400 vor allem durch die Werke des Paulus Venetus (Paolo Nicoletti, ca. 1369–1429) Eingang gefunden und sich sowohl an den Universitäten als auch den Studienzentren der Bettelorden ausbreiten können.[186] Auch auf verdeckte Weise wurden die Gedanken Wilhelms von Ockham rezipiert, wie u. a. ihre positive und konstruktive Aufnahme in dem reformerischen Sprach- und Wissenschaftskonzept von Lorenzo Valla (1406–1457) belegt.[187]

Eine ganz besondere Verstärkung erfuhr der Ockhamsche Nominalismus offenbar durch die Ausbreitung des in den 80er und 90er Jahren des 15. Jahrhunderts von *Gabriel Biel* (ca. 1410–1495) verfaßten Sentenzenkommentars („Collectorium circa quattuor libros Sententiarum").[188] Er wurde zu einem Standardwerk der nominalistischen Richtung Ockhamscher Prägung in Deutschland, Frankreich, England, Italien und Spanien. Gerade auch unter den Theologen verstärkte dieses Werk den Einfluß des Nominalismus: sowohl Martin Luther als auch das Konzil von Trient waren mit ihm in Berührung gekommen. Biel hatte durch seine Aufenthalte an den Universitäten von Heidelberg, Erfurt und Köln die entgegengesetzten Richtungen im Universalienstreit kennengelernt. Kurios ist es, daß er ausgerechnet in der Hochburg des Universalienrealismus, der Universität Köln, erstmalig Ockham-Texte kopierte.[189] Dies ist ein Beleg für die begründete Annahme, daß der Nominalismus auch nach dem Sieg des Universalienrealismus von 1425 in Köln präsent war.[190] Biel wollte die philosophischen und theologischen Lehrmeinungen Wilhelms von Ockham zusammentragen und mit anderen entgegenstehenden oder nahekommenden Ansichten und Positionen konfrontieren. Er propagierte einen gemäßigten Nominalismus und Empirismus. In diesem Zusammenhang setzte er sich prinzipiell mit der Erkenntnis- und Universalienlehre von Thomismus, Scotismus und Averroismus kritisch auseinander. Aber auch die im 15. Jahrhundert immer noch vertretene Ficta-Theorie lehnte er ab.[191] Trotz weitestgehender Anlehnung an die Positionen Ockhams war Biel jedoch nicht um die Herstellung eines reinen „Ockhamismus" bemüht. Ihm ging es primär um die Wahrung von Logik und Naturerkenntnis im Rahmen einer religiösen Gesamtsicht und die Vermeidung von Konflikten zwischen Religion und Wissenschaft. Er war in erster Linie Theologe.

Erst am Ende des 15. Jahrhunderts kam es in Erfurt zu einer merklichen Radikalisierung des nominalistischen Denkens. Dafür stehen unter anderen die Namen Bartholomäus Arnoldi von Usingen (gest. 1532) und Jodocus Trutfetter (gest. 1519).[192] Jetzt konnte sich das kritische Potential des Nominalismus auf den Gebieten der Naturphilosophie, Logik und der Seelenlehre neu entladen. Die „via moderna" bzw. der Terminismus erweist sich auf diese Art als weiterhin lebendige Strömung. Auch in Paris erhielt der Nominalismus zum Ende des 15. Jahrhunderts neuen Auftrieb. Zuvor aber war es dort zu einem neuerlichen öffentlichen Eklat gekommen. Der französische König Ludwig XI. hatte 1474 die Verbreitung nominalistischer Lehrmeinungen untersagt und die Prüfung der entsprechenden Bücher angeordnet. Dagegen wurde die Verbreitung der Lehren der „doctores reales“, d. h. von Albertus Magnus, Thomas von Aquino, Aegidius von Rom, Johannes Duns Scotus usw., ausdrücklich verlangt, da sie der katholischen Kirche und dem Glauben konformer seien, als die Meinungen der „doctores renovatores“, d. h. von Wilhelm von Ockham, Johannes Buridan, Marsilius von Inghen, Adam Wodeham, Albert von Sachsen, Pierre d'Ailly usw., deren Anhänger als „nominales seu terministae“ bezeichnet wurden.[193] Die Pariser Nominalisten ließen diesen Angriff, der auf Initiative der dortigen thomistischen Fraktion zurückging, nicht auf sich beruhen. In ihrem Verteidigungsschreiben verwiesen sie auf die gegen sie seit den Zeiten Wilhelms von Ockham wiederholt und diskriminierend unternommenen Verfolgungen. Unter Berufung auf Johannes Gerson betonten sie zugleich die Nützlichkeit und Notwendigkeit von logischer Sprachanalyse und -kritik und warfen den Universalienrealisten eine sträfliche Vernachlässigung beider vor.[194] Diese letzte politisch verbrämte Auseinandersetzung zwischen Universalienrealisten und Nominalisten im Mittelalter endete schließlich mit einem Rückzug der Angreifer und einer Stärkung des nominalistischen Einflusses auf vielen Gebieten. Es bleibt aber als bemerkenswertes Faktum festzuhalten, daß der Universalienrealismus seit der Mitte des 15. Jahrhunderts von kirchenoffizieller Seite auf verstärkte Unterstützung bauen konnte.[195] Immer mehr wurde dabei ein dogmatischer Aristotelismus als beste Grundlage der Glaubenslehre vorgetragen.

Unverkennbar nahmen zu gleicher Zeit aber auch die Bemühungen zur Vermittlung zwischen den entgegengesetzten Standpunkten zu. Dies wird auch durch ein Dokument aus der Zeit vom Ende des 15. und Anfang des 16. Jahrhunderts belegt: hier stellten die Universalienrealisten der Ingolstädter Universität eine Liste mit sämtlichen Kontroversepunkten zwischen den beiden großen Parteien im Universalienstreit auf den Gebieten der Logik, Naturphilosophie, Erkenntnistheorie, Ontologie und Theologie auf.[196] Die sich damals bereits verwischenden klaren Schulgegensätze sollten durch sie wieder in Erinnerung gerufen werden: die nominalistische Mehrheit dieser Universität hatte nämlich die Lehrunterschiede zu den Universalienrealisten als belanglos abgetan.

VIII

Unter den aufgezählten Problemfeldern, die die Diskussionen im Rahmen des spätmittelalterlichen Universalienstreites dominierten, ragten die Logik und die Erkenntnistheorie heraus. Auffallend ist der geringe direkte Bezug auf Fragen der *Ethik und Sozialtheorie* in den meisten polemischen Schriften zum Universalienstreit. Dennoch muß auch dieser Problembereich als relevant für die Diskussionen um die Universalien angesehen werden. So enthielten die früh- und hochmittelalterlichen gelehrten Debatten über den Charakter von Staat, Gesellschaft und Kirche, über das Verhältnis der verschiedenen Stände, Ämter, Würden und Persönlichkeiten, über das Verhältnis von individueller und kollektiver Schuld und Verantwortung bereits Aspekte, die das Universalienproblem tangierten. Maßgebend wurden dabei vor allem das Erbsündendogma, das Ordo-Konzept und die Ekklesiologie[197], wobei man in der Regel den Vorrang und die Vorherrschaft des Allgemeinen über das Besondere und Einzelne hervorhob. Seit dem 12. Jahrhundert dann entwickelten sich allmählich Ansätze zu einer philosophischen Ethik, die wie bei Abaelard zunehmend die Rolle und den Eigenwert der menschlichen Persönlichkeit entdeckte. Allerdings wurden erst durch die umfassende Rezeption der aristotelischen philosophischen Ethik und des Hierarchiedenkes des Pseudo-Dionysius Areopagita im 13. Jahrhundert die entscheidenden theoretischen Konzepte für spezielle Theorien zur genannten Problematik geschaffen. Der zunehmende Individualisierungsprozeß in der Gesellschaft, die universalen Hegemonialansprüche der Papstkirche und nicht zuletzt das gespannte Verhältnis zwischen kirchlicher und weltlicher Feudalmacht bildeten den realgeschichtlichen Hintergrund des wachsenden Interesses für die politische und ethische Philosophie. Die Normen und Werte christlicher Moral trafen auf die aristotelische Ethik. Partiell führte das zu heftigen Auseinandersetzungen, wie nicht zuletzt das berühmte Verurteilungsdekret des Pariser Bischofs Stefan Tempier aus dem Jahr 1277 belegt.

Die von den heterodoxen Aristotelikern entwickelte Theorie von dem einheitlichen Gattungsintellekt aller Menschen und die damit verknüpften Fragen nach dem Rang individueller Freiheit und Verantwortung aller Menschen hatten schlagartig die Problematik einer intellektualistischen und naturalistischen Betrachtung des Menschen bewußt gemacht. Insofern hatte die heftige Auseinandersetzung um die averroistische Intellekt-Theorie direkt eine ethische und anthropologische Dimension. Die Philosophen maßen der Vernunft eine herausragende Rolle als Prinzip des moralischen Verhaltens der Menschen zu, wußten aber durch Aristoteles, daß nicht das Wissen um die Tugenden, sondern das praktische Handeln den moralischen Menschen macht. Während die Vernunft aber wesentlich erkennend, orientierend und schlußfolgernd dem Allgemeinen verhaftet war, kam nach Aristoteles jedem Handeln wesentlich Singularität zu. Es mußte also nach Vermittlungen zwischen dem allgemeinen Wissen von den Grundsätzen der Moral und ihrer wissenschaftlichen Darstellung in der Ethik einerseits sowie dem singulären kontingenten moralischen Akt andererseits gesucht werden. In der aristotelischen philosophischen Ethik kam diese vermittelnde Rolle wesentlich einem allgemeinen Entscheidungsvermögen zu, der „sittlichen Einsicht“ (prudentia). Dieses in verschiedenen Spezies vorkommende Universale war weder eine universelle Gegenstandsklasse, noch ein Sprachmodus oder mit dem Gattungsintellekt der Menschen identisch, sondern stellte einen universellen Habitus aller moralisch sich verhaltenden Menschen dar, der erwerbbar, aber nicht verlierbar sein sollte.

Die Diskussionen um das Wesen und die Existenz von „prudentia“ in den ethischen Schriften des 13.–15. Jahrhunderts tangierten in einigen Schriften auch das Universalienproblem direkt, verliefen aber weniger dramatisch als die Kontroverse um den averroistischen „intellectus communis“. So diskutierte zum Beispiel Albertus Magnus in einer Quaestio seines Kommentars zur „Nikomachischen Ethik“ die Frage, „ob die sittliche Einsicht eher auf das Partikuläre als auf das Universale bezogen ist“.[198] Schlechthin, so meint Albertus, müsse sich die Einsicht der „prudentia“ sowohl auf die „universalia“ als auch auf die „particularia“ richten; in eingeschränkter, relativer Weise aber („secundum quid“) gäbe es eine „prudentia“, wenn sie lediglich die Erfahrung von den Einzelfällen hat; in diesem Fall sei sie eher handlungsbetont als orientierend.[199] Dieser Doppelcharakter der „prudentia“ wurde von ihm direkt in Zusammenhang mit ihrer Wesenscharakteristik als „rechtes Maß des Handelns“ (recta ratio agibilium) gebracht, in welcher das intellektuelle Moment, d. h. die „ratio“, den Bezug auf das Allgemeine, das Handlungsmoment, d. h. die „agibilia“, den Bezug auf das je Einzelne bedingt. Nur wenn ein direktes Hervorgehen der einzelnen Handlung aus dem Allgemeinen vorliegt, ist auch die Wesenscharakteristik der „prudentia“ als „*recta* ratio agibilium“ nach Albertus erfüllt.[200] Im Kommentar des Thomas von Aquino zur „Nikomachischen Ethik“ sind ähnliche Aussagen enthalten.[201] Er machte die Orientierung der „prudentia“ auf die einzelne moralische Handlung von ihrer Bindung an den „sensus interior“ („inneren Sinn“) abhängig und negierte so die vernunftmäßige Erfaßbarkeit des Singulären.[202] In der „Summa theologiae“ II–II läßt er die „ratio“ das Substrat der „prudentia“ sein und betont ihren primären Bezug auf das Allgemeine. Erst in abgeleiteter Weise sei sie an den „sensus interior“ gebunden.[203]

Im 14. Jahrhundert gehörte der Kommentar des Johannes Buridan zur „Nikomachischen Ethik“ zu den herausragenden Werken der philosophischen Ethik. In der 16. Quaestio des Buches VI wurde von ihm das Problem diskutiert, „ob sich die sittliche Einsicht auf das Einzelne bezieht“.[204] Für sich genommen, so Buridan, beziehe sich die „prudentia“ auf das Allgemeine, d. h. indifferent auf eine Vielzahl von Dingen in der Weise der Repräsentanz, nicht aber auf ein für sich gegebenes Allgemeines. Hinsichtlich ihrer Akte aber richte sie sich eindeutig auf Einzelnes.[205] In erster Linie korreliere sie aber mit dem Einzelnen.[206] Ausdrücklich vermerkte er, daß sich die „ratio“ nicht nur auf das Allgemeine, sondern auch direkt auf das Einzelne beziehe.[207] Es erscheint als besonders bemerkenswert, wie Buridan hier die „prudentia“ als ein spezifisches habituelles „universale in repraesentando“ deutet, ohne von seinen nominalistischen Grundsätzen abzuweichen. Diese Auffassung geht einher mit seiner grundsätzlichen Orientierung auf die Verallgemeinerbarkeit als Prinzip der Inhaltlichkeit des Moralischen.[208]

Gregor von Rimini betonte den Unterschied von „prudentia“ und „scientia practica“ und erkannte dabei der „prudentia“ einen primären Bezug auf das kontingente Singuläre zu;[209] im Gegensatz zu Thomas von Aquino schloß er die Einbeziehung irgendeines „sensus“ in die Urteilsbildung der „prudentia“ aus. Der Intellekt könne das „singulare sensibile“ erkennen.[210] Wilhelm von Ockham meinte, daß sich die „prudentia“ gegenüber der „scientia moralis“ auf das weniger Allgemeine beziehe, was aufgrund von Erfahrung und nicht durch Ableitung aus dem Allgemeineren erkannt würde; auf Einzelnes beziehe sie sich in Form des faktisch Geschehenen und potentiell.[211] Walter Burley wiederum referierte in seinem Ethik-Kommentar lediglich die aristotelische Ansicht, „daß sich die sittliche Einsicht nicht allein auf Allgemeines, sondern auch auf Singuläres bezieht.“[212] In seinem „Tractatus de universalibus“ hatte er die „prudentia“ als eine Form eines rein seelischen, nicht gegenständlich-realen Universale erwähnt.[213] Diese offenbar auf eine gemäßigte Interpretation des Aristoteles-Textes orientierte Ansicht Burleys taucht z. B. auch bei Albert von Sachsen[214], Johannes Versor[215] und als Vermittlungsversuch im Sinne des Krakower „gemeinsamen Weges“ auch im Kommentar Pauls von Wurzen zur „Nikomachischen Ethik“ aus dem Jahr 1424 auf.[216] Bei Pauls von Wurzen Schrift begegnet vor allem der Vermittlungsversuch zwischen der Ansicht Buridans und der des Thomas von Aquino in der Frage nach dem direkten oder vermittelten Bezug des Verstandes auf das Einzelne.[217] Bemerkenswert ist auch seine Repräsentationsthese: eine einzelne Handlung kann der allgemeine Repräsentant einer universellen Gesamtheit sein.[218] Bei Buridan war demgegenüber nur die sittliche Einsicht der Repräsentant einer solchen Allgemeinheit.

Diese Äußerungen um den Status des handlungsbezogenen habituellen Universale „prudentia“ deuten also auf differenzierte Konzepte sowohl unter den Repräsentanten des traditionellen Universalienrealismus, des Nominalismus, als auch auf Ausgleichsbemühungen zwischen diesen Richtungen. Die allgemeine weltanschauliche Debatte betraf hierbei die Rolle der Vernunft als souveräne, allgemeine und direkte Potenz des Menschen zum moralisch richtigen Handeln. Allem Anschein nach hatte Buridan in dieser Frage einen maßgeblichen Schritt unternommen, indem er die „prudentia“ zum direkten allgemeinen Repräsentanten jeder einzelnen moralisch richtigen Handlung machte. Neben dem sehr einflußreichen Kommentar Buridans zur „Nikomachischen Ethik“ und der dort und in den Schriften seiner Anhänger anklingenden gemäßigt-nominalistischen Position machte sich in Konkurrenz dazu die Tendenz des Essentialismus und der mit ihm verbundenen Kasuistik in der Ethik bemerkbar.[219] In dieser vor allem seit dem 15. Jahrhundert ausgreifenden Denkart wurde die Rolle des handelnden moralischen Subjektes bei der konkreten praktischen Umsetzung der allgemeinen Moralnormen in das Handeln einzelner Menschen schrittweise reduziert. Statt dessen wurden die zu „Fällen“ (casus) geronnenen Konkretionen des Allgemeinen Hypostasierungen individueller moralischer Entscheidungssituationen. Damit wurde die von Buridan und anderen betonte Freiheit der menschlichen Entscheidungsfindung und die Kontingenz seines Handelns ausgeblendet. Es ist demgegenüber hervorhebenswert, daß bei den Nominalisten kein genereller Voluntarismus nachzuweisen war. Auch

Wilhelm von Ockham, dessen moralisch-ethisches Denken am ehesten mit einer solchen Haltung in Verbindung gebracht wurde, betonte die Gesellschaftlichkeit des Menschen, seine Verantwortung für das „Gemeinwohl", wie auch die Individualität und Freiheit aller Menschen bezüglich ihrer Handlungen. Dabei bedingte für ihn die in allen Bereichen des gesellschaftlichen Lebens wirkende Kontingenz, die er auf Gott zurückführte, die Unmöglichkeit universaler verbindlicher Modelle für Kirche und Staat. Auch die Irrtumsfähigkeit des „Allgemeinen Konzils" als Repräsentant der Gesamtkirche wird von ihm in diesem Zusammenhang konstatiert.[220]

Man kann als typisches Problem nominalistischen Philosophierens die eindeutige Fassung des Verhältnisses von bestehenden Organisations- und Herrschaftsstrukturen in der Kirche, dem Staat und der Gesellschaft auf der einen Seite und der Freiheit des Willensentscheids auf der anderen Seite ansehen. Dabei sollte eben nicht eine a priori gegebene Existenz der genannten Strukturen unterstellt werden. Vielmehr ging es um den Nachweis von deren Relativität in bezug auf das Handeln und die Intentionen von Menschen. Wilhelm von Ockham bedient sich zur Lösung des genannten Problems einer neuen, erweiterten Interpretation des Naturrechts. Diese Neuerung bestand darin, daß er die nur *relative* und nicht absolute Gültigkeit der Normen des gesellschaftlichen Verhaltens betonte und sie zugleich auf unmittelbar evidente Vernunftgründe zurückführte. Als konform mit dem „natürlichen Recht" galt ihm alles, was einem „wahren Vernunftgrund" (recta ratio) entspricht, dessen Falschheit ausgeschlossen ist. Dabei hing die „recta ratio" selbst von konkreten bzw. kontingenten Umständen ab.[221] Man sollte also hinsichtlich des Ockhamschen Ansatzes in der Ethik und Sozialphilosophie eher von einer spezifischen Verflechtung nominalistischer, voluntaristischer und naturrechtlicher Prinzipien sprechen als von einem zugrundeliegenden und tonangebenden „ethischen Voluntarismus".[222] Eine analoge geistige Haltung läßt sich auch bei Pierre d'Ailly erkennen, der als Vertreter des Konziliarismus unter dem Einfluß Ockhams stand.[223] Der Neuformierung konziliaren Denkens und Handelns im Verlauf der politischen und ideologischen Auseinandersetzungen im 14. und 15. Jahrhundert innerhalb der Papstkirche und zwischen ihr und der weltlichen Feudalmacht gingen prinzipielle theoretische Auseinandersetzungen voraus. Ekklesiologie, politische Theorie und Ethik im Sinne des Aristoteles sowie Rechtstheorien und nicht zuletzt die Theologie von Augustinus und Pseudo-Dionysius Areopagita waren involviert. Dabei spielten wiederum auch Aspekte des Universalienstreites eine nicht untergeordnete Rolle.

*

Eine der herausragenden Autoritäten für den *politischen Universalienstreit* war vor Wilhelm von Ockham u. a. der Theologe *Aegidius Romanus* (ca. 1243–1316). In seinem einflußreichen Fürstenspiegel „De regimine principum" (ca. 1280) ging er noch von einem modifizierten aristotelischen Naturrechtsdenken und dem Primat der „prudentia“ als allgemeinen regulativen Prinzipien des staatlich-politischen Denkens aus und legitimierte damit zugleich die Macht des französischen Monarchen. Der Vorrang des Allgemeinen in Gestalt des „ius naturale“ und des „bonum commune“ vor dem Partikulären in Gestalt des positiven Rechts und untergeordneter Güter wurde postuliert und der Monarch selbst agierte als Mittler zwischen natürlichem und positivem Gesetz. In der Schrift „De ecclesiastica potestate“ (1301/02) ging er hingegen auf augustinisch-dionysische Positionen über und begründete mit ihnen den universalen Herrschafts-, Heils-, Jurisdiktions- und Besitzanspruch der Papstkirche gegenüber allem Irdisch-Zeitlichen. Folgerichtig wurde jeglicher weltlicher Herrschaft die Universalität durch ihn abgesprochen. Universalität von Herrschaft bedingte für ihn die Präordination gegenüber partikulären und subordinierten Mächten und Instanzen.[224] Die Exklusivität des Universalen gegenüber dem Partikulären basierte auf dem Ordo-Prinzip, dem sich Aegidius vorbehaltlos anschloß. Dementsprechend postulierte er die reale Existenz eines „ordo ad Deum“ als des obersten Daseinsprinzips überhaupt, dem er unmittelbar den Suprematie- und Universalitätsanspruch des Papstes zuordnete.[225] Zugleich ließ er aber die päpstliche Gewalt nur „casualiter“ in die „temporalia“ eingreifen. Die Realisation des universellen Machtanspruchs sollte also in der Regel gemäß der hierarchischen Ordnung, unter Umständen aber auch direkt unter ihrer Umgehung erfolgen. Aegidius begründete diese spezielle Ansicht mit der thomistischen Position, daß ein geistig-spirituelles Vermögen nur „per reflexionem“ sich dem Partikulären nähern könne.[226] Der mit dem aristotelischen Denken nicht vereinbare universalienrealistische Standpunkt des Aegidius in dieser Schrift kommt besonders in der Gleichsetzung des Papstes mit der Kirche als ganzer zum Ausdruck.[227] Dies entspricht einer monarchisch orientierten korporativen Auffassung von der Kirche. Ihr liegt eine universalienrealistisch orientierte Hypostasierung von Herrschaftsfunktionen, das Postulat von unveränderlich gegebenen hierarchischen Ordnungsbeziehungen („Ordo“) und dazugehörigen Rangstufen („gradus“) zugrunde. Die aegidianische hierokratische Theorie mündete in einen Weltherrschaftsanspruch des Papsttums, der auch in der berühmten Bulle „Unam sanctam“ von Bonifaz VIII. vom Jahr 1302 zum Ausdruck kam.

Dem hierokratischen Herrschaftskonzept setzte die Gegenpartei der kaiserfreundlichen Ideologen mit Dantes „Monarchia“ (um 1317) ein philosophisch begründetes Konzept einer irdischen Weltmonarchie entgegen. Es verzichtete auf theologische Argumentationen und basierte auf dem Prinzip der Autonomie der politischen Vernunft („politica prudentia“) und der Zurückweisung des universalen hierokratischen Herrschaftsanspruchs. Dante begründete seine kaiserfreundliche Ideologie u. a. mit der zentralen These von der Existenz eines einheitlichen gemeinsamen Zieles und Tuns der menschlichen Gattung als ganzer. Er formuliert, „daß das eigentümliche Werk der menschlichen Gattung als ganze betrachtet darin besteht, das ganze Vermögen des möglichen Intellekts ständig zu verwirklichen, und zwar zuerst im Hinblick auf die Betrachtung, um dann durch seine Ausdehnung zu handeln."[228] Das Streben nach vollkommener Erkenntnis sollte ein kollektiver Akt der Reflexion und des Handelns zugleich sein und dadurch die Vermittlung des Allgemeinen mit dem Einzelnen in Gestalt der Menschheit und ihrer Teile realisieren. Eine der Hauptvoraussetzungen dieses Tuns sah Dante im „universellen Frieden" (pax universalis).[229] Die Notwendigkeit der Monarchie, um deren Nachweis es ihm vor allem ging, folgt für Dante u. a. aus der Wahrung der Einheit der Gattung Mensch als Ebenbild göttlichen Eins- und Vollkommenseins.[230] Seine These lautet: „Das am meisten Seiende ist am meisten Eines und das am meisten Eine ist am meisten Gutes, und je mehr etwas vom höchsten Seienden entfernt ist, um so mehr ist es vom Einen und folglich vom Guten entfernt."[231] Dante unterstellte nicht nur die Existenz eines universellen Handlungszieles der Menschheit, eines universellen Handlungssubjektes als eine All-Einheit, universeller Beziehungen des Friedens zwischen den Menschen, sondern auch die universelle Autorität der Kaisermacht, die er auf Gott zurückführte. Der politische Universalismus Dantes fußt auf einem aristotelischen Universalienrealismus, der von dem Universale „möglicher Intellekt" als realisierbarer Erkenntnispotenz der Gattung Mensch ausgeht. Dabei wird die Existenz dieses Universale ausdrücklich nicht als abgetrennte Hypostase angenommen, sondern als Summe aller singulären Reflexions- und Erkenntnishandlungen der Menschen.[232] Irdische Gesamtheiten sind entsprechend dieser Konzeption eindeutig durch die Existenz der bestehenden und noch im Werden begriffenen Individuen in raum-zeitlicher Extension repräsentiert. Darin kommt ein dynamisches Universalienkonzept zum Ausdruck, das in diesem Fall auf das Handeln des vernunftbegabten Menschen angewandt wurde.

*

Die zunehmenden innerkirchlichen Auseinandersetzungen wie auch die politischen Spannungen zwischen Kirche und Feudalstaat führten zu Beginn des 14. Jahrhunderts zu einer Neubelebung der Ekklesiologie. Tonangebend wurden damals die Übertragung des Korporationsgedankens und des Repräsentationsprinzips auf die Kirche als ganze.[233] Diesen Prinzipien folgten vor allem die Gegner der hierokratischen Theorie. Auch ihnen ging es um die Garantie der Einheit der Kirche. Doch nicht die päpstliche All- und Zwangsgewalt, sondern der Zusammenschluß ausnahmslos aller Gläubigen und nicht nur der kirchlichen Amts- und Würdenträger sollte diese Einheit garantieren. Eine zentrale Rolle in diesem Zusammenhang spielte im gesamten Spätmittelalter die These vom „Allgemeinen Konzil" als dem Repräsentanten der „ecclesia universalis" bzw. der Gesamtheit aller Gläubigen. Vor allem die Schriften Wilhelms von Ockham und des Marsilius von Padua (ca. 1275/80–1342/43) inspirierten die zum Ende des 14. Jahrhunderts einsetzende *konziliaristische Bewegung*. Zwischen ihren Konzeptionen gab es prägnante Unterschiede. Wilhelm von Ockham unterstellte die Irrtumsfähigkeit eines „concilium generale“[234], Marsilius von Padua hingegen seine Irrtumslosigkeit.[235] Deutlich spielten hier unterschiedliche Auffassungen über den Charakter universaler Gesamtheiten hinein. Für Wilhelm von Ockham ist das „Allgemeine Konzil“ eine Summe aller seiner Teile, so daß für ihn aus dem möglichen Irrtum jedes dieser Teile auch die Möglichkeit des Irrtums des Konzils als Gesamtheit folgt. Für Marsilius hingegen ergab sich ein solcher Schluß nicht, da er zwischen der Summe aller Teile bzw. der Anhäufung und der Gesamtheit in der Gestalt eines Konzils unterschied.[236] Die Kirche wurde von Marsilius u. a. auch als eine Art- und Gattungsgemeinschaft von Menschen angesehen, die auf der gattungsmäßigen All-Einheit des christlichen Glaubens beruhen sollte.[237] Trotz korporativistischer Perspektive lehnte Wilhelm von Ockham letztlich die Hypostasierung von Menschengemeinschaften zu einer „persona imaginaria seu repraesentata“ ab. Für ihn waren Gemeinschaften, einschließlich der aller Gläubigen in der Kirche, eine Ansammlung von natürlichen Personen („verae personae“) und nicht nur eine einzige fiktive juristische Person.[238] Dies stellt einen nominalistischen Ansatz dar, der aber gemäßigt bleibt, denn Ockham ging von der Existenz eines auf freiwilliger Ein- und Unterordnung der Gläubigen basierenden monarchisch-korporativistischen Kirchen- und Staatssystems aus.

Sowohl das Konzilskonzept als auch die Hervorhebung der Rolle eines kollektiven menschlichen Gesetzgebers im Werk des Marsilius von Padua entspringen einem aristotelischen politischen Universalienrealismus, der eine Gesamtheit von Menschen eindeutig durch einen ihr angehörigen Teil repräsentiert sieht. Der Gedanke des „universale in repraesentando“ wurde damit auf die politisch-kirchliche Sphäre ganz generell ausgedehnt. Wo Dante auf das globale Erkenntnisziel der Menschheit als ganzer rekurrierte, setzte Marsilius das „Glück des Staatsbürgers“ als höchstes irdisches Ziel der Menschen an; wo Dante in monistischer Weise die Verwirklichung des „möglichen Intellekts“ hervorhob, erklärte Marsilius die Existenz der staatlichen vollkommenen Gemeinschaft aus 3 Faktoren: dem Willen und der Vernunft der Menschen, ihren Naturanlagen und aus den göttlichen Geboten. Diesem pluralistischen Ansatz des Marsilius entspricht auch, daß er das Monarchie- und Wahlprinzip bzw. das Monarchie- und Konziliarprinzip in Kombination für das Bestehen des Staats zugrundelegte. Anstelle der Nebeneinanderordnung von Papst- und Kaisertum durch Dante hatte Marsilius aber das Papsttum dem Kaisertum untergeordnet. Diese charakteristischen Unterschiede zwischen beiden aristotelischen Unviersalienrealisten untersteichen, daß eine formelle Ableitung eines bestimmten politologischen Standpunktes aus einer Universalienkonzeption nicht möglich ist. Dennoch sind aber inhaltliche Gemeinsamkeiten beider durchaus relevant, d. h. eine bestimmte Universalienkonzeption kann spezifische Positionen in der Ekklesiologie und politischen Theorie kennzeichnen, ohne daß auch das umgekehrte Verhältnis gilt.

Die Auseinandersetzungen zwischen Konziliaristen und Antikonziliaristen und auch die heftigen Kontroversen um die Lehren John Wyclifs, Jan Hus' und der Hussiten stimulierten die *ekklesiologischen Debatten.* Dies betrifft vor allem die Zeit seit dem Ausbruch des großen Schismas in der katholischen Kirche im Jahr 1378 und die sich anschließenden Reformbemühungen im Rahmen der Konzilbewegung. Die dabei entwickelten theoretischen Konzeptionen waren durchaus nicht einheitlich.[239] Das Wyclifsche Kirchenkonzept von der katholischen Kirche als der „universitas praedestinatorum" spritualisierte und hypostasierte die Kirche. Es protestierte auf seine Art gegen die hierarchische institutionalisierte Amtskirche.[240] Diese Vorstellung von der Kirche als einer unsichtbaren und ewig bestehenden Gemeinschaft von Auserwählten mit dem ausschließlichen allgemeinen Repräsentanten Christus ergab sich aus einem platonischen Universalienrealismus. Gegen eine solche Haltung wandten sich sowohl die Anhänger des Konziliarismus, als auch die Anhänger der papalistischen Ekklesiologie. Ein gewisses Resumé der ekklesiologischen Auseinandersetzungen der vorangegangen Zeit zog der bedeutende Verteidiger des Papsttums Juan von Torquemada (ca. 1388–1468). In seiner „Summa de Ecclesia" wurde der Gedanke der Papstmonarchie mit Elementen der Konzils- und Repräsentationslehre verknüpft. Real wird die katholische Kirche als Gesamtheit von Menschen verstanden und symbolisch als eine „unitas mystica personalis".[241] Die Katholizität wird von ihm u. a. aus der Universalität und Superiorität der Papstkirche erklärt.[242] Der Universalienrealismus scheint zwar als weltanschaulicher Grundsatz durch, wird aber in den einzelnen Argumentationen Torquemadas nicht explizit herangezogen.

In den wechselvollen Ansichten des Nikolaus von Kues (1401–1464) in der Frage nach dem Verhältnis von Konzil und Papst kommt zugleich auch das Ende des politischen Universalienstreites im Mittelalter zum Ausdruck. Weder der traditionelle Nominalismus noch auch starres Hierachiedenken im Geiste des Aegidius Romanus hatten sich bewährt. Das cusanische Konkordanzdenken suchte nach neuen Vermittlungsmöglichkeiten zwischen beiden Extremen.[243]

* *
*

Rückblickend und resumierend lassen sich in den mittelalterlichen Diskussionen um das Universalienproblem die folgenden vier Phasen bzw. Stadien unterscheiden:

1. Die Konstituierungsphase im 11. und 12. Jahrhundert: der Universalienstreit nimmt den Charakter eines *Richtungsstreites* zwischen den Schulen bzw. Strömungen der Nominalisten, Konzeptualisten, aristotelischen und platonischen Universalienrealisten an.

2. Die Übergangsphase des 13. Jahrhunderts: es besteht eine Vorherrschaft des gemäßigten Universalienrealismus; die Diskussion des Individuationsprinzips, des Verhältnisses von esse und essentia, des „intellectus communis" führen zu *konzep-*

tionellen Auseinandersetzungen innerhalb des Universalienrealismus; trotz der systematischen Aufwertung von Invidualität und Singularität in der Ontologie usw. ist der Universaliennominalismus nicht aktuell präsent, wenngleich es Reminiszenzen an ihn gibt.

3. Die Phase der Wiedergeburt des Nominalismus im 14. Jahrhundert: der Universalienstreit hat den Charakter eines *weltanschaulichen Richtungs- und Methodenstreits* und erstreckt sich außer auf die Ontologie, Gnoseologie, Epistemologie und Logik auch auf die Ethik und die politische Theorie; in der nominalistischen Philosophie Wilhelms von Ockham entstehen Grundzüge einer Metaphysikkritik, die auf einer sprachphilosophischen Problemanalyse, einer Individualontologie, dem Kontingenzprinzip und Ökonomieprinzip beruht.

4. Die Phase des *dogmatischen Schulstreites* im 15. Jahrhundert: innerhalb der Auseinandersetzungen zwischen „via antiqua" und „via moderna" kommt es zu einer starken Ideologisierung der Standpunkte, zugleich werden Vermittlungsversuche zur Entschärfung der Konflikte unternommen.

1 Vgl. dazu das Vorwort von Band 1 der „Texte zum Universalienstreit", Berlin 1992, S. VIII f.

2 Vgl. die Verurteilung eines entsprechenden Diktums in einem Dekret der Pariser Universität aus dem Jahr 1240: „Septimus, quod multe veritates sunt ab eterno, que non sunt Deus. - Hunc errorem reprobamus, firmiter enim credimus, quod una sola veritas sit ab eterno, que est Deus." (Chartularium Universitatis Parisiensis, T. 1, ed. H. Denifle/A. Chatelain, Paris 1889, Nr. 128, These 7, S. 171).
Es ist bemerkenswert, daß später der Nominalist Johannes Gerson (1363–1429) diesen Pariser Urteilsspruch in seinem Traktat „De concordia metaphysicae cum logica" zum Anlaß nahm, generell einen jeden Universalienrealismus abzulehnen (vgl. Johannes Gerson, De modis significandi II, S. 638; diese Ausg., Bd. 2, S. 222).

3 Vgl. Robertus Grosseteste, Commentaria in Posteriorum Analyticorum libros. Introduzione et testo critico di Pietro Rossi, Firenze 1981, lib. I. cap. 7, S. 139–142.

4 Ebenda, S. 139–142.

5 Ebenda, S. 139 f.

6 Ebenda, lib. I, cap. 7, S. 244 f.: „... non tamen quodlibet universale est magis ens quolibet particulari, quia universalia rerum naturalium sunt minus entia quam singularia intelligentiarum."

7 Ebenda, S. 244 f.

8 Ebenda, S. 244: „Et puto quod unitas universalis in multis particularibus assimilatur unitati lucis in luce generante et generata sive gignente et genita ..."

9 Albertus Magnus, De quinque universalibus, S. 17–40 (diese Ausg., Bd. 2, S. 3–42).

10 Ebenda, S. 24 (diese Ausg., Bd. 2, S. 16).

11 Ebenda, S. 24 (diese Ausg., Bd. 2, S. 15).

12 Ebenda, S. 37 (diese Ausg., Bd. 2, S. 36).

13 Ebenda, S. 38 (diese Ausg., Bd. 2, S. 37).

14 Albertus Magnus, Metaphysica, lib. V, tract. 6, cap. 5, in: Opera omnia, T. XVI, p. I, ed. B. Geyer, Münster 1960, S. 285; ders., Metaphysica, lib. VII, tract. 5, cap. 1, in: Opera omnia, T. XVI, p. II, ed. B. Geyer, Münster 1964, S. 372.
15 Albertus Magnus, De quinque universalibus, S. 37 (diese Ausg., Bd. 2, S. 37).
16 Roger Bacon, Opus maius, Vol. I, ed. J. H. Bridges, Oxford 1897, Kap. 8, S. 144.
17 Ebenda.
18 Liber primus Communium naturalium fratris Rogeri. Partes prima et secunda, ed. R. Steele, Oxford 1911, S. 94–96 (= Opera hactenus inedita, fasc. I).
19 Roger Bacon, Liber primus Communium naturalium. Partes tertia et quarta, ed. R. Steele, Oxford 1911, S. 159 f. (= Opera hactenus inedita, fasc. III).
20 Ebenda, S. 286.
21 Roger Bacon, Questiones altere supra libros Prime Philosophie Aristotelis. Metaphysica I–IV, ed. R. Steele/F. M. Delorme, Oxford 1932, S. 142 f. (= Opera hactenus inedita, fasc. XI).
22 Ebenda, S. 144 f.
23 Ebenda, S. 152 f.
24 Roger Bacon, Quaestiones supra Librum de causis, ed. R. Steele/F. M. Delorme, Oxford 1935, S. 60–63 (= Opera hactenus inedita, fasc. XII).
25 Ebenda, S. 133.
26 Roger Bacon, Liber primum Communium naturalium I–II, a.a.O., S. 94.
27 Roger Bacon, Questiones supra libros Prime Philosophie Aristotelis. Metaphysica I, II, V–X, ed. R. Steele/F. M. Delorme, Oxford 1930, S. 242 (= Opera hactenus inedita, fasc. X).
28 Thomas von Aquino, Summa theologiae, I, qu. 44, art. 3, concl.: „Et ideo oportet dicere quod in divina sapientia sunt rationes omnium rerum, quas supra diximus ideas, id est formas exemplares in mente divina existentes. quae quidem licet multiplicentur secundum respectum ad res, tamen non sunt realiter aliud a divina essentia, prout eius similitudo a diversis participari potest diversimode."
29 Thomas von Aquino, In II Sententiarum dist. 3, qu. 3, art. 2, ratio ad primum: „Ad primum ergo dicendum, quod est triplex universale. Quoddam quod est in re, scilicet natura ipsa, quae est in particularibus, quamvis in eis non sit secundum rationem universalitatis in actu. Est etiam quoddam universale quod est a re acceptum per abstractionem, et hoc posterius est re; et hoc modo formae Angelorum non sunt universales. Est etiam quoddam universale ad rem, quod est prius re ipsa, sicut forma domus in mente aedificatoris; et per hunc modum sunt universales formae rerum in mente angelica existentes, non ita quod sint operativae, sed quia sunt operativis similes, sicut aliquis speculative scientiam operativam habet."
30 Vgl. Anm. 28.
31 Thomas von Aquino, De ente et essentia, cap. 5, in: S. Thomae de Aquino opera omnia, T. XLIII, Roma 1976, S. 378 f. (diese Ausg., Bd. 2, S. 59).
32 Ebenda, cap. 2, S. 371 (diese Ausg., Bd. 2, S. 46).
33 Vgl. J. Assenmacher, Geschichte des Individuationsprinzips, Leipzig 1926.
34 Thomas von Aquino, De ente et essentia, cap. 3, S. 374 f. (diese Ausg., Bd. 2, S. 53).
35 Thomas von Aquino, Compendium theologiae, lib. I, cap. 133, in: Opera omnia, ed. R. Busa, Vol. 3, Stuttgart 1980, S. 614.
36 Siger von Brabant, De aeternitate mundi, cap. 1, 2, 4 (diese Ausg., Bd. 2, S. 66–70, 74–79).
37 Ebenda, cap. 3, S. 124 (diese Ausg., Bd. 2, S. 72).

38 Ebenda, S. 126 (diese Ausg., Bd. 2, S. 73).
39 Siger de Brabant, Quaestiones in Metaphysicam. Texte inédit de la reportation de Cambridge. Edition revue de la reportation de Paris, éd. A. Maurer, Louvain-La-Neuve 1983, lib. VII, qu. 8, S. 385.
40 Ebenda, lib. V, qu. 20, S. 235.
41 Ebenda, lib. VII, qu. 8, S. 374.
42 Vgl. Les Quaestiones super Librum de causis de Siger de Brabant, éd. critique A. Marlasca, Louvain-Paris 1972, qu. 27, S. 112 f.
43 Siger de Brabant, Quaestiones in Metaphysicam, a.a.O., lib. V, qu. 26, S. 247.
44 Siger de Brabant, Quaestiones in tertium De anima, éd. B. Bazán, Louvain-Paris 1972, qu. 18, S. 67 ff. (= Philosophes médiévaux, T. XIII).
45 Bonaventura, Sent. lib. II, dist. 18, art. 1, qu. 3, in: Opera omnia, T. II, Quaracchi 1885, S. 441.
46 Ebenda, S. 441.
47 Bonaventura, Collationes in Hexaëmeron, collatio IV.9, S. 350, in: Opera omnia, T. V, Quaracchi 1891, S. 350.
48 Ebenda, S. 350: „Dico ergo quod est universale unum ad multa, unum in multis, unum praeter multa. Unum ad multa est in potentia materiae, quod non est completum: unum in multis, ut natura communis in suis particularibus; et unum praeter multa in anima. Unum autem ad multa et unum in multis et unum praeter multa in arte aeterna sunt; per illam enim artem et rationem consistit in re."
49 Sacratissimi theologi Ricardi de Mediavilla ordinis seraphici minorum conventualium In libros Sententiarum quaestiones, Venetiis 1507–09, lib. II, dist. 3, princ. 3, qu. 1, fol. 17 rA: „Dico ergo, quod ipsum universale, de quo intendimus loqui, duo complectitur, sc. id quod est universale, ut ipsam hominis vel angeli essentiam ut intellectam praeter unitatem et multitudinem numeralem, et ipsam universalitatem, quae est praedicabilis de pluribus. Sed neutro modo est in reali existentia angelus universalis nec quaecumque res alia, quia ipsa universalitas est res constituta a ratione et dicitur secunda intentio."
Vgl. auch J. Pinborg, Zum Begriff der ‚intentio secunda'. Radulphus Brito, Hervaeus Natalis und Petrus Aureoli in Diskussion, in: Cahiers de l'Institut du Moyen-Age Grec et Latin 13 (1974), S. 49–59.
50 Ebenda: „Universale quadrupliciter potest accipi. Uno modo in causando ... Alio modo per indifferentiam aptitudinis ad informandum plura ... Tertio modo per indifferentiam in repraesentando ... Quarto modo per indifferentiam in praedicando."
51 Vgl. K. Michalski, Les courants philosophiques à Oxford et à Paris pendant le XIVe siècle, Cracovie 1921. – Abweichend von Michalski zählte J. Koch jedoch Durandus de S. Porciano nicht zu den Konzeptualisten (vgl. J. Koch, Durandus de S. Porciano O. P. Forschungen zum Streit um Thomas von Aquin zu Beginn des 14. Jahrhunderts. 1. Teil: Literargeschichtliche Grundlegung, Münster 1927, S. 3, 191 u.).
52 Johannes Duns Scotus, Quaestiones subtilissimae super libros Metaphysicorum Aristotelis, ed. L. Vivès, Paris 1893, lib. VII, qu. 18, S. 457 (= Opera omnia, T. 7).
53 Ebenda, S. 457.
54 Ebenda, S. 460.
55 Ebenda, S. 458; ders., Ordinatio II, dist. 3, pars 1, qu. 1, ed. Vat., Vol. VII, S. 403 f.; Avicenna Latinus, Liber de philosophia prima sive scientia divina V–X, tract. II, cap. 1, ed. S. Van Riet, Louvain-Leiden 1980, S. 228 ff.

56 Duns Scotus, Quaestiones super libros Metaphysicorum, a.a.O., S. 457; ders., Ordinatio II, dist. 3, pars 1, qu. 1, a.a.O., S. 407 f.

57 Duns Scotus, Ordinatio II, dist. 3, pars 1, qu. 6, S. 463–490 (diese Ausg., Bd. 2, S. 80–95). – Speziell dazu L. Honnefelder, Scientia transcendens. Die formale Bestimmung der Seiendheit und Realität in der Metaphysik des Mittelalters und der Neuzeit, Hamburg 1990, S. 129–140.

58 Duns Scotus, Ordinatio II, dist. 3, pars 1, qu. 6, S. 483 (diese Ausg., Bd. 2, S. 91).

59 Ebenda, S. 484 (diese Ausg., Bd. 2, S. 92).

60 Zur Charakterisierung von Genus, Spezies und Differenz als „realitas", „formalitas" oder „ratio" vgl. Ordinatio II, dist. 3, pars 1, qu. 5–6, ed. Vat. VII, S. 497, 483–85; Ordinatio I, dist. 8, pars 1, qu. 4, ed. Vat. IV, S. 261; Ordinatio I, dist. 24, qu. 1, ed. Vat. V, S. 368 ff.

61 Vgl. K. H. Tachau, Vision and certitude in the Age of Ockham. Optics, epistemology and the foundation of semantics 1250–1345, Leiden u. a. 1988, S. 53, 58 ff.

62 Duns Scotus, Quaestiones super libros Metaphysicorum, a.a.O., lib. VII, qu. 18, S. 456 f.

63 Zum Verhältnis zwischen den Ansichten Heinrichs von Harclay und anderer damaliger Philosophen, insbesondere zu Duns Scotus' und Wilhelms von Ockham, vgl. M. McCord Adams, Universals in the early fourteenth century, in: The Cambridge History of Later Medieval Philosophy, ed. N. Kretzmann [u. a.], Cambridge [u. a.] 1982, S. 424–434; J. Kraus, Die Universalienlehre des Oxforder Kanzlers Heinrich von Harclay in ihrer Mittelstellung zwischen scotistischem Realismus und ockhamistischem Nominalismus, in: Divus Thomas, Freiburg X (1932), S. 36–58, 475–508; XI (1933), S. 79–96, 288–314.

64 Vgl. The History of the University of Oxford, Vol. I: The early Oxford Schools, ed. by J. I. Catto, Oxford 1984, S. 607.

65 Vgl. F. Ehrle, Der Sentenzenkommentar Peters von Candia . . ., Münster 1925; K. Michalski, La philosophie au XIVe siècle. Six études, hrsg. u. eingel. v. K. Flasch, Frankfurt a. M. 1969. – Eine Übersicht über die entsprechende Literatur und zu den Tendenzen und Ergebnissen der Forschung ist in den Arbeiten W. J. Courtenays zu finden: Covenant and causality in Medieval thought. – Studies in Philosophy, Theology and Economic Practice, London 1984 (hier besonders: „Nominalism and late Medieval religion", 1974; „Nominalism and late medieval thought, a bibliographical essay", 1972; „Late medieval nominalism revisited: 1972–1982", 1983).

66 Guillelmus de Ockham, Opera philosophica, St. Bonaventure/N. Y. 1974 ff; ders., Opera theologica, St. Bonaventure/N. Y. 1967 ff.

67 Wilhelm von Ockham, Ordinatio, lib. I, dist. 2, qu. 8, in: Opera theologica, Vol. II, S. 272.

68 Vgl. Gualteri de Chatton et Guillelmi de Ockham controversia de natura conceptus universalis, ed. G. Gál, in: Franciscan Studies, 27 (1967), S. 191–212; M. Adams, Ockham's Nominalism and unreal entities, in: Philosophical Review, 86 (1977), S. 144–76; G. Etzkorn, F. Kelley, Einleitung zu den Opera theologica, Vol. IV, S. 15–18; F. Kelley, Walter Chatton vs. Aureoli and Ockham Regarding the Universal Concept: Franciscan Studies, 41 (1981), S. 222–249.

69 Ockham, Ordinatio, lib. I, dist. 2, qu. 8, a.a.O., S. 289–92; ders., Quodlibeta septem, Quodl. IV, qu. 35, in: Opera theologica, Vol. IX, S. 472–474.

70 Ockham, Summa logicae, pars I, cap. 14, in: Opera philosophica, Vol. I, S. 49.

71 „Dicimus quod iste articulus est simpliciter sophisticus et continet multa falsa, que sunt expresse contra philosophiam et applicata ad aliqua theologica essent heretica, sicut

superius diximus ad articulum XI". (Artikel 13 des 2. Gutachtens, in: J. Koch, Neue Aktenstücke zu dem gegen Wilhelm von Ockham in Avignon geführten Prozeß. Teil III–V, in: Recherches de théologie ancienne et médiévale, Louvain 8 (1936), S. 172).

72 Ockham, Ordinatio, lib. I, dist. 2, qu. 4, a.a.O., S. 134, S. 137.

73 „Dicimus quod ponere quantitatem non esse rem distinctam a substantia est contra communem sententiam sanctorum, doctorum et philosophorum, quam reputamus veram." (vgl. Anm. 71: ebenda, Artikel 21, S. 178)

74 Ockham, In libros Physicorum, lib. III, cap. 2, in: Opera philosophica, Vol. IV, S. 421 f.: „Omnis res una vel est substantia vel qualitas ..."

75 Vgl. dazu A. Maier, Zu einigen Problemen der Ockhamforschung, in: Ausgehendes Mittelalter. Gesammelte Aufsätze zur Geistesgeschichte des 14. Jahrhunderts I, Rom 1964, S. 193 ff.

76 Wilhelm von Ockham, In libros Physicorum, lib. III, cap. 2, S. 432 (diese Ausg., Bd. 2, S. 98).

77 Vgl. Expositio excellentissimi philosophi Gualterii de Burley Anglici in libros octo de Physico auditu Aristotelis, Pavia 1488, lib. III, text. comm. 11, fol. 5vb: „... negare motum esse est destruere scientiam naturalem; nec cum negante motum esse habet philosophus naturalis loqui."

78 Vgl. dazu M. G. Henninger, Relations. Medieval Theories 1250–1325, Oxford 1985.

79 Ockham, In libros Physicorum, lib. III, cap. 2, S. 418: „... relatio non est aliqua res distincta ab illo quod vocant moderni fundamentum ..."

80 Vgl. Die Schriften des Oxforder Kanzlers Johannes Lutterell. Texte zur Theologie des 14. Jahrhunderts, hrsg. v. F. Hoffmann, Leipzig 1959, ad artic. 50, S. 98: „Istud est periculosum, quia tollit omnes relationes a creaturis, omnes dependentias et connexiones rerum ad invicem et ordinem, que sine relationibus esse non possunt."

81 Vgl. dazu Wilhelm von Ockham, Quodlibeta septem, quodl. VI, qu. 30, in: Opera theologica, Vol. IX, S. 699–701.

82 Ebenda, Quodl. VI, qu. 22, S. 666 f.

83 Vgl. ausführlicher dazu M. G. Henniger, a.a.O., S. 180 f.

84 Zu den diversen Belegstellen aus dem Werk Ockhams und der Aufnahme dieses Prinzips in der späteren Philosophiegeschichte vgl. J. P. Beckmann, Ontologisches Prinzip oder methodologische Maxime? Ockham und der Ökonomiegedanke einst und jetzt, in: Die Gegenwart Ockhams, hrsg. v. W. Vossenkuhl u. R. Schönberger, Weinheim 1990, S. 191–207.

85 Vgl. oben Anm. *76*.

86 Vgl. Ph. Boehner, Medieval Logic. An outline of its Development from 1250 to c. 1400, Chicago 1952; C. A. Dufour, Die Lehre der Proprietates Terminorum: Sinn und Referenz in der mittelalterlichen Logik, München 1989; M. F. Wagner, Supposition-Theory and the problem of universals, in: Franciscan Studies, 41 (1981), S. 385–414.

87 Petrus Hispanus, Tractatus called afterwards Summulae logicales, ed. L. M. De Rijk, Assen 1972, S. 81: „Simplex suppositio est acceptatio termini communis pro re universali significata per ipsum."

88 Ebenda.

89 Wilhelm von Ockham, Summa logicae, pars I, cap. 64, a.a.O., S. 196: „Suppositio simplex est quando terminus supponit pro intentione animae, sed non tenetur significative. Verbi

gratia sic dicendo ‚homo est species' iste terminus ‚homo' supponit pro intentione animae, quia illa intentio est species . . ."

90 Ebenda, pars I, cap. 66, S. 204: „Ideo dicendum est, sicut prius, quod suppositio simplex est, quando terminus supponit pro intentione animae, quae est communis per praedicationem pluribus, aliquando autem est propria uni. Et huiŭs ratio est, quia nihil est a parte rei, quin sit simpliciter singulare. Unde error istorum omnium, qui credebant aliquid esse in re praeter singulare, et quod humanitas, quae est distincta a singularibus, est aliquid in individuis et de essentia eorum, induxit eos in istos errores et multos alios logicales."

91 Vgl. Anm. *70*.

92 Vgl. Walter Burley, Von der Reinheit der Kunst der Logik. Erster Traktat: Von den Eigenschaften der Termini, übers. u. hrsg. v. P. Kunze, lat.-dt., Hamburg 1988, pars I, cap. 3, S. 19 ff.

93 Vgl. dazu St. F. Brown, Walter Burley's Treatise „De suppositionibus" and its influence on William of Ockham, in: Franciscan Studies, 32 (1972), S. 15–64.

94 Vgl. dazu W. J. Courtenay, Nominalism and late medieval thought, a.a.O., S. 726 f.; L. Baudry, Les rapports de Guillaume d'Ockham et de Walter Burleigh, in: Archives d'hist. doctr. et litt. du Moyen Age, 9 (1934), S. 155–73; G. Gál (ed.), Gualterii de Chatton et Guillelmi de Ockham Controversia de natura conceptus universalis, in: Franciscan Studies, 27 (1967), S. 191–212; F. Hoffmann (Hrsg.), Die Schriften des Oxforder Kanzlers Johannes Lutterell. Texte zur Theologie des 14. Jahrhunderts, Leipzig 1959.

95 Vgl. dazu J. A. Weisheipl, Ockham and some Mertonians, in: Mediaeval Studies, Vol. XXX (1968), S. 163–213.

96 Vgl. dazu W. J. Courtenay, Adam Wodeham. An introduction to his life and writings, Leiden 1978.

97 Burleys „Tractatus de universalibus" ist Bestandteil unserer Ausgabe.

98 Walter Burley, De universalibus, diese Ausgabe S. 121 ff.

99 Ebenda, S. 117–121, 133–148.

100 Walter Burley, Expositio in libros octo de Physico auditu Aristotelis, Pavia 1488, lib. I, fol. a5r: „. . .arguo et pono duas conclusiones. Quarum prima est, quod aliquid est extra animam, quod non est singulare. Secunda conclusio est, quod non omne universale est conceptus animae."

101 Ebenda, fol. a6r: „Ad tertium dico, quod quamvis universale sit res extra animam, tamen non est pars individui, quia effectus particularis sunt causae particulares. Et sic dico, quod quamvis genus sit pars speciei, tamen species non est pars individui, quia individuum sufficienter constituitur ex causis particularibus. Dico tamen, quod universale est de quidditate individui vel quod est totum respectu individui, accipiendo quidditatem pro eo quod significatur per diffinitionem sive pro eo quod datur in responsione ad quaestionem querentem quid est ipsum individuum, ut quid est Sortes, et sic de aliis."

102 Ebenda, fol. a6r: „Ad primum horum dico, quod hoc commune ‚homo' et Sortes sunt due res, sed non sunt due substantie neque duo corpora."

103 Ebenda, fol. a6r: „Dico igitur, quod hoc commune homo et Sortes sunt due res, quia istud prerogativum habet terminus transcendens, scilicet quod potest distribui tam pro universalibus quam pro individuis et etiam potest numerari tam in universalia quam in individua."

104 Wilhelm von Ockham, Quodlibeta septem, Quodl. V, qu. 12, a.a.O., S. 530 f.: „Circa secundum articulum dico, quod universale est singulare et individuum primo modo." Zuvor hieß es (ebenda, S. 529): „singulare illud est, quod est una res numero et non plures res."

105 Walter Burley, Expositio . . ., a.a.O., fol. a6v: „Et dico, quod prius cognitum ab intellectu nostro cognitione confusa via generationis est singulare, quod fortius movet sensum."

106 Vgl. Raimundus Lullus, Vita coëtana, § 16, in: Das Leben des seeligen Raimund Lull. Die ‚Vita coëtana' und ausgewählte Texte zum Leben Lulls aus seinen Werken und Zeitdokumenten, übertragen u. eingel. von E.-W. Platzeck, Düsseldorf 1964, S. 40.

107 Vgl. dazu die Arbeiten von Courtenay (s. Anm. 65) und Tachau (s. Anm. 61), sowie den Textband: D. Perler (Hrsg.), Satztheorien. Texte zur Sprachphilosophie und Wissenschaftstheorie im 14. Jahrhundert, Darmstadt 1990, insbesondere S. 217–251 (= Texte zur Forschung, Bd. 57).

108 Vgl. K. H. Tachau, a.a.O., S. 243–274.

109 Ebenda, S. 115 u.

110 Vgl. F. Hoffmann (Hrsg.), Crathorn-Quästionen zum ersten Sentenzenbuch. Einführung und Text, Münster 1988; ders., Der Satz als Zeichen der theologischen Aussage bei Holcot, Crathorn und Gregor von Rimini, in: Der Begriff der Repraesentatio im Mittelalter, Berlin usw. 1971, S. 296–313 (= Miscellanea Mediaevalia, Bd. 8); H. Schepers, Holkot contra dicta Crathorn, I: Quellenkritik und biographische Auswertung der Bakkalareatsschriften zweier Dominikaner des XIV. Jahrhunderts, in: Philosophisches Jahrbuch, Freiburg/München 77 (1970), S. 320–354; Ders., Holkot contra dicta Crathorn, II. Das „significatum per propositionem". Aufbau und Kritik einer nominalistischen Theorie über den Gegenstand des Wissens, in: Philos. Jahrbuch, 79 (1972), S. 106–136.

111 Vgl. H. Schepers, Teil II, a.a.O., S. 136

112 Siehe Chartularium Universitatis Parisiensis, T. II, ed. H. Denifle/A. Chatelain, Paris 1896, Nr. 1023 u. Nr. 1042, S. 485 f., S. 505–507.

113 Vgl. dazu W. J. Courtenay/K. H. Tachau, Ockham, Ockhamists, and the English-German Nation at Paris 1339–1341, in: History of Universities, 2 (1982), S. 53–96; W. J. Courtenay, The reception of Ockham's thought at the university of Paris, in: Z. Kałuza/P. Vignaux (eds.), Preuve et raisons à l'Université de Paris. Logique, ontologie et théologie au XIVe siècle, Paris 1984, S. 42–64; K. H. Tachau, Vision and certitude . . ., a.a.O., S. 337 ff.

114 K. H. Tauchau, a.a.O., S. 276.

115 Ebenda, S. 340 ff.

116 Ebenda, S. 359 ff.

117 Gregor von Rimini, Super primum Sententiarum, dist. 3, qu. 3, art. 2, S. 396 (vgl. auch diese Ausg. Bd. 2, S. 172: „Tertio probabitur, videlicet quod universale non est aliqua res extra animam, sed est tantum quidam conceptus fictus seu formatus per animam communis pluribus rebus, aut forte signum aliquod exterius ad placitum institutum . . ."

118 Gregor von Rimini, Super primum Sententiarum, dist. 3, qu. 3, art. 2, S. 396–407 (diese Ausg. Bd. 2, S. 172–185).

119 Gregor von Rimini, Lectura super primum et secundum Sententiarum, ed. Trapp (Marcolino, Tom. II, Berlin – New York 1982, dist. 8, qu. 3, S. 138: „. . . nulla omnino in mundo res est universalis aut communis pluribus substantiis, sed omnis essentia est singularis . . ."

120 Vgl. dazu B. Michael, Johannes Buridan. Studien zu seinem Leben, seinen Werken und

zur Rezeption seiner Theorie im Europa des späten Mittelalters, Phil. Diss., Teil 1 u. 2, Berlin 1985.

121 Vgl. M. Markowski, Johannes Buridans Polemik gegen die Universalienlehre des Walter Burleigh, in: Mediaevalia Philosophica Polonorum, Wrocław etc. XXVI (1982), S. 7–17.

122 Johannes Buridan, Tractatus de differentia universalis ad individuum, ed. S. Szyller, in: Przegląd Tomistyczny, T. 3, Warszawa 1987, S. 137–171.

123 Ebenda, S. 146 ff.

124 Ebenda, S. 146: „Tunc ergo non curando de universalibus entium animae sed loquendo de universalibus entium praeter animam existentium pono tres conclusiones principales: Prima est, quod universale pro forma non est praeter animam. Secunda est, quod universale pro subiecto, prout distinguitur contra individuum pro subiecto, verbi gratia: homo prout distinguitur contra Socratem et Platonem, non est praeter animam. Tertia est, quod universale pro subiecto est praeter animam quantum ad aliquid sui.“

125 Ebenda, S. 153: „. . . quidquid praeter animam existit, in re ipsum existit individualiter, scilicet distinctum ab omnibus aliis tam suae speciei quam aliarum, ita quod ibi nihil est omnino prater res, quae individualiter existunt, nec est distinctum ab eis.“

126 Ebenda, S. 161 f.

127 Ebenda, S. 162: „Patet igitur ex his, quod res in suo esse actuali et producto habent esse specificum et esse individuale et etiam patet, quod ibi non est esse distinctum ab esse individuali.“

128 Ebenda, S. 170: „Ad vicesimam rationem dico, quod res sunt naturaliter ordinatae in mundo et quod inter individua est ordo, non tamen inter individua eiusdem speciei sed diversarum specierum.“

129 Quaestiones Ioannis Buridani in Isagogen Porphyrii, ed. R. Tatarzyński, in: Przegląd Tomistyczny, T. 2, Warszawa 1986, qu. 4. S. 138.

130 Vgl. dazu M. Markowski, Problematyka uniwersaliów w polskich piętnastowiecznych pismach nominalistycznych, in: Studia mediewistyczne, XII (1970), S. 73–166; ders., Johannes Buridans Polemik gegen die Universalienlehre des Walter Burleigh, a.a.O.

131 Albert von Sachsen, Quaestiones in Porphyrii Librum Praedicabilium, qu. 3, § 60, in: Alberti de Saxonia Quaestiones in Artem Veterem, ed. A. M. Garcia, Maracaibo 1988, S. 170.

132 Ebenda, qu. 3, § 74, S. 174 f.

133 Ebenda, qu. 6, § 155, S. 212.

134 Albert von Sachsen Quaestiones in Librum Aristotelis de Interpretatione. Proemium, qu. 2, §§ 708–709, in: Quaestiones in Artem Veterem, a.a.O., S. 476.

135 Albert von Sachsen faßt die mentalen Termini als „similitudo naturalis alicuius rei extra“ (ebenda, qu. 2, § 707, S. 476.)

136 Vgl. J. Sarnowsky, Die aristotelisch-scholastische Theorie der Bewegung. Studien zum Kommentar Alberts von Sachsen zur Physik des Aristoteles, Münster 1989, S. 91 ff.

137 Vgl. dazu die Bibliographien von Markowski und Hoenen (M. Markowski, Katalog dzieł Marsyliusza z Inghen z ewidencją rękopisów, in: Studia Mediewistyczne, XXV, 2 (1988), S. 39–132; M.J.F.M. Hoenen, Marsilius von Inghen. Bibliographie I + II, in: Bulletin de philosophie médiévale , Louvain-La-Neuve 31 (1989), S. 150–167; 32 (1990), S. 191–195 Ders.; Marsilius of Inghen. Divine Knowledge in late medieval thought, Leiden-New York-Köln 1993.

138 G. Ritter, Studien zur Spätscholastik I: Marsilius von Inghen und die ockhamistische Schule in Deutschland, Heidelberg 1921, S. 121 ff.
139 M. Markowski, Katalog dzieł Masyliusza z Inghen z ewidencją rękopisów, a.a.O., S. 39.
140 G. Ritter, Studien . . ., I, a.a.O., S. 52–137; M. Markowski, Problematyka uniwersaliów w polskich piętnastowiecznych pismach nominalistycznych, a.a.O., S. 85.
141 Vgl. Marsilius of Inghen, Treatises on the properties of Terms. A first critical edition of the Suppositiones, Ampliationes, Appellationes, Restrictiones and Alienationes with Introduction, Transl., Notes and Appendices by E.P. Bos, Dordrecht-Boston - Lancaster 1983, S. 62, 198 f.
142 Heinrich Totting von Oyta, Quaestiones in Isagogen Porphyrii, ed. J. Schneider, München 1979.
143 Ebenda, Quaestio 5, S. 42 (diese Ausg. Bd. 2, S. 190 f.).
144 Ebenda, Quaestio 7, S. 57 f.
145 Lang hob demgegenüber zu sehr den Kompromißcharakter des philosophischen Standpunktes Heinrichs hervor (vgl. A. Lang, Heinrich Totting von Oyta. Ein Beitrag zur Entstehungsgeschichte der ersten deutschen Universitäten und zur Problemgeschichte der Spätscholastik, Münster 1937).
146 Vgl. Adam Goddam, Super quattuor libros sententiarum, Paris 1512.
147 Vgl. W. J. Courtenay, Adam Wodeham. An Introduction to his life and writings, Leiden 1978, S. 151.
148 Vgl. V. Herold/ M. Mráz, Zur Geschichte des tschechischen philosophischen Denkens der vorhussitischen Zeit, in: Mediaevalia Philosophica Polonorum, Vol. XXIV (1979), S. 21–55.
149 Vgl. Z. Kałuza, Les querelles doctrinales à Paris. Nominalistes et realistes aux confins du XIVe et du XVe siècles, Bergamo 1988, S. 22 ff.
150 Vgl. F. Ehrle, Der Sentenzenkommentar Peters von Candia des Pisaner Papstes Alexander V. - Ein Beitrag zur Scheidung der Schulen in der Scholastik des vierzehnten Jahrhunderts und zur Geschichte des Wegestreites, Münster 1925, S. 251 ff.
151 Vgl. M. Keen, The influence of Wyclif, in: Wyclif in his times, ed. by A. Kenny, Oxford 1986, S. 128–145; F. Šmahel, Verzeichnis der Quellen zum Prager Universalienstreit 1348–1500, in: Mediaevalia Philosophica Polonorum, Vol. XXV (1980); F. Šmahel, Hus und Wyclif: Opinio media de universalibus in re, in: Studia Mediewistyczne, Vol. XXII,1 (1983), S. 123–130.
152 Vgl. N. W. Gilbert, Ockham, Wyclif and the „via moderna", in: A. Zimmermann (Hrsg.), Antiqui und Moderni. Traditionsbewußtsein und Fortschrittsbewußtsein im späten Mittelalter, Berlin - New York 1974, S. 85–125; A. L. Gabriel, „Via antiqua" and „via moderna" and the migration of Paris students and masters to the German universities in the fifteenth century, in: ebenda, S. 439–483.
153 John Wyclif, Tractatus de universalibus, ed. I. Mueller, Oxford 1985, cap. 1, S. 15 f.; ders., Tractatus de Logica, Vol. I, ed. by M. H. Dziewicki, London 1893, cap. II, S. 8; Johannis Wyclif Summa de ente. Libri Primi tractatus primus et secundus, ed. S. H. Thomson, Oxford 1930, 4. Kap., S. 54 f.
154 Ebenda.
155 Vgl. John Wyclif, De universalibus, cap. 4, S. 87: „Ego autem per medium incedo concor-

dando extrema, et concedo cum prima opinione quod omne universale est singulare et econtra, licet distinguantur formaliter ab invicem."

156 Ebenda, cap. 14, S. 339.

157 Ebenda, cap. 15, S. 353–375 (diese Ausg. Bd. 2, S. 200–212).

158 Vgl. V. Herold, Wyclifs Polemik gegen Ockhams Auffassung der Platonischen Ideen und ihr Nachklang in der tschechischen hussitischen Philosophie, in: From Ockham to Wyclif, ed. by A. Hudson and M. Wilks, Oxford 1987, S. 185–215; ders., Magister Hieronymus von Prag und die Universität Köln. Ein Beitrag zur Geschichte der Differenzierung in der spätmittelalterlichen Philosophie, in: Die Kölner Universität im Mittelalter. Geistige Wurzeln und soziale Wirklichkeit, hrsg. v. A. Zimmermann, Berlin - New York 1989, S. 255–273 (= Miscellanea Mediaevalia, Bd. 20); ders., Wyclif und Hieronymus von Prag. Zum Versuch einer „praktischen" Umdeutung der Metaphysik in der spätmittelalterlichen Ideenlehre, in: Knowledge and the Sciences in medieval philosophy. Proceedings of the 8th International Congress of medieval Philosophy (S.I.E.P.M.), Vol. III, ed. by R. Työrinoja et al., Helsinki 1990, S. 212–223. (= Annals of the Finish Society for Missiology and ecumenics, 55).

159 Vgl. John Wyclif, De universalibus, cap. 1, S. 17 ff.; cap. 2, S. 56; s. a. W. Hübener, Wyclifs Kritik an den Doctores Signorum, in: W. Vossenkuhl/R. Schönberger (Hrsg.): Die Gegenwart Ockhams, Weinheim 1990, S. 128–146.

160 Ebenda, cap. 3, S. 75 ff.

161 Vgl. dazu G. Leff, Wyclif and Hus: A doctrinal comparison, in: Wyclif in his times, a.a.O., S. 105–125.

162 Vgl. F. Ehrle, Der Sentenzenkommentar . . ., a.a.O., S. 174 f.

163 Vgl. dazu F. Šmahel, Hus und Wyclif: Opinio media de universalibus in re, a.a.O.; ders., Polonica außerhalb des „Verzeichnisses der Quellen zum Prager Universalienstreit 1348–1500", in: Studia Mediewistyczne, Vol. XVII (1977), S. 159–182; ders., Prolegomena zum Prager Universalienstreit. Zwischenbilanz einer Quellenanalyse, in: Les universités à la fin du moyen âge. Actes du congrès international de Louvain 26–30 mai 1975, vol. 2, Louvain 1978, S. 242–255; ders., Verzeichnis der Quellen zum Prager Universalienstreit, 1348–1500, a.a.O.; ders., Ein Disputationsbehelf aus der Blütezeit des Prager Universalienstreites: Argumenta de universalibus realibus magistri Stephani Palecz, in: Studia Mediewistyczne, XIX,2 (1978), S. 165–173; R. Palacz, La „Positio de universalibus" d'Etienne de Palecz, in: Mediaevalia Philosophica Polonorum, Vol. XIV (1970), S. 113–129; S. Soúsedik, Stanislaus von Znaim. Eine Lebensskizze, in: Mediaevalia Philosophica Polonorum, Vol. XVII (1973), S. 37–56; K. Walsh, Vom Wegestreit zur Häresie: Zur Auseinandersetzung um die Lehre John Wyclifs in Wien und Prag an der Wende zum 15. Jh., in: Institut für österreichische Geschichtsforschung, Wien, Vol. 94 (1987), 1/2, S. 25–47.

164 Vgl. J. D. Mansi, Sacrorum Conciliorum nova et amplissima collectio, T. 27, Venetiis 1784, col. 752 ff.; col. 894 ff.

165 Jean Gerson, De modis significandi II, prop. 29, S. 637: „Universalia realia extra animam ponere alibi vel aliter quam in Deo est haeresis . . ." (diese Ausg. Bd. 2, S. 220).

166 Ebenda, prop. 29–35, S. 637–639 (diese Ausg. Bd. 2, S. 220–223).

167 Vgl. z. Kałuza, Les querelles . . ., a.a.O., S. 62 ff.

168 Vgl. Jean Gerson, De modis significandi II, prop. 4, S. 633; prop. 22, S. 635 (diese Ausg. Bd. 2, S. 214 f. u. 217 f.).

169 Ebenda, prop. 26 ff., S. 636 ff. (diese Ausg. Bd. 2, S. 219 ff.).
170 Vgl. Petrus de Aillyaco (Pierre d' Ailly): Tractatus de improbatione modorum significandi sive Destructiones modorum significandi, ed. L. Kaczmarek, Amsterdam [1993]; J. Pinborg, Die Entwicklung der Sprachtheorie im Mittelalter, Münster - Kopenhagen 1967, S. 202 ff.
171 Petrus de Aillyaco, Tractatus de anima, ed. O. Pluta, Amsterdam 1987, cap. 12, S. 74: „... nam cum nihil sit universale in essendo sed in repraesentando, ille conceptus dicitur universalis proprie, qui per animam fictus seu formatus communis est pluribus et communiter repraesentativus, et talem conceptum formare est universaliter intelligere."
172 Vgl. O. Pluta, Die philosophische Psychologie des Peter von Ailly. Ein Beitrag zur Geschichte der Philosophie des späten Mittelalters, Amsterdam 1987, S. 78 ff.
173 Z. Kałuza, Les querelles ..., a.a.O., S. 21; vgl. auch Z. Włodek, Wawrzynec z Lindores - życie, dzieła, poglądy, in: Studia Mediewistyczne, Vol. 19, H.2 (1978), S. 95–108.
174 Z. Kałuza, a.a.O., S. 87–120; G. Meersseman, Geschichte des Albertismus. Heft 1: Die Pariser Anfänge des Kölner Albertismus, Paris 1933; A. G. Weiler, Un traité de Jean de Nova Domo sur les universaux, in: Vivarium, 6 (1968), S. 108–154.
175 Vgl. Z. Kałuza, a.a.O., S. 19 f.; ders., Le „De universali reali" de Jean de Maisonneuve et les „epicuri litterales", in: Freiburger Zeitschrift für Philosophie und Theologie, Freiburg 33 (1986), S. 469–516.
176 Zu Heymericus de Campo (Heymeric van den Velde) vgl. G. Meersseman, Geschichte des Albertismus. Heft 2: Die ersten Kölner Kontroversen, Roma 1935; Z. Kałuza, a.a.O., S. 145–148; H. G. Senger, Albertismus? Überlegungen zur ‚via Alberti' im 15. Jahrhundert, in: Albert der Große. Seine Zeit, sein Werk, seine Wirkung, hrsg. v. A. Zimmermann, Berlin - New York 1981, S. 224 ff. (= Miscellanea Mediaevalia, 14); J. B. Korolec, Heymeric de Campo et sa vision néoplatonicienne de dieu, in: Albert der Große ..., a.a.O., S. 208–216; zu Heinrich von Gorkum vgl. A. G. Weiler, Heinrich von Gorkum. Seine Stellung in der Philosophie und der Theologie des Spätmittelalters, Hilversum etc. 1962.
177 Vgl. F. Ehrle, Der Sentenzenkommentar ..., a.a.O., S. 150 f., S. 282–285.
178 Ebenda, S. 283.
179 Vgl. dazu E. Meuthen, Kölner Universitätsgeschichte. Bd. I: Die alte Universität, Köln - Wien 1988, S. 176 ff.
180 Abgedruckt bei G. Meersseman, Geschichte des Albertismus, Heft 2, a.a.O., S. 23–66.
181 Zu diesem Resultat gelangte M. Markowski bei seinen Forschungen zur Rezeptionsgeschichte der Werke Buridans (vgl. M. Markowski, Recepcja dzieł Jana Burydana na uniwersytetach Europy środkowej, in: Studia Mediewistyczne, XXII,2 (1983), S. 39–55.
182 E. Kleineidam, Universitas Studii Erfordensis I, Leipzig 1985, S. VIII.
183 Ebenda, S. 184 f.
184 Vgl. dazu F. Ehrle, Der Sentenzenkommentar ...; G. Ritter, Studien zur Spätscholastik II: Via antiqua und via moderna auf den deutschen Universitäten des 15. Jahrhunderts, Heidelberg 1922; A. L. Gabriel, „Via antiqua" and „via moderna" ..., a.a.O.
185 Vgl. Quaestiones Venerabilis domini Ioannis Versoris super totam artem veterem, s.l. et s.a.: Quaestiones in Isagogen Porphyrii, qu. X, fol. 9 va-10 ra.
186 Vgl. W. J. Courtenay, The early stages in the introduction of Oxford Logic into Italy, in: A. Maierú (Hrsg.), English logic in Italy in the 14th and 15th centuries. Acts of the 5th European Symposium on medieval logic and semantics, Napoli 1982, S. 13–32.

187 Vgl. E. Keßler, Die Transformation des aristotelischen Organon durch Lorenzo Valla, in: Aristotelismus und Renaissance. In memoriam Charles B. Schmitt, hrsg. v. E. Keßler, C. H. Lohr [u. a.], Wiesbaden 1988; ders., Die verborgene Gegenwart Ockhams in der Sprachphilosophie der Renaissance, in: Die Gegenwart Ockhams, hrsg. v. W. Vossenkuhl u. R. Schönberger, Weinheim 1990, S. 147–164.

188 Gabriel Biel, Collectorium circa libros Sententiarum, ed. H. Rückert, W. Werbeck, U. Hofmann, 5 Vol., Tübingen 1973–84. – Zum Universalienproblem vgl. insbesondere lib. I, dist. 2, qu. 8 (diese Ausg. Bd. 2, S. 224–238).

189 Vgl. E. Meuthen, Kölner Universitätsgeschichte. Bd. I: Die alte Universität, a.a.O., S. 193.

190 Vgl. H. A. Braakhuis, School philosophy and philosophical schools. The semantic-ontological views in the Cologne commentaries on Peter of Spain and the „Wegestreit", in: Die Kölner Universität im Mittelalter . . ., a.a.O., S. 1–18.

191 Gabriel Biel, Circa libros Sententiarum, lib. I, dist. 2, qu. 8 (diese Ausg. Bd. 2, S. 224–238).

192 Vgl. W. Urban, Die „via moderna" an der Universität Erfuhrt am Vorabend der Reformation, in: Gregor von Rimini. Werk und Wirkung bis zur Reformation, hrsg. v. H. A. Oberman, Berlin – New York 1981, S. 311–330.

193 Vgl. F. Ehrle, Der Sentenzenkommentar . . ., a.a.O., S. 310–316 mit dem Text der Verordnung Ludwigs XI.

194 Ebenda, S. 322–326 mit dem Text des Antwortschreibens der Pariser Nominalisten.

195 Vgl. dazu ausführlicher S. Swieżawski, Dzieje filozofii europejskiej w XV wieku, T. I: Poznanie, Warszawa 1974, S. 351 ff.

196 Der komplette Text ist bei F. Ehrle abgedruckt (F. Ehrle, Der Sentenzenkommentar . . ., a.a.O., S. 334–342: „Differentiae inter Realistas et Modernos.").

197 Vgl. Yves M.-J. Congar, Die Lehre von der Kirche. Von Augustinus bis zum Abendländischen Schisma, Freiburg – Basel – Wien 1971 (= Handbuch der Dogmengeschichte, Bd. III, fasc. 3c); ders., Die Lehre von der Kirche. Vom Abendländischen Schisma bis zur Gegenwart, Freiburg – Basel – Wien 1971 (= Handbuch der Dogmengeschichte, Bd. III, fasc. 3d); G. Duby, Die drei Ordnungen. Das Weltbild des Feudalismus, Frankfurt a.M. 1981; J. Gross, Geschichte des Erbsündendogmas. Ein Beitrag zur Geschichte des Problems vom Ursprung des Übels, Bd. 2: Entwicklungsgeschichte des Erbsündendogmas im nachaugustinischen Altertum und in der Vorscholastik (5.–11. Jh.), München – Basel 1963; Bd. 3: Entwicklungsgeschichte des Erbsündendogmas im Zeitalter der Scholastik (12.–15. Jh.), München – Basel 1971.

198 Albertus Magnus, Super Ethica. Commentum et Quaestiones. In Libros VI–X, ed. W. Kübel, Münster 1987, lib. VI, lect. XI, qu. 1, S. 466 f. (= Opera omnia, T. IX, p.2): „Utrum prudentia sit magis particularium quam universalium."

199 Ebenda, S. 467.

200 Ebenda, lib. VI, lect. VII, qu. 1, S. 436.

201 Thomas von Aquino, Sententia libri Ethicorum, Vol. II: Libri IV–X – Indices, Romae 1969, lib. VI, cap. 6–7, S. 354–59; lib. X, cap. 15, S. 603 (= Opera omnia, T. XLVII).

202 Ebenda, lib. VI, cap. 7, S. 359.

203 Thomas von Aquino, Summa theologiae, II–II, qu. 47, ad 3um.

204 Johannes Buridan, Supra libros Ethicorum, lib. VI, qu. 16; in dieser Ausgabe S. 153–171.

205 Ebenda, S. 159 ff.

206 Ebenda, S. 167.

207 Ebenda, S. 169.
208 Vgl. G. Krieger, Der Begriff der praktischen Vernunft nach Johannes Buridanus, Münster 1986, S. 47 ff.
209 Vgl. Gregorii Ariminensis Lectura Super primum et secundum Sententiarum, T. I, a.a.O., lib. I, prol., qu. 5, S. 173.
210 Ebenda, lib. I, dist. 3, qu. 1, S. 314 f.
211 Ockham, Ordinatio, lib. I, prol., qu. 11, S. 321 (= Opera theologica, Vol. 1).
212 Vgl. Expositio Gualterii Burlei super decem libros Ethicorum Aristotelis, Venetiis 1500, lib. VI, tract. II, cap. 5, pars 3, fol. 99 ra.
213 Walter Burley, De universalibus; in dieser Ausgabe S. 121.
214 Vgl. Albertus de Saxonia, Super X libros Ethicorum, lib. VI (Universitätsbibliothek Leipzig, Ms. 1445, folg. 81 v.): „prudentia non solum est circa universalis, sed etiam circa particularia."
215 Ioannes Versor, Quaestiones in X libros Ethicorum (Biblioteka Jagiellońska, Kraków, BJ 2018, fol. 58 v.).
216 Paulus de Worczen, Quaestiones in I–X libros Ethicae Aristotelis, lib. VI, qu. 27 (Biblioteka Jagiellońska, Kraków, BJ 720, fol. 153 rb).
217 Ebenda, fol. 153 rb.
218 Ebenda, fol. 153 rb: „... non est inconveniens aliquam actionem singularem esse universalium id est indifferenter plurium repraesentativum eo quod repraesentatio fit secundam similitudinem, modo possibile est eundem conceptum esse similem multis rebus propter convenientiam rerum."
219 Vgl. dazu S. Swieżawski, U źródeł nowożytnej etyki. Filozofia moralna w Europie w XV wieku, Kraków 1987, Kap. III. 5–6, S. 74–81.
220 Vgl. Wilhelm von Ockham, Dialogus de imperio et pontifica potestate, ed. J. Trechsel, Lyon 1494, pars III, tract. 1, lib. 3, cap. 4, fol. CCVI r. (Reprint, London 1962).
221 Vgl. dazu A. S. McGrade, The political thought of William of Ockham. Personal and institutional principles, Cambridge 1974, S. 189 ff.
222 McGrade schreibt Ockham einen „ethischen Voluntarismus" deswegen zu, weil dieser die Intention von Handlungen zum Kriterium ihrer moralischen Bewertung gemacht habe (a.a.O., S. 187).
223 Vgl. dazu F. Oakley, The political thought of Pierre d'Ailly: The Voluntarist tradition, New Haven 1964.
224 Aegidius Romanus, De ecclesiastica potestate, ed. R. Scholz, Weimar 1929, lib. II, cap. 6, S. 65 ff.
225 Ebenda, lib. III, cap. 1, S. 147.
226 Ebenda, lib. III, cap. 4, S. 167.
227 Ebenda, lib. III, cap. ult., S. 209.
228 Dante Alighieri, Monarchia, Studienausgabe, lat.-dt., Einl., Übers. u. Komm. v. R. Imbach u. Ch. Flüeler, Stuttgart 1989, Buch I, cap. 4, S. 71.
229 Ebenda.
230 Ebenda, Buch I, cap. 8–9, S. 81 ff.
231 Ebenda, Buch I, cap. 8, S. 81.
232 Ebenda, Buch I, cap. 3, S. 69.
233 Vgl. dazu H. J. Sieben, Die Konzilsidee des lateinischen Mittelalters (847–1378), Pader-

born [u. a.] 1984, S. 346 ff.; Yves M.-J. Congar, Die Lehre von der Kirche. Von Augustinus bis zum Abendländischen Schisma, a.a.O., S. 141 ff.; ders., Die Lehre von der Kirche. Vom Abendländischen Schisma bis zur Gegenwart, a.a.O., S. 3–34.

234 Vgl. Anm. *220.*

235 Marsilius von Padua, Defensor minor, ed. C. Jeudy/J. Quillet, Paris 1979, cap. 12, § 5, S. 260; ders., Defensor pacis, hrsg. v. H. Kusch, Berlin 1958, Teil II, Kap. 19, § 3, S. 705.

236 Vgl. Anm. *220* u. *235.*

237 Marsilius von Padua, Defensor pacis, a.a.O., Teil II, Kap. 28, § 13, S. 983.

238 Wilhelm von Ockham, Opus nonaginta dierum, cap. 6, in: Guillelmi de Ockham Opera politica, T. 1, ed. J. G. Sikes/R. F. Bennett/H. S. Offler, Manchester 1940, S. 372 f.; ders., Tractatus contra Benedictum, lib. I, cap. 8, in: Opera politica, T.3, ed. H. S. Offler, Manchester 1956, S. 191.

239 Vgl. Yves M.-J. Congar, Die Lehre von der Kirche. Vom Abendländischen Schisma bis zur Gegenwart, a.a.O.

240 Vgl. Johannis Wycliffe Tractatus de civili dominio, lib. I, cap. XLIII, in: John Wyclif's Polemical Works in Latin, Vol. II. 1, ed. R. L. Poole, London 1885, S. 358 ff. - Zur Ekklesiologie von Jan Hus, der stark von Wyclif beeinflußt war, vgl. neuerdings E. Werner, Jan Hus. Welt und Umwelt eines Prager Frühreformators, Weimar 1991, S. 157 ff.

241 Ioannis de Turrecremata Summa de ecclesia, Lugdunum 1496, lib. I, cap. 55, fol. f7r.

242 Ebenda, lib. I, cap. 17, fol. b4va. - Vgl. auch Yves M.-J. Congar (s. Anm. 239), S. 31 ff.

243 Vgl. Yves M.-J. Congar, Die Lehre von der Kirche. Vom Abendländischen Schisma bis zur Gegenwart, a.a.O., S. 26 f.; N. Winkler, Die Entwicklung der Grundidee von der „coincidentia oppositorum" in der Philosophie des Nikolaus von Kues, Diss. Phil., Berlin 1987.

Siglen und Zeichen

CAG — Commentaria in Aristotelem Graeca, ed. consilio et auctoritate Academiae litterarum regiae Borussicae, Berlin 1882 ff.

CSEL — Corpus scriptorum Ecclesiasticorum Latinorum, ed. cons. et impensis Academiae litt. Caesarae Vindobonensis, Wien [u. a.] 1866 ff.

MGH — Monumenta Germaniae historica, Hannover [u. a.] 1826 ff.

PL — Patrologiae cursus completus. Series latina, ed. J.-P. Migne, Paris 1844–1864.

Beiträge — Beiträge zur Geschichte der Philosophie (und Theologie) des Mittelalters. Texte und Untersuchungen, begründet v. C. Bäumker, später hrsg. v. M. Grabmann u. M. Schmaus, Münster 1891 ff.; Neue Folge, hrsg. v. L. Hödl u. W. Kluxen, Münster 1970 ff.

Verwendung von Klammern:

⟨ ⟩ — Hinzufügungen (vor allem von Überschriften), die von den Herausgebern der gedruckten lateinischen Textvorlagen stammen.

[ ] — Ergänzungen bzw. Erklärungen des Übersetzers dieser Ausgabe.

Literaturverzeichnis

1. Verzeichnis der benutzten Handschriften

Biblioteca Apostolica Vaticana, Cod. Vat. lat. 2146.
Biblioteca Apostolica Vaticana, Cod. Vat. lat. 2151.
Biblioteca Apostolica Vaticana, Cod. Vat. lat. 3048.
Biblioteca Apostolica Vaticana, Cod. Urb. lat. 198.
Erfurt, Wissenschaftliche Allgemeinbibliothek (Amploniana), Ca 2°296.
Erfurt, Wissenschaftliche Allgemeinbibliothek (Amploniana), Ca 2°366.
Kraków, Biblioteka Jagiellońska, BJ 658.
Kraków, Biblioteka Jagiellońska, BJ 664.
Kraków, Biblioteka Jagiellońska, BJ 720.
Kraków, Biblioteka Jagiellońska, BJ 2018.
Leipzig, Universitätsbibliothek, Ms. 1445.

2. Textausgaben

Für die Autoren der Antike bis zur Frühscholastik vgl. auch die Bibliographie von Band 1.

Aegidius Romanus: De ecclesiastica potestate, ed. R. Scholz, Weimar 1929.

Albert von Sachsen (Albertus de Saxonia): Quaestiones in artem veterem, ed. A. M. Garcia, Maracaibo 1988.

Albertus Magnus: Liber de praedicabilibus. Tractatus II: De quinque universalibus, in: Alberti Magni Opera omnia, ed. A. Borgnet, Paris 1890, S. 17–40.

Ders.: Metaphysica. Libri quinque priores, ed. B. Geyer, Münster 1960 (= Opera omnia, T. XIV, pars I).

Ders.: Metaphysica. Libri VI–XIII, ed. B. Geyer, Münster 1964 (= Opera Omnia, T. XIV, pars II).

Ders.: Super Ethica. Commentum et quaestiones. In libros VI–X, ed. W. Kübel, Münster 1987 (= Opera Omnia, T. IX).

Bacon, Roger: Opus maius, Vol. I, ed. J. H. Bridges, Oxford 1897.

Ders.: Liber primus Communium naturalium Fratris Rogeri. Partes prima et secunda, ed. R. Steele, Oxford 1911 (= Opera hactenus inedita, fasc. I).

Ders.: Liber primus Communium naturalium. Partes tertia et quarta, ed. R. Steele, Oxford 1911 (= Opera hactenus inedita, fasc. III).

Ders.: Questiones supra libros Prime Philosophie Aristotelis. Metaphysica I, II, V–X, ed. R. Steele/F. M. Delorme, Oxford 1930 (= Opera hactenus inedita, fasc. X).

Ders.: Questiones altere supra libros Prime Philosophie Aristotelis. Metaphysica I–IV, ed. R. Steele/F. M. Delorme, Oxford 1932 (= Opera hactenus inedita, fasc. XI).

Ders.: Quaestiones supra Librum de causis, ed. R. Steele/F. M. Delorme, Oxford 1935 (= Opera hactenus inedita, fasc. XII).

Biel, Gabriel: Collectorium circa quattuor libros Sententiarum, ed. H. Rückert, W. Werbeck, U. Hofmann, 5 Vol., Tübingen 1973–84.

–: Collectorium circa quattuor libros Sententiarum. Prologus et Liber Primus, ed. W. Werbeck et U. Hofmann, Tübingen, 1973.

Bonaventura: Sententiarum liber II, in: Opera omnia, T.2, Quaracchi 1885.

Ders.: Collationes in Hexaëmeron, in: Opera omnia, T. V, Quaracchi 1891.

Burley, Walter: s. Gualterus de Burley.

Buridan, Johannes: s. Johannes Buridanus.

Crathorn, W.: Quästionen zum ersten Sentenzenbuch. Einführung und Text., hrsg. v. F. Hoffmann, Münster 1988 (= *Beiträge* N. F., Bd. 29).

Chartularium Universitatis Parisiensis, T. I, ed. H. Denifle/A. Chatelain, Paris 1889; T. II, Paris 1896.

Dante Alighieri: Monarchia, Studienausgabe, lat.-dt., Einl., Übers. u. Komm. v. R. Imbach u. Ch. Flüeler, Stuttgart 1989.

Gerson, Johannes: De modis significandi. Secunda pars: De concordia metaphysicae cum logica, in: Œuvres complètes, vol. IX, éd. par P. Glorieux, Paris 1973, S. 632–642.

Gregor von Rimini: Lectura super primum et secundum Sententiarum. Tomus I: Super Primum (Prologus et Dist. 1–6), ed. A. D. Trapp/V. Marcolino, Berlin – New York 1981.

Grosseteste, R.: Commentaria in Posteriorum Analyticorum libros. Introduzione et testo critico di Pietro Rossi, Firenze 1981.

Gualterus de Burley (Walter Burley): Expositio in libros octo de Physico auditu Aristotelis, Pavia 1488.

Ders.: Von der Reinheit der Kunst der Logik. Erster Traktat: Von den Eigenschaften der Termini, übers. u. hrsg. v. P. Kunze, lat.-dt., Hamburg 1988.

Ders.: Expositio Gualteri Burlei super decem libros Ethicorum Aristotelis, Venetiis 1500.

Ders.: Gualteri Burlei anglici sacre pagine professoris excellentissimi Super Artem Veterem Porphyrii et Aristotelis Expositio sive Scriptum, Venetiis 1497.

Guillelmus de Ockham (Wilhelm von Ockham): Opera philosophica et theologica ad fidem codicum manuscriptorum edita cura Instituti Franciscani Universitatis S. Bonaventurae, St. Bonaventure/N.Y.

-: Opera theologica, Vol. I: Scriptum in librum primum Sententiarum. Ordinatio. Prologus et Distinctio Prima, St. Bonaventure/N.Y. 1967.
-: Opera theologica, Vol. II: Scriptum in librum primum Sententiarum. Ordinatio. Distinctiones II–III, St. Bonaventure/N.Y. 1970.
-: Opera theologica, Vol. IV: Scriptum in librum primum Sententiarum. Ordinatio. Distinctiones 19–48, St. Bonaventure/N.Y. 1979.
-: Opera theologica, Vol. IX: Quodlibeta septem, St. Bonaventure/N.Y. 1980.
-: Opera philosophica, Vol. I: Summa logicae, St. Bonaventure/N.Y. 1974.
-: Opera philosophica, Vol. IV: Expositio in libros Physicorum Aristotelis. Prologus et libri I–III, St. Bonaventure/N.Y. 1985.
Ders.: Dialogus de imperio et pontifica potestate, ed. J. Trechsel, Lyon 1494 (Reprint, London 1962).
Ders.: Opus nonaginta dierum, in: Guillelmi de Ockham Opera politica, T. 1, ed. J. G. Sikes/ R. F. Bennett/H. S. Offler, Manchester 1940.
Ders.: Tractatus contra Benedictum, in: Opera politica, T. 3, ed. H. S. Offler, Manchester 1956.

Heinrich Totting von Oyta: Quaestiones in Isagogen Porphyrii, ed. J. Schneider, München 1979 (= Bayerische Akademie der Wissenschaften. Veröffentlichungen der Kommission für die Herausgabe ungedruckter Texte aus der mittelalterlichen Geisteswelt, Bd. VIII).

Johannes Buridanus: Quaestiones Ioannis Buridani in Isagogen Porphyrii, ed. R. Tatarzyński, in: Przegląd Tomistyczny, T. 2, Warszawa 1986, S. 111–195.
Ders.: Tractatus de differentia universalis ad individuum, ed. S. Szyller, in: Przegląd Tomistyczny, T. 3, Warszawa 1987, S. 135–178.
Johannes Duns Scotus: Quaestiones subtilissimae super libros Metaphysicorum Aristotelis, in: Opera omnia, ed. L. Vivès, T. 7, Paris 1893.
Ders.: Ordinatio. Liber Primus, in: Ioannis Duns Scoti Opera omnia, Vol. I–VI, ed. C. Balič, Civitas Vaticana 1950–63.
Ders., Ordinatio. Liber Secundus. Dist. I–III, in: Opera omnia, Vol. VII, ed. C. Balič, Civitas Vaticana 1973.
Johannes de Nova Domo: Un traité de Jean de Nova Domo sur les universaux, ed. A. G. Weiler, in: Vivarium, Leiden–Köln 6 (1968), S. 108–154.
Johannes de Turrecremata (Juan von Torquemada): Summa de ecclesia, Lugdunum 1496.
Johannes Versor: Quaestiones Venerabilis Domini Ioannis Versoris super totam Artem Veterem, s. l. et. s. a.

Lullus, R.: Vita coëtana, in: Das Leben des seligen Raimund Lull. Die „Vita coëtana“ und ausgewählte Texte zum Leben Lulls aus seinen Werken und Zeitdokumenten, übertr. u. eingel. v. E.-W. Platzeck, Düsseldorf 1964.

Mansi, J. D. (Ed.): Sacrorum Conciliorum nova et amplissima collectio, T. 27, Ventiis 1784.
Marsilius of Inghen: Treatises on the properties of terms. A first critical edition of the Suppositiones, Ampliationes, Appellationes, Restrictiones and Alienationes with introd., transl., notes and appendices by E. P. Bos, Dordrecht - Boston - Lancaster 1983.

Marsilius von Padua: Der Verteidiger des Friedens (Defensor pacis), hrsg. v. H. Kusch, Vol. I u. II, lat.-dt., Berlin 1958.
Ders., Defensor minor, ed. C. Jeudy/J. Quillet, Paris 1979.

Petrus de Aillyaco (Pierre d'Ailly): Tractatus de improbatione modorum significandi sive Destructiones modorum significandi, ed. L. Kaczmarek, Amsterdam [1993].
Ders.: Tractatus de anima, ed. O. Pluta, Amsterdam 1987 (= Bochumer Studien zur Philosophie, Bd. 6, Teil 2).
Petrus Hispanus: Tractatus called afterwards Summulae logicales, ed. L. M. DeRijk, Assen 1972.

Ricardus de Mediavilla (Richard von Mediavilla): In libros Sententiarum quaestiones, Venetiis 1507–09.

Siger de Brabant: Quaestiones in tertium De anima. De anima intellectiva. De aeternitate mundi, ed. B. Bazán, Paris - Louvain 1972 (= Philosophes médiévaux, T. XIII).
Ders.: De aeternitate mundi, in: ebenda, S. 113–136.
Ders.: Les Quaestiones super Librum de causis de Siger de Brabant, éd. crit. par A. Marlasca, Louvain - Paris 1972 (= Philosophes médiévaux, T. XII).
Ders.: Quaestiones in Metaphysicam. Texte inédit de la reportation de Cambridge. Edition revue de la reportation de Paris, éd. A. Maurer, Louvain-La-Neuve 1983 (= Philosophes médiévaux, T. XXV).
Stefan von Páleč: La „Positio de universalibus" d'Etienne de Palecz, éd. R. Palacz, in: Mediaevalia Philosophica Polonorum, Wrocław etc., Vol. XIV (1970), S. 113–129.
Ders., Ein Disputationsbehelf aus der Blütezeit des Prager Universalienstreites: Argumenta de universalibus magistri Stephani Palecz, ed. F. Šmahel, in: Studia Mediewistyczne, Wrocław-Warszawa etc. 19,2 (1978), S. 165–173.

Thomas von Aquino: Summa theologiae, in: Opera omnia, ed. R. Busa, Vol. 2, Stuttgart - Bad Cannstatt 1980.
Ders., Commentum in quatuor libros Sententiarum, in: Opera omnia, ed. R. Busa, Vol. 1 Stuttgart - Bad Cannstatt 1980.
Ders., De ente et essentia, in: Opera omnia, lussu Leonis XIII P. M. edita, T. XLIII, Roma 1976.
Ders., Compendium theologiae, in: Opera omnia, ed. R. Busa, Vol. 3, Stuttgart - Bad Cannstatt 1980.
Ders., Sententia libri Ethicorum, Vol. II: Libri IV–X - Indices, Romae 1969 (= Opera omnia, T. XLVII).
Wodeham, Adam: Super quattuor libros Sententiarum, Paris 1512.
Wyclif, John: Tractatus de civili dominio, in: John Wyclif's Polemical works in Latin, Vol. II.1, ed. R. L. Poole, London 1885.
Ders.: Tractatus de logica, Vol. I, ed. by M. H. Dziewicki, in: John Wyclif's Polemical works in Latin, Vol. 14, London 1893.
Ders.: Summa de ente. Libri Primi tractatus primus et secundus, ed. S. H. Thomson, Oxford 1930.
Ders.: Tractatus de universalibus, ed. I. J. Mueller, Oxford 1985.

3. Sekundärliteratur: Universalienstreit des 13. bis 15. Jh.

Assenmacher, J.: Die Geschichte des Individuationsprinzips in der Scholastik, Leipzig 1926 (= Forschungen zur Geschichte der Philosophie und Pädagogik, Bd. I, H. 1).

Barth, T.: Grund- und Restprobleme in der Universalienlehre der Hochscholastik, in: l'homme et son destin: Actes du premier Congrès international de philosophie médiévale, Louvain - Paris 1960, S. 395-405.

Baudry, L.: Les rapports de Guillaume d'Ockham et de Walter Burleigh, in: Archives d'hist. doctr. et litt. du Moyen Age, Paris 9 (1934), S. 155-73.

Beckmann, J. P.: Ontologisches Prinzip oder methodologische Maxime? Ockham und der Ökonomiegedanke einst und jetzt, in: Die Gegenwart Ockhams, hrsg. v. W. Vossenkuhl u. R. Schönberger, S. 191-207.

Ders. (Hrsg.): Ockham-Bibliographie 1900-1990, Hamburg 1992 (s. Stichwort „Universalien" im Sachregister).

Benary, F.: Zur Geschichte der Stadt und Universität Erfurt am Ausgang des Mittelalters, hrsg. v. A. Overmann, Gotha 1919 (III. Via antiqua und Via moderna auf den deutschen Hochschulen des Mittelalters mit besonderer Berücksichtigung der Universität Erfurt).

Boehner, Ph.: Medieval Logic. An outline of its development from 1250 to c. 1400, Chicago 1952.

Borchert, E.: Der Einfluß des Nominalismus auf die Christologie der Spätscholastik. Nach dem Traktat De communicatione idiomatum des Nicolaus Oresme. Untersuchungen und Textausgabe, in: *Beiträge* XXXV, 4-5 (1940).

Braakhuis, H.A.G.: School Philosophy and philosophical schools. The semantic-ontological views in the Cologne Commentaries on Peter of Spain and the „Wegestreit", in: Die Kölner Universität im Mittelalter. Geistige Wurzeln und soziale Wirklichkeit, hrsg. v. A. Zimmermann, Berlin - New York 1989, S. 1-18 (= Miscellanea Mediaevalia, Bd. 20).

Brown, St.F.: Walter Burley's Treatise „De suppositionibus" and its influence on William of Ockham, in: Franciscan Studies, St. Bonaventure/N.Y. 32 (1972), S. 15-64.

Carré, M.-H.: Realists and nominalists. St. Augustine, Peter Abaelard, St. Thomas Aquinas, William of Ockham, London - Oxford 1946.

Catto, J.I. (Hrsg.): The History of the University of Oxford, Vol. I: The early Oxford Schools, Oxford 1984.

Congar, Yves M.-J.: Die Lehre von der Kirche. Von Augustinus bis zum Abendländischen Schisma, Freiburg - Basel - Wien 1971 (= Handbuch der Dogmengeschichte, Bd. III, fasc. 3c).

Ders.: Die Lehre von der Kirche. Vom Abendländischen Schisma bis zur Gegenwart, Freiburg etc. 1971 (= Handbuch der Dogmengeschichte, Bd. III, fasc. 3d).

Courtenay, W.J.: Covenant and causality in medieval thought. - Studies in philosophy, theology and economic practice, London 1984 (insbesondere folgende Aufsätze sind zu beachten: „Nominalism and late medieval thought: a bibliographical essay", 1972; „Nominalism and late medieval religion", 1974; „Late medieval nominalism revisited: 1972-1982", 1983).

Ders.: Adam Wodeham. An introduction to his life and writings, Leiden 1978.

Ders./Tachau, K.H.: Ockham, Ockhamists and the English-German Nation at Paris 1339-1341, in: History of Universities, 2 (1982), S. 53-96.
Ders.: The early stages in the introduction of Oxford logic into Italy, in: A. Maierú (Ed.): English logic in Italy in the 14th and 15th centuries. Acts of the 5th European Symposium on medieval logic and semantics, Napoli 1982, S. 13-32.
Ders., The reception of Ockham's thought at the university of Paris, in: Z. Kałuza/P. Vignaux (Eds.): Preuve et raisons à l'Université de Paris. Logique, ontologie et théologie au XIVe siècle, Paris 1984, S. 42-64.

Desharnais, R.P.: Reassessing Nominalism: A note on the epistemology and metaphysics of Pierre d'Ailly, in: Franciscan Studies, 34 (1974), S. 296-305.
Dreiling, R.: Der Konzeptualismus in der Universalienlehre des Franziskanerbischofs Petrus Aureoli (Pierre d'Auriole), Münster 1913 (= Beiträge zur Geschichte der Philosophie des Mittelalters, Bd. 11, H. 6).
Dufour, C.A.: Die Lehre der Proprietates Terminorum: Sinn und Referenz in der mittelalterlichen Logik, München 1989.
Duby, G.: Die drei Ordnungen. Das Weltbild des Feudalismus, Frankfurt a.M. 1981.
Ehrle, F.: Der Sentenzenkommentar Peters von Candia des Pisaner Papstes Alexanders V. - Ein Beitrag zur Scheidung der Schulen in der Scholastik des vierzehnten Jahrhunderts und zur Geschichte des Wegestreites, Münster 1925 (= Franziskanische Studien, Beiheft 9).
Enders, H.W.: Nominalistische Positionen und ihre Entwicklung im mittelalterlichen Universalienstreit, in: Wissenschaft und Weisheit. Zeitschrift für augustinisch-franziskanische Theologie und Philosophie in der Gegenwart, Düsseldorf 38 (1975), H.2-3, S. 189-219.

Gabriel, A.L.: „Via antiqua" and „via moderna" and the migration of Paris students and masters to the German universities in the fifteenth century, in: Antiqui und Moderni. Traditionsbewußtsein und Fortschrittsbewußtsein im späten Mittelalter, hrsg. v. A. Zimmermann, Berlin - New York 1974, S. 439-483 (= Miscellanea Mediaevalia, Bd. 9).
Gál, G. (Ed.): Gualteri de Chatton et Guillelmi de Ockham controversia de natura conceptus universalis, in: Franciscan Studies, 27 (1967), S. 191-212.
Gilbert, W.N.: Ockham, Wyclif and the „via moderna", in: Antiqui und Moderni. Traditionsbewußtsein und Fortschrittsbewußtsein im späten Mittelalter, Berlin - New York 1974, S. 85-125 (= Miscellanea Mediaevalia, Bd. 9).
Greitemann, N.: Via antiqua en moderna op de Universiteiten van England, Frankrijk en Duitschland, in: Studia Catholica, Nijmegen VI (1929/30), S. 149-163; VII (1930/31), S. 25-40.
Gross, J.: Geschichte des Erbsündendogmas. Ein Beitrag zur Geschichte des Problems vom Ursprung des Übels, Bd. 2: Entwicklungsgeschichte des Erbsündendogmas im nachaugustinischen Altertum und in der Vorscholastik (5.-11. Jh.), München - Basel 1963; Bd. 3: Entwicklungsgeschichte des Erbsündendogmas im Zeitalter der Scholastik (12.-15. Jh.), München - Basel 1971.

Hauréau, B.: Histoire de la philosophie scolastique. Seconde partie. Tome premier, Paris 1880.
Henniger, M.G.: Relations. Medieval Theories 1250-1325, Oxford 1989.
Herold, V.: Pražská univerzita a Wyclif, Wyclifovo učeni o ideách a geneze husitského revolučniko myšleni, Praha 1985.

Ders.: Wyclifs Polemik gegen Ockhams Auffassung der Platonischen Ideen und ihr Nachklang in der tschechischen hussitischen Philosophie, in: From Ockham to Wyclif, ed. by A. Hudson and M. Wilks, Oxford 1987, S. 185–215.

Ders.: Magister Hieronymus von Prag und die Universität Köln. Ein Beitrag zur Geschichte der Differenzierung in der spätmittelalterlichen Philosophie, in: Die Kölner Universität im Mittelalter. Geistige Wurzeln und soziale Wirklichkeit, hrsg. v. A. Zimmermann, Berlin – New York, 1989, S. 255–273 (= Miscellanea Mediaevalia, Bd. 20).

Ders.: Wyclif und Hieronymus. Zum Versuch einer „praktischen" Umdeutung der Metaphysik in der spätmittelalterlichen Ideenlehre, in: Knowledge and the Sciences in medieval philosophy. Proceedings of the 8th International Congress of medieval Philosophy (S.I.E.P.M.), Vol. III, ed. by R. Työrinoja u. a., Helsiniki 1990, S. 212–223 (= Annals of the Finish Society for Missiology and ecumenics, 55).

Herold, V./Mráz, M.: Zur Geschichte des tschechischen philosophischen Denkens der vorhussitischen Zeit (Stand, Probleme und Perspektiven der Forschung), in: Mediaevalia Philosophica Polonorum, Wrocław-Kraków etc. XXIV (1979), S. 21–55.

Hoenen, M.J.F.M.: Marsilius von Inghen. Bibliographie I+II, in: Bulletin de philosophie médiévale, Louvain-La-Neuve 31 (1989), S. 150–167; 32 (1990), S. 191–195.

Ders.: Marsilius of Inghen. Divine knowledge in late medieval thought, Leiden – New York – Köln 1993.

Hönigswald, R.: Abstraktion und Analysis. Beitrag zur Problemgeschichte des Universalienstreites in der Philosophie des Mittelalters, hrsg. v. K. Bärthlein, Stuttgart 1961 (= Schriften aus dem Nachlaß, 3).

Hoffmann, F. (Hrsg.): Die Schriften des Oxforder Kanzlers Iohannes Lutterell. Texte zur Theologie des 14. Jahrhunderts, Leipzig 1959.

Ders.: Der Satz als Zeichen der theologischen Aussage bei Holcot, Crathorn und Gregor von Rimini, in: Der Begriff der Repraesentatio im Mittelalter, hrsg. v. A. Zimmermann, Berlin – New York 1971, S. 296–313 (= Miscellanea Mediaevalia, Bd. 8).

Ders.: Nominalistische Vorläufer für die Erkenntnisproblematik bei Nikolaus von Cues, in: Mitteilungen und Forschungsbeiträge der Cusanus-Gesellschaft, Mainz, Bd. 11 (1975), S. 125–167.

Honnefelder, L.: Scientia transcendens. Die formale Bestimmung der Seiendheit und Realität in der Metaphysik des Mittelalters und der Neuzeit (Duns Scotus – Suárez – Wolff – Kant – Peirce), Hamburg 1990 (= Paradigmata, 9).

Hübener, W.: Wyclifs Kritik an den Doctores signorum, in: W. Vossenkuhl/R. Schönberger (Hrsg.), Die Gegenwart Ockhams, Weinheim 1990, S. 128–146.

Kałuza, Z.: Les querelles doctrinales à Paris. Nominalistes et realistes aux confins du XIVe et du XVe siècles, Bergamo 1988.

Ders.: Le „De universali reali" de Jean de Maisonneuve et les ‚epicuri litterales', in: Freiburger Zeitschrift für Philosophie und Theologie, Freiburg 33 (1986), S. 469–516.

Keen, M.: The influence of Wyclif, in: Wyclif in his times, ed. by A. Kenny, Oxford 1986, S. 128–145.

Kelley, F.F.: Walter Chatton vs. Aureoli and Ockham regarding the universal concept, in: Franciscan Studies 41 (1981), S. 229–249.

Keßler, E.: Die Transformation des aristotelischen Organon durch Lorenzo Valla, in: Aristotelismus und Renaissance. In memoriam Charles B. Schmitt, hrsg. v. E. Keßler, Ch. H. Lohr u. W. Sparn, Wiesbaden 1988, S. 53–74.

Ders.: Die verborgene Gegenwart Ockhams in der Sprachphilosophie der Renaissance, in: Die Gegenwart Ockhams, hrsg. v. W. Vossenkuhl u. R. Schönberger, Weinheim 1990, S. 147–164.

Kleineidam, E.: Universitas Studii Erfordensis I, Leipzig 1985 (= Erfurter theologische Studien, Bd. 14).

Koch, J. (Hrsg.): Neue Aktenstücke zu dem gegen Wilhelm von Ockham in Avignon geführten Prozeß. Teil III–V, in: Recherches de théologie ancienne et médiévale, Louvain 8 (1936), S. 79–93, 168–197.

Ders.: Durandus de S. Porciano O.P.: Forschungen zum Streit um Thomas von Aquin zu Beginn des 14. Jahrhunderts, 1. Teil: Literaturgeschichtliche Grundlegung, Münster 1927 (= *Beiträge* XXVI,1).

Korolec, J.B.: Heymeric de Campo et sa vision néoplatonicienne de dieu, in: Albert der Große. Seine Zeit, sein Werk, seine Wirkung, hrsg. v. A. Zimmermann, Berlin - New York 1981, S. 208–216 (= Miscellanea Mediaevalia, Bd. 14).

Kraus, J.: Die Universalienlehre des Oxforder Kanzlers Heinrich von Harclay in ihrer Mittelstellung zwischen scotistischem Realismus und ockhamistischem Nominalismus, in: Divus Thomas, Freiburg X (1932), S. 36–58, 475–508; XI (1933), S. 79–96, 288–314.

Krieger, G.: Der Begriff der praktischen Vernunft nach Johannes Buridanus, Münster 1986 (= *Beiträge*, N.F., Bd. 28).

Lang, A.: Heinrich Totting von Oyta. Ein Beitrag zur Entstehungsgeschichte der ersten deutschen Universitäten und zur Problemgeschichte der Spätscholastik, Münster 1937 (= *Beiträge* XXXIII, 4-5).

Largeault, J.: Enquête sur le nominalisme, Paris - Louvain 1971.

Leff, G.: Wyclif and Hus: A doctrinal comparison, in: Wyclif in his times, ed. by A. Kenny, Oxford 1986, S. 105–125.

Lhotsky, A.: Die Wiener Artistenfakultät 1365–1497, Wien 1965 (= Österreichische Akademie der Wiss., Phil.-hist. Kl., Sitzungsber., 247. Bd., 2. Abhandlg.).

Maier, A.: Zu einigen Problemen der Ockhamforschung, in: A Maier, Ausgehendes Mittelalter. Gesammelte Aufsätze zur Geistesgeschichte des 14. Jahrhunderts I, Roma 1964, S. 175–208.

Markowski, M.: Problematyka uniwersaliów w polskich piętnastowiecznych pismach nominalistycznych, in: Studia Mediewistyczne, Wrocław - Warszawa etc. 12 (1970), S. 73–166.

Ders.: Johannes Buridans Polemik gegen die Universalienlehre des Walter Burleigh, in: Mediaevalia Philosophica Polonorum, Wrocław - Kraków etc. 26 (1982), S. 7–17.

Ders.: Recepcja dzieł Jana Burydana na uniwersytetach Europy środkowej, in: Studia Mediewistyczne, Wrocław - Warszawa etc. 22,2 (1983), S. 39–55.

Ders.: Abhandlungen zur Logik an der Universität Wien in den Jahren 1365-1500, in: Studia Mediewistyczne, Wrocław - Warszawa etc. 22,1 (1983), S. 53–77.

Ders.: Katalog dzieł Marsyliusza z Inghen z ewidencją rękopisów, in: Studia Mediewistyczne, Wrocław - Warszawa etc. 25,2 (1988), S. 39–132.

McCord Adams, M.: Ockham's nominalism and unreal entities, in: The philosophical review, Ithaca (N.Y.), Vol. 86 (1977), Nr. 2, S. 144–176.

Dies.: Universals in the early fourteenth century, in: The Cambridge History of Later Medieval Philosophy, ed. N. Kretzmann/A.Kenny/J.Pinborg/E.Stump, Cambridge-London etc. 1982, S. 411–439.

McGrade, A.S.: The political thought of William of Ockham. Personal and institutional principles, Cambridge 1974.

Meersseman, G.: Geschichte des Albertismus. Heft 1: Die Pariser Anfänge des Kölner Albertismus, Paris 1933 (= Institutum Historicum F. F. Praedicatorum Romae, Ad S. Sabinae. Dissertationes Historicae, fasc. III).

Ders.,: Geschichte des Albertismus. Heft 2: Die ersten Kölner Kontroversen, Roma 1935 (= Institutum . . ., fasc. V).

Mensching, G.: Das Allgemeine und das Besondere. Der Ursprung des modernen Denkens im Mittelalter, Stuttgart 1992.

Meuthen, E.: Kölner Universitätsgeschichte, Bd. I: Die alte Universität, Köln und Wien 1988.

Ders.: Die Artesfakultät der alten Kölner Universität, in: Die Kölner Universität im Mittelalter. Geistige Wurzeln und soziale Wirklichkeit, hrsg. v. A. Zimmermann, Berlin - New York 1989, S. 366–393 (= Miscellanea Mediaevalia, Bd. 20).

Michael, B.: Johannes Buridan. Studien zu seinem Leben, seinen Werken und zur Rezeption seiner Theorie im Europa des späten Mittelalters, Phil. Diss., Teil 1 u. 2, Berlin 1985.

Michalski, K.: La philosophie au XIVe siècle. Six études, hrsg. v. K. Flasch, Frankfurt a.M. 1969 (= Opuscula Philosophica. Abhandlungen zur Philosophie und ihrer Geschichte, Vol. I): „Les courants philosophiques à Oxford et à Paris pendant le XIVe siècle“ (1921); „Les sources du criticisme et du scepticisme dans la philosophie du XIVe siècle“ (1924); „Le criticisme et le scepticisme dans la philosophie du XIVe siècle“ (1926); „Les courants critiques et sceptiques dans la philosophie du XIVe siècle“ (1927); „La physique nouvelle et les différents courants philosophiques au XIVe siècle“ (1928).

Oakley, F.: The political thought of Pierre d'Ailly: The Voluntarist tradition, New Haven 1964.

Offner, M.: Nominalismus und Realismus. Ein Überblick über die Entwicklung des Problems vom objektiven Allgemeinen, Berlin 1919.

Palacz, R.: Das Universalienproblem in Johannes Buridans früheren polemischen Schriften, in: Sprache und Erkenntnis im Mittelalter. Akten des VI. Internationalen Kongresses für Mittelalterliche Philosophie der S.I.E.P.M., 1. Halbbd., hrsg. v. W. Kluxen, Berlin - New York 1981, S. 504–510 (= Miscellanea Mediaevalia, Bd. 13/1).

Paqué, R.: Das Pariser Nominalistenstatut. Zur Entstehung des Realitätsbegriffs der neuzeitlichen Naturwissenschaft, Berlin 1970 (= Quellen und Studien zur Geschichte der Philosophie, Bd. 14).

Pelster, F.: Nominales und Reales im 13. Jahrhundert, in: Sophia. Internationale Zeitschrift für Philosophie und Geschichte der Philosophie, Padua 12 (1944), S. 154–161.

Perler, D. (Hrsg.): Satztheorien. Texte zur Sprachphilosophie und Wissenschaftstheorie im 14. Jahrhundert, Darmstadt 1990.

Ders.: Der propositionale Wahrheitsbegriff im 14. Jahrhundert, Berlin - New York 1992.

Pinborg, J.: Die Entwicklung der Sprachtheorie im Mittelalter, Münster - Kopenhagen 1967 (= *Beiträge* XLII,2).

Ders.: Zum Begriff der „intentio secunda“. Radulphus Brito, Hervaeus Natalis und Petrus

Aureoli in Diskussion, in: Cahiers de l'Institut du Moyen Age Grec et Latin, Copenhague 13 (1974), S. 49–59.
Ders.: Radulphus Brito on universals, in: Cahiers de l'Institut du Moyen Age Grec et Latin, Copenhague 35 (1980), S. 56–142.
Pluta, O.: Die philosophische Psychologie des Peter von Ailly. Ein Beitrag zur Geschichte der Philosophie des späten Mittelalters, Amsterdam 1987 (= Bochumer Studien zur Philosophie, Bd. 6).

Quillet, J.: Universitas populi et représentation au XIVe siècle, in: Der Begriff der Repraesentatio im Mittelalter. Stellvertretung, Symbol, Zeichen, Bild, hrsg. v. A. Zimmermann, Berlin - New York 1971, S. 186–201 (= Miscellanea Mediavalia, Bd. 8).

Richter, V.: Zu Ockhams Entwicklung in der Universalienfrage. Bemerkungen im Zusammenhang mit dem Problem der Chronologie, Abfassungszeit und Authentizität Ockhams nichtpolitischer Schriften, in: Philosophisches Jahrbuch, Freiburg - München, 82. Jhg. (1975), S. 177–187.
Ritter, G.: Studien zur Spätscholastik I: Marsilius von Inghen und die ockhamistische Schule in Deutschland, Heidelberg 1921 (= Sitzungsberichte der Heidelberger Akademie d. Wiss., Phil.-hist. Kl., Jhg. 1921, 4. Abhdlg.).
Ders.: Studien zur Spätscholastik II: Via antiqua und via moderna auf den deutschen Universitäten des XV. Jahrhunderts, Heidelberg 1922 (= Sitzungsberichte der Heidelberger Akademie der Wissenschaften, Phil.-hist. Kl., Jhg. 1922, 7. Abhdlg.).

Sarnowsky, J.: Die aristotelisch-scholastische Theorie der Bewegung. Studien zum Kommentar Alberts von Sachsen zur Physik des Aristoteles, Münster 1989 (= *Beiträge*, N.F., Bd. 32).
Schepers, H.: Holkot contra dicta Crathorn. I.: Quellenkritik und biographische Auswertung der Bakkalareatsschriften zweier Dominikaner des XIV. Jahrhunderts, in: Philosophisches Jahrbuch, Freiburg - München, 77. Jhg. (1970), S. 320–354; II.: Das „significatum per propositionem". Aufbau und Kritik einer nominalistischen Theorie über den Gegenstand des Wissens, in: Philosophisches Jahrbuch, 79 (1972), S. 106–136.
Schlageter, J.: Glaube und Kirche nach Wilhelm von Ockham, Münster 1975.
Senger, H.G.: Albertismus? Überlegungen zur „via Alberti" im 15. Jahrhundert, in: Albert der Große. Seine Zeit, sein Werk, seine Wirkung, hrsg. v. A. Zimmermann, Berlin - New York 1981, S. 217–236 (= Miscellanea Mediaevalia, Bd. 14).
Ders.: Aristotelismus vs. Platonismus. Zur Konkurrenz von zwei Archetypen der Philosophie im Spätmittelalter, in: Aristotelisches Erbe im arab.-lat. Mittelalter. Übersetzungen, Kommentare, Interpretationen, hrsg. v. A. Zimmermann, Berlin - New York 1986, S. 53–80 (= Miscellanea Mediaevalia, Bd. 18)
Sieben, H.J.: Die Konzilsidee des lateinischen Mittelalters (847–1378), Paderborn [u. a.] 1984.
Sikora, W.: Die Universität Köln und der „Wegestreit", in: Geschichte in Köln, 23 (1988), S. 65–90.
Šmahel, F.: Universalia realia sunt haeresis seminaria. Filosofie pražskeho extremniko realismu ve světle doktrinalni institucionalni kritiky, in: Československy Časopis Historicky, XVI (1968), Nr. 6, S. 797–818.

Ders.: Ein unbekanntes Prager Quodlibet von ca. 1400 des Magisters Johannes Arsen von Langenfeld, in: Deutsches Archiv für Erforschung des Mittelalters, Köln - Wien, 1977, H.1, S. 199–215.

Ders.: Polonica außerhalb des „Verzeichnisses der Quellen zum Prager Universalienstreit 1348–1500“, in: Studia Mediewistyczne, Vol. XVII (1977), S. 159–182.

Ders.: Ein Disputationsbehelf aus der Blütezeit des Prager Universalienstreites: Argumenta de universalibus realibus magistri Stephani Palecz, in: Studia Mediewistyczne, Vol. 19,2 (1978), S. 165–173.

Ders.: Verzeichnis der Quellen zum Prager Universalienstreit 1348–1500, in: Mediaevalia Philosophica Polonorum, Wrocław - Kraków, Vol. XXV (1980).

Ders.: Hus und Wyclif: Opinio media de universalibus in re, in: Studia Mediewistyczne, Wrocław-Warszawa, Vol. 22,1 (1983), S. 123–130.

Soúsedík, St.: Stanislaus von Znaim (gest. 1414). Eine Lebenskizze, in: Mediaevalia Philosophica Polonorum, Wrocław - Kraków, Vol. XVII (1973), S. 37–56.

Swieżawski, St.: Dzieje filozofii europejskiej w XV wieku, T.I: Poznanie - Warszawa 1974.

Ders., Dzieje filozofii europejskiej w XV wieku, T. III: Byt, Warszawa 1978.

Ders., U źródeł nowożytnej etyki. Filozofia moralna w Europie w XV wieku, Kraków 1987.

Tachau, K.H.: Vision and certitude in the Age of Ockham. Optics, epistemology and the foundations of semantics 1250–1345, Leiden - New York - København - Köln 1988 (= Studien und Texte zur Geistesgeschichte des Mittelalters, Bd. XXII).

Tweedale, M.M.: Abailard and Ockham: Contrasting defences of nominalism, in: Theoria. A swedish journal of philosophy, 1981, S. 106–122.

Ders., Does Scotus' doctrine on universals make any sense?, in: Die Philosophie im 14. und 15. Jahrhundert. In memoriam Konstanty Michalski (1879–1947), hrsg. v. O. Pluta, Amsterdam 1988, S. 103–118 (= Bochumer Studien zur Philosophie, Bd. 10).

Urban, W.: Die „via moderna“ an der Universität Erfurt am Vorabend der Reformation, in: Gregor von Rimini. Werk und Wirkung bis zur Reformation, hrsg. v. H. A. Oberman, Berlin - New York 1981, S. 311-330 (= Spätmittelalter und Reformation. Texte und Untersuchungen, Bd. 20).

Vignaux, P.: „Nominalisme“, in: Dictionnaire de théologie catholique, vol. 11, Paris 1931, col. 717-783.

Ders.: Le problématique du nominalisme médiéval peut-elle éclairer des problèmes philosophiques actuels?, in: Revue philosophique de Louvain, Louvain 75 (1977), Nr. 26, S. 293–331.

Wagner, M.F.: Supposition-theory and the problems of universals, in: Franciscan Studies, 41 (1981), S. 385–414.

Walsh, J.H.: Nominalism and the „Ethics“: Some remarks about Buridan's „Commentary“, in: Journal of the history of philosophy, Berkeley/Cal. 4 (1966), S. 1–13.

Walsh, K.: Vom Wegestreit zur Häresie: Zur Auseinandersetzung um die Lehre John Wyclifs in Wien und Prag an der Wende zum 15. Jahrhundert, in: Institut für österreichische Geschichtsforschung, Wien, Vol. 94 (1987), 1/2, S. 25–47.

Weiler, A.G.: Heinrich von Gorkum (gest. 1431). Seine Stellung in der Philosophie und der Theologie des Spätmittelalters, Hilversum - Einsiedeln - Zürich - Köln 1962.

Weisheipl, J.A.: Ockham and some Mertonians, in: Medieval Studies, Toronto, Vol. XXX (1968), S. 163-213.

Werner, E.: Jan Hus. Welt und Umwelt eines Prager Frühreformators, Weimar 1991.

Winkler, N.: Die Entwicklung der Grundidee von der „coincidentia oppositorum" in der Philosophie des Nikolaus von Kues, Phil. Diss., Berlin 1987.

Włodek, Z.: Wawrzyniec z Lindores - życie, dzieła, poglądy, in: Studia Mediewistyczne, Wrocław-Warszawa, Vol. 19,2 (1978), S. 95-108.

Dies., Albert le Grand et les Albertistes du XVe siècle. Le problème des universaux, in: Albert der Große. Seine Zeit, sein Werk, seine Wirkung, hrsg. v. A. Zimmermann, Berlin - New York 1981, S. 193-207 (= Miscellanea Mediaevalia, Bd. 14).

Zuckerman, Ch.: The relationship of theories of universals to theories of Churchgovernment in the Middle Ages: a critique of previous views, in: Journal of the history od ideas, Lancaster/ Pa., Vol. 36 (1975), Nr. 4, S. 579-594.

Sach- und Terminiverzeichnis

Namenverzeichnis

(Es wurden nur Namen von Autoren der Antike, des Mittelalters und der frühen Neuzeit aufgenommen)